Speth (Hrsg.)

Betriebswirtschaft mit Rechnungswesen/ Controlling

Berufliches Gymnasium Wirtschaft

Jahrgang 11

Speth
(Hrsg.)

Betriebswirtschaft mit Rechnungswesen/ Controlling

Berufliches Gymnasium Wirtschaft
Jahrgang 11

Merkur
Verlag Rinteln

Wirtschaftswissenschaftliche Bücherei für Schule und Praxis
Begründet von Handelsschul-Direktor Dipl.-Hdl. Friedrich Hutkap †

Herausgeber:

Dr. Hermann Speth

Verfasser:

Dr. Hermann Speth, Dipl.-Hdl., Wangen im Allgäu
Hartmut Hug, Dipl.-Hdl., Argenbühl
Martina Lennartz, Dipl.-Math. oec., Argenbühl
Gernot B. Hartmann, Dipl.-Hdl., Emmendingen
Friedrich Härter, Dipl.-Volkswirt, Sexau
Aloys Waltermann, Dipl.-Kfm. Dipl.-Hdl., Fröndenberg

* * *

7. Auflage 2017

Gesamtherstellung:
MERKUR VERLAG RINTELN Hutkap GmbH & Co. KG, 31735 Rinteln
E-Mail: info@merkur-verlag.de
lehrer-service@merkur-verlag.de
Internet: www.merkur-verlag.de
ISBN 978-3-8120-**0536-4**

Vorwort

Dieses Lehrbuch umfasst alle in den Rahmenrichtlinien „Betriebswirtschaft mit Rechnungswesen/Controlling" für das berufliche Gymnasium Wirtschaft des Landes Niedersachsen für die Jahrgangsstufe 11 geforderten Lerngebiete und Lerninhalte.

Für Ihre Arbeit mit dem vorgelegten Lehrbuch möchten wir auf Folgendes hinweisen:

- Das Buch hat mehrere Zielsetzungen. Es soll den Lernenden
  - alle Informationen liefern, die zur Erarbeitung des Lernstoffs notwendig sind;
  - dabei helfen, die in den Rahmenrichtlinien genannten Lerninhalte in Allein-, Partner- oder Teamarbeit zu erarbeiten, Entscheidungen zu treffen, diese zu begründen und über die Ergebnisse verbal oder schriftlich zu berichten;
  - fächerübergreifende Zusammenhänge näher bringen.
- Durch die Verbindung von betriebswirtschaftlichen Inhalten und denen des Rechnungswesens wird das Denken in Zusammenhängen geschult.
- Die Lerninhalte werden zu klar abgegrenzten Einheiten zusammengefasst, die sich in die Bereiche Stoffinformation, Zusammenfassungen und Übungsmaßnahmen aufgliedern. Viele Merksätze, Beispiele und Schaubilder veranschaulichen die praxisbezogenen Lerninhalte.

  Das Lerngebiet 2 „Auftragsabwicklung mit Beschaffungs-, Produktions- und Vertriebslogistik" wird stringent als Geschäftsprozess dargestellt. Dies erfordert teilweise eine andere Reihenfolge der Stoffinhalte als dies die Rahmenrichtlinien vorsehen.
- Fachwörter, Fachbegriffe und Fremdwörter werden grundsätzlich im Text oder in Fußnoten erklärt.
- Die Einführungskapitel im Buchführungsteil sind dabei bewusst in kleine Lernschritte aufgeteilt worden. Wir wollen damit erreichen, dass der Schüler/die Schülerin behutsam in die Denkweise der Buchführung eingeführt wird und die Grundzusammenhänge genau erkennt. Aus unserer Praxis des Buchführungsunterrichts wissen wir, dass der Schüler, der die Grundlagen nicht beherrscht, bei dem streng logischen Stoffaufbau der Buchführung stets Schwierigkeiten haben wird.
- Als unterstützende Anschauungshilfe werden in der Einführungsphase im Buchführungsteil bei allen Beispielen folgende Farben beim Buchen verwendet: Aktivkonten: grün, Passivkonten: rot, Aufwendungen: violett, Erträge: blau.
- Ein ausführliches Stichwortverzeichnis hilft Ihnen, Begriffe und Erläuterungen schnell aufzufinden.
- Für die Inhalte der Jahrgangsstufen 12 und 13 steht jeweils ein Folgeband zur Verfügung (Merkur-BN 0537 und 0540).

Hinweis zur 7. Auflage

- Für die siebte Auflage wurde das Buch komplett durchgesehen, gegebenenfalls redaktionell verbessert und aktualisiert.
- **Eingearbeitet** in dieser Auflage ist die durch das **Bilanzrichtlinie-Umsetzungsgesetz [BilRUG]** vorgenommene **Neudefinition der Umsatzerlöse,** die **Änderung der Gewinn- und Verlustrechnung** sowie der **Wegfall der außerordentlichen Aufwendungen und Erträge.** Die Neuregelung der Umsatzerlöse hat zudem in der **Kontenklasse 5** zu **Änderungen bei der Zuordnung der Konten** zu den Kontengruppen geführt.

Wir wünschen Ihnen einen guten Lehr- und Lernerfolg!

Die Verfasser

Inhaltsverzeichnis

Lerngebiet 1: Das Unternehmen als komplexes wirtschaftliches und soziales System

Lerngebiet 2: Auftragsabwicklung mit Vertriebs-, Produktions- und Beschaffungslogistik

Lerngebiet 1: Das Unternehmen als komplexes wirtschaftliches und soziales System

1 Unternehmen, seine Ziele, seine Leistungen und seine Anspruchsgruppen

1.1 Begriff Unternehmen und die Ziele von Unternehmen

1.1.1 Begriff Unternehmen

In der Regel bezieht ein Unternehmen von vorgelagerten Unternehmen eine Reihe von **Vorleistungen** (Werkstoffe verschiedener Art, Maschinen, Werkzeuge, Strom, Wasser, Erfindungen, Entwürfe, Dienstleistungen usw.). Wir nennen diese Vorleistungen **betriebliche Mittel.**

Durch den **Einsatz der eigenen Leistung** (Arbeit, Betriebsmittel, Werkstoffe) verändert das Unternehmen die übernommenen betrieblichen Mittel so, dass sie für eine weitere Verwendung in der nachgelagerten Stufe geeignet sind. Das Ergebnis der eigenen Leistung sind **Sachgüter** (z.B. Lebensmittel, Kleidung, Fahrzeug) oder **Dienstleistungen** (z.B. Transporte, Beratung durch einen Rechtsanwalt), die anderen Unternehmen wiederum als „betriebliche Mittel" dienen oder aber unverändert dem menschlichen Bedarf (Konsum) zugeführt werden können. Die wirtschaftliche Leistung des Unternehmens – und damit auch seine Berechtigung – ergibt sich daraus, dass es übernommene betriebliche Mittel einem **neuen Zweck** zuführt.

- Ein **Unternehmen**[1] ist eine planvoll organisierte Wirtschaftseinheit, in der Sachgüter und Dienstleistungen beschafft, erstellt und abgesetzt werden.
- Die **Leistung eines Unternehmens** besteht darin, durch **eigene Anstrengungen** die **übernommenen betrieblichen Mittel** (Vorleistungen) für **weitere Zwecke** geeignet zu machen.

1.1.2 Unternehmensleitbild und Corporate Identity

(1) Unternehmensleitbild

Grundelemente eines Unternehmensleitbildes sind die Grundwerte und Überzeugungen, die Verhaltensregeln, Standards und Symbole[2] des Unternehmens.

Grundelemente	Erläuterungen	Beispiele
Grundwerte und Überzeugungen (Wozu gibt es uns?)	Sie fragen nach dem **„Warum"** des unternehmerischen Handelns und geben dem Unternehmen Orientierung.	„Mit unseren Produkten wollen wir stets Pioniere sein – dem Markt weit voraus. Wir glauben, dass es besser ist, der Öffentlichkeit neue Produkte vorzuführen, als sie zu fragen, was für Produkte sie gerne hätte."

1 Die Begriffe **Unternehmen** und **Betrieb** werden hier aus Vereinfachungsgründen gleichbedeutend (synonym) verwendet.

2 **Symbol**: Kennzeichen.

Grundelemente	Erläuterungen	Beispiele
Verhaltensregeln (Was wollen wir erreichen?)	Sie sollen dafür sorgen, dass alle Beteiligten des Unternehmens sich entsprechend den Grundwerten und Überzeugungen verhalten.	„Wir liefern nur Erzeugnisse mit maximaler Qualität aus und gehen hierfür keine Kompromisse ein."
Standards und Symbole (Welches sind unverwechselbare Elemente unseres Handelns?)	Es handelt sich um unternehmenstypische Erkennungszeichen bezüglich **Verhalten, Kommunikation** und **Erscheinungsbild.**	**Verhalten:** Es wird eine kundenorientierte Produktberatung durchgeführt. **Kommunikation:** Die Produkte werden ausschließlich über das eigene Filialnetz verkauft und ausgeliefert. **Erscheinungsbild:** Es wird ein einheitliches Firmenlogo verwendet.

Beispiel:
Unternehmensleitbild der Sportartikelfabrik Sport-Burr KG

Steigerung der UNTERNEHMENSWERTE

Wir möchten unsere Position als führender Sportartikelhersteller langfristig ausbauen und setzen dabei auf profitables Wachstum und nachhaltige Wertsteigerung.

Wir treiben INNOVATIONEN voran – und gestalten die Zukunft

Aus Ideen und Erfindungen entwickeln wir erfolgreiche Sportprodukte. Kreativität und Erfahrung sichern uns eine Spitzenstellung.

Dies erreichen wir auch dadurch, dass wir vertrauensvolle und langfristige Geschäftsbeziehungen mit zuverlässigen, innovativen Lieferanten pflegen.

Unsere KUNDEN

Die Zufriedenheit unserer Kunden steht im Mittelpunkt unserer Zielsetzungen. Wir pflegen langfristige, europaweite Kundenbeziehungen und erreichen mit hervorragenden Produkten sowie einem umfassenden Netz von Beratung und Dienstleistungen optimale Kundennähe.

Unsere MITARBEITER

Die Basis unserer Unternehmung bilden unsere motivierten und verantwortungsbewussten Mitarbeiter. Die Kompetenz unserer Mitarbeiter fördern wir durch kontinuierliche Weiterbildung und sichern damit langfristig Arbeitsplätze.

Unsere PROZESSE

Unsere Geschäftsprozesse[1] werden laufend überprüft und nach technischen und wirtschaftlichen Maßstäben optimiert. Sämtliche Geschäftsprozesse werden durch schonenden Einsatz von Ressourcen umweltverträglich gestaltet.

UNTERSTÜTZUNG

Wir unterstützen soziale und Umweltschutzprojekte und gehen Partnerschaften mit Unternehmen und Organisationen ein, deren Produkte und Dienstleistungen zu einer nachhaltigen Entwicklung beitragen.

Das **Unternehmensleitbild** formuliert die grundlegenden Zwecke, Zielrichtungen, Gestaltungsprinzipien und Verhaltensnormen des Unternehmens.

1 Siehe hierzu S. 244 f.

(2) Corporate Identity

Aus dem Unternehmensleitbild leitet sich die Corporate Identity ab.

- **Corporate Identity** ist das Erscheinungsbild eines Unternehmens in der Öffentlichkeit und bei seinem Personal.
- Je höher der Grad der Corporate Identity ist, desto mehr können sich die Belegschaftsmitglieder mit dem Unternehmen identifizieren.[1]

Folgende Instrumente dienen der Verstärkung der Corporate Identity eines Unternehmens:

Corporate Design	Hierunter versteht man die unverwechselbare Gestaltung der Elemente, die zum Erscheinungsbild des Unternehmens gehören, z. B. die Firma, das Firmenzeichen, die Firmenfarben und das Unternehmens- und Produkt-Design.
Corporate Communications	Hierzu gehören die Werbung und die Public Relations.
Corporate Behaviour[2]	Darunter versteht man die Erziehung der Mitarbeiter zu einem bestimmten Verhalten untereinander und gegenüber der Umwelt des Unternehmens entsprechend der verfolgten Corporate Identity.

1.1.3 Unternehmensziele

(1) Begriff Unternehmensziele

Die Unternehmensziele leiten sich aus dem Unternehmensleitbild ab. Sie geben der Unternehmensleitung, den Bereichsleitern, den Abteilungsleitern und den Mitarbeitern eine Orientierung für die Steuerung und Kontrolle der betrieblichen Prozesse. Damit diese Orientierung zweifelsfrei möglich ist, sind die Unternehmensziele **eindeutig zu formulieren** und **verbindlich festzulegen.**

Unternehmensziele beschreiben einen zukünftigen, erstrebenswerten Zustand des Unternehmens, den der zuständige Entscheidungsträger anzustreben hat.

(2) Gliederung der Unternehmensziele nach dem angestrebten Erfolg des Unternehmens

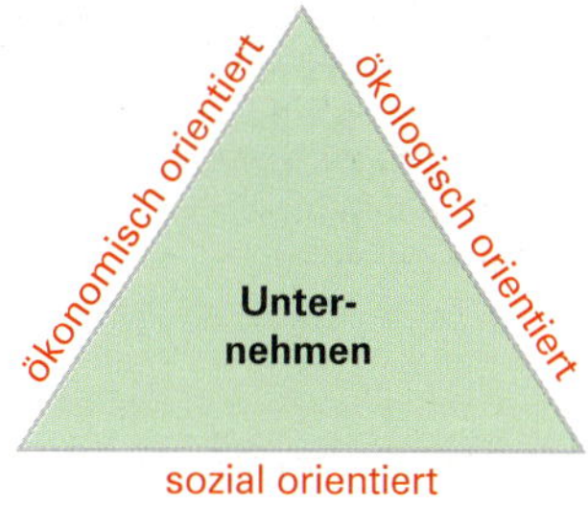

Die Ziele der Unternehmen nach dem angestrebten Erfolg sind dreifacher Art: Zum einen möchten die Unternehmen einen Erfolg erzielen **(ökonomische Ziele),** zum anderen tragen die Unternehmen Verantwortung gegenüber ihren Mitarbeitern **(soziale Ziele)** und gegenüber der Umwelt **(ökologische Ziele).**

1 Sich **identifizieren**: sich mit einer anderen Person oder Gruppe gefühlsmäßig (emotional) gleichsetzen und ihre Ziele übernehmen.

2 **Behaviour** (engl.): Verhalten, Benehmen, Auftreten.

Ökonomische Ziele (Beispiele)	Ökologische Ziele (Beispiele)	Soziale Ziele (Beispiele)
■ Absicht der Gewinnerzielung ■ Steigerung des Umsatzes ■ Sicherung der ständigen Zahlungsbereitschaft ■ Risikostreuung durch breites Produktprogramm ■ Verdrängung von Konkurrenten ■ Streben nach Marktmacht ■ Streben nach hohem Qualitätsstandard	■ Abfallvermeidung ■ Benutzung umweltfreundlicher Werkstoffe ■ Produktion recycelbarer Produkte ■ Verminderung von Produktionsemissionen[1] ■ Reduzierung von Lärmbelastungen ■ Nutzung erneuerbarer Energien	■ Gerechte Entlohnung ■ Gleich hohe Entgelte von Mann und Frau bei gleicher Arbeit ■ Arbeitsplatzsicherung ■ Ergonomische Arbeitsplatzgestaltung ■ Altersabsicherung und Betriebsrente ■ Aufgreifen von Anregungen der Mitarbeiter

Alle Unternehmensziele sind so zu formulieren, dass mit all denen, mit denen das Unternehmen in Kontakt tritt (z. B. Lieferanten, Kunden) fair umgegangen wird. Außerdem hat das Unternehmen bei der Formulierung der Unternehmensziele darauf zu achten, dass künftige Generationen überall eine lebenswerte Umwelt vorfinden und ihre Bedürfnisse befriedigen können **(Gesichtspunkt der Nachhaltigkeit**[2]).

(3) Beispiel für die Formulierung von Unternehmenszielen

Beispiel: Unternehmensziele der Sportartikelfabrik Sport-Burr KG, abgeleitet aus dem Unternehmensleitbild von S. 14

- Wir streben hohe Kundenzufriedenheit und langfristige Kundenbeziehungen an. Wir liefern pünktlich.
- Wir entwickeln unsere Produkte kundenorientiert und gefährden niemals die Sicherheit unserer Kunden.
- Wir übernehmen bei der Gewinnerzielung soziale und ökologische Verantwortung gegenüber den im Unternehmen tätigen Menschen, den Kapitalgebern und Kunden.
- Wir streben die langfristige Sicherung und finanzielle Unabhängigkeit unseres Unternehmens an.
- Wir erreichen unsere Erfolge durch kompetente Mitarbeiter, deren Qualifikation wir intensiv fördern.
- Der Führungsstil ist von dem Ziel einer hohen Arbeitsmotivation, Arbeitszufriedenheit und Arbeitsqualität geprägt.
- Wir berücksichtigen bei unseren Planungen und Investitionsentscheidungen systematisch ökologische Anforderungen des Umwelt- und Klimaschutzes.
- Wir sehen uns als gute Bürger, die sich für das soziale und kulturelle Leben insbesondere in der Region Dortmund engagieren. Wir fördern daher ausgewählte Projekte und Initiativen.

1 **Emission:** (emittere [lat.]) bedeutet so viel wie Aussendung, Freilassung, Ausströmen z. B. von luft- und wasserverunreinigenden Stoffen (z.B. Chemikalien, Stäube usw.). Die auf die Umwelt (z. B. Menschen, Tiere, Pflanzen) einwirkenden (eindringenden) oder dort bereits vorhandenen Schadstoffkonzentrationen werden **Immissionen** genannt.

2 Vgl. auch die Ausführungen zur Nachhaltigkeit auf S. 188ff.

(4) Zielharmonie und Zielkonflikte zwischen den Unternehmenszielen aufzeigen

- **Zielharmonie:** Die Förderung eines Ziels begünstigt zugleich die Förderung eines oder mehrerer anderer Ziele.
- **Zielkonflikt:** Die Verfolgung eines Ziels beeinträchtigt oder verhindert die Erreichung eines oder mehrerer anderer Ziele.

Zielharmonie am Beispiel ökologischer und ökonomischer Unternehmensziele

Bisherige Untersuchungen zeigen weitgehend übereinstimmend, dass zumindest in den größeren von Umweltproblemen besonders betroffenen Unternehmen (Branchen) zwischen den **ökologischen** und **ökonomischen Unternehmenszielen** grundsätzlich eine sich gegenseitig ergänzende, fördernde Zielbeziehung **(Zielharmonie)** besteht.

Dies ist deshalb der Fall, weil gerade der Umweltschutz vielfältige Innovationsmöglichkeiten (z.B. Entwicklung und Anwendung umweltschonender Rohstoffe, Entwicklung einer Technologie für erneuerbare Energie) bietet. In dem Ausmaß, in dem es den Unternehmen gelingt, ihre Umweltschutzziele zu verwirklichen, erhöht sich z.B. auch deren Umsatz, ihr Umsatzanteil am gesamten Markt, ihre Marktmacht, ihr langfristiger Gewinn und das Produkt- und Firmenimage in der Öffentlichkeit. Dadurch werden die Unternehmensexistenz und die Arbeitsplätze gesichert, neue Arbeitsplätze geschaffen sowie die Wettbewerbsfähigkeit verbessert.

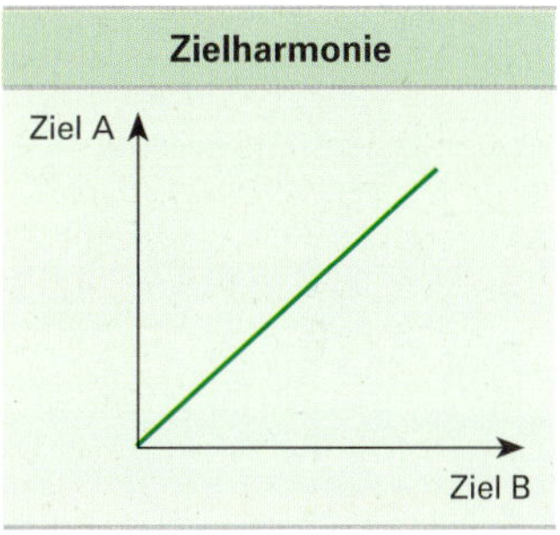

Zielkonflikte am Beispiel ökonomischer und sozialer Unternehmensziele

Häufig bestehen **Zielkonflikte** zwischen den **ökonomischen** und den **sozialen Zielen.** Strebt ein Unternehmen z.B. zugleich Arbeitsplatzsicherung und Kostensenkung an, kann ein Zielkonflikt vorliegen, weil durch den Einsatz von kostensparenden Maschinen Arbeitskräfte „freigesetzt“, d.h. entlassen werden müssen.

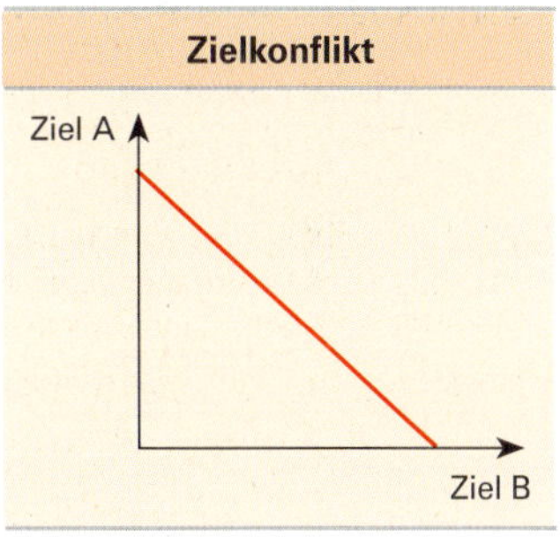

Zielharmonie am Beispiel ökonomischer und sozialer Unternehmensziele

Ein Beispiel für **Zielharmonie** zwischen **ökonomischen** und **sozialen Zielen** ist das konjunkturelle Kurzarbeitergeld (Kug).[1] Angesichts einer globalen Rezession und sinkender Absatzzahlen bestünde die übliche Reaktion der Anpassung im Abbau von Arbeitsplätzen. Viele Unternehmen verzichten jedoch darauf und wählen dagegen das Instrument der Kurzarbeit. Dies bindet die Arbeitskräfte an das Unternehmen und erspart diesem beim beginnenden Aufschwung die Suche nach den knappen Fachkräften.

1 **Konjunkturelles Kurzarbeitergeld (Kug)** wird gewährt, wenn in Betrieben oder Betriebsabteilungen die regelmäßige betriebsübliche wöchentliche Arbeitszeit infolge wirtschaftlicher Ursachen oder eines unabwendbaren Ereignisses vorübergehend verkürzt wird.

2 Speth u.a. - ISBN 978-3-8120-0536-4

Zusammenfassung

- Das **Unternehmensleitbild** formuliert die grundlegenden Zwecke, Zielrichtungen, Gestaltungsprinzipien und Verhaltensnormen des Unternehmens.
- **Ziele** sind Maßstäbe – angestrebte Ereignisse oder Zustände –, an denen unternehmerisches Handeln gemessen werden kann.
- 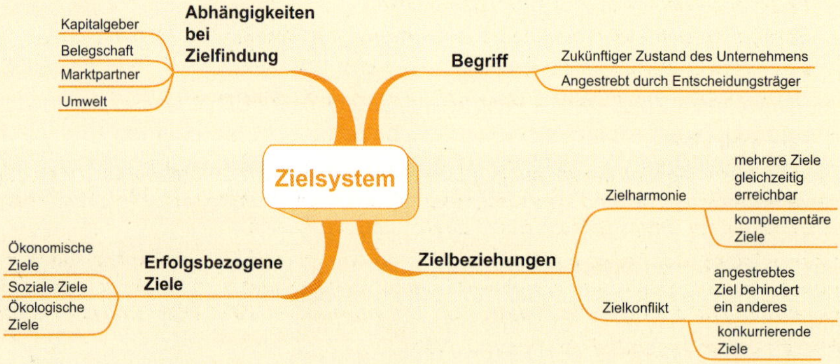

- Unter mehreren als wünschenswert erkannten Zielen kann ein **Zielkonflikt** (Konkurrenzbeziehung) oder eine **Zielharmonie** bestehen.

Übungsaufgaben

1 Die Haushaltsgerätefabrik Töpfer GmbH hat folgendes Unternehmensleitbild formuliert (Auszüge):

1. Was wir sind

Wir sind ein mittelständisches Traditionsunternehmen, das seit 1860 besteht. In der Produktion von Rührgeräten, Mixgeräten und Schneidemaschinen besitzen wir Weltruf. Es ist unsere Absicht, diesen Ruf im Interesse unserer Kunden und Mitarbeiter weiter auszubauen.

Für die Herstellung unserer Geräte haben wir hohes handwerkliches Know-how. Dieses handwerkliche Können werden wir auch in Zukunft durch weitere industrielle Fertigungsprozesse ergänzen, um den Ausbau unserer Marktstellung zu festigen.

2. Was wir wollen

In der Zukunft können wir nur erfolgreich sein, wenn wir unser Wissen und unsere Erfahrungen ständig verbessern.

Wir wollen mit unseren Produkten (unseren Erzeugnissen und Dienstleistungen) Marktführer sein.

Unser Angebot muss formschön, praktisch, sicher und fehlerfrei sein.

Wir bauen unsere Marktstellung auf traditionellen Märkten aus. Auf neue Märkte gehen wir nur, wenn dies mit unserer Unternehmensphilosophie übereinstimmt.

3. Unsere Kundenphilosophie

Unser Unternehmen lebt von den Aufträgen unserer Kunden. Wir sind uns bewusst, dass unsere Angebote erst dann zu lohnenden Aufträgen werden, wenn wir die Bedürfnisse der Kunden besser befriedigen als unsere Mitbewerber.

Die Bedürfnisse unserer Zielgruppen zu ergründen und Maßnahmen zu ihrer Befriedigung zu ergreifen, ist deshalb eine unserer Hauptaufgaben.

Unser Streben nach absolut fehlerfreier Qualität soll Kundenreklamationen überflüssig machen. Mögliche Mängelrügen unserer Kunden wollen wir großzügig und kulant behandeln.

4. Unternehmenswachstum

Wir wollen schneller wachsen als die Mitbewerber. Eine Ausweitung der Produktpalette soll nur erfolgen, wenn Exklusivität und höchste Qualität gegeben sind.

Kooperationen[1] *gehen wir ein, wenn nachstehende Faktoren zutreffen:*

- *Es können Lösungen angeboten werden, mit denen die Bedürfnisse der Kunden noch besser befriedigt werden können.*
- *Es eröffnen sich neue Wachstumsmöglichkeiten.*
- *Es ergeben sich kostengünstigere Produktions- und Vertriebsstrukturen.*
- *Es bietet sich der Zugang zu neuem Know-how.*
- *Die finanzielle Basis unseres Unternehmens kann verbreitert werden.*

5. Personalpolitik

Unsere Personalpolitik beruht auf der Überzeugung, dass ein Unternehmen nur so gut wie seine Mitarbeiter ist. Sind diese engagiert, flexibel, sachkundig und erfolgreich, dann ist auch das ganze Unternehmen leistungsfähig und erfolgreich.

Unsere Mitarbeiter haben am Erfolg des Unternehmens teil. Ihr Arbeitsplatz soll aufgrund ihrer Leistungen sicher sein. Der Arbeitsplatz ist ansprechend zu gestalten und er darf keine Gefährdung für die Arbeitskraft darstellen. Die individuellen Leistungen sind anzuerkennen.

Für uns gelten folgende Führungsgrundsätze:

- *Alle Mitarbeiter haben die gleichen Entwicklungs- und Beförderungschancen.*
- *Durch Aus- und Weiterbildung wollen wir die Qualifikation unserer Mitarbeiter erhöhen.*
- *Wir stellen laufend Überlegungen an, wie die Arbeitsbedingungen einschließlich des Betriebsklimas verbessert werden können.*
- *In unserem Unternehmen praktizieren wir einen kooperativen Führungsstil.*[2]
- *Die Besetzung neuer Stellen wollen wir vorzugsweise aus den eigenen Reihen, d.h. betriebsintern vornehmen.*

6. Gesellschaftliche Verantwortung

Der Nutzen unseres Angebots besteht darin, dass wir unseren Kunden das tägliche Leben erleichtern und sicherer machen.

Wir betrachten uns als Teil der Gemeinde, in der wir produzieren und mit der wir uns eng verbunden fühlen.

Als Bürger ihrer Gemeinde können und sollen unsere Mitarbeiter z.B. in Vereinen, Kirchen, Parteien, Schulen, städtischen und karitativen Einrichtungen mitwirken.

Gegenüber unseren Kunden, Lieferern, Kreditgebern und Mitbewerbern verhalten wir uns fair. Unsere Zulieferer müssen eine Chance haben, ihrerseits Gewinne zu erzielen.

7. Verantwortung gegenüber der natürlichen Umwelt

Produktionsbedingte Belastungen der Umwelt mit Lärm, Abgasen und Abwasser müssen durch entsprechende Maßnahmen auf dem niedrigstmöglichen Niveau gehalten werden.

Wir streben einen integrierten[3] *Umweltschutz an, d.h., der Umweltschutz umfasst alle Vor- und Folgestufen des gesamten Produktionsprozesses – von der Beschaffung, der Lagerung, der Herstellung, dem Verkauf, der Distribution*[4] *bis zur Entsorgung der Abfälle.*

1 **Kooperation** ist jede Zusammenarbeit zwischen Unternehmen. Diese kann auf der einen Seite in sehr lockerer Form geschehen, auf der anderen Seite bis hin zum Aufkauf eines Unternehmens durch ein anderes führen.

2 Ein **kooperativer Führungsstil** liegt vor, wenn ein steter Informationsaustausch (Kommunikationsprozess) zwischen den vorgesetzten Personen und ihren Mitarbeiterinnen und Mitarbeitern stattfindet.

3 **Integrieren** (lat.): einbeziehen, einbauen, in ein übergeordnetes Ganzes aufnehmen.

4 **Distribution** (lat.): Verteilung. In der Betriebswirtschaftslehre ist unter Distribution die Verteilung der Güter, d. h. die Art und Weise zu verstehen, wie die Verteilung der Güter nach ihrer Fertig- oder Bereitstellung zum Abnehmer vorgenommen wird.

Alle wiederverwertbaren Abfälle vom Papier in den Büros bis hin zum Schrott in den Werkstätten werden gesondert gesammelt und in eigene oder fremde Produktionsprozesse zurückgeführt (Recycling).

Jedes Belegschaftsmitglied ist sich bewusst, dass der Umweltschutz bereits vor dem Beginn des Produktionsprozesses beginnt und während des gesamten Produktionsprozesses zu beachten ist.

Wir wollen durch Vermeidungsstrategien mögliche Nachsorgestrategien überflüssig machen.

8. Verpflichtung gegenüber unseren Gesellschaftern

Unser oberstes Ziel ist die Erhaltung und Weiterentwicklung unseres Unternehmens, um die Arbeitsplätze zu sichern und das eingesetzte Kapital zu erhalten und zu mehren. Dieses Ziel kann nur erreicht werden, wenn das Unternehmen einen ausreichenden Gewinn erwirtschaftet.

Der Gewinn muss so groß sein, dass die zur Erreichung der Unternehmensziele erforderlichen Ersatz- und Erneuerungsinvestitionen durchgeführt werden können und das Eigenkapital eine angemessene Verzinsung erhält.

Wir streben eine Vermehrung des Eigenkapitals an, um den Kreditbedarf und damit die Zins- und Tilgungsleistungen zu senken.

Als mittelständisches Unternehmen wollen wir keine Risiken eingehen, die die Existenz des Unternehmens gefährden können.

Aufgabe:

Analysieren Sie den Text und stellen Sie fest, welche Unternehmensziele (z. B. ökonomische, ökologische, soziale Ziele) sich aus den zitierten Unternehmensleitsätzen ableiten lassen! Nennen Sie in Ihrer Antwort die Punkte, auf die sie sich beziehen!

2

1. Entscheiden Sie, welche(s) der nachgenannten Ziele zu den ökonomischen Zielen, den ökologischen Zielen, den sozialen Zielen gehören (gehört)!

   1.1 Gewinnziel,
   1.2 Streben nach Macht und/oder Prestige,
   1.3 Gewinnung politischen Einflusses,
   1.4 Umsatzsteigerung,
   1.5 Erhöhung des Marktanteils,
   1.6 Unternehmenswachstum,
   1.7 Verminderung der Umweltbelastungen,
   1.8 Arbeitsplatzsicherung,
   1.9 Streben nach Unabhängigkeit,
   1.10 Versorgung der Bevölkerung mit lebensnotwendigen Erzeugnissen oder Dienstleistungen,
   1.11 Verpflichtung gegenüber Familientradition,
   1.12 Kostendeckung,
   1.13 Kostensenkung.

2. Bilden Sie ein Beispiel für eine Zielkombination, bei der ein Zielkonflikt besteht!

3. Bilden Sie ein Beispiel für eine Zielkombination, bei der Zielharmonie besteht!

4. Zwischen dem Umweltschutzziel und den ökonomischen und sozialen Zielen ergeben sich teils konkurrierende und teils komplementäre[1] Beziehungen.

   Aufgaben:

   Stellen Sie dar, welcher Zielkonflikt bzw. welche Zielharmonie zwischen dem Umweltschutzziel und den nachstehend genannten Zielen besteht! Begründen Sie Ihre Antworten!

   4.1 Langfristige Gewinnmaximierung,
   4.2 Sicherung und Vermehrung der Arbeitsplätze,
   4.3 Verbesserung des Unternehmensimages.

1 **Komplementär:** gegensätzliche, aber sich ergänzende Eigenschaften eines Objekts oder Sachverhalts.

5. **Erkundungsauftrag**: Erkunden Sie (in Gruppen) auf einer Mülldeponie, was unter einem gewöhnlichen Müll bzw. einem Sondermüll zu verstehen ist. Fragen Sie im Rahmen dieser Erkundung auch danach, welche recycelbaren Güter („Wertstoffe") gesammelt werden. Verfassen Sie über diese Erkundung einen kurzen Bericht und tragen Sie diesen im Klassenverband vor!

1.2 Betrieblicher Leistungsprozess am Beispiel des Industriebetriebs

1.2.1 Begriff Industriebetrieb

Der **Industriebetrieb** erzeugt unter Einsatz von Maschinen und Anlagen Sachleistungen und setzt diese auf nationalen und internationalen Märkten ab.

Die **Hauptfunktionen** eines Industriebetriebs sind:

Beschaffung	Sind alle Tätigkeiten, die darauf abzielen, die Güter und Dienstleistungen zu erwerben, die notwendig sind, um eine reibungslose Produktion zu garantieren. In der Regel werden die bezogenen Materialien anschließend gelagert.
Leistungs-erstellung	Ziel ist zunächst die Planung des Leistungserstellungsprozesses. Es ist z. B. zu entscheiden, in welchen Qualitäten und Mengen die Erzeugnisse hergestellt werden sollen. Danach ist über die Planung, Lenkung, Durchführung und Kontrolle der Fertigung sowie der anschließenden Lagerung der fertiggestellten Erzeugnisse zu entscheiden.
Absatz	Er beinhaltet den Verkauf der Sachgüter und Dienstleistungen und ermöglicht durch den Rückfluss der eingesetzten Geldmittel die Fortsetzung (Finanzierung) der Beschaffung, der Leistungserstellung und des Absatzes.
Finanzierung	Sie hat die Aufgabe, die zur Durchführung der erforderlichen Zahlungen notwendigen finanziellen Mittel in Form von Eigen- oder Fremdkapital zu beschaffen.

Beispiel: Modell eines industriellen Sachleistungsprozesses

Angenommen, eine Möbelfabrik stellt lediglich Labormöbel her.

Zu beschaffen sind (neben den bereits vorhandenen bebauten und unbebauten Grundstücken, Maschinen, Fördereinrichtungen und der Betriebs- und Geschäftsausstattung):

- **Rohstoffe:**[1] Holz, Spanplatten, Kunststofffurniere;
- **Vorprodukte**[1] (Fertigteile, Fremdbauteile): Scharniere, Schlösser;
- **Hilfsstoffe**[1]: Lacke, Farben, Schrauben, Muttern, Nägel;
- **Betriebsstoffe:**[1] Schmiermittel, Reinigungsmittel.

Außerdem sind die erforderlichen Mitarbeiter, sowie die notwendigen Geldmittel, die zum Teil aus Erlösen (dem Umsatz), zum Teil aus Krediten und Beteiligungen bestehen, bereitzustellen.

Die Fertigerzeugnisse werden anschließend geprüft und bis zur Auslieferung in das Fertigerzeugnislager genommen.

1 Auf diese Begriffe wird im Einzelnen auf S. 119 eingegangen.

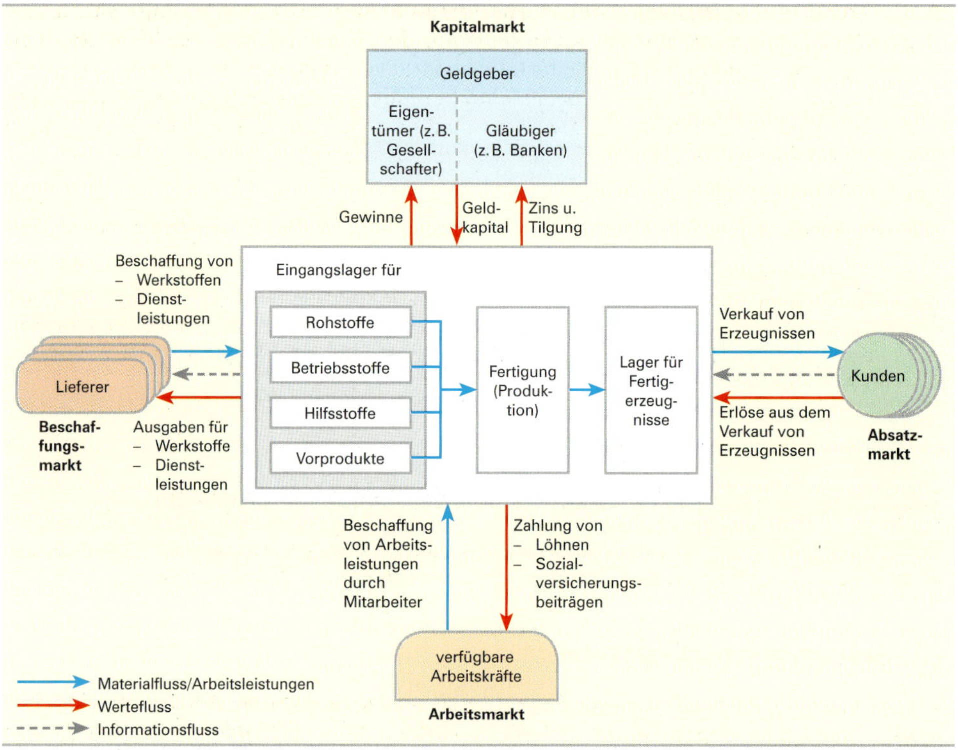

1.2.2 Produkte, Produktprogramm, Produktionsprogramm

1.2.2.1 Begriffe[1]

Zu den strategisch bedeutsamen Festlegungen eines Industriebetriebs gehört die Entscheidung über die Zusammensetzung des Produktprogramms.

- Das **Produkt** stellt die Leistung (Sachgüter und/oder Dienstleistungen) eines Anbieters dar.
- Im **Produktprogramm** sind Art und Menge der Produkte festgelegt, die ein Unternehmen anbietet.

Die Gestaltung des Produktprogramms kann unter strategischen oder operativen Gesichtspunkten betrachtet werden.

- Im Rahmen der **strategischen Produktprogrammplanung** wird der **Produktprogrammrahmen** hinsichtlich Art und Menge der herzustellenden Produkte festgelegt.

1 Auf die Produktpolitik wird in der Jahrgangsstufe 12, im Lernbereich 5 im Einzelnen eingegangen.

- Im Rahmen der **operativen Produktprogrammplanung** wird das **Produktionsprogramm** bestimmt. Es legt konkret die Art und Menge der in den nächsten kurzfristigen Perioden zu produzierenden Produkte fest. Die operative Produktprogrammplanung wird in der Praxis meist als Jahres-, Quartals- und Monatsplanung durchgeführt. Häufig erfolgt die Monatsprogrammplanung zusammen mit dem Planungsprozess für die Leistungserstellung, der die Grundlage für die Produktionsprozesssteuerung ist.

- Die **strategische Produktprogrammplanung** schafft den **Produktprogrammrahmen.**
- Das **Produktionsprogramm** legt für eine gegebene Planungsperiode Art, Menge und Zeitpunkt der herzustellenden Produkte fest. Das Produktionsprogramm schafft die Basis für die weitere Planung, Steuerung und Kontrolle des Produktionsprozesses.

1.2.2.2 Bestimmungsfaktoren zur Planung des Produktionsprogramms

Bestimmungsfaktoren für die Planung des Produktionsprogramms sind zum einen absatzwirtschaftliche und zum anderen produktionswirtschaftliche Überlegungen.

(1) Absatzwirtschaftliche Bestimmungsfaktoren

Bei dem derzeit vorherrschenden Käufermarkt[1] verhalten sich die Kunden in aller Regel passiv, d. h., sie warten auf die Angebote der Verkäufer. Die Hersteller sind daher gezwungen, festzustellen, woran Bedarf herrscht und inwieweit unbewusst vorhandene Bedürfnisse vorliegen und geweckt werden können.

(2) Produktionswirtschaftliche Bestimmungsfaktoren

Ein Betrieb, der sehr viele Produktarten herstellt, arbeitet in der Regel mit hohen Kosten, vor allem mit hohen **Umstellungskosten.** Sie entstehen durch die Umrüstung und Neueinrichtung der Maschinen. Hinzu kommen unter Umständen noch Kosten für Probedurchläufe. Je weniger Produktarten – bei gleichbleibender Kapazität – hergestellt werden, desto niedriger sind die Rüstkosten.[2] Darüber hinaus macht sich der Betrieb das „Gesetz der Massenproduktion" zunutze, das besagt, dass bei steigender Produktmenge die Stückkosten sinken.

Weitere Bestimmungsfaktoren sind die Beschaffungsmärkte, die angetroffenen Marktbedingungen, die Gesetzgebung sowie die persönlichen Ansichten der Geschäftsleitung.

1 Ein **Käufermarkt** ist ein Markt, in dem das Angebot an Gütern größer ist als die Nachfrage nach Gütern. Die **Marktmacht** hat der **Käufer.**

2 **Rüstkosten** entstehen durch das Einrichten der Produktionsanlagen auf die Herstellung einer anderen Produktart. Zu Einzelheiten siehe S. 357.

1.2.2.3 Festlegung des Produktionsprogramms

Aus **Sicht der Leistungserstellung** ist aus Kostengründen ein möglichst **schmales Produktionsprogramm** wünschenswert, während aus **absatzwirtschaftlicher Sicht** ein **breites Produktionsprogramm** wünschenswert ist.

Der Wunsch der „Verkaufsstrategen" des Betriebs nach einem breiten Produktionsprogramm bietet die Möglichkeit, unterschiedliche Kundenbedürfnisse zu befriedigen, streut das Risiko bei einem Nachfrageausfall für ein Produkt und erleichtert die Kapazitätsanpassungen bei saisonalen Nachfrageschwankungen. Die technische Betriebsleitung strebt dagegen die Verminderung der Erzeugnisarten auf wenige Typen an, um Kosten einzusparen (z. B. geringere Differenzierung bei den Materialbeständen, verringerte Rüstkosten, vereinfachte Arbeitsvorbereitung, Stärkung der Automatisierung, geringere Loswechselkosten). Die Festlegung des Produktionsprogramms ist deswegen regelmäßig ein Kompromiss.

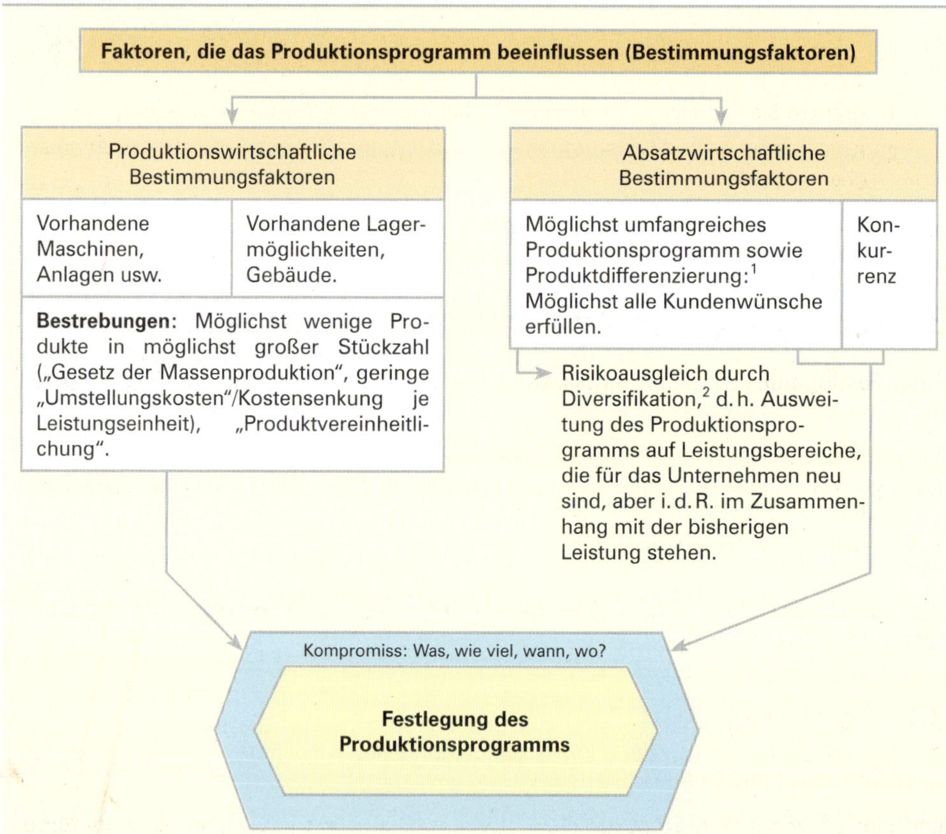

1 Bei der **Produktdifferenzierung** wird das Grundprodukt technisch, im Erscheinungsbild oder im Statuswert (Image) **verändert**.

2 **Diversifikation** (lat): Abwechslung, Veränderung.

Zusammenfassung

- Der **Industriebetrieb** erzeugt unter Einsatz von Maschinen und Anlagen Sachleistungen, um sie auf Märkten umzusetzen.
- Unter dem **Produktprogramm** versteht man die Anzahl der verschiedenen Produkte und ihre Ausführungen, die ein Industrieunternehmen anbietet.
- Das **Produktionsprogramm** legt für eine gegebene Planungsperiode Art, Menge und Zeitpunkt der herzustellenden Produkte fest.
- Die **Planung des Produktionsprogramms** hängt insbesondere von **absatz-** und **produktionswirtschaftlichen Bestimmungsfaktoren** ab.
- Die **Festlegung des Produktionsprogramms** ist immer ein **Kompromiss.**

Übungsaufgabe

3

1. Grenzen Sie inhaltlich die Begriffe Produktprogramm und Produktionsprogramm ab!
2. Formulieren Sie drei Argumente, die für bzw. gegen ein umfangreiches Produktionsprogramm sprechen!
3. Bilden Sie ein Beispiel für eine Produktdifferenzierung!

1.3 Anspruchsgruppen und ihre unterschiedlichen Interessen

Bei der **Festlegung von Unternehmenszielen** sind insbesondere folgende Fragen zu klären:

- Welche Ziele soll das Unternehmen verfolgen?
- Welche Person oder Personengruppe hat das Recht (die Macht), die Unternehmensziele festzulegen und unternehmerische Entscheidungen zu treffen?
- Wem steht der Unternehmenserfolg zu?

Auf alle drei Fragen geben das **Shareholderkonzept**[1] und das **Stakeholderkonzept**[2] unterschiedliche Antworten.

1.3.1 Shareholderkonzept

(1) Grundlagen des Shareholderkonzepts

Nach dem Shareholderkonzept hat die Unternehmensleitung – das sind die Eigentümer bzw. angestellte Manager – die Aufgabe, die unternehmerischen Entscheidungen so zu treffen, dass der (Markt-)**Wert des Eigenkapitals (Shareholder-Value)** erhöht wird. Durch eine langfristige Gewinnmaximierung soll die Einkommens- und Vermögensposition der Eigenkapitalgeber verbessert werden.

1 **Shareholder** (engl.): Aktionär (von share: Aktie und holder: Inhaber)

2 **Stakeholder** (engl.): Anspruchsberechtigter, Interessenbewahrer.

Das **Shareholderkonzept** ist durch **drei Kriterien** gekennzeichnet:

- Ziel der Unternehmensleitung muss es sein, für die **Eigenkapitalgeber** eine **langfristige Gewinnmaximierung** zu erreichen.
- Die **unternehmerische Entscheidungsgewalt** liegt bei den **Eigenkapitalgebern** bzw. bei den von ihnen eingesetzten Führungskräften (z. B. Vorstand, Geschäftsführer).
- Der **Unternehmenserfolg (Gewinn oder Verlust)** trifft in vollem Umfang die **Eigenkapitalgeber.**

Die einseitige Ausrichtung des Shareholderkonzepts auf die Interessen der Eigenkapitalgeber wird häufig abgelehnt, weil der Vorrang der Gewinnerzielung zu einer Vernachlässigung sozialer Ziele führt. Ein wichtiger Ansatz zur Unternehmensführung, die Interessen anderer Anspruchsgruppen zu berücksichtigen, ist der **Stakeholderansatz.**[1]

- Beim **Shareholderkonzept** sind vorrangig die Unternehmensziele zu verfolgen, die langfristig den Marktwert des Eigenkapitalanteils erhöhen.
- Den Marktwert des Eigenkapitals bezeichnet man als **Shareholder-Value.**[2]

(2) Corporate Governance

Das Shareholderkonzept geht davon aus, dass alle **unternehmerische Entscheidungsgewalt** beim **Eigenkapitalgeber** liegt. Bei Großunternehmen (z. B. einer Aktiengesellschaft) übergeben jedoch die Eigenkapitalgeber die Leitungsfunktion an einen Geschäftsführer (z. B. Vorstand einer Aktiengesellschaft), der dann unter eigener Verantwortung die Gesellschaft leitet **(Prinzipal-Agent-Ansatz).** Verfolgt der Vorstand aber Ziele, die von denen der Eigentümer abweichen **(Opportunismus),** oder ist er der Führungsaufgabe nicht gewachsen **(Unfähigkeit),** haben die Aktionäre die Schwierigkeit, dies zu erkennen, da sie die Ziele und Handlungen des Vorstands erst im Nachhinein beurteilen können.

Die Eigenkapitalgeber versuchen daher einen **Ordnungsrahmen** für eine **verantwortungsvolle Unternehmensführung** zu schaffen. Er findet seinen Niederschlag in den Regelungen der Corporate Governance.

- Der Begriff **Corporate Governance** umfasst **Grundsätze verantwortungsvoller Unternehmensleitung** und **-überwachung.**
- **Ziel** guter Corporate Governance ist es, die **Wettbewerbsfähigkeit** des Unternehmens zu sichern und seinen **Wert nachhaltig zu steigern.**
- Die **Steuerungs- und Kontrollmechanismen** sollen durchschaubar gemacht werden, um so das Vertrauen von Investoren und Öffentlichkeit in die Führungskräfte der Wirtschaft zu stärken.[3]

1 Vgl. Kapitel 1.3.2, S. 27.

2 **Value**: Wert, Nutzen.

3 Die OECD weitet diese Definition aus, indem sie eine gute Unternehmensführung verlangt, die verantwortungsvoll und ethisch einwandfrei geführt werden soll. International bezeichnet man diese Unternehmensführung als „Corporate Behavior".

Wichtige **Instrumente** der Corporate Governance sind:

Firmenart	Erläuterungen	Beispiele
Gewaltenteilung	■ Die Leitungsaufgaben werden auf mehrere Beteiligte aufgeteilt und Grundsatzentscheidungen ständig überwacht.	Zustimmung des Aufsichtsrats zu Grundsatzentscheidungen.
	■ Durch ein Anreizsystem soll die Geschäftsführung dazu gebracht werden, die Ziele der Eigentümer zu verfolgen.	Erfolgsabhängige Entlohnung; Haftung bei Nichtbeachtung der Eigentümervorgaben.
	■ Früherkennung von Fehlentscheidungen durch eine zeitnahe Risikoüberwachung.	Ständige Informationspflicht des Vorstands gegenüber Aufsichtsrat und Wirtschaftsprüfern.
Umfassende Information und Kontrolle	Die Geschäftsführung ist verpflichtet, sowohl den Shareholdern als auch den Stakeholdern (z.B. Mitarbeiter, Kreditgeber, Staat) ständig über Risiken und Chancen des Unternehmens Bericht zu erstatten. Dadurch soll das Vertrauen der Investoren in die Zuverlässigkeit der Unternehmensführung gestärkt werden.	Bereitstellen von Informationen über die Unternehmensentwicklung sowie umfassende Risikoberichterstattung, z.B. an Aktienanalysten, Ratingagenturen, Banken, interessierte Öffentlichkeit. Kontrolle über die Jahresabschlussprüfer und den Aufsichtsrat.

Das **Corporate-Governance-Konzept** stellt eine wichtige **Ergänzung des Shareholderansatzes** dar.

In der Bundesrepublik Deutschland besteht mit dem **„Deutschen Corporate Governance Kodex (DCGK)“**[1] ein Regelwerk, das sich primär an börsennotierte Aktiengesellschaften richtet. Nach § 161 AktG müssen sich Vorstand und Aufsichtsrat in einer Erklärung **(Compliance-Erklärung)** dazu äußern, inwieweit sie die Empfehlungen des DCGK befolgen. Da es nach § 161 AktG den Unternehmen freigestellt ist, ob sie den Regelungen des DCGK folgen oder nicht, kann der Vorstand bzw. Aufsichtsrat z.B. erklären, dass sie den Kodex in Teilen oder in Gänze ablehnen. Die Erklärung ist auf der Internetseite der Gesellschaft dauerhaft öffentlich zugänglich zu machen.

1.3.2 Stakeholderkonzept

1.3.2.1 Übersicht über die Stakeholder und ihr Beitrag zum Unternehmen

Nach Auffassung der Vertreter des Stakeholderkonzepts haben alle Personen oder Personengruppen, die von den Entscheidungen des Unternehmens betroffen sind, Ansprüche an das Unternehmen. Eine Begründung für die Ansprüche leiten die Vertreter des Stakeholderkonzepts von der Tatsache ab, dass die Anspruchsgruppen einen **Beitrag zum Unternehmen** leisten.

1 Zu Einzelheiten siehe: www.corporate-governance-code.de/

In der nachfolgenden Tabelle sind die Anspruchsgruppen, der Anspruch gegenüber dem Unternehmen und der Beitrag zum Unternehmen aufgelistet.

Anspruchsgruppen	Anspruch gegenüber dem Unternehmen	Beitrag zum Unternehmen
Eigenkapitalgeber (Eigentümer, Anteilseigner)	Mehrung des eingesetzten Kapitals (Gewinnausschüttung und Kapitalzuwachs)	Eigenkapital
Fremdkapitalgeber	Zeitlich und betragsmäßig festgelegte Tilgung und Verzinsung des eingesetzten Kapitals	Fremdkapital
Arbeitnehmer	Leistungsgerechte Entlohnung, motivierende Arbeitsbedingungen, Arbeitsplatzsicherheit	Ausführende Arbeit
Management	Gehalt, Macht, Einfluss, Prestige	Dispositive Arbeit
Kunden	Preisgünstige und qualitative Güter	Abnahme hochwertiger Güter
Lieferanten	Zuverlässige Bezahlung, langfristige Lieferbeziehungen	Lieferung hochwertiger Güter
Allgemeine Öffentlichkeit	Steuerzahlungen, Einhaltung der Rechtsvorschriften, schonender Umgang mit der Umwelt	Infrastruktur, Rechtsordnung, Umweltgüter

Quelle: Wöhe, Günter; Döring, Ulrich: Einführung in die Allgemeine Betriebswirtschaft, 24. Aufl., München 2010, S. 51.

1.3.2.2 Berücksichtigung von Interessen der Stakeholder

(1) Interessen von Stakeholdern

Das Unternehmen ist, um dauerhaft existieren zu können, auf die Kooperation mit den angeführten Anspruchsgruppen angewiesen und versucht deshalb, die **Interessen der Stakeholder** zu erfüllen.

Nebenstehend sind die Interessen zweier wichtiger Stakeholdergruppen – die Arbeitnehmer und die allgemeine Öffentlichkeit – aufgeführt.[1]

Arbeitnehmer	▪ gerechte Entlohnung ▪ gute Arbeitsbedingungen ▪ betriebliche Sozialleistungen ▪ Arbeitsplatzsicherheit ▪ Mitbestimmung ▪ ...
Allgemeine Öffentlichkeit	▪ Ressourcenschonung ▪ Begrenzung von Schadstoffemission ▪ Abfallvermeidung ▪ Abfallrecycling ▪ ...

Seit den 1970er-Jahren hat sich insbesondere in den angelsächsischen Ländern die Erkenntnis durchgesetzt, dass die Unternehmen nicht nur auf gesellschaftliche Erwartungen reagieren, sondern sie aktiv mitgestalten sollten. Daraus entwickelte sich der **Corporate-Social-Responsibility-Gedanke,** der das Stakeholderkonzept ergänzt.

1 Quelle: Angelehnt an Wöhe, Günter; Döring, Ulrich: Einführung in die Allgemeine Betriebswirtschaft, 24. Aufl., München 2010, S. 70.

(2) Corporate Social Responsibility (CSR)

Corporate Social Responsibility (CSR)[1] ist ein Konzept **gesellschaftlicher Verantwortung** von Unternehmen, das sich am Prinzip **Nachhaltigkeit** orientiert, sich auf die Bereiche **Ökonomie, Ökologie** und **Soziales** erstreckt, verantwortungsbewusste Beziehungen unterhält zu den **Mitarbeitern** und den **relevanten Anspruchsgruppen,** die einen Beitrag zum Unternehmen leisten.

In welchen Bereichen sich ein Unternehmen im Einzelnen engagiert, hängt ab von Besonderheiten des Unternehmens, von der Branche und von den Märkten, in denen es tätig ist. Zur Förderung von CSR haben sich Unternehmen zu Netzwerken zusammengeschlossen.

Nach dem gemeinsamen Verständnis von CSR in Deutschland[2] nehmen Unternehmen die **gesellschaftliche Verantwortung** wahr, indem sie beispielsweise

- Mitarbeiterinnen und Mitarbeiter fair behandeln,
- Menschenrechte wahren und durchsetzen helfen,
- verstärkt in Bildung investieren,
- kulturelle Vielfalt und Toleranz innerhalb des Betriebs fördern,
- mit natürlichen Ressourcen schonend und effizient umgehen,
- darauf achten, in der Wertschöpfungskette sozial und
- ökologisch verantwortungsvoll zu produzieren,
- für einen fairen Wettbewerb eintreten,
- Maßnahmen zur Korruptionsbekämpfung unterstützen,
- Transparenz hinsichtlich der Unternehmensführung herstellen und
- die Verbraucherinteressen beachten.

Die entsprechende Vereinbarung auf internationaler Ebene ist der sogenannte **Global Compact.**

CSR-Maßnahmen sind heute bei großen Unternehmen verstärkt Gegenstand strategischer Planung und werden eng mit anderen Aktivitäten der Öffentlichkeitsarbeit abgestimmt. Die Unternehmen haben erkannt, dass die Übernahme sozialer und ökologischer Verantwortung mittel- und langfristig zur **Steigerung des Unternehmenserfolgs** beiträgt.

Dass sich das Stakeholderkonzept aufgrund der stark divergierenden[3] Interessen der Anspruchsgruppen (siehe Tabelle auf S. 28) in der Realität durchsetzen kann, ist kaum zu erwarten. Derzeit überwiegt in der Unternehmenspraxis eindeutig das Shareholderkonzept.

---

1 Angelehnt an die Definition von CSR-Deutschland. http://www.csrgermany.de/www.csr_cms_relaunch.nsf/id/csr-konkret.de, 12.12.2011 und KOM 2006, 136, endgültig, S. 2 (Mitteilung der Kommission an das Europäische Parlament, den Rat und den europäischen Wirtschafts- und Sozialausschuss).

2 Vgl. http://www.csr-in-deutschland.de/portal/generator/8276/property=date/2009_04_28_zweites_csr_forum_anlage.pdf, 12.12.2011; vgl. auch Mitteilung der Europäischen Kommission KOM 2001, 366 endgültig.

3 **Divergieren**: auseinandergehen, auseinanderstreben.

1.3.3 Vergleich des Shareholderkonzepts mit dem Stakeholderkonzept

Die Gegenüberstellung von Shareholder- und Stakeholderkonzept zeigen deutliche Unterschiede:

	Shareholderkonzept	**Stakeholderkonzept**
Unternehmensziel	Wertorientierte Unternehmensführung; Maximierung des Aktionärsnutzens (Kurssteigerung, Dividende)	Nachhaltige Unternehmensführung, sinnvolles Überleben des Unternehmens
Hauptanspruchsgruppe	Aktionäre (Anteilseigner)	Sämtliche Anspruchsgruppen (Management, Aktionäre, Kreditgeber, Arbeitnehmer, Kunden, Lieferanten, Öffentlichkeit, Staat)
Erfolgsmaßstab	Wertsteigerung des Eigenkapitals	Befriedigung sämtlicher Anspruchsgruppen
Hauptprobleme	■ kurzfristige Manipulation der Gewinnsituation ■ Vernachlässigung sozialer und ökologischer Ziele ■ schlechtes Image	■ Heterogenität der Ansprüche ■ Unübersichtlichkeit/Komplexität der Ziele ■ Akzeptanzprobleme im Management

In der öffentlichen Meinung wird der Stakeholderansatz meistens positiver dargestellt als der Shareholderansatz. Die Ansätze sind bei genauer Betrachtung jedoch gar nicht so unversöhnlich: So liegt es auch in der Natur des Shareholderansatzes, dass – wenngleich der Aktionär unbestritten im Vordergrund steht – die Interessen anderer Gruppierungen nicht vernachlässigt werden dürfen, wenn langfristig Gewinne für die Aktionäre erwirtschaftet werden sollen. Kein Unternehmen kann in gesättigten Käufermärkten langfristig überleben, wenn es nicht die Wünsche seiner Kunden nach qualitativ hochwertiger Ware zu erschwinglichen Preisen verbunden mit hoher Lieferbereitschaft, guter Verfügbarkeit und zufriedenstellendem Kundendienst erfüllt. In ähnlicher Weise ist es für innovative Technologieunternehmen, die auf hoch qualifizierte Arbeitnehmer angewiesen sind, ein Muss, ihre Mitarbeiter durch ein angenehmes Betriebsklima, hohe Löhne und gute Aufstiegschancen im Unternehmen zu halten, wenn weiterhin erfolgreiche Produkte entwickelt und auf den Markt gebracht werden sollen.

Zusammenfassung

- Beim **Shareholderkonzept** sind vorrangig die Unternehmensziele zu verfolgen, die den Marktwert des Eigenkapitalanteils erhöhen.
- Um sich vor **Opportunismus** und **Unfähigkeit** der Geschäftsführer **zu schützen,** wurden unter dem Stichwort **„Corporate Governance"** Regelungen zur zweckmäßigen Leitung und Überwachung von Unternehmen entwickelt.
- Die **Corporate Governance** hat das Ziel, durch eine bestmögliche Verteilung von Verfügungsrechten die Unternehmensführung und -kontrolle zu optimieren.
- Das **Stakeholderkonzept** erweitert den Shareholderansatz, indem neben einer rein finanziellen Zielperspektive auch eine soziale und ökologische Verantwortung verlangt wird, die eine gesellschaftliche Akzeptanz einschließt.

- Ziel der Unternehmensleitung ist, die **Interessen aller Anspruchsgruppen** in angemessener Weise **zu berücksichtigen.**
- Eine wichtige **Ergänzung des Stakeholderkonzepts** stellt das **Corporate-Social-Responsibility-Konzept** dar.

Übungsaufgaben

4 Shareholder- und Stakeholderkonzept

1. Grenzen Sie einzelwirtschaftliche Zielsetzungen von gesamtwirtschaftlichen Zielsetzungen ab!

2. Stellen Sie die Grundzüge des Shareholderkonzepts dar!

3. 3.1 Nennen Sie die Stakeholder einer Personengesellschaft!

   3.2 Erläutern Sie, welchen wichtigen Anspruch ein Stakeholder, abgesehen von den finanziellen Ansprüchen, hat!

   3.3 Nehmen Sie Stellung, inwiefern Stakeholder das Unternehmen beeinflussen können!

4. Erläutern Sie die nebenstehende Abbildung!

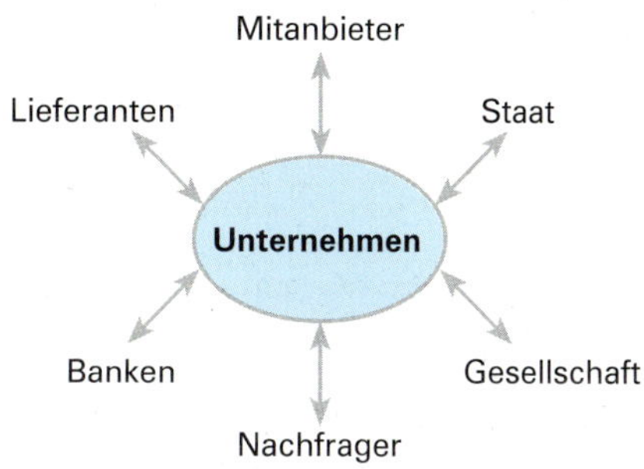

5. Zitat eines Verfechters des Shareholderkonzepts, dem liberalen Ökonomen Milton Friedman:

   „Die einzige soziale Verantwortung der Unternehmung ist es, im Rahmen geltender Gesetze Gewinne zu erzielen. Jedes weitere Verfolgen sozialer Ziele ist Diebstahl an den Aktionären. Die Geschäftsleitungen sind nicht gewählte Volksvertreter und haben deshalb auch kein soziales Mandat. Sie dürften sich deshalb auch nicht anmaßen, das Geld des Aktionärs im Namen der sozialen Verantwortung nach nicht-ökonomischen Kriterien auszugeben."

   Aufgabe:

   Nehmen Sie zu Kernaussagen des Textes Stellung!

6. 6.1 Erklären Sie, warum die Eigenkapitalgeber großer Unternehmen gezwungen sind, einen Ordnungsrahmen für die Unternehmensführung zu schaffen!

   6.2 Erläutern Sie die wesentliche Zielsetzung der Corporate Governance!

7. 7.1 Beschreiben Sie die Grundidee des Stakeholderkonzepts!

   7.2 Zeigen Sie auf, inwiefern der Corporate-Social-Responsibility-Ansatz das Stakeholderkonzept unterstützt!

   7.3 Erläutern Sie Gründe, die ein Unternehmen zu CSR-Aktivitäten veranlasst!

5

1. Die einseitigen Zielvorgaben (z. B. Gewinn- und/oder Umsatzmaximierung, Senkung der Herstellungskosten) des Managements haben in der Vergangenheit meistens dazu geführt, dass alle Aspekte[1] und Auswirkungen vernachlässigt („ausgeblendet") wurden, die nicht mit dem unmittelbaren Erfolg einer Zielvorgabe zusammenhängen. Die Auswirkungen erfolgsorientierter Unternehmensentscheidungen z. B. auf andere Mitglieder der Gesellschaft, auf spätere Generationen, auf die Tiere, Pflanzen, Böden und das Wasser (Umwelt) sowie auf die Gesundheit der Arbeitnehmer wurden zur effizienten (wirtschaftlichen) Realisierung kurzfristiger betriebswirtschaftlicher Erfolge (z. B. Erzielung eines höheren Gewinnes, Erhöhung des Marktanteils bei einem bestimmten Produkt) bewusst nicht beachtet. Die erzielten Erfolge wurden jedoch oft mit hohen Belastungen der Umwelt (z. B. Wald- und Bodenschäden, Verschmutzung der Gewässer) erkauft, wodurch der Volkswirtschaft und Umwelt langfristige und zum Teil irreversible[2] Schäden entstanden sind.

   Aufgaben:

   1.1 Arbeiten Sie heraus, worauf die einseitigen Zielvorgaben zurückzuführen sind!

   1.2 Nehmen Sie Stellung, welche Prioritäten Ihrer Ansicht nach die Umweltschutzziele im Zielsystem der Unternehmen haben sollen!

   1.3 Erklären Sie, warum einseitige Zielvorgaben einen wirksamen Umweltschutz verhindern!

   1.4 Ziele können in verschiedenen Beziehungen zueinander stehen:
   - *Komplementäre Zielbeziehung:* Wird ein Ziel (Z1) verfolgt, fördert dies ein anderes Ziel (Z2).
   - *Indifferente (neutrale) Zielbeziehung:* Wird ein Ziel (Z1) verfolgt, hat dies keine Auswirkungen auf ein anders Ziel (Z2).
   - *Konkurrierende (konfliktäre) Zielbeziehung:* Wird ein Ziel (Z1) verfolgt, vermindert dies das Erreichen eines anderes Ziels (Z2).

   Stellen Sie die Zielbeziehungen in einem zweidimensionalen Koordinatensystem grafisch dar!

2. Die folgenden Aufgaben beziehen sich auf das Unternehmensleitbild der Sportartikelfabrik Sport-Burr KG (siehe S. 14). Lesen Sie das Unternehmensleitbild sorgfältig durch und lösen Sie anschließend die folgenden Fragen:

   Aufgaben:

   2.1 Ordnen Sie die im Unternehmensleitbild angesprochenen Ziele verschiedenen Zielarten zu und bestimmen Sie, welche Zielart im Vordergrund steht!

   2.2 Leiten Sie aus dem Unternehmensleitbild einen möglichen Zielkonflikt und eine Zielharmonie ab und bilden Sie hierzu jeweils ein Beispiel!

   2.3 Erläutern Sie das Shareholderkonzept und das Stakeholderkonzept und beschreiben Sie die Stellung der Shareholder und Stakeholder im vorliegenden Unternehmensleitbild!

   2.4 Untersuchen Sie, inwiefern das Unternehmensleitbild bereits Lösungen für mögliche Zielkonflikte enthält!

---

1 **Aspekt** (lat.): Ansicht, Betrachtungsweise, Gesichtspunkt.

2 **Irreversibel** (lat.): nicht (wieder) umkehrbar; z. B. Vorgänge (Schäden), die nicht rückgängig gemacht werden können.

2 Organisationsformen

2.1 Begriff Organisation

Organisation ist ein System von **geplanten Regelungen** und **Arbeitsanweisungen,** durch das der **Betriebsaufbau** und die **betrieblichen Abläufe** gestaltet werden.

Die Organisation als System von Regelungen und Anweisungen setzt Tätigkeiten voraus, die

- regelmäßig anfallen **(Wiederholbarkeit),**
- in gleicher oder wenigstens ähnlicher Weise bewältigt werden müssen **(Gleichartigkeit)** und
- auf mehrere Personen (Stellen), Abteilungen oder Abteilungsgruppen verteilt werden können **(Teilbarkeit).**

Beispiel:

Das Öffnen der Briefpost ist eine Tätigkeit, die sich ständig wiederholt. Es handelt sich außerdem um eine gleichbleibende Tätigkeit, die von einer Person bzw. von mehreren Personen in einer Abteilung (z.B. in der Poststelle) vorgenommen werden kann.

Im Rahmen der Organisation werden die anstehenden Aufgaben in einzelne Teilaufgaben zerlegt und an Mitarbeiter verteilt, es werden Anordnungsbefugnisse übertragen und Menschen und Sachen einander zugeordnet. Insbesondere sind zu regeln: die **Rangordnungsverhältnisse der Mitarbeiter** zueinander **(Aufbauorganisation)** und der **Ablauf der Arbeitsprozesse (Ablauforganisation).**[1]

Art der Organisation	Erläuterungen	Beispiele
Aufbau-organisation	Sie legt die Aufgaben und Zuständigkeiten von Mitarbeitern fest. Sie befasst sich mit Institutionen, Stellen, Abteilungen.	Sie sagt u.a. darüber etwas aus, welcher Mitarbeiter für den Verkauf der Erzeugnisgruppe A zuständig ist.
Ablauf-organisation	Sie legt die zeitliche und räumliche Ordnung der Arbeitsabläufe fest. Sie befasst sich mit Arbeits- und Bewegungsabläufen.	Sie legt u.a. die zeitliche Reihenfolge der Arbeitsgänge bei der Herstellung einer Werkzeugmaschine fest.

2.2 Aufbauorganisation

2.2.1 Aufgabengliederung

(1) Begriff Aufbauorganisation

Die **Aufbauorganisation** legt die **Aufgaben** und **Zuständigkeiten** von Mitarbeitern fest. Die Gestaltung erfolgt über die Bildung von **Stellen** und **Abteilungen.**

1 Es handelt sich hier um eine theoretische Begriffstrennung. In der Realität sind die Organisationsstruktur eines Betriebs und die darin anfallenden Abläufe untrennbar miteinander verbunden, d.h., die Organisation von Ablauf und Aufbau müssen synchron (gleichzeitig, gleichlaufend) erfolgen.

3 Speth u.a. - ISBN 978-3-8120-0536-4

(2) Aufgabengliederung

Zu Beginn der organisatorischen Arbeiten muss die bereits festgelegte Gesamtaufgabe des Betriebs zerlegt werden. Die Zerlegung der Gesamtaufgabe kann grundsätzlich nach zwei Gesichtspunkten vorgenommen werden: nach **Aufgaben (Funktionen)** oder nach **Objekten.**

Einteilungs-gesichtspunkte	Erläuterungen	Beispiele
Aufgaben (Funktionen)	Die Aufgliederung der Gesamtaufgabe erfolgt nach den betrieblichen Aufgaben. Die Gesamtaufgaben werden in **Hauptaufgaben** und in größeren Betrieben noch in **Teilaufgaben** gegliedert.	**Hauptaufgabe:** Materialwirtschaft **Teilaufgabe:** ■ Einkauf ■ Lager
Objekte	Die Aufgliederung der Gesamtaufgabe erfolgt nach Objekten, z. B. Warengruppen, Kundengruppen u. Ä.	Eine Möbelfabrik gliedert sich z. B. nach den Warengruppen ■ Wohnzimmermöbel ■ Küchenmöbel ■ Schlafzimmermöbel

Wird die Unternehmensorganisation nach den Funktionen ausgerichtet, so spricht man auch von einer **aufgabenorientierten Unternehmensorganisation.**

2.2.2 Stellenbildung

(1) Begriff Stellenbildung

Ziel der Aufgabengliederung ist es, abgegrenzte Teilaufgaben zu definieren. Mehrere dieser Teilaufgaben (z. B. Werkstoffe und Dienstleistungen einkaufen, Belege buchen, Eingangsrechnungen prüfen) werden im folgenden Schritt, der Stellenbildung, zu größeren Aufgabeneinheiten zusammengefasst, die von einer Person bewältigt werden können. Die von einer Person durchzuführende Arbeit nennt man **Stellenaufgabe.** Die mit einer Stellenaufgabe betraute Person besetzt eine **Stelle,** sie ist Stelleninhaber. Die Stelle ist das **Grundelement der Aufbauorganisation.**

> Die Zusammenfassung von Teilaufgaben zu einem Arbeitsbereich für eine Person bezeichnet man als **Stellenbildung.**

(2) Stellenbeschreibung

> Die **Stellenbeschreibung** hat die Einordnung einer Stelle in den hierarchischen Aufbau eines Betriebs sowie die Aufgaben (Funktionen) einer Stelle deutlich zu machen.

Vorteile der Stellenbeschreibung sind z. B.

- schnelle Einarbeitung neuer Stelleninhaber,
- Verringerung von Streitigkeiten wegen unklarer Zuständigkeiten,
- eindeutige Regelung der Über-, Neben- und Unterordnungen (Weisungsrechte),
- Grundlage für die Personalentwicklungsplanung.

Die Vorteile verkehren sich jedoch ins Gegenteil, wenn die Stellenbeschreibungen nicht an die sich ständig verändernden Arbeitsbedingungen angepasst werden.

Beispiel einer Stellenbeschreibung:

Stellenbeschreibung für die Terminkontrolle im Einkauf

1. **Bezeichnung der Stelle:** Terminsachbearbeiter.
2. **Zeichnungsvollmacht:** keine.
3. **Der Stelleninhaber ist unterstellt:** dem Facheinkäufer von Arbeitsplatz 2.
4. **Vertretung des Stelleninhabers:** Facheinkäufer des Arbeitsplatzes 2.
5. **Anforderungen an den Stelleninhaber:**
   - allgemeine Einkaufskenntnisse,
   - Zuverlässigkeit,
   - schnelles Erfassen von Zusammenhängen und
   - selbstständiges Arbeiten im Rahmen des ihm übertragenen Aufgabengebiets.
6. **Aufgaben und Zielsetzung der Stelle:**

   Der Stelleninhaber ist für die Überwachung der vereinbarten Liefertermine aller von uns erteilten Bestellungen verantwortlich. Er hat dafür zu sorgen, dass diese auch termingerecht erfüllt werden.

   Er hat die erforderlichen Maßnahmen zu ergreifen, um einen Lieferverzug durch rechtzeitige Erinnerung und Mahnung beim Lieferanten zu vermeiden. Im Fall eines unabwendbaren Lieferverzugs ist die unverzügliche Information der betreffenden Facheinkäufer erforderlich. Zur Erfüllung dieser Aufgabe steht dem Stelleninhaber Folgendes zur Verfügung:
   - ein an Lieferterminen orientiertes EDV-System,
   - eine wöchentliche Terminüberwachungs-Liste,
   - ein selbstständig geführtes Wiedervorlage-System, das es ermöglicht, ein ganzes Kalenderjahr im Überblick zu behalten,
   - ein EDV-gesteuertes Mahnwesen mit den Mahnstufen I, II und III sowie
   - eine wöchentliche Terminbesprechung mit der Arbeitsvorbereitung.

   Darüber hinaus steht dem Stelleninhaber ein PC mit Internetverbindung, das Telefax und ein Telefon zur Verfügung. Bei extrem wichtigen Terminen ist der Facheinkäufer zu verständigen, der sich in diesen Fällen direkt mit dem Lieferanten wegen einer geeigneten Lösung in Verbindung zu setzen hat.
7. **Tätigkeitsbeschreibung:**

7.1 Routinemäßige Kontrollen:

- Jeder Auftrag ist mit einem Liefertermin versehen. Ist dieser vorgegebene Termin überschritten, erscheint der Auftrag in der Terminüberwachungs-Liste.
- Ist die Lieferung eine Woche nach dem geforderten bzw. vereinbarten Liefertermin noch nicht erfolgt, wird eine Mahnung abgesandt. Diese Mahnung wird mit einem zusätzlichen Durchschlag versehen, wobei der Lieferant aufgefordert wird, diesen, mit den aktuellen Lieferdaten ausgefüllt, an uns zurückzusenden.
- Gleichzeitig nimmt der Stelleninhaber diesen Auftrag auf „Termin“, d.h., er legt ihn in sein Ablagesystem zur Wiedervorlage ab.

  Wichtig: Innerhalb einer Woche müssen sämtliche Aufträge mindestens einmal terminlich bearbeitet werden.

7.2 Gezielte Terminreklamationen:

- Bearbeitung der Reklamationslisten der Fertigungssteuerung LABOR und METALL.

  Die in diesen Listen aufgeführten Aufträge sind per E-Mail, Telefax oder per Telefon zu reklamieren. Diese Aufträge werden ebenfalls zur Wiedervorlage einsortiert. Das signalisiert dem Stelleninhaber, dass diese Aufträge einer ganz besonders scharfen Überwachung und Kontrolle zu unterziehen sind. Das reklamierte Material wird bereits in der Fertigung benötigt oder muss innerhalb weniger Tage vorliegen, um einen kontinuierlichen Fertigungsablauf zu gewährleisten. Nach Erhalt der Reklamationsantworten ist die Reklamationsliste mit den entsprechenden Angaben an die jeweilige Fertigungssteuerung zurückzugeben.

- In gleicher Weise wird verfahren, wenn Terminanfragen direkt aus dem Meisterbereich bzw. den jeweiligen Betriebsleitungen und der Dispostelle kommen.
- Aufträge aus wichtigen und dringenden Kommissionen behält der Facheinkäufer bei sich. Dies bedeutet, dass alle Aufträge aus dieser Kommission zweimal wöchentlich zu überwachen sind.
- Einmal pro Woche erfolgt eine Terminüberwachung im Laborbereich durch die Auftragskontrolldatei (AUKODA). Aus dieser Auftragskontrolldatei ist einmal zu entnehmen, ob überhaupt Zukaufteile in dieser Kommission enthalten sind und welchen Versand- bzw. Auslieferungstermin die jeweilige Kommission hat. Aufträge dieser Kommission werden terminlich anhand der in der AUKODA festgelegten Produktionsendtermine überprüft. Der Terminsachbearbeiter entscheidet selbstständig, ob und in welcher Form diese Aufträge zu reklamieren sind. Wird eine Mahnung vorgenommen, ist dieser Auftrag zusätzlich zur „Wiedervorlage" zum entsprechenden Termin einzusortieren.

7.3 Prüfung der Eingangsrechnungen:

Täglich erhält der Stelleninhaber alle Rechnungen. Dadurch ist er laufend über die Eingänge unterrichtet und kann deshalb gegebenenfalls notwendige Terminreklamationen verhindern. Zu diesen Rechnungen sind die jeweiligen Aufträge herauszusuchen.

8. Zusammenarbeit mit anderen Abteilungen:

Vom Stelleninhaber wird eine gute und positive Zusammenarbeit mit den entsprechenden Sachbearbeitern folgender Abteilungen verlangt: Wareneingang, Fertigungssteuerung und Dispositionsstelle.

9. Vergütung:

Die Stelle ist der Entgeltgruppe 10 zugeordnet.

2.2.3 Abteilungsbildung

Ein formales Kriterium zur Aufgabenverteilung ist die **Rangbildung** der Stellen. Dies rührt daher, dass es im Betrieb **Ausführungsaufgaben** und **Leitungsaufgaben** gibt. Aufgabe der **Instanz**[1] ist es, die rangniedrigeren Stellen zu leiten. Die Instanz mit den dazugehörigen rangniedrigeren Stellen zusammen bilden eine Abteilung.

> Eine **Abteilung** besteht aus mindestens einer **Instanz** und mehreren zugeordneten rangniedrigeren Stellen.

1 **Instanz:** zuständige Stelle.

Werden mehrere Instanzen stufenweise wiederum einer übergeordneten Instanz zugeordnet, so entsteht damit die Unternehmenshierarchie.

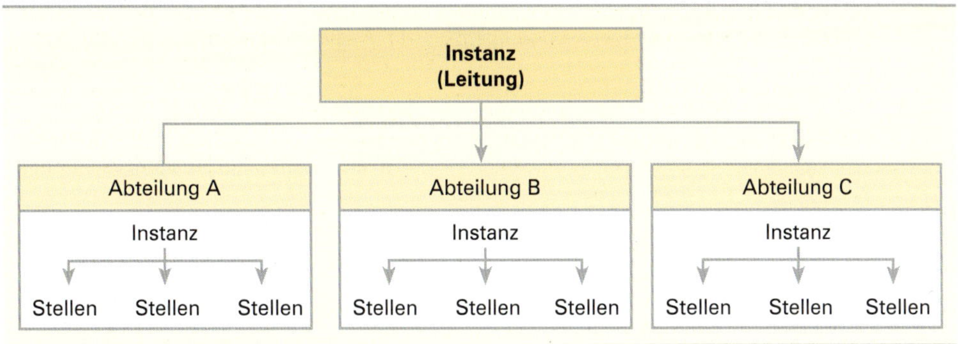

2.2.4 Organisationsplan (Organigramm)

Das Ziel der Aufgabengliederung ist die Bildung von Stellen und Abteilungen. Deren Zuordnung wird in Stellen- und Abteilungsplänen dokumentiert. Damit sind die organisatorischen Einheiten in ihrer Aufgabenstellung, Rangordnung zueinander und Beziehungsgestaltung festgeschrieben.

Stellen- und Abteilungspläne weisen die in einem Betrieb zu bildenden Stellen und Abteilungen aus und beschreiben deren Aufgabenbereiche, Rangordnung und Stellung im Betriebsaufbau.

Werden die einzelnen Stellen- und Abteilungspläne zu einem Gesamtplan zusammengefasst, so ergibt dies den Organisationsplan (ein Organigramm). Er bildet die organisatorische Aufbaustruktur des Betriebs vollständig ab.

- Der **Organisationsplan (das Organigramm)** fasst die einzelnen Stellen- und Abteilungspläne zusammen. Er zeigt die vollständige organisatorische Aufbaustruktur des Betriebs.
- Der Organisationsplan ist in der Regel eine **grafische Darstellung** der formalen Organisation.

Der Organisationsplan ist in der Regel eine grafische Darstellung der formalen Organisation. Üblicherweise wird der Organisationsplan in der übersichtlichen Kästchenform dargestellt. Er zeigt die Aufteilung der Tätigkeitsbereiche, die hierarchische Gliederung und in gewissem Umfang den formalen Kommunikationsaufbau.

Beispielhaft wird hier der Organisationsplan einer Kaffeerösterei vorgestellt (siehe Darstellung S. 38).

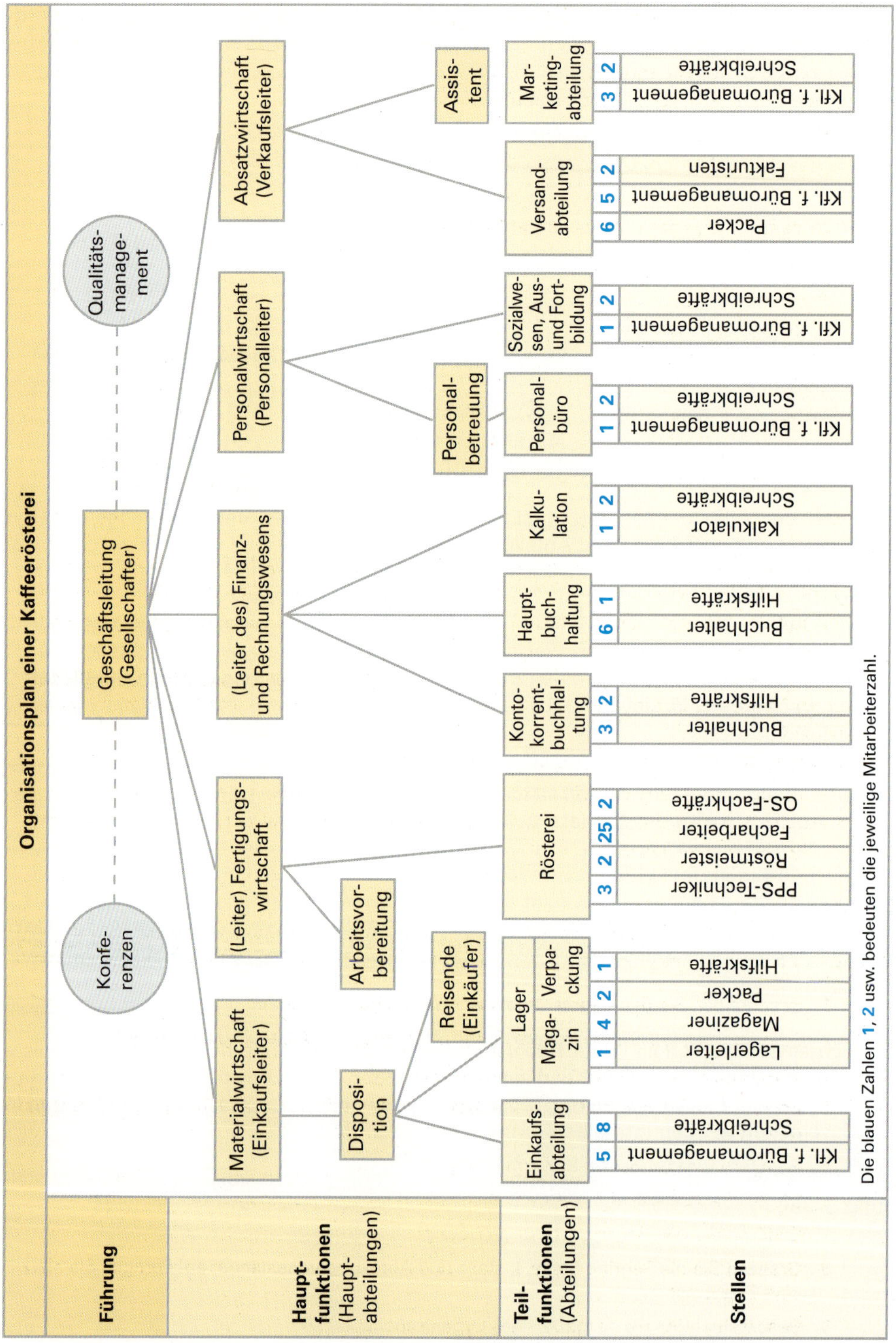
Organisationsplan einer Kaffeerösterei
Führung
Hauptfunktionen (Hauptabteilungen)
Teilfunktionen (Abteilungen)
Stellen
Konferenzen
Geschäftsleitung (Gesellschafter)
Qualitätsmanagement
Materialwirtschaft (Einkaufsleiter)
(Leiter) Fertigungswirtschaft
(Leiter des) Finanz- und Rechnungswesens
Personalwirtschaft (Personalleiter)
Absatzwirtschaft (Verkaufsleiter)
Disposition
Reisende (Einkäufer)
Arbeitsvorbereitung
Personalbetreuung
Assistent
Einkaufsabteilung
Lager
Magazin
Verpackung
Rösterei
Kontokorrentbuchhaltung
Hauptbuchhaltung
Kalkulation
Personalbüro
Sozialwesen, Aus- und Fortbildung
Versandabteilung
Marketingabteilung
5 Kfl. f. Büromanagement
8 Schreibkräfte
1 Lagerleiter
4 Magaziner
2 Packer
1 Hilfskräfte
3 PPS-Techniker
2 Röstmeister
25 Facharbeiter
2 QS-Fachkräfte
3 Buchhalter
2 Hilfskräfte
6 Buchhalter
1 Hilfskräfte
1 Kalkulator
2 Schreibkräfte
1 Kfl. f. Büromanagement
2 Schreibkräfte
1 Kfl. f. Büromanagement
2 Schreibkräfte
6 Packer
5 Kfl. f. Büromanagement
2 Fakturisten
3 Kfl. f. Büromanagement
2 Schreibkräfte
Die blauen Zahlen 1, 2 usw. bedeuten die jeweilige Mitarbeiterzahl.

Zusammenfassung

- **Organisation** ist ein System von Regelungen und Arbeitsanweisungen, durch das der Betriebsaufbau und die betrieblichen Abläufe gestaltet werden.
- Die **Aufbauorganisation** legt die Aufgaben und Zuständigkeiten von Mitarbeitern fest.
- Die Aufgabenbereiche können nach **Aufgaben (Funktionen)** und nach **Objekten** untergliedert werden.
- Nach dem **Umfang der Aufgabenbereiche** entstehen

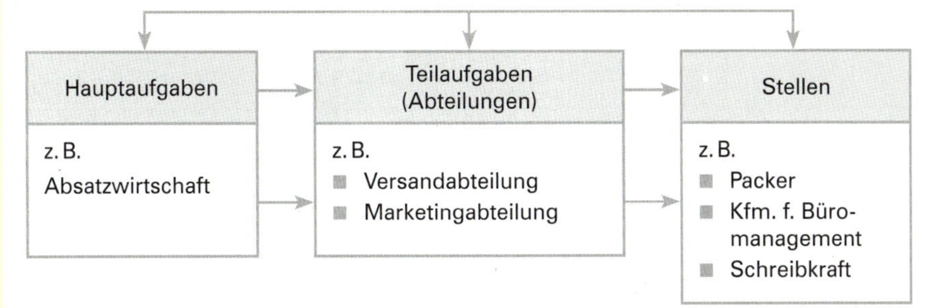

- Unter einer **Stelle** verstehen wir die Zusammenfassung von Teilaufgaben zu einem Arbeitsbereich für eine Person. Für eine Stelle wird in der Regel eine Stellenbeschreibung angefertigt.
- Eine **Abteilung** besteht aus mindestens einer **Instanz** und mehreren zugeordneten rangniedrigeren **Stellen.**
- Das Ergebnis der Aufgabengliederung ist die Festlegung von **Stellen- und Abteilungsgliederungsplänen.** Ihre Zusammenfassung ergibt den **Organisationsplan** (das **Organigramm**) des Betriebs.
- **Nachteile** der aufgabenorientierten Organisation sind:
  - Zwischen den einzelnen Aufgabenbereichen können Konflikte entstehen.
  - Bei der Auftragsabwicklung kommt es zu Zeitverzögerungen, worunter die Servicequalität und die Nähe zum Kunden leidet.

Übungsaufgabe

1. Beschreiben Sie den Begriff Organisation mit eigenen Worten!
2. Erläutern Sie, wo Sie die Hauptaufgabe der betrieblichen Organisation sehen!
3. Beschreiben Sie den Begriff Aufbauorganisation!
4. Beschreiben Sie die Kriterien, nach denen die betriebliche Gesamtaufgabe gegliedert werden kann!
5. Erläutern Sie den Begriff Stellenbildung!
6. Stellen Sie dar, was durch eine Stellenbeschreibung alles geregelt werden muss!
7. Erklären Sie den Begriff Abteilungsbildung!
8. Grenzen Sie die Begriffe Stelle, Instanz und Abteilung voneinander ab! Fertigen Sie hierzu eine Skizze an!
9. Beschreiben Sie die Aufgabe eines Organisationsplans!

3 Handelsrechtliche Grundlagen der Unternehmung

3.1 Kaufmann

(1) Geltungsbereich des Handelsrechts

Für die wirtschaftliche Tätigkeit des Kaufmanns gilt das Handelsrecht. Zum Handelsrecht gehören neben dem HGB und seinen Nebengesetzen (z. B. Scheck- und Wechselgesetz) u. a. das in verschiedenen Gesetzen geregelte Gesellschaftsrecht, das Recht des gewerblichen Rechtsschutzes sowie das Wertpapierrecht und das Bank- und Börsenrecht. Für den Kaufmann gilt das BGB nur subsidiär,[1] das bedeutet, dass das BGB nur insoweit Anwendung findet, als es für den Sachverhalt im Handelsrecht keine Sondervorschriften gibt.

Das **Handelsrecht** ist das Sonderprivatrecht für den Kaufmann.

(2) Begriff Kaufmann

Kaufmann im Sinne des HGB ist, wer ein **Handelsgewerbe** betreibt [§ 1 I HGB].

Ein Handelsgewerbe ist jeder Gewerbebetrieb,[2] wenn er einen nach Art oder Umfang in **kaufmännischer Weise eingerichteten Geschäftsbetrieb** erfordert. Merkmale eines kaufmännisch eingerichteten Geschäftsbetriebs sind z.B.

- doppelte Buchführung,
- Erreichen eines bestimmten Umsatzes,
- mehrere Beschäftigte,
- Produktvielfalt (Sach- und/oder Dienstleistungen),
- Gewinnziel und
- Zahl der Betriebsstätten.

(3) Abgrenzung des Begriffs Kaufmann vom Nichtkaufmann

Gewerbetreibende, deren Unternehmen **keinen** nach Art oder Umfang eines in kaufmännischer Weise eingerichteten Geschäftsbetrieb erforderlich macht, sind keine Kaufleute.

Hierzu gehören vor allem alle **Kleinbetriebe** sowie die **freien Berufe** (z. B. Rechtsanwälte, Architekten, Ärzte mit einer eigenen Praxis).

1 **Subsidiär:** zur Aushilfe dienend.

2 Ein **Gewerbebetrieb** liegt vor, wenn die Tätigkeit selbstständig und auf Dauer angelegt ist, planmäßig betrieben wird, auf dem Markt nach außen in Erscheinung tritt, nicht gesetzes- oder sittenwidrig ist und in der Regel eine Gewinnerzielungsabsicht beinhaltet.

(4) Formen des Kaufmanns

Istkaufmann

Ein **Gewerbetreibender,** dessen Unternehmen eine **kaufmännische Einrichtung** erforderlich macht, ist **in jedem Fall Kaufmann,** gleichgültig, ob er bereits im Handelsregister eingetragen ist oder nicht. Man spricht deswegen auch vom **Istkaufmann** [§ 1 HGB].

Der Istkaufmann ist **verpflichtet,** sich mit seiner Firma und mit sonstigen wichtigen Merkmalen seines Handelsgewerbes (z. B. Niederlassungsort, Zweck des Unternehmens, Gesellschafter) in das Handelsregister eintragen zu lassen. Die Eintragung erklärt nach außen, dass es sich um ein kaufmännisches Unternehmen handelt. Die Eintragung wirkt nur noch **deklaratorisch,**[1] was besagt, dass die Rechtswirkung schon vor der Eintragung in das Handelsregister eingetreten ist.

Kannkaufmann

- Ein **Kleinbetrieb** ist **kein Kaufmann** im Sinne des § 1 HGB und unterliegt daher **nicht** den **Vorschriften des HGB.**
- Ein Kleingewerbetreibender **kann** sich aber in das **Handelsregister eintragen lassen.** Mit der Eintragung ist er Kaufmann.
- Kleingewerbetreibende zählen deshalb zu den **Kannkaufmännern.**

Auch die Inhaber land- und forstwirtschaftlicher Betriebe und/oder ihrer Nebenbetriebe haben die Möglichkeit, sich ins Handelsregister eintragen zu lassen. Voraussetzung ist, dass diese Betriebe einen nach Art und Umfang in kaufmännischer Weise eingerichteten Geschäftsbetrieb erfordern [§§ 2, 3 II HGB].

Bei einem Kannkaufmann wirkt die Handelsregistereintragung **konstitutiv.**[2] Dies bedeutet, dass die Kaufmannseigenschaft erst mit der Handelsregistereintragung erworben wird.

Kaufmann kraft Rechtsform

Kaufmann kraft Rechtsform **(Formkaufmann)** sind die juristischen Personen des Handelsrechts ohne Rücksicht auf die Art der betriebenen Geschäfte und der Betriebsgröße.

Wichtige Beispiele für einen Kaufmann kraft Rechtsform sind die Gesellschaft mit beschränkter Haftung (GmbH)[3] sowie die Aktiengesellschaft (AG),[4] die mit der Eintragung in das Handelsregister Kaufmann werden. Bei einem Formkaufmann wirkt die Handelsregistereintragung **konstitutiv,** d. h., die Rechtswirkung tritt erst mit der Eintragung in das Handelsregister ein.

1 **Deklaratorisch** (lat.): erklärend, rechtserklärend. Deklaration (lat.): Erklärung, die etwas Grundlegendes enthält.

2 **Konstitutiv** (lat.): rechtsbegründend, rechtschaffend. Konstitution (lat.): Verfassung, Rechtsbestimmung.

3 Vgl. Kapitel 4.5, S. 73 ff.

4 Vgl. Kapitel 4.7, S. 86 ff.

3.2 Handelsregister

(1) Begriff Handelsregister

Das **Handelsregister** ist ein amtliches, öffentliches, elektronisch geführtes Verzeichnis aller Kaufleute eines Amtsgerichtsbezirks. Für die Führung des Handelsregisters sind die Amtsgerichte zuständig [§ 8 HGB; § 376 I FamFG].

- Für die **Anmeldungen zur Eintragung** ist eine **öffentliche Beglaubigung**[1] (z. B. durch einen Notar) erforderlich.
- Die für die Anmeldung erforderlichen **Unterlagen** sind **elektronisch einzureichen.**

(2) Aufgabe und Bedeutung des Handelsregisters

Die Aufgabe des Handelsregisters besteht darin, der **Öffentlichkeit** die Rechtsverhältnisse der eingetragenen kaufmännischen Gewerbebetriebe offenzulegen. Das Handelsregister ist frei zugänglich, d.h., jeder Interessierte kann ohne Angabe von Gründen in das Register Einsicht nehmen. Das Handelsregister gibt z. B. Auskunft über

- die Firma,
- die Rechtsform,
- den Gegenstand des Unternehmens,
- den (oder die) Geschäftsinhaber,
- die Haftungsverhältnisse,
- den Ort des Geschäftssitzes,
- die inländische Geschäftsanschrift der Handelsniederlassung,
- den Gegenstand des Unternehmens,
- die Vertretungsbefugnisse der Vertretungsorgane des Unternehmens und
- den Tag der Handelsregistereintragung.

Die Handelsregistereintragungen werden **elektronisch bekannt gemacht.** Auskünfte über die Eintragungen (z. B. Registerblätter, Gesellschafterlisten und Satzungen) können über das gemeinsame Justizportal aller Bundesländer (www.justiz.de) online eingesehen werden.[2] Zudem kann jeder auf elektronischem Wege (kostenpflichtig) Abschriften und Registerausdrucke erhalten.[3]

Das Handelsregister genießt **öffentlichen Glauben.** Zum Schutz des Vertrauens Dritter auf die bekannt gemachten Handelsregistereintragungen gilt die **Vermutung der Richtigkeit** der Handelsregistereintragungen.

1 **Beglaubigung**: Vom Notar wird die **Echtheit der eigenhändigen Unterschrift** des Erklärenden beglaubigt.

2 Die Einsichtnahme „vor Ort" ist grundsätzlich bei jedem Amtsgericht über ein Terminal möglich.

3 Außerdem besteht ein Unternehmensregister, das als bündelndes Portal über die Informationen des Handelsregisters hinaus alle wirtschaftlich relevanten Daten über Unternehmen zugänglich macht (www.unternehmensregister.de).

(3) Abteilungen des Handelsregisters

Das Handelsregister besteht aus zwei Abteilungen:

Abteilung A	Abteilung B
Hier werden u. a. eingetragen: ■ Einzelkaufleute, ■ OHG, ■ KG.	Hier wird u. a. eingetragen: ■ GmbH, ■ AG.

(4) Löschung

Die Löschung der Eintragung erfolgt dadurch, dass die Eintragung rot unterstrichen wird. Auf diese Weise können alle früheren Eintragungen zurückverfolgt werden.

3.3 Firma

(1) Begriff Firma

Die **Firma** ist der im Handelsregister eingetragene Name, unter dem ein Kaufmann sein Handelsgewerbe betreibt und seine Unterschrift abgibt [§ 17 I HGB]. Der Kaufmann kann unter seiner Firma klagen und verklagt werden [§ 17 II HGB].

Das Recht an einer bestimmten Firma ist gesetzlich geschützt. Das Gesetz schützt den Inhaber einer Firma beispielsweise davor, dass ein anderer Kaufmann am selben Ort eine nicht deutlich abweichende Firma annimmt [§ 30 HGB].

Eintragungsfähig ist – unabhängig von der Rechtsform des Unternehmens – jede Firma, die folgende Bedingungen erfüllt:

- Sie muss sich deutlich von **anderen Firmen unterscheiden** [§ 18 I HGB].
- Die **Geschäftsverhältnisse** müssen ersichtlich sein [§ 19 I HGB].
- Die **Haftungsverhältnisse** müssen offengelegt werden [§ 19 II HGB].
- Die Firma darf **nicht irreführend** sein (Irreführungsverbot nach § 18 II HGB).

Eine Firma ist von der Eintragung ins Handelsregister ausgeschlossen, wenn sie eine dieser Bedingungen nicht erfüllt.

(2) Firmenarten

Die einzutragenden Unternehmen können zwischen folgenden Firmenarten wählen:

Firmenart	Erläuterungen	Beispiele
Personenfirmen	Sie enthalten einen oder mehrere Personennamen.	Schneider & Bauer KG
Sachfirmen	Sie sind dem Zweck des Unternehmens entnommen.	Vereinigte Münsterländer Lebensmittelfabriken GmbH

Firmenart	Erläuterungen	Beispiele
Fantasiefirmen	Es handelt sich um erdachte Namen.	Fantasia Verlagsgesellschaft mbH, Impex KG
Gemischte Firmen	Sie enthalten sowohl einen oder mehrere Personennamen als auch einen dem Zweck des Unternehmens entnommenen Begriff und/oder einen Fantasienamen.	Arzneimittelfabrik Peter & Schmid GmbH; Paradiso Ferienpark GmbH

(3) Rechtsformzusätze

Den einzelnen Rechtsformen der Unternehmen sind **verbindliche Firmenzusätze (Rechtsformzusätze)** zugeordnet.

Beispiel:

Die Firma der Einzelunternehmung muss die Bezeichnung „eingetragener Kaufmann" bzw. „eingetragene Kauffrau" enthalten. Allgemein verständliche Abkürzungen dieser Bezeichnungen sind zulässig (z.B. e.K., e.Kfm., e.Kfr.) [§ 19 I, Nr. 1 HGB).

Freiwillige Firmenzusätze haben die Aufgabe, den Informationsgehalt einer Firma zu verstärken.

Beispiel:

Die Inhaberin einer Schuhfabrik firmiert wie folgt: „Inge Kern GmbH – Fabrik für den modernen Schuh".

(4) Pflichtangaben auf Geschäftsbriefen

Für sämtliche kaufmännischen Unternehmen[1] sind auf allen **Geschäftsbriefen, die an einen bestimmten Empfänger gerichtet sind,** folgende Angaben **verpflichtend** vorgeschrieben [§ 37a HGB]:

- die **Firma** (d.h. die Angabe der Rechtsform, z.B. „eingetragener Kaufmann"),
- der **Ort der Handelsniederlassung,**
- **das Registergericht,**
- **die Nummer,** unter der die Firma in das **Handelsregister eingetragen** ist und die Steuernummer [§ 14 I a UStG].

1 Pflichtangaben auf Geschäftsbriefen bestehen somit für die eingetragenen Einzelunternehmen, die offene Handelsgesellschaft [§ 125a HGB], die Kommanditgesellschaft [§ 177a HGB], die Aktiengesellschaft [§ 80 AktG], die Gesellschaft mit beschränkter Haftung [§ 35a GmbHG] und die eingetragene Genossenschaft [§ 25a GenG].

(5) Firmengrundsätze

Firmenwahrheit und -klarheit	Die Firma darf nicht über Art und/oder Umfang des Geschäfts täuschen.
Firmenöffentlichkeit	Jeder Kaufmann ist verpflichtet seine Firma und den Ort seiner Handelsniederlassung und deren spätere Änderungen zur Eintragung in das zuständige Handelsregister anzumelden. Damit wird erreicht, dass die Öffentlichkeit (also Kunden, Lieferanten, Banken, Behörden usw.) erfährt, unter welcher Firma Geschäftsvorgänge abgewickelt werden.
Firmenausschließlichkeit	Jede neue Firma muss sich von anderen an demselben Ort oder in derselben Gemeinde bereits bestehenden und in das Handelsregister eingetragenen Firmen deutlich unterscheiden. Bei gleichen Familiennamen der Inhaber muss ein Firmenzusatz eine eindeutige Unterscheidung ermöglichen.
Firmenbeständigkeit[1]	Die bisherige Firma kann beibehalten werden, wenn sich der Name des Inhabers ändert (z. B. bei Heirat), das Unternehmen durch einen neuen Inhaber fortgeführt wird (z. B. bei Verkauf oder Erbschaft) oder bei Eintritt eines zusätzlichen Mitinhabers (Gesellschafters). Voraussetzung für die Weiterführung der Firma ist die ausdrückliche Einwilligung des bisherigen Inhabers oder dessen Erben. Ein Zusatz, der auf das Nachfolgeverhältnis hinweist, ist möglich.

Zusammenfassung

- **Arten des Kaufmanns**

Istkaufmann	Kannkaufmann	Kaufmann kraft Rechtsform (Formkaufmann)
Alle Gewerbebetriebe, die einen in kaufmännischer Weise eingerichteten Geschäftsbetrieb benötigen	■ Kleinbetriebe ■ Land- und forstwirtschaftliche Betriebe, die nach Art und Umfang eine kaufmännische Einrichtung benötigen	Juristische Personen des Handelsrechts
Die Eintragung ins Handelsregister ist Pflicht	Die Eintragung ins Handelsregister ist freiwillig	Die Eintragung ins Handelsregister ist Pflicht
Eintragung wirkt deklaratorisch	Eintragung wirkt konstitutiv	

- Die **Firma** eines Kaufmanns ist sein im Handelsregister eingetragener Name, unter dem er seine Geschäfte betreibt und seine Unterschrift abgibt.
- Man unterscheidet **Personen-, Sach-, Fantasie-** und **gemischte Firmen.**

1 Der Grundsatz der Firmenbeständigkeit kann dem Grundsatz der Firmenwahrheit widersprechen, ist aber aus wirtschaftlichen Gründen gerechtfertigt. Denn viele alteingesessene Unternehmen haben sich im Laufe der Zeit einen guten Ruf erworben, sind also bei ihren Kunden bekannt. Um diesen Geschäftswert **(Goodwill)** nicht aufs Spiel zu setzen, muss es den Unternehmen erlaubt sein, auch bei Änderungen der Rechtsverhältnisse den bisherigen Namen beizubehalten.

Übungsaufgabe

7

1. Katja Stehlin übernimmt für verschiedene Verlage die Texterfassung. Sie hat zwei Teilzeitangestellte beschäftigt. Ihr Gewerbebetrieb erfordert keinen nach Art oder Umfang in kaufmännischer Weise eingerichteten Geschäftsbetrieb. Dennoch möchte sich Frau Stehlin ins Handelsregister eintragen lassen.

   Aufgaben:

   1.1 Unterbreiten Sie drei Vorschläge für einen Firmennamen!

   1.2 Erläutern Sie, was unter dem Begriff Firma zu verstehen ist!

   1.3 Katja Stehlin möchte wie folgt firmieren:

Die Texterfassung e. K.

   Beurteilen Sie, ob diese Firma zulässig ist!

   1.4 Auf den Rat eines Bekannten hin meldet Katja Stehlin beim Amtsgericht folgende Firma an:

Die Texterfassung Inh. Katja Stehlin e. K.

   Die Eintragung erfolgt am 24. Mai 20..

   Stellen Sie dar, welche rechtliche Wirkung die Handelsregistereintragung für Katja Stehlin hat!

2. Der Installateurmeister Ernst Kopf hat vor Jahren einen kleinen Reparaturbetrieb gegründet, der sich gut entwickelte. Heute beschäftigt er fünf Gesellen und zwei Angestellte. Sein Betrieb ist kaufmännisch voll durchorganisiert. Im Handelsregister ist Ernst Kopf nicht eingetragen.

   Aufgaben:

   2.1 Beurteilen Sie, ob Ernst Kopf Kaufmann ist!

   2.2 Der Steuerberater Klug macht Ernst Kopf darauf aufmerksam, dass er seinen Gewerbebetrieb ins Handelsregister eintragen lassen muss.
   Unterbreiten Sie einen Vorschlag, wie die Firma lauten könnte!

   2.3 Ernst Kopf lässt sich am 15. Februar 20.. unter der Firma „Ernst Kopf e. K. – Installateurfachbetrieb" ins Handelsregister eintragen.
   Erläutern Sie, welche rechtliche Wirkung die Handelsregistereintragung hat!

3. Entscheiden Sie folgenden Rechtsfall:

   Der Angestellte Fabian Kugel erwirbt die Lebensmittelfabrik Karl Klein e. K. Die neue Firma lautet „Fabian Kugel e. Kfm., Lebensmittelfabrik". Mit dem ehemaligen Inhaber Klein vereinbart Fabian Kugel, dass dieser die restlichen Verbindlichkeiten an die Lieferer persönlich zu begleichen habe. Karl Klein zahlt nicht. Bei Fälligkeit der Verbindlichkeiten verlangen die Gläubiger die Begleichung der Verbindlichkeiten von Fabian Kugel.

   Klären Sie die Rechtslage!

4. Die Wirkung von Handelsregistereintragungen kann deklaratorisch oder konstitutiv sein.

   Aufgaben:

   4.1 Erklären Sie, was jeweils hierunter zu verstehen ist!

   4.2 Ermitteln Sie, bei welchem Kaufmann die Handelsregistereintragung deklaratorisch, bei welchen sie konstitutiv ist!

4 Rechtsformen der Unternehmen

4.1 Rechtsformen im Überblick

(1) Begriff Rechtsformen

Die **Rechtsform** stellt die Rechtsverfassung eines Unternehmens dar. Sie regelt die Rechtsbeziehungen innerhalb des Unternehmens und zwischen dem Unternehmen und Dritten.

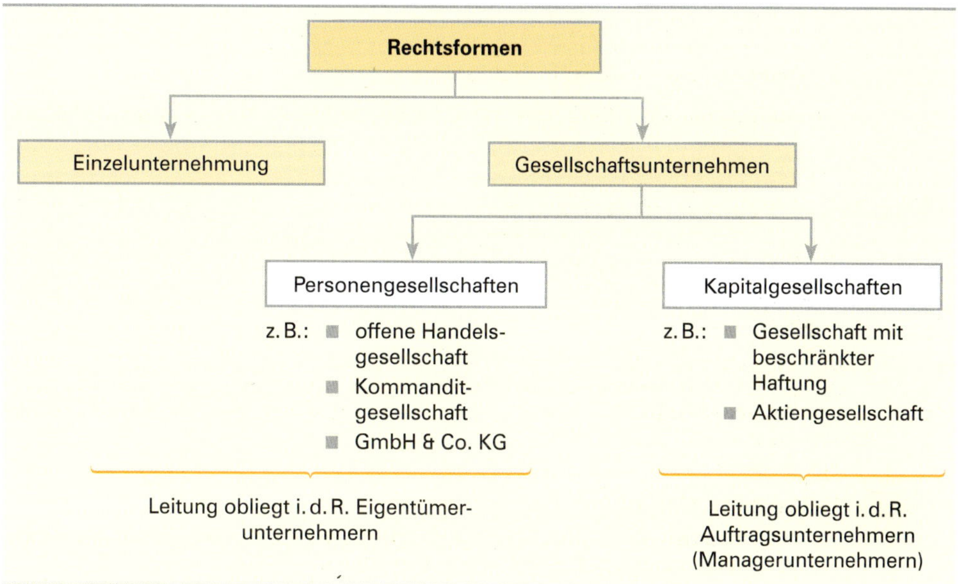

(2) Einzelunternehmung

Der Begriff **Unternehmer** kommt von „etwas unternehmen". Unternehmer ist also, wer es selbst „unternimmt", Geschäfte in eigenem Namen und auf eigene Rechnung mit vollem Risiko zu tätigen. Unternehmer dieser (ursprünglichen) Art bezeichnet man daher als **Einzelunternehmer.**

(3) Gesellschaftsunternehmen

Bei Gesellschaftsunternehmen schließen sich mehrere Kapitalgeber zusammen, um ein Unternehmen zu gründen. Je nachdem, ob die Kapitalgeber bereit sind, im Unternehmen mitzuarbeiten oder nur Kapital bereitzustellen, unterscheidet man in **Personengesellschaften** und in **Kapitalgesellschaften.**

- **Personengesellschaften**

Personengesellschaften bestehen aus mindestens **zwei Personen,** die sich in Form einer **Gesellschaft** zusammenschließen, um einen **bestimmten Zweck** zu verfolgen. Die Personen (Gesellschafter) stehen bei den Personengesellschaften im Vordergrund. Sie bringen ihre **persönliche Arbeitskraft** ein und sie **haften** – je nach Rechtsform – **unbeschränkt oder beschränkt** für die Schulden der Gesellschaft. Die Gesellschafter bezeichnet man daher auch als **Eigentümerunternehmer.**

Beispiele für **Personengesellschaften** sind:

- Offene Handelsgesellschaft (OHG),
- Kommanditgesellschaft (KG).

Kapitalgesellschaften

Die Möglichkeiten der Personengesellschaften reichen in kapitalintensiven[1] Wirtschaftszweigen nicht aus, um einen riesigen Kapitalbedarf zu decken. Es werden Kapitalgesellschaften gegründet.

Die **Eigenkapitalaufbringung** erfolgt durch viele „kleine" oder auch „große" **Kapitalanleger** (z. B. durch die GmbH-Gesellschafter bzw. Aktionäre), wobei das Risiko auf den Wert der Kapitaleinlage beschränkt wird. Die Leitung der Kapitalgesellschaften obliegt angestellten Geschäftsführern (z. B. bei der GmbH) oder Direktoren (z. B. Vorstandsmitgliedern der AG), die selbst nicht am Unternehmen beteiligt sein müssen. Die Leiter der Kapitalgesellschaften werden deshalb als **Managerunternehmer** bezeichnet.

Beispiele für **Kapitalgesellschaften** sind:

- Gesellschaft mit beschränkter Haftung (GmbH),
- Aktiengesellschaft (AG).

4.2 Einzelunternehmung

(1) Begriff Einzelunternehmer

Einzelunternehmer ist, wer es selbst „unternimmt", Geschäfte in **eigenem Namen** und auf **eigene Rechnung** mit **vollem Risiko** zu tätigen und hierzu sein **eigenes Geld- und Sachkapital** einsetzt.

(2) Firma

Die Firma der Einzelunternehmung richtet sich i. d. R. nach dem Vor- und Zunamen des Einzelunternehmers. Sie muss die Bezeichnung „eingetragener Kaufmann" bzw. „eingetragene Kauffrau" oder eine allgemein verständliche Abkürzung dieser Bezeichnung enthalten [§ 19 I, Nr. 1 HGB].

Beispiele:

Beauty-Farm Julia Starnecker, eingetragene Kauffrau; Textilwerke Daniel Schmidt e.Kfm.

1 Kapitalintensive Betriebe sind solche mit hohem Kapitalbedarf (z. B. Automobilhersteller, Stahlwerke, Werften, Eisenbahnen, Raffinerien).

(3) Anmeldung der Einzelunternehmung

Der Gründer **muss** seine neu zu gründende Einzelunternehmung vor allem bei folgenden öffentlichen Stellen anmelden:

■ Amtsgericht

Eine Anmeldung beim zuständigen **Amtsgericht** zur **Eintragung** in das **Handelsregister** ist erforderlich, sofern ein **Handelsgewerbe** vorliegt.

■ Gemeindebehörde

Der Gründer der Unternehmung muss seine zu gründende Unternehmung bei der für den betreffenden Ort zuständigen Behörde, z. B. beim **Gewerbeamt** der Gemeinde [§ 14 GewO] anmelden. Die Anmeldung erfolgt mithilfe eines Formulars. Gefordert werden

- persönliche Daten,
- private und betriebliche Adresse,
- Beginn und Art der Tätigkeit,
- voraussichtliche Zahl der Mitarbeiter.

Der Vordruck wird vom zuständigen Beamten abgestempelt, unterschrieben und an den Antragsteller zurückgegeben. Er ist der **Gewerbeschein:** der Beleg für die offizielle Anmeldung des Gewerbes. Die Bearbeitungsgebühr für den Gewerbeschein ist von Gemeinde zu Gemeinde unterschiedlich.

Die Gewerbeanmeldung (Fachausdruck: Gewerbeanzeige) verfolgt den Zweck, dem Gewerbeamt jederzeit über Zahl und Art der ansässigen Gewerbebetriebe Kenntnis zu geben. Dadurch soll eine wirksame Überwachung der Gewerbebetriebe gewährleistet werden.

Mit der Gewerbeanzeige werden auch die sonstigen Meldeverpflichtungen erfüllt. Die nachfolgend genannten Stellen erhalten je eine Ausfertigung von der Gewerbeanzeige:

- das **Finanzamt,** um die Abführung der Steuern zu gewährleisten,
- die **Berufsgenossenschaft** als Träger der gesetzlich vorgeschriebenen Unfallversicherung,
- die **Industrie- und Handelskammer** bzw. die **Handwerkskammer** als berufsständische Vertretung,
- das **Gewerbeaufsichtsamt** als Aufsichtsbehörde für Anlagen, die einer besonderen Überwachung bedürfen (z. B. Dampfkesselanlagen, Aufzugsanlagen, Getränkeschankanlagen).

Die Gewerbeanzeige ist nicht immer ausreichend. Für bestimmte Gewerbezweige ist eine behördliche Genehmigung erforderlich (z. B. für Spielhallen, Makler, Bauträger, Gaststätten, Reisegewerbe).

■ Sozialversicherungsträger

Werden Arbeitnehmer beschäftigt, so ist eine Anmeldung bei den Sozialversicherungsträgern (gesetzliche Krankenkassen, gesetzliche Pflegekassen, Deutsche Rentenversicherung [gesetzliche Rentenversicherung], Bundesagentur für Arbeit [gesetzliche Arbeitsförderung] und z. B. Berufsgenossenschaften [gesetzliche Unfallversicherung]) erforderlich, um Versicherungsschutz zu erhalten.

4 Speth u.a. - ISBN 978-3-8120-0536-4

(4) Merkmale einer Einzelunternehmung

Wer erfolgreich eine Einzelunternehmung gründen und führen will, der muss nicht nur die persönlichen und wirtschaftlichen Voraussetzungen beachten, sondern weitere typische[1] Merkmale der Einzelunternehmung berücksichtigen.

Die folgende Tabelle informiert deshalb über die bei der Unternehmensgründung und -führung zu beachtenden Unternehmensmerkmale.

Personenzahl	Der Einzelunternehmer ist **alleiniger Inhaber** (Gesellschafter) der Einzelunternehmung.
Geschäftsführung	Die Geschäftsführung, d.h. die Leitung der Einzelunternehmung, obliegt dem Einzelunternehmer allein. Er trifft alle Anordnungen in seinem Betrieb (also im **Innenverhältnis**) allein, ohne andere anhören zu müssen.
Vertretung	Das Recht auf Vertretung der Einzelunternehmung gegenüber Dritten (im **Außenverhältnis**) hat der Einzelunternehmer. Er schließt für die Einzelunternehmung alle erforderlichen Rechtsgeschäfte mit Dritten ab (z.B. Kaufverträge, Mietverträge, Kreditverträge).
Haftungsverhältnisse[2]	Der Einzelunternehmer haftet für alle Verbindlichkeiten der Einzelunternehmung mit seinem Geschäfts- und sonstigen Privatvermögen **unbeschränkt** und **unmittelbar (direkt).**
Eigenkapitalaufbringung	Das Eigenkapital stellt der Einzelunternehmer zur Verfügung. Über die **Höhe des aufzubringenden Eigenkapitals** gibt es **keine gesetzliche Vorschrift.**
Gewinn- und Verlustverteilung	Der Einzelunternehmer hat das Recht auf den gesamten **Gewinn.** Andererseits hat er den **Verlust** ebenfalls allein zu tragen.
Kreditwürdigkeit	Die Kreditwürdigkeit hängt vor allem von der **persönlichen Zuverlässigkeit,** Ehrlichkeit sowie den menschlichen und beruflichen **Erfahrungen, Kenntnissen, Fähigkeiten** sowie von der **Leistungsfähigkeit** und **-willigkeit** des Einzelunternehmers ab. Aufgrund der meistens beschränkten Finanzierung durch erzielte Gewinne und des relativ niedrigen, den Gläubigern haftenden Vermögens, ist die Kreditwürdigkeit nicht sehr hoch.
Form der Gründung	Für die Gründung der Einzelunternehmung bestehen **keine gesetzlichen Formvorschriften.** Erfordert die Unternehmung eine kaufmännische Einrichtung, ist eine Eintragung ins Handelsregister erforderlich. Werden in die Einzelunternehmung **Grundstücke** eingebracht, ist die **Schriftform** mit **notarieller Beurkundung**[3] erforderlich [§ 311 b I, S. 1 BGB].

(5) Auflösung der Einzelunternehmung

Sie liegt allein im Entscheidungsbereich des Einzelunternehmers, es sei denn, die Unternehmung wird wegen Zahlungsunfähigkeit im Rahmen eines Insolvenzverfahrens[4] aufgelöst. Auch die Umwandlung in eine andere Rechtsform (z.B. in eine OHG) führt zur Beendigung (Auflösung) der Einzelunternehmung.

1 **Typisch:** Kennzeichnend, z.B. für eine bestimmte Rechtsform eines Unternehmens charakteristisch.

2 Die Haftung betrifft die Rechtsbeziehung des Unternehmens mit außenstehenden Dritten und damit das **Außenverhältnis.**

3 Bei der **Beurkundung** werden die Willenserklärungen der Beteiligten von einem Notar in eine Urkunde aufgenommen. Der Notar beurkundet dabei die Unterschrift bzw. die **Unterschriften** und den **Inhalt der Erklärungen.**

4 **Insolvenz:** Zahlungsunfähigkeit.

(6) Bedeutung der Einzelunternehmung

Für den **Einzelunternehmer** hat diese Unternehmensform Vor- und Nachteile:

Vorteile	Nachteile
■ Keine Abstimmung der Entscheidungen mit anderen (Ausnahme: Mitbestimmung der Arbeitnehmer). ■ Schnelle Entscheidungsmöglichkeiten. ■ Rasche Anpassung an veränderte wirtschaftliche Verhältnisse (z. B. Aufnahme neuer Produkte). ■ Klarheit und Eindeutigkeit der Unternehmensführung. ■ Großes Eigeninteresse des Inhabers an der Arbeit, da ihm der Gewinn allein zusteht (Gewinn als Leistungsanreiz). ■ Keine Publizitätspflicht (Pflicht zur Veröffentlichung des Jahresabschlusses) bei kleinen und mittelgroßen Unternehmen.	■ Alleiniges Entscheidungsrecht liegt beim Einzelunternehmer (nachteilig bei unzureichender Qualifikation des Unternehmers). ■ Unter Umständen nachteilige Beeinflussung der betrieblichen Arbeit (des „Betriebsklimas") durch persönliche Charaktereigenschaften. ■ Gefahr, dass durch aufwendige Lebenshaltung des Inhabers die Existenz des Unternehmens aufs Spiel gesetzt wird. ■ In der Regel geringe Eigenkapitalkraft und beschränkte Kreditbeschaffungsmöglichkeiten. ■ Großes Haftungsrisiko.

Gesamtwirtschaftlich gesehen nimmt die Einzelunternehmung eine wichtige Stellung ein. Sie ist in allen Wirtschaftsbereichen zu finden. In der Landwirtschaft, im Einzelhandel und im Handwerk stellt die Einzelunternehmung die vorherrschende Unternehmensform dar. In der Industrie sind dagegen die Gesellschaftsunternehmen die wichtigsten Unternehmensformen.

Zusammenfassung

- Bei der **Einzelunternehmung** werden alle wichtigen Unternehmerfunktionen und Risiken vom Einzelunternehmer wahrgenommen, dem auch der Gewinn allein zusteht und der auch entstehende Verluste allein zu tragen hat.
- Wichtige **wirtschaftliche Voraussetzungen** sind, dass bei der Gründung und für die laufende Geschäftstätigkeit der Einzelunternehmung (z. B. für den Einkauf, die Lagerhaltung, die Leistungserstellung und den Verkauf) ausreichend Finanzmittel vorhanden sind und die Einzelunternehmung ihre Leistungen auch langfristig mit Gewinn verkaufen kann.
- Das **Haftungsrisiko** ist aufgrund der unbeschränkten und unmittelbaren alleinigen Haftung des Einzelunternehmers für die Geschäftsverbindlichkeiten hoch.
- Die **Kreditwürdigkeit** der Einzelunternehmung hängt vor allem von der persönlichen Zuverlässigkeit sowie von den beruflichen Fähigkeiten und Kenntnissen der Einzelunternehmer ab.

- Eine Einzelunternehmung verfügt grundsätzlich nur über ein **relativ niedriges Eigenkapital.** Aufgrund des niedrigen, den Gläubigern haftenden Eigenkapitals besteht für die Einzelunternehmung eine beschränkte Kreditbeschaffungsmöglichkeit.
- Die Einzelunternehmung muss vom Gründer z. B. beim Amtsgericht zur Handelsregistereintragung, beim Gewerbeamt und (wenn Arbeitnehmer beschäftigt werden) bei den **verschiedenen Sozialversicherungsträgern** (z. B. bei der Krankenkasse, Bundesagentur für Arbeit und Berufsgenossenschaft) **angemeldet** werden.

Übungsaufgabe

8 1. Heinz Augustin, Angestellter eines Softwareunternehmens, möchte sich selbstständig machen und als Einzelunternehmer Anwendersoftware erstellen und anbieten.

Aufgaben:

1.1 Nennen Sie drei persönliche Voraussetzungen, die Heinz Augustin mitbringen sollte, um das Softwareunternehmen erfolgreich führen zu können!

1.2 Notieren Sie die öffentlichen Stellen, bei denen Heinz Augustin sein neu gegründetes Unternehmen anmelden muss! Geben Sie jeweils den Grund für die Anmeldepflicht an!

1.3 Nennen Sie drei Gründe, die Heinz Augustin zur Wahl dieser Rechtsform veranlasst haben könnten!

1.4 Nennen Sie die Abteilung des Handelsregisters, in welche die Firma „Heinz Augustin e. Kfm., IT-Kompetenz" eingetragen wird!

2. Nennen und beurteilen Sie je drei Vor- und Nachteile der Einzelunternehmung

2.1 aus der Sicht der Arbeitnehmer,

2.2 aus der Sicht des Einzelunternehmers!

4.3 Offene Handelsgesellschaft (OHG)

4.3.1 Begriff, Firma und Gründung der OHG

(1) Begriff OHG

- Die **offene Handelsgesellschaft** (OHG) ist
  - eine **Gesellschaft** mit zwei oder mehr Gesellschaftern,
  - deren Zweck auf den Betrieb eines **Handelsgewerbes** unter **gemeinschaftlicher Firma** gerichtet ist und
  - bei der die **Haftung der Gesellschafter uneingeschränkt ist** [§ 105 I HGB].
- Die offene Handelsgesellschaft ist eine **Personengesellschaft.**

(2) Firma

Die Firma, unter der die OHG ihre Rechtsgeschäfte abschließt (z. B. Kauf-, Miet-, Arbeitsverträge), muss die Bezeichnung „offene Handelsgesellschaft" oder eine allgemein verständliche Abkürzung dieser Bezeichnung enthalten [§ 19 I, Nr. 2 HGB].

Beispiele:

Karl Wagner OHG; Wagner & Wunsch – offene Handelsgesellschaft; Wunsch OHG, Kraftfahrzeughandel und -reparaturen; Kölner Kraftfahrzeughandel und -reparaturen OHG.

Haftet in einer offenen Handelsgesellschaft keine natürliche Person, muss die Firma eine Bezeichnung enthalten, welche die Haftungsbeschränkung anzeigt.

Beispiele:

Fritz Kleiner GmbH & Co. OHG, Hans Schmied AG & Co. OHG.

(3) Gründung

Zur Gründung der OHG sind **zwei Voraussetzungen** erforderlich:

Abschluss eines Gesellschaftsvertrags

Der Gesellschaftsvertrag regelt das Rechtsverhältnis der Gesellschafter untereinander [§ 109 HGB]. Er kann mündlich abgeschlossen werden. In der Praxis wird er aber aus Gründen der Rechtssicherheit (Beweissicherheit) regelmäßig **schriftlich** abgeschlossen.[1] Im Gesellschaftsvertrag werden alle wesentlichen Rechte und Pflichten, die die Gesellschafter geregelt sehen wollen, festgehalten, z. B. die Art und Höhe der Kapitaleinlage,[2] die Gewinn- und Verlustverteilung, die Höhe der Privatentnahmen usw.

Eintragung ins Handelsregister

Die OHG ist beim zuständigen Registergericht zur Eintragung in das Handelsregister anzumelden [§ 106 I HGB]. Die Anmeldung beim Handelsregister muss von sämtlichen Gesellschaftern der OHG vorgenommen werden [§ 108 HGB]. Die **Anmeldung beim Registergericht** hat zu enthalten:

- Namen, Vornamen, Geburtsdatum und Wohnort jedes Gesellschafters,
- Firma der Gesellschaft und den Ort, wo sie ihren Sitz hat,
- Zeitpunkt des Geschäftsbeginns,
- Vertretungsmacht des Gesellschafters [§ 106 II HGB].

(4) Entstehung der Gesellschaft

Im Innenverhältnis	Das Unternehmen entsteht mit Abschluss des Gesellschaftsvertrags bzw. zu dem im Gesellschaftsvertrag festgelegten Termin.
Im Außenverhältnis	■ Betreibt die OHG ein Handelsgewerbe, so ist sie nach § 1 I HGB auch ohne Eintragung Kaufmann. In diesem Fall entsteht die OHG im **Außenverhältnis,** sobald ein Gesellschafter im Namen der OHG Geschäfte tätigt, z. B. einen Kaufvertrag abschließt **(deklaratorische Wirkung der Handelsregistereintragung).** ■ Erfordert das Unternehmen **keine kaufmännische Organisation,** entsteht die OHG im **Außenverhältnis** mit ihrer Eintragung (**konstitutive Wirkung der Handelsregistereintragung** [§ 1 II i. V. mit § 2 HGB].

1 Werden in die OHG Grundstücke eingebracht, ist Schriftform mit **notarieller Beurkundung** erforderlich (siehe §§ 311 b I, S. 1; 128 BGB).

2 Bei der OHG gibt es keine gesetzliche Vorschrift über die Höhe des Eigenkapitals.

Beispiel für einen Gesellschaftsvertrag

Verhandelt in Celle, den 10. Mai 20..
Vor dem unterzeichnenden Notar Dr. jur. Wilhelm Ambach in Celle erschienen heute:
Friedrich Stolz, Celle, und Frank Krug, Celle

Genannte Personen gaben nachstehende Erklärung zur notarischen Niederschrift. Sie schließen nachstehenden

Gesellschaftsvertrag

§ 1 Gründer

Herr Stolz betreibt in Celle unter der Firma Friedrich Stolz e. Kfm. eine Kfz-Reparaturwerkstatt. Er nimmt Herrn Krug als Gesellschafter einer zu gründenden offenen Handelsgesellschaft auf.

§ 2 Firma

Die offene Handelsgesellschaft erhält die Firma Stolz & Krug OHG.

§ 3 Sitz der Gesellschaft

Der Niederlassungsort der Gesellschaft ist Celle.

§ 4 Gegenstand und Dauer des Unternehmens

Die Gesellschaft betreibt auf unbestimmte Zeit die Reparatur und den An- und Verkauf von Kraftfahrzeugen samt Zubehör.

§ 5 Einlagen

Herr Stolz bringt seinen Gewerbebetrieb ein. Der Wert der Einlage wird entsprechend der letzten Bilanz vom 31. Dezember 20.. und mit Zustimmung von Herrn Krug mit 800 000,00 EUR angesetzt. Herr Krug beteiligt sich mit seinem Grundstück im Wert von 380 000,00 EUR.

§ 6 Mitarbeit (Geschäftsführung, Vertretung)

(1) Jeder Gesellschafter hat der Gesellschaft Stolz & Krug OHG seine volle Arbeitskraft zu widmen.

(2) Zur Geschäftsführung und Vertretung der Gesellschaft ist jeder Gesellschafter für sich allein berechtigt und verpflichtet.

(3) Geschäfte, deren Gegenstand den Wert von 50 000,00 EUR übersteigen, dürfen von beiden Gesellschaftern nur gemeinsam vorgenommen werden. Das Gleiche gilt uneingeschränkt für die Aufnahme von Krediten und das Eingehen von Wechselverbindlichkeiten.

§ 7 Privatentnahmen

Jeder Gesellschafter kann für seine Arbeitsleistung monatlich 5 000,00 EUR Privatentnahmen tätigen.

§ 8 Gewinn- und Verlustverteilung

Am Gewinn und Verlust sind Herr Stolz mit 60 %, Herr Krug mit 40 % beteiligt.

§ 9 Kündigung

Die Frist zur Kündigung des Gesellschaftsvertrages beträgt 10 Monate zum Schluss des Kalenderjahres.

§ 10 Tod eines Gesellschafters

Stirbt ein Gesellschafter, so wird die Gesellschaft mit dessen Erben fortgesetzt. Diese sind von Geschäftsführung und Vertretung ausgeschlossen.

gez. Stolz gez. Krug gez. Ambach, Notar

4.3.2 Pflichten und Rechte der Gesellschafter im Innenverhältnis

(1) Begriff Innenverhältnis

- Das **Innenverhältnis** regelt die Rechte und Pflichten zwischen den **Gesellschaftern untereinander** und zwischen **Gesellschaftern und Geschäftsführung.**
- Geregelt werden die Rechtsverhältnisse im **Gesellschaftsvertrag** sowie durch **zwingende Vorschriften des HGB.** Fehlen Regelungen im Gesellschaftsvertrag gelten die Bestimmungen des HGB.

Wagner & Wunsch OHG

Rechtsbeziehungen im **Innenverhältnis**:

Gesellschafter Wagner	geregelt durch: ← → Gesellschaftsvertrag, HGB und gegebenenfalls BGB	Gesellschafter Wunsch

(2) Pflichten der Gesellschafter im Innenverhältnis

- **Fristgemäße Leistung der festgesetzten Kapitaleinlage**

Die Kapitaleinlagen können in Geld, in Sachwerten und/oder in Rechtswerten geleistet werden (z.B. Buchgeld, Gebäude, Grundstücke, Maschinen, Patente). Die Summe der geleisteten Kapitaleinlagen bildet als gemeinschaftliches Vermögen der Gesellschaft ein Sondervermögen [§ 718 I BGB] und steht den Gesellschaftern zur **gesamten Hand** zu [§ 719 BGB]. Das persönliche Eigentum der Gesellschafter an ihren Einlagen erlischt. Die Einlagen der Gesellschafter werden **gemeinschaftliches Vermögen (Gesamthandsvermögen)** aller Gesellschafter. Ein einzelner Gesellschafter kann damit nicht mehr über seinen Kapitalanteil verfügen. Grundstücke werden im Grundbuch auf die OHG eingetragen. Alle Gesellschafter können nur noch gemeinsam über den einzelnen Gegenstand verfügen.

- **Persönliche Arbeitsleistung**

Die OHG wird allein schon deshalb zu den Personengesellschaften gerechnet, weil die Gesellschafter zur persönlichen Arbeitsleistung (Geschäftsführung) verpflichtet sind [§ 114 I HGB].

Pflichten der OHG-Gesellschafter (Innenverhältnis)
Leistung der Kapitaleinlage
Persönliche Arbeitsleistung
Wettbewerbsenthaltung
Verlustbeteiligung

- **Wettbewerbsenthaltung**

Die enge persönliche Bindung an die OHG verlangt von den Gesellschaftern, dass sie keine Geschäfte im Wirtschaftszweig der OHG auf eigene Rechnung machen oder als persönlich haftende Gesellschafter an einer anderen gleichartigen Handelsgesellschaft teilnehmen (z.B. als Gesellschafter in einer anderen OHG). Bei einer Verletzung des Wettbewerbsverbots kann die Gesellschaft Schadensersatz fordern oder in das betreffende Geschäft (z.B. Vertrag) eintreten und die Herausgabe der bezogenen Vergütung bzw. die Abtretung des Anspruchs auf die Vergütung verlangen [§ 113 I HGB]. Ferner können die übrigen Gesellschafter die Auflösung der OHG verlangen [§ 113 IV HGB].

Ein Gesellschafter kann jedoch mit Einwilligung der übrigen Gesellschafter von dem Wettbewerbsverbot entbunden werden.

■ Verlustbeteiligung

Nach der gesetzlichen Regelung wird der Verlust zu gleichen Teilen (nach „Köpfen") verteilt [§ 121 III HGB]. Abweichende vertragliche Regelungen sind möglich.

(3) Rechte der Gesellschafter im Innenverhältnis

■ Geschäftsführung

Die Geschäftsführungsbefugnisse der Gesellschafter richten sich nach dem Gesellschaftsvertrag, bei fehlender Vereinbarung nach dem HGB [§§ 114–116 HGB].

- Bei **gewöhnlichen Geschäften** besteht nach HGB **Einzelgeschäftsführungsrecht,** d.h., jeder einzelne Gesellschafter ist zur Vornahme aller Handlungen berechtigt, die der **gewöhnliche Betrieb** des Handelsgewerbes **dieses Unternehmens** mit sich bringt [§ 116 I HGB]. Widerspricht ein geschäftsführender Gesellschafter einer Geschäftsführungsmaßnahme eines Mitgesellschafters, so muss diese unterbleiben. Bei einem gewöhnlichen Geschäft steht jedem Gesellschafter ein **Vetorecht** zu.

Beispiele:

Arbeitsaufträge an Belegschaftsmitglieder erteilen, Rechnungen bezahlen, Bestellungen unterschreiben, Arbeitnehmer einstellen oder entlassen.

- Bei **außergewöhnlichen Geschäften** besteht nach HGB **Gesamtgeschäftsführungsrecht,** d.h., es bedarf eines Gesamtbeschlusses aller Gesellschafter [§ 116 II HGB].

  Eine Sonderregelung besteht bei der Ernennung eines Prokuristen.[1] Als ein außergewöhnliches Geschäft bedarf die Ernennung eines Prokuristen der Zustimmung aller Gesellschafter. Der Widerruf der Prokura kann dagegen durch jeden geschäftsführenden Gesellschafter in alleiniger Verantwortung erfolgen.

Beispiele:

Der Gesellschafter Albrecht befürwortet einen riskanten Aktienkauf zur Geldanlage. Dem Mitgesellschafter Berthold ist das Risiko zu hoch. Das Geschäft muss unterbleiben.

Weitere Beispiele für außergewöhnliche Geschäfte: Grundstückskäufe bzw. -verkäufe, Aufnahme neuer Gesellschafter, Änderung des Unternehmenszwecks, Aufnahme von Großkrediten.

Der **Gesellschaftsvertrag** kann vorsehen, dass bei **allen Geschäften** die Zustimmung aller Gesellschafter, der Mehrheit der Gesellschafter oder die von mindestens zwei Gesellschaftern vorliegen muss **(Gesamtgeschäftsführungsbefugnis).**

Auf Antrag der übrigen Gesellschafter kann einem Gesellschafter die Befugnis zur Geschäftsführung durch **gerichtliche Entscheidung** entzogen werden, wenn ein wichtiger Grund vorliegt (z.B. grobe Pflichtverletzung, Unfähigkeit zur ordnungsmäßigen Geschäftsführung [§ 117 HGB]).

■ Kontrollrecht

Die Gesellschafter (auch wenn sie von der Geschäftsführung ausgeschlossen sind) haben das Recht, sich über die Angelegenheiten der Gesellschaft persönlich zu unterrichten, in die Handelsbücher und Papiere der Gesellschaft einzusehen und sich hieraus einen Jahresabschluss (Bilanz und Gewinn- und Verlustrechnung) anzufertigen. Das Kontrollrecht ist **zwingendes Recht,** kann also nicht durch Gesellschaftsvertrag aufgehoben werden.

1 Die **Prokura** ist eine besonders weitgehende im Handelsgesetzbuch geregelte Vollmacht [§§ 48–53 HGB]. Der **Prokurist** ist zu allen gerichtlichen und außergerichtlichen Geschäften und Rechtshandlungen ermächtigt, die der Betrieb irgendeines Handelsgewerbes mit sich bringt [§ 49 I HGB].

Gewinnberechtigung

Jeder Gesellschafter hat Anspruch auf einen Anteil am Jahresgewinn. Ist im Gesellschaftsvertrag nichts anderes vereinbart, gilt das HGB [§ 121 HGB]. Danach erhalten die Gesellschafter zunächst eine 4 %ige Verzinsung der (jahresdurchschnittlichen) Kapitalanteile. (Falls der Gewinn nicht ausreicht, erfolgt eine entsprechend niedrigere Verzinsung.) Ein über die 4 % hinausgehender Rest wird unter die Gesellschafter „nach Köpfen", d. h. zu gleichen Teilen verteilt.

Mit dieser Regelung will das Gesetz zwei Gesichtspunkten gerecht werden:

- Mit der Verzinsung soll der möglicherweise **unterschiedlichen Kapitalbeteiligung** der Gesellschafter Rechnung getragen werden: Wer mehr Kapital einbringt, soll auch einen höheren Gewinnanteil haben.
- Mit der Verteilung des „Rests" nach Köpfen soll die Tatsache berücksichtigt werden, dass die **Mitarbeit und Haftung der Gesellschafter entlohnt** wird. Bei gleichmäßiger Verteilung des Rests wird unterstellt, dass die persönliche Mitarbeit der Gesellschafter gleichwertig ist.

Recht auf Privatentnahme

Da die Gesellschafter im Normalfall ihren Lebensunterhalt aus der Entlohnung ihrer unternehmerischen Tätigkeit bestreiten müssen, sieht das Gesetz vor, dass (bei fehlender sonstiger Vereinbarung) jeder Gesellschafter berechtigt ist, **während des Geschäftsjahrs** bis zu 4 % seines zu Anfang des Geschäftsjahrs vorhandenen Kapitalanteils zu entnehmen [§ 122 I HGB]. Dieses Recht zur Privatentnahme besteht auch dann, wenn die Gesellschaft derzeit Verluste erzielt.

Rechte der OHG-Gesellschafter (Innenverhältnis)
■ Geschäftsführung ■ Kontrollrecht ■ Gewinnberechtigung ■ Privatentnahme ■ Aufwandsersatz ■ Kündigung ■ Liquidationsanteil

Kündigungsrecht der Gesellschafter (Austritt aus der OHG)

Wenn keine Vereinbarung zwischen den Gesellschaftern getroffen wurde, gilt die gesetzliche Regelung: Kündigungsmöglichkeit unter Einhaltung der Kündigungsfrist von mindestens 6 Monaten zum Schluss des Geschäftsjahrs [§ 132 HGB].

Recht auf Liquidationserlös bei Auflösung der OHG [§ 155 HGB]

Wird die OHG aufgelöst, so ist das nach Abzug der Schulden verbleibende Vermögen im Verhältnis der Kapitalanteile unter die Gesellschafter aufzuteilen **(Recht auf Liquidationserlös).** Verbleibt nach der Liquidation der OHG ein negativer Kapitalanteil, so haben die Gesellschafter eine entsprechende **Ausgleichszahlung** zu erbringen.

4.3.3 Pflichten und Rechte der Gesellschafter im Außenverhältnis

(1) Begriff Außenverhältnis

- Das **Außenverhältnis** regelt die Rechtsbeziehungen zwischen **Gesellschaft und außenstehenden Dritten.**
- Aus Gründen der Rechtssicherheit gelten in erster Linie **zwingende gesetzliche Vorschriften** (z. B. Haftungs- und Vertretungsregelungen). Abweichende Vereinbarungen müssen, soweit sie gesetzlich zulässig sind, im Handelsregister eingetragen werden.

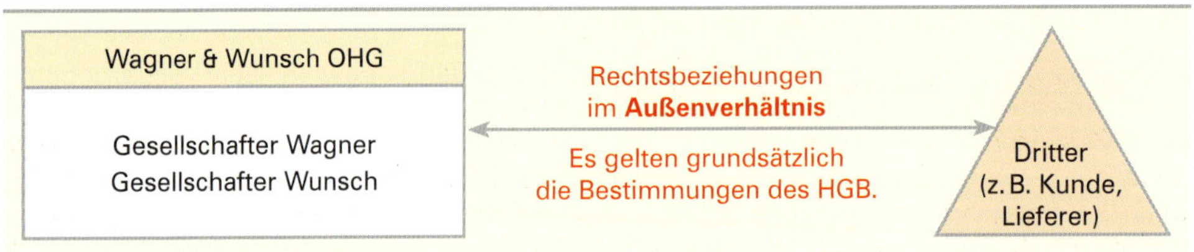

(2) Pflichten der Gesellschafter im Außenverhältnis

■ **Haftung** [§§ 128–130 HGB]

Die OHG-Gesellschafter haften

unbeschränkt	Die OHG-Gesellschafter haften mit ihrem Geschäftsvermögen **und** mit ihrem sonstigen Privatvermögen.
unmittelbar	Die Gläubiger (z. B. die Lieferanten) können die Forderungen nicht nur der OHG gegenüber, sondern zugleich unmittelbar (direkt) gegenüber **jedem OHG-Gesellschafter** geltend machen. Dies bedeutet, dass jeder einzelne Gesellschafter durch die Gesellschaftsgläubiger verklagt werden kann. Der Gesellschafter kann nicht verlangen, dass der Gläubiger zuerst gegen die OHG klagt. Eine **„Einrede der Vorausklage"** steht dem Gesellschafter nicht zu.
gesamt-schuldnerisch („solidarisch")	Jeder Gesellschafter haftet persönlich (allein) für die gesamten Schulden der Gesellschaft [§ 128 HGB], nicht jedoch für die privaten Schulden der übrigen Gesellschafter.

Eine vertragliche Vereinbarung zwischen den Gesellschaftern, durch die die Haftung beschränkt wird (z.B. auf den übernommenen Kapitalanteil), ist nur im **Innenverhältnis** gültig [§ 128, S. 2 HGB].

Der Gläubiger kann seine Forderung somit nach Belieben von jedem Gesellschafter ganz oder teilweise verlangen. Der Gesellschafter hat nicht das Recht, vom Gläubiger zu verlangen, auch die anderen Gesellschafter in Anspruch zu nehmen bzw. zu verklagen. Hat ein Gesellschafter an einen Gläubiger eine Zahlung vorgenommen, so hat er gegenüber seinen Mitgesellschaftern einen **Ausgleichsanspruch.**

Beispiel:

Der Gesellschafter Haufe der Kleiner & Haufe OHG hat mit Kleiner im Gesellschaftsvertrag vereinbart, dass er für Verbindlichkeiten nur in Höhe von 25 000,00 EUR haftet. Wird Herr Haufe von einem Gläubiger der OHG mit 30 000,00 EUR in Haft genommen, so kann er von Herrn Kleiner den Mehrbetrag von 5 000,00 EUR fordern.

■ **Haftung bei Eintritt** [§ 130 I HGB]

Tritt ein Gesellschafter in eine bereits bestehende OHG ein, haftet er auch für die vor seinem Eintritt bestehenden Verbindlichkeiten der OHG. Schließen die Gesellschafter die Haftung aus oder wird die Haftung vertraglich eingeschränkt, so ist dies nur im Innenverhältnis gültig [§ 130 II HGB]. Ein Haftungsausschluss gegenüber Dritten ist nicht möglich.

■ **Haftung bei Austritt** [§ 160 I HGB]

Tritt ein Gesellschafter aus, haftet er noch fünf Jahre für die Verbindlichkeiten der OHG, die zum Zeitpunkt seines Ausscheidens bestanden [§ 160 I, S. 1 HGB].

(3) Rechte der Gesellschafter im Außenverhältnis

■ **Einzelvertretungsrecht** [§§ 125, 126 HGB]

Ist im Gesellschaftsvertrag nichts anderes bestimmt und im Handelsregister eingetragen, besteht Einzelvertretungsrecht, d.h., jeder einzelne Gesellschafter hat das Recht, die OHG (und damit die übrigen Gesellschafter) gegenüber Dritten zu vertreten und zu verpflichten (z.B. durch Kaufverträge, Darlehensverträge, Mietverträge, Arbeitsverträge). Dieses Einzelvertretungsrecht gilt somit für **gewöhnliche** und **außergewöhnliche Rechtsgeschäfte**. Zum Schutz der Dritten (z.B. Lieferer und Kunden) kann das Einzelvertretungsrecht **nicht** durch den Gesellschaftsvertrag beschränkt werden.

Beispiel:

Angenommen, die Arndt OHG hat drei Gesellschafter: Arndt, Brecht und Czerny. Im Gesellschaftsvertrag wurde Gesamtgeschäftsführung vereinbart, d.h., alle Geschäfte bedürfen eines Gesamtbeschlusses der Gesellschafter. Brecht kauft, ohne die übrigen Gesellschafter zu fragen und zu informieren, eine neue Maschine. Der Kaufvertrag ist rechtswirksam, weil Brecht das Einzelvertretungsrecht besitzt. Die übrigen Gesellschafter müssen den Vertrag gegen sich gelten lassen: Die OHG muss die Maschine abnehmen und bezahlen. Brecht hat jedoch gegen die Vereinbarungen über die Geschäftsführung verstoßen. Sollte durch seinen Vertragsabschluss der Gesellschaft ein Schaden entstehen, ist er gegenüber den übrigen Gesellschaftern schadensersatzpflichtig.

■ **Gesamtvertretungsrecht** [§ 125 II HGB]

Im Gesellschaftsvertrag kann Gesamtvertretung vereinbart werden. Dies bedeutet, dass ein Gesellschafter nur zusammen mit mindestens einem weiteren Gesellschafter Rechtsgeschäfte mit Dritten rechtswirksam für die OHG abschließen kann.

Die Gesamtvertretung ist Dritten gegenüber nur rechtswirksam, wenn sie **im Handelsregister eingetragen** oder dem Dritten z.B. durch Rundschreiben bekannt ist.

(4) Entzug des Vertretungsrechts

Der Entzug des Vertretungsrechts ist bei wichtigem Grund (z.B. Ernennung eines Prokuristen ohne Beschluss aller Gesellschafter) auf Antrag der übrigen Gesellschafter durch eine Gerichtsentscheidung möglich [§ 127 HGB]. Der Ausschluss eines Gesellschafters von der Vertretung ist von sämtlichen Gesellschaftern zur **Eintragung in das Handelsregister** anzumelden.

4.3.4 Auflösung der OHG

Auflösungsgründe können z.B. sein [§ 131 I HGB]:

- Ablauf der Zeit, für welche die OHG eingegangen ist,
- Beschluss der Gesellschafter,
- Eröffnung des Insolvenzverfahrens über das Vermögen der OHG,
- eine gerichtliche Entscheidung.

Ist im Gesellschaftsvertrag nichts anderes vereinbart, führt das Ausscheiden eines Gesellschafters **nicht** zur Auflösung der OHG.

4.3.5 Vor- und Nachteile der OHG

Vorteile	Nachteile
■ Ausnutzung unterschiedlicher Kenntnisse und Fähigkeiten der Gesellschafter verbessert die Geschäftsführung. ■ Die Umwandlung eines Einzelunternehmens in eine OHG vergrößert die Eigenkapitalbasis des Unternehmens. ■ Bei guten privaten Vermögensverhältnissen ist die Kreditwürdigkeit der OHG größer als die des Einzelunternehmens. ■ Da das Eigenkapital und die Unternehmensführung in einer Hand sind, ist das Interesse der Gesellschafter an der Geschäftsführung groß. ■ Verteilung des Unternehmerrisikos. ■ Bei kleinen und mittelgroßen Personengesellschaften keine Prüfungs- und Offenlegungspflicht.	■ Persönliche Meinungsverschiedenheiten zwischen den Gesellschaftern können den Bestand des Unternehmens gefährden (siehe Kündigungsrecht!). ■ Dem Wachstum des Unternehmens sind häufig finanzielle Grenzen gesetzt, weil das Eigenkapital der Gesellschafter zur Finanzierung großer Investitionen nicht ausreicht. ■ Fremdkapital kann nur in begrenztem Maße aufgenommen werden. ■ Durch aufwendige Lebenshaltung der Gesellschafter kann die Existenz des Unternehmens aufs Spiel gesetzt werden, da Kontrollorgane fehlen. ■ Unbeschränkte, direkte, gesamtschuldnerische Haftung der Gesellschafter.

4.3.6 Bedeutung der OHG

Die OHG ist der Modellfall (Prototyp) einer Personengesellschaft. Innerhalb der OHG kooperieren zwei oder mehrere Gesellschafter, die persönlich und unbeschränkt haften. Die OHG-Gesellschafter sind daher **Unternehmer im ursprünglichen Sinne,** d.h. Leute, die das Eigenkapital selbst aufbringen, die Geschäfte persönlich führen, das Unternehmen vertreten und das Risiko auf sich nehmen **(Eigentümerunternehmer).** Deshalb ist das Interesse der Gesellschafter am Wohlergehen des Unternehmens und an der Unternehmensführung normalerweise sehr groß (Leistungsanreiz durch die Chance, Gewinn zu erzielen). Somit ist die OHG die geeignete Unternehmensform für mittelgroße Unternehmen, die keinen allzu großen Bedarf an finanziellen Mitteln haben.

Zusammenfassung

- Die **OHG** ist u.a. durch folgende **Merkmale** charakterisiert: (1) Zusammenschluss von mindestens zwei Personen; (2) Handelsgewerbe; (3) gemeinschaftliche Firma; (4) unbeschränkte, unmittelbare und gesamtschuldnerische Haftung aller Gesellschafter.
- Die **Firma** muss die Bezeichnung „offene Handelsgesellschaft" oder eine allgemein verständliche Abkürzung dieser Bezeichnung enthalten [§ 19 I, Nr. 2 HGB].
- Zur **Gründung** ist erforderlich: (1) Gesellschaftsvertrag; (2) Eintragung ins Handelsregister.
- **Beginn der OHG**:
  - im **Innenverhältnis** entsteht das Unternehmen mit Abschluss des Gesellschaftsvertrags bzw. zum vereinbarten Termin.
  - im **Außenverhältnis** entsteht die OHG – sofern ein Handelsgewerbe im Sinne des § 1 I HGB betrieben wird – sobald ein Gesellschafter im Namen der OHG tätig wird. Wird kein Handelsgewerbe im Sinne des § 1 II HGB betrieben, beginnt die OHG mit der Eintragung ins Handelsregister.

- **Rechtsverhältnisse im Innenverhältnis:**
  - **Pflichten** der Gesellschafter sind: (1) Leistung der im Gesellschaftsvertrag vereinbarten **Kapitaleinlage;** (2) Pflicht zur **persönlichen Mitarbeit;** (3) **Verlusttragung** nach HGB oder nach Vertrag; (4) Einhaltung des **Wettbewerbsverbots.**
  - **Rechte der Gesellschafter** sind: (1) Recht auf **Geschäftsführung** (gesetzlich: Einzelgeschäftsführungsbefugnis bei gewöhnlichen Geschäften, Gesamtgeschäftsführungsbefugnis bei außergewöhnlichen Geschäften). (2) **Kontrollrecht** über Geschäftslage und -entwicklung; (3) **Recht auf Gewinnanteil** (gesetzlich: 4 % des jahresdurchschnittlichen Kapitalanteils, Rest Pro-Kopf-Anteil); (4) Recht auf **Privatentnahme** (gesetzlich höchstens jährlich bis zu 4 % des Eigenkapitalanteils zu Beginn des Geschäftsjahrs); (5) **Kündigungsrecht;** (6) Recht auf **Liquidationserlös** bei Auflösung der OHG.
- **Rechtsverhältnisse im Außenverhältnis:**
  - **Pflicht zur Haftung.** Die OHG-Gesellschafter haften unbeschränkt, unmittelbar und gesamtschuldnerisch (solidarisch).
  - **Recht auf Vertretung.** Gesetzlich: Einzelvertretungsmacht; Gesamtvertretung muss im Handelsregister eingetragen sein.

Übungsaufgaben

9 Frank Strobel, 40 Jahre alt, ist seit 15 Jahren im Verkauf des Autohauses Hans Stolz tätig, davon 10 Jahre als Verkaufsleiter. Strobel ist bereit, sich mit einem Grundstück im Wert von 380 000,00 EUR am Unternehmen zu beteiligen. Er möchte als gleichberechtigter Partner mitarbeiten und volle Verantwortung mitübernehmen. Hans Stolz und Frank Strobel entschließen sich zur Gründung einer OHG.

Aufgaben:

1. Begründen Sie, ob der Gesellschaftsvertrag einer Formvorschrift unterliegt!
2. Erläutern Sie die gesetzlichen Voraussetzungen, die bei der Gründung einer OHG bezüglich der Form des Gesellschaftsvertrags und hinsichtlich der Firmierung beachtet werden müssen!
3. Untersuchen Sie, ob die bisherige Firma „Kfz-Reparaturwerkstatt Hans Stolz e. Kfm." fortgeführt werden kann!
4. Hans Stolz und Frank Strobel schließen am 1. September 20.. einen Gesellschaftsvertrag ab. Die Handelsregistereintragung erfolgt am 14. November 20.. Prüfen Sie, wann die OHG entstanden ist!
5. Die Handelsgeschäfte werden am 15. September 20.. aufgenommen. Am 20. September kauft Frank Strobel eine Hebebühne im Wert von 140 000,00 EUR. Der Lieferer verlangt von Hans Stolz die Bezahlung der Rechnung.

   Beurteilen Sie die Rechtslage!
6. Hans Stolz möchte im Januar des folgenden Jahres zwei Kfz-Mechatroniker einstellen. Entscheiden Sie begründet, ob Hans Stolz die Mechatroniker einstellen darf!
7. Unterscheiden Sie die Vertretungsbefugnis von der Geschäftsführungsbefugnis!
8. Im Februar des folgenden Jahres nehmen Hans Stolz und Frank Strobel Franz Stang als neuen Gesellschafter in die OHG auf. Einige Wochen später wendet sich die Langinger KG, Lieferer für Autozubehör, mit ihrer Forderung über 9 700,00 EUR direkt an den neuen Gesellschafter. Dieser lehnt die Zahlung ab.

Beurteilen Sie die folgenden Argumente und begründen Sie Ihre Antwort:

8.1 Die Langinger KG soll sich direkt an die OHG wenden.

8.2 Die Verbindlichkeit sei von Hans Stolz eingegangen worden, also müsse im Zweifel dieser zahlen.

8.3 Die Verbindlichkeit stamme aus dem vorigen Jahr, also aus der Zeit vor seinem Eintritt in die Gesellschaft.

8.4 Die Haftung austretender OHG-Gesellschafter ist gesetzlich nicht geregelt.

9. Laut Gesellschaftsvertrag darf Franz Stang nur Geschäfte bis zu einer Höhe von 20 000,00 EUR ohne Einwilligung der anderen Gesellschafter vornehmen. Franz Stang bestellt Ersatzteile im Wert von 25 000,00 EUR. Prüfen Sie, ob die Gesellschaft an die Willenserklärung gebunden ist!

10. Frank Strobel ist über den Vorfall so verärgert, dass er aus der OHG ausscheiden möchte. Ermitteln Sie, welche Regelung das HGB für das Ausscheiden eines OHG-Gesellschafters vorsieht!

11. Geben Sie wieder, wie die Gewinnverteilung der OHG gesetzlich geregelt ist!

12. Für den Bau eines Einfamilienhauses will Frank Strobel sein von ihm eingebrachtes unbebautes Grundstück zum Verkehrswert aus dem Vermögen der OHG entnehmen. Prüfen Sie, ob er gegen den Willen seiner Mitgesellschafter das Grundstück zurückerhalten kann!

10 Hans Meier, Ludwig Schmidt und Peter Kunz betreiben gemeinsam eine Möbelfabrik als OHG.

Aufgaben:

1. Nennen Sie zwei Gründe, die die Gesellschafter veranlasst haben könnten, die Gesellschaftsform der OHG zu wählen!

2. Formulieren Sie vier Firmierungsbeispiele!

3. Hans Meier und Ludwig Schmidt kaufen am 24. November 20.. gegen den Willen von Peter Kunz ein zusätzliches Lagergebäude.

   3.1 Prüfen Sie, ob die OHG an diesen Vertrag gebunden ist!

   3.2 Der Verkäufer des Lagergebäudes verlangt am 25. November 20.. von Peter Kunz die Bezahlung der gesamten Kaufsumme. Dieser lehnt entschieden ab. Er glaubt, ausreichende Gründe zu haben. Erstens war er gegen diesen Kauf. Zweitens müsse sich der Gläubiger doch erst einmal an die OHG wenden und, wenn diese nicht zahle, an die Gesellschafter, die den Kaufvertrag unterzeichnet haben. Drittens sehe er gar nicht ein, dass er alles zahlen solle. Wenn überhaupt, so zahle er höchstens den ihn betreffenden Anteil an der Kaufsumme, nämlich ein Drittel. Nehmen Sie zu diesen Aussagen Stellung!

   3.3 Am 30. Juni des folgenden Jahres scheidet Peter Kunz wegen bestehender Differenzen aus der Gesellschaft aus. Am 30. September des folgenden Jahres wendet sich der Verkäufer des Lagergebäudes erneut an ihn und fordert ihn auf, den noch offenen Restbetrag von 12 000,00 EUR zu bezahlen.

   Beurteilen Sie die Rechtslage!

4. Als Ludwig Schmidt im Urlaub ist, kauft Hans Meier ein Grundstück, das für die Erweiterung der Großhandlung notwendig ist. Ludwig Schmidt, der von dem Grundstückskauf erst nachträglich Kenntnis erhält, ist gegen den Kauf.

   4.1 Prüfen Sie, ob Hans Meier berechtigt war, das Grundstück zu kaufen!

   4.2 Untersuchen Sie, ob der Kaufvertrag für die OHG bindend ist!

   4.3 Entscheiden Sie, ob Ludwig Schmidt die Zahlung des Kaufpreises verweigern kann, wenn der Verkäufer des Grundstücks von ihm den gesamten Kaufpreis fordert!

11 Axel Sterk betreibt als Einzelunternehmer die industrielle Herstellung und den Vertrieb von Gartenzwergen. Das Unternehmen firmiert unter „Gartenzwergfabrik Axel Sterk e.K." und ist in das Handelsregister eingetragen. Der Umsatz des Einzelunternehmens hat sich so vergrößert, dass es der Inhaber für zweckmäßig hält, den Betrieb zu erweitern. Sterk bietet Igor Wetzel an, ihn als Gesellschafter aufzunehmen. Wetzel ist hierzu bereit und bringt 140000,00 EUR Barvermögen und ein unbebautes Grundstück in die zu gründende OHG ein.

Am 15. August 20.. wird der Gesellschaftsvertrag abgeschlossen (siehe nachfolgenden Auszug). Die Eintragung in das Handelsregister erfolgt am 10. September 20..

Auszug aus dem Gesellschaftsvertrag

§ 1 Gegenstand des Unternehmens ist die Herstellung und der Vertrieb von Gartenzwergen.

§ 2 Axel Sterk nimmt Igor Wetzel als Gesellschafter in sein Unternehmen auf. Die dadurch entstehende OHG wird unter der bisherigen Firmenbezeichnung „Gartenzwergfabrik Axel Sterk OHG" geführt.

§ 3 Axel Sterk bringt in die OHG sein Einzelunternehmen ein, und zwar so, wie es bis zum 15. August 20.. geführt wurde. Der Einbringung wird die berichtigte Bilanz zum 15. August 20.. zugrunde gelegt. In ihr ist ein Eigenkapital von 500000,00 EUR ausgewiesen.

Igor Wetzel bringt sein Grundstück an der Simoniussteige ein. Der Wert wird mit 200000,00 EUR festgelegt. Außerdem leistet er eine Bareinlage von 140000,00 EUR.

§ 4 Igor Wetzel haftet nicht für die bisherigen Verbindlichkeiten der Firma „Gartenzwergfabrik Axel Sterk e.K.".

§ 5 Die Gesellschaft beginnt am 1. September.

§ 6 Kündigt ein Gesellschafter, ist der andere Gesellschafter berechtigt, das Unternehmen ohne Liquidation zu übernehmen und unter der bisherigen Firma weiterzuführen.

§ 7 Die Aufnahme von Darlehen sowie Anschaffungen, deren Wert im Einzelfall 60000,00 EUR überschreitet, erfordern einen gemeinsamen Beschluss aller Gesellschafter.

§ 8 Für die Gewinn- und Verlustverteilung gelten die gesetzlichen Bestimmungen.

Aufgaben:

1. Begründen Sie, ob der Gesellschaftsvertrag einer gesetzlichen Formvorschrift unterliegt!
2. Prüfen Sie, ob die in § 2 des Gesellschaftsvertrags vorgesehene Firmierung zulässig ist!
3. Stellen Sie dar, welche rechtliche Wirkung die Handelsregistereintragung im vorgegebenen Fall hat! Begründen Sie Ihre Meinung!
4. Igor Wetzel schließt am 15. November 20.. mit der Seppl AG einen langfristigen Vertrag über die Lieferung von Ton im Wert von 62000,00 EUR. Als Sterk von der Lieferung erfährt, verweigert er die Bezahlung der Rechnung, da er den Preis für überhöht hält. Außerdem sei Igor Wetzel nicht zum Abschluss des Kaufvertrags befugt gewesen. Die Seppl AG solle daher den Kaufpreis direkt von Igor Wetzel einfordern.
   Erläutern Sie die Rechtslage!
5. Igor Wetzel ist kaufmännisch nicht vorgebildet.
   5.1 Machen Sie ihm den Unterschied zwischen der unbeschränkten, persönlichen Haftung und der Verlustbeteiligung deutlich!
   5.2 Erläutern Sie ihm den Unterschied zwischen Geschäftsführung und Vertretung!
6. Axel Sterk möchte im November 20.. für seine Sammlung eine Skulptur für 40000,00 EUR erwerben. Er beabsichtigt, den Betrag dem Gesellschaftsvermögen zu entnehmen. Beurteilen Sie die Rechtslage!

7. Das eingebrachte Grundstück von Igor Wetzel geht in das Gesellschaftsvermögen ein. Prüfen Sie die rechtlichen Konsequenzen für Wetzel!

8. Igor Wetzel möchte trotz zu erwartender Verluste 20.. monatlich 1 200,00 EUR entnehmen. Sterk ist gegen die Entnahme.

   Beurteilen Sie die Lage unter rechtlichem und betriebswirtschaftlichem Aspekt!

9. Erläutern Sie, warum Igor Wetzel und Axel Sterk im Gesellschaftsvertrag vereinbart haben, dass beim Ausscheiden eines Gesellschafters das Unternehmen nicht liquidiert (aufgelöst) werden soll!

10. Prüfen Sie rechtlich, ob Igor Wetzel die Haftung für die bei seinem Eintritt in die Gesellschaft bestehenden Verbindlichkeiten ausschließen kann!

11. Durch die Verzögerung einer Rohstofflieferung hat die Gesellschaft für ca. vier Wochen freie Liquidität in Höhe von 150 000,00 EUR. Igor Wetzel möchte den Gesamtbetrag spekulativ in ein Warentermingeschäft[1] anlegen. Axel Sterk widerspricht.

    Beurteilen Sie die Rechtslage!

12. Peter Sterk, der Bruder von Axel Sterk, möchte in die OHG eintreten. Allerdings will er keine Einlage leisten, sondern der OHG lediglich seine Arbeitskraft zur Verfügung stellen.

    Beurteilen Sie diesen Sachverhalt

    12.1 im Hinblick auf die Einlagepflicht des OHG-Gesellschafters,

    12.2 aus Sicht der Mitgesellschafter und

    12.3 aus Sicht der Gläubiger!

4.4 Kommanditgesellschaft (KG)

4.4.1 Begriff, Firma und Gründung der KG

(1) Begriff KG

Die **Kommanditgesellschaft (KG)** ist eine **Gesellschaft** (Zusammenschluss von mindestens zwei Personen),

- deren Zweck auf den Betrieb eines **Handelsgewerbes** unter **gemeinschaftlicher Firma** gerichtet ist und
- bei der die **Haftung von mindestens einem Gesellschafter** auf den Betrag einer **bestimmten Vermögenseinlage beschränkt** ist **(Kommanditisten),** während **die anderen Gesellschafter** (mindestens ein Gesellschafter) **unbeschränkt haften (Komplementäre)**[2] [§ 161 I HGB].

1 **Warentermingeschäfte** sind Termingeschäfte mit weltweit gehandelten Gütern (z. B. Kaffee, Kakao, Getreide, Öl, Baumwolle, Zucker, Kupfer, Gold), bei denen die Erfüllung (Abwicklung) des Kaufvertrags (des Verpflichtungsgeschäfts) durch die Übergabe, Übereignung der Güter und Kaufpreiszahlung der ver- bzw. gekauften Waren (das Erfüllungsgeschäft) zu einem späteren Zeitpunkt („per Termin") erfolgt. Warentermingeschäfte dienen vor allem der Absicherung von größeren Preisschwankungen und der Spekulation bei erfahrungsgemäß stark schwankenden Rohstoffpreisen.

2 Die **KG** muss **mindestens einen Komplementär** aufweisen. Tritt der einzige (letzte) Komplementär aus der KG aus, so führt dies zur Auflösung der KG. Führen die Kommanditisten die Gesellschaft ohne (neuen) Komplementär fort, dann wird die KG grundsätzlich zu einer OHG, d. h., die Kommanditisten haften unbeschränkt.

Es gibt bei der KG mindestens einen Gesellschafter, der nach den Vorschriften des OHG-Rechts haftet (den persönlich haftenden Gesellschafter, Komplementär), und mindestens einen Gesellschafter (Kommanditist), dessen Haftung beschränkt ist. In der Praxis macht der Vorteil der Haftungsbeschränkung für die Kommanditisten die große Attraktivität der KG im Vergleich mit der OHG aus.

Außerdem bietet die KG die Möglichkeit, eine juristische Person als Komplementär einzusetzen. Ist eine GmbH Komplementär, so entsteht eine GmbH & Co. KG. Handelt es sich bei dem Komplementär um eine AG, so liegt eine AG & Co. KG vor.[1]

(2) Firma

Die Firma der KG muss die Bezeichnung „Kommanditgesellschaft" oder eine allgemein verständliche Abkürzung dieser Bezeichnung (z. B. KG) enthalten [§ 19 I, Nr. 3 HGB].

Beispiele:

Müller und Moser sind Vollhafter (Komplementäre), Krause ist Teilhafter (Kommanditist). Mögliche Firmen sind z. B.: Müller & Moser KG; Müller Kommanditgesellschaft; Mannheimer Import KG; Emmendinger Import-Export KG.

(3) Gründung

Der Gründungsablauf der KG entspricht derjenigen der OHG. Einzige Besonderheit: Wegen der beschränkten Haftung des Kommanditisten wird die **Höhe der Kommanditeinlagen ins Handelsregister** eingetragen [§ 162 I HGB]. Veröffentlicht wird jedoch nur die Zahl der Kommanditisten, nicht aber die Höhe ihrer Einlage. Die Anmeldung zum Handelsregister ist von allen Gesellschaftern vorzunehmen, also auch von den Kommanditisten.

4.4.2 Pflichten und Rechte der Komplementäre im Innenverhältnis und im Außenverhältnis

Beachte:

Für die Komplementäre gelten die gleichen Bestimmungen wie für die persönlich haftenden Gesellschafter einer OHG, d. h., es werden die für die OHG geltenden gesetzlichen Vorschriften angewendet [§ 161 II HGB]. Die eigenständige Regelung der KG in den §§ 162 ff. HGB befasst sich nur mit der Sonderstellung des Kommanditisten.

4.4.3 Pflichten und Rechte der Kommanditisten im Innenverhältnis

Beachte:

Zunächst gelten immer die Vereinbarungen zwischen den Gesellschaftern und erst dann ersatzweise die gesetzlichen Bestimmungen des HGB.

1 Auf diese Rechtsformen wird im Folgenden nicht eingegangen.

5 Speth u.a. - ISBN 978-3-8120-0536-4

(1) Pflichten der Kommanditisten im Innenverhältnis

Fristgemäße Leistung der festgesetzten Kapitaleinlage

Die vertraglich festgelegte Kapitaleinlage **(Pflichteinlage)** kann in Geld, in Sachwerten und/oder in Rechtswerten erfolgen. Die Höhe der Pflichteinlage kann dabei von der in das Handelsregister eingetragenen Einlage, der **Haftsumme (Hafteinlage),** abweichen.

Verlustbeteiligung

Eine Verlustbeteiligung erfolgt bis zur Höhe des Kapitalanteils und der noch rückständigen Einlagen [§ 167 III HGB] in einem **„angemessenen" Verhältnis der Kapitalanteile** [§ 168 II HGB]. Wegen der Unbestimmtheit der gesetzlichen Regelung empfiehlt es sich, die Art und Weise der Verlustbeteiligung der Kommanditisten im Gesellschaftsvertrag eindeutig festzulegen.

Beispiel:

Bei der Müller KG (Müller und Moser sind Vollhafter, Krause ist Teilhafter) könnte die Verlustbeteiligung wie folgt geregelt sein: „Müller, Moser und Krause teilen sich einen eventuellen Verlust im Verhältnis 3 : 3 : 1."

(2) Rechte der Kommanditisten im Innenverhältnis

Kontrollrecht

Die Kommanditisten haben **kein ständiges Kontrollrecht.** Sie können jedoch **Abschriften des Jahresabschlusses** (Jahresbilanz mit Gewinn- und Verlustrechnung) verlangen und deren Richtigkeit unter **Einsicht** in die **Geschäftsbücher** und **Geschäftspapiere** überprüfen [§ 166 I, II HGB].

Gewinnberechtigung und Gewinnverwendung

Nach dem Gesetz erhalten die Kommanditisten (und die Komplementäre) zunächst eine **4%ige Verzinsung** der (durchschnittlichen) Kapitalanteile. Der eventuell verbleibende **Restgewinn ist in „angemessenem" Verhältnis** (z.B. nach den Kapitalanteilen) zu verteilen [§§ 167f. i.V.m. §§ 120, 221 I und II HGB]. Wegen der Unbestimmtheit der gesetzlichen Regelung ist es erforderlich, im Gesellschaftsvertrag die Gewinnverteilung eindeutig zu regeln, um spätere Unstimmigkeiten zu vermeiden.

Beispiel:

Bei der Müller KG könnte die Gewinnbeteiligung wie folgt geregelt sein: „Aus dem Jahresreingewinn erhält jeder Gesellschafter zunächst eine 6%ige Verzinsung der durchschnittlichen Kapitalanteile. Reicht der Gewinn nicht aus, erfolgt eine entsprechend niedrigere Verzinsung. Übersteigt der Jahresreingewinn 6% der durchschnittlichen Kapitalanteile, wird der übersteigende Betrag im Verhältnis 3 : 3 : 1 verteilt."

Die Gewinnanteile der Kommanditisten werden ihren Kapitalanteilen nur so lange gutgeschrieben, bis diese voll geleistet sind [§ 167 II HGB]. Ist die Pflichteinlage der Kommanditisten erreicht, so haben sie Anspruch auf Auszahlung ihrer Gewinnanteile. Die im Unternehmen belassenen Gewinnanteile der Kommanditisten stellen „sonstige Verbindlichkeiten" der KG gegenüber den Kommanditisten dar.

Wird der Kapitalanteil des Kommanditisten durch Verlust oder Auszahlung gemindert, und zwar unter den auf die vereinbarte Einlage geleisteten Betrag, so kann der Kommanditist keine Auszahlung seines Gewinnanteils fordern. In diesem Fall wird der Gewinnanteil zur Auffüllung der Kommanditeinlage verwendet. Der Kommanditist ist dabei nicht verpflichtet, früher bezogene Gewinne wegen später eingetretener Verluste zurückzuzahlen [§ 169 II HGB].

Rechte des Kommanditisten (Innenverhältnis)
■ Kontrolle ■ Gewinnbeteiligung ■ Widerspruch ■ Kündigung

■ **Privatentnahme**

Der Kommanditist hat **kein Recht auf Privatentnahmen** [§§ 169 I, 122 HGB].

■ **Widerspruchsrecht und Wettbewerbsverbot**

Die Kommanditisten sind im Regelfall von der **Geschäftsführung ausgeschlossen.**[1] Sie können lediglich Handlungen der persönlich haftenden Komplementäre widersprechen, wenn diese über den gewöhnlichen Betrieb des Handelsgewerbes der KG hinausgehen, z. B. bei Grundstückskäufen und -verkäufen, bei der Aufnahme eines neuen Gesellschafters oder bei Änderung des Betriebszwecks [§ 164 HGB]. Das bedeutet, dass eine außergewöhnliche Handlung vom Komplementär nicht vorgenommen werden darf, wenn ein Kommanditist nicht zustimmt. Im Gesellschaftsvertrag kann das Widerspruchsrecht für außergewöhnliche Rechtsgeschäfte ausgeschlossen werden.

Für die **Kommanditisten** besteht **kein gesetzliches Wettbewerbsverbot** [§ 165 HGB].

■ **Kündigungsrecht**

Wenn keine abweichenden Vereinbarungen zwischen den Gesellschaftern getroffen wurden, gilt die gesetzliche Regelung: Kündigungsmöglichkeit unter Einhaltung einer Kündigungsfrist von mindestens 6 Monaten zum Schluss des Geschäftsjahrs [§ 161 II i. V. m. § 132 HGB].

4.4.4 Pflichten und Rechte der Kommanditisten im Außenverhältnis

Beachte:

Im Außenverhältnis sind allein die gesetzlichen Bestimmungen des HGB maßgebend.

Vertretung	Kommanditisten sind nach dem HGB grundsätzlich **nicht** zur Vertretung der KG ermächtigt [§ 170 HGB].[2] Die Kommanditgesellschaft wird durch die Vollhafter vertreten. Möglich ist jedoch, einem oder mehreren Kommanditisten Handlungsvollmacht oder Prokura zu erteilen.
Haftung ■ **nach Eintragung der KG ins Handelsregister**	■ Soweit die Kommanditisten ihre vertraglich bestimmte und im Handelsregister **eingetragene Einlage geleistet** haben, haften sie mit ihrer Einlage nur mittelbar **(Risikohaftung)**[3] [§ 171 I, S. 1, 2. HS. HGB].

1 Durch Gesellschaftsvertrag kann einem Kommanditisten auch die Geschäftsführung übertragen werden.

2 Aufgrund des Gesellschaftsvertrags können jedoch auch die Kommanditisten das Vertretungsrecht haben.

3 Zur **Risikohaftung** siehe auch S. 78.

	■ Soweit ein Kommanditist seine **Einlage** nach Eintragung **noch nicht geleistet** hat, haftet er den Gesellschaftsgläubigern **persönlich in Höhe der ausstehenden Einlage** [§ 171 I, S. 1, 1. HS. HGB].
■ **bei Eintritt in eine bestehende KG**	Tritt ein Kommanditist in eine bestehende KG ein, so haftet der beitretende Kommanditist gegenüber einem gutgläubigen Dritten **in der Zeit zwischen seinem Eintritt und der Eintragung der Kapitaleinlage** in das Handelsregister **persönlich und unbeschränkt** [§ 176 II HGB].

4.4.5 Auflösung der KG

Es gelten die für die OHG angegebenen Auflösungsgründe (siehe S. 59).[1]

Beim Tod eines Kommanditisten wird die Gesellschaft, sofern keine abweichenden vertraglichen Regelungen getroffen worden sind, mit den Erben fortgesetzt [§ 177 HGB]. Die Erben des verstorbenen Kommanditisten sind zunächst Teilhafter der KG mit dem Recht, die geerbte Einlage zu kündigen.

4.4.6 Vor- und Nachteile der KG

Vorteile	Nachteile
■ Ausnutzung unterschiedlicher Kenntnisse und Fähigkeiten der Gesellschafter verbessert die Geschäftsführung. ■ Da das Eigenkapital und die Unternehmensführung in einer Hand sind, ist das Interesse der Gesellschafter an der Geschäftsführung groß. ■ Verteilung des Unternehmerrisikos.	■ Unbeschränkte, direkte, gesamtschuldnerische Haftung der Komplementäre. ■ Persönliche Meinungsverschiedenheiten zwischen den Gesellschaftern können den Bestand des Unternehmens gefährden (siehe Kündigungsrecht!). ■ Dem Wachstum des Unternehmens sind häufig finanzielle Grenzen gesetzt, weil das Eigenkapital der Gesellschafter zur Finanzierung großer Investitionen nicht ausreicht. Fremdkapital kann nur in begrenztem Maße aufgenommen werden. ■ Durch aufwendige Lebenshaltung der Gesellschafter kann die Existenz des Unternehmens aufs Spiel gesetzt werden, da Kontrollorgane fehlen.

4.4.7 Bedeutung der KG

Die Rechtsform der Kommanditgesellschaft ermöglicht den **Kommanditisten,** sich an einem Unternehmen durch Kapitaleinlagen zu beteiligen und die Haftung (das Risiko ihres Verlusts) auf diese Einlagen zu beschränken, ohne zur Geschäftsführung und Vertretung verpflichtet (und berechtigt) zu sein.

Für **Komplementäre** bietet die Rechtsform der KG die Möglichkeit, das Gesellschaftskapital sowie die Kreditbasis durch Aufnahme von Kommanditisten zu erweitern, ohne in der Geschäftsführung und Vertretungsbefugnis beschränkt zu werden.

1 Die KG muss mindestens einen Komplementär aufweisen. Tritt der einzige (letzte) Komplementär aus der KG aus, so führt dies zur Auflösung der KG. Führen die Kommanditisten die Gesellschaft ohne (neuen) Komplementär fort, dann wird die KG grundsätzlich zu einer OHG, d. h., die Kommanditisten haften unbeschränkt.

Zusammenfassung

- 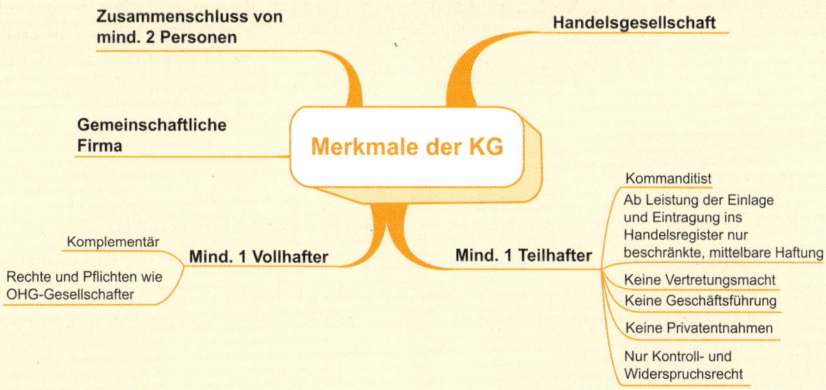

- **Beginn** der KG:
  - im **Innenverhältnis** beginnt die KG mit Abschluss des Gesellschaftsvertrags bzw. zum vereinbarten Termin.
  - im **Außenverhältnis** beginnt die KG – sofern ein Handelsgewerbe betrieben wird – sobald ein Gesellschafter im Namen der KG tätig wird. Wird kein Handelsgewerbe betrieben, beginnt die KG mit der Eintragung ins Handelsregister.

-

Vergleichs-merkmale	OHG	KG
Gründung	■ Gesellschaftsvertrag (notarielle Beurkundung, falls Grundstücke eingebracht werden [§ 311 b BGB]). ■ Geld- oder Sachleistungen. Einlagen werden zu Gesamthandsvermögen [§ 719 BGB]. ■ Eintragung ins Handelsregister [§§ 106, 108 HGB].	Entspricht der OHG. Besonderheit: Die Höhe der Kommanditeinlage ist ins Handelsregister einzutragen [§ 162 I HGB].
Firma	Sach-, Personen-, Fantasiefirma oder gemischte Firma mit dem Zusatz OHG.	Sach-, Personen-, Fantasiefirma oder gemischte Firma mit dem Zusatz KG.
Geschäfts-führung	Geschäftsführung erfolgt durch die OHG-Gesellschafter [§§ 114–116 HGB]. Für gewöhnliche Geschäfte: Einzelgeschäftsführungsbefugnis und -pflicht jedes Gesellschafters [§ 116 I HGB]. Für außergewöhnliche Geschäfte: Gesamtbeschluss (Gesamtgeschäftsführungsbefugnis) aller Gesellschafter [§ 116 II HGB].	Geschäftsführung erfolgt durch Komplementär(e). Die Kommanditisten haben (gesetzlich) keine Geschäftsführungsbefugnisse. Die gesetzlichen Regelungen bezüglich der Komplementäre entsprechen denen für die OHG-Gesellschafter [§ 161 II HGB].

Vergleichs-merkmale	OHG	KG
Gewinn- und Verlust-verteilung	4 % Verzinsung der (jahresdurchschnittlichen) Kapitalanteile; Restgewinn sowie Verlust zu gleichen Teilen (nach Köpfen) [§ 121 HGB].	4 % Verzinsung der (jahresdurchschnittlichen) Kapitalanteile; Restgewinn „in angemessenem Verhältnis". Ergänzende gesellschaftsvertragliche Regelung somit erforderlich. Verlustverteilung gesetzlich in „angemessenem Verhältnis" der Kapitalanteile [§§ 121, 167, 168 HGB].
Vertretung	Vertretung durch OHG-Gesellschafter. Grundsätzlich besteht Einzelvertretungsbefugnis jedes Gesellschafters [§§ 125, 126 HGB].	Vertretung durch Komplementäre entsprechend den Regelungen für die OHG-Gesellschafter. Die Kommanditisten besitzen (gesetzlich) keine Vertretungsmacht [§§ 161 II, 170 HGB].
Gesell-schafter-risiko (Haftung)	Unmittelbare, unbeschränkte und gesamtschuldnerische Haftung jedes OHG-Gesellschafters [§§ 128, 129, 130, 159f. HGB].	Die Komplementäre haften wie die OHG-Gesellschafter. Die Haftung der Kommanditisten ist auf die Höhe ihrer geleisteten Einlagen beschränkt. Außerdem haften die Kommanditisten nur indirekt (Risikohaftung § 171 HGB).

Übungsaufgaben

12 1. Der bisherige Einzelunternehmer Fritz Irmler e. Kfm. möchte sich aus Altersgründen aus der Unternehmensführung zurückziehen. Zusammen mit seinen beiden Söhnen Hans und Heinrich gründet er eine KG. Kapitalmäßig möchte Fritz Irmler noch im Unternehmen verbleiben.

Aufgaben:

1.1 Nennen Sie zwei Gründe, die Fritz Irmler dazu bewogen haben könnten, eine KG zu gründen!

1.2 Erklären Sie anhand der angeführten Personen, wie man die Gesellschafter bei dieser Rechtsform bezeichnet und beschreiben Sie kurz deren Aufgaben!

1.3 Bilden Sie ein Beispiel, wie die Firma der KG lauten könnte!

1.4 Um die Liquidität der KG zu stärken, wollen die Söhne Hans und Heinrich ein Betriebsgrundstück verkaufen. Der Vater Fritz widerspricht dem Geschäft. Beurteilen Sie die Rechtslage!

2. Der Kommanditist Gerhard Paulußen beabsichtigt, in die am Ort bestehende Möbelfabrik Franz OHG als persönlich haftender Gesellschafter einzutreten.

Aufgaben:

2.1 Beurteilen Sie die Rechtslage!

2.2 Häufig wird eine OHG in eine KG umgewandelt, wenn ein OHG-Gesellschafter stirbt. Nennen Sie hierfür Gründe!

2.3 Kommanditgesellschaften sind oft „Familiengesellschaften", d. h., die Gesellschafter sind miteinander verwandt. Begründen Sie diese Tatsache!

2.4 Müller und Moser sind Vollhafter, Krause ist Teilhafter. Müller ernennt im Einverständnis mit Moser einen Prokuristen. Krause wurde nicht gefragt und ist auch nicht einverstanden. Analysieren Sie den Sachverhalt!

3. Die gute Fremdenverkehrssituation im Allgäu möchte der Inhaber des Unternehmens Ferien-Hotel Karl Müller e. K. in Füssen nutzen und sein Hotel durch einen großzügigen Anbau erweitern.

Seinem Nachbarn Heilmann, dessen angrenzendes Grundstück für den Bau von Hotelgaragen geeignet ist, bietet Müller an, sich als Gesellschafter an seinem Unternehmen zu beteiligen. Heilmann ist dazu bereit, will aber nur teilweise haften und im Unternehmen nicht mitarbeiten. Auf seine Einlage in Höhe von 250 000,00 EUR bringt er das angrenzende Grundstück im Wert von 150 000,00 EUR ein und zahlt auf den Rest 65 % bar ein. Auch der Innenarchitekt Kaiser beteiligt sich mit einer Bareinlage von 80 000,00 EUR als Teilhafter an dieser neuen Kommanditgesellschaft.

Aufgaben:

3.1 Begründen Sie, welcher Form der Gesellschaftsvertrag bedarf!

3.2 Beurteilen Sie, ob die bisherige Firma Ferien-Hotel Karl Müller e. K. beibehalten werden kann!

3.3 Stellen Sie dar, welche rechtliche Wirkung die am 1. Dez. 20.. erfolgte Eintragung der Gesellschaft ins Handelsregister hat. Begründen Sie kurz Ihre Ansicht!

3.4 § 162 II HGB lautet: „Bei der Bekanntmachung der Eintragung ist nur die Zahl der Kommanditisten anzugeben ..."

Nennen und erläutern Sie die maßgebenden Gründe dafür, dass alle weiteren im Handelsregister eingetragenen Tatbestände in Bezug auf die Teilhafter nicht publiziert werden!

3.5 Die Ferien-Hotel Müller KG schuldet der Möbelfabrik Bach GmbH für gelieferte Zimmereinrichtungen 43 440,00 EUR. Die Möbelfabrik Bach GmbH fordert von Heilmann die Bezahlung der Einrichtungen. Untersuchen Sie, ob Heilmann die Zahlung verweigern kann!

3.6 Teilhafter Kaiser hat während seines Urlaubs am Bodensee für die Ferien-Hotelgesellschaft KG bei der Münster & Co. OHG, Großhandlung für Hotelbedarf, Konstanz, ein exklusives Kaffeeservice, das ihm besonders gut gefiel, im Wert von 35 482,00 EUR eingekauft. Beurteilen Sie die Rechtslage!

3.7 Prüfen Sie, ob Heilmann und Kaiser das Recht haben, dem Verkauf eines Betriebsgrundstücks zu widersprechen!

3.8 Erklären Sie jeweils zwei Rechte und Pflichten der Kommanditisten!

3.9 Stellen Sie dar, wie bei der KG nach dem HGB die Gewinne und Verluste verteilt werden!

3.10 Nennen Sie zwei Gründe, die zur Auflösung der KG führen können! Muss die KG z. B. beim Tod von Kaiser aufgelöst werden?

4. Wolfgang Thein und Michael Kreher haben eine OHG gegründet. Der Gesellschaftsvertrag setzt den Beginn der OHG auf den 1. Januar 20.. fest, die Eintragung im Handelsregister erfolgt am 10. Januar 20..

Aufgaben:

4.1 Nach dem unerwarteten Tod Krehers wird die Gesellschaft mit dessen beiden volljährigen Söhnen als Kommanditisten fortgesetzt.

4.1.1 Die Kommanditisten wollen so weit wie möglich in die Rechte ihres verstorbenen Vaters eintreten. Weisen Sie nach, welche Rechte ihres Vaters ihnen nach dem Gesetz verschlossen bleiben!

4.1.2 Beurteilen und begründen Sie im Hinblick auf das Außen- und Innenverhältnis, ob die Kommanditisten bei entsprechendem Gesellschaftsvertrag eine dem Komplementär ähnliche „Machtposition" ausüben!

4.2 Beim Tode Theins wollen dessen Erben ebenfalls – wie die Erben Krehers – nur als Teilhafter in die Gesellschaft eintreten. Zeigen Sie, wie unter den gegebenen Umständen der Fortbestand des Unternehmens gewährleistet werden kann! (Mehrere Möglichkeiten!)

13 Eva Schrade betreibt die sich seit mehreren Generationen in Familienbesitz befindliche Maschinenfabrik A. Schrade e. Kfr. Vor allem mit ihren Wärmepumpen hatte sie einen beachtlichen Geschäftserfolg.

Der ständige Zwang zu Neuerungen und der harte Preiskampf ließen Eva Schrade wenig Spielraum zur Selbstfinanzierung.[1] Deshalb musste sie verstärkt auf Fremdkapital ausweichen. Weitere Investitionen will sie deshalb vorrangig mit Eigenkapital durchführen. Sie entschließt sich deshalb dazu, eine offene Handelsgesellschaft oder eine Kommanditgesellschaft zu gründen. Von den von ihr angesprochenen Personen sind ihrer Ansicht nach der langjährige und erfolgreiche Vertreter Heinz Mann und dessen Frau Doris Waggis-Mann die geeignetsten Partner. Herr Mann will als Komplementär, Doris Waggis-Mann als Kommanditistin in die Maschinenfabrik A. Schrade e. Kfr. eintreten.

Im Gesellschaftsvertrag vom 31. März 20.. wird unter anderem Folgendes vereinbart:

§ 1 Eva Schrade bringt ihr Unternehmen in die KG ein. Das Eigenkapital der Maschinenfabrik A. Schrade e. Kfr. beträgt 3600000,00 EUR. Heinz Mann leistet 800000,00 EUR in bar und bringt ein unbebautes Grundstück im Wert von 1000000,00 EUR ein. Die Einzahlung auf das Geschäftsbankkonto und die Übereignung des Grundstücks auf die KG erfolgt zum 30. April 20..

§ 2 Doris Waggis-Mann übernimmt eine Kommanditeinlage in Höhe von 500000,00 EUR. Am 30. April 20.. zahlt sie 300000,00 EUR auf das Geschäftsbankkonto ein. Den Restbetrag will sie am 30. Mai überweisen.

§ 3 Jeder Gesellschafter erhält 5 % Guthabenzinsen. Der verbleibende Rest des Jahresgewinns wird im Verhältnis 4 (Schrade) : 3 (Mann) : 1 (Waggis-Mann) verteilt. Der Verlust wird im Verhältnis der Kapitalanteile der Gesellschafter verteilt.

§ 4 Die Gesellschaft beginnt am 30. April 20..

Die Eintragung der KG ins Handelsregister erfolgt am 14. Mai 20..

Aufgaben:

1. Nennen Sie die Rechtsform, die das Unternehmen von Eva Schrade aufweist!
2. Zählen Sie fünf wesentliche Merkmale der von Eva Schrade betriebenen Unternehmensform auf!
3. Begründen Sie, welcher Form der Gesellschaftsvertrag für diese KG genügen muss!
4. Erörtern Sie die Vorteile, die Eva Schrade durch die Gründung der KG hat!
5. Beurteilen Sie, welche Nachteile Eva Schrade durch die Gründung der KG auf sich nimmt!
6. Erläutern Sie, welche Gründe Doris Waggis-Mann und Heinz Mann bewogen haben können, als Gesellschafter in das Unternehmen von Eva Schrade einzutreten!
7. Bilden Sie mindestens zwei Beispiele für die Firmierung der KG!

1 **Selbstfinanzierung** ist die Bereitstellung von **Finanzmitteln** aus dem **Gewinn des Unternehmens.**

8. Erklären Sie die Geschäftsführungs- und Vertretungsbefugnisse der Komplementäre Eva Schrade und Heinz Mann, wenn der Gesellschaftsvertrag hierzu keine Regelungen enthält!
9. Die Kommanditistin Doris Waggis-Mann wird vom Finanzamt am 20. Mai 20.. aufgefordert, die für die KG fällige Umsatzsteuerschuld in Höhe von 210 000,00 EUR zu überweisen. Prüfen Sie, ob sie zahlen muss!
10. Der Komplementär Heinz Mann möchte auf seinem eingebrachten Grundstück ein Privathaus errichten. Hierzu will er das Grundstück aus dem Vermögen der KG entnehmen. Untersuchen Sie, ob er hierzu die Zustimmung von Eva Schrade benötigt!

4.5 Gesellschaft mit beschränkter Haftung (GmbH)

4.5.1 Begriff, Kapital und Firma der GmbH

(1) Begriff GmbH

- Die **Gesellschaft mit beschränkter Haftung** (GmbH) ist eine **Handelsgesellschaft** mit **eigener Rechtspersönlichkeit (juristische Person**[1]**)**.
- Die Gesellschafter sind mit einem oder mehreren Geschäftsanteilen an der Gesellschaft beteiligt, **ohne persönlich** für die Verbindlichkeiten der Gesellschaft **zu haften** [§ 13 I, II GmbHG].
- Die GmbH ist eine **Kapitalgesellschaft**.

Die **GmbH** hat **selbstständige Rechte und Pflichten.** Mithilfe ihrer Organe ist es möglich, Rechtsgeschäfte abzuschließen. Sie kann z.B. Eigentum an Grundstücken erwerben und vor Gericht klagen und verklagt werden. Die GmbH ist Gläubiger und Schuldner, nicht etwa die GmbH-Gesellschafter. Die **GmbH-Gesellschafter** statten die GmbH lediglich mit **Eigenkapital** aus, indem sie sich mit Geschäftsanteilen am Stammkapital der GmbH beteiligen.

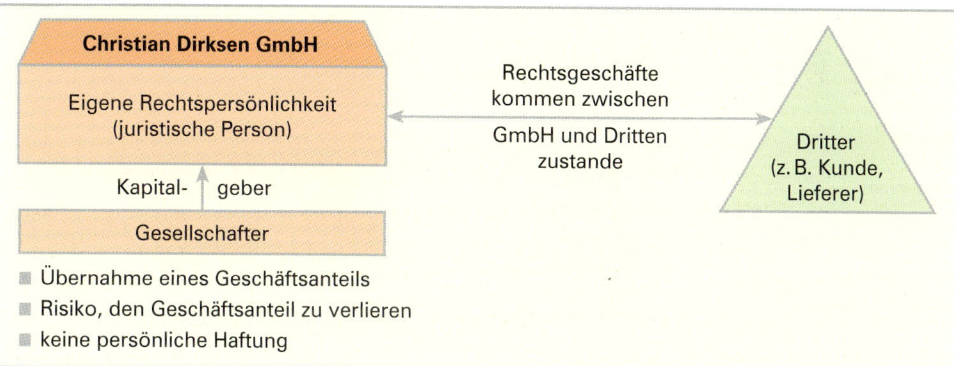

Die GmbH ist eine rechtliche Konstruktion, durch die unternehmerisches Kapital in einer juristischen Person verselbstständigt und die Haftung auf das Gesellschaftsvermögen begrenzt wird. Dies eröffnet Eigenkapitalgebern (Gesellschaftern) die Möglichkeit, ihr

1 **Juristische (rechtliche) Personen** sind „künstliche" Personen, denen der Staat die Eigenschaft von Personen kraft Gesetzes verliehen hat. Sie sind damit rechtsfähig, d.h. Träger von Rechten und Pflichten.

Risiko auf das eingesetzte Kapital zu begrenzen sowie ihre persönliche Haftung zu vermeiden. Es kommt zu einer rechtlichen **Trennung von Unternehmens- und Privatvermögen.** Bei der GmbH handelt es sich somit um eine **Kapitalgesellschaft.**

(2) Kapital der GmbH

Geschäftsanteil	Ein Geschäftsanteil ist der nominale Anteil am Stammkapital der GmbH. Er ist mit einem Nennbetrag versehen. Die **Nennbeträge** der einzelnen Geschäftsanteile können unterschiedlich hoch sein, müssen jedoch auf **volle Euro** lauten. Jeder Gesellschafter beteiligt sich im Rahmen der Errichtung (Gründung) der GmbH mit einem oder mehreren Geschäftsanteilen [§ 5 II GmbHG]. Die Summe der Nennbeträge aller Geschäftsanteile muss mit der Höhe des Stammkapitals übereinstimmen [§ 5 III GmbHG]. Geschäftsanteile können jederzeit – ohne dass eine Genehmigung der übrigen Gesellschafter eingeholt werden muss – veräußert werden. **Beispiel:** Florian Habel, Konstantin Schopel und Lasse Landmann wollen eine GmbH gründen. In dem Gesellschaftsvertrag setzen sie das Stammkapital auf 25 000,00 EUR fest. Florian Habel, der auch zum Geschäftsführer der GmbH bestimmt wird, übernimmt einen Geschäftsanteil mit einem Nennbetrag in Höhe von 15 000,00 EUR (Geschäftsanteil Nr. 1). Die beiden anderen Gesellschafter übernehmen jeweils einen Geschäftsanteil mit einem Nennbetrag in Höhe von 5 000,00 EUR (Geschäftsanteile Nr. 2 und 3). Der tatsächliche Wert der Geschäftsanteile kann steigen oder fallen, je nachdem wie erfolgreich die Geschäftstätigkeit der GmbH verläuft.
Stammeinlagen	Der Betrag, der auf einen Geschäftsanteil zu leisten ist, wird als Stammeinlage bezeichnet. Die Höhe der zu **leistenden Einlage** richtet sich nach dem bei der Gründung der Gesellschaft im Gesellschaftsvertrag festgesetzten Nennbetrag des Geschäftsanteils [§ 14 GmbHG].
Stammkapital	Dies ist der in der Satzung festgelegte **Gesamtbetrag aller Geschäftsanteile.** Das Stammkapital muss mindestens 25 000,00 EUR betragen [§ 5 I GmbHG]. Das Stammkapital wird in der offenzulegenden Bilanz als „gezeichnetes Kapital" ausgewiesen [§§ 266 III, 272 I HGB].

(3) Firma

Die **Firma** der GmbH muss die Bezeichnung **„Gesellschaft mit beschränkter Haftung"** oder eine allgemein verständliche Abkürzung dieser Bezeichnung (z.B. GmbH) enthalten [§ 4 GmbHG].

Beispiele:

Albrecht Büller GmbH; Celler Maschinenfabrik GmbH; Albrecht Büller Maschinenfabrik GmbH; Backhaus Unternehmergesellschaft (haftungsbeschränkt).

4.5.2 Gründung der GmbH

(1) Errichtung der GmbH

Die GmbH kann durch **eine Person**[1] oder **mehrere Personen** errichtet werden [§ 1 GmbHG].

1 Bei einer **Einpersonen-GmbH** erfolgt die Gründung in einem vereinfachten Verfahren unter Zuhilfenahme eines Musterprotokolls, das dem Vertrag gleichsteht und vom Gesetz ebenfalls als „Gesellschaftsvertrag" bezeichnet wird [§ 2 I a GmbHG].

Zur **Errichtung der GmbH** ist ein **notariell beurkundeter Gesellschaftsvertrag (Satzung)** erforderlich, der von sämtlichen Gesellschaftern unterzeichnet werden muss [§ 2 I GmbHG]. Der Gesellschaftsvertrag muss enthalten:

- die **Firma** und den **Sitz der Gesellschaft,**
- den **Gegenstand des Unternehmens,**
- den **Betrag des Stammkapitals** und
- die **Zahl und die Nennbeträge der Geschäftsanteile,** die jeder Gesellschafter gegen Einlage auf das Stammkapital (Stammeinlage) übernimmt [§ 3 GmbHG].

GmbH-Gesellschafter ist nur der, der in die **Gesellschafterliste** eingetragen ist [§ 16 I GmbHG]. Jeder Gesellschafter hat Anspruch darauf, in die Liste eingetragen zu werden.

Beachte:

Für **unkomplizierte Standardgründungen** steht den Gründern der GmbH ein **notariell zu beurkundendes Musterprotokoll** als Anlage zum GmbHG zur Verfügung. Als „einfache Standardgründung“ gilt z. B. eine Bargründung[1] mit höchstens **drei Gesellschaftern** und **einem Geschäftsführer** [§ 2 Ia GmbHG]. Am Musterprotokoll dürfen keine Veränderungen oder Ergänzungen vorgenommen werden.

(2) Anmeldung der GmbH ins Handelsregister

Die **Anmeldung zur Eintragung in das Handelsregister** darf erst erfolgen, wenn auf **jeden Geschäftsanteil ein Viertel des Nennbetrags** eingezahlt sind [§ 7 II, S. 1 GmbHG]. **Sacheinlagen** müssen vor der Eintragung in das Handelsregister in **vollem Umfang** geleistet werden. Insgesamt muss auf das Stammkapital mindestens so viel eingezahlt werden, dass der Gesamtbetrag der eingezahlten Geldeinlagen zuzüglich des Gesamtnennbetrags der Geschäftsanteile, für die Sacheinlagen zu leisten sind, die **Hälfte des Mindeststammkapitals, d. h. 12500,00 EUR,** erreicht [§ 7 II, S. 2 GmbHG]. Außerdem müssen die Nennbeträge und die laufenden Nummern der von jedem Gesellschafter übernommenen Geschäftsanteile ersichtlich sein [§ 8 I, Nr. 3 GmbHG].

Die GmbH als juristische Person mit Kaufmannseigenschaft entsteht erst durch die Eintragung der GmbH ins Handelsregister **(konstitutive Wirkung der Eintragung)** [§§ 11 I, 13 GmbHG]. Sie ist **Kaufmann kraft Rechtsform (Formkaufmann).** Schließen die Gesellschafter **vor der Handelsregistereintragung** im Namen der Gesellschaft Rechtsgeschäfte ab, so **haften die Handelnden persönlich und solidarisch** [§ 11 II GmbHG].

4.5.3 Organe der GmbH

(1) Geschäftsführer

Die Geschäftsführer leiten die GmbH. Sie werden von der Gesellschafterversammlung gewählt oder durch den Gesellschaftsvertrag (Satzung) bestimmt. Die Zeitdauer der Bestellung ist nicht bestimmt. Die Geschäftsführer sind die gesetzlichen Vertreter der GmbH. Sind mehrere Geschäftsführer bestellt, besteht **Gesamtgeschäftsführungsrecht** bzw. **Gesamtvertretungsbefugnis,** sofern der Gesellschaftsvertrag nichts anderes vorsieht [§ 35 II GmbHG]. Eine Beschränkung der Vertretungsmacht ist Dritten gegenüber unwirksam [§ 37 GmbHG].

1 Das bedeutet, dass **keine Sacheinlagen** getätigt werden dürfen.

Beispiel einer GmbH-Satzung:[1]

§ 1 Sitz der Gesellschaft

Die Gesellschaft hat ihren Sitz in Hildesheim. Die Gesellschaft betreibt den Handel mit Trendsport-, Extremsport- und Funsportartikeln aller Art. Die Gesellschaft kann Filialen errichten und sich an anderen Firmen beteiligen.

§ 2 Name der Firma

Der Name der Firma lautet: Trend- und Funsport Center Hildesheim GmbH

§ 3 Stammkapital

Das Stammkapital der Gesellschaft wird auf 60 000,00 EUR festgesetzt. Darauf übernehmen Sven Wagner Geschäftsanteil 1: Nennwert 30 000,00 EUR, Sonja Maunz Geschäftsanteil 2: Nennwert 20 000,00 EUR und Max Moser Geschäftsanteil 3: Nennwert 10 000,00 EUR.

§ 4 Geschäftsführung und Vertretung

Zu den ersten Geschäftsführern der Gesellschaft werden Sven Wagner und Sonja Maunz bestellt. Sie besitzen Einzelvertretungsmacht. Die arbeitsrechtlichen Bestimmungen sind in einem gesonderten Vertrag zu vereinbaren.

§ 5 Gesellschafterversammlung

Über wichtige Entscheidungen ist eine Gesellschafterversammlung abzuhalten und das Ergebnis zu protokollieren. Die Einberufung erfolgt zwei Wochen vor der Abhaltung der Versammlung unter Bekanntgabe der zu beschließenden Punkte.

§ 6 Beschlussfassung

Abgestimmt wird mit einfacher Mehrheit. Dabei gewährt jeder Euro eines Geschäftsanteils eine Stimme. Bei Stimmengleichheit gilt der Antrag als abgelehnt.

§ 7 Feststellung des Jahresabschlusses, Entlastung der Geschäftsführer

Die Gesellschafterversammlung hat auch über die Feststellung des Jahresabschlusses, die Gewinnverwendung und die Entlastung der Geschäftsführer zu beschließen.

§ 8 Übertragung von Geschäftsanteilen

Die Geschäftsanteile können nur mit Zustimmung der anderen Gesellschafter zum Ende eines Geschäftsjahres übertragen werden. Diese Übertragung muss der Gesellschaft mindestens vier Monate zuvor angezeigt werden.

§ 9 Einziehung von Geschäftsanteilen

Die Gesellschafter können auch die Einziehung von Geschäftsanteilen beschließen. Dies gilt besonders dann, wenn über das Vermögen eines Gesellschafters das Insolvenzverfahren eröffnet wurde. Der betroffene Gesellschafter hat dabei kein Stimmrecht.

§ 10 Auflösung der Gesellschaft

Wird die Gesellschaft durch Auflösung beendet, so ist aus den Reihen der Gesellschafter ein Liquidator zu bestellen. Dieser hat das Geschäftsvermögen zu veräußern, die Gläubiger zu befriedigen und den verbleibenden Überschuss entsprechend der Höhe der zuletzt von den Gesellschaftern gehaltenen Beteiligung zu verteilen.

Hildesheim, den 15. September 20..

Den vorstehenden Vertrag beurkundet:

Unterschriften der Gesellschafter — Unterschrift des Notars

1 In Anlehnung an: Konz, Franz: 1000 Tipps und Tricks für Selbstständige und zur Existenzgründung, München 2002.

(2) Gesellschafterversammlung

Die Geschäftsführer leiten die Gesellschaft **nicht** in eigener Verantwortung; sie müssen vielmehr im Rahmen der Satzung und des Gesetzes die **Weisungen der Gesellschafter** unmittelbar befolgen. Aus diesem Grund ist die Gesamtheit (Versammlung) der Gesellschafter das **oberste Organ** der GmbH. In ihm nehmen die Gesellschafter ihre Rechte wahr. Beschlussfassungen erfolgen grundsätzlich mit der Mehrheit der abgegebenen Stimmen. Dabei gewährt **jeder Euro** eines Geschäftsanteils **eine Stimme.** Notariell zu beurkundende Satzungsänderungen bedürfen der **qualifizierten Mehrheit** (Mehrheit von drei Vierteln der abgegebenen Stimmen [§§ 47 I, II; 53 GmbHG]).

(3) Aufsichtsrat

Grundsätzlich benötigen Gesellschaften mit bis zu 500 Arbeitnehmern keinen Aufsichtsrat, es sei denn, die Satzung schreibt die Bestellung eines Aufsichtsrats vor [§ 52 I GmbHG]. Beschäftigt die GmbH **mehr als 500 Arbeitnehmer,** so **muss ein Aufsichtsrat gewählt werden** [§ 1 I Nr. 3 DrittelbG]. Durch die verschiedenen Gesetze zur Stärkung der Mitbestimmungsrechte der Arbeitnehmer und Gewerkschaften gelten bezüglich der **Wahl, Zusammensetzung** und **Zahl der Aufsichtsräte** unterschiedliche Vorschriften:

Größe der GmbH	Geltendes Gesetz	Vorschriften über den Aufsichtsrat (AR)
GmbH mit i. d. R. mehr als 500 bis zu 2000 Arbeitnehmer	Drittelbeteiligungsgesetz von 2004 [DrittelbG]	Der AR besteht aus mindestens 3 Personen oder aus einer höheren, durch drei teilbaren Mitgliederzahl. Die Gesellschafterversammlung wählt $^2/_3$, die Belegschaft $^1/_3$ der AR-Mitglieder **(„Drittel-Parität“).**
GmbH mit in der Regel mehr als 2000 Arbeitnehmer	Mitbestimmungsgesetz von 1976 [MitbestG 1976]	Der AR hat 12 bis 20 Mitglieder. Die Hälfte wird von der Gesellschafterversammlung gewählt. Ein AR-Mitglied wird von den leitenden Angestellten, die übrigen von der restlichen Belegschaft gewählt **(„gleichgewichtige Mitbestimmung“).**

Die **Aufgaben** des **Aufsichtsrats** sind vor allem:

- **Überwachung der Geschäftsführung,** Einsicht und Prüfung der Geschäftsbücher und Schriften sowie der Vermögensgegenstände,
- **Einberufung einer außerordentlichen Gesellschafterversammlung,** wenn es das Wohl der Gesellschaft erfordert (z. B. bei Eintritt hoher Verluste),
- **Prüfung des Jahresabschlusses.** Der Aufsichtsrat hat die Gesellschafterversammlung über das Ergebnis der Prüfung schriftlich zu unterrichten.

4.5.4 Pflichten und Rechte der Gesellschafter

(1) Pflichten der Gesellschafter

Leistung des Geschäftsanteils	Bei **nicht rechtzeitiger Einzahlung** sind **Verzugszinsen** zu entrichten [§ 20 GmbHG].
Nachschusspflicht	Die Satzung kann eine **beschränkte** oder **unbeschränkte Nachschusspflicht** vorsehen. Nachschüsse werden in der Regel dann verlangt, wenn die GmbH einen Eigenkapitalbedarf (z.B. für Investitionen) hat. Sie dienen nur mittelbar zur Sicherung der Gläubiger.

Risikohaftung[1]	Die **Gesellschafter** der GmbH **haften nicht** für die Verbindlichkeiten der Gesellschaft. Als juristische Person des Handelsrechts (Kapitalgesellschaft) haftet lediglich die GmbH selbst [§ 13 I, II GmbHG]. Das einzige Risiko, das der GmbH-Gesellschafter eingeht, ist, dass er den Wert seines Geschäftsanteils teilweise oder ganz verliert. Das Letztere ist der Fall, wenn die GmbH wegen Überschuldung oder Zahlungsunfähigkeit aufgelöst wird, also kein Eigenkapital mehr übrig bleibt. Die GmbH-Gesellschafter übernehmen daher nur eine „Risikohaftung".

(2) Gegenüberstellung der Haftung bei einer OHG (Personengesellschaft) und einer GmbH (Kapitalgesellschaft)

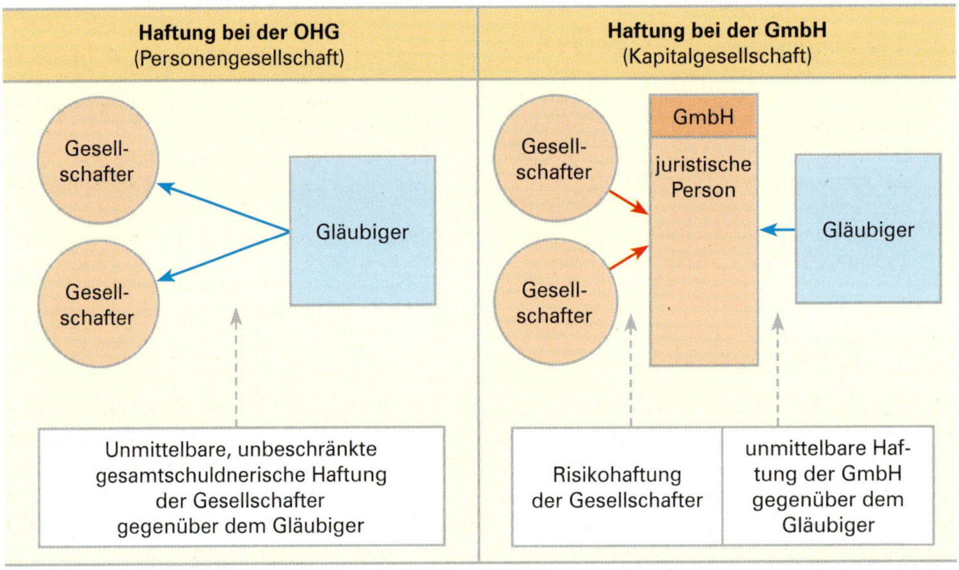

(3) Rechte der Gesellschafter

Gewinnanteil	Jeder Gesellschafter hat einen Anspruch auf den sich nach der jährlichen Bilanz ergebenden Gewinn. Die Verteilung des Gewinns erfolgt nach dem Verhältnis der Geschäftsanteile. Im Gesellschaftsvertrag kann eine andere Gewinnverteilung vereinbart sein [§ 29 GmbHG].
Auskunfts- und Einsichtsrecht	Der Geschäftsführer hat einem Gesellschafter auf dessen Wunsch unverzüglich Auskunft über die Angelegenheit der Gesellschaft zu geben. Die Einsicht in die Bücher und Schriften ist dem Gesellschafter gestattet [§ 51 a GmbHG].
Geschäftsführungs- und Vertretungsrecht sowie Mitverwaltungsrecht	Aus der engen persönlichen Bindung der Gesellschafter an die GmbH ergibt sich für sie ein weitgehendes Mitverwaltungsrecht.

1 Siehe auch S. 67 und S. 91.

4.5.5 Auflösung der GmbH

Die Auflösung der GmbH ist in den §§ 60ff. GmbHG geregelt. Neben der **zwangsweisen Auflösung durch das Gericht** (im Rahmen eines Insolvenzverfahrens) wegen **Zahlungsunfähigkeit** oder **Überschuldung** kann die GmbH nach **Ablauf der im Gesellschaftsvertrag bestimmten Zeit,** durch **Beschluss der Gesellschafter** (grundsätzlich mit einer Mehrheit von drei Viertel der abgegebenen Stimmen) oder auch durch **gerichtliches Urteil** aufgelöst werden.

4.5.6 Vor- und Nachteile der GmbH

Vorteile	Nachteile
■ Risikohaftung (nur auf Geschäftsanteil beschränkte Haftung). ■ GmbH hat eine eigene Rechtspersönlichkeit (juristische Person). ■ Leichtere Eigenkapitalbeschaffung durch Aufnahme weiterer Gesellschafter (Kapitalgesellschaft). ■ Einfache Veräußerung der Geschäftsanteile, da keine persönliche Mitarbeit vorliegt.	■ Geringere Kreditwürdigkeit. ■ Höhere Gründungskosten durch zwingende notarielle Beurkundung (Ausnahme Musterprotokoll und UG). ■ Bei Kreditgewährung werden von den Gesellschaftern häufig eine Bürgschaft oder andere Kreditsicherheiten verlangt. ■ Aufgrund gesetzlicher Vorschriften ist der Jahresabschluss aufwendig.

4.5.7 Bedeutung der GmbH

Die Gesellschaft mit beschränkter Haftung ist vor allem bei Familienunternehmen und bei Unternehmen mittlerer Größe anzutreffen, weil für die Gründung ein sehr niedriges Anfangskapital (Eigenkapital) vorgeschrieben ist, die Haftung der Gesellschafter begrenzt ist, ein enges Verhältnis zwischen Gesellschaftern und Geschäftsführern besteht (die Gesellschafter häufig selbst Geschäftsführer sind) und die Gründung verhältnismäßig unkompliziert und kostengünstig ist. Hinzu kommt, dass bei kleineren Gesellschaften die Prüfungs- und Offenlegungspflicht entfällt.

Häufig gründen auch Großunternehmen Gesellschaften mit beschränkter Haftung, die Teilfunktionen übernehmen (z. B. Forschung und Entwicklung, Erschließung neuer Rohstoffquellen, Wahrnehmung des Vertriebs). Daneben eignet sich die Rechtsform der GmbH auch zur Ausgliederung bestimmter kommunaler Aufgaben (z. B. können kommunale Wasserwerke, Versorgungsunternehmen, Krankenhäuser, Müllverbrennungsanlagen in Rechtsform der GmbH betrieben werden).

4.5.8 Unternehmergesellschaft als Sonderform der GmbH

Höhe des Kapitals	Die **Unternehmergesellschaft** (UG, „Mini-GmbH")[1] kann mit **einem geringeren Stammkapital** als dem Mindeststammkapital von 25 000,00 EUR gegründet werden [§ 5a I GmbHG]. Das Stammkapital kann somit zwischen 1 EUR und 24 999,00 EUR liegen. **Sacheinlagen sind ausgeschlossen** [§ 5a II GmbHG].

1 Die Unternehmergesellschaft ist **keine eigene Rechtsform,** sondern lediglich eine besondere Variante der GmbH.

Firma	Die **Unternehmergesellschaft** muss in der Firma den Rechtsformzusatz **„Unternehmergesellschaft (haftungsbeschränkt)"** oder **„UG (haftungsbeschränkt)"** führen.
Anmeldung zum Handelsregister	Die Anmeldung einer Unternehmergesellschaft zur Handelsregistereintragung kann erst erfolgen, wenn das Stammkapital in voller Höhe eingezahlt ist.
Gewinnausschüttung	Die Unternehmergesellschaft darf ihre **Gewinne** – sofern sie welche erzielt– **zu höchstens** $^3/_4$ an die Gesellschafter **ausschütten.** Sie muss **ein Viertel** des um einen Verlustvortrag aus dem Vorjahr geminderten Jahresüberschusses **ansparen, bis sie das Mindestkapital** von 25 000,00 EUR erreicht hat. Der angesparte Betrag ist in eine gesetzliche Rücklage einzustellen. Die Rücklage darf nur verwandt werden zur **Erhöhung des Stammkapitals,** zum **Ausgleich eines Jahresfehlbetrags,** soweit er nicht durch einen Gewinnvortrag aus dem Vorjahr gedeckt ist, oder zum **Ausgleich eines Verlustvortrags aus dem Vorjahr,** soweit er nicht durch einen Jahresüberschuss gedeckt ist [§ 5a, III GmbHG].
Umwandlung in eine GmbH	Wenn das Mindestkapital von 25 000,00 EUR erreicht ist, kann die Unternehmergesellschaft in eine „gewöhnliche" GmbH umgewandelt werden. Die UG ist als „Einbahnstraße" konzipiert. Das bedeutet, dass die UG nur im Rahmen einer **Erstgründung** errichtet werden kann und daher insbesondere eine Zurückführung der GmbH in eine UG nicht möglich ist.

4.6 GmbH & Co. KG

(1) Begriff

Bei der **GmbH & Co. KG** handelt es sich um eine **Kommanditgesellschaft** (KG), an der eine **GmbH** als einzige persönlich haftende Gesellschafterin **(Komplementär)** beteiligt ist.

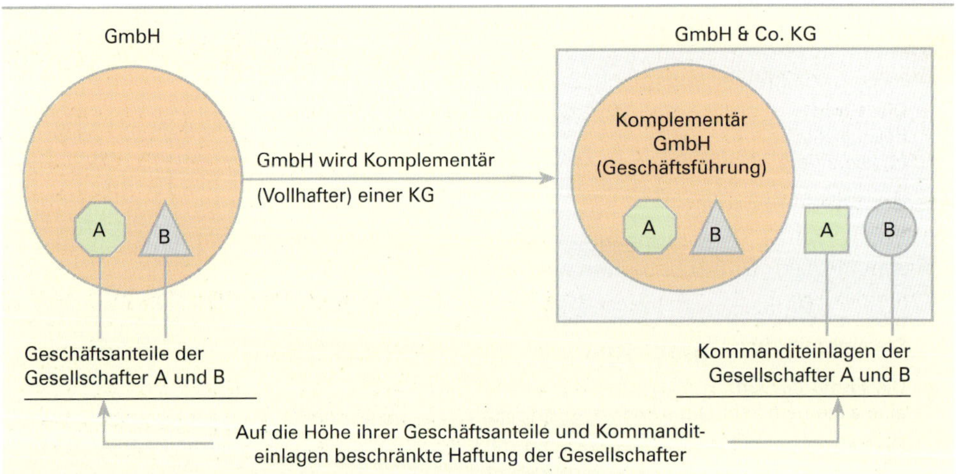

Kommanditisten können die **Gesellschafter der GmbH** (echte, typische GmbH & Co. KG) **oder andere Personen** (unechte, atypische GmbH & Co. KG) sein.

(2) Firma

Die **Firma** einer GmbH & Co. KG muss die Bezeichnung „Kommanditgesellschaft" oder eine allgemein verständliche Abkürzung dieser Bezeichnung enthalten [§ 19 I, Nr. 3 HGB].

Beispiele:

Exportgesellschaft Wild m.b.H. & Co. KG; Impex GmbH KG; Emdener Saatgut GmbH KG; Friedrich Metzger GmbH & Co. KG.

(3) Geschäftsführung und Vertretung

Die GmbH & Co. KG wird durch die GmbH (Komplementär) vertreten, die auch die Geschäftsführungsbefugnis besitzt. Für die GmbH handeln die Geschäftsführer, die bei der typischen GmbH & Co. KG mit den Kommanditisten identisch sind. Im Übrigen sind die Rechtsgrundlagen die gleichen wie bei der KG.

(4) Gründe für die Ausgestaltung der KG als GmbH & Co. KG

Haftungsbeschränkung	Die GmbH als Komplementär haftet zwar unbeschränkt mit ihrem Vermögen, die Gesellschafter der GmbH allerdings nur mit ihren Geschäftsanteilen.
Erleichterung der Kapitalbeschaffung	Die GmbH & Co. KG kann durch die Aufnahme weiterer Kommanditisten ihr Kapital erweitern, wobei die neuen Gesellschafter nur einen geringen Einfluss auf das Unternehmen gewinnen.
Nachfolgeregelung	Anstelle einer natürlichen Person tritt die GmbH als Vollhafter ein. Damit ist die Unternehmensfortführung gesichert, denn die GmbH ist „unsterblich". Dies ist insbesondere für Familienunternehmen wichtig.
Geschäftsführung	Als Geschäftsführer der Komplementär-GmbH können außenstehende Fachleute angestellt werden.

Zusammenfassung

- Die **GmbH** ist durch folgende **Merkmale** charakterisiert: (1) juristische Person; (2) Handelsgesellschaft; (3) Gesellschafter sind mit Geschäftsanteilen am Stammkapital beteiligt; (4) keine persönliche Haftung der Gesellschafter.
- Das **Stammkapital** beträgt mindestens 25 000,00 EUR. Es ergibt sich aus der **Summe aller Geschäftsanteile.**
- Jeder Gesellschafter übernimmt eine bestimmte Zahl an **Geschäftsanteilen.** Jeder Geschäftsanteil ist wiederum mit einem **Nennbetrag** versehen. Der Nennbetrag jedes Geschäftsanteils muss auf volle EUR lauten. Die Summe der Nennbeträge aller Geschäftsanteile muss mit dem Stammkapital übereinstimmen.
- Die **Firma der GmbH** muss die Bezeichnung „Gesellschaft mit beschränkter Haftung" oder eine allgemein verständliche Abkürzung dieser Bezeichnung enthalten.

  Die **haftungsbeschränkte Unternehmergesellschaft** muss in der Firma den Rechtsformzusatz „Unternehmergesellschaft (haftungsbeschränkt)" oder „UG (haftungsbeschränkt)" führen.
- Zur **Gründung der GmbH** sind erforderlich: (1) eine Person oder mehrere Personen; (2) notariell beurkundete Satzung; (3) Mindesteinzahlung 12 500,00 EUR bzw. $^1/_4$ aller Geschäftsanteile; (4) Eintragung ins Handelsregister.

6 Speth u.a. - ISBN 978-3-8120-0536-4

- Erst durch die Eintragung entsteht die GmbH als juristische Person mit Kaufmannseigenschaft **(konstitutive Wirkung der Eintragung).**
- **Organe der GmbH**
  - **Gesellschafterversammlung:** beschließendes Organ
  - **Geschäftsführer:** ausführendes Organ
  - **Aufsichtsrat:** kontrollierendes Organ
- Als juristische Person des Handelsrechts **haftet die GmbH** in Höhe des Stammkapitals selbst. Die Gesellschafter der GmbH haften nur indirekt, d. h., sie riskieren, den Wert ihres Geschäftsanteils teilweise oder ganz zu verlieren **(Risikohaftung).**
- **Die Vertretung** der GmbH nach außen erfolgt durch den (die) Geschäftsführer. Soweit die Satzung nichts anderes bestimmt, besteht für eine aus mehreren Personen bestehende Geschäftsführung **Gesamtvertretungsmacht. Einzelvertretungsmacht** muss, um rechtswirksam zu sein, im **Handelsregister eingetragen** werden.
- Die **Geschäftsführung** erfolgt durch die Geschäftsführer, die Gesellschafter der GmbH und/oder auch andere unbeschränkt geschäftsfähige natürliche Personen.

  Wenn die Geschäftsführung mehrere Personen umfasst, besteht grundsätzlich **Gesamtgeschäftsführungsbefugnis.** Die Satzung kann Abweichendes bestimmen.
- In Gesellschaften mit mehr als 500 Arbeitnehmern ist ein **Aufsichtsrat (AR)** zwingend vorgeschrieben.
- Die **Zusammensetzung des AR** richtet sich nach der **Anzahl der beschäftigten Arbeitnehmer.**
- **Aufgaben des AR:** Überwachung der Geschäftsführung; Einsicht und Prüfung der Geschäftsbücher und Schriften sowie der Vermögensgegenstände; Einberufung einer außerordentlichen Gesellschafterversammlung; Prüfung des Jahresabschlusses, des Lageberichts und des Vorschlags für die Verwendung des Bilanzgewinns.
- Die **Unternehmergesellschaft** – eine Sonderform der GmbH – kann auch mit einem geringeren Stammkapital als das Mindeststammkapital von 25 000,00 EUR gegründet werden.
- Die **Auflösung der GmbH** erfolgt im Rahmen eines Insolvenzverfahrens, durch Beschluss der Gesellschafterversammlung oder aufgrund einer Satzungsbestimmung.
- Die **Merkmale der GmbH & Co. KG** sind: (1) Es handelt sich um eine KG; (2) Vollhafter (Komplementär) ist eine GmbH.

Übungsaufgaben

14 1. Die Heinz Kern OHG betreibt eine Großhandlung für Medizintechnik. Sie soll in eine GmbH umgewandelt werden. Gleichzeitig soll der bisherige Verkaufsleiter Fritz Dick als Gesellschafter in die neue GmbH aufgenommen werden.

Aufgaben:

1.1 Erläutern Sie, wodurch sich die Personengesellschaft von der Kapitalgesellschaft unterscheidet!

1.2 Nennen Sie zwei Gründe, die für die Wahl der Gesellschaftsform GmbH sprechen!

1.3 Klären Sie die finanziellen Voraussetzungen, die für die Anmeldung zur Eintragung der GmbH in das Handelsregister gegeben sein müssen!

1.4 Unterbreiten Sie zwei Vorschläge für die Firmierung der GmbH!

1.5 Vergleichen Sie die Haftungsverhältnisse bei der GmbH und der OHG!

1.6 Zeigen Sie die Unterschiede bei der Vertretung der GmbH und der der OHG auf!

1.7 Nennen Sie drei Gründe, die zur Auflösung der GmbH führen können!

2. Unterscheiden Sie zwischen Stammkapital, Stammeinlage und Geschäftsanteil!
3. Klären Sie mithilfe des Gesetzestextes, wie die Mindesteinzahlung der Gesellschafter im GmbHG geregelt ist!
4. An den Hernern Impfstoffwerken GmbH sind beteiligt:
   - Adam mit einem Geschäftsanteil von 25000,00 EUR,
   - Brecht mit einem Geschäftsanteil von 30000,00 EUR und
   - Czerny mit einem Geschäftsanteil von 45000,00 EUR.

   Aufgaben:

   4.1 Nennen Sie die Höhe des Stammkapitals!

   4.2 Untersuchen Sie, wie der Reingewinn in Höhe von 90000,00 EUR zu verteilen ist, wenn die Gewinnverteilung nach dem GmbHG erfolgt! Berechnen Sie den Gewinnanteil jedes Gesellschafters!

   4.3 Czerny möchte seinen Geschäftsanteil verkaufen. Prüfen Sie, ob und gegebenenfalls wie er das kann!
5. Vergleichen Sie die GmbH mit der Unternehmergesellschaft (haftungsbeschränkt) anhand folgender Vergleichsmerkmale: Gründung, Firma und Mindeststammkapital!

15 Die Albrecht Bühner OHG stellt Nahrungsergänzungsmittel her. An der OHG sind beteiligt Albrecht Bühner und Sigrid Bühner. Da auf dem Markt ein starker Wettbewerb herrscht, müssen erhebliche Investitionen vorgenommen werden. Albrecht Bühner entschließt sich daher, die OHG in eine GmbH umzuwandeln und zwei neue Gesellschafter aufzunehmen. Es sind dies Ingo Bach und Franz Werder.

Albrecht Bühner legt folgenden Vorschlag für einen Gesellschaftsvertrag vor (Auszug):

Auszug aus dem Gesellschaftsvertrag

§ 1 Firma: Albrecht Bühner GmbH

§ 2 Sitz der Gesellschaft: Uelzen

§ 3 Geschäftsbeginn: 10. August 12

§ 4 Die Geschäftsanteile betragen:

– Geschäftsanteil Nr. 1, Albrecht Bühner	Nennwert:	30000,00 EUR
– Geschäftsanteil Nr. 2, Sigrid Bühner	Nennwert:	20000,00 EUR
– Geschäftsanteil Nr. 3, Ingo Bach	Nennwert:	15000,00 EUR
Einzahlung:	50 % bis zum 30. September 12 50 % bis zum 31. Dezember 12	
– Geschäftsanteil Nr. 4, Franz Werder	Nennwert:	40000,00 EUR

Das Stammkapital der Gesellschaft beträgt 105000,00 EUR.

§ 5 Gegenstand des Unternehmens ist die Produktion und der Vertrieb von Nahrungsergänzungsmitteln.

§ 6 Zu Geschäftsführern der GmbH werden bestellt:
- Albrecht Bühner, zuständig für Beschaffung und Produktion
- Sigrid Bühner, zuständig für Marketing und Vertrieb

Die Geschäftsführer besitzen Einzelvertretungsmacht.

Ingo Bach und Franz Werder sind von der Geschäftsführung ausgeschlossen.

Die notarielle Beurkundung des Gesellschaftsvertrags erfolgt am 30. Juli 20.., die Handelsregistereintragung am 30. August 20..

Aufgaben:

1. Stellen Sie dar, welche gesetzlichen Gesellschaftsrechte Albrecht Bühner und Sigrid Bühner haben, solange das Unternehmen als offene Handelsgesellschaft betrieben wird!
2. Erörtern Sie, welche Vorteile sich für die Gesellschafter insgesamt aus der Umwandlung in eine GmbH ergeben!
3. Prüfen Sie, was die GmbH unternehmen kann, wenn Ingo Bach den noch zu leistenden Restbetrag auf seinen Geschäftsanteil nicht vertragsgemäß zahlt!
4. Sigrid Bühner, zuständig für Marketing und Vertrieb, kauft ohne Wissen von Albrecht Bühner Rohstoffe im Wert von 56 000,00 EUR ein. Albrecht Bühner verweigert die Zahlung mit der Begründung, der Kaufvertrag sei ohne sein Wissen abgeschlossen worden.

   Beurteilen Sie die Rechtslage!
5. Geben Sie in Stichworten an, welcher Punkt im Gesellschaftsvertrag der GmbH außer den in den §§ 1–6 genannten vertraglich noch geregelt werden sollten!
6. Ingo Bach und Franz Werder sind mit der Geschäftsführung von Sigrid Bühner nicht zufrieden und verlangen ihre Ablösung als Geschäftsführerin.

   Außerdem sind Bach und Werder der Meinung, die Kleber GmbH, ein starkes Konkurrenzunternehmen auf dem Nahrungsergänzungsmittelmarkt, zu übernehmen. Hierzu verlangen Sie eine Erhöhung des Stammkapitals um 200 000,00 EUR.

   Beurteilen Sie die Erfolgsaussichten von Bach und Werder bezüglich der beiden Vorhaben bei den gegebenen Beteiligungsverhältnissen!
7. Die Albrecht Bühner GmbH beschäftigt derzeit 480 Mitarbeiter. Im kommenden Jahr soll die Belegschaft um 180 Mitarbeiter aufgestockt werden.

   Aufgaben:

   7.1 Erläutern Sie, ob für diesen Fall ein Aufsichtsrat zwingend zu bilden ist und wie er sich gegebenenfalls zusammensetzt!

   7.2 Sigrid Bühner schlägt die Umwandlung der GmbH in eine GmbH & Co. KG, unter Beibehaltung der bisherigen Gesellschafter, vor.

   Erläutern Sie die Rechtsform dieser GmbH & Co. KG!

   7.3 Die Gesellschafter möchten die Einrichtung eines Aufsichtsrats vermeiden. Wie ist das Problem durch die Umwandlung der GmbH in eine GmbH & Co. KG zu lösen?

16

1. Bernd Roßdeutscher, Diplom-Ingenieur, und Hans-Joachim Gommeringer, Industriekaufmann, sind voll haftende Gesellschafter der Klimatechnik Roßdeutscher KG, die Messinstrumente und automatische Regler für Klimaanlagen produziert und vertreibt.

   Bernd Roßdeutscher muss zu Beginn des Jahres 20.. seine Berufstätigkeit wegen Krankheit aufgeben. Da Hans-Joachim Gommeringer inzwischen das Seniorenalter erreicht hat, beschließen die Gesellschafter, die Klimatechnik Roßdeutscher KG zum 31.03.20.. in eine GmbH umzuwandeln.

   Aufgaben:

   1.1 Bernd Roßdeutscher und Hans-Joachim Gommeringer behaupten, die Umwandlung bringe Vorteile hinsichtlich ihrer Haftung und Geschäftsführungspflicht.

   Erläutern Sie diese Aussage!

   1.2 Die Gesellschafter beabsichtigen die bisherige Firmenbezeichnung beizubehalten.

   Prüfen Sie dieses Vorhaben aus juristischer und wirtschaftlicher Sicht!

2. Patrick Hirschfeldt, gelernter Schlosser, und Kathrin Grabisch, gelernte Kauffrau für Büromanagement, wollen gemeinsam ihre Kenntnisse und Fertigkeiten selbstständig am Markt anbieten. Sie lassen bei der Notarin Elke Romländer das folgende Musterprotokoll beurkunden.

Urk.-Nr. 0001

Heute, den *15. November 20..* erschienen vor mir, *Elke Romländer,* Notar/in mit dem Amtssitz in *Peine,*

Herr/~~Frau~~

Hirschfeldt, Patrick, geb. am 20. 03. 1975 in Peine, wohnhaft Am Lausbach 12, 31224 Peine, PA-Nr. 10029990,

~~Herr~~/Frau

Grabisch, Kathrin, geb. am 10. 04. 1980 in Wendeburg, wohnhaft Römerstraße 8, 38176 Wendeburg, PA-Nr. 26394029,

Herr/Frau

....

....

1. Die Erschienenen errichten hiermit nach § 2 Abs. 1a GmbHG eine Gesellschaft mit beschränkter Haftung unter der Firma *Hirschfeldt Reparaturdienstleistungen UG (haftungsbeschränkt)* mit Sitz in *Peine.*
2. Gegenstand des Unternehmens ist *die Erbringung von Reparaturdiensten.*
3. Das Stammkapital der Gesellschaft beträgt *5 000,00 EUR (i. W. Fünftausend Euro)* und wird wie folgt übernommen:

   Herr/~~Frau~~ *Hirschfeldt, Patrick,* übernimmt einen Geschäftsanteil mit einem Nennbetrag in Höhe von *4 000,00 EUR* (i. W. *Viertausend Euro*) (Geschäftsanteil Nr. 1),

   ~~Herr~~/Frau *Grabisch, Kathrin,* übernimmt einen Geschäftsanteil mit einem Nennbetrag in Höhe von *1 000,00 EUR* (i. W. *Eintausend Euro*) (Geschäftsanteil Nr. 2).

   Die Einlagen sind in Geld zu erbringen, und zwar sofort in voller Höhe/~~zu 50 % sofort~~, im Übrigen sobald die Gesellschafterversammlung ihre Einforderung beschließt.
4. Zum Geschäftsführer der Gesellschaft wird Herr/~~Frau~~ *Hirschfeldt, Patrick,* geboren am *20. 03. 1975,* wohnhaft in *Am Lausbach 12, Peine,* bestellt. Der Geschäftsführer ist von den Beschränkungen des § 181 des Bürgerlichen Gesetzbuchs befreit.
5. Die Gesellschaft trägt die mit der Gründung verbundenen Kosten bis zu einem Gesamtbetrag von 300 EUR, höchstens jedoch bis zum Betrag ihres Stammkapitals. Darüber hinausgehende Kosten tragen die Gesellschafter im Verhältnis der Nennbeträge ihrer Geschäftsanteile.
6. Von dieser Urkunde erhält eine Ausfertigung jeder Gesellschafter, beglaubigte Ablichtungen die Gesellschaft und das Registergericht (in elektronischer Form) sowie eine einfache Abschrift das Finanzamt – Körperschaftsteuerstelle –.
7. Die Erschienenen wurden ~~vom Notar~~/von der Notarin insbesondere auf Folgendes hingewiesen:

   ....

   ....

Aufgaben:

2.1 Prüfen Sie, ob dieses Musterprotokoll den rechtlichen Anforderungen entsprechend erstellt wurde!

2.2 Nehmen Sie Stellung, aus welchem Grund der Gesetzgeber eine notarielle Beurkundung eines Gesellschaftsvertrags bzw. eines Musterprotokolls bei der Gründung einer GmbH festgelegt haben mag!

4.7 Aktiengesellschaft (AG)

4.7.1 Begriff, Firma und Gründung der Aktiengesellschaft

(1) Begriff AG

Die Aktiengesellschaft ist eine **juristische Person,** die ab ihrer Eintragung in das Handelsregister **rechtsfähig** ist [§ 6 HGB; § 41 I AktG]. Sie schließt Rechtsgeschäfte ab, klagt oder kann verklagt werden. Die Aktionäre statten die AG lediglich mit Eigenkapital aus, indem sie sich mit Einlagen (Aktien) am Grundkapital der AG beteiligen.[1]

- Die **Aktiengesellschaft** ist eine **Handelsgesellschaft mit eigener Rechtspersönlichkeit (juristische Person),** deren Gesellschafter (Aktionäre) **mit Einlagen an dem in Aktien** zerlegten **Grundkapital** beteiligt sind, **ohne persönlich für die Verbindlichkeiten** der Gesellschaft zu **haften.**
- Die Aktiengesellschaft ist eine **Kapitalgesellschaft.**

Die **juristischen Folgerungen** aus dieser Ausgangssituation sind:

- die Verselbstständigung des angesammelten Eigenkapitals in einer **juristischen Person mit Ausschluss der persönlichen Haftung der Gesellschafter,**
- die Zerlegung des Eigenkapitals in **standardisierte Anteile (Aktien)** und deren rechtlich erleichterte Übertragbarkeit,
- die **Verwaltung der Aktiengesellschaft durch Organe** und eine daran anknüpfende **komplizierte Unternehmensverfassung,**
- mannigfaltige **Schutzvorschriften für Aktionäre und Gläubiger.**

Die genannten Begriffsmerkmale machen die Aktiengesellschaft zur geeigneten Unternehmungsform zur Sammlung einer Vielzahl kleinerer Kapitalien. Die Beteiligung an einer Aktiengesellschaft wird von einem Großteil der Aktionäre als eine (zeitweilige) Kapitalanlage angesehen, mit der Aussicht, einen Anteil am Gewinn der Aktiengsellschaft zu erhalten bzw. einen Kursgewinn zu erzielen. Dies ist möglich, weil die Aktionäre über die Wertpapierbörse[2] bei Bedarf die Aktien wieder verkaufen können, ohne dass dadurch der Aktiengesellschaft Kapital entzogen wird. Durch den Verkauf verändert sich lediglich die Zusammensetzung der Aktionäre.

1 Bei den Nennbetragsaktien bestimmt sich der Anteil der Aktien am Grundkapital nach dem Verhältnis ihres Nennbetrags zum Grundkapital, bei Stückaktien nach der Zahl der Aktien [§ 8 I, IV AktG].

2 Die Wertpapierbörse ist der Markt für vertretbare Kapitalwertpapiere (Effekten).

(2) Firma

Die Firma der AG muss die Bezeichnung Aktiengesellschaft oder eine allgemein verständliche Abkürzung dieser Bezeichnung (z. B. AG) enthalten [§ 4 AktG].

Beispiele:

Alfelder Motorenwerke Aktiengesellschaft; Ammerländer Spiegelglas Aktiengesellschaft; Volkswagenwerk Aktiengesellschaft; Mitter & Töchter AG; Spielwarenfabrik Spiwa AG.

(3) Gründung

Erster Schritt: Feststellung der Satzung

Die Gründung der AG beginnt mit der Feststellung der Satzung. Sie ist das Grundgesetz der zu gründenden AG.

- Die Satzung kann von einer Person oder von mehreren **natürlichen** oder **juristischen Personen,** die Aktien übernehmen, festgestellt werden. Sie heißen **Gründer.**
- Vom Gründer bzw. von den Gründern muss ein **Gesellschaftsvertrag (Satzung)** abgeschlossen werden, der von einem **Notar zu beurkunden ist** [§ 23 I AktG].

Zweiter Schritt: Übernahme der Aktien durch die Gründer

Das Grundkapital kann in Form von Bargeld oder Buchgeld (Bargründung) oder in Form von Sachen oder Rechten (Sachgründung) eingezahlt werden.

Bargründung	Hier erfolgt die Übernahme der Aktien gegen Geldeinzahlungen. Gesetzlich ist ein Mindestnennbetrag des Grundkapitals (Summe der auf den **Nennbetragsaktien** aufgedruckten Nennwerte) von 50 000,00 EUR vorgeschrieben [§ 7 AktG].
Sachgründung	Hier bringen die Aktionäre statt der Geldeinlagen **Sacheinlagen** (z. B. Einbringung von Patenten und/oder Grundstücken) ein oder die AG tätigt **Sachübernahmen** (z. B. Übernahme von Gebäuden oder Maschinen). Sacheinlagen bzw. Sachübernahmen müssen in der Satzung festgehalten werden [§ 27 AktG].

Der übernommene Anteil am Grundkapital wird in Aktien verbrieft. Der Mindestnennwert einer **Nennbetragsaktie** beträgt 1,00 EUR. Höhere Nennbeträge müssen auf volle Euro lauten [§ 8 II AktG]. Der auf eine **Stückaktie** (Aktie ohne Nennbetrag; nennwertlose Aktie) entfallende anteilige Betrag des Grundkapitals (fiktiver Nennwert) darf 1,00 EUR nicht unterschreiten.

Mit der Übernahme aller Aktien durch die Gründer ist die **Aktiengesellschaft errichtet.**

Dritter Schritt: Wahl von Aufsichtsrat, Vorstand, Erstellen und Prüfung des Gründungsberichts

- Die Gründer bestellen den ersten **Aufsichtsrat** sowie den **Abschlussprüfer** für das erste Geschäftsjahr.
- Der Aufsichtsrat bestellt den ersten **Vorstand.**
- Die Gründer erstellen einen Bericht über den Hergang der Gründung **(Gründungsbericht).** Der Gründungsbericht ist durch den Vorstand und den Aufsichtsrat sowie durch einen außenstehenden Gründungsprüfer zu prüfen **(Gründungsprüfung).**

Vierter Schritt: Eintragung in das Handelsregister (Entstehung der AG)

Nachdem die Gründer den Vorstand, den Aufsichtsrat sowie den Abschlussprüfer gewählt und einen Gründungsbericht (mit Prüfungsvermerk) erstellt haben, wird die Gesellschaft ins **Handelsregister eingetragen.** Mit der Eintragung ist die Aktiengesellschaft entstanden **(konstitutive Wirkung der Eintragung)** [§ 41 I AktG].

4.7.2 Organe der Aktiengesellschaft

Da die Aktiengesellschaft als juristische Person nicht wie ein Mensch handeln kann, braucht sie, um handlungsfähig zu sein, Organe. Diese Organe sind: der **Vorstand,** der **Aufsichtsrat** und die **Hauptversammlung.**

Organe der AG		
Vorstand (leitendes Organ)	**Aufsichtsrat** (überwachendes Organ)	**Hauptversammlung** (beschließendes Organ)

4.7.2.1 Vorstand

Der Vorstand als leitendes Organ wird vom **Aufsichtsrat** auf **höchstens 5 Jahre bestellt** [§ 84 I AktG]. Er kann aus einer Person oder aus mehreren Personen bestehen [§ 76 III AktG]. Bei Gesellschaften mit einem Grundkapital von mehr als drei Millionen EUR muss er, soweit die Satzung nicht ausdrücklich anderes bestimmt, aus mindestens zwei Personen bestehen [§ 76 II AktG].

(1) Aufgaben des Vorstands

Geschäftsführung/ Vertretung	■ Der Vorstand hat die AG in eigener Verantwortung zu leiten [§ 76 II AktG]. Er hat die Geschäftsführung **nach innen** und die Vertretung der AG **nach außen,** z. B. Abschluss von Verträgen, Ernennung von Bevollmächtigten, Verkehr mit Behörden. ■ Nach dem Gesetz besteht, sofern der Vorstand mehrere Mitglieder hat, **Gesamtgeschäftsführungsbefugnis** und **Gesamtvertretungsmacht** [§§ 77, 78 AktG]. Abweichende Bestimmungen müssen in der Satzung niedergelegt sein und im Handelsregister eingetragen werden [§ 81 AktG].
Unterrichtung des Aufsichtsrats	Der Vorstand hat den Aufsichtsrat über die **Geschäftslage der AG** [§ 90 AktG] regelmäßig zu unterrichten.
Einberufung der ordentlichen Hauptversammlung	■ Einberufung der ordentlichen Hauptversammlung mindestens einmal jährlich [§ 121 AktG] sowie einer außerordentlichen Hauptversammlung bei hohen Verlusten, Überschuldung oder Zahlungsunfähigkeit [§ 92 AktG]. ■ Die ordentliche Hauptversammlung hat in den ersten acht Monaten des Geschäftsjahres zur Entgegennahme des Jahresabschlusses und des Lageberichts sowie zur Beschlussfassung über die Verwendung des Bilanzgewinns stattzufinden [§ 175 I AktG]. Bei Publikumsgesellschaften erfolgt die Einberufung der Hauptversammlung durch eine Veröffentlichung der Tagesordnung in den Gesellschaftsblättern. Außerdem werden die Daten an die Banken weitergeleitet, die diese dann an die betroffenen Depotkunden weitergeben.

Erstellung des Jahresabschlusses[1]	Der Jahresabschluss besteht aus der **Bilanz** mit der **Gewinn- und Verlustrechnung** [§ 242 HGB] und dem **Anhang.** Daneben hat der Vorstand mittlerer und großer Aktiengesellschaften einen **Lagebericht** aufzustellen [§ 264 I, S. 1 HGB].

(2) Einhaltung des Wettbewerbsverbots [§ 88 AktG]

Die Vorstandsmitglieder dürfen ohne Einwilligung des Aufsichtsrats weder ein Handelsgewerbe betreiben noch im Geschäftszweig der Gesellschaft für eigene oder fremde Rechnung Geschäfte machen. Verstößt ein Vorstandsmitglied gegen dieses Verbot, so kann die Gesellschaft z. B. Schadensersatz fordern.

(3) Vergütung

Die Bezüge der Vorstandsmitglieder können sich zusammensetzen aus einem Gehalt, Gewinnbeteiligungen, Aufwandsentschädigungen, Versicherungsentgelte, Provisionen und Nebenleistungen jeder Art. Der Aufsichtsrat hat jedoch dafür zu sorgen, dass die Gesamtbezüge in einem angemessenen Verhältnis zu den Aufgaben des Vorstandsmitglieds und zur Lage der Gesellschafter stehen.

4.7.2.2 Aufsichtsrat

(1) Wahl, Zusammensetzung, Anzahl der Aufsichtsratsmitglieder

Der Aufsichtsrat besteht aus **mindestens drei Mitgliedern.** In der Satzung kann eine bestimmte höhere Zahl (bis zu 21 Mitglieder, bei einem Grundkapital von mehr als 10 Mio. EUR) festgesetzt sein. Die Zahl muss jedoch stets durch 3 teilbar sein [§ 95 AktG].

Durch die verschiedenen Gesetze zur Stärkung der **Mitbestimmungsrechte** der Arbeitnehmer und Gewerkschaften gelten bezüglich der **Wahl, Zusammensetzung** und **Zahl der Aufsichtsräte** unterschiedliche Vorschriften, wie die folgende Übersicht zeigt.

Art der AG	Geltendes Gesetz	Vorschriften über den AR
Kleine Aktiengesellschaften (500 bis 2000 Arbeitnehmer) [§ 1 DrittelbG]	**DrittelbG 2004**	Der AR besteht aus mindestens 3 Personen oder aus einer höheren durch drei teilbaren Mitgliederzahl. Die HV wählt $^2/_3$, die Arbeitnehmer oder deren Delegierte wählen $^1/_3$ der AR-Mitglieder **(„Drittel-Parität").** Höchstzahl 21 Mitglieder.
Große Aktiengesellschaften (i.d.R. mehr als 2000 Arbeitnehmer) [§ 1 MitbestG]	**MitbestG 1976**	Der AR hat 12 bis 20 Mitglieder. Die Hälfte wird grundsätzlich von der HV gewählt (Vertreter der Aktionäre). Die übrigen AR-Mitglieder der Arbeitnehmer werden von den Delegierten der Arbeitnehmer oder direkt von den wahlberechtigten Arbeitnehmern gewählt **(„gleichgewichtige Mitbestimmung").**

Die Aufsichtsratsmitglieder werden von der **Hauptversammlung** sowie von der Belegschaft (den Arbeitnehmern) **für 4 Geschäftsjahre gewählt.**

1 Auf den Jahresabschluss wird im Schuljahrgang 12 eingegangen.

(2) Persönliche Voraussetzungen für Aufsichtsratsmitglieder

Im eigenen Unternehmen kann ein Aufsichtsratsmitglied nicht zugleich Vorstandsmitglied, dauernder Stellvertreter von Vorstandsmitgliedern, Prokurist oder zum gesamten Geschäftsbetrieb ermächtigter Handlungsbevollmächtigter der Gesellschaft sein [§ 105 I AktG].

Grundsätzlich kann ein Vorstandsmitglied einer AG bei einer anderen Kapitalgesellschaft Aufsichtsratsmitglied sein. Allerdings ist eine Höchstzahl zu beachten.

Um die Überwachungsfunktion des Aufsichtsrats über den Vorstand zu sichern, sind folgende zwei Fälle verboten:

- Der Vorstand eines abhängigen Unternehmens (Tochterunternehmen) kann nicht Aufsichtsratsmitglied bei herrschenden Unternehmen (Muttergesellschaft) sein [§ 100 II, S. 1, Nr. 2 AktG].
- Die Entsendung von gesetzlichen Vertretern (Vorstandsmitgliedern, Geschäftsführern) anderer Kapitalgesellschaften in den Aufsichtsrat einer AG ist nicht möglich, wenn ein Vorstandsmitglied dieser AG bereits dem Aufsichtsrat der anderen Kapitalgesellschaft angehört (Überkreuzverflechtung) [§ 100 II, S. 1, Nr. 3 AktG].

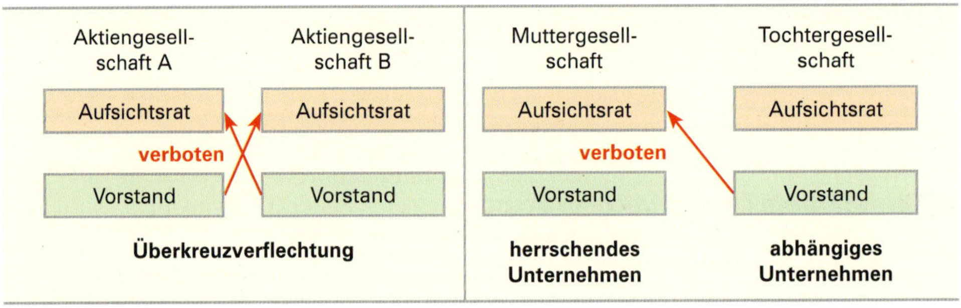

(3) Aufgaben des Aufsichtsrats

Die Aufgaben des Aufsichtsrats sind vor allem:

- **Bestellung des Vorstands,** Abberufung des Vorstands, wenn wichtige Gründe (z. B. Pflichtverletzungen) vorliegen, Überwachung des Vorstands, Einsicht und Prüfung der Geschäftsbücher.
- **Prüfung des Jahresabschlusses,** des Lageberichts und des Vorschlags für die Verwendung des Bilanzgewinns.
- **Einberufung einer außerordentlichen Hauptversammlung,** wenn es das Wohl der Gesellschaft erfordert (z. B. bei Eintritt hoher Verluste).

(4) Vergütung

Für seine Tätigkeit erhält der Aufsichtsrat in der Regel eine **Vergütung (Tantieme),** deren Höhe entweder in der Satzung festgelegt ist oder durch die Hauptversammlung beschlossen wird. Da die Aufsichtsratsmitglieder keine Angestellten der AG sind, erhalten sie **kein Gehalt.**

4.7.2.3 Hauptversammlung

Die Hauptversammlung als **beschließendes Organ** der Aktiengesellschaft ist die **Versammlung der Gesellschafter (Aktionäre).** In der Hauptversammlung nehmen die **Aktionäre ihre Rechte** durch **Ausübung des Stimmrechts** wahr [§ 118 I AktG].

Jedem Aktionär ist auf Verlangen in der Hauptversammlung vom Vorstand Auskunft über Angelegenheiten der Gesellschaft zu geben, soweit sie zur sachgemäßen Beurteilung des Gegenstands der Tagesordnung erforderlich ist [§ 131 I, S. 1 AktG]. Allerdings darf die Auskunft verweigert werden, wenn dadurch der Gesellschaft oder einem verbundenen Unternehmen ein nicht unerheblicher Nachteil zugefügt würde. Im Zweifelsfall entscheidet das Gericht über die Berechtigung einer Auskunftsverweigerung.

Wichtige **Aufgaben der Hauptversammlung** sind z. B.:

- **Wahl der AR-Mitglieder der Anteilseigner und Abberufung der AR-Mitglieder**
- **Beschließt über Grundfragen der AG** (z. B. Satzungsänderung, Kapitalerhöhung und -herabsetzung, Verschmelzung, Auflösung)
- **Entlastung der Vorstands- und AR-Mitglieder** (Entlastung: nachträgliche Billigung der Tätigkeit des Vorstands und des AR)
- **Beschluss über die Verwendung des Bilanzgewinns**

4.7.3 Pflichten und Rechte des Aktionärs

(1) Pflichten des Aktionärs

Leistung der übernommenen Kapitaleinlage [§ 54 AktG]	■ Bei **Bareinlagen** müssen mindestens 25 % des Nennwerts der Aktien eingezahlt werden. Werden die Aktien zu einem Betrag ausgegeben, der höher ist als der Nennwert, so muss das Aufgeld (Agio) voll einbezahlt werden. ■ **Sacheinlagen** sind (vor allem zum Gläubigerschutz) vollständig zu leisten.
Übernahme der Risikohaftung in Höhe des Aktienwerts [§ 1 I AktG]	Wer Aktien bei einer Gründung übernimmt oder über die Wertpapierbörse kauft, haftet nicht für die Verbindlichkeiten der Gesellschaft. Als juristische Person haftet lediglich die Aktiengesellschaft selbst. Das einzige Risiko, das der Aktionär eingeht, ist, dass er einen Kursverlust erleidet oder dass er im Extremfall den Wert der gesamten Aktien verliert. Das Letztere ist der Fall, wenn die Aktiengesellschaft z. B. wegen Überschuldung aufgelöst wird, also kein Eigenkapital mehr übrig bleibt. Man sagt daher, dass die Aktionäre lediglich eine „Risikohaftung" übernehmen.

(2) Rechte des Aktionärs

Dividendenrecht [§§ 58 IV, 60 I AktG]	Die Aktionäre haben – im Verhältnis zu ihrem Anteil am Grundkapital – Anspruch auf den Bilanzgewinn. Der Gewinnanteil je Aktie wird Dividende genannt. Das Anrecht auf Dividende wird in der Regel in einem Eurobetrag je Aktie ausgedrückt. Beträgt z. B. die Dividende 0,20 EUR je 1-EUR-Aktie, so schüttet die AG bei einem Grundkapital von 30 Mio. EUR 6 Mio. EUR Gewinn aus.

Bezugsrecht [§ 186 I, III AktG]	Der Aktionär hat das Recht, dass ihm bei einer Kapitalerhöhung, gemäß seinem Anteil am bisherigen Grundkapital, junge Aktien zugeteilt werden. Allerdings kann das Bezugsrecht durch Beschluss der Hauptversammlung ganz oder teilweise ausgeschlossen werden.
Anteil am Liquidationserlös [§ 271 AktG]	Wird eine Aktiengesellschaft aufgelöst, so wird das Vermögen nach Abzug der Verbindlichkeiten anteilmäßig unter den Aktionären verteilt.
Recht auf Teilnahme an der Hauptversammlung [§§ 118, 175 AktG]	Jedem Aktionär steht das Recht zu, an der Hauptversammlung teilzunehmen und dort seine Aktionärsrechte wahrzunehmen.
Stimmrecht in der Hauptversammlung [§§ 133ff. AktG]	■ In der Hauptversammlung entscheiden die Aktionäre über die vom Gesetz bzw. in der Satzung festgelegten Fälle. ■ Das Stimmrecht der Aktionäre richtet sich an dem Aktiennennwert oder der Anzahl der Stückaktien aus, die sich im Eigentum des Aktionärs befinden [§ 134 I AktG].[1] Zur Ausübung des Stimmrechts muss der Aktionär nicht persönlich an der Hauptversammlung teilnehmen. Das Stimmrecht kann auch durch eine schriftlich beauftragte Person oder Institution (z.B. eine Bank) ausgeübt werden. ■ Jeder Beschluss der Hauptversammlung muss bei börsennotierten Aktiengesellschaften notariell beurkundet werden. Bei nicht börsennotierten Gesellschaften reicht eine vom Vorsitzenden des Aufsichtsrats zu unterzeichnende Niederschrift aus, soweit keine Beschlüsse gefasst werden, für die das AktG eine Dreiviertel- oder größere Mehrheit bestimmt (z.B. bei Satzungsänderungen) [§ 130 I AktG].

4.7.4 Auflösung der Aktiengesellschaft

Die Auflösung der Aktiengesellschaft ist in den §§ 262ff. AktG geregelt. Neben der zwangsweisen Auflösung im Rahmen eines **Insolvenzverfahrens** wegen **Zahlungsunfähigkeit** und/oder **Überschuldung** kann die AG auch durch **Beschluss der Hauptversammlung** mit einer Mehrheit von mindestens drei Viertel des bei der Beschlussfassung vertretenen Grundkapitals aufgelöst (beendet, liquidiert) werden. Die Satzung kann weitere Auflösungsgründe bestimmen.

4.7.5 Bedeutung der Aktiengesellschaft

(1) Leichtere Kapitalbeschaffung

Durch die Aufteilung des Grundkapitals in viele kleine Kapitalanteile sind die Aktiengesellschaften in der Lage, große Kapitalbeträge anzusammeln und zu investieren.

1 Ein Aktionär mit einem „Aktienpaket" zum Nennwert von 10000,00 EUR hat also das fünffache Gewicht gegenüber einem Aktionär, dem nur Aktien im Nennwert von 2000,00 EUR gehören. Da für die Beschlüsse der Hauptversammlung grundsätzlich die einfache Mehrheit der abgegebenen Stimmen genügt [§ 133 AktG], kann ein Großaktionär mit theoretisch 50%igem Aktienbesitz über den von ihm mitbestimmten Aufsichtsrat erheblichen Einfluss auf die Aktiengesellschaft gewinnen. Lediglich bei Satzungsänderungen [§ 179 AktG] und bei der Abberufung von Aufsichtsratsmitgliedern [§ 103 I AktG] ist eine Mehrheit von mindestens 75% des bei der Beschlussfassung vertretenen Grundkapitals erforderlich **(qualifizierte Mehrheit)** [§§ 179, 182ff. AktG]. Besitzt ein Aktionär also nur wenig mehr als 25%, so kann er solche Beschlüsse verhindern **(Sperrminorität)**.

Praktisch genügt eine geringere Mehrheit, weil bei der Hauptversammlung in aller Regel nicht alle Aktionäre erscheinen oder ihr Stimmrecht an andere (z.B. an ihre Bank) abtreten.

Die Aktiengesellschaft ist damit die ideale Unternehmensform für Großunternehmen. Sie sind in der Regel an der Börse notiert.

Vorteile	Nachteile
■ Zugang zum Kapitalmarkt (z. B. Kapitalerhöhungen leichter möglich). ■ Bessere Wachstumschancen. ■ Unabhängigkeit von Banken. ■ Steigerung des Bekanntheitsgrads. ■ Erleichtert die Kapitalbeteiligung des Managements und der Mitarbeiter. ■ Vereinfacht die Unternehmensnachfolge.	■ Erhöhte Publizitätspflichten (z. B. Dreimonatsberichte). ■ Notarielle Beurkundung aller Hauptversammlungsbeschlüsse. ■ Unkontrollierbare Mehrheitsverschiebungen in der Hauptversammlung. ■ Höhere Kosten (Zulassungsgebühren, Bankprovisionen).

Die starke Marktstellung der großen Kapitalgesellschaften ermöglicht diesen, hohe soziale Leistungen für ihre Belegschaftsmitglieder zu erbringen (z. B. übertarifliche Löhne, zusätzliche Altersversorgung, Ferienheime usw.). Zum Abbau der Interessenkonflikte zwischen Arbeitnehmern (primäres Interesse an hohen Löhnen bzw. Sicherung des Arbeitsplatzes) und dem Kapital (primäres Interesse an der Kapitalbildung bzw. dem Unternehmenswachstum) tragen die verschiedenen Mitbestimmungsgesetze bei.

Zudem sind die großen Unternehmen aufgrund ihrer Kapitalkraft in der Lage, kostspielige Forschungsvorhaben zu finanzieren und durchzuführen (z. B. Auffinden neuer Rohstoffquellen, Entwicklung neuer Technologien). Sie sind daher wesentliche Träger der weiteren Produktivitätsentwicklung. Andererseits sind sie aufgrund ihrer Größe wenig flexibel, weil grundsätzliche Entscheidungen lange brauchen.

Die Aktiengesellschaft ist die Unternehmensform für kapitalintensive Großbetriebe, die teure Betriebsanlagen benötigen, hohe Aufwendungen für Forschung und Entwicklung haben und eine Vielzahl von qualifizierten und hoch bezahlten Mitarbeitern anstellen.

(2) Kompetentere Unternehmensführung

Ein Vorteil der Trennung von Unternehmensleitung und Eigenkapitalaufbringung ist, dass ausgesuchte qualifizierte Fachleute mit der Unternehmensleitung beauftragt werden können. Allerdings birgt die Trennung von Eigenkapital und Management (Geschäftsleitung), also die Entstehung von „Manager-Unternehmern", die Gefahr in sich, dass einzelne Personen ohne jeden Anteil am Eigenkapital des verwalteten und vertretenen Unternehmens ihre unbestreitbar große wirtschaftliche und politische Macht missbrauchen. Es ist daher kein Zufall, dass die Mitbestimmung gerade bei den Aktiengesellschaften am weitesten vorangetrieben wurde.

Die Führung der Aktiengesellschaft kann besonders geeigneten und tüchtigen Fachkräften übertragen werden. Durch die Verteilung der Verantwortung auf mehrere Personen wird das Problem einer guten Unternehmensführung besser abgesichert.

(3) Gesamtwirtschaftliche Bedeutung

Ein **Vorteil** der Aktiengesellschaft ist die beschränkte, mittelbare Haftung der Aktionäre. Damit kann auch ein wirtschafts- und sozialpolitisches Ziel der sozialen Marktwirtschaft, nämlich eine größere Unternehmensbeteiligung der Arbeitnehmer verfolgt werden.

Eine **Gefahr** für eine marktwirtschaftlich orientierte Wirtschaftsordnung besteht allerdings darin, dass die Möglichkeit, jederzeit Aktien anderer Unternehmen aufkaufen zu können, die Konzentration (z. B. die Machtzusammenballung durch Konzernbildung) erleichtert. Durch hintereinandergeschaltete Beteiligungen kann so mit verhältnismäßig geringem Kapital eine Gruppe von Manager-Unternehmern (denen kein „Cent" an den beherrschten Unternehmen „gehören" muss) eine Vielzahl von Unternehmen beherrschen.

Aus gesamtwirtschaftlicher Sicht haben große Kapitalgesellschaften den Vorteil, dass sie zu einer breiteren Streuung der Beteiligung der Arbeitnehmer am Produktivvermögen beitragen können. Andererseits besteht die Gefahr, dass es über Verflechtungen zu einer Konzentration der Wirtschaftsmacht kommt.

Zusammenfassung

- Die **AG** ist vor allem durch folgende **Merkmale** charakterisiert: (1) juristische Person; (2) Handelsgesellschaft; (3) Aktionäre sind mit Einlagen am Grundkapital beteiligt; (4) keine persönliche Haftung der Aktionäre.
- Die **Firma** der AG muss die Bezeichnung „Aktiengesellschaft" oder eine allgemein verständliche Abkürzung dieser Bezeichnung enthalten.
- Das **gezeichnete Kapital (Grundkapital)** ist in **Nennbetragsaktien** oder **Stückaktien** (nennwertlose Aktien) zerlegt. Diese Aktien verbriefen z. B. ein **Anteilsrecht am Eigenkapital der AG** und **Mitgliedschaftsrechte** (z. B. Stimmrecht in der Hauptversammlung).
- Die **Bestellung, Rechtsstellung und Aufgaben der Organe der Aktiengesellschaft** lassen sich aus nachstehender Abbildung entnehmen:

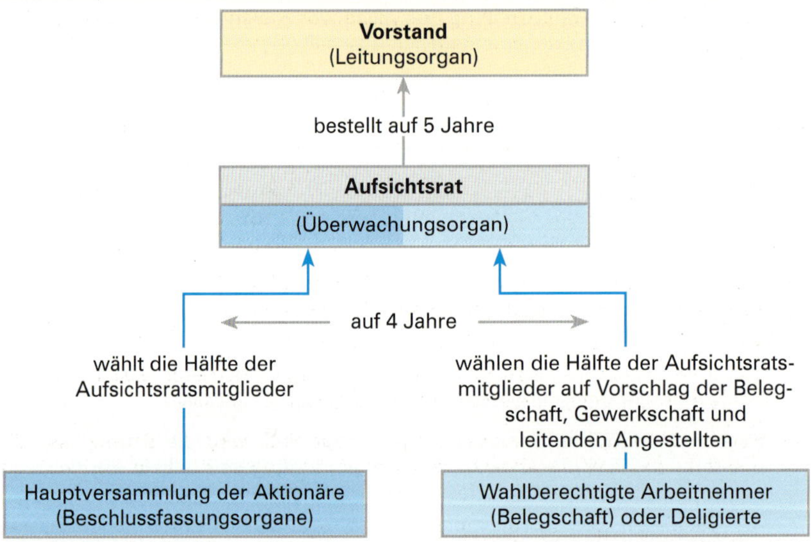

Wahl des Aufsichtsrats nach dem Gesetz über die Mitbestimmung der Arbeitnehmer
(MitbestG: Mitbestimmungsgesetz) vom 4. Mai 1976

- Zur **Gründung** der AG sind erforderlich: (1) ein oder mehrere Gründer; (2) Satzung; (3) Mindestnennbetrag des Grundkapitals 50000,00 EUR; (4) Übernahme der Aktien durch die Gründer; (5) Eintragung ins Handelsregister.
- Die **Rechte des Aktionärs** umfassen: (1) Teilnahme an der HV; (2) Auskunftsrecht; (3) Recht auf Anfechtung eines HV-Beschlusses; (4) Gewinnbeteiligung; (5) Bezugsrecht auf junge Aktien; (6) Anspruch auf Liquidationserlös; (7) Entgegennahme des Jahresabschlusses, Lageberichts, Berichts des Aufsichtsrats und Beschluss über die Verwendung des Bilanzgewinns; (8) Entlastung des Vorstands und des Aufsichtsrats.
- Die **Pflichten des Aktionärs** sind: (1) Leistung der übernommenen Kapitaleinlage; (2) Übernahme der Risikohaftung.

Übungsaufgaben

17 In der Hauptversammlung der Steinbach AG ist die Mehrheit der Anwesenden der Meinung, dass der Vorstand den Umsatzrückgang des vergangenen Jahres durch leichtsinnige Geschäftsführung verschuldet habe. Man verlangt die Absetzung des Vorstands.

Aufgaben:

1. Nennen Sie den Personenkreis, der in der Hauptversammlung vertreten ist!
2. Prüfen Sie, ob die Hauptversammlung den Vorstand absetzen kann und wenn nein, stellen Sie dar, wer dies tun könnte!
3. Prüfen Sie, ob die Hauptversammlung überhaupt einen Einfluss darauf hat, wer Vorstand einer AG wird!

18 Peter Kaiser, alleiniger Inhaber (Gesellschafter) einer Maschinenfabrik, hat ein neues patentiertes Verfahren zur Wiederaufbereitung (Recycling) von Kunststoffen entwickelt und möchte zur Auswertung seiner Erfindung eine Aktiengesellschaft gründen.

Aufgaben:

1. Nennen Sie zwei wichtige wirtschaftliche Entscheidungen, die bei der Gründung dieser AG außer der Wahl der Rechtsform getroffen werden müssen!
2. Geben Sie an, wie viel Personen zur Gründung einer Aktiengesellschaft erforderlich sind und wie viel Euro das Grundkapital mindestens betragen muss, das die Gesellschafter aufbringen müssen!
3. Bei der Gründerversammlung wird auch über eine Bargründung und/oder Sachgründung sowie über die Firma der zu gründenden AG gesprochen.
   - 3.1 Erklären Sie kurz die beiden Gründungsarten!
   - 3.2 Unterbreiten Sie einen Firmierungsvorschlag und erklären Sie kurz drei Grundsätze, die bei der Wahl der Firma berücksichtigt werden müssen!
4. Nachdem die Gründervoraussetzungen erfüllt sind, wird die Satzung am 28. Juli 20.. unterschrieben und die Aktiengesellschaft am 14. August 20.. beim Handelsregister angemeldet. Am 8. Oktober 20.. erfolgt die Handelsregistereintragung.
   - 4.1 Begründen Sie, in welcher Form der Gesellschaftsvertrag abgeschlossen werden muss!
   - 4.2 Nennen Sie die Aufgaben, die das Handelsregister hat und wo es geführt wird! Erläutern Sie die Rechtswirkung der erfolgten Handelsregistereintragung für die AG!
   - 4.3 Nennen Sie zwei eintragungspflichtige Tatsachen der AG!

4.4 Begründen Sie, an welchem Tag die AG als juristische Person entstanden ist!

4.5 Erklären Sie, warum eine AG sogenannte Organe haben muss! Nennen Sie die Organe und jeweils zwei ihrer Aufgaben!

4.6 Nennen Sie zwei Gründe, die zur Auflösung der AG führen können!

5. Nennen und beurteilen Sie einige Vor- und Nachteile großer Aktiengesellschaften

   5.1 aus der Sicht der Kapitalgeber,

   5.2 aus der Sicht der in diesen Unternehmen Beschäftigten und

   5.3 aus der Sicht der Verbraucher!

19 Die Peter Böhm KG soll als Folge des gestiegenen Kapitalbedarfs in eine Aktiengesellschaft umgewandelt werden. Die Komplementäre Peter Böhm und Rudolf Wetzel, die jeweils 5 Mio. EUR halten, sowie die Kommanditistin Anne Kraft, deren Einlage 2 Mio. EUR beträgt, sollen in Höhe der bisherigen Kapitalanteile Aktien zum Nennwert von je fünf Euro übernehmen. Zusätzlich sollen 20 Mio. EUR Grundkapital neu geschaffen und dem Publikum zur Zeichnung angeboten werden. Einzelheiten sind noch festzulegen.

Im Zusammenhang mit der Idee der Umwandlung der KG in eine AG diskutieren die bisherigen Gesellschafter u.a. folgende Fragen:

Aufgaben:

1. Nennen Sie drei Gründe, die für die geplante Umwandlung in die Rechtsform der AG sprechen!

2. Erläutern Sie den Unterschied zwischen einer KG und einer Aktiengesellschaft hinsichtlich
   - Firmierung,
   - Geschäftsführung, Vertretung und
   - Haftung!

3. Die Kommanditistin Anne Kraft hat Bedenken gegen die Umwandlung der KG in eine AG.

   Beurteilen Sie, ob sie die geplante Umwandlung verhindern kann!

4. Die geplante AG soll später 3000 Mitarbeiter beschäftigen.

   4.1 Ermitteln Sie, wie viel Mitglieder der Aufsichtsrat umfasst und von wem die Aufsichtsratsmitglieder gewählt werden!

   4.2 Bei den Vorschlägen für die neuen Aufsichtsratsmandate wurde die Frage nach der Überkreuzverflechtung aufgeworfen. Erläutern Sie die Überkreuzverflechtung!

5. Ein Vorteil der AG besteht darin, dass das Aktienkapital seitens der Gesellschafter unkündbar ist.

   Erläutern Sie diese Aussage!

6. Erklären Sie, warum es für eine AG leichter ist als für Personengesellschaften und Gesellschaften mit beschränkter Haftung, größere Kapitalbeträge aufzubringen!

7. Beschreiben Sie, wo und wie die Aktionäre Einfluss auf die Entscheidungen der AG nehmen können!

8. Prüfen Sie rechtlich, ob ein Lieferer von einem Aktionär, der 10000 Aktien zu je 5,00 EUR besitzt, den Rechnungsbetrag in Höhe von 2000,00 EUR verlangen kann!

   Begründen Sie Ihre Meinung!

9. Nennen Sie Gründe, warum die meisten großen Unternehmen die Rechtsform der Aktiengesellschaft (AG) aufweisen!

20 Karl Schwarzbauer aus Neustadt hatte vor 20 Jahren eine Idee: Er nahm den Großunternehmen der pharmazeutischen und kosmetischen Industrie die teure Aufgabe ab, Pröbchen zu verpacken und zu versenden. Sechs Jahre später holte er von namhaften Herstellern immer mehr Aufträge herein, sodass er neue Verpackungsmaschinen kaufte und von Jahr zu Jahr mehr Mitarbeiter einstellen konnte. Zurzeit beschäftigt Karl Schwarzbauer 620 Arbeitskräfte. Die Zukunftsaussichten sind so gut, dass Karl Schwarzbauer eine Aktiengesellschaft gründet, um die Eigenkapitalbasis des Unternehmens zu erweitern.

Aufgaben:

1. Das Grundkapital der neu zu gründenden Aktiengesellschaft soll 10 Mio. EUR betragen. Die Aktien sollen auf den gesetzlichen Mindestnennwert lauten und zum Ausgabekurs von 1,70 EUR emittiert (ausgegeben) werden. Die Hälfte der Aktien will Karl Schwarzbauer übernehmen, indem er sein Unternehmen in die AG einbringt.
   1.1 Erörtern Sie die Vorteile, die Karl Schwarzbauer durch die Gründung einer AG hat!
   1.2 Die neue AG soll „Verpackungs-Logistik AG“ heißen. Prüfen Sie, ob diese Firma den Erfordernissen des Aktiengesetzes entspricht!
   1.3 Zeigen Sie auf, warum Karl Schwarzbauer ausgerechnet 50 % der Aktien übernehmen will!
   1.4 Geben Sie die rechtlichen Erfordernisse an, die Karl Schwarzbauer erfüllen muss, bevor die neue Aktiengesellschaft ins Handelsregister eingetragen wird!
   1.5 In der von Karl Schwarzbauer und seinem Rechtsanwalt Herrn Dr. Winterhalder verfassten Satzung wird festgelegt, dass die AG von einem Vorstand geleitet und vertreten werden soll. Beurteilen Sie, ob diese Regelung rechtlich möglich ist!
2. Die Aktiengesellschaft wird zum 1. April 20.. in das Handelsregister eingetragen. Sie wird damit Kaufmann kraft Rechtsform. Erläutern Sie, was hierunter zu verstehen ist!
3. Sämtliche Aktien wurden termingerecht untergebracht (verkauft). Zur ersten Hauptversammlung erscheinen 36 Aktionäre, die 80 % des Grundkapitals vertreten.
   3.1 Nennen Sie die Höhe des eingezahlten Eigenkapitals!
   3.2 Untersuchen Sie, wie viel Stimmen Karl Schwarzbauer hat und wie viel Stimmen die in der Hauptversammlung erschienenen Aktionäre haben!
   3.3 Nennen Sie fünf wichtige Aufgaben der Hauptversammlung!
4. Der Aufsichtsrat der Verpackungs-Logistik AG wird nach dem DrittelbG gewählt. Die Satzung sieht für den Aufsichtsrat keine höhere Mitgliederzahl als das Aktiengesetz vor.
   4.1 Stellen Sie fest, wie viele Aufsichtsratsmitglieder zu wählen sind!
   4.2 Geben Sie an, wer den Aufsichtsrat wählt!
   4.3 Nennen und beschreiben Sie fünf wesentliche Aufgaben des Aufsichtsrats!
   4.4 Begründen Sie, warum der Aufsichtsrat kein Gehalt erhält, i.d.R. jedoch eine Tantieme!
5. Karl Schwarzbauer wird vom Aufsichtsrat zum Vorstand bestimmt. Erläutern Sie, welche Aufgaben Karl Schwarzbauer dadurch übertragen werden! (Nennen Sie fünf Beispiele!)

7 Speth u.a. - ISBN 978-3-8120-0536-4

5 Grundlegendes zum Rechnungswesen

5.1 Einführung in die Buchführung über das Konto Kasse

(1) Begriff Geschäftsvorfälle

In den Unternehmen fällt täglich eine Vielzahl von baren und unbaren Vorgängen an, die den Wert des Vermögens und/oder der Schulden verändern. Man bezeichnet sie als Geschäftsvorfälle.

Geschäftsvorfälle sind Vorgänge, die

- eine Veränderung der **Vermögenswerte** bzw. der **Schulden** auslösen,
- zu **Geldeinnahmen** oder **Geldausgaben** führen,
- und gegebenenfalls einen Werteverzehr **(Aufwand)** oder einen Wertezuwachs **(Ertrag)** darstellen.

(2) Erfassung von Geschäftsvorfällen am Beispiel des Kontos Kasse

Standpunkt für die Erfassung von Geschäftsvorfällen

Ein Geschäftsvorfall kann immer von zwei Seiten aus betrachtet werden.

Beispiel:

Wir kaufen einen PC bar

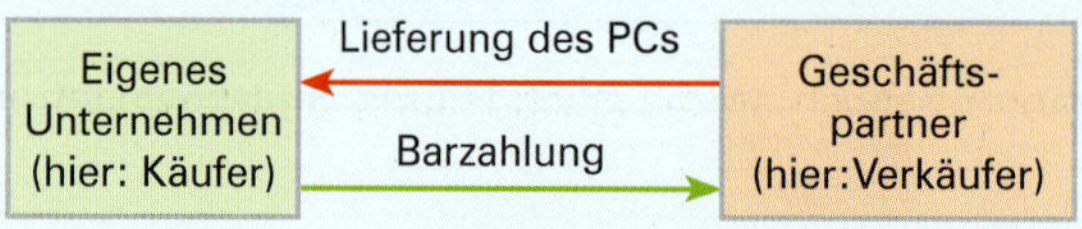

Auf der einen Seite haben wir den Käufer, auf der anderen Seite den Verkäufer. Es taucht daher die Frage auf, ob der Geschäftsvorfall aus Sicht des Käufers oder aus Sicht des Verkäufers erfasst werden soll.

Um keine Missverständnisse aufkommen zu lassen und um nicht ständig umdenken zu müssen, werden **alle Geschäftsvorfälle** nur von **einem Standpunkt** aus betrachtet und erfasst. Dabei versetzen wir uns in die Rolle eines Kaufmanns, der seine Bücher führt. Alle Geschäftsvorfälle sind als Ereignisse **unseres Betriebs** anzusehen. Wie der Geschäftsvorfall bei unserem Geschäftspartner zu buchen ist, interessiert uns daher aufgrund dieser Vereinbarung im Allgemeinen nicht.

Die Fälle, in denen der „Wir-Standpunkt" nicht ausdrücklich in die Formulierung aufgenommen ist, sind in gleicher Weise zu verstehen.

Beispiele:

Kauf von Rohstoffen bar	→	d.h. „**Wir** kaufen Rohstoffe bar."
Banküberweisung eines Kunden	→	d.h. „Der Kunde überweist **uns** einen Rechnungsbetrag."
Zahlung einer Liefererrechnung durch Banküberweisung	→	d.h. „**Wir** zahlen eine Liefererrechnung durch Banküberweisung."

Kassenbuch

Ausgangspunkt ist eine kleine Werkzeugfabrik, die neben dem Verkauf an Großkunden noch einen Werksverkauf für die Handwerker der Region gegen Barzahlung betreibt. Die täglichen Einzahlungen und Auszahlungen erfasst der Werksverkauf über ein Kassenbuch.

Im Kassenbuch werden alle Barvorgänge entsprechend der zeitlichen Reihenfolge aufgezeichnet. Damit kann jederzeit ein **rechnerischer (buchhalterischer) Kassenbestand (Soll-Kassenbestand)** ermittelt werden. Dieser Kassenbestand laut Kassenbuch muss dann mit dem **tatsächlichen Bargeldbestand in der Kasse (Ist-Kassenbestand)** übereinstimmen.

Beispiel für ein Kassenbuch:

Das Kassenbuch der Werkzeugfabrik Edgar Rohmer KG weist für den 13. Juni 20.. folgende Daten aus:

Vorgang	Einnahme/Bestand in EUR	Ausgabe in EUR
Kassenanfangsbestand	1 750,00	
Barverkauf an Fritz Müller	6 500,00	
Aushilfslohn bezahlt		620,00
Einlösung einer Nachnahme		1 480,00
Bareinzahlung vom Bankkonto	1 980,00	
Barverkauf Anton Beyer	1 460,00	
Kassenschlussbestand	9 590,00	

Die Eintragungen im Kassenbuch werden täglich an die Buchhaltung weitergeleitet und dort auf dem Konto gebucht.

Einführung des Kontos Kasse

Auf dem **Konto Kasse** werden grundsätzlich **zwei Vorgänge** erfasst: **Zahlungseingänge** und **Zahlungsausgänge.** Es bietet sich daher an, zwischen diesen beiden unterschiedlichen Tatbeständen, die es zu erfassen gilt, eine Trennungslinie zu ziehen. Zu diesem Zweck wird das Aufzeichnungsblatt in zwei Hälften unterteilt und vereinbart, dass die **Geldeingänge** auf der **linken Hälfte der Seite (Sollseite[1])** und die **Geldausgänge** auf der **rechten Seite (Habenseite[1])** erfasst werden. Diese Art der Erfassung der Geschäftsvorfälle nennt man **Kontoform.** Das Konto, auf dem die Kassenvorgänge festgehalten werden, bezeichnet man als **Konto Kasse.**

Beispiel:

Wir beziehen uns auf die obigen Angaben im Kassenbuch und buchen die Einzahlungen und Auszahlungen auf dem Kassenkonto.

1 Die Seitenbezeichnungen **„Soll"** und **„Haben"** hängen mit der Entwicklungsgeschichte der Buchführung zusammen. Es sind Restbestände aus der Führung der ersten Konten, bei denen es sich um Personenkonten handelte (Kunden **„sollen"** zahlen [Warenlieferungen] und sie **„haben"** gezahlt [Zahlungen]). Diese für **alle** Konten geltenden Seitenbezeichnungen können bei anderen Konten nicht mehr zum Konteninhalt in Beziehung gebracht werden.

Lösung:

Soll		Kasse	Haben
Anfangsbestand	1 750,00	Aushilfslohn	620,00
Fritz Müller	6 500,00	Nachnahme	1 480,00
Bank	1 980,00		
Anton Beyer	1 460,00		

Zur Feststellung des Schlussbestandes muss das Konto **abgeschlossen** werden. Den ermittelten Schlussbestand nennt man in der Sprache des Buchhalters **Saldo,** den Vorgang des Kontoabschlusses bezeichnet man als **Saldieren.**

Um **nach dem Abschluss** weitere Eintragungen vornehmen zu können, muss ein bereits abgeschlossenes Konto wieder **neu eröffnet** werden. Dabei wird der Wert des **Schlussbestands (Saldo)** beim Abschluss auf dem neu zu eröffnenden Konto als **Anfangsbestand (Saldovortrag)** übernommen.

Dies ergibt folgende Darstellung:

Abschluss des Kontos:[1]

Soll		Kasse	Haben
Anfangsbestand	1 750,00	Aushilfslohn	620,00
Fritz Müller	6 500,00	Nachnahme	1 480,00
Bank	1 980,00	Schlussbestand	
Anton Beyer	1 460,00	(Saldo)	9 590,00
	11 690,00		11 690,00

Neueröffnung des Kontos:

Soll		Kasse	Haben
Anfangsbestand (Saldovortrag)	9 590,00		

Schematische Darstellung:

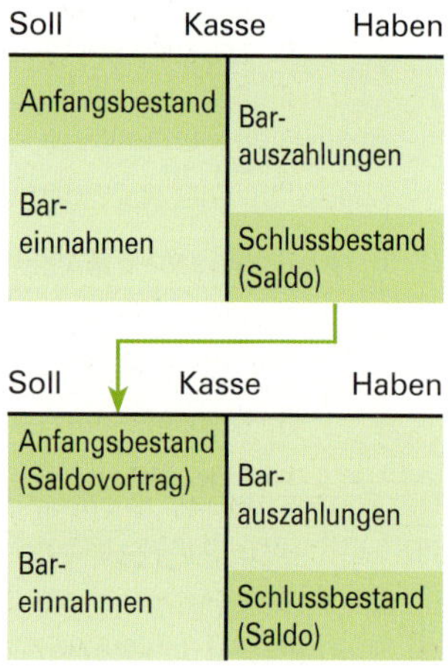

Erläuterungen:

Der ermittelte **Restbetrag (Saldo)** auf einem Konto heißt **Schlussbestand.** Dieser steht immer auf der wertmäßig kleineren Seite. Das ist bei einem Kassenkonto die Habenseite (niemand kann mehr Geld aus der Kasse entnehmen als vorher hineingelegt wurde).

Der **Anfangsbestand (Saldovortrag)** auf dem neu eröffneten Konto steht immer auf der entgegengesetzten Seite wie der Schlussbestand (Saldo). Da auf dem Kassenkonto der Schlussbestand auf der Habenseite steht, muss der Anfangsbestand auf der Sollseite erscheinen.

Der Abschluss eines Kontos vollzieht sich in fünf Schritten:

1. Schritt:	Das Wort Schlussbestand (Saldo) wird auf der wertmäßig kleineren Seite eingetragen.
2. Schritt:	Die wertmäßig größere Seite wird addiert.
3. Schritt:	Die errechnete Summe wird auf die wertmäßig kleinere Seite übertragen.
4. Schritt:	Der Schlussbestand (Saldo) wird ermittelt und zum Ausgleich der Seiten auf der wertmäßig kleineren Seite eingetragen.
5. Schritt:	Die Abschlussstriche sind zu ziehen.

1 Auf die **Entwertung des freien Raums** beim Abschluss des Kontos durch die sogenannte „Buchhalternase" wird im Folgenden **verzichtet.** Dies entspricht der Vorgehensweise in der EDV-Buchhaltung.

Übungsaufgabe

21 1. Führen Sie das Konto **Kasse** und schließen Sie es nach Buchung der Geschäftsvorfälle ab!

Bearbeitungshinweis: Denken Sie daran, dass alle Geschäftsvorfälle jeweils nur nach ihrer Auswirkung auf den Kassenbestand befragt werden müssen. Für die Beantwortung gibt es nur zwei Möglichkeiten: Entweder der Kassenbestand nimmt durch den Geschäftsvorfall zu oder er nimmt ab. Zugänge gehören bei der Kasse auf die Sollseite, Abgänge auf die Habenseite.

I. Anfangsbestand:

Die Kasse weist einen Anfangsbestand (Saldovortrag) von 2160,00 EUR aus.

II. Geschäftsvorfälle:

Es ereignen sich folgende Geschäftsvorfälle, die den Kassenbestand verändern:

1. Barverkauf von Waren	3070,00 EUR
2. Zeitungsinserat bar bezahlt	190,00 EUR
3. Kauf von Briefmarken	45,00 EUR
4. Barzahlung eines Kunden	910,00 EUR
5. Mietzahlung unseres Mieters bar	300,00 EUR
6. Barzahlung einer Lieferantenrechnung	1940,00 EUR
7. Barverkauf von Waren	180,00 EUR
8. Provisionszahlung bar	2700,00 EUR

2. Führen Sie das Konto **Kasse** und schließen Sie es nach Buchung der Geschäftsvorfälle ab!

I. Anfangsbestand:

Die Kasse weist einen Anfangsbestand von 2370,00 EUR aus.

II. Geschäftsvorfälle:

Es ereignen sich folgende Geschäftsvorfälle, die den Kassenbestand verändern:

1. Ein Kunde zahlt einen Rechnungsbetrag bar	350,00 EUR
2. Wir kaufen Waren bar ein	500,00 EUR
3. Wir heben vom Bankkonto ab und legen das Geld in die Geschäftskasse	1000,00 EUR
4. Wir zahlen die Aushilfslöhne bar	900,00 EUR
5. Wir kaufen Waren bar	850,00 EUR
6. Wir kaufen Büromaterial bar	78,00 EUR
7. Wir kaufen einen Bürostuhl bar	425,00 EUR
8. Wir zahlen auf unser Bankkonto bar ein	400,00 EUR

3. 3.1 Führen Sie aufgrund der folgenden Belege für Beauty Moments Emmy Reisacher e. Kfr. das Konto Kasse!

3.2 Formulieren Sie die Geschäftsvorfälle, die den Belegen auf S. 102 und S. 103 zugrunde liegen!

3.3 Schließen Sie das Kassenkonto nach Buchung der Geschäftsvorfälle ab! Die Kasse weist einen Anfangsbestand von 10400,25 EUR aus.

Beleg 1

Beauty Moments
Emmy Reisacher e. Kfr.

Beauty Moments Emmy Reisacher e. Kfr., Kanalstr. 10, 31226 Peine

Markus Böhlen
Hegelstr. 22
31224 Peine

Kunden-nummer	Rechnungs-nummer	Rechnungs-datum	Auftrags-nummer	Auftrags-datum	Liefer-datum	Bestell-nummer
24003	1502	18.03.20..			08.03.20..	26831

Barverkauf

Pos.	Art.-Nr.	Bezeichnung	Menge	Einzelpreis EUR	Gesamtpreis EUR
1	0563	Gutschein Sauerstofflifting	2	125,00	250,00
2	0561	Gutschein Hotstonemassage	2	80,00	160,00
				Rechnungsbetrag	410,00

Betrag dankend erhalten
Reisacher

Zahlungsbedingungen: Barzahlung

Hinweis: Die Umsatzsteuer wird hier und bei den folgenden Belegen der Aufgabe nicht ausgewiesen. Die Umsatzsteuer wird erst später behandelt.

Beleg 2

AUTOHAUS
WERNER OHG

Autohaus Werner OHG · Brentanostr. 22 · 31224 Peine

Beauty Moments
Emmy Reisacher e. Kfr.
Kanalstr. 10
31226 Peine

Betriebs-Nr. 13625305
Auftrags-Nr.
Kunden-Nr.
Abn.-Gr.
Telefon: 05171 52566-6837
Telefax: 05171 65356
Volksbank Hellweg
BIC: GENODEF1PEV
IBAN: DE91 2526 0010 0000 4318 01

Amtl. Kennz.	Typ/Modell	Fahrzeug-Ident-Nr.	Zulassungstag	Anmeldung	km-Stand	KD-Meister
PE-MI 720	4A2084	WAUZZZ4AZRN042867	16.10.20..	–	32375	Neubarth

Lieferdatum: 18.03.20..
Rechnungsdatum: 18.03.20..

Barverkauf Nr. 11471

Gemäß unserer Lieferbedingungen erhielten Sie folgendes Gebrauchtfahrzeug

Golf Trendline 1,2 TSI, „Königsblau" 9 744,00 EUR

Mit freundlichen Grüßen

Betrag dankend erhalten
i. A. Meyer

Autohaus Werner OHG

Sitz der Unternehmung: Peine Registergericht: Peine; HRA 1718 Steuer-Nr. 73501/09931

Beleg 3

DEUTSCHE POST AG
31228 PEINE
1313-0108 0037 18. MÄRZ 20..

*130,00 EUR

POSTWERTZEICHEN

Beleg 4

Nessensohn Werkverkauf GmbH
Thomasstraße 5
Peine

Beauty Moments Emmy Reisacher e.Kfr.
Kanalstr. 10
31226 Peine

278.0001

Datum *18. März 20 ..*	EUR	Cent
Lagerregal	*150*	*00*
Schreibtisch	*128*	*00*
	278	*00*
Eingeräumter Sonderrabatt wegen Räumungsverkauf 25%		

Zu reduzierten Preisen kein Umtausch möglich!

Verk. *C.L.* 6-003677

W. Kohlhammer Druckerei GmbH + Co. Stuttgart, Abt. Kassenblock

Beleg 5

Quittung

EUR Betrag	*120,64*
inclusive % MwSt./Betrag	
Nr.	
Betrag in Worten	*einhundertzwanzig----------------*
von	*Beauty Moments Emmy Reisacher e.Kfr.*
für	*Zulassungskosten für PE-MI 720*
	dankend erhalten
Datum/Ort	*18. März 20..*

Buchungsvermerke

Stempel/Unterschrift des Empfängers
Autohaus Werner OHG
Brentanostr. 22
31224 Peine
i. A. Kupfer

Beleg 6

RAN-STATION
Konrad Wessle

* 57,41 Liter SÄULENR 3*
Super Blfr. A 67,11 EUR

TOTAL 67,11 EUR

#31366 18.03.20..18:57 B01 K.0001
Der Verkauf von Kraft- und Schmierstoffen erfolgt im Namen und für Rechnung der Westfalentank GmbH & Co.KG, Im Wasen 4, 59555 Lippstadt
StNr.Kraftst.: 121/174/54108
StNr.Shopware: 91389/17030
Vielen Dank für Ihren Einkauf und gute Fahrt!

5.2 Inventur und Inventar

5.2.1 Inventur

5.2.1.1 Ablauf der Inventur

Nach § 240 HGB ist jeder Kaufmann verpflichtet, „zu Beginn seines Handelsgewerbes" (d.h. bei der Gründung) und danach „für den Schluss eines jeden Geschäftsjahres" seine Vermögens- und Schuldposten mit ihren Werten anzugeben. Diese Aufstellung nennt der Gesetzgeber **Inventar.**

Durch den Vorgang der **Inventur** wird vor Ort festgestellt, welche Vermögens- und Schuldwerte tatsächlich vorhanden sind. Die Inventur ist also eine **Tätigkeit (körperliche Bestandsaufnahme).**

- Man geht in das Lager und schaut z.B. nach, welche Menge einer **Werkstoffart**[1] noch vorhanden ist. Typische Tätigkeiten für diesen ersten Vorgang der Inventur sind: Zählen, Messen, Wiegen, notfalls auch Schätzen. Durch die Rechnung Menge · Einstandspreis wird anschließend der Wert der vorhandenen Werkstoffe ermittelt.
- Zur Feststellung des Wertes an **Bargeld** muss das in der Kasse vorhandene Geld gezählt werden.
- Bei anderen Geldvermögensarten, z.B. dem **Bankguthaben,** geben die Kontoauszüge Auskunft über das gegenwärtige Guthaben.
- **Kundenforderungen** bzw. **Lieferantenschulden** werden namentlich aufgelistet. Die ermittelten Salden lässt man sich von den einzelnen Kunden bzw. Lieferanten bestätigen.
- Der Wert der einzelnen Gegenstände der **Betriebs- und Geschäftsausstattung** wird unter Berücksichtigung planmäßiger Abschreibungsbeträge ermittelt.

Beispiel für eine Inventur-Aufnahmeliste (Einzelinventurliste):

Inventur-Aufnahmeliste

Filiale: *Göttingen* **Blatt-Nr.:** *14*
Abteilung: *Möbel* **Datum:** *31.12.20..*

Aufnahme: *Fischer*
Ausrechnung: *Troll*
Kontrolle: *Spralte*

Position	Menge	Artikelnummer	Artikelbezeichnung	Warengruppe	Nettoverkaufspreis in EUR	Einstandspreis in EUR
(1)	*30*	*30111*	*Matratzen*	*5*	*299,00*	*185,00*
(2)	*25*	*30222*	*Tische*	*7*	*119,00*	*69,00*
(3)						

Die Inventur ist die mengen- und wertmäßige Erfassung aller Vermögens- und Schuldenwerte eines Kaufmanns zu einem bestimmten Zeitpunkt. Die Inventur ist also eine Tätigkeit.

1 Zu den Werkstoffen zählen z.B. Rohstoffe, Betriebsstoffe, Hilfsstoffe. Siehe hierzu S. 119.

5.2.1.2 Zielsetzung der Inventur

Die vom Gesetzgeber geforderte Inventur ist wesentlicher Bestandteil einer ordnungsmäßigen Buchführung. Die Inventur dient in erster Linie dem **Schutz der Gläubiger.** Durch eine körperliche Bestandsaufnahme soll überprüft werden, ob die in der Buchführung **ausgewiesenen Bestände (Sollbestände)** mit den **tatsächlichen Beständen (Istbeständen) übereinstimmen.** Treten Differenzen zwischen Soll- und Istbeständen auf, müssen die Ursachen aufgedeckt und entsprechende Korrekturen in der Buchführung vorgenommen werden, damit solche Differenzen nicht noch weitergeschleppt werden. Insofern übt die **Inventur** gegenüber der Buchführung eine **Kontrollfunktion** aus.

5.2.2 Inventar

> Das **Inventar** ist das übersichtlich zusammengestellte **wertmäßige Ergebnis** der Inventur. Das Inventar ist also ein Verzeichnis über die tatsächlich vorhandenen Vermögens- und Schuldenwerte an einem bestimmten Tag (Stichtag).

Obschon es **keine gesetzlichen Vorschriften** für die **formale Darstellung eines Inventars** gibt, hat es sich in der Praxis allgemein durchgesetzt, dass die Ergebnisse der Inventur nochmals zusammengefasst werden. Bei einzelnen Posten wird dann auf die Einzelverzeichnisse verwiesen.

Das Beispiel auf S. 106 soll als Muster für den Inhalt und den Aufbau eines Inventarverzeichnisses und für die darin verwendeten Begriffe dienen.

Erläuterungen zum Inhalt und Aufbau des Inventars von S. 106:

Das Inventar besteht aus drei Teilen: dem **Vermögen**, den **Schulden** und dem **Reinvermögen (Eigenkapital).**

- Das **Vermögen** gibt Aufschluss darüber, welche Gegenstände in einem Unternehmen vorhanden sind. Man unterscheidet zwischen Anlage- und Umlaufvermögen.
  - Zum **Anlagevermögen** gehören alle Vermögensposten, die dazu bestimmt sind, dem Unternehmen langfristig zu dienen. Sie bilden die Grundlage für die Betriebsbereitschaft.

    Beispiele:

    Lizenzen, geschützte Marken, Gebäude, Grundstücke, Maschinen, Betriebs- und Geschäftsausstattung, Beteiligung an anderen Unternehmen.

  - Zum **Umlaufvermögen** zählen alle Vermögensposten, die dadurch charakterisiert sind, dass sie sich durch die Geschäftstätigkeit laufend verändern.

    Beispiele:

    Kassenbestand, Guthaben bei Kreditinstituten, Werkstoffe, Handelswaren, Forderungen aus Lieferungen und Leistungen.

- Die **Schulden (Verbindlichkeiten)** stellen Fremdkapital dar, das Dritte dem Unternehmen zur Verfügung stellen. Sie werden z. B. nach der Art der Schuld gegliedert.

  Beispiele:

  Verbindlichkeiten gegenüber Kreditinstituten, Verbindlichkeiten aus Lieferungen und Leistungen.

Inventar zum 31. Dezember
der Möbelfabrik Franz Merkurius e. Kfm., Dürerstr. 101, 38442 Wolfsburg

A. Vermögen		
I. Anlagevermögen:		
1. Grundstücke		
– Dürerstr. 101	175 000,00 EUR	
– Gneisenaustraße 21	125 000,00 EUR	300 000,00 EUR
2. Bauten auf eigenen Grundstücken		
– Fabrikgebäude Dürerstr. 101	429 450,00 EUR	
– Verwaltungsgebäude Gneisenaustraße 21	675 000,00 EUR	1 104 450,00 EUR
3. Maschinen lt. Inventurliste 1		749 800,00 EUR
4. Fuhrpark		
– Pkw: WOB – BE 44	45 800,00 EUR	
– Lkw: WOB – LU 855	98 750,00 EUR	144 550,00 EUR
5. Betriebs- und Geschäftsausstattung		
– Lagereinrichtung lt. Inventurliste 2	45 600,00 EUR	
– Verwaltungseinrichtung lt. Inventurliste 3	29 275,00 EUR	
– EDV-Anlagen lt. Inventurliste 4	20 725,00 EUR	95 600,00 EUR
II. Umlaufvermögen:		
1. Rohstoffe lt. Inventurliste 5		350 750,00 EUR
2. Hilfsstoffe lt. Inventurliste 6		118 450,00 EUR
3. Betriebsstoffe lt. Inventurliste 7		147 620,00 EUR
4. Fertigerzeugnisse		
– 360 Schränke V 17/2	203 400,00 EUR	
– 210 Schreibtische S 22/4	193 200,00 EUR	
– Diverse Kleinmöbel lt. Inventurliste 8	310 400,00 EUR	707 000,00 EUR
5. Unfertige Erzeugnisse lt. Inventurliste 9		70 200,00 EUR
6. Forderungen aus Lieferungen und Leistungen		
– Möbelhaus Schmid OHG, Braunschweig	12 125,00 EUR	
– Möbel Meierhofer KG, Helmstedt	11 900,00 EUR	
– Möbel Discount Königslutter GmbH	9 550,00 EUR	33 575,00 EUR
7. Kassenbestand lt. Inventurliste 10		1 250,00 EUR
8. Guthaben bei Banken		
– Guthaben Sparkasse Wolfsburg	28 780,00 EUR	
– Guthaben Commerzbank Wolfsburg	5 900,00 EUR	34 680,00 EUR
Summe des Vermögens (Rohvermögens)		3 857 925,00 EUR
B. Schulden		
1. Verbindlichkeiten gegenüber Kreditinstituten		
– Darlehen bei der Sparkasse Wolfsburg		890 600,00 EUR
– Kontokorrentkredit bei der Commerzbank Wolfsburg		50 145,00 EUR
2. Verbindlichkeiten aus Lieferungen und Leistungen		
– Metall- und Kunststoffwerke Leipzig AG	55 150,00 EUR	
– Großhandelshaus Reich GmbH, Hannover	47 350,00 EUR	102 500,00 EUR
3. Liefererdarlehen bei der Rado GmbH		73 000,00 EUR
Summe der Schulden		1 116 245,00 EUR
C. Ermittlung des Reinvermögens (Eigenkapitals)		
Summe des Vermögens		3 857 925,00 EUR
– Summe der Schulden		1 116 245,00 EUR
= Reinvermögen (Eigenkapital)		2 741 680,00 EUR

Die **Inventur** ist eine **Bestandsaufnahme,** das **Inventar** ein **Bestandsverzeichnis.**

Übungsaufgabe

22
1. Nennen Sie die Gesetzesvorschrift, die den Kaufmann zur Aufstellung eines Inventars verpflichtet!
2. Nennen Sie drei Angaben, die in einem Inventar enthalten sein müssen!
3. Ermitteln Sie, zu welchen Zeitpunkten jeweils ein Inventar aufgestellt werden muss!
4. Erläutern Sie die Begriffe Inventar und Inventur!
5. Erklären Sie, welche praktische Bedeutung die Inventur im Zusammenhang mit der Buchführung hat!
6. Begründen Sie, welche Werte beim Auftreten von Differenzen zwischen Soll- und Istwerten berichtigt werden müssen!
7. Stellen Sie aufgrund der angegebenen Inventurergebnisse ein Inventar auf!

Bebaute Grundstücke		478 790,00 EUR
Fabrikgebäude		2 121 180,00 EUR
Verwaltungsgebäude		535 925,00 EUR
Büroeinrichtung lt. Inventurliste 1		148 500,00 EUR
Maschinen lt. Inventurliste 2		2 470 100,00 EUR
Werkzeuge lt. Inventurliste 3		272 800,00 EUR
Fuhrpark: 2 Lkw	205 000,00 EUR	
3 Pkw	64 300,00 EUR	269 300,00 EUR
Betriebs- und Geschäftsausstattung lt. Inventurliste 4		330 000,00 EUR
Rohstoffe lt. Inventurliste 5		1 420 000,00 EUR
Betriebsstoffe lt. Inventurliste 6		87 200,00 EUR
Hilfsstoffe lt. Inventurliste 7		54 750,00 EUR
Unfertige Erzeugnisse lt. Inventurliste 8		321 800,00 EUR
Fertige Erzeugnisse lt. Inventurliste 9		1 790 000,00 EUR
Kundenforderungen lt. bestätigter Saldenliste		222 400,00 EUR
Kassenbestand lt. Inventurliste 10		15 100,00 EUR
Guthaben bei Kreditinstituten		
– Guthaben auf dem Kontokorrentkonto bei der A-Bank		29 900,00 EUR
Verbindlichkeiten gegenüber Kreditinstituten		
– Darlehen bei der B-Bank		3 720 000,00 EUR
Verbindlichkeiten aus Lieferungen und Leistungen:		
– Göttinger Maschinen AG	820 000,00 EUR	
– Technik & Service Fritz GmbH	188 100,00 EUR	1 008 100,00 EUR

5.3 Bilanz

5.3.1 Gesetzliche Grundlagen zur Aufstellung der Bilanz

(1) Aufstellungspflicht

Nach § 242 HGB hat der Kaufmann zu Beginn seines Handelsgewerbes und danach für den Schluss eines jeden Geschäftsjahres eine Bilanz[1] aufzustellen, aus der das Verhältnis zwischen seinem Vermögen und seinen Schulden erkennbar ist. Grundlage für die Aufstellung der Bilanz ist das Inventar.

Im Gegensatz zum Inventar stellt die Bilanz eine **kurz gefasste Übersicht** dar, die es ermöglicht, das Verhältnis zwischen Vermögen und Schulden in kurzer Zeit zu erkennen. Die Bilanz ist eine **Kurzfassung des Inventars.**

(2) Form und Gliederung der Bilanz nach § 266 HGB

Nach § 266 I, S. 1 HGB ist die Bilanz in **Kontoform** aufzustellen. Die **linke Seite der Bilanz** ist die **Aktivseite.** Auf ihr stehen die **Aktiva (Vermögensposten).** Die **rechte Seite der Bilanz** ist die **Passivseite.** Auf ihr stehen die **Passiva.** Die Passivseite der Bilanz weist das Kapital, getrennt nach Kapitalgebern (**Eigenkapital** und **Verbindlichkeiten** [**Fremdkapital**]) aus.

Es wird folgendes **vereinfachtes Bilanzschema** zugrunde gelegt.

Aktiva	Bilanz zum 31. Dezember 20..	Passiva
I. Anlagevermögen		**I. Eigenkapital**
1. Grundstücke und Bauten		**II. Verbindlichkeiten**
2. technische Anlagen und Maschinen		1. Verbindlichkeiten geg. Kreditinst.
3. And. Anl., Betr.- u. G.-Ausstattung[2]		2. Verbindlichkeiten a. Lief. u. Leist.
II. Umlaufvermögen		3. Sonstige Verbindlichkeiten[4]
1. Roh-, Hilfs- und Betriebsstoffe		
2. Unfertige Erzeugnisse		
3. Fertige Erzeugnisse und Waren[3]		
4. Ford. aus Lieferungen u. Leistungen		
5. Kassenbestand		
6. Guthaben bei Kreditinstituten		

Beispiel:

Aus dem Inventar auf S. 106 leitet sich folgende Bilanz ab!

1 Das Wort **Bilanz** stammt aus dem Italienischen. Dort heißt es so viel wie Gleichgewicht bzw. Waage.

2 Zu diesem Bilanzposten gehört bei Kapitalgesellschaften auch der Fuhrpark. In Bilanzen von Nichtkapitalgesellschaften wird der Fuhrpark häufig als gesonderter Bilanzposten ausgewiesen.

3 Es handelt sich um **fertige** Waren (sogenannte **Handelswaren**), die der Industriebetrieb einkauft und unverändert weiterverkauft, z. B. eine Möbelfabrik kauft Bilder, Wäsche und Teppiche ein, die sie an interessierte Kunden weiterverkauft.

4 Zu diesem Bilanzposten zählen z. B. ein Liefererdarlehen, Sonstige Verbindlichkeiten gegenüber dem Finanzamt und Verbindlichkeiten gegenüber Sozialversicherungsträgern.

Aktiva	Bilanz der Möbelfabrik Franz Merkurius e. Kfm. zum 31. Dez...			Passiva
I. Anlagevermögen		**I. Eigenkapital**		2 741 680,00
1. Grundstücke u. Bauten	1 404 450,00	**II. Verbindlichkeiten**		
2. Techn. Anl. u. Maschinen	749 800,00	1. Verbindlichkeiten gegenüber Kreditinstituten		940 745,00
3. And. Anlagen, Betriebs- u. Geschäftsausstattung	240 150,00	2. Verbindl. aus Lieferungen u. Leistungen		102 500,00
II. Umlaufvermögen		3. Sonstige Verbindl.		73 000,00
1. Roh-, Hilfs- u. Betr.-Stoffe	616 820,00			
2. Unfertige Erzeugnisse	70 200,00			
3. Fert. Erzeugn. u. Waren	707 000,00			
4. Ford. a. Lief. u. Leist.	33 575,00			
5. Kassenbestand	1 250,00			
6. Guthaben b. Kreditinst.	34 680,00			
	3 857 925,00			3 857 925,00

Wolfsburg, den 10. März 20.. *Franz Merkurius*

Die Bilanz lässt auf einen Blick erkennen, wer das Kapital aufgebracht hat (Passivseite) und wie es verwendet wurde (Aktivseite).

Aktiva	Bilanz der Möbelfabrik Franz Merkurius e. Kfm.		Passiva
Wie wurde das Kapital verwendet?		**Wer** hat das Kapital aufgebracht?	
I. Anlagevermögen	2 394 400,00	**I. Eigenkapital**	2 741 680,00
II. Umlaufvermögen	1 463 525,00	**II. Verbindlichkeiten**	1 116 245,00
Vermögen	3 857 925,00	**Kapital**	3 857 925,00
↑		↑	
Verwendung finanzieller Mittel (Investierung)		**Beschaffung** finanzieller Mittel (Finanzierung)	

Die **Aktivseite** der Bilanz gibt die **Mittelverwendung (Investierung)** des Unternehmens wieder, die Passivseite die **Mittelbeschaffung (Finanzierung).**

(3) Bilanzgleichungen

Für jede Bilanz gilt folgende Grundgleichung:

$$\text{Aktiva} \triangleq \text{Passiva}$$

Dabei gilt:

$$\text{Aktiva} \triangleq \text{Vermögen}$$
$$\text{Passiva} \triangleq \text{Eigenkapital} + \text{Fremdkapital}^1$$

1 Unter dieser mehr betriebswirtschaftlichen Betrachtungsweise benutzen wir den Begriff **Fremdkapital** (statt Verbindlichkeiten).

Hieraus lassen sich folgende weitere **Bilanzgleichungen** ableiten:

Für die Berechnung des Vermögens

Vermögen ≙ Eigenkapital + Fremdkapital

Für die Berechnung des Kapitals

Eigenkapital ≙ Vermögen – Fremdkapital
Fremdkapital ≙ Vermögen – Eigenkapital

(4) Aussagekraft der Bilanz

Am vorgegebenen Beispiel der Möbelfabrik Franz Merkurius e. Kfm. wird im Folgenden ein kurzer Überblick über die Aussagekraft einer Bilanz gegeben. Dabei beschränken wir uns darauf, das Verhältnis

- des Anlage- und Umlaufvermögens sowie
- des Eigen- und Fremdkapitals

zur Bilanzsumme aufzuzeigen und auszuwerten.

Aktiva — Bilanz der Möbelfabrik Franz Merkurius e.Kfm. — Passiva

Wie wurde das Kapital verwendet?			**Wer** hat das Kapital aufgebracht?		
I. Anlagevermögen	2 394 400,00	62,1 %	**I. Eigenkapital**	2 741 680,00	71,1 %
II. Umlaufvermögen	1 463 525,00	37,9 %	**II. Verbindlichkeiten**	1 116 245,00	28,9 %
Vermögen	3 857 925,00	100,0 %	**Kapital**	3 857 925,00	100,0 %
↑ **Verwendung** finanzieller Mittel (Investierung)			↑ **Beschaffung** finanzieller Mittel (Finanzierung)		

- **Zur Vermögenszusammensetzung:**
  Das Anlagevermögen hat einen höheren Prozentanteil an der Bilanzsumme als das Umlaufvermögen. Dies erklärt sich daraus, dass eine Möbelfabrik zur Produktion Fabrikhallen, Lagerbestände, Maschinen, Fließbänder u. Ä. benötigt. Diese Anlagegüter binden viel Kapital. Man bezeichnet eine solche Vermögensstruktur daher als kapitalintensiv. Mit zunehmender Automatisierung steigt der Anteil des Anlagevermögens.

  Zum Umlaufvermögen einer Möbelfabrik gehören in erster Linie die Roh-, Hilfs- und Betriebsstoffe sowie die Fertigerzeugnisse.
- **Zur Kapitalzusammensetzung:**
  Die Betrachtung der Passivseite zeigt, dass der Anteil des Eigenkapitals deutlich höher ist als jener des Fremdkapitals. Die Möbelfabrik ist also in geringem Maße von den Gläubigern abhängig und ihre Zinsbelastung ist überschaubar.

Übungsaufgaben

23 Stellen Sie unter Beachtung des einfachen Bilanzgliederungsschemas auf S. 108 aus dem Inventar der Aufgabe 22, Nr. 7. (S. 107) die entsprechende Bilanz auf!

24 1. Erstellen Sie für die Plastikwerke Hübner e.Kfm. aufgrund folgender Angaben die Bilanz und berechnen Sie das Verhältnis von Anlage- und Umlaufvermögen sowie von Eigen- und Fremdkapital zur Bilanzsumme:

Fertige Erzeugnisse	620 400,00 EUR	Kassenbestand	17 000,00 EUR
Handelswaren	68 200,00 EUR	Verbindlichkeiten gegenüber Kreditinstituten	1 810 000,00 EUR
Grundstücke u. Bauten	570 800,00 EUR		
Ford. a. Lief. u. Leist.	115 000,00 EUR	Roh-, Hilfs- und Betriebsstoffe	490 500,00 EUR
Verbindl. a. Lief. u. Leist.	975 000,00 EUR		
Techn. Anl. u. Maschinen	1 700 400,00 EUR	Guthaben bei Kreditinst.	48 400,00 EUR
Büroausstattung	75 150,00 EUR	Liefererdarlehen	97 700,00 EUR
Fuhrpark	82 200,00 EUR		

2. Beurteilen Sie die Vermögens- und Kapitalstruktur der Plastikwerke Hübner e.Kfm.!

5.3.2 Gegenüberstellung von Inventar und Bilanz

Inventar	Bilanz
Das Inventar ist eine **ausführliche wert- und mengenmäßige** Gegenüberstellung der Vermögens- und Schuldposten.	Die Bilanz ist eine **gedrängte wertmäßige** Gegenüberstellung aller Vermögens- und Schuldposten.
Im Inventar werden alle selbstständig bewertbaren Gegenstände eines Postens erfasst. Es ist **sehr ausführlich** und dadurch **unübersichtlich.**	Die Bilanz weist jeden Posten nur mit einer Summe aus. Sie ist **weniger ausführlich,** dadurch aber **übersichtlich.**
Im Inventar stehen Vermögen und Schulden **untereinander.**	In der Bilanz stehen Vermögen und Schulden **nebeneinander.**
Die Differenz zwischen Vermögen und Schulden heißt **Reinvermögen.**	Die Differenz zwischen Vermögen und Schulden heißt **Eigenkapital.**
Das Inventar bzw. die Inventur übt gegenüber den Ergebnissen der Buchführung eine **Kontrollfunktion** aus.	Die Bilanz baut auf den Zahlenunterlagen der Buchführung und denen der Inventur auf.
Das Inventar (die Inventur) dient **innerbetrieblichen Zwecken** (Soll-Ist-Vergleich).	Die Bilanz informiert die **Außenwelt.**
Gesetzliche **Gliederungsvorschriften** für das Inventar **bestehen nicht.**	Es bestehen **gesetzliche Gliederungsvorschriften.**

5.3.3 Zusammenhang zwischen Inventur, Inventar, Bilanz und Buchführung

Bevor die Bilanz aufgrund der Buchführung erstellt werden kann, muss geprüft werden, ob die in der Buchführung ausgewiesenen Bestände **(Sollbestände)** mit den tatsächlich vorhandenen Beständen **(Istbestände)** übereinstimmen. Es könnten ja Unregelmäßigkeiten (z.B. Rechenfehler, Diebstahl) aufgetreten sein. Diese Sicherstellung erfolgt über die Inventur. Inventur, Inventar und Bilanz stehen **außerhalb der Buchführung.**

- Man unterscheidet **Inventurbestand (Istbestand)** und **Buchbestand (Sollbestand).**
- Der **Buchbestand** muss eventuell durch Korrekturbuchungen dem **Istbestand** entsprechend **angepasst werden.**

Liegen Abweichungen zwischen Soll- und Istbeständen vor, müssen die Gründe dafür aufgedeckt und entsprechende Korrekturen in der Buchführung vorgenommen werden, damit die Werte der Buchführung auch mit den tatsächlich vorhandenen übereinstimmen. Die Inventur – mit dem Inventar als Ergebnis – hat also gegenüber der Buchführung eine **Kontrollfunktion.**

Die nachfolgende Grafik zeigt den Ablauf der Abstimmung zwischen Buchführung und Bilanz aufgrund der Inventur.

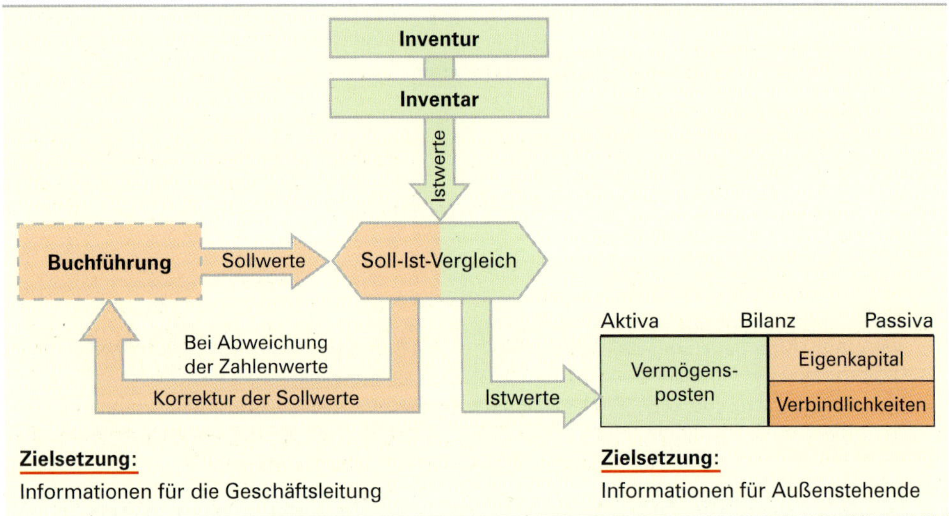

Übungsaufgabe

25

1. Geben Sie einige wichtige Unterscheidungsmerkmale zwischen Inventar und Bilanz an!
2. Nennen Sie die beiden Hauptgruppen auf der Aktivseite der Bilanz!
3. 3.1 Erläutern Sie den Begriff Anlagevermögen!
   3.2 Nennen Sie drei Posten, die zum Anlagevermögen gehören!
4. 4.1 Erläutern Sie den Begriff Umlaufvermögen!
   4.2 Nennen Sie vier Posten, die zum Umlaufvermögen zählen!
5. Deuten Sie das Wort Bilanz!
6. Stellen Sie die Grundgleichung einer Bilanz auf!
7. Beschreiben Sie, wie das Eigenkapital rechnerisch zu ermitteln ist!
8. Erläutern Sie den Inhalt der beiden Bilanzseiten!
9. Erläutern Sie den Zusammenhang zwischen Buchführung, Inventar (Inventur) und Bilanz!

5.3.4 Wertveränderungen der Bilanzposten durch Geschäftsvorfälle (vier Grundfälle)

Die Bilanz stellt die Werte des Vermögens und der Schulden zu einem ganz bestimmten Zeitpunkt dar, und zwar im Allgemeinen für den Schluss eines jeden Geschäftsjahres. Durch Gegenüberstellung der Werte am Schluss des laufenden Geschäftsjahres mit den Werten am Schluss des vorangegangenen Geschäftsjahres können die Wertveränderungen der einzelnen Bilanzposten festgestellt werden. Ursache für diese Wertveränderungen sind die **Geschäftsvorfälle.** Will man diese Wertveränderungen in der übersichtlichen Form einer Bilanz verfolgen, müssten Bilanzen in kürzeren Zeitabständen aufgestellt werden, aus theoretischer Sicht nach jedem Geschäftsvorfall. Dies ist zu umständlich. Daher werden die Veränderungen aufgrund der Geschäftsvorfälle außerhalb der Bilanz, nämlich in der Buchführung, festgehalten.

Zunächst jedoch benutzen wir diese unrealistische Sicht. Sie erleichtert es uns, die unterschiedlichen Auswirkungen der verschiedenen Geschäftsvorfälle auf die Vermögens- und Schuldenwerte in der Bilanz darzustellen.

- **Bilanzen** gelten immer nur für einen ganz **bestimmten Zeitpunkt.**
- Die in der Bilanz dargestellten Werte werden durch jeden danach erfolgten **Geschäftsvorfall verändert.**
- **Geschäftsvorfälle** sind Vorgänge, die Veränderungen des Vermögens bzw. der Schulden auslösen.
- Die Veränderungen aufgrund der Geschäftsvorfälle werden in der **Buchführung** festgehalten.
- Unter **Buchführung** versteht man die planmäßige und lückenlose Erfassung aller Geschäftsvorfälle eines Betriebs innerhalb eines bestimmten Zeitabschnitts.

Beispiel:

Aktiva		**Ausgangsbilanz**	Passiva
Techn. Anlagen u. Maschinen	37000,00	Eigenkapital	42000,00
Roh-, Hilfs- u. Betriebsstoffe	2000,00	Verb. a. Lief. und Leistungen	16000,00
Fertige Erzeugnisse	3000,00		
Kassenbestand	4000,00		
Guthaben bei Kreditinstituten	12000,00		
	58000,00		58000,00

Anmerkung:

Wegen der geringen Anzahl von Posten wird auf die Gliederung in Anlagevermögen und Umlaufvermögen bzw. Eigenkapital und Verbindlichkeiten verzichtet.

Aufgabe:

Stellen Sie nach jedem Geschäftsvorfall die Bilanz neu auf, geben Sie an, in welche Richtung (+oder –) sich die einzelnen Bilanzposten geändert haben und charakterisieren Sie jeweils die Bilanzveränderungen. Machen Sie außerdem eine Aussage über die Bilanzsumme.

8 Speth u.a. - ISBN 978-3-8120-0536-4

Lösung:

1. Geschäftsvorfall: Wir kaufen Rohstoffe gegen Barzahlung für 1800,00 EUR.

Auswirkungen auf die Bilanz

Aktiva	**1. veränderte Bilanz**		Passiva
Techn. Anlagen u. Maschinen	37000,00	Eigenkapital	42000,00
Roh-, Hilfs- u. Betriebsstoffe	3800,00	Verb. a. Lief. und Leistungen	16000,00
Fertige Erzeugnisse	3000,00		
Kassenbestand	2200,00		
Guthaben bei Kreditinstituten	12000,00		
	58000,00		58000,00

Roh-, Hilfs- u. Betriebsstoffe	(Aktivposten)	+	**AKTIVTAUSCH**
Kassenbestand	(Aktivposten)	–	**Die Bilanzsumme bleibt unverändert**

Erläuterungen:

Es werden zwei Aktivposten verändert. Der Aktivposten Roh-, Hilfs- u. Betriebsstoffe nimmt um 1800,00 EUR zu, der Aktivposten Kassenbestand nimmt um den gleichen Betrag ab.

2. Geschäftsvorfall: Eine Verbindlichkeit aus Lieferungen und Leistungen von 5000,00 EUR wird in ein Liefererdarlehen (Bilanzposition „Sonstige Verbindlichkeiten“) umgewandelt.

Auswirkungen auf die Bilanz

Aktiva	**2. veränderte Bilanz**		Passiva
Techn. Anlagen u. Maschinen	37000,00	Eigenkapital	42000,00
Roh-, Hilfs- u. Betriebsstoffe	3800,00	Verb. a. Lief. und Leistungen	11000,00
Fertige Erzeugnisse	3000,00	Sonstige Verbindlichkeiten	5000,00
Kassenbestand	2200,00		
Guthaben bei Kreditinstituten	12000,00		
	58000,00		58000,00

Sonstige Verbindlichkeiten	(Passivposten)	+	**PASSIVTAUSCH**
Verb. a. Lief. und Leistungen	(Passivposten)	–	**Die Bilanzsumme bleibt unverändert**

Erläuterungen:

Die Veränderungen erfolgen auf der Passivseite. Der Passivposten Verbindlichkeiten aus Lieferungen und Leistungen nimmt um 5000,00 EUR ab. In Höhe des gleichen Betrages kommt der neue Passivposten Sonstige Verbindlichkeiten hinzu.

3. Geschäftsvorfall: Eine Verbindlichkeit aus Lieferungen und Leistungen in Höhe von 3000,00 EUR wird durch eine Banküberweisung getilgt.

Auswirkungen auf die Bilanz

Aktiva — **3. veränderte Bilanz** — Passiva

Aktiva		Passiva	
Techn. Anlagen u. Maschinen	37000,00	Eigenkapital	42000,00
Roh-, Hilfs- u. Betriebsstoffe	3800,00	Verb. a. Lief. und Leistungen	8000,00
Fertige Erzeugnisse	3000,00	Sonstige Verbindlichkeiten	5000,00
Kassenbestand	2200,00		
Guthaben bei Kreditinstituten	9000,00		
	55000,00		55000,00

Verb. a. Lief. und Leistungen	(Passivposten)	–
Guth. bei Kreditinstituten	(Aktivposten)	–

AKTIV-PASSIVMINDERUNG
Die Bilanzsumme wird verringert

Erläuterungen:

Es werden ein Aktivposten und ein Passivposten berührt. Der Passivposten Verbindlichkeiten aus Lieferungen und Leistungen nimmt um 3000,00 EUR ab, der Aktivposten Guthaben bei Kreditinstituten nimmt ebenfalls um den gleichen Betrag ab.

4. Geschäftsvorfall: Wir kaufen Betriebsstoffe auf Ziel (Kredit) für 6000,00 EUR.

Auswirkungen auf die Bilanz

Aktiva — **4. veränderte Bilanz** — Passiva

Aktiva		Passiva	
Techn. Anlagen u. Maschinen	37000,00	Eigenkapital	42000,00
Roh-, Hilfs- u. Betriebsstoffe	9800,00	Verb. a. Lief. und Leistungen	14000,00
Fertige Erzeugnisse	3000,00	Sonstige Verbindlichkeiten	5000,00
Kassenbestand	2200,00		
Guthaben bei Kreditinstituten	9000,00		
	61000,00		61000,00

Roh-, Hilfs- u. Betr.-Stoffe	(Aktivposten)	+
Verb. a. Lief. und Leistungen	(Passivposten)	+

AKTIV-PASSIVMEHRUNG
Die Bilanzsumme wird erhöht

Erläuterungen:

Es werden ein Aktivposten und ein Passivposten berührt. Der Aktivposten Roh-, Hilfs- und Betriebsstoffe nimmt um 6000,00 EUR zu, der Passivposten Verbindlichkeiten aus Lieferungen und Leistungen nimmt ebenfalls um diesen Betrag zu.

Ein Blick auf das Eigenkapital zeigt, dass bei allen vier Geschäftsvorfällen das Eigenkapital unverändert blieb. Es handelte sich also um **erfolgsunwirksame (erfolgsneutrale) Geschäftsvorfälle.**

- Jeder Geschäftsvorfall verändert die Bilanz.
- Bezüglich der Auswirkungen von Geschäftsvorfällen auf die Bilanz sind nur vier Grundfälle denkbar:
  - **Aktivtausch:** Ein Aktivposten nimmt im gleichen Maße ab, wie ein anderer Aktivposten zunimmt. Die Bilanzsumme verändert sich nicht.

    Beispiel: Wir kaufen Rohstoffe gegen Barzahlung.

  - **Passivtausch:** Ein Passivposten nimmt im gleichen Maße ab, wie ein anderer Passivposten zunimmt. Die Bilanzsumme bleibt unverändert.

    Beispiel: Eine Verbindlichkeit aus Lieferungen und Leistungen wird in ein Liefererdarlehen umgewandelt.

  - **Aktiv-Passivminderung:** Auf der Aktiv- und der Passivseite nimmt jeweils ein Posten um den gleichen Wert ab. Die Bilanzsumme wird verringert.

    Beispiel: Wir zahlen eine Liefererrechnung durch Banküberweisung (wobei das Bankkonto ein Guthaben aufweist).

  - **Aktiv-Passivmehrung:** Auf der Aktiv- und der Passivseite nimmt jeweils ein Posten um den gleichen Wert zu. Die Bilanzsumme wird dadurch erhöht.

    Beispiel: Wir kaufen Betriebsstoffe auf Ziel (Kredit).

- Geschäftsvorfälle, die das **Eigenkapital nicht verändern,** nennt man **ergebnisunwirksame** (ergebnisneutrale) **Geschäftsvorfälle.**

Übungsaufgaben

26 **I. Geschäftsvorfälle:**

1.	Wir zahlen eine Lieferantenrechnung durch Banküberweisung	4500,00 EUR
2.	Wir kaufen einen Schreibtisch bar	1020,00 EUR
3.	Wir kaufen Hilfsstoffe bar	821,00 EUR
4.	Wir zahlen ein Liefererdarlehen durch Banküberweisung zurück	9500,00 EUR
5.	Ein Kunde zahlt einen Rechnungsbetrag durch Banküberweisung	1100,00 EUR
6.	Wir kaufen einen Laptop bar	845,00 EUR
7.	Wir heben von unserem Bankkonto bar ab und legen das Geld in die Geschäftskasse	3000,00 EUR
8.	Eine Verbindlichkeit aus Lieferungen und Leistungen wird in ein Liefererdarlehen umgewandelt	12000,00 EUR
9.	Wir zahlen auf unser Bankkonto bar ein	3400,00 EUR
10.	Verkauf eines nicht mehr benötigten Büroschrankes zum Buchwert gegen Bankscheck	250,00 EUR
11.	Wir kaufen Rohstoffe auf Ziel	14250,00 EUR

II. Aufgaben:

1. Geben Sie bei den angegebenen Geschäftsvorfällen jeweils die Änderungen der Bilanzposten an!

2. Zeigen Sie auf, um welchen der vier Grundfälle es sich jeweils handelt!

Bearbeitungshinweis: Zur Lösung der Aufgabe verwenden Sie bitte das folgende Schema:

Nr.	Bilanzposten		Art des Grundfalles
1.	Verb. aus Lief. u. Leistungen Guthaben bei Kreditinstituten	– 4500,00 – 4500,00	Aktiv-Passivminderung

27 1. Lesen Sie die nachfolgenden Aussagen zur Bilanz:
   1.1 Der Geschäftsvorfall führt zu einer Vermehrung des Vermögens und der Schulden.
   1.2 Der Geschäftsvorfall führt zu einer Vermehrung eines Vermögenspostens und gleichzeitig zu der Verminderung eines anderen Vermögenspostens.
   1.3 Der Geschäftsvorfall führt zu einer Verminderung des Vermögens und der Schulden.
   1.4 Der Geschäftsvorfall erhöht die Bilanzsumme.

   Aufgabe:
   Bilden Sie zu jeder angegebenen Aussage als Beispiel einen Geschäftsvorfall!

2. In einem Industriebetrieb weist die Bilanz folgende Veränderungen auf:

2.1	Kassenbestand Forderungen aus Lieferungen und Leistungen	+ 1400,00 EUR – 1400,00 EUR
2.2	Verbindlichkeiten gegenüber Kreditinstituten Guthaben b. Kreditinstituten	– 5000,00 EUR – 5000,00 EUR
2.3	Verbindlichkeiten aus Lieferungen und Leistungen Sonstige Verbindlichkeiten	– 10000,00 EUR + 10000,00 EUR
2.4	Roh-, Hilfs- und Betriebsstoffe Verbindlichkeiten aus Lieferungen und Leistungen	+ 4100,00 EUR + 4100,00 EUR

   Aufgabe:
   Formulieren Sie jeweils den zugrundeliegenden Geschäftsvorfall und geben Sie an, um welche Art der Bilanzveränderung es sich handelt!

5.4 Bestandskonten

5.4.1 Von der Bilanz zu den Konten

Es ist nicht notwendig, nach jedem Geschäftsvorfall eine Bilanz neu zu erstellen. Stattdessen erfassen wir die Wertveränderungen aufgrund der Geschäftsvorfälle **außerhalb der Bilanz auf besonderen Konten der Buchführung.** Wir richten für jeden Vermögens- bzw. Schuldposten ein Konto ein, tragen den vorhandenen Anfangsbestand vor und notieren die Veränderungen aufgrund der Geschäftsvorfälle. Die **Gesamtheit der benötigten Konten** bezeichnet man als **Buchführung.**

Auf den Konten werden Bestände und deren Veränderungen erfasst. Diese Konten nennt man deshalb **Bestandskonten** (bzw. **Bilanzkonten**).

- In der **Buchführung** werden alle **Veränderungen der Bestände** auf Konten erfasst. Ursache für diese Veränderungen sind die **Geschäftsvorfälle.**
- In unserer Buchführung führen wir **Vermögenskonten (Aktivkonten)** und **Schuldkonten (Passivkonten).** Zu den Schuldkonten gehört auch das **Eigenkapitalkonto.**
- Die **Vermögens- und Schuldkonten** bilden die Gruppe der **Bestandskonten (Bilanzkonten).**

Beispiel:

Die Anfangsbestände zu Beginn der Geschäftsperiode sind in nachfolgender Bilanz zusammengefasst.

Aufgabe:

Richten Sie für die einzelnen Bilanzposten Konten ein und tragen Sie die Bilanzwerte als Anfangsbestände darauf vor!

Dabei vereinbaren wir, dass wir die **Anfangsbestände** bei den **Aktivkonten auf der Sollseite** und die **Anfangsbestände** bei den **Passivkonten** auf der **Habenseite** eintragen. Zu beachten ist, dass die Bezeichnung der Bilanzposten nicht mit der Bezeichnung der Konten übereinstimmen muss und dass für bestimmte Bilanzposten eventuell auch mehrere Konten einzurichten sind.

Lösung:

Ausgangsbilanz

Aktiva		Passiva	
① Roh-, Hilfs- u. Betriebsstoffe[1]	25 000,00	Eigenkapital ①	32 000,00
② Ford. aus Lief. u. Leistungen	5 000,00	Verb. gegen. Kreditinstituten[4] ②	3 000,00
③ Kassenbestand[2]	2 500,00	Verb. aus Lief. u. Leistungen ③	5 000,00
④ Guthaben bei Kreditinstituten[3]	7 500,00		
	40 000,00		40 000,00

In unserer Buchführung haben wir

Aktivkonten

Soll	Rohstoffe	Haben
① AB	14 000,00	

Soll	Hilfsstoffe	Haben
① AB	8 000,00	

Soll	Betriebsstoffe	Haben
① AB	3 000,00	

Soll	Ford. a. Lief. u. Leistungen	Haben
② AB	5 000,00	

Soll	Kasse	Haben
③ AB	2 500,00	

Soll	Bank	Haben
④ AB	7 500,00	

Passivkonten

Soll	Eigenkapital	Haben
	AB	32 000,00 ①

Soll	Langfr. Bankverbindlichkeiten	Haben
	AB	3 000,00 ②

Soll	Verb. a. Lief. u. Leistungen	Haben
	AB	5 000,00 ③

Bilanzkonten
(Bestandskonten)

Der **Anfangsbestand** steht bei den **Aktivkonten** im **Soll,** bei den **Passivkonten** im **Haben.**

1 Der Bilanzposten „Roh-, Hilfs- und Betriebsstoffe" wird in die drei Konten „Rohstoffe", „Hilfsstoffe" und „Betriebsstoffe" aufgegliedert.

2 Für den Bilanzposten „Kassenbestand" bezeichnen wir das einzurichtende Konto mit **Kasse**.

3 Für den Bilanzposten „Guthaben bei Kreditinstituten" bezeichnen wir das einzurichtende Konto kurz mit **Bank**.

4 Für den Bilanzposten „Verbindlichkeiten gegenüber Kreditinstituten" ist je nach Art der Verbindlichkeiten das Konto **„Langfristige Bankverbindlichkeiten "** oder **„Kurzfristige Bankverbindlichkeiten"** einzurichten.

5.4.2 Buchungen auf Aktivkonten (Vermögenskonten)

5.4.2.1 Begriffsklärungen, Buchungsregeln und die einseitigen Buchungen auf den Aktivkonten (Vermögenskonten)

(1) Begriffsklärungen

Die Hauptaufgabe der Industriebetriebe besteht darin, die zu verkaufenden Produkte selbst herzustellen. Sie kaufen hierfür **Werkstoffe** (Roh-, Hilfs- und Betriebsstoffe) ein und verarbeiten diese im Produktionsprozess zu neuen Produkten (Erzeugnissen), die sie am Markt absetzen.

Zu den **Werkstoffen** zählen:

Arten von Werkstoffen	Erläuterungen	Beispiele
Rohstoffe (Fertigungsmaterial)	Unter Rohstoffen versteht man die Stoffe, die Hauptbestandteile des Fertigprodukts darstellen.	Holz in einer Möbelfabrik, Bleche in der Autoindustrie, Leder in einer Schuhfabrik.
Vorprodukte (Fremdbauteile)	Es handelt sich um Teile oder Baugruppen (zusammengesetzte Teile) von Vorlieferern, die zur Erstellung eigener Produkte benötigt werden.	Schlösser in einer Möbelfabrik, Autositze für die Automobilindustrie, Elektromotoren in der Maschinenindustrie.
Hilfsstoffe	Hilfsstoffe gehen zwar auch in das Fertigprodukt ein, sie bilden aber nur Nebenbestandteile der Erzeugnisse.	Nägel, Schrauben, Leim in einer Möbelfabrik oder Lacke, Dichtungsringe, Schrauben in der Autoindustrie.
Betriebsstoffe	Sie gehen nicht in das fertige Produkt ein, werden aber im Fertigungsprozess verbraucht.	Eine Möbelfabrik kauft Öl, Brennstoffe, Strom, um die Maschinen zu betreiben.

Zur Ergänzung der Produktpalette kaufen Industriebetriebe häufig noch fertige Waren (sogenannte **Handelswaren**) hinzu, die sie dann unverändert weiterverkaufen.

> **Beispiel:**
>
> Eine Möbelfabrik kauft Bilder, Wäsche und Teppiche ein, die sie an interessierte Kunden weiterverkauft.

Für Handelswaren sowie für jede Art von Werkstoffen ist ein besonderes Konto einzurichten. Da wir auf diesen Konten die Bestände ausweisen, gehören sie zu den **Bestandskonten (Bilanzkonten)**. Es handelt sich um **Aktivkonten.**

(2) Buchungsregeln für die Buchungen auf den Aktivkonten

Bei den **Aktivkonten** gehören

- der **Anfangsbestand** und die **Zugänge** auf die **Sollseite,**
- **die Abgänge** und der **Schlussbestand** (Saldo) auf die **Habenseite.**

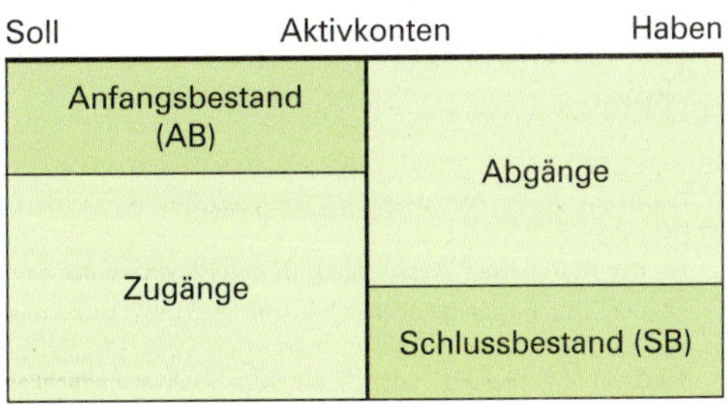

- **Aktivkonten** sind alle Konten, die sich auf der **Aktivseite** der Bilanz befinden. Sie repräsentieren das **Vermögen** der Unternehmung.
- Aktivkonten sind **Bestandskonten.**

Bei den folgenden Aufgaben sollen die Auswirkungen von Geschäftsvorfällen zunächst nur im Hinblick auf **ein Konto** betrachtet werden. Dieses Konto soll jeweils ein **Aktivkonto** sein. Auf diese Weise werden die Auswirkungen eines Geschäftsvorfalles zunächst nur **einseitig beurteilt,** nämlich im Hinblick auf das vorgegebene Vermögenskonto.

Übungsaufgabe

28 Führen Sie die folgenden Aktivkonten und stellen Sie jeweils durch Abschluss der Konten den Schlussbestand fest!

Betriebs- und Geschäftsausstattung[1]	
Anfangsbestand	3750,00 EUR
1. Wir kaufen einen Laptop bar	1350,00 EUR
2. Wir verkaufen ein ausgedientes Faxgerät bar zum Buchwert	50,00 EUR
Kasse	
Anfangsbestand	560,00 EUR
3. Ein Kunde zahlt einen Rechnungsbetrag bar	2000,00 EUR
4. Wir heben Bargeld vom Bankkonto ab und legen das Geld in die Geschäftskasse	1200,00 EUR
5. Wir kaufen einen Laptop bar	1350,00 EUR
6. Wir verkaufen ein ausgedientes Faxgerät bar zum Buchwert	50,00 EUR
Bank[2]	
Anfangsbestand	5150,00 EUR
7. Wir heben Bargeld vom Bankkonto ab und legen das Geld in die Geschäftskasse	1200,00 EUR
8. Ein Kunde überweist einen Rechnungsbetrag auf unser Bankkonto	1500,00 EUR
Forderungen aus Lieferungen und Leistungen	
Anfangsbestand	4150,00 EUR
9. Ein Kunde zahlt einen Rechnungsbetrag bar	2000,00 EUR
10. Ein Kunde überweist einen Rechnungsbetrag auf unser Bankkonto	1500,00 EUR

5.4.2.2 Überleitung zum System der doppelten Buchführung

(1) Erfassung der doppelseitigen Auswirkungen von Geschäftsvorfällen mithilfe eines Überlegungsschemas

Bisher haben wir die Auswirkungen eines Geschäftsvorfalls nur einseitig betrachtet, nämlich in seiner Auswirkung auf **ein einzelnes Konto.** Jetzt wollen wir den Gechäftsvorfall in seinen gesamten Auswirkungen betrachten. Dies verlangt, dass wir unseren Betrachtungshorizont erweitern.

1 Bis zur Einführung des Kontenrahmens verwenden wir dieses Sammelkonto für alle Büro- und Betriebseinrichtungsgegenstände.

2 In diesem Lehrbuch gehen wir davon aus, dass das Bankkonto immer ein Guthaben aufweist.

Bisher fragten wir:

„Wie wird dieses **eine** Konto durch den Geschäftsvorfall verändert?"

Jetzt stellen sich zwei Fragen.

1. „Welche Konten werden durch diesen Geschäftsvorfall verändert?"
2. „Wie verändert sich jeweils der Bestand auf den Konten?"

Beispiel:

Geschäftsvorfall: Ein Kunde zahlt bar 2000,00 EUR.

bar → Konto Kasse → Bestand nimmt zu → daher → Sollseite

Kunde → Konto Forderungen a. Lief. u. Leist. → Bestand nimmt ab → daher → Habenseite

Um die Auswirkungen von mehreren Geschäftsvorfällen übersichtlich darstellen zu können, schlagen wir das folgende **Überlegungsschema** vor:

Nr.	Geschäftsvorfall	I. Welche Konten werden berührt?	II. Wie verändert sich jeweils der Bestand auf den Konten?	III. Auf welcher Kontoseite ist jeweils zu buchen? Soll	Haben
1.	Ein Kunde zahlt einen Rechnungsbetrag bar 2000,00 EUR.	Kasse Ford.a.Lief.u.Leist.	Zugang Abgang	2000,00	 2000,00

Übungsaufgabe

29 Stellen Sie anhand des Überlegungsschemas fest, welche Konten durch die folgenden Geschäftsvorfälle berührt werden, welche Veränderung sich auf dem jeweiligen Konto ergibt und auf welcher Seite demnach zu buchen ist!

1.	Ein Kunde zahlt einen Rechnungsbetrag bar	350,00 EUR
2.	Wir kaufen Büroschränke gegen Banküberweisung	1250,00 EUR
3.	Wir verkaufen einen gebrauchten Schreibtisch bar zum Buchwert	150,00 EUR
4.	Ein Kunde bezahlt einen Rechnungsbetrag mit Bankscheck	720,00 EUR
5.	Wir heben Bargeld vom Bankkonto ab und legen das Geld in die Geschäftskasse	900,00 EUR
6.	Wir kaufen eine kleine EDV-Anlage gegen Bankscheck	4310,00 EUR
7.	Wir verkaufen einen nicht mehr benötigten Büroschrank gegen Bankscheck zum Buchwert	680,00 EUR
8.	Wir kaufen einen gebrauchten Kombi gegen Barzahlung	7500,00 EUR
9.	Kundenüberweisung lt. Bankauszug	910,00 EUR

(2) Buchung von Geschäftsvorfällen im System der doppelten Buchführung

Um die Vorteile der neuen Sichtweise, bei der als Ausgangspunkt nicht ein bestimmtes Konto, sondern der Geschäftsvorfall gewählt wird, besser verstehen zu können, greifen wir auf die Aufgabe Nr. 28 auf der S. 120 zurück. Bei der alten Sichtweise, bei der wir von einem bestimmten Konto ausgingen, musste jeder Geschäftsvorfall zweimal erscheinen, da jeder Geschäftsvorfall zwei Konten berührt (vgl. in Aufgabe 28 z.B. Nr. 3 und Nr. 9, Nr. 8 und Nr. 10 usw.). Bei der neuen Vorgehensweise, bei der wir den Geschäftsvorfall als Ausgangspunkt unserer Bearbeitung wählen, kommen wir bei der gleichen Aufgabe mit der Hälfte der Geschäftsvorfälle aus. Wir wählen dabei nur eine andere Form der Aufgabenstellung und kommen zu den gleichen Ergebnissen auf den Konten.

Beispiel mit Lösung (Rückgriff auf Aufgabe 28):

I. Anfangsbestände:

Forderungen aus Lieferungen und Leistungen 4150,00 EUR; Betriebs- und Geschäftsausstattung 3750,00 EUR; Bank 5150,00 EUR; Kasse 560,00 EUR.

II. Aufgaben:

1. Stellen Sie mithilfe des eingeführten Überlegungsschemas jeweils fest, wie sich die folgenden Geschäftsvorfälle auf die Kontobestände auswirken!
2. Übertragen Sie die Ergebnisse auf die Konten und ermitteln Sie den Schlussbestand!

Lösungen:

Zu 1.: Feststellung der Auswirkungen der Geschäftsvorfälle mithilfe des eingeführten Überlegungsschemas

Nr.	III. Geschäftsvorfälle	I. Welche Konten werden berührt?	II. Wie verändert sich jeweils der Bestand auf den Konten?	III. Auf welcher Kontoseite ist zu buchen? Soll	Haben
1.	Ein Kunde zahlt einen Rechnungsbetrag bar 2000,00 EUR	Kasse Ford. a.L.u.L.	Zugang[1] Abgang[1]	2000,00	 2000,00
2.	Ein Kunde überweist einen Rechnungsbetrag auf unser Bankkonto 1500,00 EUR	Bank Ford. a.L.u.L.	Zugang Abgang	1500,00	 1500,00
3.	Wir kaufen einen Laptop bar 1350,00 EUR	Betr.- u. G.-Ausst. Kasse	Zugang Abgang	1350,00	 1350,00
4.	Wir verkaufen ein ausgedientes Faxgerät bar zum Buchwert 50,00 EUR	Kasse Betr.- u. G.-Ausst.	Zugang Abgang	50,00	 50,00
5.	Wir heben vom Bankkonto bar ab und legen das Geld in die Geschäftskasse 1200,00 EUR	Kasse Bank	Zugang Abgang	1200,00	 1200,00

1 **Hinweis:** Die scheinbare Gesetzmäßigkeit in Spalte II (Zugang einerseits, Abgang andererseits) haben wir bewusst nicht angesprochen. Dieses Wechselspiel gilt nur im Bereich der Aktivkonten. Nach Einbeziehung der Schuldkonten (Passivkonten) werden wir sehen, dass durchaus auf beiden Konten ein Zugang bzw. Abgang möglich ist, ohne dass dabei das aus Spalte III ableitbare Grundprinzip des Systems der doppelten Buchführung (Sollbuchung entspricht der Habenbuchung) durchbrochen wird.

Zu 2.: Übertragung der festgestellten Auswirkungen auf die Konten und Abschluss der Konten

Soll	Betriebs- u. Geschäftsausst.		Haben
AB	3 750,00	Kasse	50,00
Kasse	1 350,00	SB	5 050,00
	5 100,00		5 100,00

Soll	Kasse		Haben
AB	560,00	BGA	1 350,00
Ford.a.L.u.L.	2 000,00	SB	2 460,00
BGA	50,00		
Bank	1 200,00		
	3 810,00		3 810,00

Soll	Bank		Haben
AB	5 150,00	Kasse	1 200,00
Ford.a.L.u.L.	1 500,00	SB	5 450,00
	6 650,00		6 650,00

Soll	Forderungen a. Lief. u. Leist.		Haben
AB	4 150,00	Kasse	2 000,00
		Bank	1 500,00
		SB	650,00
	4 150,00		4 150,00

Erläuterungen zu den Buchungen auf den Konten:

- Die erforderlichen Buchungen auf den Konten sind jeweils aus dem Überlegungsschema abzulesen. Aus dem Geschäftsvorfall Nr. 1 ist z. B. ablesbar, dass auf dem Kassenkonto auf der Sollseite 2 000,00 EUR einzutragen sind und auf dem Konto Forderungen aus Lieferungen und Leistungen ebenfalls 2 000,00 EUR, allerdings auf der Habenseite.
- Um feststellen zu können, wie es zu diesem Betrag auf dem betreffenden Konto gekommen ist, trägt man in Höhe des gebuchten Betrages jeweils das andere Konto (das sogenannte Gegenkonto) ein. Aus praktischen Gründen (Platzmangel, Zeit) kann der Kontoname abgekürzt werden.

- Jeder Geschäftsvorfall wird **doppelt gebucht** und berührt (mindestens) **zwei Konten.**
- Bei jedem Geschäftsvorfall wird der Betrag auf einem Konto auf der **Sollseite** und auf einem anderen Konto auf der **Habenseite** gebucht.
- Für jeden Geschäftsvorfall gilt: **gebuchter Sollbetrag ≙ gebuchter Habenbetrag.** Das ist das **Grundprinzip** des Systems der doppelten Buchführung.[1]

Übungsaufgaben

30 **I. Anfangsbestände:**

Grundstücke und Bauten[2] 420 000,00 EUR; Betriebs- und Geschäftsausstattung 20 000,00 EUR; Forderungen aus Lieferungen und Leistungen 16 450,00 EUR; Kasse 3 500,00 EUR; Bank 9 100,00 EUR.

1 Das System der doppelten Buchführung war bereits im Mittelalter bekannt. Es ist von dem Grundgedanken her so genial, dass es sich bis in unsere heutigen Tage bewährt hat.

2 Bis zur Einführung des Kontenrahmens wird der Wert der Grundstücke und Bauten nicht aufgeteilt und der angegebene Anfangsbestand daher auf dem gleichlautenden Konto erfasst.

II. Geschäftsvorfälle:

1.	Wir kaufen ein Kopiergerät bar	3000,00 EUR
2.	Wir heben vom Bankkonto ab und legen das Geld in die Geschäftskasse	2500,00 EUR
3.	Wir kaufen einen Aktenschrank und zahlen mit Bankscheck	1750,00 EUR
4.	Ein Kunde überweist einen Rechnungsbetrag auf unser Bankkonto	2000,00 EUR
5.	Wir kaufen Schreibtische gegen Banküberweisung	2000,00 EUR
6.	Ein nicht mehr benötigtes Notebook wird zum Buchwert bar verkauft	250,00 EUR

III. Aufgaben:

1. Richten Sie für die angegebenen Anfangsbestände die Konten ein und tragen Sie die Anfangsbestände vor!
2. Erfassen Sie die Veränderungen durch die Geschäftsvorfälle zunächst in dem eingeführten Überlegungsschema und übertragen Sie diese unter Angabe des entsprechenden Gegenkontos anschließend auf die Konten!
3. Schließen Sie die Konten ordnungsmäßig ab!

31 **I. Anfangsbestände:**

Betriebs- und Geschäftsausstattung 12400,00 EUR; Forderungen aus Lieferungen und Leistungen 10400,00 EUR; Kasse 1700,00 EUR; Bank 4200,00 EUR.

II. Geschäftsvorfälle:

1.	Wir kaufen eine Werkbank gegen Banküberweisung	1400,00 EUR
2.	Ein Kunde zahlt den Rechnungsbetrag bar	2200,00 EUR
3.	Wir kaufen einen Aktenvernichter gegen Bankscheck	460,00 EUR
4.	Wir heben vom Bankkonto ab und legen das Geld in die Geschäftskasse	900,00 EUR
5.	Ein Kunde zahlt den Rechnungsbetrag durch Überweisung auf das Bankkonto	1050,00 EUR
6.	Wir verkaufen ein gebrauchtes Lagerregal zum Buchwert bar	400,00 EUR

III. Aufgaben:

1. Richten Sie für die angegebenen Anfangsbestände die Konten ein und tragen Sie die Anfangsbestände vor!
2. Erfassen Sie die Veränderungen durch die Geschäftsvorfälle zunächst in dem eingeführten Überlegungsschema und übertragen Sie diese anschließend unter Angabe des entsprechenden Gegenkontos auf die Konten!
3. Schließen Sie die Konten ordnungsmäßig ab!

5.4.3 Buchungen auf Passivkonten (Schuldkonten)

- **Passivkonten** sind alle Konten, die sich auf der **Passivseite der Bilanz** befinden. Sie repräsentieren das **Kapital** (Eigen- und Fremdkapital) der Unternehmung.
- Passivkonten sind **Bestandskonten.**

Der gegensätzliche Charakter von Vermögen und Schulden führt zwangsläufig dazu, dass auf den Passivkonten **anders** zu buchen ist als auf den Aktivkonten. Auf einem Konto, das durch die zweiseitige Verrechnungsmöglichkeit charakterisiert ist (Soll- oder Habenseite), kann das Wort „anders" nur bedeuten: „auf der **anderen Kontoseite".** Das führt zu der Konsequenz, dass auf den **Passivkonten** der **Anfangsbestand** und die **Zugänge** auf der **Habenseite,** die **Abgänge** und der **Schlussbestand** auf der **Sollseite** zu buchen sind.

Buchungsregeln:

Bei den **Passivkonten** erscheinen

- der **Anfangsbestand** und die **Zugänge** auf der **Habenseite,**
- die **Abgänge** und der **Schlussbestand** (Saldo) auf der **Sollseite.**

Passivkonten

Soll	Haben
Abgänge	Anfangsbestand
Schlussbestand	Zugänge

Beispiel:

Wir kaufen bei der Karl Sende OHG Büromöbel auf Ziel (Zahlung später) für 5000,00 EUR.

Aufgabe:

Buchen Sie den Geschäftsvorfall auf den entsprechenden Konten!

Lösung:

Der Geschäftsvorfall besagt, dass wir bei der Karl Sende OHG Waren einkaufen und zunächst Verbindlichkeiten eingehen, weil wir die Rechnung nicht unverzüglich zahlen. Die Karl Sende OHG ist unser Lieferant. Verbindlichkeiten bei Lieferanten buchen wir auf dem Passivkonto „Verbindlichkeiten aus Lieferungen und Leistungen".

Der Geschäftsvorfall berührt also die beiden Konten **Betriebs- und Geschäftsausstattung** und **Verbindlichkeiten aus Lieferungen und Leistungen.**

Betrachtungspunkt: Konto Betriebs- und Geschäftsausstattung

Durch den Kauf der Büromöbel nimmt der Bestand auf dem Konto Betriebs- und Geschäftsausstattung **zu.** Das Konto Betriebs- und Geschäftsausstattung ist ein Aktivkonto. Der **Zugang** auf einem **Aktivkonto** wird nach den festgelegten Buchungsregeln auf der **Sollseite** erfasst.

Betrachtungspunkt: Konto Verbindlichkeiten aus Lieferungen und Leistungen

Durch den Einkauf der Büromöbel auf Ziel nehmen die Verbindlichkeiten aus Lieferungen und Leistungen **zu.** Das Konto Verbindlichkeiten aus Lieferungen und Leistungen ist ein Passivkonto. Der **Zugang** bei **Passivkonten** wird nach den geltenden Buchungsregeln auf der **Habenseite** erfasst.

Betr.- u. Geschäftsausstattung

Soll	Haben
Verb. a. L. u. L. 5000,00	

Verbindlichkeiten a. Lief. u. Leist.

Soll	Haben
	BuG.-Ausst. 5000,00

Erläuterungen:

Wir stellen fest, dass auf beiden Konten ein Zugang zu verzeichnen ist. Damit wird klargestellt, dass das Prinzip der doppelten Buchführung nicht in einem Wechsel von Zugang und Abgang besteht. Das ist, wie dieser Fall zeigt, eben nicht so. Dagegen bleibt das Grundprinzip der doppelten Buchführung (Sollbuchung auf dem einen Konto, Habenbuchung auf dem anderen Konto) selbstverständlich erhalten. Um nachvollziehen zu können, wie es jeweils zu dem Betrag auf dem Konto gekommen ist, tragen wir vor dem Betrag jeweils das andere Konto (Gegenkonto) ein.

Übungsaufgaben

32 Stellen Sie mithilfe des unten vorgegebenen Überlegungsschemas dar, wie die nachfolgenden Geschäftsvorfälle zu buchen sind!

1.	Wir kaufen ein Notebook auf Ziel	340,00 EUR
2.	Wir bezahlen eine bereits gebuchte Liefererrechnung mit Bankscheck[1]	1210,00 EUR
3.	Wir kaufen ein Lagerregal auf Ziel	980,00 EUR
4.	Wir tilgen einen Teil des Bankdarlehens durch Banküberweisung	600,00 EUR
5.	Ein Kunde zahlt einen Rechnungsbetrag bar[1]	55,00 EUR
6.	Kauf eines Laptops auf Ziel	3980,00 EUR
7.	Zielkauf eines Bürosessel für das Chefbüro	1720,00 EUR
8.	Kauf eines Büroschrankes auf Ziel	598,00 EUR

Bearbeitungshinweis:

Um Fehler zu vermeiden, verwenden Sie bitte das nachfolgende **Überlegungsschema.** Da man es jetzt mit zwei unterschiedlichen Kontoarten zu tun hat, muss man das bereits auf S. 121 eingeführte Überlegungsschema um eine Spalte erweitern.

Nr.	Geschäftsvorfälle	I. Welche Konten werden berührt?	II. Um welche Kontoart handelt es sich?	III. Wie verändert sich jeweils der Bestand auf den Konten?	IV. Auf welcher Kontoseite ist jeweils zu buchen?	
					Soll	Haben
1.	Wir kaufen ein Notebook auf Ziel 340,00 EUR	Betr.- u. G.-Aust. Verb. a.L.u.L.	Aktivkonto Passivkonto	Zugang Zugang	340,00	 340,00

33 Stellen Sie mithilfe des Überlegungsschemas dar, wie die nachfolgenden Geschäftsvorfälle zu buchen sind!

1.	Barverkauf einer nicht mehr benötigten Maschine zum Buchwert von	450,00 EUR
2.	Ein Kunde überweist einen Rechnungsbetrag auf unser Bankkonto	3470,00 EUR
3.	Einkauf von Büroschränken auf Ziel	1760,00 EUR
4.	Rücksendung eines bereits bei uns gebuchten Büroschranks an den Lieferer im Wert von	500,00 EUR
5.	Zahlung einer Liefererrechnung durch Banküberweisung	2543,00 EUR
6.	Barabhebung vom Bankkonto zur Auffüllung der Geschäftskasse	2000,00 EUR
7.	Barkauf eines Schreibtisches für das Chefbüro	1780,00 EUR
8.	Ein Geschäftsfahrzeug wird zum Buchwert gegen Barzahlung verkauft	8000,00 EUR
9.	Ein Geschäftsfahrzeug wird zum Buchwert von gegen Barzahlung verkauft	4500,00 EUR
10.	Bareinzahlung auf das Bankkonto	4200,00 EUR
11.	Ein Kunde zahlt eine Rechnung durch Banküberweisung	430,00 EUR

1 Bei Zahlungen an Lieferanten bzw. Zahlungseingängen von Kunden ist stets davon auszugehen, dass die entsprechenden Eingangs- bzw. Ausgangsrechnungen bereits gebucht wurden, auch wenn nicht ausdrücklich darauf hingewiesen wird.

12.	Kundenüberweisung lt. Bankauszug	7070,00 EUR
13.	Wir richten bei einer Bank ein Konto ein und zahlen darauf bar ein	800,00 EUR
14.	Die Forderung gegenüber einem Kunden beträgt nur 7000,00 EUR (vgl. Fall 12). Wir zahlen daher dem Kunden den von ihm irrtümlich zu viel gezahlten Betrag durch Bankscheck zurück.	70,00 EUR
15.	Wir vereinbaren mit einem Lieferer, dass die (kurzfristige) Verbindlichkeit aus Lieferungen und Leistungen in Höhe von 19450,00 EUR in ein langfristiges Darlehen (Konto: Sonstige Verbindlichkeiten) umgewandelt wird.	
16.	Wir zahlen die erste Tilgungsrate für das Liefererdarlehen durch Banküberweisung	500,00 EUR

34 Buchen Sie mithilfe des Überlegungsschemas die nachfolgenden Geschäftsvorfälle für die Metallwerke Garbsen AG!

1.	Ein Kunde begleicht eine Rechnung bar	14950,00 EUR
2.	Einkauf einer Maschine gegen Bankscheck	21748,00 EUR
3.	Zahlung der Liefererrechnung durch Banküberweisung (Fall 1)	14950,00 EUR
4.	Banküberweisung zur Tilgung eines Bankdarlehens	7000,00 EUR
5.	Barverkauf einer nicht mehr benötigten Maschine zum Buchwert von	1745,00 EUR
6.	Bareinzahlung auf unser Bankkonto	10800,00 EUR
7.	Ein Kunde begleicht eine Rechnung durch Banküberweisung	14500,00 EUR
8.	Barkauf eines PCs	920,00 EUR
9.	Aufnahme eines Darlehens bei der Bank in Höhe von Der Betrag wird uns von der Bank auf dem Kontokorrentkonto zur Verfügung gestellt.	50000,00 EUR
10.	Wir kaufen ein Kopiergerät auf Ziel	3100,00 EUR
11.	Ein Kunde zahlt einen Rechnungsbetrag bar	1500,00 EUR
12.	Wir kaufen einen Aktenschrank bar	2150,00 EUR
13.	Wir zahlen eine Lieferantenrechnung durch Banküberweisung	1700,00 EUR
14.	Wir vereinbaren mit einem Lieferer, dass die (kurzfristigen) Verbindlichkeiten aus Lieferungen und Leistungen in Höhe von in ein langfristiges Darlehen umgewandelt wird.	7200,00 EUR
15.	Wir zahlen die Tilgungsrate für ein Bankdarlehen durch Banküberweisung	3500,00 EUR

5.4.4 Buchungssatz

5.4.4.1 Einfacher Buchungssatz ohne Buchungen nach Belegen

Das bisher benutzte „Überlegungsschema" (vgl. S. 126) zur Festlegung der erforderlichen Buchungen auf den Konten ist recht aufwendig. Es genügt, wenn wir uns in Zukunft auf zwei Angaben beschränken:

- die **Konten,** auf denen zu buchen ist,
- die Angabe der **Kontoseite,** auf der jeweils zu buchen ist.

Diese beiden Angaben sind in den Spalten I und IV unseres Überlegungsschemas enthalten. Die übrigen Spalten (II und III) sind daher entbehrlich. Eine solche auf das Mindestmaß beschränkte Buchungsanweisung nennen wir **Buchungssatz.**

Beispiel:

Geschäftsvorfall	Konten	Soll	Haben
Wir kaufen einen Büroschrank auf Ziel für 800,00 EUR	Betriebs- u. Geschäftsausstatt. an Verbindlichkeiten a. L. u. L.	800,00	 800,00

Buchungssatz

Erläuterungen:

- Da bezüglich der Kontoseite immer nur zwei Möglichkeiten infrage kommen können (Soll- oder Habenseite), hat man die Vereinbarung getroffen, dass das Konto, auf dem auf der **Sollseite** zu buchen ist, immer **zuerst** genannt wird. Des Weiteren hat man vereinbart, **vor** das Konto, auf dem auf der Habenseite zu buchen ist, das Wörtchen **„an"** zu setzen. Unter Beachtung dieser Vereinbarung kann ein Buchungssatz daher immer nur lauten:

  Konto mit der **Sollbuchung**
  an Konto mit der **Habenbuchung**.

- Zur Vereinheitlichung der Schreibweise legen wir fest, dass beim Bilden von Buchungssätzen für jedes Konto eine Zeile benutzt wird. Es sollen auch immer die drei Spalten des oben dargestellten Schemas eingerichtet werden. Nur so ist eine eindeutige Zuordnung von Konto und Betrag möglich.

Zur Bildung des richtigen Buchungssatzes müssen auch weiterhin die Denkschritte 1–5 vollzogen werden.

Beispiel:

Geschäftsvorfall:
Wir kaufen eine Schleifmaschine auf Ziel für 1500,00 EUR.

Aufgabe:
Bilden Sie zu dem Geschäftsvorfall den Buchungssatz!

Lösung:

Wir fragen:	**Wir antworten:**		
1. Welche Konten werden berührt?	Das Konto Maschinen und das Konto Verbindlichkeiten aus Lieferungen und Leistungen.		
2. Um welche Kontoart handelt es sich jeweils?	Das Konto Maschinen ist ein Aktivkonto. Das Konto Verbindlichkeiten aus Lieferungen und Leistungen ist ein Passivkonto.		
3. Welche Veränderungen ergeben sich jeweils auf den Konten?	Der Maschinenbestand nimmt durch Einkäufe zu, die Verbindlichkeiten aus Lieferungen und Leistungen nehmen ebenfalls zu.		
4. Welche Buchungsregeln sind jeweils anzuwenden?	Zugänge auf dem Konto Maschinen (Aktivkonto) erscheinen auf der Sollseite. Zugänge auf dem Konto Verbindl. a. Lief. u. Leist. (Passivkonto) gehören auf die Habenseite.		
5. Wie lautet der Buchungssatz?	Konten	Soll	Haben
	Maschinen an Verbindl. a. Lief. u. Leist.	1 500,00	 1 500,00

Übungsaufgaben

35 Bilden Sie zu folgenden Geschäftsvorfällen die Buchungssätze bzw. formulieren Sie zu den angegebenen Buchungssätzen die Geschäftsvorfälle:

1. Wir zahlen auf unser Bankkonto bar ein — 1 400,00 EUR
2. Wir zahlen eine Lieferantenrechnung durch Banküberweisung — 375,00 EUR
3. Ein Kunde zahlt einen Rechnungsbetrag bar — 570,00 EUR
4. Wir kaufen eine Vitrine für die Ausstellungshalle bar — 1 250,00 EUR
5. Wir kaufen einen Büroschrank bar — 1 320,00 EUR
6. Wir zahlen die Tilgungsrate für ein Bankdarlehen bar — 2 000,00 EUR
7. Ein Kunde zahlt einen Rechnungsbetrag durch Banküberweisung — 650,00 EUR
8. Wir heben vom Bankkonto bar ab und legen das Geld in die Kasse — 750,00 EUR
9. Formulieren Sie die zugrunde liegenden Geschäftsvorfälle!

Nr.	Konten	Soll	Haben
9.1	Verbindlichkeiten a. Lief. u. Leist. an Bank	900,00	 900,00
9.2	Kasse an Bank	500,00	 500,00
9.3	Fuhrpark an Kasse	23 800,00	 23 800,00

10. Barverkauf eines nicht mehr benötigten Computers zum Buchwert — 1 050,00 EUR
11. Kauf einer Stanzmaschine auf Ziel — 22 400,00 EUR
12. Kauf eines Baugrundstücks gegen Bankscheck — 105 900,00 EUR
13. Wir kaufen Lagerregale auf Ziel — 1 500,00 EUR

9 Speth u.a. - ISBN 978-3-8120-0536-4

14. Wegen eines Materialfehlers werden Lagerregale im Wert von 300,00 EUR an den Lieferer zurückgeschickt.
15. Ein Kunde zahlt eine Rechnung durch Banküberweisung 775,00 EUR
16. Ein Kunde zahlt einen Rechnungsbetrag bar 700,00 EUR
17. Eine Liefererrechnung wird durch Bankscheck beglichen 450,00 EUR

36 Bilden Sie zu folgenden Geschäftsvorfällen die Buchungssätze bzw. formulieren Sie zu den angegebenen Buchungssätzen die Geschäftsvorfälle!

1. Banküberweisung der Eingangsrechnung ER 541 7170,00 EUR
2. Aufnahme eines Darlehens bei der Bank. Die Bank stellt uns den Darlehensbetrag auf dem Girokonto zur Verfügung 50000,00 EUR
3. Zielkauf eines gebrauchten Kombiwagens 8200,00 EUR
4. Zieleinkauf einer Verpackungsmaschine für das Lager 48800,00 EUR
5. Teilweise Tilgung der Darlehensschuld durch Bankabbuchung 3800,00 EUR
6. Wir verkaufen nicht mehr benötigte Lagerregale gegen Barzahlung 970,00 EUR
7. Kauf einer DV-Anlage auf Ziel 17430,00 EUR
8. Rücksendung eines bereits gebuchten mangelhaften Aktenschrankes 625,00 EUR
9. Kauf einer Fertiggarage gegen Bankscheck 15400,00 EUR
10. Begleichung der Eingangsrechnung mit Banküberweisung 9190,00 EUR
11. Zur Erhöhung unseres Bankguthabens tätigen wir eine Bareinzahlung 6000,00 EUR
12. Kauf von Büromöbeln auf Ziel 12600,00 EUR
13. Wir zahlen eine Eingangsrechnung durch Banküberweisung 4312,00 EUR
14. Formulieren Sie die zugrunde liegenden Geschäftsvorfälle!

Nr.	Konten	Soll	Haben
14.1	Fuhrpark	44800,00	
	an Bank		44800,00
14.2	Langfr. Bankverbindlichkeiten	8000,00	
	an Bank		8000,00

5.4.4.2 Einfacher Buchungssatz mit Buchungen nach Belegen

(1) Grundsätzliches

In der Praxis existiert über jeden Geschäftsvorfall ein Beleg, d.h., die Buchungssätze werden dort immer nur aufgrund von Belegen (Überweisungen, Rechnungen, Quittungen, Lohnlisten usw.) gebildet.

In der Praxis gilt der Grundsatz: **Keine Buchung ohne Beleg!**

(2) Bearbeitung der Belege

Die **Buchungsanweisung (Buchungssatz, Kontierung)** wird auf dem Beleg festgehalten. Zu diesem Zweck benutzt man in der Regel einen sogenannten **Kontierungsstempel,** mit dem man die benötigten Spalten auf den Beleg aufdruckt, sodass diese nur noch mit den erforderlichen Daten versehen werden müssen. Da später so gebucht wird wie kontiert wurde, ist die Kontierungsarbeit von grundlegender Bedeutung.

An die Kontierung schließt sich dann der eigentliche **Buchungsvorgang** an. Hierbei wird bei jeder Buchung im Grundbuch[1] die Belegnummer vermerkt (z. B. ER 9 entspricht der Eingangsrechnungsnummer 9), um jederzeit von der Buchung auf den Beleg schließen zu können. Da der Buchhalter auch den Beleg mit einem Buchungsvermerk versieht (Buchungsnummer, Seitennummer, Datum, Zeichen des Buchhalters), kann umgekehrt auch vom Beleg auf die Buchung geschlossen werden.

Beispiel:

Franz Kayser GmbH
Metallwarenhandel Mannheim

ER 9 ← Beleg-Nummerierung

Telefon 0621 2371

F. Kayser GmbH · Edisonstr. 15 · 68309 Mannheim

Herbert Loske e. Kfm.[2]
Danziger Str. 15
29225 Celle

EINGEGANGEN
1. AUG. 20..
Erl. ....

Bankkonten:
Deutsche Bank Mannheim
BIC: DEUTDESMXXX
IBAN: DE42 6707 0010 0003 1010 11
Commerzbank Mannheim
BIC: COBADEFF670
IBAN: DE22 6704 0031 0000 1174 60

Bei Bezahlung und Schriftwechsel angeben		
Kundennummer	Rechnungsnummer	Datum
411/721	679	31. Juli 20..

Rechnung

Liefer-datum	Menge	Artikel-nummer	Bezeichnung	Einzelpreis in EUR	Gesamtpreis in EUR
17. Juli 20..	5	17/411	Lagerregale	2459,71	12298,55*

Konten	Soll	Haben
Betr.- u. G.-Ausst.	12298,55	
an Verb.a.L.u.L.		12298,55
Gebucht: G VIII/7 2. Aug./Hu		

← Vorkontierung

Abkürzungen:
G: Grundbuch
VIII: August
7: Grundbuchseite 7
2. Aug.: Buchungsdatum
Hu: Buchhalter Huchler

Bei Barzahlung innerhalb 8 Tagen 2 % Skonto. Die Ware bleibt bis zur völligen Bezahlung unser Eigentum.
Sitz der Gesellschaft: Mannheim[2]; RG Mannheim: HRB 2785[2] Steuer-Nr.: 91479/17040[2]

* Da die Umsatzsteuer aufgrund des Bildungsplans noch nicht behandelt wurde, bleibt sie hier unberücksichtigt.

1 Im **Grundbuch** werden die Buchungen in zeitlicher Reihenfolge (chronologisch) erfasst. Zu Einzelheiten siehe S. 142f.

2 Bei **allen Kaufleuten** ist auf den **Geschäftsbriefen** die Firma, die Bezeichnung als Kaufmann (z. B. e. Kfm., GmbH, KG, AG), der Ort der Handelsniederlassung, das Registergericht (HRA → für Einzelunternehmen und Personengesellschaften, HRB → für Kapitalgesellschaften) und die Nummer, unter der die Firma in das Handelsregister eingetragen ist, anzugeben. Zudem muss die Steuernummer oder die Umsatzsteuer-Identifikationsnummer des Bundesamtes für Finanzen ausgewiesen werden [§ 14 IV, S. 1, Nr. 2 UStG]. Zu weiteren Pflichtangaben nach dem Umsatzsteuergesetz siehe S. 194.

- Belege dokumentieren den Geschäftsvorfall und bilden die Grundlage für die Überprüfung der ordnungsmäßigen Verbuchung.
- Durch entsprechende Vermerke muss vom Beleg aus auf die Buchung und umgekehrt geschlossen werden können.

Übungsaufgabe[1]

37 1. Formulieren Sie aufgrund der vorliegenden Belege den jeweils zugrunde liegenden Geschäftsvorfall!

2. Bilden Sie die Buchungssätze für die Claus Weber GmbH, Jenaer Str. 8, 38444 Wolfsburg!

Beleg 1

Maschinenfabrik
FRIEDRICH PAPPE GMBH
KARLSRUHE

Friedrich Pappe GmbH, Seegasse 4, 76228 Karlsruhe

Druckerei
Claus Weber GmbH
Jenaer Str. 8
38444 Wolfsburg

Rechnung Nr. 65017 27. Januar 20..

Liefer-datum	Menge	Artikel-Nr.	Artikelbezeichnung	Preis je Artikel	Gesamtbetrag
20. Jan. 20..	5	234176	Lagerregale 2000 Stahl	3070,00 EUR	15350,00 EUR

Es gelten unsere umseitigen Lieferungs- und Zahlungsbedingungen.
Sitz der Gesellschaft: Karlsruhe, Amtsgericht Karlsruhe HRB 1350 Steuer-Nr.: 71020/1793

Beleg 2

Sparkasse Gifhorn-Wolfsburg NOLADE21GFW Einzahlun

Kontoinhaber: Name, Vorname/Firma (max. 27 Stellen)
Claus Weber GmbH, 38444 Wolfsburg

IBAN: DE75 2695 1311 0000 5237 98 Betrag: 500,00

Handelnde Person bei regelm. Einzahler/Abheber; Art der Legitimation; Kennwort

Bearbeitungshinweise
☐ Legi. gepr. ☐ Finanztransaktion erfaßt
☐ VL/SVS SPF: ☐ neues Konto

✗ 27.01 20.. Weber
Datum, Unterschrift des Einzahlers

off-line Stelle		Valuta
Text-Schl.	Neuer Buchsaldo	T T M M J J

210 000 038 0

Für Einzahlung auf fremde Girokonten bitte Zahlscheine verwenden.

Beleg 3

DURCHSCHRIFT EUR **Quittung**

Betrag 380,40

Nr. 1/14 inclusive % MwSt./Betrag

Betrag in Worten dreihundertachtzig----------------

von Franz Keller

für Rechnung vom 25. Januar 20..

dankend erhalten

Datum/Ort Wolfsburg, 27. Januar 20..

Buchungsvermerke Stempel/Unterschrift des Empfängers
Claus Weber GmbH
38444 Wolfsburg
Weber

Beleg 4

Beleg für Kontoinhaber NOLADE21GFW
Sparkasse Gifhorn-Wolfsburg

Nur für Überweisungen in Deutschland, in andere EU-/EWR-Staaten und in die Schweiz sowie nach Monaco in Euro.

Angaben zum Zahlungsempfänger: Name, Vorname/Firma (max. 27 Stellen, bei maschineller Beschriftung max. 35 Stellen)
Lener-Service Handelsgesellschaft Soest

IBAN Bei Überweisungen in Deutschland immer 22 Stellen → sonstige Länder 15 bis max. 34 Stellen
DE33 4145 0075 0000 3459 87

BIC des Kreditinstituts/Zahlungsdienstleisters (8 oder 11 Stellen)
Die Angabe des BIC kann entfallen, wenn die IBAN des Zahlungsempfängers mit DE beginnt.

Betrag: Euro, Cent
460,94 --------------

Kunden-Referenznummer - Verwendungszweck, ggf. Name und Anschrift des Zahlers - (nur für Zahlungsempfänger)
Rechnung vom 27. Jan. 20..

noch Verwendungszweck (insgesamt max. 2 Zeilen à 27 Stellen, bei maschineller Beschriftung max. 2 Zeilen à 35 Stellen)

Angaben zum Kontoinhaber: Name, Vorname/Firma, Ort (max. 27 Stellen, keine Straßen- oder Postfachangaben)
Claus Weber GmbH, Wolfsburg

IBAN	Prüfziffer	Bankleitzahl des Kontoinhabers	Kontonummer (ggf. links mit Nullen auffüllen)	
DE75	2695	1311 0000 5237 98		16

111 360.002 SE 35784

Datum: 27.01.20.. Unterschrift(en): Weber

1 Bei den Belegen in der Aufgabe 37 wird auf den Ausweis der Umsatzsteuer verzichtet, weil die Buchung der Umsatzsteuer noch nicht behandelt wurde.

Beleg 5

Büromöbel Topauer KG

Tengstraße 28 · 80798 München

Tel. 089 25919-0 · Fax 089 25919-10 · E-Mail: Bueromoebel-topauer@t-online.de

Büromöbel Topauer KG · Tengstraße 28 · 80798 München

Druckerei
Claus Weber GmbH
Jenaer Str. 8
38444 Wolfsburg

Bei Rückfragen bitte stets angeben:

Kundennummer: 24003
Rechnungsnummer: 1502
Rechnungsdatum: 27.01.20..

Bestellnummer: 268F1
Lieferdatum:: 10.01.20..
Auftragsdatum: 08.01.20..

Telefon: 089 25919-0

Rechnung

Pos.	Artikel-Nr.	Bezeichnung	Menge	Einzelpreis EUR	Gesamtpreis EUR
1	20100	Computertisch Standard 160 x 80 x 75	12	525,00	6 300,00
2	10100	Schreibtisch Eibe furniert 180 x 80 x75	8	980,00	7 840,00
		Rechnungsbetrag			14 140,00

Zahlungsbedingungen: Innerhalb 8 Tagen abzüglich 2 % Skonto = 282,80 EUR
Innerhalb 30 Tagen rein netto

Sitz der Gesellschaft: München
Registergericht München
HRA 8966
UID-Nr. DE 129 000 000
Steuer-Nr. 91417/77040

Tengstraße 28
80798 München
Tel. 080 25919-0
Fax 089 25919-10

Bankverbindungen:
HypoVereinsbank München
IBAN: DE17 7002 0270 0004 6462 32
BIC: HYVEDEMMXXX

Beleg 6

Maschinenfabrik Hans Werner GmbH
ESSEN

Hans Werner GmbH, Winkelstr. 20, 45149 Essen

Druckerei
Claus Weber GmbH
Jenaer Str. 8
38444 Wolfsburg

Rechnung 144/80

Ihre Bestellung	Unsere Lieferung	Rechnungsdatum
15.01.20..	28.01.20..	28.01.20..

Menge	Warenbezeichnung	Einzelpreis EUR	Gesamtpreis EUR
2	Schneidemaschine	3 600,00	7 200,00

Beleg 7

AUTOHAUS
Franz Sauer e.Kfm.

Autohaus F. Sauer e.Kfm. · Schubertstr. 14 · 99423 Weimar

Druckerei
Claus Weber GmbH
Jenaer Str. 8
38444 Wolfsburg

Rechnung 5192

Ihre Bestellung	Unsere Lieferung	Rechnungsdatum
20.01.20..	30.01.20..	04.02.20..

Wir danken für Ihren Auftrag und berechnen Ihnen wie folgt
1 Kombiwagen gebraucht 21 800,00 EUR

Zahlungsziel: 10 Tage 3 % Skonto, 30 Tage netto Kasse

Beleg 8

Beleg für Kontoinhaber NOLADE21GFW

Nur für Überweisungen in Deutschland, in andere EU-/EWR-Staaten und in die Schweiz sowie nach Monaco in Euro.

Sparkasse Gifhorn-Wolfsburg

Angaben zum Zahlungsempfänger: Name, Vorname/Firma (max. 27 Stellen, bei maschineller Beschriftung max. 35 Stellen)
Hans Werner GmbH Essen

IBAN — Bei Überweisungen in Deutschland immer 22 Stellen → sonstige Länder 15 bis max. 34 Stellen
DE34360501050077665532

BIC des Kreditinstituts/Zahlungsdienstleisters (8 oder 11 Stellen)

Die Angabe des BIC kann entfallen, wenn die IBAN des Zahlungsempfängers mit DE beginnt.

Betrag: Euro, Cent
5 680,00 --------------

Kunden-Referenznummer - Verwendungszweck, ggf. Name und Anschrift des Zahlers - (nur für Zahlungsempfänger)
Rechnung vom 05.02.20..

noch Verwendungszweck (insgesamt max. 2 Zeilen à 27 Stellen, bei maschineller Beschriftung max. 2 Zeilen à 35 Stellen)

Angaben zum Kontoinhaber: Name, Vorname/Firma, Ort (max. 27 Stellen, keine Straßen- oder Postfachangaben)
Claus Weber GmbH

IBAN | Prüfziffer | Bankleitzahl des Kontoinhabers | Kontonummer (ggf. links mit Nullen auffüllen)
DE75 2695 1311 0000 5237 98 — 16

111 360.002 SE 35784

Datum: 07.02.20.. Unterschrift(en): Weber

Beleg 9

Bürotechnik + Organisation Haffner
Gerberstr. 18 | 76829 Landau | 06341 7721

Fa. Claus Weber GmbH, Wolfsburg

Anz.	Datum 02.02.20..	Einzelpreis EUR	Gesamtbetrag EUR
3	Aktenvernichter	415,00	1 245,00
	Betrag dankend erhalten.		
			Be
Verk. Be	000195-11	Bei Irrtum oder Umtausch bitte diesen Beleg vorlegen.	

Haffner Bürotechnik + Organisation
St.-Nr. 44 111 17931

5.4.4.3 Zusammengesetzter Buchungssatz

Sind für einen Buchungssatz **mehr als zwei Konten** erforderlich, spricht man von einem **zusammengesetzten Buchungssatz.** Auch für den zusammengesetzten Buchungssatz gilt, dass bei jedem Buchungssatz die Summe der gebuchten Sollbeträge mit der Summe der gebuchten Habenbeträge übereinstimmen muss.

Beispiel:

I. Anfangsbestände:

Verbindlichkeiten a. Lief. u. Leist. 10 000,00 EUR; Bank 7 000,00 EUR; Kasse 5 000,00 EUR.

II. Geschäftsvorfall:

Wir zahlen eine bereits gebuchte Eingangsrechnung über 3 700,00 EUR, und zwar durch Banküberweisung 3 000,00 EUR, in bar 700,00 EUR.

III. Aufgaben:

1. Buchen Sie den Geschäftsvorfall auf den Konten!
2. Bilden Sie den Buchungssatz!

Lösung:

Zu 1.: Buchung auf den Konten

Soll	Bank		Haben
AB	7 000,00	Verb.a.L.u.L.	3 000,00

Soll	Verbindl. a. Lief. u. Leist.		Haben
Ba/Ka	3 700,00	AB	10 000,00

Soll	Kasse		Haben
AB	5 000,00	Verb.a.L.u.L.	700,00

Zu 2.: Buchungssatz

Geschäftsvorfall	Konten	Soll	Haben
Wir bezahlen eine bereits gebuchte Eingangsrechnung über 3700,00 EUR	Verbindl. a. Lief. u. Leist.	3700,00	
durch Banküberweisung 3000,00 EUR	an Bank		3000,00
und Barzahlung 700,00 EUR	an Kasse		700,00

Für den **einfachen Buchungssatz** wie für den **zusammengesetzten Buchungssatz** gilt:

Summe der gebuchten Sollbeträge ≙ Summe der gebuchten Habenbeträge

Übungsaufgaben

38 Bilden Sie zu den folgenden Geschäftsvorfällen die Buchungssätze bzw. ermitteln Sie die Geschäftsvorfälle!

1. Ein Kunde zahlt einen Rechnungsbetrag über 725,00 EUR
   in bar 225,00 EUR
   durch Banküberweisung 500,00 EUR
2. Wir kaufen Lagerregale für insgesamt 3500,00 EUR
   gegen Barzahlung 1500,00 EUR
   auf Ziel 2000,00 EUR
3. Wir verkaufen einen nicht mehr benötigten Lieferwagen in Höhe des Buchwertes von 3800,00 EUR gegen Barzahlung 800,00 EUR
   Restforderung 3000,00 EUR
4. Ein Kunde zahlt einen Rechnungsbetrag über 1750,00 EUR
   durch Banküberweisung 1000,00 EUR
   bar 750,00 EUR
5. Wir bezahlen eine Liefererrechnung über 2550,00 EUR
   bar 550,00 EUR
   durch Banküberweisung 2000,00 EUR
6. Wir kaufen einen Kombiwagen zum Preis von 25000,00 EUR
   gegen Barzahlung 5500,00 EUR
   durch Banküberweisung 10000,00 EUR
   Restverbindlichkeit 9500,00 EUR
7. Wir tilgen eine Darlehensschuld bei der Bank über 5000,00 EUR
   bar 1500,00 EUR
   durch Banküberweisung 3500,00 EUR
8. Formulieren Sie die zugrunde liegenden Geschäftsvorfälle!

Nr.	Konten	Soll	Haben
8.1	Betriebs- und Geschäftsausstattung	3750,00	
	an Bank		3000,00
	an Kasse		750,00
8.2	Verbindlichkeiten a. Lief. u. Leist.	2350,00	
	an Bank		2000,00
	an Kasse		350,00

Nr.	Konten	Soll	Haben
8.3	Bank	750,00	
	Kasse	250,00	
	an Forderungen a. Lief. u. Leist.		1 000,00
8.4	Unbebaute Grundstücke	400 000,00	
	an Bank		370 000,00
	an Kasse		30 000,00

39 1. Formulieren Sie aufgrund des Belegs die zugrunde liegenden Geschäftsvorfälle!

2. Bilden Sie die Buchungssätze für die Druckerei Schön & Dörfer OHG, Hans-Sachs-Str. 15, 38124 Braunschweig!

Deutsche Bank AG

BIC: DEUTDEDB270
IBAN: DE88 2707 0024 0056 3471 20

Braunschweig

Kontoauszug Nr. 28 vom 24. 05. 20.. Blatt 1

Buchungstag/Wert/Vorgang			Soll	Haben
		ALTER SALDO VOM 21.05.20..		7 929,80 H
24.05.	24.05.	Frieda Freund e.Kfr. Erlangen Rechnung 20.05.20..		3 160,10 H
24.05.	24.05.	Alltrop GmbH Rechnung 17.05.20..	6 985,40 S	

SCHÖN & DÖRFER OHG
HANS-SACHS-STR. 15
38124 BRAUNSCHWEIG

NEUER SALDO 4104,50 H

5.4.5 Eröffnung und Abschluss der Bestandskonten (Eröffnungsbilanzkonto und Schlussbilanzkonto)

Das **Prinzip der doppelten Buchführung** ist ein **generelles Prinzip** und gilt folglich auch für die Anfangs- und Schlussbestände auf den Konten. Wenn bei der Eröffnung der Konten mit den Anfangsbeständen und beim Abschluss der Konten mit den Schlussbeständen jeweils eine Gegenbuchung erfolgen soll, benötigen wir dafür entsprechende Gegenkonten. Die **Buchung der Anfangsbestände** erfolgt mithilfe des **Eröffnungsbilanzkontos (EBK)** und die **Buchung der Schlussbestände** erfolgt über das **Schlussbilanzkonto (SBK).**

- Das **Eröffnungsbilanzkonto** und das **Schlussbilanzkonto** bringen die **Geschlossenheit des Systems der doppelten Buchführung** zum Ausdruck.
- Durch die beiden Konten wird sowohl bei der Erfassung der Anfangsbestände als auch bei der Erfassung der Schlussbestände **jeder Betrag doppelt gebucht.**

Beispiel:

I. Anfangsbestände:

Betriebs- u. Geschäftsausstattung 41 355,00 EUR; Kasse 1 670,00 EUR; Bank 33 975,00 EUR; Forderungen aus Lieferungen und Leistungen 12 150,00 EUR; Rohstoffe 24 570,00 EUR; Verbindlichkeiten aus Lieferungen und Leistungen 13 220,00 EUR; Langfristige Verbindlichkeiten gegenüber Kreditinstituten 5 000,00 EUR; Eigenkapital 95 500,00 EUR.

II. Geschäftsvorfälle:

1.	Wir verkaufen nicht mehr benötigte Lagerschränke bar zum Buchwert	2 500,00 EUR
2.	Neuanschaffung einer Büroeinrichtung gegen Banküberweisung	30 000,00 EUR
3.	Ein Kunde überweist einen Rechnungsbetrag auf das Bankkonto	2 120,00 EUR
4.	Zur Auffüllung des Kassenbestandes heben wir vom Bankkonto bar ab	500,00 EUR
5.	Wir zahlen eine Lieferantenrechnung bar	1 200,00 EUR
6.	Teilweise Tilgung des Bankdarlehens bar	1 000,00 EUR

III. Aufgaben:

1. Eröffnen Sie die Konten mit den angegebenen Anfangsbeständen mithilfe des Eröffnungsbilanzkontos!
2. Bilden Sie zu den Geschäftsvorfällen die Buchungssätze und buchen Sie die Vorgänge anschließend auf den eröffneten Konten!
3. Schließen Sie die Konten über das Schlussbilanzkonto ab!

Lösungen:

Zu 2.: Bildung der Buchungssätze für die Geschäftsvorfälle

Nr.	Konten	Soll	Haben
1.	Kasse	2 500,00	
	an Betriebs- u. Geschäftsausstattung		2 500,00
2.	Betriebs- u. Geschäftsausstattung	30 000,00	
	an Bank		30 000,00
3.	Bank	2 120,00	
	an Ford. a. Lief. u. Leist.		2 120,00
4.	Kasse	500,00	
	an Bank		500,00
5.	Verb. a. Lief. u. Leist.	1 200,00	
	an Kasse		1 200,00
6.	Langfr. Bankverbindlichkeiten	1 000,00	
	an Kasse		1 000,00

Zu 1. und 3.:

Eröffnungsbilanzkonto

Soll			Haben
Eigenkapital	95 500,00	BGA	41 355,00
Verb.a.L.u.L.	13 220,00	Kasse	1 670,00
Lfr.B.Verb. geg. Kr.-Inst.	5 000,00	Bank	33 975,00
		Ford.a.L.u.L.	12 150,00
		Rohstoffe	24 570,00
	113 720,00		113 720,00

Betr.- u. Geschäftsausstattung

Soll			Haben
EBK	41 355,00	Ka	2 500,00
Ba	30 000,00	SBK	68 855,00
	71 355,00		71 355,00

Kasse

Soll			Haben
EBK	1 670,00	V.a.L.u.L.	1 200,00
BGA	2 500,00	L.V.g.Kr.-Inst.	1 000,00
Ba	500,00	SBK	2 470,00
	4 670,00		4 670,00

Bank

Soll			Haben
EBK	33 975,00	BGA	30 000,00
Ford.a.L.u.L.	2 120,00	Ka	500,00
		SBK	5 595,00
	36 095,00		36 095,00

Forderungen a. Lief. u. Leist.

Soll			Haben
EBK	12 150,00	Ba	2 120,00
		SBK	10 030,00
	12 150,00		12 150,00

Rohstoffe

Soll			Haben
EBK	24 570,00	SBK	24 570,00

Eigenkapital

Soll			Haben
SBK	95 500,00	EBK	95 500,00

Verbindlichkeiten a. Lief. u. Leist.

Soll			Haben
Ka	1 200,00	EBK	13 220,00
SBK	12 020,00		
	13 220,00		13 220,00

Langfr. Bankverbindlichkeiten

Soll			Haben
Ka	1 000,00	EBK	5 000,00
SBK	4 000,00		
	5 000,00		5 000,00

Schlussbilanzkonto

Soll			Haben
BGA	68 855,00	Eigenkapital	95 500,00
Kasse	2 470,00	Vb.a.L.u.L.	12 020,00
Bank	5 595,00	Lfr. B.Verb.	4 000,00
Ford.a.L.u.L.	10 030,00		
Rohstoffe	24 570,00		
	111 520,00		111 520,00

Erläuterungen:

- Die Buchung der Anfangsbestände führt dazu, dass die Anfangsbestände der Aktivkonten auf der Habenseite des Eröffnungsbilanzkontos und die Anfangsbestände der Passivkonten auf der Sollseite des Eröffnungsbilanzkontos erscheinen. Im Vergleich zum Schlussbilanzkonto sind die Seiten vertauscht. Das zeigt, dass das **Eröffnungsbilanzkonto** lediglich ein **Hilfskonto** ist, um das System der doppelten Buchung nicht zu durchbrechen. Gleichzeitig aber wird damit auch die Gleichheit der Soll- und Habenbeträge zu Beginn der Geschäftsperiode dokumentiert. Das ist ein **Grundprinzip des Systems der doppelten Buchführung,** das zu jeder Zeit als Kontrollmechanismus in diesem System eingebaut ist, denn auch bei der Eröffnung der Konten muss sichergestellt sein, dass die Summe der gebuchten Sollbeträge mit der Summe der gebuchten Habenbeträge übereinstimmt.
- Das **Schlussbilanzkonto** hat die Aufgabe, die vom Unternehmen verwendeten Aktiv- und Passivkonten einander gegenüberzustellen. Das **Schlussbilanzkonto** dient allein **innerbetrieblichen Zwecken** und ist an **keine gesetzlichen Gliederungsvorschriften** gebunden. Anders die **Schlussbilanz.** Sie dient außenstehenden Personen (z. B. Mitinhabern, Gläubigern) oder Institutionen (z. B. Steuerbehörde, Gerichte, Banken) als Auskunfts- und Beweismittel und **unterliegt gesetzlichen Vorschriften.** Das Schlussbilanzkonto darf somit nicht mit der Schlussbilanz verwechselt werden.

Beachte:

Das Eröffnungsbilanzkonto und das Schlussbilanzkonto wurden hier aus methodischen und systematischen Überlegungen dargestellt. Ob in den nachfolgenden Übungsaufgaben das Eröffnungsbilanzkonto geführt werden soll, bleibt der individuellen Entscheidung der Lehrenden vorbehalten. In elektronischen Finanzbuchhaltungssystemen ist es allerdings aus abstimmungstechnischen Gesichtspunkten unverzichtbar.

Übungsaufgaben

40 **I. Anfangsbestände:**

Unbebaute Grundstücke 965 000,00 EUR; Maschinen 470 500,00 EUR; Betriebs- und Geschäftsausstattung 84 900,00 EUR; Rohstoffe 54 800,00 EUR; Forderungen aus Lieferungen und Leistungen 105 450,00 EUR; Bank 17 770,00 EUR; Kasse 25 100,00 EUR; Eigenkapital 892 320,00 EUR; Verbindlichkeiten gegenüber Kreditinstituten 450 000,00 EUR; Verbindlichkeiten aus Lieferungen und Leistungen 381 200,00 EUR.

II. Geschäftsvorfälle:

1.	Eingangsrechnung für Büromöbel	27 500,00 EUR
2.	Von der bereits gebuchten Büromöbellieferung schicken wir einen nicht bestellten Posten zurück	4 000,00 EUR
3.	Ein Kunde zahlt einen Rechnungsbetrag durch Banküberweisung	32 000,00 EUR
4.	Wir tilgen teilweise die Darlehensschuld bei der Bank durch Barzahlung	7 200,00 EUR
5.	Wir kaufen eine Abfüllmaschine auf Ziel	87 700,00 EUR
6.	Wir zahlen eine Lieferantenrechnung über 28 570,00 EUR	
	bar	6 570,00 EUR
	durch Bankscheck	22 000,00 EUR
7.	Barkauf mehrerer Schreibtische für das Büro	2 600,00 EUR
8.	Kauf eines Grundstücks für einen Parkplatz auf Ziel	67 000,00 EUR

III. Aufgaben:

1. Eröffnen Sie die Konten mithilfe des Eröffnungsbilanzkontos!
2. Bilden Sie die Buchungssätze und buchen Sie auf den Konten!
3. Schließen Sie die Konten über das Schlussbilanzkonto ab!

41 **I. Anfangsbestände:**

Unbebaute Grundstücke 200 000,00 EUR; Bebaute Grundstücke 335 850,00 EUR; Betriebs- und Geschäftsausstattung 228 710,00 EUR; Kasse 7 350,00 EUR; Bank 62 550,00 EUR; Forderungen aus Lieferungen und Leistungen 98 720,00 EUR; Rohstoffe 165 750,00 EUR; Verbindlichkeiten aus Lieferungen und Leistungen 154 820,00 EUR; Langfristige Bankverbindlichkeiten 200 000,00 EUR; Eigenkapital 744 110,00 EUR.

II. Geschäftsvorfälle:

1.	Einkauf einer Maschine	23 500,00 EUR
	gegen Banküberweisung	12 000,00 EUR
	auf Ziel	11 500,00 EUR
2.	Ein Kunde bezahlt einen Rechnungsbetrag über 1 250,00 EUR,	
	bar	750,00 EUR
	durch Banküberweisung	500,00 EUR
3.	Barkauf eines Laptops	950,00 EUR
4.	Teilrückzahlung eines Bankdarlehens durch Banküberweisung	4 500,00 EUR
5.	Barverkauf eines nicht benötigten Büroschrankes zum Buchwert	650,00 EUR
6.	Begleichung einer Eingangsrechnung in Höhe von 7 820,00 EUR,	
	bar	2 350,00 EUR
	durch Banküberweisung	5 470,00 EUR

III. Aufgaben:

1. Eröffnen Sie die Konten mithilfe des Eröffnungsbilanzkontos!
2. Bilden Sie die Buchungssätze und buchen Sie auf den Konten!
3. Schließen Sie die Konten über das Schlussbilanzkonto ab!

5.4.6 Zusammenhang zwischen Bestandskonten, Inventur, Inventar und Bilanz

Die Bestandskonten – unter Einbeziehung des Schlussbilanzkontos und des Eröffnungsbilanzkontos – bilden eine in sich geschlossene Einheit: Das **Kontensystem der doppelten Buchführung.**

Die Bilanz baut auf den Zahlen der Buchführung auf, wobei diese Zahlen jedoch vor ihrer Übernahme in die Bilanz durch die Inventur auf ihre Richtigkeit hin überprüft werden. Vom buchtechnischen Standpunkt aus und auch von der Tatsache ausgehend, dass die Bilanz für die Öffentlichkeit entsprechend aufbereitet werden muss [§§ 247, 266 HGB], stehen **Inventur** (bzw. **Inventar**) und **Bilanz außerhalb der Buchführung.**

Die grafische Darstellung auf S. 141 verfeinert gegenüber der Darstellung von S. 112 den Zusammenhang zwischen dem Kontensystem der Buchführung und der Bilanz sowie der Inventur (bzw. dem Inventar).

Innerhalb der Buchführung haben wir Konten

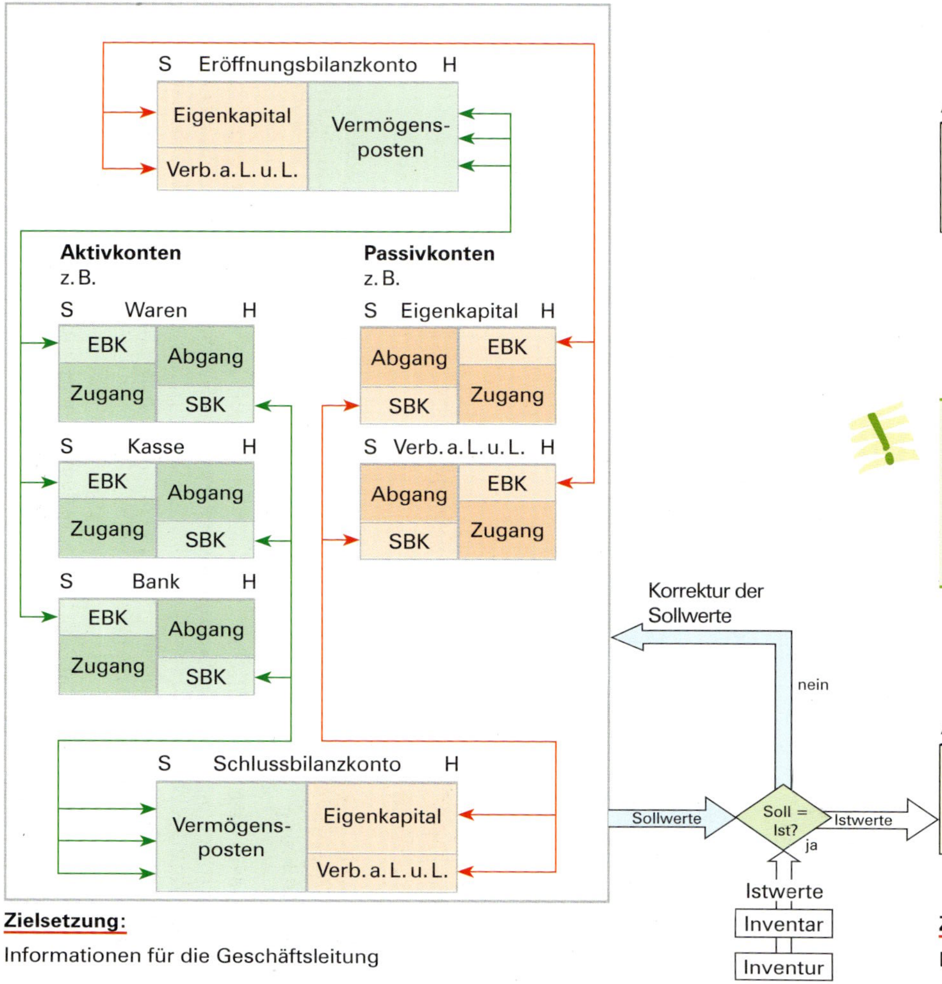

Zielsetzung:
Informationen für die Geschäftsleitung

Außerhalb der Buchführung haben wir Bilanzen

Aktiva	Eröffnungsbilanz Passiva
Vermögens-posten	Eigenkapital
	Verb. a. L. u. L.

Streng genommen gibt es im Leben eines Unternehmens nur eine Eröffnungsbilanz, nämlich die bei der Gründung. Jede Schlussbilanz kann jedoch als Eröffnungsbilanz für die neue Geschäftsperiode betrachtet werden.

Aktiva	Schlussbilanz Passiva
Vermögens-posten	Eigenkapital
	Verb. a. L. u. L.

Zielsetzung:
Informationsinstrument für Außenstehende

5.5 Organisation der Buchführung

5.5.1 Bücher der Buchführung

(1) Allgemeines

Aufgrund der dynamischen Weiterentwicklung der Informationstechnologie muss man sich lösen von einer allzu wörtlichen Vorstellung des Wortbestandteils „Buch“, wenn von „Buchführung“ die Rede ist. Die Grundsätze ordnungsmäßiger DV-gestützter Buchführungssysteme (GoBS) klären die rechtlichen Ansprüche, welche an moderne, IT-gestützte Buchführungssysteme gestellt werden. So müssen z.B. Geschäftsvorfälle (von der Aufzeichnung im Grundbuch über das Hauptbuch, GuV bzw. Bilanz) nachprüfbar und rückverfolgbar sein. Mit Ausnahme der Jahresabschlüsse und der Eröffnungsbilanz ist die Speicherung der aufbewahrungspflichtigen Unterlagen auf digitalen Datenträgern zulässig, wenn diese jederzeit verfügbar sind und unverzüglich lesbar gemacht werden können [§ 147, Abs. 2, AO].

(2) Grundbuch und Hauptbuch

■ Grundbuch

Alle Geschäftsvorfälle müssen lückenlos und fortlaufend aufgezeichnet werden. Man spricht auch von **chronologischer Aufzeichnungspflicht** [vgl. § 239 II HGB]. Unabhängig von der Art des dabei verwendeten Mediums wird die Zusammenfassung dieser Eintragungen als **Grundbuch** bezeichnet.

Beispiel:

Grundbuch: Monat Februar 20..					Seite …
Tag	Beleg-Nr.	Geschäftsvorfall	Buchungssatz	Soll	Haben
15. Febr.	173	Zahlung einer Eingangsrechnung durch Banküberweisung	Verb. a.L.u.L. an Bank	500,00	500,00

■ Hauptbuch

Die zeitliche Auflistung der Buchungen allein genügt nicht. Sie müssen vielmehr auch in ihren **sachlichen** Auswirkungen dargestellt werden, d.h., die Buchungen im Grundbuch sind auf die Sachkonten zu übertragen. Dies geschieht im sogenannten **Hauptbuch.** Die Sachkonten werden daher auch als **Hauptbuchkonten** bezeichnet. Erst durch die sachliche Aufgliederung ist der Stand des Vermögens und der Schulden ersichtlich.

Beispiel:

Die Buchung im Grundbuch führt zu der nachfolgenden Buchung im Hauptbuch.

S	Verbindl. a. Lief. u. Leist.		H
Bank	500,00	AB	45000,00

S	Bank		H
AB	3000,00	V.a.L.u.L.	500,00

- Im **Grundbuch** werden alle Geschäftsvorfälle **chronologisch,** d. h. in der zeitlichen Reihenfolge ihres tatsächlichen Anfalls erfasst.
- Im **Hauptbuch** werden mithilfe von Konten die **sachlichen** Auswirkungen aller Geschäftsvorfälle erfasst.

(3) Zusammenhang von Beleg, Grundbuch und Hauptbuch

Grundlage aller Buchungen sind die vorkontierten Belege. Im Grundbuch erfolgen die Buchungen in zeitlicher Reihenfolge, während auf den Konten des Hauptbuches die sachlichen Auswirkungen der Geschäftsvorfälle erfasst werden.

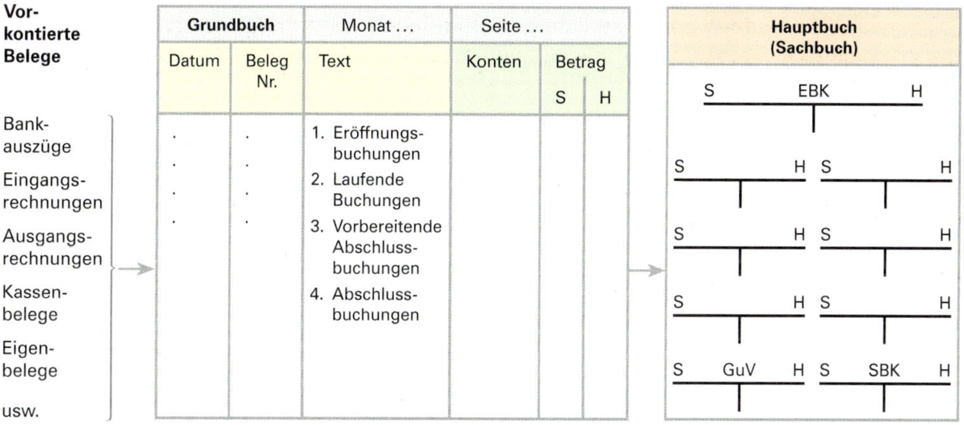

chronologische (zeitliche) Reihenfolge der Buchungen

sachliche Ordnung der Buchungen

(4) Nebenbücher

Wenn sich auf den Konten des Hauptbuches eine Vielzahl von Veränderungen ergibt oder zusätzliche Daten erfasst werden sollen, können zur Entlastung des Hauptbuches **Nebenbücher** geführt werden. Die Nebenbücher erfassen den Buchungsinhalt für jeden einzelnen Beleg und ergänzen somit die zusammengefassten Buchungsinhalte des Hauptbuches. Wegen dieses sachlichen Zusammenhangs muss jedem Nebenbuch, in dem die Einzelvorgänge erfasst werden, ein Konto des Hauptbuches entsprechen, das die gesammelten Werte periodenweise aufnimmt. Wichtige Nebenbücher sind: das Kundenbuch (Debitorenbuch), das Lieferantenbuch (Kreditorenbuch), das Kassenbuch, das Lagerbuch, das Anlagebuch.

Nebenbücher erfassen alle Wertveränderungen **im Einzelnen.** Diese werden periodenweise gesammelt und auf die Hauptbuchkonten übertragen. Erst nach dieser Übertragung ist das Hauptbuch abschlussfähig.

5.5.2 Kontenrahmen als Organisationsmittel der Buchführung

5.5.2.1 Allgemeines zum Kontenrahmen

Die Buchführung eines Kaufmanns besteht aus einer Vielzahl von Konten. Um hierüber die wünschenswerte Übersicht zu behalten, bedarf es einer Ordnung. Sie wird mithilfe des Kontenrahmens erreicht, dessen Verwendung gesetzlich nicht vorgeschrieben ist.

Um den individuellen Bedürfnissen optimal zu entsprechen, hat jeder Wirtschaftszweig seinen eigenen Kontenrahmen entwickelt. Daneben haben bekannte Softwarefirmen spezielle EDV-Kontenrahmen herausgebracht. Das dabei zugrunde gelegte Ordnungsprinzip ist einheitlich. Die Gesamtmenge der Konten wird mithilfe der zehn Ziffern unseres Zahlensystems nach bestimmten Gesichtspunkten in Klassen und Gruppen gegliedert.

5.5.2.2 Bedeutung des Kontenrahmens

Dadurch, dass nicht mehr jeder Unternehmer seine Buchführung nach eigenem Ermessen und Gutdünken aufbaut, werden insbesondere folgende zwei Vorteile erzielt:

- Der Inhalt der einzelnen Konten ist genau bestimmt. Dadurch können die verschiedenen Inhalte scharf gegeneinander abgegrenzt werden. Verschiedene Industrieunternehmen buchen daher unter der gleichen Kontenbezeichnung den gleichen Inhalt. Dadurch wird die **Organisation** der Buchführung **einheitlicher** und **übersichtlicher.**
- Durch die Vereinheitlichung der Buchführung von der Grundkonpeztion her ist es dem Unternehmer möglich, Vergleiche vorzunehmen, und zwar
  - **innerhalb des Unternehmens:** Vergleich der Entwicklung der Konteninhalte von Rechnungsjahr zu Rechnungsjahr **(Zeitvergleich),** aber auch
  - **außerhalb des Unternehmens:** z.B. Vergleich der eigenen Buchführungsergebnisse mit denen anderer Unternehmen **(Betriebsvergleich).**

5.5.2.3 Vom Kontenrahmen zum Kontenplan

Innerhalb des Kontenrahmens, dessen Anwendung allen Unternehmen des betreffenden Wirtschaftszweiges empfohlen wird, stellt jeder Betrieb den individuellen Bedürfnissen entsprechend seinen eigenen **Kontenplan** auf. In diesem werden jene Konten ausgelassen, die für den betreffenden Betrieb keine Bedeutung haben.

- Der **Kontenrahmen** bezieht sich auf eine bestimmte **Wirtschaftsbranche.**
- Der **Kontenplan** bezieht sich auf einen bestimmten **Betrieb.**

Mithilfe der zehn Ziffern unseres Zahlensystems wird die Gesamtmenge der Konten nach sachlichen Gesichtspunkten (z.B. alle Finanzanlagen, alle Ertragskonten usw.) zunächst in 10 **Kontenklassen** gegliedert.

Beispiel:

Kontenklasse 0	Kontenklasse 1	Kontenklasse 2
AKTIVA		
Anlagevermögen		Umlaufvermögen

Da es in jeder Kontenklasse mehrere Konten gibt, muss man zur eindeutigen Unterscheidung eine zweite Ziffer hinzufügen. Dabei beginnt man ebenfalls wieder mit der Ziffer 0. Diese zweistellige Kontenkennzeichnung bildet jeweils eine **Kontengruppe.**

Beispiel:

Kontenklasse 0	usw.
AKTIVA	
Anlagevermögen	
: 02 **Konzessionen und Lizenzen** : 05 **Grundstücke und Gebäude**	

Da auch innerhalb einer Kontengruppe im Allgemeinen unterschiedliche Konten vorkommen, muss jede Kontengruppe wieder nach dem gleichen Verfahren unterteilt werden. Man spricht dann von einer bestimmten **Kontoart.** Notfalls müssen zu einer Kontoart auch **Kontounterarten** gebildet werden.

Beispiel:

Kontenklasse 0	usw.
AKTIVA	
Anlagevermögen	
: 05 **Grundstücke und Gebäude** 0500 Unbebaute Grundstücke 0510 Bebaute Grundstücke 0530 Betriebsgebäude 0540 Verwaltungsgebäude 0550 Andere Bauten →	**Erläuterungen:** 0550 **Andere Bauten**[1] → Kontenklasse 0: Immaterielle Vermögensgegenstände und Sachanlagen → Kontengruppe 05: Grundstücke usw. → Kontenart 0550: Andere Bauten Wir sagen auch: Das Konto Andere Bauten hat die **Kontonummer 0550**

1 Die EDV-Kontenrahmen verwenden im Allgemeinen für jede Kontoart des Hauptbuches eine vierstellige Kontoziffer. Personenkonten (Lieferer- und Kundenkonten) haben dann weitere Kontoziffern. Dieser 4-stelligen Kontobezifferung wollen wir uns anschließen.

10 Speth u.a. - ISBN 978-3-8120-0536-4

5.5.2.4 Aufbauprinzip eines Kontenrahmens am Beispiel des Industriekontenrahmens

Der Industriekontenrahmen ist ein abschlussorientierter Kontenrahmen. Das bedeutet, dass sich die Reihenfolge der Kontengruppen an den Abschlussgliederungsprinzipien der Bilanz und der Gewinn- und Verlustrechnung bei Kapitalgesellschaften orientiert.

Das gilt auch für den Einsatz eines Finanzbuchhaltungsprogrammes. Im DV-System wird hinterlegt, auf welchen Posten der Bilanz bzw. der Gewinn- und Verlustrechnung der Saldo eines Kontos im Rahmen des automatisierten Jahresabschlusses übertragen werden soll.

In seiner Grobstruktur weist der angesprochene Industriekontenrahmen in den einzelnen Kontenklassen folgende Positionen aus:

Klasse 0:	Immaterielle Vermögensgegenstände und Sachanlagen	⟵	Bestandskonten
Klasse 1:	Finanzanlagen	⟵	Bestandskonten
Klasse 2:	Umlaufvermögen und aktive Rechnungsabgrenzung	⟵	Bestandskonten
Klasse 3:	Eigenkapital und Rückstellungen	⟵	Bestandskonten
Klasse 4:	Verbindlichkeiten und passive Rechnungsabgrenzung	⟵	Bestandskonten
Klasse 5:	Erträge	⟵	Ergebniskonten[1]
Klasse 6:	Betriebliche Aufwendungen	⟵	Ergebniskonten[1]
Klasse 7:	Weitere Aufwendungen	⟵	Ergebniskonten[1]
Klasse 8:	Ergebnisrechnungen	⟵	Abschlusskonten
Klasse 9:	Kosten- und Leistungsrechnung (KLR)[2]		

Hinweis zur Buchung von Erträgen (Kontenklasse 5) nach dem Bilanzrichtlinie-Umsetzungsgesetz [BilRUG]

Die **Kontenklasse 5** ist in die drei Gruppen

- **Umsatzerlöse,**
- **übrige betriebliche Erträge** und
- **Erträge des Finanzbereichs**

gegliedert.

Umsatzerlöse

Nach § 277 I HGB zählen zu den Umsatzerlösen die **Erlöse aus dem Verkauf und der Vermietung oder Verpachtung von Produkten** sowie aus der **Erbringung von Dienstleistungen.**

Vom erzielten Bruttoerlös sind die **Erlösschmälerungen,** die **Umsatzsteuer** sowie die **direkt mit dem Umsatz verbundenen Steuern** (z. B. Verbrauchssteuern wie die Mineralöl-, Energie- oder Tabaksteuer) **abzuziehen.**

1 Vgl. hierzu Kapitel 5.6, S. 149 ff.

2 In der Praxis wird die Kosten- und Leistungsrechnung tabellarisch durchgeführt. Die Kosten- und Leistungsrechnung wird in der Jahrgangsstufe 12 behandelt.

Die **Umsatzerlöse** werden in den **Kontengruppen 50 und 51** erfasst. Zu den Umsatzerlösen zählen z. B.:

- Umsatzerlöse für eigene Erzeugnisse,
- Umsatzerlöse für Waren,
- Erlöse aus Vermietung und Verpachtung,
- Sonstige Nebenerlöse (z. B. aus Provisionen, Lizenzen, Patenten).

Übrige betriebliche Erträge

Hierzu zählen z. B.:

- Erträge aus Schadensersatzleistungen, Kursgewinnen, außergewöhnliche Erträge,
- Erträge aus Anlageabgängen,
- Erträge aus der Herabsetzung von Rückstellungen,
- Periodenfremde Erträge,
- Bestandsveränderungen von Erzeugnissen,
- Aktivierte Eigenleistungen.

Die übrigen betrieblichen Erträge werden in den **Kontengruppen 52, 53** und **54** erfasst.

Erträge des Finanzbereichs

Hierzu zählen z. B.:

- Erträge aus Beteiligungen,
- Erträge aus anderen Finanzanlagen,
- Zinsen, Erträge aus Wertpapieren des Umlaufvermögens, sonstige zinsähnliche Erträge.

Die Erträge aus dem Finanzbereich werden in den **Kontengruppen 55, 56** und **57** erfasst.

Beachte:

Aus Gründen der Übersichtlichkeit werden in diesem Buchführungslehrgang die **Unterkonten des Kontos Umsatzerlöse** beibehalten.

In den folgenden Kapiteln werden die Buchungssätze nur noch unter Zuhilfenahme des Industriekontenrahmens gebildet, d. h., bei den Buchungen im Grundbuch werden vor den Kontonamen die entsprechende Kontonummer gesetzt und im Hauptbuch werden die Gegenkonten nur mit den Kontonummern angegeben.

Beispiel:

Geschäftsvorfall:

Wir zahlen eine bereits gebuchte Eingangsrechnung über 3850,00 EUR

durch Banküberweisung	3000,00 EUR
in bar	850,00 EUR

Aufgaben:

1. Buchen Sie den Geschäftsvorfall auf den Konten!
2. Bilden Sie den Buchungssatz zu dem Geschäftsvorfall!

Lösungen:

Zu 1.: Buchung auf den Konten:

S	2800 Bank		H
AB	5000,00	4400	3000,00

S	4400 Verbindl. a. Lief. u. Leist.		H
2800/2880	3850,00	AB	10000,00

S	2880 Kasse		H
AB	3140,00	4400	850,00

Zu 2.: Buchungssatz

Geschäftsvorfall	Konten	Soll	Haben
Wir zahlen eine bereits gebuchte Eingangsrechnung über 3850,00 EUR	4400 Verbindl. a.L.u.L.	3850,00	
durch Banküberweisung 3000,00 EUR	an 2800 Bank		3000,00
durch Barzahlung 850,00 EUR	an 2880 Kasse		850,00

Übungsaufgaben

42 1. Gegeben ist die Kontobezeichnung 0830!

1.1 Nennen Sie die Information, die die erste Ziffer 0 liefert!

1.2 Interpretieren Sie die Ziffernfolge 08!

1.3 Geben Sie an, was die Ziffernfolge 0830 ausdrückt!

2. 2.1 Nennen Sie die Ihnen bekannten Abschlusskonten und ordnen Sie ihnen jeweils die richtige Kontoziffernfolge zu! (Name des Kontos, Kontonummer)

2.2 Nennen Sie den Namen des Kontos mit der Ziffernfolge 2030!

3. 3.1 Nennen Sie den Oberbegriff, unter dem sich die Konten der Klasse 0 und 1 zusammenfassen lassen!

3.2 Nehmen Sie zu dieser Begriffsbildung Stellung! Wie ist sie begründbar?

43 Bilden Sie unter Angabe der Kontonummern und Kontonamen für folgende Geschäftsvorfälle die Buchungssätz:

1.	Kauf einer Schleifmaschine bar		5800,00 EUR
2.	Ein Kunde überweist einen Rechnungsbetrag auf unser Bankkonto		896,00 EUR
3.	Wir kaufen eine Glasvitrine bar		120,00 EUR
4.	Wir verkaufen einen gebrauchten Geschäftswagen bar		9280,00 EUR
5.	Wir zahlen eine Liefererrechnung durch Banküberweisung		560,00 EUR
6.	Ein Kunde zahlt einen Rechnungsbetrag über		1750,00 EUR
	in bar	750,00 EUR	
	per Bankscheck	1000,00 EUR	
7.	Wir kaufen eine Verpackungsmaschine		11600,00 EUR
	Finanzierung:		
	Bankscheck	3500,00 EUR	
	Barzahlung	200,00 EUR	
	Restverbindlichkeit	7900,00 EUR	

5.6 Ergebniskonten (Erfolgskonten)[1]

5.6.1 Aufwendungen, Erträge, Aufwandskonten, Ertragskonten

(1) Aufwendungen und Erträge

Die bisherigen Buchungen berührten alle Arten von Aktiv- und Passivkonten – außer einem: dem Eigenkapital. Das ändert sich jetzt.

Beispiel:

Eine Gehaltszahlung führt zu einer Verringerung des Eigenkapitals. Der Unternehmer tätigt diesen Aufwand in der Hoffnung, das erstellte Produkt verkaufen zu können. Der Verkauf des Produkts stellt einen Ertrag dar, der das Eigenkapital erhöht.

Das Eigenkapital kann entweder zunehmen oder abnehmen.

Soll	Eigenkapital	Haben
– Abgänge		Anfangsbestand
		+ Zugänge
↓ Minderung des Eigenkapitals		↓ Erhöhung des Eigenkapitals

Geschäftsvorfälle, die das Eigenkapital betreffen:

Beispiele:	Beispiele:
■ Aufwendungen für Roh-, Hilfs- und Betriebsstoffe ■ Aufwendungen für Handelswaren ■ Löhne, Gehälter ■ Aufwendungen für Mieten, Steuern, Versicherungen, Büromaterial …	■ Verkauf von Erzeugnissen ■ Verkauf von Handelswaren ■ Erträge aus Wertpapieren ■ Erträge aus Vermietung ■ Zinserträge, Provisionserträge, Kursgewinne …

- **Abgänge beim Eigenkapital** nennt man **Aufwendungen.**
- **Zugänge beim Eigenkapital** nennt man **Erträge.**

(2) Aufwands- und Ertragskonten

Um die einzelnen Aufwendungen und Erträge übersichtlich und jederzeit verfügbar zu haben, werden die Aufwendungen und Erträge nicht direkt auf dem Eigenkapital gebucht, sondern es werden **Unterkonten des Eigenkapitals** gebildet. Die **Aufwendungen** werden auf **Aufwandskonten,** die **Erträge** auf **Ertragskonten** gebucht.

1 Die Begriffe Ergebniskonten und Erfolgskonten sind identisch (gleichwertig). Beide Begriffe werden in Zukunft synonym verwandt.

In schematischer Zusammenfassung ergibt sich die folgende Darstellung:

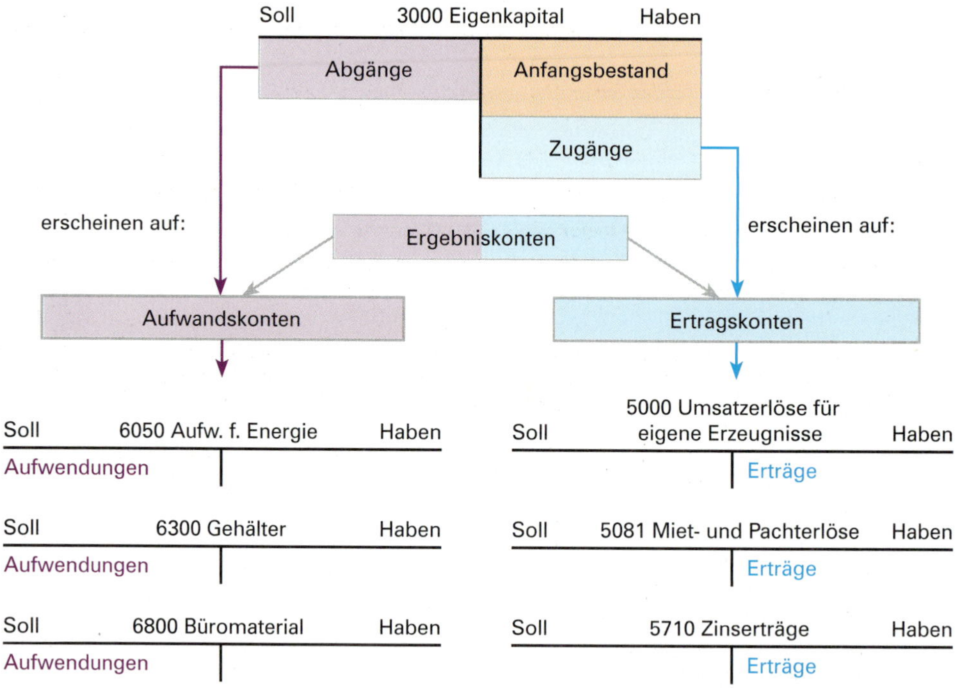

- **Aufwandskonten** erfassen die **Minderungen (Abgänge) beim Eigenkapital.**
- **Ertragskonten** erfassen die **Mehrungen (Zugänge) beim Eigenkapital.**

Durch die Aufwands- und Ertragskonten werden die **Ursachen des Unternehmensergebnisses** (Gewinn oder Verlust) deutlich. Die Aufwands- und Ertragskonten werden daher als **Ergebniskonten (Erfolgskonten)** bezeichnet. Geschäftsvorfälle, die das **Eigenkapital verändern,** bezeichnet man als **erfolgswirksame Geschäftsvorfälle.** Solche Geschäftsvorfälle, die das **Eigenkapital nicht verändern,** bezeichnet man als **erfolgsunwirksame (erfolgsneutrale) Geschäftsvorfälle.**

- Die Aufwands- und Ertragskonten sind **Unterkonten des Eigenkapitalkontos.**
- Bei den Aufwandskonten erscheinen die **Aufwendungen** immer auf der **Sollseite.**
- Bei den Ertragskonten erscheinen die **Erträge** immer auf der **Habenseite.**
- Für jede Aufwands- und Ertragsart wird jeweils ein **eigenes Konto** eingerichtet.
- Da die Aufwands- und Ertragskonten Auskunft darüber geben, wodurch das Ergebnis (Gewinn oder Verlust) zustande gekommen ist, nennen wir sie **Ergebniskonten.**

Übungsaufgaben

44
1. Erläutern Sie den Zusammenhang zwischen den Ergebniskonten und dem Eigenkapitalkonto!
2. Begründen Sie, ob das System der doppelten Buchführung auch ohne die Einrichtung von Ergebniskonten funktionieren würde!
3. Erklären Sie, aus welchen Gründen Ergebniskonten eingerichtet werden!
4. Begründen Sie, warum es auf den Ergebniskonten keine Anfangsbestände geben kann!
5. Nennen Sie die Auswirkungen der Aufwendungen auf das Eigenkapital!
6. Begründen Sie, weshalb Aufwendungen auf der Sollseite und Erträge auf der Habenseite gebucht werden!

45 Beurteilen Sie folgende Geschäftsvorfälle hinsichtlich ihrer Erfolgswirksamkeit. Sofern Sie nicht Eigentümer des Buches sind, übertragen Sie die Tabelle in Ihr Hausheft und kreuzen Sie die entsprechende Spalte in dem vorgesehenen Schema an!

Nr.	Geschäftsvorfälle	erfolgs-unwirksam	erfolgs-wirksam	Aufwand	Ertrag
1.	Wir zahlen eine Liefererrechnung durch Banküberweisung				
2.	Wir verkaufen Handelswaren auf Ziel				
3.	Wir kaufen Büromaterial bar				
4.	Verbrauch von Rohstoffen				
5.	Ein Kunde zahlt durch Banküberweisung				
6.	Wir verkaufen Fertigerzeugnisse bar				
7.	Die Bank belastet uns mit Zinsen				
8.	Barzahlung für ein Werbeinserat				
9.	Banküberweisung für Grundsteuer				
10.	Barkauf eines Büroschrankes				

5.6.2 Buchungen auf den Ergebniskonten

(1) Buchungsregeln für die Ergebniskonten

Auf den Ergebniskonten gibt es nur Aufwendungen und Erträge. Die **Aufwendungen** (Abgänge auf dem Eigenkapitalkonto) sind auf der **Sollseite des entsprechenden Aufwandskontos** zu buchen. Die **Erträge** (Zugänge auf dem Eigenkapitalkonto) sind auf der **Habenseite des entsprechenden Ertragskontos** zu buchen. Daher kommen wir zu folgenden Buchungsregeln:

Soll	Aufwandskonto Haben
Aufwendungen	

Bei den Aufwandskonten erscheinen die **Aufwendungen** immer auf der **Sollseite.**

Soll Ertragskonto	Haben
	Erträge

Bei den Ertragskonten erscheinen die **Erträge** immer auf der **Habenseite.**

- Auf den **Ergebniskonten** gibt es **keinen Anfangsbestand, keine Zugänge, keine Abgänge** und **keinen Schlussbestand.** Diese Begriffe bleiben den Bilanzkonten (Bestandskonten) vorbehalten.
- Bei den **Ergebniskonten** gibt es nur **Aufwendungen** und **Erträge.**

(2) Beispiele für die Buchungen von Aufwendungen[1] und Erträgen

Bilden Sie zu den nachfolgenden Geschäftsvorfällen die Buchungssätze!

1. Geschäftsvorfall: Einkauf von Rohstoffen zum sofortigen Verbrauch. Wir bezahlen die Rechnung über 1 250,00 EUR durch Banküberweisung.

Konten	Soll	Haben
6000 Aufwendungen für Rohstoffe an 2800 Bank	1 250,00	 1 250,00

2. Geschäftsvorfall: Wir bezahlen die Leasingrate in Höhe von 1 050,00 EUR durch Banküberweisung.

Konten	Soll	Haben
6710 Leasing an 2800 Bank	1 050,00	 1 050,00

3. Geschäftsvorfall: Die Bank schreibt uns Zinsen in Höhe von 950,00 EUR gut.

Konten	Soll	Haben
2800 Bank an 5710 Zinserträge	950,00	 950,00

4. Geschäftsvorfall: Wir verkaufen eigene Erzeugnisse im Wert von 8 500,00 EUR gegen Bankscheck.

Konten	Soll	Haben
2800 Bank an 5000 Umsatzerlöse f. eig. Erzeugnisse	8 500,00	 8 500,00

1 Im Folgenden gehen wir davon aus, dass die Werkstoffe **fertigungssynchron** angeliefert werden, d.h., die eingekauften Werkstoffe werden sofort als Aufwand gebucht (Buchung nach dem **Just-in-time-Verfahren**).

Übungsaufgaben [1]

46 Bilden Sie zu den folgenden erfolgswirksamen Geschäftsvorfällen die Buchungssätze!

1.	Wir zahlen Miete für die Lagerräume durch Banküberweisung	4000,00 EUR
2.	Die Bank schreibt uns Zinsen gut	210,00 EUR
3.	Wir zahlen die Ausbildungsvergütung für einen kaufmännischen Auszubildenden bar	580,00 EUR
4.	Einkauf von Rohstoffen auf Ziel zum sofortigen Verbrauch	25000,00 EUR
5.	Zinslastschrift der Bank	651,00 EUR
6.	Verkauf von Erzeugnissen auf Ziel	56000,00 EUR
7.	Zahlung der Grundsteuer durch Banküberweisung	2380,00 EUR
8.	Für Büromaterialien wurden bar bezahlt	123,00 EUR
9.	Banküberweisung der Kfz-Steuer für die Betriebsfahrzeuge	630,00 EUR
10.	Einkauf von Hilfsstoffen bar zum sofortigen Verbrauch	2200,00 EUR

47 Bilden Sie für die folgenden erfolgsneutralen (erfolgsunwirksamen) und erfolgswirksamen Geschäftsvorfälle die Buchungssätze! Geben Sie in einer besonderen Spalte an, ob der Geschäftsvorfall erfolgswirksam oder erfolgsneutral ist!

1.	Verkauf von Erzeugnissen auf Ziel	75800,00 EUR
2.	Wir zahlen die Ausbildungsvergütung für einen gewerblichen Auszubildenden durch Banküberweisung	650,00 EUR
3.	Wir kaufen Hilfsstoffe bar zum sofortigen Verbrauch	500,00 EUR
4.	Wir zahlen eine Rechnung für Gebäuderenovierung durch Banküberweisung	8750,00 EUR
5.	Wir kaufen einen Büroschrank bar	850,00 EUR
6.	Wir zahlen Heizöl für eine Lagerhalle durch Banküberweisung	5300,00 EUR
7.	Einkauf von Betriebsstoffen auf Ziel zum sofortigen Verbrauch	1350,00 EUR
8.	Wir kaufen Büromöbel bar	1500,00 EUR
9.	Bareinkauf von Betriebsstoffen zum sofortigen Verbrauch	500,00 EUR
10.	Wir zahlen Reparaturkosten für eine Produktionsmaschine durch Banküberweisung	4000,00 EUR
11.	Ein Kunde überweist einen Rechnungsbetrag auf unser Bankkonto	250,00 EUR
12.	Bankgutschrift für erhaltene Provisionen	200,00 EUR
13.	Wir zahlen Reisekosten an unseren Vertreter durch Banküberweisung	6000,00 EUR
14.	Wir bezahlen die Leasingrate für den Geschäfts-Pkw bar	410,00 EUR
15.	Wir überweisen für eine Liefererrechnung durch die Bank	2720,00 EUR
16.	Zahlung der Garagenmiete für das Auslieferungsfahrzeug durch Bankdauerauftrag	140,00 EUR
17.	Wir kaufen einen Gabelstapler auf Ziel	7980,00 EUR
18.	Die Bank überweist Zinsen für das Termingeld	820,50 EUR
19.	Banküberweisung der Kfz-Steuer für das Auslieferungsfahrzeug	961,70 EUR

1 Sofern es sich um Zahlungen handelt, die als Aufwand zu erfassen sind, ist davon auszugehen, dass die zugrunde liegende Rechnung noch nicht gebucht wurde.

20. Wir zahlen Vertriebsprovisionen durch Bankscheck an einen Vertreter 2040,00 EUR
21. Lastschrift der Bank zum Ausgleich der Telefonrechnung für das Geschäft 1795,80 EUR
22. Einkauf von Hilfsstoffen zum sofortigen Verbrauch gegen Rechnung 8730,20 EUR
23.

	IBAN	BIC	erstellt am	Auszug	Blatt
VR-Bank Kreis Steinfurt	DE60403619060100108800	GENODEM1IBB	31.03.20..	17	1

Alter Kontostand					26271,59 +
30.03.	300104	30.03.	Provisionen	Gutschrift	7140,00 +
30.03.	300105	31.03.	Zinsen für Termingeld	Gutschrift	1000,00 +
31.03.	300108	31.03.	Kraftfahrzeugversicherung	Lastschrift	4651,71 –
31.03.	300109	31.03.	Zinsen für Bankdarlehen	Lastschrift	5000,00 –
31.03.	300110	31.03.	Gehälter	Lastschrift	5175,00 –
31.03.	300112	31.03.	Leasing für Geschäftswagen	Lastschrift	1230,00 –
Neuer Kontostand					18354,88 +

Rudolf Walterbeck e. Kfm.
Bismarkstr. 101
49076 Osnabrück

Kontoauszug

Bitte Rückseite beachten.

48 Formulieren Sie aufgrund der vorliegenden Belege[1] die zugrunde liegenden Geschäftsvorfälle und buchen Sie die Belege im Grundbuch der Metallwerke Hans Wanner GmbH, Kornstraße 80, 38640 Goslar!

Beleg 1

EBE - WERKE AG
FLENSBURG

Hans Wanner GmbH
Kornstraße 80
38640 Goslar

Kurzmitteilung: 15.01.20..

Sehr geehrte Damen und Herren,

wir haben festgestellt, dass Sie unsere Rechnung Nr. 501 vom 10.01.20.. doppelt bezahlt haben.

Den Rechnungsbetrag in Höhe von 8140,20 EUR haben wir heute auf Ihr Konto bei der Commerzbank Goslar zurücküberwiesen..

Mit freundlichen Grüßen
EBE-Werke AG
i.A. Potte

Beleg 2

NOTHHAFT
FÜR BÜRO, SCHULE UND ZUHAUSE
Nonnenweg 8 38640 Goslar

BARVERKAUF

Nopi Paketklebeband 66x50 57212	2,19	1	2,19 EUR
PRITT Klebestift WA 13 40 g PRI 371047	3,85	2	7,70 EUR
E-1800/0,1 FARBE 002 rot edd1800	2,89	1	2,89 EUR
Kopierpapier A4 weiß 80 g/qm 8078451a8	3,49	1	3,49 EUR
	Gesamtsumme:		16,27 EUR

1 Bei den Belegen in dieser Aufgabe wird auf den Ausweis der Umsatzsteuer verzichtet, weil diese noch nicht behandelt wurde.

Beleg 3

Hans Wanner GmbH
Kornstraße 80
38640 Goslar

Buch- und
JOSEF SIGG OHG
Offset- druck

Josef Sigg OHG
Buch- und Offsetdruck
Blumenstr. 17
30159 Hannover

Rechnung Nr. 1572

Lieferdatum: 24.01.20 . .
Rechnungsdatum: 30.01.20 . .

Auftrags-Nr.		Preis in EUR
519	5 000 Vordrucke für Ausgangsrechnungen – Lieferschein Nr. 1010 –	295,00

Sitz der Gesellschaft: Hannover RG Hannover: HRA 195 Steuer-Nr.: 88712/15945

Beleg 4

DEUTSCHE POST AG
38640 GOSLAR
85051034 6941 15.01.20..

LABELFREIMACHUNG 1 STÜCK x 4,70 EUR
*4,70 EUR A,1

BRUTTOUMSATZ *4,70 EUR

VIELEN DANK FÜR IHREN BESUCH.
IHRE DEUTSCHE POST AG

Beleg 5

Firma: Möbelfabrik Tobias Hauser KG
Karlstraße 20–24 · 38259 Salzgitter

QUITTUNG

EINGEGANGEN 30. Jan. 20..

1 Büroschrank 1 927,80 EUR

Hans Wanner GmbH
Kornstraße 80
38640 Goslar

Betrag dankend erhalten
30.01.20..

Heim

Beleg 6

	IBAN	BIC	erstellt am	Auszug	Blatt
COMMERZBANK AG	DE12 2688 0063 0061 0984 50	DRESDEFF268	27.01.20..	10	1

ALTER SALDO VOM 24.01.20..				12 895,40 H
6.1	26.01.20..	Rechnung 20.01.20..		8 720,10 H
6.2	26.01.20..	Zinsgutschrift		520,00 H
6.3	26.01.20..	Feuerversicherung (Lastschrift)	1 100,00 S	
6.4	26.01.20..	Grundsteuer (Geschäft)	1 450,50 S	

Hans Wanner GmbH
Kornstraße 80
38640 Goslar

NEUER SALDO 19 585,00 H

Bitte Rückseite beachten.

5.6.3 Abschluss der Aufwands- und Ertragskonten über das Gewinn- und Verlustkonto

Als Unterkonten des Eigenkapitals müssten die Ergebniskonten direkt über das Eigenkapitalkonto abgeschlossen werden. Aus Gründen der Übersichtlichkeit wird auf dem Konto Eigenkapital jedoch nur das **Gesamtergebnis,** d.h. die Differenz zwischen der Summe der Erträge und der Summe der Aufwendungen (Gewinn bzw. Verlust) in einer Summe ausgewiesen. Das bedeutet, dass die einzelnen Aufwendungen und Erträge auf einem Zwischenkonto einander gegenübergestellt werden müssen. Da aus der Gegenüberstellung aller Erträge mit allen Aufwendungen der Gewinn oder Verlust des Unternehmens errechnet wird, heißt dieses Zwischenkonto **Gewinn- und Verlustkonto (GuV-Konto).**

- Auf dem **GuV-Konto** werden die **Aufwendungen** und **Erträge** einander gegenübergestellt.
- Der **Saldo** auf dem **GuV-Konto** weist den **Gewinn** bzw. **Verlust** des Unternehmens aus.

Erträge > Aufwendungen = Gewinn
Erträge < Aufwendungen = Verlust

Der auf dem GuV-Konto ermittelte Gewinn oder Verlust wird anschließend auf das Konto **Eigenkapital** umgebucht. Das **GuV-Konto** ist daher ein **Unterkonto des Eigenkapitalkontos.** Dabei erhöht ein Gewinn das Eigenkapital, ein Verlust vermindert es.

Beispiel:

Das folgende Beispiel beschränkt die kontenmäßige Darstellung auf die Ergebniskonten. Die Bilanzkonten werden bewusst ausgeklammert, um den Abschluss der Ergebniskonten deutlich herausstellen zu können.

I. Anfangsbestand auf dem Konto 3000 Eigenkapital: 30000,00 EUR

II. Erfolgswirksame Geschäftsvorfälle:

	Konten	Soll	Haben
1. Einkauf von Rohstoffen auf Ziel 20000,00 EUR	6000 Aufw. f. Rohstoffe an 4400 Verb. a.L.u.L.	20000,00	 20000,00
2. Kauf von Büromaterial bar 80,00 EUR	6800 Büromaterial an 2880 Kasse	80,00	 80,00
3. Abbuchung der Stromkosten vom Bankkonto 150,00 EUR	6050 Aufw. f. Energie an 2800 Bank	150,00	 150,00
4. Verkauf von Erzeugnissen auf Ziel 45000,00 EUR	2400 Ford. a.L.u.L. an 5000 UE f. eig. Erz.	45000,00	 45000,00
5. Gutschrift der Bank für Zinsen 140,00 EUR	2800 Bank an 5710 Zinserträge	140,00	 140,00

III. Aufgabe:

Führen Sie den Abschluss der Ergebniskonten bis zum Eigenkapital durch!

Lösung:

Aufwandskonten

S	6000 Aufw. f. Rohstoffe		H
4400	20 000,00	8020	20 000,00

S	6800 Büromaterial		H
2880	80,00	8020	80,00

S	6050 Aufw. f. Energie		H
2800	150,00	8020	150,00

Ertragskonten

S	5000 UE. f. eig. Erzeugn.		H
8020	45 000,00	2400	45 000,00

S	5710 Zinserträge		H
8020	140,00	2800	140,00

S	8020 GuV-Konto		H
6000	20 000,00	5000	45 000,00
6800	80,00	5710	140,00
6050	150,00		
3000	24 910,00		
	45 140,00		45 140,00

S	3000 Eigenkapital		H
8010	54 910,00	AB	30 000,00
		8020	24 910,00
	54 910,00		54 910,00

Der Abschluss der Ergebniskonten vollzieht sich in drei Schritten:

1. Schritt: Abschluss der Aufwandskonten über das GuV-Konto.
2. Schritt: Abschluss der Ertragskonten über das GuV-Konto.
3. Schritt: Abschluss des GuV-Kontos über das Eigenkapitalkonto.

Aus dem vorhergehenden Geschäftsgang geht hervor, dass in der doppelten Buchführung auch eine **doppelte Möglichkeit der Ergebnisermittlung (Erfolgsermittlung)** besteht:

- **Im Ergebniskontenbereich:**

  Hier wird das Ergebnis (Gewinn oder Verlust) durch die Gegenüberstellung der Aufwendungen mit den Erträgen auf dem GuV-Konto ermittelt. Auf dem GuV-Konto sind auch die einzelnen Ertrags- und Aufwandsarten ersichtlich.

	Summe der Erträge	45 140,00 EUR
–	Summe der Aufwendungen	20 230,00 EUR
=	Ergebnis (Gewinn)	24 910,00 EUR

Soll	8020 GuV		Haben
6000	20 000,00	5000	45 000,00
6800	80,00	5710	140,00
6050	150,00		
3000	24 910,00		
	45 140,00		45 140,00

- **Im Bilanzkontenbereich:**

  Hier wird das Ergebnis (Gewinn oder Verlust) durch den Vergleich des Eigenkapitals am Ende des Geschäftsjahres mit dem Eigenkapital am Anfang des Geschäftsjahres ermittelt.

	Eigenkapital am Ende des Geschäftsjahres	54 910,00 EUR
–	Eigenkapital am Anfang des Geschäftsjahres	30 000,00 EUR
=	Ergebnis (Gewinn)	24 910,00 EUR

Soll	3000 Eigenkapital		Haben
8010	54 910,00	AB	30 000,00
		8020	24 910,00
	54 910,00		54 910,00

Übungsaufgabe

49 **I. Anfangsbestände:**

2800 Bank 150 000,00 EUR; 3000 Eigenkapital 150 000,00 EUR

II. Geschäftsvorfälle:

1.	Banküberweisung für den Beitrag zur Industrie- u. Handelskammer	2 800,00 EUR
2.	Zinsgutschrift der Bank	490,00 EUR
3.	Die Reparaturkosten für ein Kopiergerät werden mit Bankscheck bezahlt	512,00 EUR
4.	Lohnzahlung durch Banküberweisung	1 290,00 EUR
5.	Banküberweisung der Kfz-Steuer für die Betriebsfahrzeuge	950,00 EUR
6.	Mieteinnahmen per Bankscheck	4 650,00 EUR
7.	Banküberweisung für die Feuerversicherung des Lagers	460,00 EUR
8.	Büromaterial wird mit Bankscheck gekauft	370,00 EUR
9.	Wir erhalten Provision durch Banküberweisung	9 980,00 EUR
10.	Ein Zeitungsinserat wird mit Banküberweisung beglichen	290,00 EUR

III. Aufgaben:

1. Eröffnen Sie die Konten Bank und Eigenkapital durch Vortrag der Anfangsbestände!
2. Bilden Sie die Buchungssätze und buchen Sie auf den Konten!
3. Führen Sie den Abschluss durch!

5.7 Geschäftsgang mit Bestands- und Erfolgskonten

Beispiel:

I. Anfangsbestände:

0500 Unbebaute Grundstücke 150 000,00 EUR, 0510 Bebaute Grundstücke 350 000,00 EUR, 0870 Büromöbel 80 000,00 EUR, 2000 Rohstoffe 235 000,00 EUR, 2400 Forderungen aus Lieferungen und Leistungen 160 320,00 EUR, 2800 Bank 137 850,00 EUR, 3000 Eigenkapital 575 000,00 EUR, 4250 Langfristige Bankverbindlichkeiten 400 000,00 EUR, 4400 Verbindlichkeiten aus Lieferungen und Leistungen 138 170,00 EUR.

II. Kontenplan:

0500, 0510, 0870, 2000, 2400, 2800, 3000, 4250, 4400, 5000, 5710, 6000, 6700, 7020, 7510, 8000, 8010, 8020

III. Geschäftsvorfälle:

1.	Kauf von Rohstoffen auf Ziel	104 500,00 EUR
2.	Kauf von Büromöbeln auf Ziel	14 500,00 EUR
3.	Verkauf von Erzeugnissen auf Ziel	214 948,00 EUR
4.	Banküberweisung für das gemietete Verwaltungsgebäude	12 000,00 EUR
5.	Die Bank belastet unser Kontokorrentkonto mit den Halbjahreszinsen für das aufgenommene Bankdarlehen	16 000,00 EUR
6.	Banküberweisung für die Grundsteuer	4 000,00 EUR
7.	Bankgutschrift für Zinsen	1 750,00 EUR

IV. Abschlussangabe:

Der Schlussbestand der Rohstoffe beträgt lt. Inventur 235 000,00 EUR.

V. Aufgaben:

1. Buchen Sie die Anfangsbestände unter Einbeziehung des Eröffnungsbilanzkontos!
2. Bilden Sie die Buchungssätze für die Geschäftsvorfälle!
3. Buchen Sie auf den Konten!
4. Schließen Sie die Konten ab!

Lösung:

Zu 2.: Buchungssätze für die Geschäftsvorfälle

Nr.	Konten	Soll	Haben
1.	6000 Aufwendungen für Rohstoffe an 4400 Verbindlichkeiten aus Lieferungen und Leistungen	104 500,00	 104 500,00
2.	0870 Büromöbel an 4400 Verbindlichkeiten aus Lieferungen und Leistungen	14 500,00	 14 500,00
3.	2400 Forderungen aus Lieferungen und Leistungen an 5000 Umsatzerlöse für eigene Erzeugnisse	214 948,00	 214 948,00
4.	6700 Mieten, Pachten an 2800 Bank	12 000,00	 12 000,00
5.	7510 Zinsaufwendungen an 2800 Bank	16 000,00	 16 000,00
6.	7020 Grundsteuer an 2800 Bank	4 000,00	 4 000,00
7.	2800 Bank an 5710 Zinserträge	1 750,00	 1 750,00

Zu 1., 3. und 4.: Buchung auf den Konten des Hauptbuches und Abschluss der Konten

Bilanzkonten-Bereich

Aktivkonten

0500 Unb. Grundstücke

S		H	
8000	150 000,00	8010	150 000,00

0510 Beb. Grundstücke

S		H	
8000	350 000,00	8010	350 000,00

0870 Büromöbel

S		H	
8000	80 000,00	8010	94 500,00
4400	14 500,00		
	94 500,00		94 500,00

2000 Rohstoffe

S		H	
8000	235 000,00	8010	235 000,00

2400 Ford. a. Lief. u. Leist.

S		H	
8000	160 320,00	8010	375 268,00
5000	214 948,00		
	375 268,00		375 268,00

2800 Bank

S		H	
8000	137 850,00	6700	12 000,00
5710	1 750,00	7510	16 000,00
		7020	4 000,00
		8010	107 600,00
	139 600,00		139 600,00

8000 EBK

S		H	
3000	575 000,00	0500	150 000,00
4250	400 000,00	0510	350 000,00
4400	138 170,00	0870	80 000,00
		2000	235 000,00
		2400	160 320,00
		2800	137 850,00
	1 113 170,00		1 113 170,00

8010 SBK

S		H	
0500	150 000,00	3000	655 198,00
0510	350 000,00	4250	400 000,00
0870	94 500,00	4400	257 170,00
2000	235 000,00		
2400	375 268,00		
2800	107 600,00		
	1 312 368,00		1 312 368,00

Passivkonten

3000 Eigenkapital

S		H	
8010	655 198,00	8000	575 000,00
		8020	80 198,00
	655 198,00		655 198,00

4250 Langfr. Bankverb.

S		H	
8010	400 000,00	8000	400 000,00

4400 Verb. a. Lief. u. Leist.

S		H	
8010	257 170,00	8000	138 170,00
		6000	104 500,00
		0870	14 500,00
	257 170,00		257 170,00

Erfolgskonten-Bereich

Aufwandskonten

6000 Aufw. f. Rohstoffe

S		H	
4400	104 500,00	8020	104 500,00

6700 Mieten/Pachten

S		H	
2800	12 000,00	8020	12 000,00

7020 Grundsteuer

S		H	
2800	4 000,00	8020	4 000,00

7510 Zinsaufwendungen

S		H	
2800	16 000,00	8020	16 000,00

Ertragskonten

5000 UE. f. eig. Erz.

S		H	
8020	214 948,00	2400	214 948,00

5710 Zinserträge

S		H	
8020	1 750,00	2800	1 750,00

8020 GuV

S		H	
6000	104 500,00	5000	214 948,00
6700	12 000,00	5710	1 750,00
7020	4 000,00		
7510	16 000,00		
3000	80 198,00		
	216 698,00		216 698,00

Übungsaufgaben

50 **I. Anfangsbestände:**

0510 Bebaute Grundstücke 120 000,00 EUR; 0540 Verwaltungsgebäude 85 000,00 EUR; 0810 Werkstätteneinrichtung 15 000,00 EUR; 2800 Bank 16 200,00 EUR; 2880 Kasse 5 400,00 EUR; 3000 Eigenkapital 216 600,00 EUR; 4400 Verbindlichkeiten aus Lieferungen und Leistungen 25 000,00 EUR.

II. Kontenplan:

0510, 0540, 0810, 2800, 2880, 3000, 4400, 5000, 5710, 6000, 6700, 6800, 6830, 8010, 8020.

III. Geschäftsvorfälle:

1. Einkauf von Rohstoffen zum sofortigen Verbrauch durch Banküberweisung	5 300,00 EUR
2. Kauf von Schreibwaren für das Büro bar	120,00 EUR
3. Zinsgutschrift der Bank	350,00 EUR
4. Verkauf von Erzeugnissen gegen Banküberweisung	11 350,00 EUR
5. Zahlung der Geschäftsmiete durch Banküberweisung	1 100,00 EUR
6. Die Telefongebühren werden vom Bankkonto abgebucht	215,00 EUR

IV. Aufgaben:

1. Erstellen Sie die Eröffnungsbilanz!
2. Bilden Sie für die Geschäftsvorfälle die Buchungssätze und buchen Sie auf den Konten!
3. Schließen Sie die Konten ab und geben Sie das neue Eigenkapital an!

51 **I. Anfangsbestände:**

0870 Büromöbel 234 200,00 EUR; 2400 Forderungen aus Lieferungen und Leistungen 313 800,00 EUR; 2800 Bank 66 500,00 EUR; 2880 Kasse 22 200,00 EUR; 3000 Eigenkapital; 4250 Langfristige Bankverbindlichkeiten 180 000,00 EUR; 4400 Verbindlichkeiten aus Lieferungen und Leistungen 136 700,00 EUR.

II. Kontenplan:

0870, 2400, 2800, 2880, 3000, 4250, 4400, 5000, 5710, 6160, 6700, 6820, 6830, 7510, 8010, 8020.

III. Geschäftsvorfälle:

1. Wir begleichen eine Lieferantenrechnung durch Banküberweisung	11 100,00 EUR
2. Barkauf von Büromöbeln für das Chefzimmer	10 460,00 EUR
3. Wir zahlen Darlehenszinsen durch Banküberweisung	8 380,00 EUR
4. Barkauf von Briefmarken	55,00 EUR
5. Die Telefongebühren werden von der Bank abgebucht	1 190,00 EUR
6. Teilweise Tilgung eines Bankdarlehens durch Banküberweisung	22 000,00 EUR
7. Verkauf von Erzeugnissen gegen Banküberweisung	29 100,00 EUR
8. Wir zahlen Geschäftsmiete per Bankscheck	9 900,00 EUR
9. Zahlung einer Kfz-Reparaturrechnung bar	3 120,00 EUR
10. Die Bank schreibt uns Zinsen gut	1 220,00 EUR

IV. Aufgaben:

1. Erstellen Sie die Eröffnungsbilanz!
2. Eröffnen Sie die Konten und buchen Sie die Anfangsbestände!
3. Bilden Sie für die Geschäftsvorfälle die Buchungssätze und buchen Sie auf den Konten!
4. Schließen Sie die Konten über das Schlussbilanzkonto ab!

11 Speth u.a. - ISBN 978-3-8120-0536-4

52 Entscheiden Sie außerhalb des Buches, welche der folgenden Aussagen richtig sind:

1. Der Begriff Erfolg beinhaltet immer einen Gewinn.
2. Ist das Reinvermögen am Ende der Geschäftsperiode höher als am Anfang, wurde in der Geschäftsperiode ein Gewinn erzielt.
3. Vermögen – Schulden = Erfolg.
4. Ein Verlust liegt vor, wenn das Eigenkapital am Anfang der Geschäftsperiode größer ist als am Ende.
5. Die Formel für die Erfolgsermittlung lautet:

   Eigenkapital am Anfang der Geschäftsperiode
   – Eigenkapital am Ende der Geschäftsperiode
   = Erfolg

Beachte:

Nach Einführung der Erfolgskonten können wir jetzt auch unser Kontensystem der doppelten Buchführung vervollständigen. Wir haben einerseits die **Bestandskonten** und andererseits die **Erfolgskonten.** Jede Kontengruppe hat ihr eigenes Abschlusskonto. Die Gegenbuchungen zu den **Salden** auf den **Bestandskonten** erscheinen auf dem **Schlussbilanzkonto,** und die Gegenbuchungen zu den **Salden** auf den **Erfolgskonten** erscheinen auf dem **Gewinn- und Verlustkonto.**

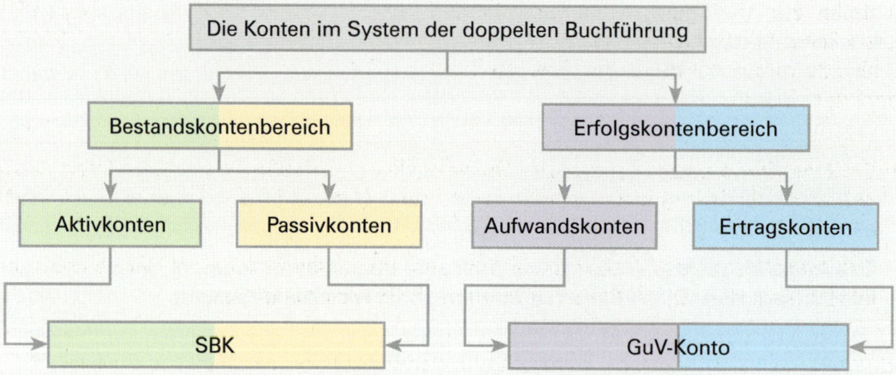

6 Unternehmen im Wettbewerb

6.1 Marktsituation und Marktentwicklungen

6.1.1 Begriffe Markt, Angebot und Nachfrage

In einer marktwirtschaftlich orientierten Wirtschaftsordnung stellen die **Haushalte** (in der Regel als **Nachfrager**) sowie die **Unternehmen** (zumeist in der Rolle der **Anbieter**) – ihrem **Eigeninteresse** folgend – **selbstständig** Wirtschaftspläne auf. Dabei versuchen die **Anbieter** (Unternehmen) ihre Pläne am Ziel der **Gewinnmaximierung** auszurichten, wohingegen sich die **Nachfrager** (Haushalte) bei ihren Planungen überwiegend an dem Ziel der **Nutzenmaximierung** orientieren. Die **Gegensätzlichkeit** dieser Planungsgrundlage wird deutlich, wenn man sich vor Augen führt, dass die **Anbieter** im Rahmen ihrer Zielsetzung bemüht sein werden, entsprechend **hohe Preise** durchzusetzen. Die **Nachfrager** demgegenüber versuchen, mit den ihnen zur Verfügung stehenden Mitteln ein möglichst hohes Nutzenniveau zu realisieren, also zu möglichst **niedrigen Preisen** ihren Bedarf zu decken.

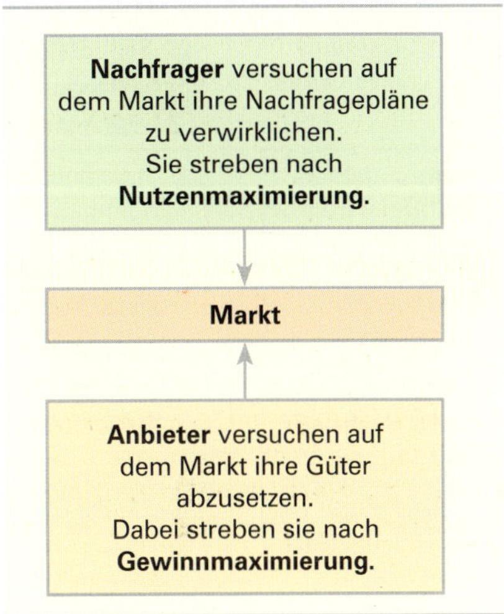

- Die **Nachfrage** setzt sich aus der Summe aller mit Kaufkraft ausgestatteten Kaufwünsche der Wirtschaftssubjekte zusammen. Die Nachfrager streben nach **Nutzenmaximierung.**
- Das **Angebot** setzt sich aus der Summe aller Verkaufswünsche der Wirtschaftssubjekte zusammen. Die Anbieter streben nach **Gewinnmaximierung.**

Beide „Parteien" sind bestrebt, ihre **individuellen Planungen** am Markt zu realisieren:

- Der Markt ermöglicht den **Anbietern,** ihre Güter entsprechend ihren Zielvorstellungen anzubieten und sich über die Nachfrage zu informieren.
- Den **Nachfragern** bietet der Markt die Möglichkeit, sich über das Angebot zu informieren und ihre Kaufentscheidung unter Berücksichtigung der Nutzenmaximierung zu treffen.

Der **Markt** ist der Ort, an dem Angebot und Nachfrage aufeinandertreffen.

Die Aufgabe des Marktes besteht darin, Angebot und Nachfrage zusammenzuführen und zum Ausgleich zu bringen.

6.1.2 Bestimmungsgründe der Nachfrage und des Angebots und die Begriffe Marktsituation und Marktentwicklung

(1) Bestimmungsgründe der Nachfrage[1]

Abhängigkeit der individuellen Nachfrage vom Preis eines Gutes	Wird nur der Preis als Bestimmungsgrund für die individuelle Nachfrage herangezogen, dann kann man folgende Beziehungen zwischen Preis und nachgefragter Menge annehmen **(Gesetz der Nachfrage):** ■ Mit **steigendem Preis** eines Gutes **sinkt die Nachfrage** nach diesem Gut. ■ Mit **sinkendem Preis** eines Gutes **steigt die Nachfrage** nach diesem Gut.
Änderungen der Bedürfnisstruktur[2] und individuelle Nachfrage	Die individuelle Haushaltsnachfrage ist – unter sonst gleichbleibenden Bedingungen – von der **individuellen Bedürfnisstruktur** des Haushalts abhängig. Nimmt die Intensität (Stärke) des Bedürfnisses nach einem Gut zu, nimmt auch die Nachfrage zu. Nimmt die Intensität des Bedürfnisses ab, nimmt auch die Nachfrage ab.
Einkommensänderungen und individuelle Nachfrage	Die individuelle Haushaltsnachfrage hängt auch von der **Höhe des Einkommens** ab. Steigt das Einkommen, nimmt die Nachfrage zu, sinkt das Einkommen, nimmt die Nachfrage ab.
Preisänderungen anderer Güter und individuelle Nachfrage	Die Nachfrage des privaten Haushalts nach einem bestimmten Gut ist unter sonst gleichen Bedingungen von dem **Preis eines anderen Gutes** abhängig. **Beispiel:** Steigt z. B. der Preis für Kartoffeln, wird die Nachfrage nach Nudeln zunehmen. Oder: Steigt der Preis für Schweinefleisch, nimmt die Nachfrage nach Rindfleisch zu **(Substitutionsgüter).**[3] Steigt jedoch der Preis für Superbenzin stark an, mag es sein, dass die Nachfrage nach großen und teuren Autos mit hohem Superbenzinverbrauch zurückgeht, obwohl sich der Preis dieser Autos nicht geändert hat **(Komplementärgüter).**[4]
Sonstige Bestimmungsgründe der individuellen Nachfrage	■ Es gibt noch eine ganze Reihe weiterer Bestimmungsgründe der individuellen Nachfrage. So ist es beispielsweise für die Nachfrage eines Haushalts nicht gleichgültig, ob er **Vermögen** im Hintergrund hat oder nicht. Selbst der **Aufbau des Vermögens** spielt eine Rolle. **Beispiele:** Ein Arbeitnehmer, der sein Vermögen in einer Eigentumswohnung angelegt hat, wird bei steigenden Preisen und gleichbleibendem Einkommen seine Nachfrage nach den Gütern des täglichen Bedarfs einschränken müssen. Ein anderer, der ein gleich großes Vermögen auf dem Bankkonto hat, unterliegt diesem Zwang in gleicher Situation nicht.

1 Im Folgenden beschränken wir uns auf die Darstellung der Bestimmungsgründe der individuellen Nachfrage.

2 Unter **Bedürfnissen** versteht man Mangelempfindungen der Menschen, die diese zu beheben bestrebt sind.

3 **Substitutionsgüter** sind Güter, die in den Augen des Haushalts austauschbar sind (z. B. Bier – Wein; Kartoffeln – Nudeln; Feuerzeug – Streichhölzer).

4 **Komplementärgüter** sind Güter, die nur zusammen verbraucht bzw. gebraucht werden können (z. B. Bohnenkaffee – Wasser; Benzin – Auto; Teller – Besteck).

	■ Auch die **Erwartung künftiger politischer und wirtschaftlicher Ereignisse** beeinflusst die Nachfrage des Haushalts. Erwartet der Haushalt steigende Preise, mag es sein, dass er zu den jetzt noch günstigen Preisen kauft. Die Erwartung sinkender Einkommen (die Erwartung steigender Arbeitslosigkeit) führt in der Regel zu abnehmender Nachfrage und steigendem Sparen.

(2) Bestimmungsgründe des Angebots

Abhängigkeit des Angebots vom Preis eines Gutes	Wird nur der **Preis als Bestimmungsgrund** für das Angebot herangezogen, dann kann man folgende Beziehungen zwischen Preis und angebotener Menge annehmen **(Gesetz des Angebots).** ■ Mit **steigendem Preis** eines Gutes **steigt das Angebot** für dieses Gut. ■ Mit **sinkendem Preis** eines Gutes **sinkt das Angebot** für dieses Gut.
Technischer Fortschritt	Aufgrund des Übergangs der Betriebe auf **anlageintensivere Produktionsverfahren** erweitert sich die Kapazität und damit das mögliche Angebot. **Beispiel:** Massenangebot an Automobilen aufgrund der Fließbandfertigung im Vergleich zum Automobilangebot zu Beginn des letzten Jahrhunderts (Werkstättenfertigung).
Zahl der Anbieter	Nimmt die Zahl der **Anbieter** (die Zahl der Betriebe) **zu,** nimmt auch das **Angebot zu.** Nimmt die Zahl der **Anbieter ab,** nimmt auch das **Angebot ab.** **Beispiel:** Aufgrund der Energieverknappung nimmt die Zahl der Betriebe, die Sonnenkollektoren anbieten, ständig zu. Die Anbieter rechnen damit, dass in Zukunft immer mehr Haushalte und Betriebe zu energiesparenden Heizsystemen übergehen werden.
Zukunftserwartungen	Erwarten die Anbieter **günstige Absatzchancen** und damit höhere Gewinne, werden sie **mehr investieren,** d.h. ihre Kapazitäten ausweiten. **Pessimistische Zukunftserwartungen** führen hingegen dazu, dass **Investitionen unterlassen** und **Betriebsteile stillgelegt** werden.
Absatzentwicklung von Kuppelprodukten[1]	Nimmt das Angebot für das **Kuppelprodukt A** zu, nimmt zwangsläufig auch das Angebot für das **Kuppelprodukt B** zu (und umgekehrt). **Beispiele:** Steigt die Nachfrage nach Rindfleisch und damit die Rindfleischproduktion, nimmt das Angebot an Milch, Milcherzeugnissen und Rindsleder zu. – Sinkt die Nachfrage nach Schweinefleisch, nimmt das Angebot an Schinken, Schweineleber und Schweinsleder ab.

1 **Kuppelprodukte** sind Erzeugnisse, bei deren Herstellung zwangsläufig weitere Erzeugnisse produziert werden.

Preisänderungen	**Steigen die Preise** (z. B. Löhne, Rohstoffpreise), nimmt normalerweise das **Angebot ab. Sinken die Preise,** nimmt das **Angebot zu.** **Beispiel:** Steigen die Kosten (z. B. die Lohnkosten), nehmen die Stückkosten zu. Die Unternehmen mit einer ungünstigen Kostenstruktur scheiden dann längerfristig aus dem Markt aus.

(3) Marktsituation und Marktentwicklung

Marktsituation

Die **Marktsituation** wird bestimmt von der jeweiligen Nachfragesituation und dem dabei herrschenden Marktangebot.

Marktentwicklung

Aufgabe des Unternehmens ist es, die Marktentwicklung ständig zu verfolgen, um sich – möglichst im Vorgriff – auf eine veränderte Marktlage optimal einstellen zu können.

- Das Verfolgen der **Marktentwicklung** hat die Aufgabe, Veränderungen auf den Märkten **laufend** zu erfassen und auszuwerten.
- Die Marktentwicklung befasst sich mit den vorhandenen bzw. neu zu gewinnenden Kunden und mit dem **Verhalten der Konkurrenz.**[1]

Die Fragestellungen lauten z. B.:

- Wie entwickelt sich die Zahl der Nachfrager, wie die mengen- und wertmäßige Nachfrage nach einem bestimmten Produkt?
- Wie entwickeln sich die Einkommen, wie die Vermögensverhältnisse der Abnehmer?
- Wie verändert sich die Einstellung der Käufer zum angebotenen Produkt?
- Wie reagieren die Konkurrenzunternehmen auf absatzpolitische Maßnahmen (z.B. Preisänderungen, Werbemaßnahmen)?

Ziel ist die Ermittlung von Tendenzen, Veränderungen sowie Trends innerhalb eines bestimmten Zeitraums. Es gilt das **Marktrisiko** zu vermindern.

Zusammenfassung

- Unter **Markt** versteht man das Zusammentreffen von Angebot und Nachfrage.
- Das **Angebot** setzt sich aus der Summe aller Verkaufswünsche der Wirtschaftssubjekte zusammen.

1 Wird die Marktentwicklung mit wissenschaftlichen Methoden erforscht, so spricht man von **Marktforschung.** Die Marktforschung wird in der Jahrgangsstufe 12 im Lerngebiet 5 ausführlich behandelt.

- Wichtige **Einflussfaktoren des Angebots** sind:

Das **Marktangebot** für ein bestimmtes Gut A **nimmt ab,** wenn	Das **Marktangebot** für ein bestimmtes Gut A **nimmt zu,** wenn
■ die Anbieter auf arbeitsintensivere Produktionsfaktoren übergehen, ■ die Zahl der Anbieter abnimmt bzw. die Kapazitäten verringert werden, ■ die Anbieter pessimistische Zukunftserwartungen hegen, ■ die Produktion eines Kuppelprodukts B abnimmt, ■ die Preise steigen.	■ die Anbieter auf kapitalintensivere Produktionsverfahren übergehen, ■ die Zahl der Anbieter zunimmt bzw. die Kapazitäten erweitert werden, ■ die Anbieter optimistische Zukunftserwartungen hegen, ■ die Produktion eines Kuppelprodukts B zunimmt, ■ die Preise sinken.

- Die **Nachfrage** setzt sich aus der Summe aller mit Kaufkraft ausgestatteten Kaufwünsche der Wirtschaftssubjekte zusammen.
- Wichtige **Einflussfaktoren der individuellen Nachfrage** sind:

Die **Marktnachfrage** nach einem bestimmten Gut A **nimmt zu,** wenn	Die **Marktnachfrage** nach einem bestimmten Gut A **nimmt ab,** wenn
■ die Intensität der Bedürfnisse (z. B. aufgrund technischer Änderungen, aufgrund der Werbung) zunimmt, ■ die Bevölkerung wächst, ■ die privaten Haushalte optimistische Zukunftserwartungen hegen, ■ die Einkommen steigen, ■ der Preis eines Komplementärgutes B sinkt, ■ der Preis eines Substitutionsgutes B steigt.	■ die Intensität der Bedürfnisse (z. B. aufgrund technischer Änderungen) abnimmt, ■ die Bevölkerung schrumpft, ■ die privaten Haushalte pessimistische Zukunftserwartungen hegen, ■ die Einkommen sinken, ■ der Preis eines Komplementärgutes B steigt, ■ der Preis eines Substitutionsgutes B sinkt.

- Die **Marktsituation** wird bestimmt von der jeweiligen Nachfragesituation und dem dabei herrschenden Marktangebot.
- Die Beobachtung der **Marktentwicklung** ist notwendig, um Veränderungen auf den Märkten laufend zu erfassen und auszuwerten. Dadurch wird für das Unternehmen das Marktrisiko vermindert.

Übungsaufgabe

53

1. Erläutern Sie, wie sich Einkommens-, Bedürfnis- und Preisänderungen anderer Güter auf die Haushaltsnachfrage nach einem Gut auswirken!
2. Erklären Sie folgende Aussagen: „Bei Preisänderungen des nachgefragten Gutes findet eine Bewegung bei der Nachfrage statt." Und: „Bei Einkommensänderungen verschiebt sich die Nachfrage."
3. Definieren Sie den Begriff Nachfrage (Gesamtnachfrage) für ein Gut!
4. Erklären Sie, wie die Nachfrage für ein Gut zustande kommt!

5. Neben den Einkommens-, Bedürfnis- und Preisänderungen anderer Güter gibt es weitere Bestimmungsgründe der Gesamtnachfrage nach einem Gut.

   Aufgabe:

   Erläutern Sie an zwei Beispielen, wie sich die Veränderungen dieser Faktoren auf die Gesamtnachfrage auswirken!

6. Erläutern Sie an einem Beispiel, wie sich die Einkommensnivellierung (Angleichung) auf die Nachfrage auswirkt!

7. 7.1 Erläutern Sie, was unter Angebot (Gesamtangebot) für ein Gut zu verstehen ist!
   7.2 Nennen Sie Ursachen für die Zunahme des Angebots! (Begründungen!)
   7.3 Nennen Sie Ursachen für die Abnahme des Angebots! (Begründungen!)

6.2 Erfolgsfaktoren im Wettbewerb

Traditionelle Faktoren wie Wirtschaftlichkeit,[1] Produktivität[2] und Innovation sind zentrale Voraussetzungen für eine erfolgreiche unternehmerische Tätigkeit. Gleichzeitig findet aber eine Neuorientierung zu Erfolgsfaktoren wie Prozessmanagement,[3] Zufriedenstellung aller Stakeholder,[4] Flexibilität in allen Bereichen des Unternehmens, hohe Qualität oder eine Vorwegnahme der Kundenerwartungen durch ständige Marktbeobachtung statt.

Erfolgsfaktoren können unterteilt werden in **interne Faktoren,** das sind alle vom Unternehmen direkt beeinflussbare Faktoren, und **externe Faktoren,** die sogenannten Marktfaktoren, die vom Unternehmen nicht bzw. nur begrenzt beeinflussbar sind.

Beispiele und Auswirkungen von Erfolgsfaktoren:

Interne Erfolgsfaktoren		Externe Erfolgsfaktoren	
Einführung einer integrierten Unternehmenssoftware	■ Einmal erfasste Kundenaufträge können nicht „vergessen" werden. ■ Für betriebliche Entscheidungen stehen aktuelle Daten zur Verfügung.	Ständige Produktverbesserung	■ Die Kundenzufriedenheit erhöht sich. ■ Wettbewerbsvorteile. ■ Der Marktanteil des Unternehmens bleibt erhalten oder erhöht sich.
Verbesserung der Ablauforganisation	■ Die Produktionszeit verkürzt sich. ■ Die Produktionskosten werden reduziert.	Kundenorientierung	■ Eine Kundenausrichtung führt zu Wettbewerbsvorteilen. Der Marktanteil erhöht sich. ■ Kunden werden eventuell zu Stammkunden.

1 **Wirtschaftlichkeit** ist das Verhältnis von Leistungen zu Kosten.

2 **Produktivität** ist die technische Ergiebigkeit eines Produktionsvorgangs. Sie stellt das Verhältnis von Ausbringungsmenge (z.B. Anzahl der Erzeugnisse) zu Einsatzmenge (z. B. geleistete Arbeitsstunden) dar.

3 Näheres siehe S. 244ff.

4 Wiederholen Sie die Ausführungen auf S. 27ff.

Interne Erfolgsfaktoren		Externe Erfolgsfaktoren	
Mitarbeiter-zufriedenheit	■ Die Kündigungsquote geht zurück. ■ Die Leistungsbereitschaft und Flexibilität der Mitarbeiter erhöht sich.	Standort	■ Ein Betriebsstandort in der Nähe einer Spedition, eines Güterbahnhofs oder einer Autobahn verkürzt die Lieferwege (Wettbewerbsvorteil, Reduzierung der Kosten). ■ Bei einem Standort in der Nähe der Zulieferer kann das Lager verkleinert werden.

Es besteht ein Wechselwirkungseffekt zwischen internen Faktoren, externen Faktoren, Erfolg und Unternehmensstrategie. Eine einmal getroffene Entscheidung beeinflusst den **gegenwärtigen** oder den **zukünftigen Unternehmenserfolg**.

Beispiel:

Die Standortwahl eines Betriebs ist in der Regel bei der Gründung ein positiver Erfolgsfaktor, der nach einer Änderung der Standortbedingungen (z.B. Erhöhung der Energiekosten, Änderung der Infrastruktur, hohe Lohnkosten im internationalen Vergleich) allerdings zu einem kritischen bzw. negativen Erfolgsfaktor werden kann.

Zusammenfassung

- Wirtschaftlichkeit, Produktivität und Innovation sind **traditionelle Erfolgsfaktoren.**
- Prozessmanagement, Befriedigung von Stakeholder-Ansprüchen, Gesamtqualität und Flexibilität gehören zu den **neuen Erfolgsfaktoren.**
- Das Unternehmen kann:
  - **interne Erfolgsfaktoren** direkt beeinflussen,
  - **externe Erfolgsfaktoren** nicht oder nur begrenzt beeinflussen.
- Es besteht ein **Wechselwirkungseffekt** zwischen internen Erfolgsfaktoren, externen Erfolgsfaktoren, Erfolg und Unternehmensstrategie.

Übungsaufgabe

54

1. Beschreiben Sie mögliche Auswirkungen des Erfolgsfaktors Produktqualität!
2. Ordnen Sie folgende Erfolgsfaktoren den internen oder externen Faktoren zu!
   - 2.1 Unternehmensgröße,
   - 2.2 Größe der Konkurrenten,
   - 2.3 Exportanteil des Unternehmens,
   - 2.4 Organisationsstruktur,
   - 2.5 innerbetriebliche Kommunikation.

6.3 Controlling

6.3.1 Begriff Controlling

(1) Controlling als Methode

Der Begriff Controlling ist von dem angelsächsischen Wort „to control" abgeleitet und kann mit steuern, führen und kontrollieren übersetzt werden. Der Ausdruck Controlling darf also nicht dazu verleiten, ihn inhaltlich ausschließlich mit kontrollieren gleichzusetzen.

- **Controlling** ist eine Methode, die den Planungs-, Entscheidungs- und Steuerungsprozess von Führungskräften durch die Bereitstellung entsprechender Informationen unterstützt.
- Controlling muss sicherstellen, dass die Unternehmensführung die **Entwicklung von Marktprozessen** frühzeitig aufnimmt und für das **eigene Unternehmen nutzbar** macht.
- Gleichzeitig muss das Controlling darauf achten, eventuelle **Gefahren aus Marktveränderungen** rechtzeitig zu erkennen und deren **negative Auswirkungen vom Unternehmen** abzuwenden.

So übernimmt Controlling z. B.

- die Gestaltung von Informationssystemen,
- koordiniert die Planungen der einzelnen organisatorischen Einheiten (z. B. Abteilungen), lässt die Zielerreichung messen,
- analysiert Abweichungen,
- diskutiert über Korrekturmaßnahmen und
- überwacht z. B. die Realisierung von Maßnahmen.

Die Unterstützungsfunktion des Controllings endet mit Analysen, Empfehlungen usw. Die **Entscheidung selbst** wird letztendlich aber von der **Unternehmensführung** getroffen.

(2) Controlling als Institution

Damit die Controller die ihnen übertragenen Aufgaben wahrnehmen können, muss Controlling im Unternehmen **organisatorisch** eingebunden werden. Um dem Controlling die **Unabhängigkeit** und **Neutralität** sowie die **Nähe zur Geschäftsführung** zu sichern, wird die Controlling-Abteilung häufig als **Stabstelle** eingerichtet und der Geschäftsleitung direkt unterstellt.

Organisatorisch wird für das Controlling in aller Regel eine **eigene Abteilung** eingerichtet, die direkt der Geschäftsleitung zuarbeitet.

6.3.2 Aufgaben des Controllings

Bezogen auf die Führungsaufgaben der Unternehmensleitung kommt dem Controlling die **generelle Aufgabe** zu, eine **ergebnisorientierte Planung, Steuerung** und **Überwachung** des Unternehmensgeschehens zu sichern. Das setzt voraus, dass das Controlling alle Informationen über das Unternehmensgeschehen erfasst, aufbereitet und koordiniert. Basis für die Informationsgewinnung ist das Rechnungs- und Finanzwesen, verbunden mit dem dahinterstehenden betriebswirtschaftlich-technischen Datenmaterial.

Aus dieser generellen Aufgabe leiten sich für das Controlling insbesondere folgende **spezielle Aufgaben** ab:

- Mitwirkung und Mitentscheidung bei der **Planung der Unternehmensziele,** bei der **strategischen und operativen Planung** und deren **Kontrolle,**
- Abwicklung des **Rechnungswesen** (Durchführung der Kosten- und Leistungsrechnung, Buchhaltung, Jahresabschluss, Steuerwesen),
- Erstellung **ergebnisorientierter Informationen** für die Führungskräfte auf allen Ebenen,
- Mitgestaltungsrecht bei Fragen der **Organisation** und der **Informationssysteme.**

Controlling umfasst somit **Informations-, Dienstleistungs-** bzw. **Beratungsaufgaben** sowie **Entscheidungsaufgaben** bezogen auf das gesamte Unternehmen, Unternehmensbereiche, Aufgabenbereiche, Produkte und Projekte, und zwar auf allen organisatorischen Ebenen.

6.3.3 Arten des Controllings

(1) Gliederung des Controllings unter dem Gesichtspunkt des Zeithorizonts

Operatives Controlling

Das operative Controlling bezieht sich auf einen **kurz- bis mittelfristigen Zeitraum** und arbeitet mit **messbaren Daten,** d.h. mit Mengen- und/oder Wertgrößen. Es ist sowohl **vergangenheits-, gegenwarts- als auch zukunftsbezogen.** Durch Sicherung von Liquidität, Rentabilität und Wirtschaftlichkeit soll die Lebensfähigkeit des Unternehmens gewährleistet werden. Daten der Vergangenheit werden teilweise auch in Planvorgaben für die naheliegende Zukunft transformiert.

Strategisches Controlling

Das strategische Controlling ist auf die **langfristige Existenzsicherung** des Unternehmens bedacht. Es ist überwiegend nach außen gerichtet und verzichtet auf messbare Daten. Es bezieht rechtliche, politische und wirtschaftliche Entwicklungen in die Überlegungen ein und ist in zeitlicher Hinsicht völlig offen. So werden z.B. die Entwicklungen auf dem Gebiet des Umweltschutzes verfolgt, um frühzeitig umweltfreundliche Produkte in das Produktprogramm aufnehmen zu können.

Dem strategischen Controlling fällt die **Aufgabe** zu, im Hinblick auf eine dauerhafte Existenzsicherung des Unternehmens **Chancen** und **Risiken** für das Unternehmen abzuschätzen. Die **Stärken** und **Schwächen** des Unternehmens sind herauszustellen, um darauf aufbauend Risiken und Chancen abzuwägen und entsprechende Maßnahmen zur Begünstigung der Stärken und zur Behebung der Risiken einzuleiten.

(2) Gliederung des Controllings nach dem Gesichtspunkt der betrieblichen Funktion (Bereichs-Controlling)

Bereiche	Erläuterungen
Beschaffungs-Controlling	Es umfasst die Marktaktivitäten, die sich auf die Beschaffung der Werkstoffe und Dienstleistungen beziehen.
Marketing-Controlling	Es umfasst die Marktaktivitäten, die dem Absatz der Unternehmensprodukte dienen.

Bereiche	Erläuterungen
Produktions-Controlling	Es ist insbesondere ausgerichtet auf das Kostenverhalten, die Produktivitäts- und Wirtschaftlichkeitsentwicklung sowie das Qualitätsmanagement.
Personal-Controlling	Es befasst sich mit der Entwicklung der Personalkosten und entwickelt Grundlagen für Personalentscheidungen.

6.3.4 Instrumente des Controllings

Controllinginstrumente sind alle methodischen und sachlichen Hilfsmittel, die der Erfüllung der Controllingaufgaben dienen.

Wichtige Controllinginstrumente sind:

(1) Kennzahlen und Kennzahlensysteme

Kennzahlen sind ein wichtiges Instrument zur Konzentration von Informationen, um betriebliche Sachverhalte überschaubar abzubilden. Sie haben die Aufgabe, betriebliche Zielgrößen quantitativ (mengenmäßig) auszudrücken und den Erfolg betrieblicher Lenkungsmaßnahmen zu messen. Unter einem Kennzahlensystem versteht man eine Vernetzung von miteinander in Bezug stehenden betrieblichen Kennzahlen.

Beispiel:

Ein Unternehmen erwirtschaftete in einem Geschäftsjahr mit einem Eigenkapital von 800 000,00 EUR einen Jahresüberschuss von 90 000,00 EUR.

$$\text{Eigenkapitalrentabilität} = \frac{90\,000{,}00 \cdot 100}{800\,000{,}00} = \underline{\underline{11{,}25\,\%}}$$

(2) Soll-Ist-Vergleich

Hier werden die Sollzahlen (Planzahlen) den tatsächlichen Zahlen (Istzahlen) gegenübergestellt. Mögliche Abweichungen werden in absoluten Zahlen (z. B. Mengen, Gewichte, Werte) und relativen Zahlen (z. B. Prozent, Promillezahlen) ausgedrückt.

(3) Budgetierung[1]

Den einzelnen Verantwortungsbereichen eines Betriebs werden die Kosten vorgeschrieben, unter denen die vorher festgelegten Leistungsziele erreicht werden sollen. Alle Einzelbudgets (z. B. Beschaffungsbudget, Projektbudget) werden zu einem Gesamtbetriebsbudget zusammengefasst.

(4) Berichte

Zur Planung, Steuerung und Kontrolle eines Unternehmens müssen Informationen zur Verfügung stehen. Die Berichterstattung hat die Aufgabe, diese benötigten Informationen zu sammeln, aufzubereiten, sinnvoll darzustellen und an die Informationsempfänger weiterzuleiten. Berichte können die Ergebnisse der Soll-Ist-Vergleiche erläutern oder, auch – bei einem hohen Verdichtungsgrad – nur aus Kennzahlen bestehen.

1 **Budget:** Haushaltsplan.

Zusammenfassung

- Der **Begriff Controlling** kann **aufgabenorientiert** (Controlling als Methode), aus **institutioneller Sicht** (Controlling z. B. als Abteilung) oder **instrumentell** (Einsatz von Controllinginstrumenten) betrachtet werden.
- **Generelle Aufgabe des Controllings** ist, Informationen so aufzubereiten, dass eine ergebnisorientierte Führung des Unternehmens möglich wird.
- Die **speziellen Aufgaben** des Controllings betreffen insbesondere die Planungs- und Kontrollrechnung, das Rechnungswesen als Dokumentationsrechnung, die Erstellung ergebnisorientierter Informationen, Gestaltungsaufgaben bezogen auf Informationssysteme und Organisationsfragen.
- **Controlling** kommt die Aufgabe zu, die Geschäftsleitung bei der Steuerung des Unternehmens durch Beschaffung und Aufbereitung von Informationen, durch Koordinieren, Analysieren und Kontrollieren zu unterstützen.
- Unter dem Gesichtspunkt **wichtiger betrieblicher Funktionen** unterscheidet man z. B.:
  - Beschaffungs-Controlling,
  - Marketing-Controlling,
  - Produktions-Controlling,
  - Personal-Controlling.
- Unter dem Gesichtspunkt des **Zeithorizonts** (des Planungszeitraums) unterscheidet man:
  - **operatives Controlling** (kurzfristiger Planungszeitraum) und
  - **strategisches Controlling** (langfristige, existenzsichernde Planungsperspektive).
- **Instrumente** zur Erfüllung der Controllingaufgaben sind z. B.:
  - Kennzahlen und Kennzahlensysteme,
  - Soll-Ist-Vergleich,
  - Budgetierung,
  - Berichte.

Übungsaufgabe

55

1. Geben Sie in einer allgemein gehaltenen Kurzfassung an, was man unter dem Begriff Controlling versteht!
2. Nennen Sie verschiedene Arten des Controllings:
   2.1 unter dem Gesichtspunkt der Unternehmensfunktionen,
   2.2 unter dem Gesichtspunkt des Zeithorizonts!
3. Nennen Sie zwei Merkmale, durch die sich das operative Controlling vom strategischen Controlling unterscheidet!

6.4 Staatliche Rahmenbedingungen, unternehmensrelevante Gesetze und Auflagen

6.4.1 Rechtliche Grundbegriffe

6.4.1.1 Rechtsordnung

Das Leben der Menschen in einer Gemeinschaft bedarf einer rechtlichen Ordnung. Die Freiheit des Einzelnen und sein natürliches Streben nach freier Entfaltung seiner Persönlichkeit muss ebenso geschützt werden, wie der Missbrauch der Freiheit durch den Einzelnen, durch soziale Gruppen oder durch den Staat verhindert werden muss.

Die **Rechtsordnung** ist die Gesamtheit aller geltenden Rechtsvorschriften (Rechtsnormen).

Jede Rechtsordnung beinhaltet folgende Merkmale:

- Die **Rechtsordnung ist eine für jeden Einzelnen verbindliche (autoritative) Ordnung.** Jeder muss die gültigen Rechtsnormen beachten.
- Die **Rechtsordnung ist immer eine soziale Ordnung.** Die Rechtsordnung ist stets auf eine bestimmte Gesellschaft (Gemeinschaft) bezogen.
- Die **Rechtsordnung strebt die Verwirklichung der Gerechtigkeit für alle Mitglieder einer Gemeinschaft an,** z. B. die Gleichheit aller Bürger vor dem Gesetz und die Freiheit eines jeden Einzelnen.

  Die Gerechtigkeit zu verwirklichen ist ein Ideal, das in den verschiedenen Epochen der gesellschaftlichen (geschichtlichen) Entwicklung mit sehr unterschiedlichem Inhalt erfüllt war. So galten früher die Ketzerverfolgung und die Blutrache als gerecht.
- Wer die Rechtsordnung nicht beachtet, für den ist die **Rechtsordnung eine Zwangsordnung.** Diese Zwangsordnung durchzusetzen ist Aufgabe der Gerichte und Vollstreckungsorgane (z. B. der Gerichtsvollzieher).
- Dem Einzelnen (z. B. Käufer, Verkäufer, Mieter, Vermieter, Erben, Erblasser, Straßenverkehrsteilnehmer) tritt die **Rechtsordnung in Form von Geboten** („Du sollst") **oder Verboten** („Du darfst nicht") **entgegen.**

6.4.1.2 Privates und öffentliches Recht

(1) Privatrecht

Das **Privatrecht (Zivilrecht)** regelt vor allem die Rechte und Pflichten des einzelnen Staatsbürgers im Verhältnis zu den Rechten und Pflichten anderer Staatsbürger nach dem **Grundsatz der Gleichordnung (Gleichberechtigung).**

Das Privatrecht ist meistens **nachgiebiges Recht.**

Kennzeichnend für das Privatrecht ist der **Grundsatz der Vertragsfreiheit.**

Im Vordergrund des Privatrechts stehen die persönlichen Interessen der einzelnen Rechtssubjekte.

Beispiel:

Inhalt, Zeitpunkt des Vertragsabschlusses, Zeitdauer eines Vertragsverhältnisses usw. können zwischen den Vertragspartnern grundsätzlich frei vereinbart werden.

Bereiche des Privatrechts sind z. B. das Bürgerliche Recht [BGB], das Handelsrecht [HGB], das Gesellschaftsrecht [AktG, GmbHG, GenG], das Scheck- und Wechselrecht [ScheckG, WG] und Teile des Urheberrechts [PatG, GeschmMG, GebrMG].

(2) Öffentliches Recht

- Das **öffentliche Recht** regelt die Rechtsverhältnisse der Träger öffentlicher (staatlicher) Gewalt untereinander sowie die Rechte und Pflichten des einzelnen Staatsbürgers zum Staat.
- Im Rahmen des öffentlichen Rechts ist der einzelne Staatsbürger dem **Staat untergeordnet (Grundsatz der Unterordnung).**

Das **öffentliche Recht ist meistens zwingendes Recht.** Im öffentlichen Recht gibt es keine Vertragsfreiheit. Im Vordergrund stehen die Interessen des Staates.

Bereiche des öffentlichen Rechts sind z. B. das Strafrecht, das Steuerrecht, das Wehrrecht, die Straßenverkehrsordnung sowie Teile des Arbeits- und Sozialrechts.

Beispiel:

Wer einen Steuerbescheid erhält, kann nicht nach dem Grundsatz der Gleichberechtigung und Gleichordnung mit dem Staat (mit der betreffenden Behörde) über die Höhe der Steuerzahlung verhandeln und – wenn man sich nicht einigen sollte – die Steuerzahlung einfach ablehnen.

6.4.1.3 Objektives und subjektives Recht

(1) Objektives Recht

Die Rechtsordnung legt fest, welche Rechtsbeziehungen

- zwischen den einzelnen Staatsbürgern untereinander,
- zwischen den einzelnen Staatsbürgern zum Staat und
- zwischen den Hoheitsträgern des Staates

gelten sollen. Die Gesamtheit dieser Rechtsvorschriften bezeichnet man als **objektives Recht.**

Objektives Recht ist die Gesamtheit der Rechtsvorschriften einer Rechtsordnung.

Beispiel:

Vorschriften des BGB für den Abschluss, den Inhalt und die Erfüllung des Kaufvertrags, des Dienstvertrags und des Mietvertrags.

(2) Subjektives Recht

Das **subjektive Recht** beinhaltet die Rechte, die dem **Einzelnen** von der Rechtsordnung zur Wahrung seiner persönlichen (subjektiven) Interessen eingeräumt werden.

Beispiel:

Der einzelne Staatsbürger (das Rechtssubjekt) entscheidet selbst darüber, ob er einen Kaufvertrag abschließen will. Verstößt ein Vertragspartner gegen den Vertrag, kann der andere Vertragspartner seine Ansprüche gegen ihn geltend machen.

6.4.2 Gestaltung der Rechtsordnung

6.4.2.1 Geschriebenes Recht

Unsere heutige arbeitsteilige Wirtschafts- und Gesellschaftsordnung ist auf genau festgelegte **Rechtsvorschriften (Rechtsnormen)** angewiesen, also auf das **geschriebene Recht.**

Rechtsnormen	Erläuterungen	Beispiele
Verfassungsgesetz	Die Verfassung ist die gesetzliche Grundlage einer Rechtsordnung. Sie enthält die „obersten“ staatlich gesetzten Rechtsnormen, die bei der Gesetzgebung beachtet werden müssen. Die Verfassung in der Bundesrepublik Deutschland ist im Grundgesetz [GG] festgelegt.	■ Art. 1 Schutz der Menschenwürde; ■ Art. 2 Persönliche Freiheitsrechte; ■ Art. 3 Gleichheit vor dem Gesetz
Gesetze	Sind allgemein gültige Rechtsnormen, die von den Parlamenten (Bundestag, Bundesrat, Landtage) beschlossen werden. Sie dürfen nicht gegen die Verfassung (das Grundgesetz) verstoßen.	■ Bürgerliches Gesetzbuch [BGB]; ■ Handelsgesetzbuch [HGB]; ■ Strafgesetzbuch [StGB]
Rechtsverordnungen	Die meisten Gesetze enthalten zu allgemein gehaltene Rechtsvorschriften, um diese ohne ergänzende Ausführungsbestimmungen anwenden zu können. Diese ergänzenden Bestimmungen heißen **Rechtsverordnungen** oder kurz **Verordnungen.** Sie werden von der Exekutive,[1] d.h. von den Regierungen (Bundesregierung, Länderregierungen) bzw. von den zuständigen Ministerien erlassen.	■ Einkommensteuer-Durchführungsverordnung (EStDV); ■ Lohnsteuer-Durchführungsverordnung (LStDV); ■ Umsatzsteuer-Durchführungsverordnung (UStDV); ■ Polizeiverordnungen der verschiedenen Bundesländer
Verfügungen	Es handelt sich um Entscheidungen einer Behörde mit hoheitlicher Gewalt. Sie richten sich immer gegen eine bestimmte Person oder Personengruppe zur Regelung eines bestimmten Einzelfalls.	■ Steuerbescheide; ■ Baubescheide; ■ Bußgeld

1 **Exekutive:** ausführende Staatsgewalt.

6.4.2.2 Gewohnheitsrecht

Außer dem geschriebenen Recht (dem „Gesetzesrecht") spielt auch heute noch das Gewohnheitsrecht eine Rolle, denn kein Gesetzgeber (Parlament) kann mit ausreichender Sicherheit alle regelungsbedürftigen Rechtsfälle vorhersehen. Zudem entwickelt sich unsere Gesellschaft ständig weiter. Es entstehen deshalb immer wieder Rechtsregeln, die nicht in der Form von Gesetzen gefasst sind. Diese ungeschriebenen, allgemein und dauernd als rechtsverbindlich angesehenen Regeln heißen **Gewohnheitsrecht.**

Eine wichtige Funktion (Aufgabe) bei der Fortbildung des Rechts haben die Gerichte. Kommen viele Gerichte bei gleichen oder ähnlichen Rechtsfällen zu gleichen Urteilen, bildet sich eine feste Praxis (d.h., andere Gerichte berufen sich auf die zuvor ergangenen Urteile): Es entsteht Gewohnheitsrecht.

Beispiel:

Gesetzesgleiches Gewohnheitsrecht sind u.a. die von der Rechtsprechung entwickelten bzw. angewendeten Rechtssätze über die Sicherungsübereignung [§§ 929, 930 BGB].

6.5 Unternehmenssteuern

6.5.1 Notwendigkeit der Besteuerung

„Steuern sind der Preis für die Zivilisation, im Urwald gibt es keine", sagte einmal ein früherer Washingtoner Bürgermeister. Und in der Tat: Während im Mittelalter noch darüber gestritten wurde, ob der Staat überhaupt das Recht habe, Steuern zu erheben oder nicht,[1] und während bis ins letzte Jahrhundert hinein sich Philosophen den Kopf darüber zerbrachen, wie die Steuererhebung durch den Staat moralisch zu rechtfertigen sei,[2] wird heute von den Finanzwissenschaftlern nur noch nüchtern festgestellt, dass das moderne Gesellschafts- und Wirtschaftsleben ausschließlich in der Organisationsform des Staates existieren kann, dass der Staat zur Durchführung seiner Aufgaben finanzielle Aufwendungen großen Umfangs tätigen muss und die Finanzierung dieser Aufwendung im Wesentlichen nur über die Erhebung von Steuern möglich ist.

6.5.2 Steuern, Gebühren und Beiträge

Die **Abgaben** an den Staat setzen sich aus **Steuern, Gebühren** und **Beiträgen** zusammen.

Abgaben	Erläuterungen	Beispiele
Steuern	Steuern sind zwangsweise zu zahlende Abgaben, denen keine unmittelbare Gegenleistung des Staates gegenübersteht.	Einkommen-, Körperschaft-, Gewerbe-, Mineralöl-, Branntwein-, Umsatzsteuer.

1 ALBERTUS MAGNUS (1200–1280) und THOMAS von AQUIN (1225–1274) zweifelten an, ob der Staat das Recht habe, Steuern zu erheben.

2 Unter dem Einfluss der Romantik vertraten beispielsweise ADAM MÜLLER (1779–1829) oder FICHTE (1762–1814) die **Opfertheorie**. Danach ist der Staat mehr als die Summe der in ihm lebenden Individuen. Er ist vielmehr ein dem Individuum übergeordnetes, ethisch notwendiges Gebilde, dem der Einzelne Opfer zu bringen hat, weil er sich nur im Staat entfalten kann. Daher braucht der Staat die Steuererhebung nicht besonders zu rechtfertigen. Die Steuerzahlung wird zur Pflicht **(Pflichttheorie)**.

12 Speth u.a. - ISBN 978-3-8120-0536-4

Abgaben	Erläuterungen	Beispiele
Gebühren	Sind Abgaben für öffentliche Dienstleistungen.	Gebühren für Beurkundungen, Beglaubigungen, Abwasser- und Müllgebühren, Benutzungsgebühren für öffentliche Einrichtungen.
Beiträge	Sind Abgaben mit Kostenzuschusscharakter.	Erschließungsbeiträge der Grundstückseigentümer für Straßenbau, Kanalisation und Versorgungsleitungen, Beiträge zur Industrie- und Handelskammer, Beiträge zur Sozialversicherung.

6.5.3 Überblick über wichtige Unternehmenssteuern

6.5.3.1 Gewerbesteuer

Jeder Gewerbebetrieb, der im Inland betrieben wird, unterliegt der Gewerbesteuer, deren Rechtsgrundlage das Gewerbesteuergesetz [GewStG] ist. Durch die Gewerbesteuer wird der Gewerbebetrieb und seine Ertragskraft besteuert. Die **Bemessungsgrundlage** ist der **Gewerbeertrag.** Die Gewerbesteuer ist eine **Gemeindesteuer** und eine der wichtigsten steuerlichen Einnahmequellen der Kommunen.

Grundlage für die Berechnung der Gewerbesteuer ist der **steuerrechtliche Gewinn** des Unternehmens. Zum steuerrechtlichen Gewinn kommen noch **Hinzurechnungen.**[1] Hierzu zählen

- 100 % aller Entgelte für Schulden (z. B. Zinsen),
- 100 % der zu zahlenden Renten und dauernden Lasten (ausgenommen Pensionszahlungen aufgrund einer erteilten Versorgungszusage),
- 100 % der Gewinnanteile des stillen Gesellschafters,
- Mieten, Pachten und Leasingraten. Diese werden angesetzt mit
  - 20 % bei beweglichen Wirtschaftsgütern, z. B. Leasing eines Pkws,
  - 50 % bei unbeweglichen Wirtschaftsgütern, z. B. Miete einer Lagerhalle,
  - 25 % bei zeitlich befristet überlassenen Rechten, z. B. Lizenzen.

Von der Summe dieser Hinzurechnungen wird ein Freibetrag in Höhe von **100 000,00 EUR** in Abzug gebracht **(„Hinzurechungsfreibetrag“).** Die Hinzurechnungen werden **zu 25 %** dem steuerlichen Gewinn zugeschrieben.

Natürlichen Personen und Personengesellschaften gewährt das Gewerbesteuergesetz [GewStG] darüber hinaus einen **Gewerbesteuerfreibetrag** von 24 500,00 EUR. Der so ermittelte Betrag ist der steuerpflichtige **Gewerbeertrag.** Der Gewerbeertrag wird auf volle hundert Euro abgerundet.

1 Auf die nach dem Gewerbesteuergesetz zulässigen **Kürzungen** des steuerrechtlichen Gewinns sowie auf die Behandlung eines **Gewerbeverlustes** aus dem Vorjahr (Verlustvortrag) wird aus Vereinfachungsgründen **nicht eingegangen.**

Beispiel: [1]

Die Frank Heil KG betreibt ein mittelständisches Bauunternehmen und erwirtschaftet einen steuerrechtlichen Gewinn von 154 000,00 EUR. Für die Vorfinanzierung der Baumaterialien fallen Bankzinsen in Höhe von 31 000,00 EUR an. Für den Neubau einer Zementmischanlage beträgt der Zinsaufwand 35 000,00 EUR. Für die Anmietung von Baufahrzeugen zahlt die Frank Heil KG 39 600,00 EUR. Die Anmietung von Büroräumen kostet jährlich 198 000,00 EUR. Für den geleasten Geschäfts-Pkw entstehen Leasingkosten von jährlich 6 600,00 EUR.

Aufgabe:

Berechnen Sie den Gewerbeertrag!

Lösung:

	Steuerrechtlicher Gewinn:		154 000,00 EUR
+	Hinzurechnungen		
	alle Zinsaufwendungen (100%)	66 000,00 EUR	
	Miete Baufahrzeuge (20%)	7 920,00 EUR	
	Miete Büroräume (50%)	99 000,00 EUR	
	Leasing Geschäfts-Pkw (20%)	1 320,00 EUR	
	Summe	174 240,00 EUR	
–	Hinzurechnungsfreibetrag	100 000,00 EUR	
	Verbleibende Hinzurechnung	74 240,00 EUR	
	davon 25 %		18 560,00 EUR
	Gewerbeertrag		172 560,00 EUR
	Gewerbeertrag (abgerundet)		172 500,00 EUR
–	Freibetrag für Personengesellschaften		24 500,00 EUR
=	(steuerpflichtiger) Gewerbeertrag		148 000,00 EUR

Berechnung der Gewerbesteuer:

Steuermessbetrag = steuerpflichtiger Gewerbeertrag · Steuermesszahl (3,5 %)

Gewerbesteuer = Steuermessbetrag · Hebesatz (der jeweiligen Gemeinde)

Fortführung des Beispiels:

Der Hebesatz der Gemeinde, in der die Frank Heil KG ihren Firmensitz hat, beträgt 420 %.

Aufgabe:

Berechnen Sie die Höhe der Gewerbesteuer!

Lösung:

Steuermessbetrag:	148 000,00 EUR	· 3,5 %	=	5 180,00 EUR
Gewerbesteuer:	5 180,00 EUR	· 420 %	=	21 756,00 EUR

6.5.3.2 Einkommensteuer

Die Einkommensteuer wird auf das Einkommen **natürlicher Personen** erhoben. Hierzu zählen auch die **Gesellschafter der Personengesellschaften** (z. B. OHG, KG). Dies bedeutet, dass jeder Gesellschafter mit seinen Gewinnanteilen zur Einkommensteuer veranlagt wird.

1 Es handelt sich um ein stark vereinfachtes Beispiel.

Das Einkommensteuerrecht unterscheidet **sieben Einkunftsarten**, nämlich Einkünfte aus:

- **Land- und Forstwirtschaft:** z. B. Gewinn eines landwirtschaftlichen Betriebs
- **Gewerbebetrieb:** z. B. Gewinn eines Einzelhändlers
- **Selbstständiger Arbeit:** z. B. Einkünfte eines Schriftstellers aus seiner Autorentätigkeit
- **Nichtselbstständiger Arbeit:** z. B. Einkünfte eines kaufmännischen Angestellten aus seinem Arbeitsverhältnis
- **Kapitalvermögen:** z. B. Zinsen aus Termingeldern, siehe Kapitalertragsteuern
- **Vermietung und Verpachtung:** z. B. Nettomiete aus einer vermieteten Eigentumswohnung
- **Sonstige Einkünfte:** z. B. Rente aus der gesetzlichen Rentenversicherung

Bei der Berechnung des zu versteuernden Einkommens bleibt der **Grundfreibetrag** in Höhe von 8820,00 EUR bzw. 17640,00 EUR bei Verheirateten steuerfrei. Der Grundfreibetrag ist in die Einkommensteuertabellen eingearbeitet **(tarifliche Nullzone).**[1]

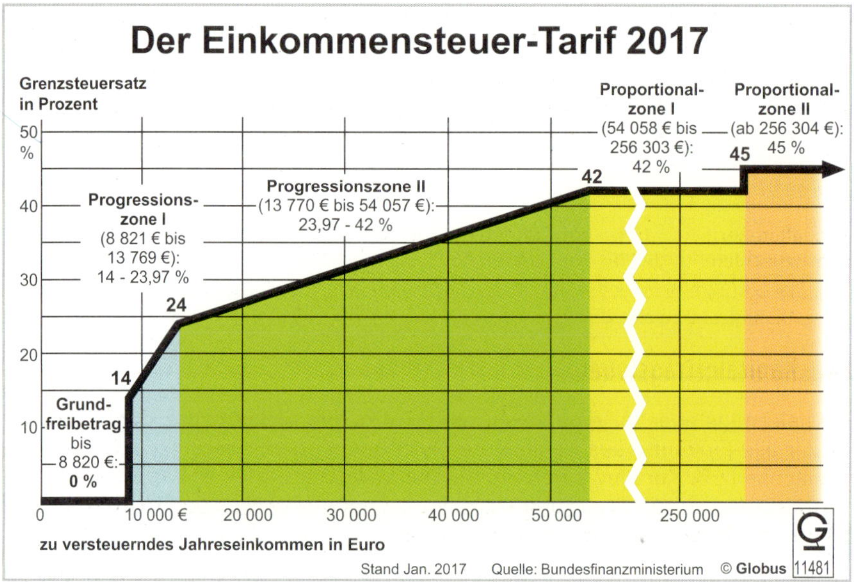

Unmittelbar nach dem Grundfreibetrag beginnen die **Progressionszonen.**[2] Sie enden bei einem zu versteuernden Einkommen von 54057,00 EUR bzw. 108114,00 EUR bei Ehegatten. In diesen Progressionszonen steigen die Grenzsteuersätze (Steuersätze für das zusätzliche Einkommen zwischen dem Eingangssteuersatz von 14 % und einem Steuersatz von 42 %) an.

Für den Teil des zu versteuernden Einkommens, der 54057,00 EUR bzw. 108114,00 EUR übersteigt, sind 42 % Einkommensteuer zu zahlen **(Proportionalzone).**

Auf zu versteuernde Einkommen ab 256304,00 EUR bei Ledigen und 512608,00 EUR bei Verheirateten wird eine „Reichensteuer" erhoben. Für den über dieser Einkommensgrenze liegenden Betrag gilt ein Steuersatz von 45 % statt 42 %. Für Einkünfte aus Gewerbebetrieb bzw. selbstständiger Arbeit gilt die „Reichensteuer" nicht.

1 Stand 2017.

2 **Progression** (lat.): Steigerung; hier: Steigerung des Steuersatzes.

6.5.3.3 Körperschaftsteuer

Die Körperschaftsteuer ist die **Einkommensteuer juristischer Personen,** z. B. der Kapitalgesellschaften (Aktiengesellschaft, GmbH) und der Genossenschaften, die ihre Geschäftsleitung oder ihren Sitz im Inland haben. Die Körperschaftsteuer wird im Körperschaftsteuergesetz [KStG] geregelt.

Bemessungsgrundlage ist der Gewinn, den die Kapitalgesellschaft innerhalb des Kalenderjahres erwirtschaftet hat. Der Gewinn wird nach den Vorschriften des Einkommensteuergesetzes ermittelt. Der Gewinn oder Verlust laut Steuerbilanz wird nach Bestimmungen des Körperschaftsteuergesetzes z. B. in Bezug auf verdeckte Gewinnausschüttungen berichtigt, um das zu versteuernde Einkommen der Kapitalgesellschaft festzulegen.

Der Körperschaftsteuersatz beträgt 15 % und der Solidaritätszuschlag[1] 5,5 % (berechnet vom Körperschaftsteuersatz).

Beispiel:

Der steuerpflichtige Gewinn der Gerhard Schröter GmbH beträgt 298 400,00 EUR.

Aufgabe:

Berechnen Sie die fällige Körperschaftsteuer einschließlich des Solidaritätszuschlags!

Lösung:

Körperschaftsteuer:	15 %	von 298 400,00 EUR	=	44 760,00 EUR
Solidaritätszuschlag:	5,5 %	von 44 760,00 EUR	=	2 461,80 EUR
Fällige Steuerschuld				47 221,80 EUR

6.5.3.4 Kapitalertragsteuer

Die Kapitalertragsteuer ist eine besondere Form der Einkommen- oder Körperschaftsteuer, der alle Einkünfte aus Kapitalvermögen unterliegen. Alle Zinsen, Dividenden und Wertzuwächse (z. B. Kursgewinne), die bei der Veräußerung einer Kapitalanlage anfallen, sind grundsätzlich mit **25 %** zu versteuern, wobei noch zusätzlich der **Solidaritätszuschlag (5,5 %)** und die **Kirchensteuer** erhoben werden.[2]

Die Steuer wird dadurch eingezogen, dass die Banken und Finanzdienstleister bei der Auszahlung der Kapitaleinnahmen an den Kapitalanleger (Steuerzahler) einen **25 %igen Kapitalertragsteuerabzug (Abgeltungsteuer)** zuzüglich des Solidaritätszuschlags vornehmen. Beantragt der Steuerzahler bei seiner Bank auch den Abzug der Kirchensteuer, so wird auch sie direkt von der Bank einbehalten.

Beispiel:

Die Elke Singer GmbH erhält am 15.06. aus einer Anlage in festverzinsliche Wertpapiere Zinsen in Höhe von 3150,00 EUR. Gleichzeitig verkauft die Elke Singer GmbH 5000 Stückaktien der Hertel AG. Sie erzielt hierbei einen Kursgewinn von 6480,00 EUR.

Aufgabe:

Berechnen Sie den Betrag an Kapitalertragsteuer und Solidaritätszuschlag, den die Bank einbehält!

1 Der Solidaritätszuschlag wird erhoben, um den Aufbau der östlichen Bundesländer finanzieren zu helfen.

2 Die Kapitalertragsteuer wird in dem Zeitpunkt fällig, in dem die Kapitalerträge dem Gläubiger zufließen.

Lösung:

Bruttoertrag Zinsen	3 150,00 EUR
Bruttoertrag Kursgewinn	6 480,00 EUR
Kapitalertragsteuer aus 9 630,00 EUR/25 %	2 407,50 EUR
Solidaritätszuschlag aus 2 407,50 EUR/5,5 %	132,41 EUR

Zusammenfassung

- Die **Rechtsordnung** ist die Gesamtheit aller geltenden Rechtsvorschriften.
- Man unterscheidet folgende **Arten des Rechts**:

Öffentliches Recht und Privatrecht		**Objektives und subjektives Recht**	
Öffentliches Recht	Privatrecht (Zivilrecht)	Objektives Recht	Subjektives Recht
Inhalt: ■ Regelung der internen Rechtsverhältnisse der Träger öffentlicher Gewalt (des Bundes, der Länder, Gemeinden usw.) ■ Regelung der Rechtsverhältnisse zwischen den Trägern der öffentlichen Gewalt ■ Regelung der Rechte und Pflichten des einzelnen Staatsbürgers zum Staat **Merkmale:** ■ Prinzip der Unterordnung des einzelnen Staatsbürgers unter die Staatsgewalt ■ Zwingendes Recht ■ Keine Vertragsfreiheit	**Inhalt:** ■ Rechte und Pflichten des einzelnen Staatsbürgers (Rechtssubjekte) für sich ■ Rechte und Pflichten des einzelnen Staatsbürgers (Rechtssubjekte) im Verhältnis zu den Rechten und Pflichten anderer Staatsbürger (Rechtssubjekte) **Merkmale:** ■ Prinzip der Gleichordnung ■ Nachgiebiges Recht ■ Vertragsfreiheit	Die in der Rechtsordnung (Verfassung, Gesetze, Rechtsverordnungen, Gewohnheitsrecht) geregelten Rechtsbeziehungen (Rechtsverhältnisse) zwischen den einzelnen Staatsbürgern und im Verhältnis zum Staat	Die im Rahmen der Rechtsordnung dem einzelnen Staatsbürger zur Wahrung seiner persönlichen (subjektiven) Interessen (Bedürfnisse) eingeräumten Rechte (Machtbefugnisse, Berechtigungen)

- Zur **Gestaltung der Rechtsordnung** siehe Tabelle S. 176.
- **Wichtige Unternehmenssteuern**
  - Die **Gewerbesteuer** besteuert den **Gewerbebetrieb.** Die Gemeinden sind berechtigt, die Gewerbesteuer zu erheben und den Hebesatz zu bestimmen.
  - Die **Körperschaftsteuer** ist die **Einkommensteuer der juristischen Personen.**
  - Die **Einkommensteuer** wird auf das **Einkommen natürlicher Personen** sowie von Personengesellschaften erhoben.
- Die **Kapitalertragsteuer** besteuert alle **Einkünfte aus Kapitalvermögen** und ist eine Vorauszahlung auf die zu zahlende Einkommensteuer.

Übungsaufgabe

56 1. Begründen Sie die Notwendigkeit der Steuererhebung!

2. Grenzen Sie den Begriff Steuern von den Begriffen Gebühren und Beiträge ab!

3. Suchen Sie nach Gründen, warum in der letzten Zeit verstärkt gefordert wird, öffentliche Aufgaben (Dienstleistungen) nicht mehr vom Staat, sondern von privaten Unternehmen durchführen zu lassen!

4. Frau Klara Reich hat ein Grundstück an die Braunschweiger Maschinenfabrik AG für 1 000,00 EUR monatlich verpachtet. Die Pachteinnahmen muss Frau Reich versteuern.

   Auch die Braunschweiger Maschinenfabrik AG ist Steuerschuldnerin, z. B. gegenüber der Stadt Braunschweig, die in ihrer Sitzung einen Gewerbesteuersatz von 300 % festgelegt hat.

   Aufgaben:

   4.1 Sowohl Frau Reich als auch die Braunschweiger Maschinenfabrik AG sind Teil unserer Gesellschaft. Stellen Sie dar, warum jede Gesellschaft eine Rechtsordnung benötigt!

   4.2 Die Tatsache, dass Frau Klara Reich ein Grundstück verpachtet hat, berührt mehrere Rechtsquellen, nämlich zunächst das private und das öffentliche Recht.

   4.2.1 Nennen Sie die Tatbestände, welche das private und welche das öffentliche Recht betreffen!

   4.2.2 Erklären Sie, worin sich das öffentliche Recht vom privaten Recht unterscheidet!

   4.2.3 Nennen Sie Beispiele für Gesetze des privaten und des öffentlichen Rechts!

   4.3 Begründen Sie, ob es sich beim Anspruch der Braunschweiger Maschinenfabrik AG auf Nutzung des gepachteten Grundstücks um subjektives oder objektives Recht handelt!

   4.4 Im Pachtvertrag zwischen Frau Reich und der Braunschweiger Maschinenfabrik AG wird auf das BGB [§§ 581 ff.] Bezug genommen.

   4.4.1 Geben Sie an, zu welcher Rechtsquelle das BGB gehört!

   4.4.2 Nennen Sie weitere Rechtsquellen!

5. Berechnen Sie die Gewerbesteuer, die ein Unternehmer bezahlen muss, wenn der steuerpflichtige Gewerbeertrag 234 500,00 EUR und der Hebesatz 360 % betragen!

6.6 Ökologische Verantwortung des Unternehmens[1]

6.6.1 Grundsätzliches

Umweltschutz als Thema in der Wirtschaft hat eine bemerkenswerte Wandlung durchlaufen: Vom völligen Tabu, von lästiger Notwendigkeit, vom Sonderthema für Randgruppen ist Ökologie innerhalb weniger Jahre zu einer zentralen Profilierungschance für Unternehmen geworden. Außerdem haben verschärfte Umweltgesetze die Unternehmen veranlasst, sich mit Fragen des Umweltschutzes auseinanderzusetzen. Die Fragen betreffen insbesondere die **Abfallvermeidung,**[2] das **Recycling** aus Produktionsrückständen und Konsumgüterabfällen sowie die **Entsorgung.**

1 Vgl. hierzu auch S. 407 f.

2 Unter ökologischen Gesichtspunkten sind **Abfälle** im engeren Sinne ausschließlich die nicht mehr verwendbaren und nicht mehr verwertbaren (recyclingunfähigen) festen bzw. verfestigten Reststoffe, die deshalb umweltverträglich zu entsorgen sind. Im weiteren Sinne gehören jedoch auch die unvermeidbaren absatzfähigen Nebenprodukte der Produktion sowie die recyclingfähigen Wiedereinsatzstoffe der Produktion und die materiellen Konsumgüter **(Wertstoffe)** zu den Abfällen.

6.6.2 Abfallvermeidung, Recycling und Entsorgung

(1) Abfallvermeidung

Der wirksamste Schutz der Umwelt besteht darin, alle umweltbelastenden Emissionen[1] (Abfälle, Abgase, Abstrahlungen usw.) möglichst zu vermeiden oder zumindest zu verringern.

Ohne Abfälle entstehen z.B. keine umweltschädlichen Belastungen der Lebewesen und deren Umwelt (z.B. der Umluft, Ozonschicht, Wälder, Gewässer, Landschaft und des Klimas) durch Schadstoffemissionen und keine Deponierungsprobleme für zu entsorgende Reststoffe. Abfallvermeidung und Abfallminderung bedeuten zugleich, dass die eingesetzten Werkstoffe und Energiestoffe besser genutzt und hierdurch nicht regenerierbare Werkstoffe und Energiestoffe (Primärstoffe) gespart werden.

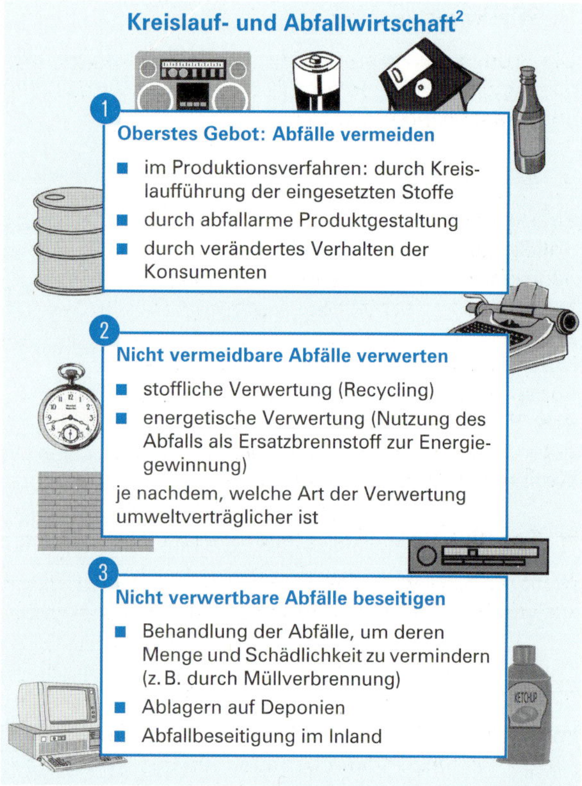

Vorbeugende Umweltschutzstrategien (Umweltschutzmaßnahmen) durch Abfallvermeidung und -minderung müssen im Rahmen der Produktpolitik bereits bei der Planung neuer Produkte und deren Ausgangssubstanzen (Produktbestandteile) und neuer Produktionsverfahren (an den Quellen möglicher späterer Abfälle) ansetzen und in allen Produktions-, Absatz- und Entsorgungsphasen der Produkte fortgesetzt werden.

Beispiele:

Abfallvermeidungsmaßnahmen sind beispielsweise

- der Einsatz abfallarmer Rohstoffe und Energiestoffe (z.B. Einsatz von Erdgas und Heizöl statt Kohle),
- die Vermeidung unnötiger Verpackungsmittel (z.B. Einsatz von Containern und Mehrwegverpackungen statt Einwegverpackungen),

---

1 **Emission:** (emittere [lat.]) bedeutet so viel wie Aussendung, Freilassung, Ausströmen z.B. von luft- und wasserverunreinigenden Stoffen (z.B. Chemikalien, Stäube usw.). Die auf die Umwelt (z.B. Menschen, Tiere, Pflanzen) einwirkenden (eindringenden) oder dort bereits vorhandenen Schadstoffkonzentrationen werden **Immissionen** genannt (siehe auch § 3 BImSchG).

2 Quelle: In Anlehung an: Sparkassen-Schul-Service 310748006.

- der Einsatz von modernen Produktionstechnologien mit einem hohen Wirkungsgrad der verarbeiteten und bearbeiteten Werkstoffe (z. B. keine bzw. geringere Produktionsrückstände und Energieverluste) und im weiteren Sinne auch Produkteliminationen und Produktionseinstellungen zur Vermeidung umweltgefährlicher (z. B. gesundheitsschädlicher) Produkte und Nebenprodukte (Kuppelprodukte, Emissionen).

(2) Verwertung nicht vermeidbarer Abfälle

Wiederverwendung

Die Produkte werden für den gleichen Verwendungszweck mehrfach genutzt (z. B. Pfandflaschen) bzw. für andere Verwendungszwecke verwendet (z. B. Senfgläser werden als Trinkgläser weiterverwendet).

Recycling

Eine wirksame umweltorientierte Recyclingpolitik der Unternehmen umfasst alle Maßnahmen, mit denen bereits angefallene und zukünftig zu erwartende Stoffrückstände aus der Produktion und Rückstände von Konsumgütern in den industriellen Produktionsprozess zurückgeführt werden können. Aus Produktionsrückständen und Konsumgüterabfällen werden keine Abfälle, sondern „neue" Werkstoffe oder Energien **(sekundäre Werkstoffe, Energiestoffe)** gewonnen.

Beispiele:

- Glasscherben werden zur Glasherstellung wiederverwertet.
- Aus Kunststoffflaschen werden Fleece-Pullis.

Sonstige Verwertung (energetische Verwertung und Verfüllung)

Nicht recycelbare Abfallstoffe können z. B. zur Energiegewinnung in Müllkraftwerken oder zur Verfüllung von Kiesgruben u. Ä. verwendet werden.

(3) Entsorgung

Wenn eine stoffliche Verwertung („Abfallnutzung") aus technischen Gründen nicht möglich oder unter wirtschaftlichen Gesichtspunkten zu teuer ist, dann müssen die nicht verwertbaren Reststoffe umweltverträglich durch ihre stoffliche Lagerung (Deponierung) auf Mülldeponien und/oder durch Verbrennung entsorgt werden.

Beispiel:

Eine umweltverträgliche Deponierung liegt z. B. vor, wenn der gelagerte Müll durch seine Verrottung wieder in den biologischen Kreislauf zurückgeführt wird.

Bei der Entsorgung muss unterschieden werden, ob es sich um „gewöhnlichen" Industrie- oder Hausmüll oder um Sondermüll handelt. Im Gegensatz zum „gewöhnlichen" Müll enthält der Sondermüll gefährliche (giftige) Schadstoffe für Pflanzen, Tiere und Menschen.

Modell (Möglichkeiten) des betrieblichen Umweltschutzes durch umweltorientierte Abfallvermeidung, Abfallminderung, Verwertungspolitik und Entsorgung[1]

Abfallvermeidung/Abfallverminderung → vermeidet / mindert → **Verwertung** → vermeidet / mindert → **Abfallentsorgung**

Abfallvermeidung/Abfallverminderung

umweltorientiertes Vermeidungs- und Verminderungsprinzip

Vorbeugende Abfallpolitik, z.B. durch:

- Verwendung abfallarmer Einsatzstoffe (z.B. Werk- und Energiestoffe)
- Erhöhung der Haltbarkeit der Produkte (Verlängerung der Produktlebensdauer)
- Verzicht auf überflüssige, zu umfangreiche Verpackungen und Verpackungshilfsstoffe sowie Einsatz von Mehrwegverpackungen
- Ersatz umweltgefährlicher Einsatzstoffe durch umweltfreundliche Ersatzstoffe
- Anwendung von Produktionsverfahren, die
  - sparsam arbeiten (Ressourcen schonen)
  - stoffliche und energetische Produktionsrückstände verwerten (z.B. Einsatz von Vorsorgetechnologien mit hohem Wirkungsgrad)
- Produktionseinstellung bei umweltschädlichen Produkten mit zu hohen Schadstoffemissionen

Verwertung

umweltorientiertes Verwendungs- und Verwertungsprinzip („Rückstandsnutzung")

- Mehrfachverwendung eines Produkts
- Rückführung von Werkstoffen, Energiestoffen und Konsumgütern **(Wertstoffen)** durch **Recycling** in den (geschlossenen) Stoffkreislauf
- Verwendung der Produkte zur Energiegewinnung bzw. zur Verfüllung

Abfallentsorgung

umweltorientiertes Entsorgungsprinzip

- Ausscheiden der nicht recycelbaren Reststoffe der Produktion und Nachkonsumphase („Hausmüll") aus dem industriellen Stoffkreislauf
- umweltverträgliche Entsorgung durch Rückführung der Reststoffe in biologische Kreisläufe

Entsorgungsarten

- Deponierung
- Verbrennung

von

- „gewöhnlicher" Industrie- und Hausmüll
- Sondermüll: z.B. für Menschen, Tiere und Pflanzen gefährliche (giftige) Schadstoffe

1 Dieses Modell entspricht im Wesentlichen der Vermeidung, Verwertung und Beseitigung von Abfällen nach dem Kreislaufwirtschaftsgesetz (KrWG) und der für Verpackungen erlassenen Verpackungsverordnung.

Die Möglichkeiten des betrieblichen Umweltschutzes durch eine umweltorientierte Abfallvermeidung, Abfallverminderung, Verwertungspolitik und Entsorgung sind in einem Modell auf der S. 186 zusammengefasst.

Zusammenfassung

Nach dem Kreislaufwirtschaftsgesetz [KrWG] sind alle, die Güter produzieren, vermarkten oder konsumieren, für die Vermeidung, Verwertung oder umweltverträgliche Entsorgung der Abfälle grundsätzlich selbst verantwortlich.

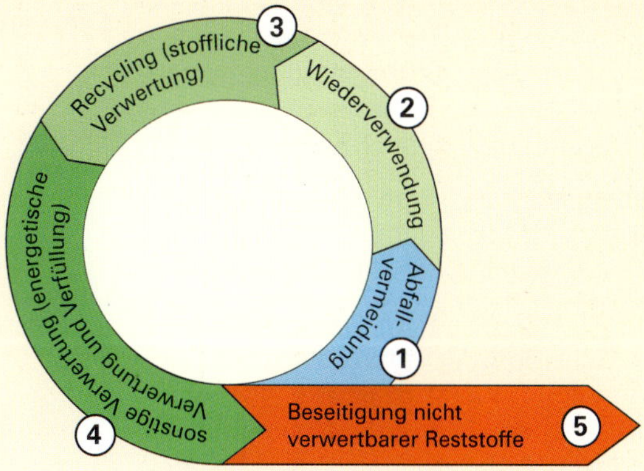

Übungsaufgabe

57 1. Die Unternehmenspolitik der Elektromotorenfabrik Ehrmann GmbH ist deutlich ökologisch ausgerichtet.

Aufgaben:

1.1 Erklären Sie, was in diesem Zusammenhang mit „ökologisch" gemeint ist!

1.2 Nennen Sie und beschreiben Sie drei Maßnahmen einer ökologischen Leistungserstellung im Industriebetrieb!

1.3 Unterscheiden Sie zwischen der Wiederverwendung, Weiterverwendung, Wiederverwertung und Weiterverwertung von Produkten und geben Sie zu diesen Recyclingarten jeweils zwei Beispiele an!

2. Erklären Sie die folgenden Prinzipien zur Vermeidung und Verminderung von Umweltbelastungen:

2.1 sparsamer Umgang mit den Ressourcen,

2.2 Emissionsminderungen und

2.3 Recycling!

3. Begründen Sie, warum die Abfallvermeidung und Abfallminderung unter ökologischen Gesichtspunkten günstiger zu bewerten ist als die Wiederaufbereitung (Rückstandsnutzung) von Wertstoffen durch Recycling!

4. Beschreiben Sie zwei Abfallvermeidungsmaßnahmen in einem Industriebetrieb!

5. **Arbeitsauftrag:** Erklären Sie, wie durch Kunststoff-Recycling unersetzbare fossile Rohstoffe eingespart und (zusätzlich) Energie gewonnen werden kann! (Lassen Sie sich von Chemieunternehmen entsprechende Informationen zuschicken bzw. informieren Sie sich über das Internet.)

6.6.3 Leitbild der Nachhaltigkeit

(1) Konzept der nachhaltigen Entwicklung

Globale Umweltprobleme wie die Erwärmung der Erdatmosphäre, das Ozonloch oder die Vernichtung der tropischen Regenwälder zeigen, dass eine Globalisierung der Maßnahmen zur Erhaltung unserer Lebensgrundlagen notwendig ist.

Nebenstehende Grafik macht das Ausmaß der weltweiten Umweltzerstörung deutlich, die sich tagtäglich wiederholt.

Die Überwindung der immer größer werdenden Kluft zwischen armen und reichen Ländern, aber auch zwischen Arm und Reich innerhalb einzelner Volkswirtschaften bedarf ebenfalls globaler Anstrengungen.

Dabei steht außer Frage, dass die **Industrieländer** eine **besondere Verantwortung** für eine Reduzierung der weltweiten Umweltbelastungen haben, da sie für den Großteil der weltwirtschaftlichen Produktion verantwortlich sind. Würde man nämlich den Ressourcenverbrauch der Industrieländer auf die Entwicklungsländer übertragen, so würde dies zum **Kollaps der Öko-Systeme** der Welt führen.

Nachhaltige Entwicklung (Wirtschaften) erfordert, dass wir heute so leben und handeln, dass künftige Generationen überall eine lebenswerte Umwelt vorfinden und ihre Bedürfnisse befriedigen können.

Der Begriff der Nachhaltigkeit stammt ursprünglich aus der Forstwirtschaft und wurde erstmals Anfang des 18. Jahrhunderts von *Hans Carl von Carlowitz* verwendet. Die vom Bergbau ausgelöste Holzknappheit veranlasste ihn zur Erarbeitung eines **Nachhaltigkeitskonzepts**[1] zur Sicherung des Waldbestands als natürliche Ressource für die Holzwirtschaft, wonach immer nur so viel Holz geschlagen wird, wie durch Wiederaufforstung nachwachsen kann. Auf heutige Verhältnisse übertragen ist außerdem dafür zu sorgen, dass dem Wald nicht die **natürlichen Lebens- und Wachstumsvoraussetzungen** entzogen werden, z. B. durch Schadstoffe im Boden und in der Luft (saurer Regen, Waldsterben), durch Klimawandel (Treibhauseffekt) oder durch Schädigung der Erdatmosphäre (Ozonloch).

1 **Konzept:** Entwurf, Plan.

Nicht zuletzt vor dem Hintergrund der nachhaltigen Entwicklung stellt sich die Frage: **Was und wie viel soll produziert werden?**

Deutschland zählt weltweit zu den größten **Rohstoffkonsumenten** und ist dabei in hohem Maße von Importen abhängig. **Versorgungssicherheit,** der **Schutz der natürlichen Ressourcen,** eine **sparsame Nutzung** sowie die **Wiederverwertung** sind daher von hoher Bedeutung für die Wirtschaft hierzulande.

(2) Ziele der Agenda 2030

Die Agenda 2030 wurde im September 2015 auf einem Gipfel der **Vereinten Nationen** von allen Mitgliedstaaten verabschiedet und gilt für alle Staaten dieser Welt. Sie wurde mit **breiter Beteiligung der Zivilgesellschaft** in aller Welt entwickelt.

Die Agenda 2030 steht für ein neues globales Wohlstandsverständnis, das über die bloße Betrachtung von Pro-Kopf-Einkommen hinausreicht. Bei der Agenda 2030 geht es vielmehr um eine **Umgestaltung** von Volkswirtschaften hin zu nachhaltiger Entwicklung, beispielsweise durch verantwortungsvolle Konsum- und Produktionsmuster und saubere und erschwingliche Energie.

Das Kernstück der Agenda bildete ein ehrgeiziger **Katalog mit 17 Zielen für nachhaltige Entwicklung (Sustainable Development Goals),** welche erstmals alle **drei Dimensionen** der **Nachhaltigkeit** – Soziales, Umwelt (Ökologie) und Wirtschaft (Ökonomie) – gleichermaßen berücksichtigen. Die 17 Ziele sind unteilbar und bedingen einander.

Diesen 17 Zielen sind **fünf Kernbotschaften** als **handlungsleitende Prinzipien** vorangestellt: **Mensch, Planet, Wohlstand, Frieden und Partnerschaft.** Im Englischen spricht man von den **„5 Ps“: People, Planet, Prosperity, Peace, Partnership.**

Kernbotschaften der Agenda 2030

Die **Würde des Menschen** im Mittelpunkt (People): Eine Welt ohne Armut und Hunger ist möglich

Den **Planeten schützen** (Planet): Klimawandel begrenzen, natürliche Lebensgrundlagen bewahren

PEOPLE → 5 Ps ← PLANET

5 Ps

PROSPERITY → 5 Ps ← PARTNERSHIP

Wohlstand für alle fördern (Prosperity): Globalisierung gerecht gestalten.

Globale Partnerschaften aufbauen (Partnership): Global gemeinsam voranschreiten

PEACE

Frieden fördern (Peace): Menschenrechte und gute Regierungsführung

Zusammenfassung

- **Nachhaltigkeit** bedeutet, dass wir heute so leben und handeln, dass künftige Generationen überall eine lebenswerte Umwelt vorfinden und ihre Bedürfnisse befriedigen können (Agenda 21).
- Die **Agenda 30** fordert Maßnahmen, die ökologisches Gleichgewicht, ökonomische Sicherheit und soziale Gerechtigkeit schaffen („Magisches Dreieck“ der Nachhaltigkeit).

Übungsaufgaben

58

1. 1.1 Erläutern Sie den Begriff Nachhaltigkeit!

   1.2 Nennen Sie Beispiele, wie ein Sportgeschäft das Prinzip der Nachhaltigkeit umsetzen könnte!

2. **Arbeitsauftrag:** Erkunden Sie, wie ein Kreditinstitut zu einer Verminderung der Umweltbelastungen beitragen könnte!

59 **Unterrichtsvorschlag: Rollenspiel**

In einem Luftkurort sind die Bürger seit einigen Wochen sehr beunruhigt, denn eine Zementfabrik plant, sich in ihrer Stadt, die über große Kalksteinvorkommen verfügt, niederzulassen.

Die Manager der Zementfabrik haben den Gemeinderat des Luftkurortes gebeten, einen Teil des Gemeindegrundes, auf dem zurzeit viele kleine Schrebergärten angelegt sind, zu verkaufen. Darüber hinaus wurden auch mehrere Kleinlandwirte angesprochen, ihren Grund und Boden teilweise zu verkaufen, damit das neue Zementwerk möglichst in der Nähe der Kalksteinvorkommen gebaut werden kann. Zudem muss ein Teil des an die Schrebergärten angrenzenden Waldes, in dem viele geschützte Vogelarten heimisch sind, abgeholzt werden.

Um sich über die verschiedenen Meinungen der Bürger zu informieren, hat der Gemeinderat vor der endgültigen Entscheidung über den geplanten Bau der Zementfabrik die verschiedenen Interessengruppen zu einer öffentlichen Gemeinderatssitzung im Dorfgasthof „Alte Schmiede" eingeladen.

Die Interessengruppen treffen sich bereits **20 Minuten vor** der anstehenden Sitzung, um eine gemeinsame Linie festzulegen. Als Interessengruppen vertreten sind: die Mitglieder des Gemeinderates, Arbeitsuchende, Umweltschützer und die Unternehmensmanager.

Aufgabe:

Entscheiden Sie, in welcher Interessengruppe Sie gerne mitarbeiten möchten und finden Sie sich am jeweiligen „Stammtisch" ein. Nach ca. 20 Minuten Vorbereitungszeit sollte die Gemeinderatssitzung beginnen.

Abbildung: Rollenkarten

Mitglieder des Gemeinderates

Sie sind Mitglied des Gemeinderates und wurden von den Zementwerkmanagern bereits im Vorfeld gefragt, ob Sie den kalksteinhaltigen Gemeindegrund, auf dem zurzeit die Schrebergärten stehen, verkaufen würden.

In den vergangenen Tagen mussten Sie allerdings feststellen, dass es nicht nur Befürworter für die Errichtung des Zementwerkes innerhalb der Bevölkerung gibt.

Um die Situation nicht weiter eskalieren zu lassen, haben Sie die Einberufung einer öffentlichen Gemeinderatssitzung beschlossen, an der die unterschiedlichen Interessenvertreter (z.B. Zementwerkmanager, Naturschützer, Arbeitsuchende) teilnehmen.

Umweltschützer

Als Bürger des Luftkurortes sind Sie von Geburt an eng mit Ihrer Heimat verwurzelt. Dabei lieben Sie vor allem die reizvolle Landschaft dieses Luftkurortes und sind zudem sehr naturverbunden.

Mit großem Entsetzen haben Sie deshalb in den vergangenen Tagen die Nachricht verfolgt, dass unweit Ihres Wohnhauses auf dem Schrebergartengelände ein Zementwerk errichtet werden soll. Um dies zu verhindern, haben Sie sich sofort der Bürgerinitiative „Naturfreunde unserer Stadt" angeschlossen, deren Ziel es ist, die Errichtung des Zementwerks – zumindest unter den derzeitig geplanten Bedingungen – zu verhindern.

Arbeitsuchende

Nach Beendigung Ihrer Ausbildung zum Bankkaufmann möchten Sie sich beruflich verändern und als kaufmännischer Angestellter zu einem Großunternehmen wechseln. Wie Ihnen die Agentur für Arbeit mitteilte, sind die Aussichten auf eine gut dotierte Stelle in dieser Region allerdings gering. Mit großem Interesse haben Sie deshalb die Nachrichten von der geplanten Errichtung des Zementwerkes verfolgt, da hierdurch 500 Arbeitsplätze im kaufmännischen Bereich entstehen sollen.

Um Ihre Interessen zu wahren, haben Sie sich deshalb der neu gegründeten Bürgerinitiative **„Arbeit in unserer Stadt"** angeschlossen, die eine Errichtung des Zementwerkes befürwortet.

Unternehmensmanager

Als Unternehmensmanager und Mitinhaber eines der weltweit führenden Zementherstellers planen Sie die Errichtung einer Zementfabrik im Luftkurort. Nach ersten Untersuchungen handelt es sich um eines der größten Kalksteinvorkommen Deutschlands, welches leicht zugänglich ist und somit entsprechend geringe Abbaukosten verursacht.

Nachdem Ihnen sowohl der Gemeinderat als auch die angesprochenen Bauern bereits Bereitschaft für den Verkauf des Geländes signalisiert haben, werden Sie vom Bürgermeister zu einer öffentlichen Gemeinderatssitzung bestellt, da sich Widerstand innerhalb der Bevölkerung breitgemacht hat.

7 Abbildung der Güter-, Geld- und Informationsströme

7.1 Umsatzsteuer (Mehrwertsteuer)

7.1.1 Aufbau der Umsatzsteuer

(1) Betriebswirtschaftliche und rechtliche Grundlagen

Beispiel:

Bis der Kunde in einem Lebensmittelgeschäft eine Ecke Schmelzkäse kaufen kann, hat das Produkt in der Regel folgende Unternehmen durchlaufen:

Milcherzeugung im **landwirtschaftlichen Betrieb** → Verarbeitung zu Käse im **Milchwerk** → Fertigung im **Schmelzkäsewerk** → Vertrieb über den **Großhandel** zum → **Einzelhandel.**

Durch **Kosten** und **Gewinn** erhöht sich in jedem Unternehmen jeweils der **Wert** des Produkts. Diesen **Mehrwert** (Unterschied zwischen Verkaufswert und Einstandswert) besteuert der Staat, d. h., jeder **Unternehmer** hat von dem Mehrwert, der von seinem Unternehmen geschaffen wird, **Umsatzsteuern [USt]** zu entrichten. Aus diesem Grunde wird die Umsatzsteuer häufig auch als **Mehrwertsteuer** bezeichnet. Rechtliche Grundlage der Umsatzsteuer (Mehrwertsteuer) ist das **Umsatzsteuergesetz [UStG].**

In vereinfachter und verkürzter Form dargestellt beantwortet das Umsatzsteuergesetz folgende Fragen:

Wer ist umsatzsteuerpflichtig?	Der **Unternehmer,** der die Leistung ausführt. Er ist **Steuerschuldner.**
Welche Umsätze sind steuerpflichtig?	■ **Lieferungen,** die ein Unternehmer **im Inland gegen Entgelt** im Rahmen seines Unternehmens ausführt. ■ **Leistungen,** die ein Unternehmer **im Inland gegen Entgelt** im Rahmen seines Unternehmens ausführt (z. B. Reparaturen, Transport von Waren, Errichtung neuer Anlagen usw.). ■ Die **Einfuhr von Gegenständen** aus einem Drittlandsgebiet **in das Inland** (Einfuhrumsatzsteuer). ■ **Innergemeinschaftlicher Erwerb** im Inland **gegen Entgelt** (z. B. Kauf von Betriebsstoffen, eines Kassensystems).
Welche Umsätze sind steuerfrei (Beispiele)?	■ Ausfuhrlieferungen in ein Drittland;[1] ■ innergemeinschaftliche[2] Lieferungen; ■ Umsätze im Geld- und Kapitalverkehr (z. B. die Gewährung und die Vermittlung von Krediten, die Umsätze von Wertpapieren); ■ Vermietung und Verpachtung von Grundstücken; ■ Umsätze von Bausparkassenvertretern, Versicherungsvertretern und Versicherungsmaklern; ■ Umsätze aus der Tätigkeit als Arzt, Zahnarzt, Heilpraktiker und Krankengymnast; ■ Zahlung von Versicherungsbeiträgen.

1 **Drittlandstaaten** sind Staaten, die nicht zur Europäischen Union (EU) gehören.

2 **Gemeinschaftsgebiet** umfasst das Gebiet der europäischen Staaten, die der Europäischen Union angehören. EU-Länder sind: Belgien, Bulgarien, Dänemark, Deutschland, Estland, Finnland, Frankreich, Griechenland, Großbritannien, Irland, Italien, Kroatien, Lettland, Litauen, Luxemburg, Malta, Niederlande, Österreich, Polen, Portugal, Rumänien, Schweden, Slowakei, Slowenien, Spanien, Tschechien, Ungarn und Zypern (griechischer Landesteil).

Wie viel Prozent beträgt der Steuersatz?	■ Allgemeiner Steuersatz 19 % ■ Ermäßigter Steuersatz 7 % ■ Dem ermäßigten Steuersatz unterliegen z. B. die Personenbeförderung im Linienverkehr; der Verkauf von Grundnahrungsmitteln (außer dem Verzehr an Ort und Stelle); der Umsatz aus dem Verkauf von Büchern und Zeitschriften.
Von welchem Betrag wird die Umsatzsteuer berechnet?	■ Die Umsatzsteuer wird vom **Entgelt** berechnet. Das ist der vom Empfänger der Leistung zu **entrichtende Nettopreis (Bemessungsgrundlage)**. ■ Die Umsatzsteuer fällt im Allgemeinen bereits dann an, wenn eine Lieferung bzw. Leistung erbracht wird, also die Forderung entsteht **(Sollbesteuerung)**.

(2) Berechnung und Zahlungszeitpunkt der Zahllast

Bei der Berechnung der Umsatzsteuer wird zunächst vom gesamten Umsatzwert ausgegangen: 19 % bzw. 7 % vom Umsatzwert ergibt die vorläufige Umsatzsteuer. Die Umsatzsteuer stellt eine **Schuld** an das Finanzamt dar. Von dieser so berechneten Steuerschuld können die auf den **Eingangsrechnungen ausgewiesenen Umsatzsteuerbeträge** als sogenannte **Vorsteuer** abgezogen werden. Die Vorsteuer stellt für den Kaufmann eine **Forderung** an das Finanzamt dar. Die **Differenz zwischen Umsatzsteuer und Vorsteuer** ist dann die tatsächlich zu zahlende Steuerschuld. Wir nennen sie **Zahllast.**

Beispiel:

Die Stolz & Krug OHG führt als Handelsware Dachgepäckträger im Sortiment. Einkauf, Verkauf und Abrechnung der Umsatzsteuer mit dem Finanzamt für die Stolz & Krug OHG werden im Folgenden dargestellt.

Lieferer → Stolz & Krug OHG → Kunde

Wareneinkauf:		**Warenverkauf:**	
5 Trägersysteme		5 Trägersysteme	
je 300,00 EUR, netto	1500,00 EUR	je 400,00 EUR, netto	2000,00 EUR
+ 19 % USt	285,00 EUR	+ 19 % USt	380,00 EUR
Bruttopreis	1785,00 EUR	Bruttopreis	2380,00 EUR

Berechnung der USt vom Mehrwert

Verkaufswert, netto	2000,00 EUR
– Einkaufswert, netto	1500,00 EUR
= Mehrwert	500,00 EUR
Davon 19 % USt	95,00 EUR

Abrechnung mit dem Finanzamt

Einbehaltene USt (Verbindlichkeit an Finanzamt)	380,00 EUR
– Vorsteuer (Forderung an Finanzamt)	285,00 EUR
= Mehrwertsteuer (Zahllast an Finanzamt)	95,00 EUR

13 Speth u.a. - ISBN 978-3-8120-0536-4

Auswirkungen der Umsatzsteuer auf den Erfolg eines Unternehmens:

Die Stolz & Krug OHG **zahlt USt**		Die Stolz & Krug OHG **erhält USt**	
▪ an den Lieferer lt. ER	285,00 EUR	vom Kunden lt. AR	380,00 EUR
▪ an das Finanzamt	95,00 EUR		
	380,00 EUR ←		

Erkenntnis:

- Durch die Umsatzsteuer entstehen der Stolz & Krug OHG keine Kosten (Aufwendungen). Die Umsatzsteuer ist daher ergebnisunwirksam. Sie ist ein **durchlaufender Posten.**
- Die Umsatzsteuer muss allein der **Endverbraucher** tragen. Endverbraucher sind in der Regel die **Privatverbraucher.** Der Endverbraucher ist **nicht** vorsteuerabzugsberechtigt.

(3) Voraussetzungen für den Vorsteuerabzug

Damit die Unternehmer und ihre Leistungsempfänger den Vorsteuerabzug erhalten, müssen die **Rechnungen** folgende **Angaben** enthalten:

- **Vollständiger Name** und **vollständige Anschrift** des leistenden Unternehmers und des Leistungsempfängers,
- die **Steuernummer** oder die **Umsatzsteuer-Identifikationsnummer,**
- das **Ausstellungsdatum,**
- eine **fortlaufende Nummer** mit einer oder mehreren Zahlenreihen, die zur Identifizierung der Rechnung vom Rechnungssteller einmal vergeben wird **(Rechnungsnummer),**
- die **Menge,** die **Art** und die **handelsübliche Bezeichnung** der gelieferten Gegenstände oder die Art und den Umfang der **sonstigen Leistung,**
- den **Zeitpunkt der Lieferung** oder **sonstigen Leistung,**
- das nach **Steuersätzen** und einzelnen **Steuerbefreiungen** aufgeschlüsselte Entgelt für die Lieferung oder sonstige Leistung sowie jede im Voraus vereinbarte Minderung des Entgelts,
- der **anzuwendende Steuersatz** sowie der auf das Entgelt entfallende Steuerbetrag oder im Falle einer Steuerbefreiung der Hinweis darauf, dass für die Lieferung oder sonstige Leistung eine Steuerbefreiung gilt.

Beachte:

Bei **Rechnungen** über **Kleinbeträge** von bis zu 250,00 EUR muss lediglich angegeben werden: Name und Anschrift des leistenden Unternehmens, Ausstellungsdatum, Menge bzw. Umfang und Art der Leistung, das Entgelt und der darauf entfallende Steuerbetrag in einer Summe sowie der anzuwendende Steuersatz.

(4) Zahlungszeitpunkt der Umsatzsteuer

Die Umsatzsteuer ist eine **Jahressteuer**. Der Unternehmer muss aber bis zum 10. Tag nach Ablauf des Voranmeldungszeitraums[1] eine **elektronische Umsatzsteuer-Voranmeldung** beim Finanzamt einreichen. Bei geringem Umsatz kann die Umsatzsteuer-Voranmeldung vierteljährlich eingereicht werden. Gleichzeitig ist für die darin zu ermittelnde Zahllast eine entsprechende Vorauszahlung auf die Jahressteuer zu leisten.

Beispiel:

	Verkaufsumsatz im Monat Juni 20.. 80 000,00 EUR	
	19 % USt von 80 000,00 EUR	15 200,00 EUR
–	Vorsteuer auf Eingangsrechnungen für den Monat Juni 20..	4 600,00 EUR
=	Zahllast (an das Finanzamt zu zahlen)	10 600,00 EUR

Sind die Vorsteuern eines Monats höher als die eigene Umsatzsteuerschuld (z. B. bei saisonalen Einkäufen), so erstattet das Finanzamt die überschüssigen Vorsteuern. Man spricht in diesem Zusammenhang von einem **Vorsteuerüberhang.**

Am Jahresende erfolgt die Endabrechnung mithilfe der **Jahressteuererklärung** und des **Jahressteuerbescheides.** Nachzahlungen bzw. Rückerstattungen sind nicht ausgeschlossen, da sich die Bemessungsgrundlage durch nachträgliche Skonti, Rabatte, Preisnachlässe oder aufgrund von Forderungsausfällen ändern kann.

7.1.2 Buchhalterische Erfassung der Umsatzsteuer

7.1.2.1 Einkauf von Werkstoffen und Handelswaren sowie Verkauf von Fertigerzeugnissen und Handelswaren

Da dem Unternehmen durch die Umsatzsteuer **keine Kosten** (Aufwendungen) entstehen, kann für die buchhalterische Erfassung nur der Bereich der **Bilanzkonten** infrage kommen.

Beispiel:

Kauf von Rohstoffen auf Ziel lt. folgender Eingangsrechnung:

	Rohstoffe	1 500,00 EUR
+	19% USt	285,00 EUR
	Rechnungsbetrag (ER)	1 785,00 EUR

Verkauf von Erzeugnissen auf Ziel lt. folgender Ausgangsrechnung:

	Erzeugnisse	2 000,00 EUR
+	19% USt	380,00 EUR
	Rechnungsbetrag (AR)	2 380,00 EUR

Aufgabe:

Buchen Sie die beiden Geschäftsvorfälle auf Konten und bilden Sie anschließend die Buchungssätze!

1 **Voranmeldungszeitraum** ist das Kalendervierteljahr. Beträgt die Steuer für das vorangegangene Kalenderjahr mehr als 7 500,00 EUR (Normalfall), ist der Kalendermonat der Voranmeldungszeitraum [§ 18 II UStG].

Lösung:

S	6000 Aufwend. f. Rohstoffe		H
4400	1 500,00		

S	2600 Vorsteuer		H
4400	285,00		

S	4400 Verbindlichkeiten a. Lief. u. Leist.		H
		6000/2600	1 785,00

Konten	Soll	Haben
6000 Aufw. f. Rohstoffe 2600 Vorsteuer an 4400 Verb. a. L. u. L.	1 500,00 285,00	 1 785,00

Die Umsatzsteuer auf Eingangsrechnungen stellt eine **Forderung** des Unternehmers gegenüber dem Finanzamt dar. Sie wird auf einem Forderungskonto, genannt **Vorsteuer,** gebucht.

Das Konto **2600 Vorsteuer** ist ein **Aktivkonto.**

S	2400 Forderungen a. Lief. u. Leist.		H
5000/4800	2 380,00		

S	5000 Umsatzerlöse f. eig. Erzeugnisse		H
		2400	2 000,00

S	4800 Umsatzsteuer		H
		2400	380,00

Konten	Soll	Haben
2400 Ford. a.L.u.L. an 5000 UE f. eig. Erz. an 4800 Umsatzsteuer	2 380,00	 2 000,00 380,00

Die Umsatzsteuer auf Ausgangsrechnungen stellt eine **Verbindlichkeit** des Unternehmers gegenüber dem Finanzamt dar. Sie wird auf einem entsprechenden Schuldkonto, genannt **Umsatzsteuer,** gebucht.

Das Konto **4800 Umsatzsteuer** ist ein **Passivkonto.**

Beachte:

Die Umsatzsteuer erscheint nicht nur auf den Rechnungen der vorgestellten Geschäftsvorfälle, sondern ebenfalls bei einer Reihe weiterer Geschäftsvorfälle.

- **Auf der Eingangsseite**

Neben den Eingangsrechnungen für den Einkauf von Werkstoffen oder Handelswaren erhalten wir z. B. Rechnungen für den Kauf von Anlagegegenständen (Fahrzeugen, Teilen, die zur Betriebs- und Geschäftsausstattung zählen), Rechnungen von Handwerkern für Reparaturleistungen, Rechnungen für den Einkauf von Büromaterial usw. Die Umsatzsteuer dieser Rechnungen erscheint ebenfalls auf dem **Aktivkonto „Vorsteuer“.**

- **Auf der Ausgangsseite**

Neben dem Verkauf von Fertigerzeugnissen oder Handelswaren können gebrauchte Fahrzeuge oder Teile der Betriebs- und Geschäftsausstattung verkauft werden. Auch solche sogenannten Hilfsgeschäfte sind umsatzsteuerpflichtig. Beim Verkauf müssen wir Umsatzsteuer in Rechnung stellen. Sie erscheint auf dem **Passivkonto „Umsatzsteuer“.**

Übungsaufgaben

60 Bilden Sie zu den nachfolgenden Geschäftsvorfällen den Buchungssatz!

1.	Wir kaufen Handelswaren auf Ziel netto + 19 % USt	1 350,00 EUR 256,50 EUR	 1 606,50 EUR
2.	Kauf von Rohstoffen gegen Bankscheck netto + 19 % USt	3 198,00 EUR 607,62 EUR	 3 805,62 EUR
3.	Kauf von Betriebsstoffen bar netto + 19 % USt	7 479,00 EUR 1 421,01 EUR	 8 900,01 EUR
4.	Wir verkaufen Handelswaren bar netto + 19 % USt	10 391,20 EUR 1 974,33 EUR	 12 365,53 EUR
5.	Verkauf von Erzeugnissen auf Ziel netto + 19 % USt	6 220,00 EUR 1 181,80 EUR	 7 401,80 EUR
6.	Banküberweisung des Kunden zum Ausgleich der Rechnung (vgl. Fall 5)		7 401,80 EUR
7.	Kauf von Hilfsstoffen gegen Rechnung netto + 19 % USt	917,00 EUR 174,23 EUR	 1 091,23 EUR
8.	Banküberweisung an einen Lieferer zum Ausgleich der Rechnung (vgl. Fall 7)		1 091,23 EUR
9.	Für eine Reparaturleistung berechnen wir unserem Kunden netto + 19 % USt	778,00 EUR 147,82 EUR	 925,82 EUR

10. Erklären Sie die Richtigkeit folgender Aussagen!
    - 10.1 Die Umsatzsteuer zahlt letztlich der Endverbraucher.
    - 10.2 Die Umsatzsteuer ist für ein Unternehmen ein „durchlaufender Posten" und deshalb erfolgsneutral.

61 Bilden Sie zu den nachfolgenden Belegen aus der Sicht der Tobias Hanselmann OHG die Buchungssätze!

Beleg 1

FREIE TANKSTELLE
AUTOWASCHZENTRALE

Heinz Gruber GmbH · Breslauerstr. 10 · 25421 Pinneberg

Werkzeugfabrik
Tobias Hanselmann OHG
Hansastr. 20–24
30419 Hannover

Auftrags-Nr. 00-0398
Leistungsdatum: 28.07.20..

Geleistete Arbeiten

Arbeits-Nr.	Art der ausgeführten Arbeiten	EUR
92 3004	Fahrzeugwäsche mit Teilhochglanzprogramm Interieur für den Geschäftswagen + 19 % USt	71,43 13,57 85,00

Beleg 2

Stadtschmiede GmbH
Bernd King
Ossenpadd 10
25421 Pinneberg

Stadtschmiede GmbH · Bernd King · Ossenpadd 10 · 25421 Pinneberg

Werkzeugfabrik
Tobias Hanselmann OHG
Hansastr. 20–24
30419 Hannover

Rechnung Nr. 176 — Datum: 30.07.20..

Beschreibung	Menge	Stückpreis EUR pro m	Gesamtpreis EUR
Anfertigen von Geländer für die Fabrikhalle	20,4 m	195,00	3 978,00
		+ 19 % USt	755,82
Bitte um Überweisung innerhalb 14 Tage ohne Skontoabzug.			4 733,82

Beleg 3

Firma: Werkzeugfabrik Tobias Hanselmann OHG
Hansastr. 20–24 · 30419 Hannover

QUITTUNG

EINGEGANGEN 30. Juli 20..

1 Bürolampe	162,00 EUR
+ 19% USt	30,78 EUR
	192,78 EUR

Elektro Heim
Stensstr. 40a
45149 Essen

Betrag dankend erhalten
30.07.20..

Hauser

Beleg 4

GROßMANN ELEKTROANLAGEN

Frank Großmann e.K. · Inhaber M. Hoppe
Elektrische Licht- und Kraftanlagen
Heidkamp Nord 15 · 25421 Pinneberg
St.-Nr. 24/199

Frank Großmann · Heidkamp Nord 15 · 25421 Pinneberg

Werkzeugfabrik
Tobias Hanselmann OHG
Hansastr. 20–24
30419 Hannover

Telefax 0511 2360-110

Ihr Zeichen, Ihre Bestellung vom	Unser Zeichen, Unsere Nachricht vom	Telefon, Name 0511 2360-200	Datum
	Ho	Herr Hoppe	28. Juli 20..

EINGEGANGEN 29. Juli 20.. Erl. ....

Rechnung – Nr. 9110 – 20..

Erbringung der Leistung: 03.03.20..
Elektroanschlüsse instand gesetzt

Pos. 001:	Montage Fink	2,5 Std.	41,80 EUR	104,50 EUR
Pos. 002:	Auszubildender (2. Jahr) Gromer	2,5 Std.	21,20 EUR	53,00 EUR
Pos. 003:	Fahrpauschale	1,00 Psch.	8,80 EUR	8,80 EUR
Pos. 004:	Klemmen	8 Stück	0,60 EUR	4,80 EUR
HANDWERKERRECHNUNG				171,10 EUR
gemäß VOB innerhalb von 8 Tagen		+ 19% USt		32,51 EUR
nach Rechnungsdatum fällig! Ohne Abzug!		Gesamtsumme		203,61 EUR
Rechnungsnummer bitte angeben!				

Beleg 5

Kontoauszug

IBAN: DE 51 2501 0030 0061 0003 45 Datum 27.07.20..
Auszug 54 Blatt 1

Postbank

Buch	Wert	PN-Nummer	Vorgang/Buchungsinformation	Umsatz in Euro
			ALTER SALDO VOM 24.07.20..	19710,50 H
26.07.20..			Hans Kempf GmbH Rechnung 20.07.20..	7840,90 H
26.07.20..			Tilgung Darlehen	4000,00 S
26.07.20..			Betriebsunterbrechungsversicherung	810,90 S
26.07.20..			Umsatzprovision an Mitarbeiter Meißner einschließlich 19% USt	2380,00 S

Bitte beachten Sie die Hinweise auf der Rückseite

WERKZEUGFABRIK
TOBIAS HANSELMANN OHG
HANSASTR. 20–24
30419 HANNOVER

NEUER SALDO 20360,50 H

Postbank Hannover 30418 Hannover BIC: PBNKDEFFXXX
Privatkunden Tel: 0180 3040700* Fax: 0180 3040800* · 7x24 Stunden direkt@postbank.de www.postbank.de
Geschäftskunden Tel: 0180 4440400** Fax: 0180 3040999* · 7x24 Stunden business@postbank.de
* 9 Cent/Min. **20 Cent/Anruf · dt. Festnetz; Mobiltarif max. 42 Cent/Min. oder 60 Cent/Anruf firmenkunden@postbank.de USt.-IdNr. DE169824467

62 Buchen Sie im Grundbuch der Möbelfabrik Bruno Bernhardt GmbH folgende Geschäftsvorfälle:

1. Wir kaufen 100 Zeituhren zum Einbau in Küchenmöbel auf Ziel netto 1430,00 EUR zuzüglich 19 % USt.
2. Wir bezahlen die bereits gebuchte Liefererrechnung über 1700,00 EUR bar.
3. Einkauf von Spanplatten lt. Eingangsrechnung 2737,00 EUR einschließlich 19 % USt gegen Bankscheck.

4. Ein Kunde bezahlt die Ausgangsrechnung durch Überweisung auf unser Bankkonto 2 464,45 EUR.
5. Barzahlung einer noch nicht gebuchten Handwerkerrechnung für Malerarbeiten im Büro netto 300,00 EUR zuzüglich 19 % USt.
6. Wir kaufen einen PC gegen Barzahlung netto 1 300,00 EUR zuzüglich 19 % USt.
7. Verkauf von Bürotischen auf Ziel. Rechnungsbetrag einschließlich 19 % USt 10 055,50 EUR.
8. Kauf von Schreibwaren für das Büro bar 685,00 EUR zuzüglich 19 % USt.
9. Bankabbuchung für Telefongebühren einschl. 19 % Umsatzsteuer 1 195,95 EUR.
10. Banküberweisung für Stromverbrauch lt. vorliegender Rechnung: Nettowert 2 210,00 EUR zuzüglich 19 % USt.
11. Einkauf von Leim für die Fertigung 890,00 EUR zuzüglich 19 % USt gegen Bankscheck.
12. Einkauf von Schmieröl 1 420,00 EUR zuzüglich 19 % USt auf Ziel.
13. Bareinkauf von Schrauben und Nägeln in Höhe von 275,00 EUR zuzüglich 19 % USt.

63 Buchen Sie im Grundbuch die folgenden Geschäftsvorfälle für einen Industriebetrieb:

1. Wir verkaufen Erzeugnisse gegen Ratenzahlung. Anzahlung einschließlich 19% USt bar: 38 675,00 EUR.

   Restzahlung in 5 Raten
   (12 500,00 EUR + 800,00 EUR Zinsen* + 19 % USt) zu je 15 675,00 EUR.

   Bilden Sie die Buchungssätze am Verkaufstag!

   * **Hinweis:** Zinsen sind umsatzsteuerfrei, da ein Kreditvertrag vorliegt!

2. Wir zahlen für folgenden Beleg bar aus der Kasse:

   196,35 EUR einschließlich 19 % USt für Reparatur
   des Kopiergeräts erhalten.

   Lehrte, den 2. April 20..   Ferner

3.	Bankgutschrift für Zinsen		720,00 EUR
4.	Barzahlung für Reparaturen am Maschinenpark, netto	874,00 EUR	
	+ 19 % USt	166,06 EUR	1040,06 EUR
5.	Verkauf von Erzeugnissen frei Haus lt. AR 143 netto	42 765,00 EUR	
	+ 19 % USt	8 125,35 EUR	50 890,35 EUR

64 Buchen Sie im Grundbuch für die Stahlwerke Heimann KG die folgenden Geschäftsvorfälle:

1.	Nach Ablauf der Garantiefrist wird eine Stahltreppe von uns repariert. Wir stellen die Selbstkosten in Rechnung:		
	für Material und Arbeitsstunden	186,00 EUR	
	+ 19 % USt	35,34 EUR	221,34 EUR
2.	Verkauf von Erzeugnissen auf Ziel einschließlich 19 % USt		24 276,00 EUR

3.

EVENTEC Randlinger & Jell

EVENTEC Randlinger & Jell · Kammer 12 · 83123 Amerang

Stahlwerke
Heimann KG
Hertzstr. 12
38104 Braunschweig

Rechnungsdatum:	12.06.20..
Kunden-Nr.:	13483
Steuer-Nr.:	15617341503
USt-Id-Nr.:	DE 228486140
Lieferdatum:	12.06.20..

Rechnung-Nr. 2214

Pos.	Menge	Bezeichnung	Einzelpreis EUR	Gesamtbetrag EUR
1	1	Hochleistungskopierer	5 950,00	5 950,00
		Gesamtbetrag		5 950,00

Der Gesamtbetrag setzt sich aus netto 5 000,00 EUR zuzüglich 19 % USt. = 950,00 EUR zusammen.

Besuchen Sie auch unsere Internetadresse unter www.eventec-randlinger.de.

EVENTEC Randlinger & Jell Kammer 12 83123 Amerang
Tel.: 08075 8239 Fax: 08075 9752
Kreis- und Stadtsparkasse Wasserberg
BIC: BYLADEM1WSB IBAN: DE52711526800000962787
www.eventec-randlinger.de E-Mail: info@eventec-randlinger.de

Gerichtsstand Traunstein. Die Ware bleibt bis zur vollständigen Bezahlung Eigentum der Firma.

4.

Beleg für Kontoinhaber NOLADE2HXXX
Norddeutsche Landesbank
Nur für Überweisungen in Deutschland, in andere EU-/EWR-Staaten und in die Schweiz sowie nach Monaco in Euro.

Angaben zum Zahlungsempfänger: Name, Vorname/Firma (max. 27 Stellen, bei maschineller Beschriftung max. 35 Stellen)
EVENTEC Randlinger & Jell, 83123 Amerang
IBAN Bei Überweisungen in Deutschland immer 22 Stellen → sonstige Länder 15 bis max. 34 Stellen
DE52711526800000962787
BIC des Kreditinstituts/Zahlungsdienstleisters (8 oder 11 Stellen)
Die Angabe des BIC kann entfallen, wenn die IBAN des Zahlungsempfängers mit DE beginnt.
Betrag: Euro, Cent
5 950,00
Kunden-Referenznummer - Verwendungszweck, ggf. Name und Anschrift des Zahlers - (nur für Zahlungsempfänger)
Rechnung-Nr. 2214 vom 12.06.20..
noch Verwendungszweck (insgesamt max. 2 Zeilen à 27 Stellen, bei maschineller Beschriftung max. 2 Zeilen à 35 Stellen)
Angaben zum Kontoinhaber: Name, Vorname/Firma, Ort (max. 27 Stellen, keine Straßen- oder Postfachangaben)
Heimann KG, 38104 Braunschweig
IBAN Prüfziffer Bankleitzahl des Kontoinhabers Kontonummer (ggf. links mit Nullen auffüllen)
DE91 25050000 0094006491 16
111 360.002 SE 35784
Datum Unterschrift(en)
28. 06. 20 . . G. Heimann

5.

Beleg für Kontoinhaber NOLADE2HXXX
Norddeutsche Landesbank
Nur für Überweisungen in Deutschland, in andere EU-/EWR-Staaten und in die Schweiz sowie nach Monaco in Euro.

Angaben zum Zahlungsempfänger: Name, Vorname/Firma (max. 27 Stellen, bei maschineller Beschriftung max. 35 Stellen)
Ulmer Walzwerke GmbH, Boschstr. 2, 89079 Ulm
IBAN Bei Überweisungen in Deutschland immer 22 Stellen → sonstige Länder 15 bis max. 34 Stellen
DE56630400530060001005
BIC des Kreditinstituts/Zahlungsdienstleisters (8 oder 11 Stellen)
Die Angabe des BIC kann entfallen, wenn die IBAN des Zahlungsempfängers mit DE beginnt.
Betrag: Euro, Cent
41 184,00
Kunden-Referenznummer - Verwendungszweck, ggf. Name und Anschrift des Zahlers - (nur für Zahlungsempfänger)
Rechnung-Nr. 99493 für Stahllieferung vom
noch Verwendungszweck (insgesamt max. 2 Zeilen à 27 Stellen, bei maschineller Beschriftung max. 2 Zeilen à 35 Stellen)
3. Mai 20.. 34608,40 EUR zuzüglich 19% USt
Angaben zum Kontoinhaber: Name, Vorname/Firma, Ort (max. 27 Stellen, keine Straßen- oder Postfachangaben)
Heimann KG, 38104 Braunschweig
IBAN Prüfziffer Bankleitzahl des Kontoinhabers Kontonummer (ggf. links mit Nullen auffüllen)
DE91 25050000 0094006491 16
111 360.002 SE 35784
Datum Unterschrift(en)
10. 05. 20 . . G. Heimann

6.

IBAN		BIC
DE91250500000094006491	Norddeutsche Landesbank	NOLADE2HXXX

Buchungstag	Tag der Wertstellung	Verwendungszweck/Buchungstext		alter Kontostand + 4791,20
12.05.	12.05.	Dosenwerk WIPPER GMBH Urbanstr. 2 33106 Paderborn Rechnung-Nr. 2007 einschließlich 19 % USt	9224	+ 2867,90

Stahlwerke
Heimann KG
Hertzstr. 12
38104 Braunschweig

+ 7659,10
neuer Kontostand

UST-ID DE 451710290

Kontoauszug vom	Auszug	Blatt
12.05.20..	24	1

SIK - KAD 8/98 S
Bitte beachten Sie die Hinweise auf der Rückseite
50/00

7.1.2.2 Ermittlung und Buchung der Zahllast

(1) Ermittlung und Begleichung der Zahllast

Beispiel:

2600 Vorsteuer: Summe 1800,00 EUR; 4800 Umsatzsteuer: Summe 6000,00 EUR. Die Zahllast von 4200,00 EUR wird an das Finanzamt durch die Bank überwiesen.

Aufgaben:

1. Stellen Sie die Vorgänge auf Konten dar!
2. Bilden Sie die Buchungssätze!

Lösungen:

Zu 1.: Buchung auf den Konten

S	2600 Vorsteuer		H
Summe	1800,00	4800	1800,00

S	2800 Bank		H
AB	5000,00	4800	4200,00

S	4800 Umsatzsteuer		H
2600	1800,00	Summe	6000,00
2800	4200,00		
	6000,00		6000,00

Zu 2.: Buchungssätze

Geschäftsvorfälle	Konten	Soll	Haben
Ermittlung der Zahllast	4800 Umsatzsteuer an 2600 Vorsteuer	1800,00	 1800,00
Banküberweisung der Zahllast	4800 Umsatzsteuer an 2800 Bank	4200,00	 4200,00

(2) Ermittlung und Passivierung der Zahllast am Ende des Geschäftsjahres

Weil am Bilanzstichtag die **Zahllast** noch **nicht überwiesen** ist, muss sie **passiviert** werden, d.h. als Schuld gegenüber dem Finanzamt in das Schlussbilanzkonto übernommen werden.

Geschäftsvorfall	Konten	Soll	Haben
Die Zahllast im Monat Dezember ist am 31.12. zu passivieren 5000,00 EUR.	4800 Umsatzsteuer an 8010 SBK	5000,00	 5000,00

Beachte:

Ist innerhalb eines Abrechnungszeitraumes (Monats) die Vorsteuer höher als die Umsatzsteuer, was z.B. aufgrund von saisonbedingten Einkäufen durchaus vorkommen kann, entsteht ein sogenannter **Vorsteuerüberhang.** In diesem Fall ist die Forderung gegenüber dem Finanzamt höher als die Verbindlichkeit. Diesen Vorsteuerüberhang muss das Finanzamt auszahlen bzw. verrechnen.

Übungsaufgaben

65

S	2600 Vorsteuer		H
2800	991,80		
4400	3431,40		

S	4800 Umsatzsteuer		H
		2880	4870,00
		2800	12130,70

Aufgaben:

1. Übertragen Sie die Konten in Ihr Hausheft und ermitteln Sie buchhalterisch die Zahllast!
2. Die Zahllast ist zu passivieren.
3. Bilden Sie zu 1. und 2. die Buchungssätze!

66

S	2600 Vorsteuer		H
Su	12900,00		

S	4800 Umsatzsteuer		H
		Su	8300,00

Aufgaben:

1. Übertragen Sie die Konten in Ihr Hausheft und ermitteln Sie buchhalterisch den Vorsteuerüberhang!
2. Der Vorsteuerüberhang wird vom Finanzamt auf unser Bankkonto überwiesen.
3. Bilden Sie zu 1. und 2. die Buchungssätze!

67 Bilden Sie den Buchungssatz aus Sicht der Maschinenfabrik Wachter GmbH für den folgenden Beleg!

Beleg für Kontoinhaber BRLADE21ANO

Nur für Überweisungen in Deutschland, in andere EU-/EWR-Staaten und in die Schweiz sowie nach Monaco in Euro.

Sparkasse Aurich-Norden

Angaben zum Zahlungsempfänger: Name, Vorname/Firma (max. 27 Stellen, bei maschineller Beschriftung max. 35 Stellen)

Finanzamt Aurich

IBAN Bei Überweisungen in Deutschland immer 22 Stellen → sonstige Länder 15 bis max. 34 Stellen

DE08283500000008147954

BIC des Kreditinstituts/Zahlungsdienstleisters (8 oder 11 Stellen)

Die Angabe des BIC kann entfallen, wenn die IBAN des Zahlungsempfängers mit DE beginnt.

Betrag: Euro, Cent

16 330,00

Kunden-Referenznummer - Verwendungszweck, ggf. Name und Anschrift des Zahlers - (nur für Zahlungsempfänger)

USt. VI/20.. St.Nr. 571/8054

noch Verwendungszweck (insgesamt max. 2 Zeilen à 27 Stellen, bei maschineller Beschriftung max. 2 Zeilen à 35 Stellen)

Angaben zum Kontoinhaber: Name, Vorname/Firma, Ort (max. 27 Stellen, keine Straßen- oder Postfachangaben)

Maschinenfabrik Wachter GmbH 26607 Aurich

IBAN | Prüfziffer | Bankleitzahl des Kontoinhabers | Kontonummer (ggf. links mit Nullen auffüllen)

DE 33283500000008473972 16

111 360.002 SE 35784

Datum Unterschrift(en)

10. Juli 20.. i.A. Wecker

68 Bilden Sie den Buchungssatz für den nachfolgenden Beleg aus Sicht der Sportsware Meindl GmbH!

SPORT ✶ JAKOB KG

Sportartikelhersteller
Skiausrüstungen

Sport-Jakob KG, Nebelhornstr. 17–19, 87561 Oberstdorf

Sportsware Meindl GmbH
Königsallee 25
37081 Göttingen

Rechnung Nr. 901

Lieferdatum: 24. Nov. 20. .
Rechnungsdatum: 27. Nov. 20. .

Menge	Bezeichnung	Einzelpreis	Gesamtpreis
10	Paar Kinderski mit Bindung	104,00 EUR	1 040,00 EUR
10	Paar Skistöcke	38,50 EUR	385,00 EUR
			1 425,00 EUR
	+ 19 % USt		270,75 EUR
			1 695,75 EUR

Zahlungs- und Erfüllungsort sowie Gerichtsstand ist Konstanz. Die Ware bleibt bis zur vollständigen Bezahlung mein Eigentum.

Sitz der Gesellschaft: Oberstdorf Registergericht Oberstdorf: HRA 510 Steuer-Nr. 90751/54303

7.2 Ermittlung und Buchung des Werkstoffverbrauchs

Bisher haben wir unterstellt, dass die benötigten Werkstoffe in der gleichen Periode vollständig verbraucht wurden. Unter dieser Annahme würden sich die Werkstoffbestände nicht verändern. Dies entspricht jedoch nicht der Realität. Dass die gelieferte Menge und die in der Produktion verbrauchte Menge nicht identisch sein muss, kann unterschiedliche Ursachen haben, z. B.

- Werkstofflieferungen verzögern sich oder entfallen ganz.
- Ein bereits eingeplanter Fertigungsauftrag wird storniert, die Werkstoffe hierfür sind bereits bestellt.
- Bestellt wird in optimaler Losgröße, produziert wird jedoch kontinuierlich.

Diese Vorgänge führen entweder zu einem Anwachsen der Werkstoffbestände **(Bestandsmehrung)** oder zu einem Abbau der Bestände **(Bestandsminderung)**. In diesen Fällen stimmt der tatsächliche Werkstoffverbrauch nicht mit der beschafften Menge überein.

Um von der gebuchten Beschaffungsmenge zur tatsächlichen Verbrauchsmenge zu gelangen, bedarf es einer Korrektur um die Höhe der Bestandsveränderung.

7.2.1 Bestandsmehrungen bei Werkstoffen

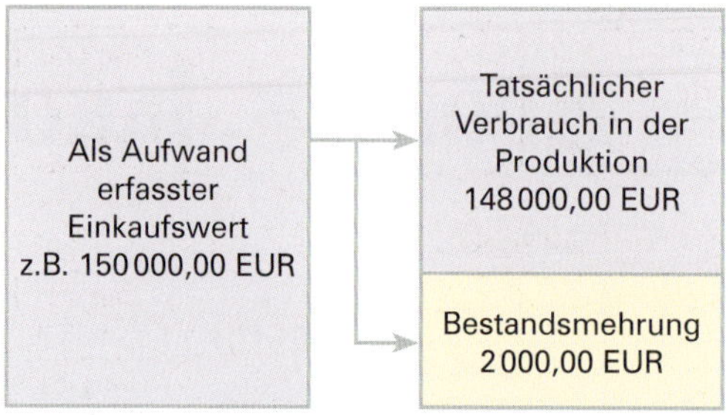

In Bezug auf den Verbrauch von **Roh-, Hilfs- und Betriebsstoffen** bedeutet „periodengerechter" Aufwand nichts anderes als den tatsächlichen Verbrauch einer Abrechnungsperiode zu erfassen. Eine **Bestandsmehrung** liegt vor, wenn der **Schlussbestand** einer Werkstoffart **höher** ist als der **Anfangsbestand.** Dies bedeutet, dass innerhalb dieser Periode mehr eingekauft als in der Produktion verbraucht wurde. Die nicht verbrauchte Menge wurde auf Lager genommen, daher die Bestandsmehrung.

Beispiel:

I. Anfangsbestand:

2000 Rohstoffe 4500,00 EUR

II. Geschäftsvorfälle:

1. Einkauf von Rohstoffen auf Ziel 150000,00 EUR zuzüglich 19 % USt
2. Verkauf von Erzeugnissen auf Ziel 280000,00 EUR zuzüglich 19 % USt

III. Schlussbestand:

Inventurbestand an Rohstoffen 6500,00 EUR

IV. Aufgaben:

1. Ermitteln Sie rechnerisch:
   1.1 den Verbrauch an Rohstoffen,
   1.2 den Rohgewinn.
2. Stellen Sie die Angaben des Beispiels auf Konten dar, wobei bei den Geschäftsvorfällen die Gegenkonten anzugeben, aber nicht zu führen sind!
3. Bilden Sie den Buchungssatz für die Umbuchung der Bestandsmehrung!

Lösungen:

Zu 1.: Rechnerische Ermittlungen

1.1 Ermittlung des Verbrauchs an Rohstoffen

	Einkauf von Rohstoffen in der Geschäftsperiode	150000,00 EUR
–	Bestandsmehrung	2000,00 EUR
=	Verbrauch innerhalb der Geschäftsperiode	148000,00 EUR

1.2 Ermittlung des Rohgewinns

	Umsatzerlöse für eigene Erzeugnisse	280000,00 EUR
–	Verbrauch von Rohstoffen	148000,00 EUR
=	Rohgewinn	132000,00 EUR

Zu 2.: Darstellung auf den Konten[1]

S	2000 Rohstoffe		H
AB	4500,00	8010	6500,00
6000	2000,00		
	6500,00		6500,00

S	6000 Aufw. f. Rohstoffe		H
4400	150000,00	2000	2000,00
		8020	148000,00
	150000,00		150000,00

S	5000 UErl. f. eig. Erzeug.		H
8020	280000,00	2400	280000,00

S	8010 SBK		H
2000	6500,00		

S	8020 GuV		H
6000	148000,00	5000	280000,00
Rohg.	132000,00		
	280000,00		280000,00

Zu 3.: Bildung des Buchungssatzes für die Umbuchung der Bestandsmehrung

Geschäftsvorfall	Konten	Soll	Haben
Umbuchung der Bestandsmehrung von 2000,00 EUR	2000 Rohstoffe an 6000 Aufw. f. Rohstoffe	2000,00	 2000,00

Erläuterungen:

Die **Erhöhung** des Schlussbestandes bei den Rohstoffen bedeutet, dass ein Teil der eingekauften und als Aufwand gebuchten **Rohstoffe nicht verbraucht wurde**. Der zunächst gebuchte Aufwand ist um den Wert der Bestandsmehrung **zu hoch**. Er muss daher um den Wert der **Bestandsmehrung gemindert werden.**

Beachte:

- Eine **Bestandsmehrung** muss bei den Werkstoffen vom als Aufwand gebuchten Einkaufswert **abgezogen** werden.
- Buchhalterisch erfolgt das durch eine entsprechende **Umbuchung der Bestandsmehrung.** Der Buchungssatz lautet:

  Bestandskonto der Klasse 2 (z. B. 2000 Rohstoffe)
  an Aufwandskonto der Klasse 6 (z. B. 6000 Aufwendungen f. Rohstoffe)

7.2.2 Bestandsminderungen bei Werkstoffen

Beispiel:

I. Anfangsbestand:

2000 Rohstoffe 3500,00 EUR

II. Geschäftsvorfälle:

1. Einkauf von Rohstoffen auf Ziel 150000,00 EUR zuzüglich 19 % USt
2. Verkauf von Erzeugnissen auf Ziel 280000,00 EUR zuzüglich 19 % USt

1 Der Übersicht wegen werden nur die Vorgänge auf den hier interessierenden Konten (2000, 5000, 6000) dargestellt. Die Gegenkonten beim Ein- bzw. Verkauf werden nicht geführt.

III. Schlussbestand:

Inventurbestand an Rohstoffen 2000,00 EUR

IV. Aufgaben:

1. Ermitteln Sie rechnerisch:
   1.1 den Verbrauch an Rohstoffen,
   1.2 den Rohgewinn.
2. Stellen Sie die Angaben des Beispiels auf Konten dar, wobei bei den Geschäftsvorfällen die Gegenkonten anzugeben, aber nicht zu führen sind!
3. Bilden Sie den Buchungssatz für die Umbuchung der Bestandsminderung!

Lösungen:

Zu 1.: Rechnerische Ermittlungen

1.1 Ermittlung des Verbrauchs an Rohstoffen

Einkauf von Rohstoffen in der Geschäftsperiode	150000,00 EUR
+ Bestandsminderung	1500,00 EUR
= Verbrauch innerhalb der Geschäftsperiode	151500,00 EUR

1.2 Ermittlung des Rohgewinns

Umsatzerlöse für eigene Erzeugnisse	280000,00 EUR
– Verbrauch von Rohstoffen	151500,00 EUR
= Rohgewinn	128500,00 EUR

Zu 2.: Darstellung auf den Konten

S	2000 Rohstoffe		H
AB	3500,00	8010	2000,00
		6000	1500,00
	3500,00		3500,00

S	6000 Aufw. f. Rohstoffe		H
4400	150000,00	8020	151500,00
2000	1500,00		
	151500,00		151500,00

S	5000 UErl. f. eig. Erzeug.		H
8020	280000,00	2400	280000,00

S	8010 SBK		H
2000	2000,00		

S	8020 GuV		H
6000	151500,00	5000	280000,00
Rohg.	128500,00		
	280000,00		280000,00

Zu 3.: Buchungssatz für die Umbuchung der Bestandsminderung

Geschäftsvorfall	Konten	Soll	Haben
Umbuchung der Bestandsminderung von 1500,00 EUR	6000 Aufw. f. Rohstoffe an 2000 Rohstoffe	1500,00	1500,00

Erläuterungen:

Die **Minderung** des Bestandes auf dem Rohstoffkonto bedeutet, dass über den Einkauf von Rohstoffen hinaus noch **Rohstoffe vom Reservelager verbraucht wurden.** Der beim Einkauf gebuchte Aufwand ist um diesen Wert **zu niedrig.** Er muss daher um den Wert der **Bestandsminderung erhöht werden.**

Beachte:

- Eine **Bestandsminderung** muss bei den Werkstoffen zu dem als Aufwand gebuchten Einkaufswert **hinzugerechnet werden.**
- Buchhalterisch erfolgt das durch eine entsprechende **Umbuchung der Bestandsminderung.** Der Buchungssatz lautet:

Aufwandskonto der Klasse 6 (z. B. 6000 Aufwendungen f. Rohstoffe)
an Bestandskonto der Klasse 2 (z. B. 2000 Rohstoffe)

Übungsaufgaben

69 Erläutern Sie folgende Sachverhalte:

1. Der Bestand an Handelswaren ist um 20 000,00 EUR gestiegen.
2. Der Bestand an Rohstoffen ist um 40 000,00 EUR gesunken.
3. Der Einkauf von Hilfsstoffen ist um 10 000,00 EUR höher als der Verbrauch.
4. Der Verkauf von Handelswaren ist innerhalb der Geschäftsperiode um 150 Stück höher als der Einkauf in diesem Artikel.

70

I. Werkstoffbestände:	Anfangsbestände	Schlussbestände
2000 Rohstoffe	310 000,00 EUR	315 000,00 EUR
2010 Vorprodukte	85 000,00 EUR	91 200,00 EUR
2020 Hilfsstoffe	47 700,00 EUR	45 000,00 EUR
2030 Betriebsstoffe	64 400,00 EUR	59 800,00 EUR

II. Kontenplan:

2000, 2010, 2020, 2030, 5000, 6000, 6010, 6020, 6030, 8010, 8020.

III. Geschäftsvorfälle:

1. Kauf von Rohstoffen auf Ziel 112 700,00 EUR zuzüglich 19 % USt
2. Kauf von Vorprodukten auf Ziel 21 100,00 EUR zuzüglich 19 % USt
3. Kauf von Hilfsstoffen mit Bankscheck 33 300,00 EUR zuzüglich 19 % USt
4. Kauf von Betriebsstoffen auf Ziel 42 100,00 EUR zuzüglich 19 % USt
5. Verkauf von eigenen Erzeugnissen auf Ziel 480 000,00 EUR zuzüglich 19 % USt

(**Hinweis:** Die Gegenkonten sind anzugeben, aber nicht zu führen!)

IV. Aufgaben:

1. Ermitteln Sie rechnerisch den jeweiligen Werkstoffaufwand!
2. Ermitteln Sie rechnerisch den Rohgewinn!
3. Bilden Sie zu den Geschäftsvorfällen die Buchungssätze, übertragen Sie die Buchungssätze auf die Konten und schließen Sie die Konten über die entsprechenden Abschlusskonten ab!

7.3 Abschreibungen

7.3.1 Ursachen der Abschreibung

Anlagegüter wie z. B. ein Gebäude, einen Aktenschrank, eine Maschine, einen Gabelstapler oder einen Lkw nutzt das Unternehmen langfristig. Durch den täglichen Gebrauch verlieren diese Güter an Wert (abnutzbare Güter[1]). Um ihren Wert auf dem Schlussbilanzkonto richtig darstellen zu können, ist ein bestimmter Betrag als **Wertminderung von den Anschaffungskosten** abzuschreiben.

Durch die **Abschreibung** werden die Anschaffungskosten (aufgrund der geschätzten jährlichen Wertminderung) auf die Jahre der Nutzung als Aufwand verteilt.

Für die Bemessung der Höhe der Abschreibung können folgende Gründe eine Rolle spielen:

Gebrauch	Jeder Gebrauchsgegenstand hat eine begrenzte Lebensdauer, die u.a. von der Häufigkeit der Nutzung abhängt. Je häufiger ein Gegenstand genutzt wird, desto schneller verschleißt er und desto mehr verliert er an Wert. Ein Auto, das 100 000 km gefahren wurde, ist weniger wert als das sonst gleiche Auto, das in der gleichen Zeit nur 50 000 km gefahren wurde.
Technischer Fortschritt	In unserer durch hohe Technisierung und starken Konkurrenzdruck gekennzeichneten Wirtschaft werden die Produkte immer weiter verbessert. Sobald ein verbessertes Produkt auf den Markt kommt, verliert das alte Produkt schlagartig an Wert.
Wirtschaftliche Überholung	Geht die Nachfrage nach einem Gut aufgrund neuer Erfindungen oder aufgrund des Modewechsels zurück, so hat das wertmindernde Rückwirkungen sowohl auf die Güter selbst als auch auf die zu ihrer Herstellung benötigten Maschinen.
Natürlicher Verschleiß	Selbst wenn ein Gegenstand überhaupt nicht genutzt würde und auch die übrigen Ursachen der Abschreibung nicht infrage kämen, würde z. B. durch Witterungseinflüsse (Wechsel von Wärme und Kälte, Nässe und Trockenheit) eine wertmindernde Veränderung des Gegenstandes eintreten.

Infolge der Abschreibung vermindern sich die Anschaffungskosten jährlich um die mit der Abschreibung erfassten Wertminderung, sodass sich der Buchwert von Jahr zu Jahr verringert.

Anschaffungskosten – Abschreibung = Buchwert

7.3.2 Berechnungsmethoden der Abschreibung

(1) Berechnung der Abschreibungen nach der linearen Methode

Bei der linearen Abschreibung wird ein **jährlich gleichbleibender Betrag** von den **Anschaffungskosten** des Anlagegutes abgeschrieben. Auf diese Weise werden die gesamten Anschaffungskosten gleichmäßig auf die Nutzungsdauer verteilt. Nach Ablauf der Nutzungsdauer ist der Buchwert gleich null.

1 **Nicht abnutzbare Gegenstände des Anlagevermögens** sind zum Beispiel Beteiligungen, unbebaute Grundstücke und der Wert des Grund und Bodens bebauter Grundstücke. Da unbebaute Grundstücke im Allgemeinen im Wert nicht sinken, ist eine planmäßige Abschreibung darauf nicht erlaubt. Bei bebauten Grundstücken ist daher immer nur vom Gebäudewert abzuschreiben.

Beispiel:

Die Anschaffungskosten eines Abfüllautomaten für Milch zu Beginn der Geschäftsperiode betragen 30 000,00 EUR. Es wird eine Nutzungsdauer von sechs Jahren angenommen. In diesem Fall beträgt der jährliche Abschreibungsbetrag 5000,00 EUR und der Abschreibungssatz $16\frac{2}{3}\,\%$.

Aufgabe:

Führen Sie rechnerisch die Abschreibung über die gesamte Laufzeit durch!

Lösung:

	Anschaffungskosten	30 000,00 EUR
–	$16\frac{2}{3}\,\%$ Abschreibung 1. Jahr	5 000,00 EUR
	Buchwert Ende 1. Jahr	25 000,00 EUR
–	$16\frac{2}{3}\,\%$ Abschreibung 2. Jahr	5 000,00 EUR
	Buchwert Ende 2. Jahr	20 000,00 EUR
–	$16\frac{2}{3}\,\%$ Abschreibung 3. Jahr	5 000,00 EUR
	Buchwert Ende 3. Jahr	15 000,00 EUR
–	$16\frac{2}{3}\,\%$ Abschreibung 4. Jahr	5 000,00 EUR
	Buchwert Ende 4. Jahr	10 000,00 EUR
–	$16\frac{2}{3}\,\%$ Abschreibung 5. Jahr	5 000,00 EUR
	Buchwert Ende 5. Jahr	5 000,00 EUR
–	$16\frac{2}{3}\,\%$ Abschreibung 6. Jahr	5 000,00 EUR
	Buchwert Ende 6. Jahr	0,00 EUR[1]

$$\text{Jährlicher Abschreibungsbetrag} = \frac{\text{Anschaffungskosten}^{2}}{\text{Nutzungsdauer}}$$

$$\text{Jährlicher Abschreibungssatz} = \frac{100\,\%}{\text{Nutzungsdauer}}$$

Bei der linearen Abschreibung geht man davon aus, dass sich das Wirtschaftsgut gleichmäßig abnutzt. Ein eventuell höherer Wertverlust durch technische oder wirtschaftliche Überholung oder infolge eines unterschiedlich hohen Verschleißes durch unterschiedliche Nutzung in den verschiedenen Nutzungsjahren wird dabei nicht berücksichtigt.

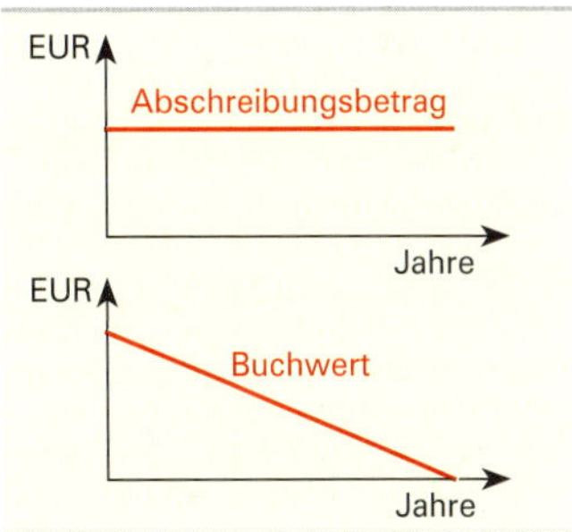

1 Die in der manuellen Buchführung übliche Abschreibung auf einen **Erinnerungswert** von 1,00 EUR, wenn das Wirtschaftsgut nach Ablauf der Nutzungsdauer noch weiter genutzt wird, ist in der als Nebenbuchhaltung betriebenen computerunterstützten Anlagenbuchführung nicht üblich. Hier wird auch bei Weiternutzung des Wirtschaftsgutes mit der letzten Rate auf den Restbuchwert von 0,00 EUR abgeschrieben.

2 Die **Berechnung der Anschaffungskosten** erfolgt nach folgendem Schema:

	Anschaffungspreis:	Nettopreis ohne Umsatzsteuer
–	Anschaffungspreisminderungen:	z. B. Rabatte, Skonti, Boni, sonstige Nachlässe
+	Anschaffungsnebenkosten:	typische Beispiele sind: Transport-, Umbau-, Montagekosten, Aufwendungen für Provisionen, Notariats-, Gerichts- und Registerkosten
=	Anschaffungskosten	

14 Speth u.a. - ISBN 978-3-8120-0536-4

Die lineare Abschreibungsmethode hat insbesondere folgende Vorteile:

- **einfache** und nur **einmalige Berechnung** des Abschreibungsbetrags;
- **gute Vergleichbarkeit** der aufeinanderfolgenden Erfolgsrechnungen;
- **gleichmäßige Aufwandsbelastung** bzw. **Belastung der Kostenrechnung** mit Abschreibungen.

Übungsaufgaben

71 Die Anschaffungskosten eines Autotelefons für den Geschäftswagen betragen zu Beginn der Geschäftsperiode 2 100,00 EUR.

Aufgaben:

1. Berechnen Sie den jährlichen Abschreibungsbetrag bei linearer Abschreibung und einer angenommenen Nutzungsdauer von fünf Jahren!
2. Versuchen Sie eine Formulierung, in der das Wesen der Abschreibung zum Ausdruck kommt!

72 1. Eine Frankiermaschine wird am Ende des 3. Nutzungsjahres linear mit 930,00 EUR abgeschrieben, Abschreibungssatz: 12,5 %.

Aufgabe:

Berechnen Sie die Anschaffungskosten für die Frankiermaschine!

2.

Anlagegüter	Buchwert am 31. Dez.	Anschaffungskosten zu Beginn des Geschäftsjahres	Nutzungsdauer
Ladeneinrichtung (Werkstattverkauf)	52 500,00 EUR	84 000,00 EUR	8 Jahre
Kombiwagen	38 000,00 EUR	57 000,00 EUR	6 Jahre

Aufgaben:

2.1 Berechnen Sie den jeweiligen Abschreibungssatz bei linearer Abschreibung!

2.2 Ermitteln Sie, wie viel Jahre die beiden Anlagegüter bisher abgeschrieben worden sind!

(2) Berechnung der Abschreibungen nach der degressiven Methode

Bei der degressiven Abschreibung wird die Abschreibung durch einen gleichbleibenden Prozentsatz auf den jeweiligen Buchwert (Restbuchwert) ermittelt. Da der Buchwert von Jahr zu Jahr geringer wird, werden bei einem gleichbleibenden Prozentsatz auch die Abschreibungsbeträge von Jahr zu Jahr geringer.

Beispiel:

Die Anschaffungskosten eines Kombiwagens zu Beginn der Geschäftsperiode betragen 30 000,00 EUR. Die betriebsgewöhnliche Nutzungsdauer beträgt 6 Jahre.

Aufgaben:

1. Führen Sie rechnerisch die Abschreibung über die gesamte Laufzeit durch! Der Abschreibungssatz beträgt 25 %!
2. Berechnen Sie die Abschreibungsbeträge, wenn im vierten Nutzungsjahr von der degressiven zur linearen Abschreibung übergegangen wird!

Lösungen:

	Zu 1.: degressive Abschreibung		Zu 2.: Übergang zur linearen Abschreibung
	Anschaffungskosten	30 000,00 EUR	
–	25 % Abschreibung 1. Jahr	7 500,00 EUR	
	Buchwert Ende 1. Jahr	22 500,00 EUR	
–	25 % Abschreibung 2. Jahr	5 625,00 EUR	
	Buchwert Ende 2. Jahr	16 875,00 EUR	
–	25 % Abschreibung 3. Jahr	4 218,75 EUR	
	Buchwert Ende 3. Jahr	12 656,25 EUR →	12 656,25 EUR
–	25 % Abschreibung 4. Jahr	3 164,06 EUR	4 218,75 EUR
	Buchwert Ende 4. Jahr	9 492,19 EUR	8 437,50 EUR
–	25 % Abschreibung 5. Jahr	2 373,05 EUR	4 218,75 EUR
	Buchwert Ende 5. Jahr	7 119,14 EUR	4 218,75 EUR
–	Abschreibung 6. Jahr (Restwert)	7 119,14 EUR	4 218,75 EUR
	Buchwert Ende 6. Jahr	0,00 EUR	0,00 EUR

Erläuterungen:

- Bei degressiver Abschreibung sind die Abschreibungsbeträge in den **ersten Jahren höher als bei linearer Abschreibung.** Das ist zweifellos ein Vorteil, weil dadurch der anfänglich höhere Wertverlust beim Anlagegut ausgeglichen wird.
- Im Gegensatz zur linearen Abschreibung, bei der nach Ablauf der Nutzungsdauer die gesamten Anschaffungskosten abgeschrieben sind, wäre bei degressiver Abschreibung noch ein **erheblicher Restwert** vorhanden.
- Um auch bei (fortgesetzter) degressiver Abschreibung auf den Nullwert zu kommen, ist im letzten Jahr der zugrunde gelegten Nutzungsdauer der gesamte **verbleibende Restwert abzuschreiben.** Das führt dann zu einer sehr ungleichen Aufwandsbelastung.
- Um diesen Nachteil zu vermeiden, kann zu einem **beliebigen Zeitpunkt** ein **Wechsel zur linearen Abschreibung** vorgenommen werden. Dadurch wird dann der vorhandene Restwert gleichmäßig auf die noch verbleibende Nutzungsdauer verteilt. Allerdings ist es sinnvoll, diesen Wechsel zu dem Zeitpunkt vorzunehmen, von dem ab die Abschreibungsbeträge bei linearer Abschreibung höher sind als bei der degressiven Abschreibung. In unserem Beispiel wäre dieser Übergang im vierten Jahr sinnvoll.
- Angenommen, der Wechsel findet am Ende des vierten Jahres (also nach der dritten Abschreibung) statt, ergibt sich für die Restlaufzeit der drei Jahre folgende Berechnung für die jährlichen Abschreibungsbeträge: 12 656,25 EUR : 3 = 4 218,75 EUR.

Die degressive Abschreibungsmethode hat insbesondere folgende Vorteile:

- Die degressive Abschreibung geht von der Überlegung aus, dass der Wertverlust eines Wirtschaftsgutes in den ersten Nutzungsjahren wesentlich höher ist als in den Folgejahren.
- Dem Risiko, dass durch den technischen Fortschritt das Wirtschaftsgut schnell an Wert verlieren kann, wird durch die anfangs hohe Abschreibung entsprochen.
- Durch die Addition der jährlich abnehmenden Abschreibungsbeträge mit den jährlich ansteigenden Wartungs- und Reparaturaufwendungen (durch die Abnutzung des Wirtschaftsgutes) wird eine etwa gleichmäßige Gesamtbelastung der Erfolgs- und Kostenrechnung in den einzelnen Jahren erreicht.

Beachte:

Die degressive Abschreibung ist **steuerrechtlich nicht erlaubt.**

(3) Berechnung der Abschreibung nach erbrachten Leistungseinheiten

Wenn es praktisch möglich und wirtschaftlich begründbar ist, kann bei beweglichen Wirtschaftsgütern des Anlagevermögens die Abschreibung auch auf der Grundlage der erbrachten Leistungseinheiten (z. B. Maschinenlaufstunden, gefahrene Kilometer, Stückzahl) berechnet werden. **Voraussetzung** dafür ist, dass

- der Umfang der insgesamt möglichen Leistungseinheiten (LE) geschätzt werden kann und
- die auf den Abschreibungszeitraum entfallenden Leistungseinheiten nachgewiesen werden können.

$$\text{Abschreibungsbetrag je Leistungseinheit} = \frac{\text{Anschaffungskosten}}{\text{mögliche Gesamtleistung}}$$

$$\text{Jährlicher Abschreibungsbetrag} = \text{Menge der jährlichen LE} \cdot \text{Abschreibungsbetrag je LE}$$

Übungsaufgabe

73 1. Die Anschaffungskosten für die Ladeneinrichtung zu Beginn der Geschäftsperiode betragen 35 000,00 EUR. Die betriebsgewöhnliche Nutzungsdauer beträgt 8 Jahre. Abschreibungssatz: 20 %.

Aufgaben:

1.1 Führen Sie rechnerisch die degressive Abschreibung ohne Übergang zur linearen Abschreibung über die gesamte Laufzeit durch!

1.2 Führen Sie rechnerisch die degressive Abschreibung mit Übergang zur linearen Abschreibung nach dem vierten Jahr über die gesamte Laufzeit durch!

2. Ein zu Beginn der Geschäftsperiode angeschaffter Gabelstapler wird mit 15 % degressiv abgeschrieben. Sein Buchwert beträgt am Ende des 2. Jahres (nach der Abschreibung) 16 545,25 EUR.

Aufgabe:

Berechnen Sie die Anschaffungskosten!

3. Die Anschaffungskosten einer Stanzmaschine zu Beginn der Geschäftsperiode betragen 180 180,00 EUR. Die Gesamtleistung wird während der Nutzungsdauer von 14 Jahren vom Hersteller mit 234 000 Stanzteilen angegeben.

Aufgaben:

3.1 Ermitteln Sie die Abschreibung in den ersten vier Jahren bei folgenden Jahresleistungen: 1. Nutzungsjahr: 16 000 Stück, 2. Nutzungsjahr: 18 400 Stück, 3. Nutzungsjahr: 21 900 Stück, 4. Nutzungsjahr: 11 500 Stück.

3.2 Erklären Sie, was betriebswirtschaftlich für eine Abschreibung nach Leistungseinheiten spricht!

(4) Beginn der Abschreibung abnutzbarer Anlagegüter im Jahr der Anschaffung

Die Abschreibung beginnt mit der **Anschaffung des Anlagegutes.** Wird ein Anlagegut im Laufe des Geschäftsjahres angeschafft, kann in diesem Jahr die **Abschreibung nur zeitanteilig** verrechnet werden, wobei **monatsgenau** gerechnet wird und der **Monat der Anschaffung** mitgezählt wird.

Beispiel:

Kauf von Lagerregalen am 30. September 2017 im Wert von 20 000,00 EUR. Nutzungsdauer: 14 Jahre (Abschreibungssatz von 7,14 %). Eine Abschreibung auf die Lagerregale ist im Anschaffungsjahr nur für 4 Monate möglich.[1]

$$\text{Abschreibung} = \frac{20\,000 \cdot 7{,}14 \cdot 4}{100 \cdot 12} = \underline{\underline{476{,}00 \text{ EUR}}}$$

Übungsaufgabe

74 1. Die Anschaffungskosten für einen am 15. Juli 20.. gekauften neuen Großrechner betragen 42 000,00 EUR. Die Nutzungsdauer beträgt sieben Jahre.

Aufgaben:

1.1 Erstellen Sie die Abschreibungstabelle für die gesamte Nutzungsdauer bei linearer Abschreibung!

1.2 Erklären Sie, warum die lineare Abschreibung für den Kaufmann sinnvoll ist!

2. 2.1 Die Anschaffungskosten für drei am 15. September 20.. gekaufte Laptops betragen 3 528,00 EUR.

Aufgabe:

Ermitteln Sie den Bilanzwert der Laptops per 31. Dezember 20.. bei einer Nutzungsdauer von drei Jahren!

2.2 Erläutern Sie, wodurch sich die lineare und degressive Abschreibung unterscheiden!

3. Eine Werkzeugfabrik kauft zu Beginn des Geschäftsjahres einen neuen Lkw. Der Lkw mit einer Nutzungsdauer von neun Jahren wird nach dreimaliger linearer Abschreibung in der Buchführung mit den fortgeführten Anschaffungskosten in Höhe von 52 800,00 EUR ausgewiesen.

Aufgaben:

3.1 Berechnen Sie die Anschaffungskosten!

3.2 Berechnen Sie die jährliche Abschreibung!

4. Für eine Verpackungsmaschine liegen folgende Informationen vor:

Anschaffungskosten:	15 300,00 EUR
betriebliche Nutzungsdauer:	13 Jahre
geschätzte Gesamtkapazität:	2 448 000 Teile
geschätzte Maschinenleistung im 1. Nutzungsjahr:	194 195 Teile
geschätzte Maschinenleistung im 2. Nutzungsjahr:	210 480 Teile
geschätzte Maschinenleistung im 3. Nutzungsjahr:	244 100 Teile

Aufgaben:

Erstellen Sie einen Abschreibungsplan für die ersten drei Nutzungsjahre

4.1 nach der linearen Abschreibung,

4.2 nach der degressiven Abschreibung bei einem Abschreibungssatz von 15 % sowie

4.3 nach der Abschreibung nach erbrachten Leistungseinheiten!

---

1 Da im ersten Jahr die Abschreibung nur für vier Monate erfolgen konnte, fehlt im letzten Jahr noch die Abschreibung für 8 Monate. Die Abschreibungszeit für die Lagerregale läuft daher von September 2017 bis August 2031.

7.3.3 Buchung der Abschreibungen

Die Wertminderung des Anlagevermögens stellt einen **betrieblichen Aufwand** dar. Er wird buchhalterisch auf dem Konto **6520 Abschreibungen auf Sachanlagen** erfasst.

Beispiel:

Die Anschaffungskosten zu Beginn einer Geschäftsperiode für eine EDV-Anlage betragen 21 000,00 EUR. Am Ende des Geschäftsjahres werden 7 000,00 EUR abgeschrieben.

Aufgaben:

1. Buchen Sie die Abschreibung auf Konten und schließen Sie die Konten ab!
2. Bilden Sie die Buchungssätze!

Lösungen:

Zu 1.: Buchung auf den Konten und Abschluss der Konten

S	0860 Büromaschinen		H
AB	21 000,00	6520	7 000,00
		8010	14 000,00
	21 000,00		21 000,00

S	6520 Abschreib. auf Sachanlagen		H
0860	7 000,00	8020	7 000,00

S	8010 SBK		H
0860	14 000,00		

S	8020 GuV		H
6520	7 000,00		

Wirkungen

- Erfassung der Wertminderung bei den Vermögensgegenständen.
- Dadurch richtiger Ausweis der Vermögenswerte in der Bilanz.

- Erfassung der Vermögensminderung als Aufwand.
- Dadurch Verringerung des Gewinns.

Zu 2.: Buchungssätze

Geschäftsvorfälle	Konten	Soll	Haben
Buchung der Abschreibung	6520 Abschr. a. Sachanlagen an 0860 Büromaschinen	7 000,00	 7 000,00
Buchungen beim Abschluss	8010 SBK an 0860 Büromaschinen 8020 GuV an 6520 Abschr. a. Sachanlagen	14 000,00 7 000,00 	 14 000,00 7 000,00

Erläuterungen:

Für die ergebniswirksame Erfassung der jährlichen Abschreibungen auf das abnutzbare Anlagevermögen richten wir das Aufwandskonto **6520 Abschreibungen auf Sachanlagen** ein. Das Abschreibungskonto erfasst am Jahresende den festgestellten Abnutzungsbetrag als Aufwand. Dieser erscheint auf der **Sollseite** des Kontos 6520 Abschreibungen auf Sachanlagen.

Die **Gegenbuchung** erfolgt direkt auf dem entsprechenden **Anlagekonto auf der Habenseite,** in unserem Fall auf dem Konto 0860 Büromaschinen. Dort bewirkt sie, dass der entsprechende Anlageposten auf den jeweils gültigen **Zeitwert** fortgeschrieben wird.

Übungsaufgabe

75

1. Wir kaufen (für die Warenauslieferung) zu Beginn des Geschäftsjahres einen Pkw für netto 27996,00 EUR zuzüglich 19 % USt. Anzahlung 15000,00 EUR bar, 8000,00 EUR werden mit Bankscheck beglichen und der Rest ist in 3 Monaten zur Zahlung fällig.

   Aufgaben:

   1.1 Bilden Sie den Buchungssatz beim Kauf!

   1.2 Bilden Sie den Buchungssatz für die Abschreibung am Ende des ersten Geschäftsjahres! Es wird linear abgeschrieben. Die Nutzungsdauer beträgt 6 Jahre.

2. Kauf eines kleinen Betonmischers für 9000,00 EUR zuzüglich 19 % USt. Datum der Anlieferung: 15. August 20.., Nutzungsdauer: 6 Jahre.

   Aufgaben:

   2.1 Berechnen Sie die Abschreibung über die gesamte Nutzungsdauer nach dem linearen Abschreibungsverfahren!

   2.2 Buchen Sie die Abschreibung am Ende des 3. Jahres auf Konten und schließen Sie die Konten über das SBK und über das GuV-Konto ab!

3. Wir kaufen zu Beginn des Geschäftsjahres einen Pkw zum Anschaffungspreis von 48500,00 EUR gegen Bankscheck. Der Autohändler gewährt uns einen Rabatt von 8 % sowie 2 % Skonto. Die Überführungskosten betragen 410,00 EUR, die Kosten für die Zulassung 118,40 EUR. Beide Beträge sind Nettowerte.

   Aufgaben:

   3.1 Berechnen Sie den jährlichen Abschreibungsbetrag bei linearer Berechnung und einer angenommenen Nutzungsdauer von sechs Jahren!

   3.2 3.2.1 Richten Sie folgende Konten ein:
   0840 Fuhrpark, 6520 Abschreibungen auf Sachanlagen, 8010 SBK, 8020 GuV!

   3.2.2 Tragen Sie die Anschaffungskosten auf dem Fuhrparkkonto als Anfangsbestand vor und buchen Sie die Abschreibung im ersten Jahr! Schließen Sie anschließend die Konten ab!

4. Im Laufe des Geschäftsjahres werden folgende Anlagegüter per Bankscheck gekauft:

Lagerhaus	am 31. März	240000,00 EUR	20 Jahre Nutzungsdauer
Betriebsmaschinen	am 18. April	32000,00 EUR	10 Jahre Nutzungsdauer
Kombiwagen	am 19. Juni	42000,00 EUR	6 Jahre Nutzungsdauer
Notebook	am 15. Oktober	2400,00 EUR	3 Jahre Nutzungsdauer

   Aufgaben:

   4.1 Buchen Sie den Kauf am Anschaffungstag auf Konten! Der Anfangsbestand auf dem Bankkonto beträgt 420000,00 EUR.

   4.2 Bilden Sie die Buchungssätze am Ende des 1. Geschäftsjahres bei direkter Abschreibung und linearer Berechnung der Abschreibung! Buchen Sie auf Konten!

   4.3 Schließen Sie das Konto 6520 Abschreibungen auf Sachanlagen sowie die Anlagekonten ab!

7.4 Einfacher Jahresabschluss

7.4.1 Gesetzliche Regelungen

(1) Allgemeine Aufgabe des Jahresabschlusses

Der Jahresabschluss einer Kapitalgesellschaft soll einen möglichst sicheren Einblick in die Vermögens-, Ertrags- und Finanzlage des Unternehmens gewährleisten. Deshalb stellt der Gesetzgeber hohe Anforderungen an den Inhalt und die Form des Jahresabschlusses.

Der **Jahresabschluss** ist ein **Dokument** (Beweisstück) und eine **Rechnungslegung** für eine bestimmte Rechnungsperiode.

Wichtige gesetzliche Regelungen zum Jahresabschluss sind festgelegt in den

- **Grundsätzen ordnungsmäßiger Buchführung (GoB).**
- **allgemeinen Bestimmungen zum Jahresabschluss,** die je nach Rechtsform des Unternehmens unterschiedlich sind.

(2) Grundsätze ordnungsmäßiger Buchführung (GoB)

Rechtsgrundlage für die GoB sind das **HGB,** die **Steuergesetze** sowie die **Abgabenordnung (AO).** Die wichtigsten Grundsätze ordnungsmäßiger Buchführung sind:

Allgemeiner Grundsatz [§ 238 I, S. 2 HGB]	„Die Buchführung muss so beschaffen sein, dass sie einem sachverständigen Dritten innerhalb angemessener Zeit einen Überblick über die Geschäftsvorfälle und über die Lage des Unternehmens vermitteln kann."
Grundsatz der **Klarheit und Übersichtlichkeit** [§ 238 I, S. 3 HGB]	„Die Geschäftsvorfälle müssen sich in ihrer Entstehung und Abwicklung verfolgen lassen." Praktisch führt dieser Grundsatz zu der Forderung: **keine Buchung ohne Beleg** und zu einer ordnungsmäßigen Belegaufbewahrung.
Grundsatz der **Vollständigkeit und Richtigkeit** [§ 239 II HGB]	„Die Eintragungen in Büchern und die sonst erforderlichen Aufzeichnungen müssen vollständig, richtig, zeitgerecht und geordnet vorgenommen werden." Die Grundsätze 2 und 3 hängen eng miteinander zusammen. Der dritte Grundsatz erfordert zusätzlich für die Praxis die Führung eines Grundbuches (zeitgerechte Erfassung) und die Führung eines Hauptbuches (sachgerechte, geordnete Erfassung).
Grundsatz des **Erhalts der ursprünglichen Eintragungen** [§ 239 III, S. 1 HGB]	„Eine Eintragung oder eine Aufzeichnung darf nicht in einer Weise verändert werden, dass der ursprüngliche Inhalt nicht mehr feststellbar ist." Praktisch bedeutet das ein Verbot der Benutzung von Radier- oder Killerinstrumenten sowie das Verbot des Überschreibens. Es bedeutet auch, dass nicht mit radierfähigen Bleistiften gebucht werden darf.
Grundsatz des **Verrechnungsverbots** [§ 246 II HGB]	„Posten der Aktivseite dürfen nicht mit Posten der Passivseite, Aufwendungen nicht mit Erträgen, ... verrechnet werden." Praktisch bedeutet das, dass jeweils gesonderte Konten zu führen sind.

Grundsatz der **Lesbarkeit der Daten** [§ 239 IV, S. 2 HGB]	„Bei der Führung der Handelsbücher und der sonst erforderlichen Aufzeichnungen auf Datenträgern muss insbesondere sichergestellt sein, dass die Daten während der Dauer der Aufbewahrungsfrist verfügbar sind und jederzeit innerhalb angemessener Frist lesbar gemacht werden können." Der Kaufmann muss also auf seine Kosten entsprechende Geräte dafür bereithalten.

Aufgrund der dynamischen Weiterentwicklung der Informationstechnologie muss man sich lösen von einer allzu wörtlichen Vorstellung des Wortbestandteils „Buch", wenn von „Buchführung" die Rede ist. Nach den **„Grundsätzen zur ordnungsmäßigen Führung und Aufbewahrung von Büchern, Aufzeichnungen und Unterlagen in elektronischer Form sowie zum Datenzugriff [GoBD]"** können die erforderlichen Aufzeichnungen auch auf Datenträgern geführt und aufbewahrt werden [§ 147 II AO]. Als Datenträger kommen in erster Linie die nur maschinell lesbaren Datenträger (z. B. CD-ROM) in Betracht. Mit den GoBD werden die GoB an die Entwicklung einer modernen DV-gestützten Buchführung mit der Möglichkeit einer Speicherbuchführung angepasst.

(3) Gesetzliche Regelungen am Beispiel Einzelkaufleute und Personengesellschaften

Inhalt des Jahresabschlusses [§ 242 III HGB]	Bei Einzelkaufleuten[1] und Personengesellschaften besteht der Jahresabschluss aus der **Bilanz** und der **Gewinn- und Verlustrechnung.**
Aufstellungsgrundsätze [§ 243 HGB]	*„Der Jahresabschluss ist nach den Grundsätzen ordnungsmäßiger Buchführung aufzustellen. Er muss klar und übersichtlich sein. Der Jahresabschluss ist innerhalb der einem ordnungsmäßigen Geschäftsgang entsprechenden Zeit aufzustellen."* Aus diesen allgemeinen Formulierungen des Gesetzgebers geht hervor, dass **keine bestimmte Form** für die Aufstellung der Bilanz und der Gewinn- und Verlustrechnung vorgeschrieben ist. Üblicherweise werden die Bilanz und die Gewinn- und Verlustrechnung bei Einzelkaufleuten und Personengesellschaften in der Kontoform erstellt. Der Gesetzgeber hat für den einfachen Jahresabschluss **keine bestimmte Frist,** bis zu der die Aufstellung erfolgt sein muss, vorgegeben.
Sprache und Währungseinheit [§ 244 HGB]	*„Der Jahresabschluss ist in deutscher Sprache und in Euro aufzustellen."* Wurden die Bücher in einer anderen lebenden Sprache geführt, was nach § 239 HGB möglich ist, muss jedoch für den Jahresabschluss eine **Übersetzung stattfinden.** Forderungen und Verpflichtungen in fremder Währung sind **in Euro umzurechnen.**

1 Diese gesetzliche Vorschrift gilt nicht für Einzelkaufleute, die an den Abschlussstichtagen von zwei aufeinanderfolgenden Geschäftsjahren nicht mehr als 500 000,00 EUR Umsatzerlöse und 50 000,00 EUR Jahresüberschuss aufweisen [§ 242 III i. V. m. § 241 a HGB].

Inhalt und Gliederung [§ 247 HGB]	Zum Inhalt der Bilanz wird lediglich festgestellt, dass in der Bilanz das **Anlagevermögen,** das **Umlaufvermögen,** das **Eigenkapital,** die **Schulden** und die **Rechnungsabgrenzungsposten** in hinreichender Aufgliederung gesondert auszuweisen sind. Wie diese Untergliederungen vorzunehmen und wie sie zu bezeichnen sind, hat der Gesetzgeber nicht im Einzelnen festgelegt.
Unterzeichnung [§ 245 HGB]	*„Der Jahresabschluss ist vom Kaufmann unter Angabe des Datums zu unterzeichnen. Sind mehrere persönlich haftende Gesellschafter vorhanden, so haben sie alle zu unterzeichnen."* Die Unterschrift muss **am Ende des Jahresabschlusses** erfolgen, also **nach der Gewinn- und Verlustrechnung.**
Vollständigkeit, Verrechnungsverbot [§ 246 HGB]	Weitere Vorschriften betreffen die Vollständigkeit und das Verrechnungsverbot, wonach der Jahresabschluss alle Vermögensgegenstände, Schulden, Rechnungsabgrenzungsposten, Aufwendungen und Erträge zu enthalten hat. Nach dem Verrechnungsverbot dürfen **Aktiva nicht mit Posten der Passivseite** und **Aufwendungen nicht mit Erträgen verrechnet werden.**

7.4.2 Zusammenhang zwischen Buchführung und Jahresabschluss

(1) Grundlagen

Zwischen Jahresabschluss und Buchführung besteht ein enger wechselseitiger Zusammenhang. Da jeder Jahresabschluss auf den Zahlenunterlagen der Buchführung aufbaut, sind die gesetzlichen Vorschriften zum Jahresabschluss gleichzeitig auch Vorgaben für die Buchführung. Bevor jedoch die Zahlen der Buchführung in den Jahresabschluss übernommen werden dürfen, muss sichergestellt sein, dass sie auch den tatsächlichen Verhältnissen entsprechen. Deshalb müssen die **Werte der Buchführung (Sollwerte)** durch eine körperliche Bestandsaufnahme in Form einer Inventur kontrolliert und nötigenfalls an die **ermittelten Inventurbestände (Istwerte)** angepasst werden. Insofern ist die Inventur ein unverzichtbarer Bestandteil für den Abschluss des Geschäftsjahres.

(2) Beispiel

I. Anfangsbestände:

0510 Bebaute Grundstücke 500 000,00 EUR, 2000 Rohstoffe 320 000,00 EUR, 2020 Hilfsstoffe 80 000,00 EUR, 2400 Forderungen aus Lieferungen und Leistungen 145 320,00 EUR, 2800 Bank 137 850,00 EUR, 3000 Eigenkapital 663 720,00 EUR, 4250 Langfristige Bankverbindlichkeiten 400 000,00 EUR, 4400 Verbindlichkeiten aus Lieferungen und Leistungen 119 450,00 EUR.

II. Kontenplan:

0510, 2000, 2020, 2400, 2600, 2800, 3000, 4250, 4400, 4800, 5000, 5710, 6000, 6020, 6520, 6700, 7510, 8000, 8010, 8020

III. Geschäftsvorfälle:

1. Einkauf von Rohstoffen auf Ziel netto 75 000,00 EUR zuzüglich 19 % USt.
2. Einkauf von Hilfsstoffen auf Ziel netto 12 500,00 EUR zuzüglich 19 % USt.
3. Verkauf von Erzeugnissen auf Ziel netto 185 300,00 EUR zuzüglich 19 % USt.
4. Banküberweisung der Miete für das Verwaltungsgebäude 12 000,00 EUR.
5. Die Bank belastet unser Kontokorrentkonto mit den Halbjahreszinsen für das aufgenommene Bankdarlehen 16 000,00 EUR.
6. Bankgutschrift für Zinsen 1 750,00 EUR.

IV. Abschlussangaben:

1. Der Schlussbestand an Rohstoffen beträgt lt. Inventur 310 000,00 EUR.
2. Der Schlussbestand der Hilfsstoffe beträgt lt. Inventur 75 000,00 EUR.
3. Die Abschreibungen auf 0510 Bebaute Grundstücke betragen 10 000,00 EUR.
4. Die ermittelten Buchbestände stimmen mit den Inventurbeständen überein.

V. Aufgaben:

1. Bilden Sie zu den Geschäftsvorfällen die Buchungssätze!
2. Übertragen Sie anschließend die Buchungssätze auf die Konten!
3. Schließen Sie die Konten ab!
4. Stellen Sie aufgrund der Zahlen der Buchführung die Schlussbilanz und die Gewinn- und Verlustrechnung auf! Die Inventurbestände stimmen mit den Buchbeständen überein.

Lösung:

Zu 1.: Buchungssätze für die Geschäftsvorfälle

Nr.	Konten	Soll	Haben
1.	6000 Aufwendungen für Rohstoffe	75 000,00	
	2600 Vorsteuer	14 250,00	
	an 4400 Verbindlichkeiten a. Lief. u. Leist.		89 250,00
2.	6020 Aufwendungen für Hilfsstoffe	12 500,00	
	2600 Vorsteuer	2 375,00	
	an 4400 Verbindlichkeiten a. Lief. u. Leist.		14 875,00
3.	2400 Forderungen a. Lief. u. Leist.	220 507,00	
	an 5000 Umsatzerlöse für eigene Erzeugnisse		185 300,00
	an 4800 Umsatzsteuer		35 207,00
4.	6700 Mieten, Pachten	12 000,00	
	an 2800 Bank		12 000,00
5.	7510 Zinsaufwendungen	16 000,00	
	an 2800 Bank		16 000,00
6.	2800 Bank	1 750,00	
	an 5710 Zinserträge		1 750,00

Zu 2. und 3.: Darstellung auf den Konten des Hauptbuches

Bilanzkonten-Bereich

Aktivkonten

S	0510 Beb. Grundstücke		H
8000	500 000,00	6520	10 000,00
		8010	490 000,00
	500 000,00		500 000,00

S	2000 Rohstoffe		H
8000	320 000,00	8010	310 000,00
		6000	10 000,00
	320 000,00		320 000,00

S	2020 Hilfsstoffe		H
8000	80 000,00	8010	75 000,00
		6020	5 000,00
	80 000,00		80 000,00

S	2400 Ford. a. Lief. u. Leist.		H
8000	145 320,00	8010	365 827,00
5000/ 4800	220 507,00		
	365 827,00		365 827,00

S	2600 Vorsteuer		H
4400	14 250,00	4800	16 625,00
4400	2 375,00		
	16 625,00		16 625,00

S	2800 Bank		H
8000	137 850,00	6700	12 000,00
5710	1 750,00	7510	16 000,00
		8010	111 600,00
	139 600,00		139 600,00

S	8000 EBK		H
3000	663 720,00	0510	500 000,00
4250	400 000,00	2000	320 000,00
4400	119 450,00	2020	80 000,00
		2400	145 320,00
		2800	137 850,00
	1 183 170,00		1 183 170,00

S	8010 SBK		H
0510	490 000,00	3000	710 270,00
2000	310 000,00	4250	400 000,00
2020	75 000,00	4400	223 575,00
2400	365 827,00	4800	18 582,00
2800	111 600,00		
	1 352 427,00		1 352 427,00

Passivkonten

S	3000 Eigenkapital		H
8010	710 270,00	8000	663 720,00
		8020	46 550,00
	710 270,00		710 270,00

S	4250 Langfr. Bankverb.		H
8010	400 000,00	8000	400 000,00

S	4400 Verb. a. L. u. L.		H
8010	223 575,00	8000	119 450,00
		6000/ 2600	89 250,00
		6020/ 2600	14 875,00
	223 575,00		223 575,00

S	4800 Umsatzsteuer		H
2600	16 625,00	2400	35 207,00
8010	18 582,00		
	35 207,00		35 207,00

Erfolgskonten-Bereich

Aufwandskonten

S	6000 Aufw. f. Rohstoffe		H
4400	75 000,00	8020	85 000,00
2000	10 000,00		
	85 000,00		85 000,00

S	6020 Aufw. f. Hilfsstoffe		H
4400	12 500,00	8020	17 500,00
2020	5 000,00		
	17 500,00		17 500,00

S	6520 Abschr. a. Sachanl.		H
0510	10 000,00	8020	10 000,00

S	6700 Mieten/Pachten		H
2800	12 000,00	8020	12 000,00

S	7510 Zinsaufwendungen		H
2800	16 000,00	8020	16 000,00

Ertragskonten

S	5000 UErl. f. eig. Erz.		H
8020	185 300,00	2400	185 300,00

S	5710 Zinserträge		H
8020	1 750,00	2800	1 750,00

S	8020 GuV		H
6000	85 000,00	5000	185 300,00
6020	17 500,00	5710	1 750,00
6520	10 000,00		
6700	12 000,00		
7510	16 000,00		
3000	46 550,00		
	187 050,00		187 050,00

Zu 4.: Schlussbilanz und Gewinn- und Verlustrechnung

Aktiva		Schlussbilanz	Passiva
I. Anlagevermögen		**I. Eigenkapital**	710 270,00
Grundstücke und Bauten	490 000,00	**II. Verbindlichkeiten**	
II. Umlaufvermögen		1. Verbindlichkeiten gegenüber Kreditinstituten	400 000,00
1. Roh-, Hilfs- und Betriebsstoffe	385 000,00	2. Verbindlichkeiten aus Lief. u. Leist.	223 575,00
2. Forderungen aus Lief. u. Leist.	365 827,00	3. Sonstige Verbindlichkeiten	18 582,00
3. Guthaben bei Kreditinstituten	111 600,00		
	1 352 427,00		1 352 427,00

Aufwendungen		Gewinn- und Verlustrechnung	Erträge
Aufwendungen für Rohstoffe	85 000,00	Umsatzerlöse	185 300,00
Aufwendungen für Hilfsstoffe	17 500,00	Zinserträge	1 750,00
Abschr. a. Sachanlagen	10 000,00		
Miete/Pachten	12 000,00		
Zinsaufwendungen	16 000,00		
Gewinn	46 550,00		
	187 050,00		187 050,00

Übungsaufgaben

76 **I. Anfangsbestände:**

0760 Verpackungsanlagen und -maschinen 128 750,00 EUR; 2000 Rohstoffe 32 180,00 EUR; 2400 Forderungen aus Lieferungen und Leistungen 184 710,00 EUR; 2800 Bank 32 150,00 EUR; 2880 Kasse 21 488,00 EUR; 3000 Eigenkapital 266 118,00 EUR; 4400 Verbindlichkeiten aus Lieferungen und Leistungen 121 110,00 EUR; 4800 Umsatzsteuer 12 050,00 EUR.

II. Kontenplan:

0760, 2000, 2400, 2600, 2800, 2880, 3000, 4400, 4800, 5000, 5710, 6000, 6200, 6520, 7020, 8010, 8020.

III. Geschäftsvorfälle:

1. Kauf von Rohstoffen auf Ziel 29 780,00 EUR zuzüglich 19 % USt.
2. Barzahlung von Löhnen 7 120,00 EUR.
3. Verkauf von Erzeugnissen auf Ziel 53 400,00 EUR zuzüglich 19 % USt.
4. Banküberweisung an einen Lieferanten 11 720,00 EUR.
5. Zahlung der Grundsteuer durch Banküberweisung 8 490,00 EUR.
6. Zinsgutschrift der Bank 1 080,00 EUR.

IV. Abschlussangaben:

1. Der Schlussbestand an Rohstoffen lt. Inventur beträgt 40 180,00 EUR.
2. Die Abschreibungen auf 0760 Verpackungsanlagen und -maschinen betragen 5 000,00 EUR.
3. Die Zahllast ist zu passivieren.

V. Aufgaben:

1. Bilden Sie zu den Geschäftsvorfällen die Buchungssätze!
2. Übertragen Sie die Buchungssätze auf die Konten!
3. Schließen Sie die Konten über die entsprechenden Abschlusskonten ab!
4. Stellen Sie aufgrund der Zahlen der Buchführung die Schlussbilanz und die Gewinn- und Verlustrechnung auf!

77 **I. Anfangsbestände:**

0760 Verpackungsanlagen und -maschinen 375 000,00 EUR, 0870 Büromöbel und sonstige Geschäftsausstattung 75 000,00 EUR, 2000 Rohstoffe 21 000,00 EUR, 2030 Betriebsstoffe 12 000,00 EUR, 2400 Forderungen a. Lief. u. Leist. 95 000,00 EUR, 2800 Bank 15 000,00 EUR, 2880 Kasse 3 000,00 EUR, 3000 Eigenkapital 516 200,00 EUR, 4400 Verbindlichkeiten a. Lief. u. Leist. 79 800,00 EUR.

II. Kontenplan:

0760, 0810, 0870, 2000, 2030, 2400, 2600, 2800, 2880, 3000, 4400, 4800, 5000, 6000, 6030, 6050, 6260, 8010, 8020

III. Geschäftsvorfälle:

1. Kauf von Rohstoffen auf Ziel, netto 24 500,00 EUR zuzüglich 19% USt.
2. Verkauf von Erzeugnissen auf Ziel 58 000,00 EUR zuzüglich 19 % USt.
3. Barzahlung der Ausbildungsvergütung an einen gewerbl. Auszubildenden 520,00 EUR.
4. Banküberweisung an einen Lieferer 3 120,00 EUR.
5. Barverkauf von Erzeugnissen 34 100,00 EUR zuzüglich 19 % USt.
6. Begleichung der Benzinrechnung durch Bankscheck, brutto 737,80 EUR.
7. Barkauf einer Werkbank 11 000,00 EUR zuzüglich 19 % USt.
8. Einkauf von Betriebsstoffen auf Ziel 6 100,00 EUR zuzüglich 19 % USt.
9. Einkauf von Rohstoffen auf Ziel 14 500,00 EUR zuzüglich 19 % USt.

IV. Abschlussangaben:

1. Schlussbestand an Rohstoffen 30 000,00 EUR.
2. Schlussbestand an Betriebsstoffen 9 000,00 EUR.

V. Aufgaben:

1. Bilden Sie zu den Geschäftsvorfällen die Buchungssätze!
2. Übertragen Sie die Buchungssätze auf die Konten!
3. Schließen Sie die Konten über die entsprechenden Abschlusskonten ab!
4. Stellen Sie aufgrund der Zahlen der Buchführung die Schlussbilanz und die Gewinn- und Verlustrechnung auf!

7.5 Bestandsveränderungen bei fertigen und unfertigen Erzeugnissen

7.5.1 Bestandsveränderungen bei fertigen Erzeugnissen

7.5.1.1 Problemstellung

Sofern es sich um Bestandsveränderungen bei Werkstoffen handelt, wurden diese bereits im Kapitel 7.2, S. 203ff. behandelt. Bei den hier zu behandelnden Bestandsveränderungen handelt es sich um Bestandsveränderungen an fertigen und unfertigen Erzeugnissen.

In einem Industriebetrieb müssen die angebotenen Erzeugnisse zunächst im Produktionsprozess hergestellt werden. Die Herstellung dieser Erzeugnisse verursacht Aufwendungen an Werkstoffen und Arbeitsleistungen, die sich in den Herstellkosten dieser Güter niederschlagen.

Bisher wurde unterstellt, dass die Menge der hergestellten Güter mit der Menge der verkauften Güter innerhalb der Geschäftsperiode übereinstimmt. Diese Annahme ist jedoch unrealistisch und träfe nur durch Zufall ein. Wenn aber hergestellte und verkaufte Menge nicht übereinstimmen, dann beziehen sich die für die Produktion angefallenen Aufwendungen (Kosten) auf eine andere Gütermenge als die beim Verkauf erzielten Erträge (Verkaufserlöse; Leistungen). Ist z.B. die hergestellte Menge größer als die verkaufte, dann bedeutet dies, dass ein Teil der Produktion auf Lager genommen wurde (Bestandsmehrung an Fertigerzeugnissen). Wurde dagegen mehr verkauft als produziert, dann kann dieser Mehrverkauf nur aus dem Lager stammen. Ein aussagekräftiges Periodenergebnis entsteht aber nur, wenn sich die Aufwands- und Ertragsseite auf die gleiche Menge beziehen. Mit anderen Worten: Die Bestandsveränderungen müssen berücksichtigt werden.

- Die **Menge an Erzeugnissen** auf der Aufwands- und Ertragsseite **müssen sich entsprechen.**
- Stimmt die hergestellte Menge der Erzeugnisse mit der verkauften Menge **nicht** überein, müssen die **Bestandsveränderungen der fertigen Erzeugnisse** in die Ergebnisermittlung einbezogen werden.

7.5.1.2 Buchung von Bestandsveränderungen

(1) Keine Bestandsveränderungen (die Menge der hergestellten und verkauften Erzeugnisse ist gleich)

Beispiel:

In einem Industriebetrieb werden in einer Periode 100 Kühlschränke hergestellt. Die Aufwendungen je Kühlschrank betragen 1700,00 EUR, der erzielte Nettoverkaufspreis 2000,00 EUR. Es wird davon ausgegangen, dass alle Kühlschränke verkauft und von den Kunden durch Banküberweisung bezahlt werden.

Aufgaben:

1. Ermitteln Sie rechnerisch den Gesamtgewinn!
2. Stellen Sie den Sachverhalt am Ende der Periode auf dem Konto 8020 GuV dar! Schließen Sie das Konto 8020 GuV ab!

Lösungen:

Zu 1.: Berechnung des Gesamtgewinns

	Verkaufserlöse	100 Stück zu je	2 000,00 EUR =	200 000,00 EUR
–	Aufwendungen	100 Stück zu je	1 700,00 EUR =	170 000,00 EUR
=	Gesamtgewinn			30 000,00 EUR

Zu 2.: Buchung auf den Konten

S	8020 GuV		H
60..	170 000,00	5000	200 000,00
3000	30 000,00		
	200 000,00		200 000,00

S	3000 Eigenkapital		H
		8020	30 000,00

(2) Bestandsmehrung

Beispiel (Fortführung der Ausgangssituation):

Es werden wiederum innerhalb einer Periode 100 Kühlschränke hergestellt, jedoch nur 60 Stück gegen Barzahlung verkauft. Ein Anfangsbestand an Kühlschränken war nicht vorhanden.

Aufgaben:

1. Ermitteln Sie rechnerisch den Gesamtgewinn!
2. Stellen Sie den Sachverhalt am Ende der Geschäftsperiode auf Konten dar! Es sind die Konten 2200 Fertige Erzeugnisse, 3000 Eigenkapital, 5000 Umsatzerlöse für eigene Erzeugnisse, 5202 Bestandsveränderungen an fertigen Erzeugnissen, 60.. Sammelkonto Aufwendungen, 8010 SBK, 8020 GuV einzurichten.

   Schließen Sie die Konten ab und bilden Sie hierzu die Buchungssätze!

Lösungen:

Zu 1.: Berechnung des Gesamtgewinns

	Verkaufserlöse	60 Stück zu je	2 000,00 EUR =	120 000,00 EUR
+	Bestandsmehrung	40 Stück zu je	1 700,00 EUR =	68 000,00 EUR
=	Leistungen des Betriebes			188 000,00 EUR
–	Kosten für 100 Stück zu je 1 700,00 EUR			170 000,00 EUR
=	Gesamtgewinn			18 000,00 EUR

Zu 2.: Buchung auf den Konten und Bildung der Buchungssätze

S	2200 Fertige Erzeugn.		H
5202	68 000,00	8010	68 000,00

S	8010 SBK		H
2200	68 000,00		

S	5000 UErl. f. eig. Erz.		H
8020	120 000,00	2800	120 000,00

S	5202 Best.-Veränd. a. f. Erz.		H
8020	68 000,00	2200	68 000,00

S	60.. Sammelkto. Aufw.		H
...	170 000,00	8020	170 000,00

S	8020 GuV		H
60..	170 000,00	5000	120 000,00
3000	18 000,00	5202	68 000,00
	188 000,00		188 000,00

S	3000 Eigenkapital		H
		8020	18 000,00

Geschäftsvorfälle	Konten	Soll	Haben
Buchung des Schlussbestandes der 40 Kühlschränke zu 1 700,00 EUR je Stück = 68 000,00 EUR.	8010 SBK an 2200 Fertige Erzeugnisse	68 000,00	 68 000,00
Umbuchung der Bestandsmehrung auf das Bestandsveränderungskonto 68 000,00 EUR.	2200 Fertige Erzeugnisse an 5202 B.-Veränd. a. f. Erz.	68 000,00	 68 000,00
Abschluss des Kontos 5202 über das GuV-Konto.	5202 B.-Veränd. a. f. Erz. an 8020 GuV	68 000,00	 68 000,00

Erläuterungen zur Buchung des Falles der Bestandsmehrung:

Da 100 Kühlschränke hergestellt wurden, aber nur 60 Stück verkauft werden konnten, verbleiben 40 Kühlschränke als Lagerbestand. Den Verkaufseriösen von 60 Stück (60 · 2 000,00 EUR = 120 000,00 EUR) können nicht die Herstellkosten für 100 Stück (100 · 1 700,00 EUR = 170 000,00 EUR) gegenübergestellt werden. Es würde ein Verlust von 50 000,00 EUR entstehen. Bei einem Stückgewinn von 300,00 EUR und einer Verkaufsmenge von 60 Stück muss sich jedoch ein Gewinn von 18 000,00 EUR ergeben.

Da am Anfang keine fertigen Erzeugnisse vorhanden waren, am Ende der Geschäftsperiode jedoch 40 Kühlschränke im Lager verbleiben, bedeutet das eine Bestandsmehrung von 40 Kühlschränken. Die Aufwendungen hierfür betragen: 40 · 1 700,00 EUR = 68 000,00 EUR. Um den Wert der Bestandsmehrung muss die Ertragsseite (Verkaufserlöse) erhöht werden. Es handelt sich um eine Leistung des Unternehmens.

Auf beiden Seiten liegen gleiche Mengen zugrunde: auf der Ertragsseite jetzt die Verkaufserlöse von 60 Kühlschränken und die Aufwendungen von 40 Kühlschränken, auf der Aufwandsseite die Aufwendungen von 100 Kühlschränken.

- Da am Ende der Geschäftsperiode unverkaufte Fertigfabrikate vorhanden sind, muss das Bestandskonto **2200 Fertige Erzeugnisse** eingerichtet werden.
- Das Konto 2200 Fertige Erzeugnisse wird über das **Schlussbilanzkonto** abgeschlossen.
- Die **Mengen der Fertigerzeugnisse** auf der Aufwands- und Ertragsseite innerhalb einer Geschäftsperiode **müssen sich entsprechen.**
- Ist der Wert des **Schlussbestandes** an Fertigerzeugnissen **höher** als der **Anfangsbestand** an Fertigerzeugnissen, liegt eine **Bestandsmehrung** vor.
- Bei der Bestandsmehrung ist die **Herstellmenge** in der Periode **größer als** die **Absatzmenge.**
- Die Bestandsmehrung wird auf dem Konto **5202 Bestandsveränderungen an fertigen Erzeugnissen** erfasst.
- Die **Bestandsmehrung,** die sich als Saldo auf dem Bestandskonto 2200 ergibt, ist auf das Ertragskonto 5202 umzubuchen und „wandert" von dort als eine betriebliche Leistung auf die **Habenseite des Gewinn- und Verlustkontos.**

15 Speth u.a. - ISBN 978-3-8120-0536-4

- **Bestandsmehrungen** werden rechnerisch zu den **Erlösen** für die in der Rechnungsperiode verkauften Erzeugnisse **hinzuaddiert.**

Soll	8020 GuV-Konto Haben
Aufwendungen für die hergestellten Erzeugnisse der Rechnungsperiode	Erlöse für die verkauften Erzeugnisse der Rechnungsperiode + Bestandsmehrung (Wert der in der Rechnungsperiode hergestellten, aber noch nicht verkauften Erzeugnisse zu Herstellkosten)

(3) Bestandsminderung

Beispiel:

Es wird von folgenden Annahmen ausgegangen:

Anfangsbestand an Fertigerzeugnissen 40 Kühlschränke mit einem Wert von 68 000,00 EUR. Innerhalb der Periode werden wiederum 100 Kühlschränke hergestellt, aber 120 Stück gegen Barzahlung verkauft.

Aufgaben:

1. Ermitteln Sie rechnerisch den Gesamtgewinn!
2. Stellen Sie den Sachverhalt am Ende der Geschäftsperiode auf Konten dar! Es sind die Konten 2200 Fertige Erzeugnisse, 3000 Eigenkapital, 5000 Umsatzerlöse für eigene Erzeugnisse, 5202 Bestandsveränderungen an fertigen Erzeugnissen, 60.. Sammelkonto Aufwendungen, 8010 SBK, 8020 GuV einzurichten. Schließen Sie die Konten ab und bilden Sie hierzu die Buchungssätze!

Lösungen:

Zu 1.: Berechnung des Gesamtgewinns

	Verkaufserlöse	120 Stück zu je 2 000,00 EUR =	240 000,00 EUR
–	Bestandsminderung	20 Stück zu je 1 700,00 EUR =	34 000,00 EUR
=	Leistungen des Betriebes in dieser Geschäftsperiode		206 000,00 EUR
–	Kosten für 100 Stück zu je 1 700,00 EUR		170 000,00 EUR
=	Gesamtgewinn		36 000,00 EUR

Zu 2.: Buchung auf den Konten und Bildung der Buchungssätze

S 2200 Fertige Erzeugnisse H

S		H	
8000	68 000,00	8010	34 000,00
		5202	34 000,00
	68 000,00		68 000,00

S 8010 SBK H

S		H	
2200	34 000,00		

S 5000 UErl. f. eig. Erz. H

S		H	
8020	240 000,00	2800	240 000,00

S 5202 Best.-Veränd. a. f. Erz. H

S		H	
2200	34 000,00	8020	34 000,00

S 60.. Sammelkto. Aufw. H

S		H	
...	170 000,00	8020	170 000,00

S 8020 GuV H

S		H	
60..	170 000,00	5000	240 000,00
5202	34 000,00		
3000	36 000,00		
	240 000,00		240 000,00

S 3000 Eigenkapital H

S		H	
		8020	36 000,00

Geschäftsvorfälle	Konten	Soll	Haben
Buchung des Schlussbestandes der 20 Kühlschränke zu 1700,00 EUR je Stück = 34000,00 EUR.	8010 SBK an 2200 Fertige Erzeugnisse	34000,00	 34000,00
Umbuchung der Bestandsminderung auf das Bestandsveränderungskonto 34000,00 EUR.	5202 B.-Veränd. a. f. Erz. an 2200 Fertige Erzeugnisse	34000,00	 34000,00
Abschluss des Kontos 5202 über das GuV-Konto.	8020 GuV an 5202 B.-Veränd. a. f. Erz.	34000,00	 34000,00

Erläuterungen zur Buchung der Bestandsminderungen:

In diesem Fall wurden in der Periode mehr Kühlschränke verkauft, als in der gleichen Periode hergestellt wurden. Das war nur möglich, weil zu Beginn der Periode noch ein Lagerbestand von 40 Kühlschränken vorhanden war.

Da ein sinnvolles Ergebnis nur auf der Grundlage gleicher Mengen auf der Aufwands- und auf der Ertragsseite erzielt werden kann, müssen den Erlösen von 120 Kühlschränken die Aufwendungen von 120 Kühlschränken gegenübergestellt werden, d.h., die Aufwendungen der 100 Kühlschränke müssen um die Aufwendungen der Bestandsminderung von 20 Kühlschränken erhöht werden. Dies erfolgt buchhalterisch über die Sollseite des GuV-Kontos.

- Die **Mengen an Erzeugnissen auf der Aufwands- und auf der Ertragsseite** innerhalb der Geschäftsperiode **müssen sich entsprechen.**
- Ist der Wert des **Schlussbestandes** an Fertigerzeugnissen **niedriger** als der **Anfangsbestand** an Fertigerzeugnissen, liegt eine **Bestandsminderung** vor.
- Bei der Bestandsminderung ist die **Herstellmenge** in einer Geschäftsperiode (Abrechnungsperiode) **kleiner als** die **Absatzmenge.**
- **Bestandsminderungen** werden rechnerisch zu den Aufwendungen für die hergestellten Fertigerzeugnisse hinzuaddiert und auf der **Sollseite** des **GuV-Kontos** erfasst.

Soll	8020 GuV-Konto	Haben
Aufwendungen für die hergestellten Erzeugnisse der Rechnungsperiode + Bestandsminderungen (Dadurch werden die Aufwendungen der Rechnungsperiode an die in dieser Zeit erzielten Erlöse angepasst.)		Erlöse für die verkauften Erzeugnisse der Rechnungsperiode

Übungsaufgaben

78 **I. Anfangsbestände:**

2200 Fertige Erzeugnisse 17000,00 EUR, 2800 Bank 396000,00 EUR, 3000 Eigenkapital 362000,00 EUR, 4800 Umsatzsteuer 51000,00 EUR.

II. Kontenplan:

2200, 2400, 2600, 2800, 3000, 4800, 5000, 5202, 6000, 6020, 6200, 8010, 8020.

III. Geschäftsvorfälle:

1. Einkauf von Rohstoffen durch Banküberweisung	135 000,00 EUR	
+ 19 % Umsatzsteuer	25 650,00 EUR	160 650,00 EUR
2. Verkauf von fertigen Erzeugnissen auf Ziel	270 000,00 EUR	
+ 19 % Umsatzsteuer	51 300,00 EUR	321 300,00 EUR
3. Einkauf von Hilfsstoffen durch Banküberweisung	39 000,00 EUR	
+ 19 % Umsatzsteuer	7 410,00 EUR	46 410,00 EUR
4. Banküberweisung für Fertigungslöhne		120 000,00 EUR

IV. Abschlussangaben:

1. Der Schlussbestand an fertigen Erzeugnissen beträgt lt. Inventur 22 500,00 EUR.
2. Die Zahllast ist zu passivieren.

V. Aufgaben:

1. Richten Sie die erforderlichen Konten ein und tragen Sie die Anfangsbestände darauf vor!
2. Bilden Sie zu den Geschäftsvorfällen die Buchungssätze und übertragen Sie die Buchungen auf die Konten des Hauptbuches!
3. Ermitteln Sie durch Abschluss der Konten das Ergebnis der Geschäftsperiode!
4. Bilden Sie für die Erfassung der Bestandsveränderungen an fertigen Erzeugnissen die drei erforderlichen Buchungssätze!

79 **I. Anfangsbestände:**

2200 Fertige Erzeugnisse 51 000,00 EUR, 2800 Bank 155 000,00 EUR, 3000 Eigenkapital 206 000,00 EUR.

II. Kontenplan:

2200, 2600, 2800, 3000, 4800, 5000, 5202, 6000, 6020, 6200, 8010, 8020.

III. Geschäftsvorfälle:

1. Kauf von Rohstoffen gegen Bankscheck 75 000,00 EUR zuzüglich 19 % USt
2. Kauf von Hilfsstoffen gegen Bankscheck 30 000,00 EUR zuzüglich 19 % USt
3. Verkauf von fertigen Erzeugnissen gegen Bankscheck 340 000,00 EUR zuzüglich 19 % Umsatzsteuer
4. Banküberweisung für Fertigungslöhne 150 000,00 EUR

IV. Abschlussangaben:

1. Der Schlussbestand an fertigen Erzeugnissen beträgt lt. Inventur 17 000,00 EUR.
2. Die Umsatzsteuer ist zu passivieren!

V. Aufgaben:

1. Richten Sie die erforderlichen Konten ein und tragen Sie die Anfangsbestände darauf vor!
2. Bilden Sie zu den Geschäftsvorfällen die Buchungssätze nach dem verbrauchsorientierten Verfahren und übertragen Sie die Buchungen auf die Konten des Hauptbuches!
3. Ermitteln Sie durch Abschluss der Konten das Ergebnis der Geschäftsperiode!
4. Bilden Sie für die Erfassung der Bestandsveränderungen an fertigen Erzeugnissen die drei erforderlichen Buchungssätze!

7.5.2 Bestandsveränderungen bei unfertigen Erzeugnissen

Die Herstellung von Gütern verläuft über mehrere Produktionsstufen. Güter, die ihre endgültige Verkaufsreife noch nicht erreicht haben, bezeichnet man als **unfertige Erzeugnisse.** Bestandsveränderungen bei unfertigen Erzeugnissen haben in der Buchführung die gleichen Auswirkungen wie die Bestandsveränderungen an fertigen Erzeugnissen. Das bedeutet, dass **Bestandsmehrungen** auf der **Habenseite des GuV-Kontos** und **Bestandsminderungen** auf der **Sollseite des GuV-Kontos** erscheinen müssen.

Beispiel:

I. Sachverhalt:

Zu Beginn der Geschäftsperiode sind keine Bestände an fertigen und unfertigen Erzeugnissen vorhanden. Innerhalb der Periode sind 100 Kühlschränke hergestellt worden, die auch in der Geschäftsperiode verkauft wurden.

Des Weiteren wird angenommen, dass 20 Kühlschränke ihre Endstufe noch nicht erreicht haben und als unfertige Erzeugnisse gelagert werden. Die unfertigen Erzeugnisse haben je Stück Aufwendungen in Höhe von 1000,00 EUR verursacht. Der Schlussbestand an unfertigen Erzeugnissen beträgt damit 20000,00 EUR.

II. Aufgaben:

1. Stellen Sie auf Konten dar, wie sich die Bestandserhöhung bei den unfertigen Erzeugnissen in der Buchführung auswirkt!
2. Bilden Sie die Buchungssätze
   2.1 für den Abschluss des Kontos 2100 Unfertige Erzeugnisse,
   2.2 für die Erfassung der Bestandsmehrung an unfertigen Erzeugnissen,
   2.3 für den Abschluss des Kontos 5201 Bestandsveränderungen an unfertigen Erzeugnissen und nicht abgerechneten Leistungen!

Lösungen:

Zu 1.: Buchung auf den Konten

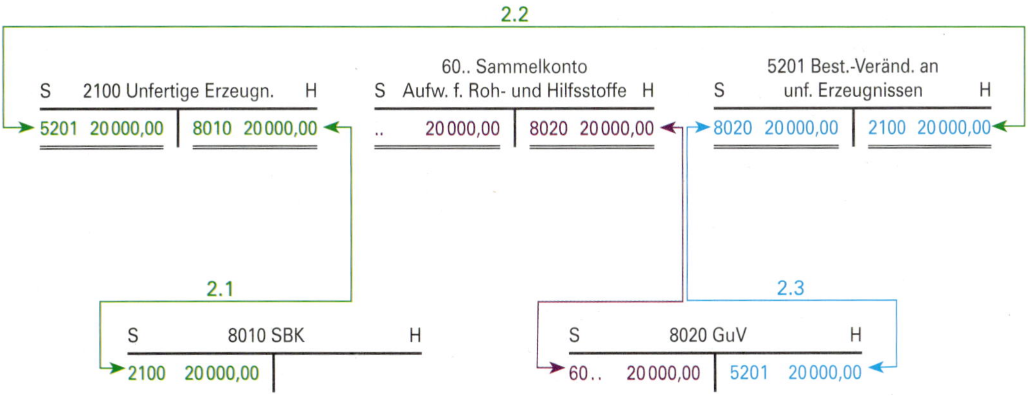

Zu 2.: Bildung der Buchungssätze

Nr.	Geschäftsvorfälle	Konten	Soll	Haben
2.1	Erfassung des Schlussbestandes der unfertigen Erzeugnisse 20000,00 EUR.	8010 SBK an 2100 Unfertige Erzeugn.	20000,00	 20000,00
2.2	Umbuchung der Bestandsmehrung auf das Bestandsveränderungskonto 20000,00 EUR.	2100 Unfertige Erzeugnisse an 5201 Be.-Veränd. a. unf. Erz.	20000,00	 20000,00
2.3	Abschluss des Kontos 5201 über das GuV-Konto	5201 Be.-Veränd. a. unf. Erz. an 8020 GuV	20000,00	 20000,00

Übungsaufgaben

80 Zu Beginn der Geschäftsperiode befinden sich 20 Stück unfertige Erzeugnisse im Wert von 20000,00 EUR auf dem Lager. Am Ende der Geschäftsperiode sind nur noch 5 Stück im Wert von 5000,00 EUR vorhanden.

Aufgaben:

1. Richten Sie die Konten 2100 Unfertige Erzeugnisse, 5201 Bestandsveränderungen an unfertigen Erzeugnissen sowie die Konten 8010 SBK und 8020 GuV ein!
2. Tragen Sie den Anfangsbestand an unfertigen Erzeugnissen auf dem Konto 2100 vor!
3. Stellen Sie die Auswirkungen der Bestandsminderung auf den Konten dar und bilden Sie dazu die entsprechenden Buchungssätze:
   - 3.1 für den Abschluss des Kontos 2100 Unfertige Erzeugnisse,
   - 3.2 für die Erfassung der Bestandsminderung an unfertigen Erzeugnissen,
   - 3.3 für den Abschluss des Kontos 5201 Bestandsveränderungen an unfertigen Erzeugnissen!
4. Bestände an fertigen Erzeugnissen:
   Anfangsbestand: 125350,00 EUR; Schlussbestand: 150000,00 EUR

   Aufgaben:
   - 4.1 Richten Sie die Konten 2200 Fertige Erzeugnisse, 5202 Bestandsveränderungen an fertigen Erzeugnissen, 8010 SBK und 8020 GuV ein!
   - 4.2 Tragen Sie den Anfangsbestand an fertigen Erzeugnissen auf dem entsprechenden Konto vor!
   - 4.3 Buchen Sie den Schlussbestand an fertigen Erzeugnissen sowie die Bestandsveränderungen!
   - 4.4 Schließen Sie das Konto 5202 Bestandsveränderungen an fert. Erzeugnissen ab!

81

	Anfangsbestände	Schlussbestände
2100 Unfertige Erzeugnisse	75710,00 EUR	80430,00 EUR
2200 Fertige Erzeugnisse	57500,00 EUR	66840,00 EUR

Die Aufwendungen betragen insgesamt: 521300,00 EUR
Die Erträge betragen insgesamt: 804890,00 EUR

Aufgaben:

1. Richten Sie folgende Konten ein:
   2100 Unfert. Erzeugnisse, 2200 Fert. Erzeugnisse, 5201 Bestandsveränd. an unfert. Erzeugnissen, 5202 Bestandsveränd. an fert. Erzeugnissen, 8010 SBK und 8020 GuV.
2. Tragen Sie die Summe der Aufwendungen und Erträge auf dem GuV-Konto ein!
3. Ermitteln Sie unter Einbeziehung der Bestandsveränderungen buchhalterisch den Erfolg des Industrieunternehmens!
4. Erklären Sie, wie die Bestandsveränderungen in die Erfolgsermittlung einbezogen werden müssen!
5. Begründen Sie, warum ein Mehrbestand an Erzeugnissen über die Habenseite und ein Minderbestand an Erzeugnissen über die Sollseite des GuV-Kontos abzuschließen ist!
6. Stellen Sie dar, worin die Gesamtleistung eines Industriebetriebs besteht!

82

	fertige Erzeugnisse	unfertige Erzeugnisse
1. Eröffnungsbestände	437 200,00 EUR	56 950,00 EUR
Schlussbestände	372 700,00 EUR	83 320,00 EUR
2. Eröffnungsbestände	201 500,00 EUR	196 510,00 EUR
Schlussbestände	241 100,00 EUR	127 790,00 EUR

Aufgabe:

Bilden Sie für beide Fälle die Buchungssätze für die Bestandsveränderungen bei den fertigen Erzeugnissen und den unfertigen Erzeugnissen!

83 **I. Anfangsbestände:**

Die Geschäftsperiode eines Industriebetriebs beginnt mit folgenden Anfangsbeständen, die auf den entsprechenden Konten im Hauptbuch vorzutragen sind:

2000 Rohstoffe	20 000,00 EUR
2020 Hilfsstoffe	10 000,00 EUR
2100 Unfertige Erzeugnisse	15 000,00 EUR
2200 Fertige Erzeugnisse	70 000,00 EUR
2400 Forderungen a. Lief. u. Leist.	75 000,00 EUR
2800 Bank	99 400,00 EUR
3000 Eigenkapital	289 400,00 EUR

II. Kontenplan:

2000, 2020, 2100, 2200, 2400, 2600, 2800, 3000, 4400, 4800, 5000, 5201, 5202, 6000, 6020, 6200, 8010, 8020.

III. Geschäftsvorfälle:

1. Einkauf von Rohstoffen per Banküberweisung netto	60 000,00 EUR
+ 19 % USt	11 400,00 EUR
	71 400,00 EUR
2. Einkauf von Hilfsstoffen auf Ziel netto	20 000,00 EUR
+ 19 % USt	3 800,00 EUR
	23 800,00 EUR

3. Zahlung von Fertiglöhnen per Banküberweisung:
   Bruttolohn 25 000,00 EUR

4. Verkauf von fertigen Erzeugnissen auf Ziel netto 120 000,00 EUR
   + 19% USt 22 800,00 EUR
   142 800,00 EUR

IV. Abschlussangaben:

1. Schlussbestände lt. Inventur:

Konto 2000 Rohstoffe		30 000,00 EUR
Konto 2020 Hilfsstoffe		12 000,00 EUR
Konto 2200 Fertige Erzeugnisse		77 000,00 EUR
Konto 2100 Unfertige Erzeugnisse		10 000,00 EUR

2. Die Zahllast ist zu passivieren!

V. Aufgaben:

1. Richten Sie die erforderlichen Konten ein und tragen Sie die Anfangsbestände darauf vor!
2. Bilden Sie zu den Geschäftsvorfällen die Buchungssätze und übertragen Sie die Buchungen auf die Konten des Hauptbuches!
3. Ermitteln Sie durch Abschluss der Konten das Ergebnis der Geschäftsperiode!

84 **Zur Wiederholung**: Im Folgenden werden Belege der Heinrich KG vorgegeben.

Aufgaben:

1. Formulieren Sie auf der Grundlage der Belege den jeweils zugrunde liegenden Geschäftsvorfall!
2. Bilden Sie die Buchungssätze für die Heinrich KG, Rahlstedter Str. 144, 22143 Hamburg!

Beleg 1

schindele
rundum gut versorgt und mobil

✓ Mineralöle/Kraft- und Schmierstoffe
✓ Heizöle/Brennstoffe
✓ Landwirtschaftsservice
✓ Reifen-Fachmarkt
✓ LKW- und PKW-Waschanlagen
✓ Zweirad-Fachmarkt

Schindele Handels GmbH & Co. KG · Buchenhof 17 · 22605 Hamburg

24-h-Tankstellen in:
Buxtehude
Bremen
Elmshorn
Flensburg
Itzehoe
Kiel
Lübeck

Heinrich KG
Rahlstedter Str. 144
22143 Hamburg

Bitte stets angeben:

Rechnung	545352
Kunden-Nr.	18506
Datum:	15.06.20..

Artikel-Bezeichnung/-nummer	MwSt	Menge	Preis	Nettobetrag in EUR
Lieferschein 356804 Leistungsdatum: 15.06.20.. entspricht dem Rechnungsdatum				
Heizöl leicht 7510007 incl. gesetzl. Bevorratungsbeitrag	1	1 748,70	0,66	1 154,14
Gefahrgut-Verordnungspauschale 7999999	1	1,00	10,00	10,00
			Nettowarenwert	1 164,14
			MwSt 19 %	221,19
			Rechnungsbetrag	1 385,33

Zahlbar bis 20.06. ohne Abzug bei uns eingehend.
Bei verspätetem Zahlungseingang müssen wir die üblichen Verzugszinsen berechnen.
Hierfür bitten wir um Ve

Sitz der Gesellschaft:
22605 Hamburg
Telefon: 040 32271
Telefax: 040 32272

Beleg 2

MICHAELTEUBNER

Heizungsinstallation - Wartung und Reparaturen

Michael Teubner e. K. · Hamburger Str. 18 · 25335 Elmshorn

Heinrich KG
Rahlstedter Str. 144
22143 Hamburg

Bitte stets angeben:

Rechnungsdatum:	25.06.20..
Leistungsdatum:	23.06.20..
Kunden-Nr.:	1356

Rechnungs-Nr. 8732

Pos.	Menge	Bezeichnung	Einzelpreis	Gesamtbetrag in EUR
		Wartung Heizungsanlage im Bürogebäude in der Rahlstedter Str. 144		
1	3	Gesellenstunden	51,80	155,40
		+ 19 % USt		29,53
		Rechnungsbetrag		184,93

Zahlung in 8 Tagen ab Rechnungsdatum.

Sitz der Gesellschaft: 25335 Elmshorn Telefon: 04121 7914-35 Telefax: 04121 7914-34	Steuer-Nr.: 25/336/34873 USt.-Id.-Nr.: DE 757914358	Bankverbindung: Sparkasse Elmshorn IBAN: DE06221500000048127065 BIC: NOLADE21ELH	Michael Teubner e. K. Eigentumsvorb. nach § 449 BGB Elmshorn

Beleg 3

Heinrich KG
Büromöbel und Bürozubehör

Heinrich KG · Rahlstedter Str. 144 · 22143 Hamburg

Möbelhaus Westmoor KG
Deichhausweg 28
32825 Blomberg

Bestell-Nr.	Bestelldatum	Lieferschein-Nr.	Telefon	Fax
2654	02.06.20..	56432-04	040 6724-556	040 6724-587

Bei Zahlung unbedingt angeben:
Rechnungsdatum: 08.06.20..
Kunden-Nr.: 2505
Rechnungs-Nr.: 2254/03

Wir berechnen für unsere Lieferung vom 04.06.20..

Artikel-Nr.	Menge (Stück)	Artikelbezeichnung	Einzelpreis EUR	Gesamtbetrag EUR
1235	15	Aktenschrank FT, verglast	168,80	2 532,00
		Warenwert (netto)		2 532,00
		19 % USt		481,08
		Rechnungsbetrag		3 013,08

Zahlungsbedingungen ab Rechnungsdatum: bis 10 Tage 2 % Skonto, bis 30 Tage netto Kasse.

Hamburger Sparkasse
BIC: HASPDEHHXXX
IBAN: DE07200505501120239908

Hamburger Volksbank eG
BIC: GENODEF1HH2
IBAN: DE92201900030064069754

Amtsgericht Hamburg, HRA 1101
Steuer-Nr.: 27/430/0027
USt.-Id.-Nr.: DE 686093911

Beleg 4

Heinrich KG
Büromöbel und Bürozubehör

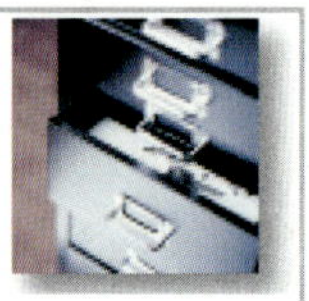

Heinrich KG · Rahlstedter Str. 144 · 22143 Hamburg

Büroausstatter Winter OHG
Schmedererweg 8
81541 München

Bestell-Nr.	Bestelldatum	Lieferschein-Nr.	Telefon	Fax
2892	02.06.20..	58229-02	040 6724-556	040 6724-587

Bei Zahlung unbedingt angeben:
Rechnungsdatum: 10.06.20..
Kunden-Nr.: 5421
Rechnungs-Nr.: 2245/11

Wir berechnen für unsere Lieferung vom 04.06.20..

Artikel-Nr.	Menge (Stück)	Artikelbezeichnung	Einzelpreis EUR	Gesamtbetrag EUR
7799	30	Schreibtischlampe Typ Xenon 007	47,50	1 425,00
		Warenwert (netto)		1 425,00
		19 % USt		270,75
		Rechnungsbetrag		1 695,75

Zahlungsbedingungen ab Rechnungsdatum: bis 10 Tage 2 % Skonto, bis 30 Tage netto Kasse.

Hamburger Sparkasse
BIC: HASPDEHHXXX
IBAN: DE07200505501120239908

Hamburger Volksbank eG
BIC: GENODEF1HH2
IBAN: DE92201900030064069754

Amtsgericht Hamburg, HRA 1101
Steuer-Nr.: 27/430/0027
USt.-Id.-Nr.: DE 686093911

Beleg 5

Empfangsbescheinigung
über die Einzahlung auf eigenes Konto

für Kontoinhaber

Fa. Heinrich KG, Hamburg

IBAN

DE07 2005 0550 1120 2399 08

-450,00-

Hamburger Sparkasse

B0710 10.06.20..EIN *** 450,00+ GV0245 0000171196/113756

Für den Einzahlungstag und den Betrag ist der Maschinendruck maßgebend. 2

Beleg 6

Beleg für den Kontoinhaber/Zahler-Quittung

Haspa
Hamburger Sparkasse

Name und Sitz des überweisenden Kreditinstituts

BIC HASPDEHHXXX

Nur für Überweisungen in Deutschland, in andere EU-/EWR-Staaten und in die Schweiz, sowie nach Monaco in Euro.

Angaben zum Zahlungsempfänger: Name, Vorname/Firma (max. 27 Stellen, bei maschineller Beschriftung max. 35 Stellen)

Hauptzollamt Hamburg

IBAN

DE38 2000 0000 0123 4902 00

BIC des Kreditinstituts/Zahlungsdienstleisters (8 oder 11 Stellen)

Die Angabe des BIC kann entfallen, wenn die IBAN des Zahlungsempfängers mit DE beginnt.

Betrag: Euro, Cent

1 620,00 --------------

Kunden-Referenznummer - Verwendungszweck, ggf. Name und Anschrift des Zahlers - (nur für Zahlungsempfänger)

Kfz-Steuer Lkw HH - ME 109

noch Verwendungszweck (insgesamt max. 2 Zeilen à 27 Stellen, bei maschineller Beschriftung max. 2 Zeilen à 35 Stellen)

Angaben zum Kontoinhaber/Zahler: Name, Vorname/Firma, Ort (max. 27 Stellen, keine Straßen- oder Postfachangaben)

Heinrich KG, Rahlstedter Str. 144, 22143 Hamburg

IBAN	Prüfziffer	Bankleitzahl des Kontoinhabers	Kontonummer (ggf. links mit Nullen auffüllen)
D E	07	20050550	1120239908

113 377.000 35735

Datum | Unterschrift(en)

12.06.20.. G. Heinrich

7.6 Kennzahlenauswertung für den Absatz

7.6.1 Begriff und Bedeutung von Absatzkennzahlen

Umsatz ist nicht alles – doch ohne Umsatz ist alles nichts. Aufgrund solcher Denkweisen war der Umsatz (Absatzmenge · Verkaufspreis) für lange Zeit die wichtigste Messgröße für den Verkauf. Immer mehr Unternehmen erkennen jedoch, dass eine solche allgemeine Kennzahl allein nicht ausreicht. Eine leistungsfähige Vertriebssteuerung verlangt vielmehr differenzierende, aussagekräftige Steuerungskennzahlen (Absatzkennzahlen) als

- Grundlage zur Planung,
- Indikatoren[1] zur Steuerung des Absatzes,
- Maßstab zur Bewertung der Vertriebsleistung von Mitarbeitern,
- Motivationsgrundlage für die Mitarbeiter.

Jedes Unternehmen verfolgt in der Absatzpolitik (Vertriebspolitik) eigene Ziele und hat eigene Strategien. Die Auswahl und der Einsatz von Absatzkennzahlen sind folglich unternehmensindividuell zu treffen. Die „besten Absatzkennzahlen" für jedes Unternehmen kann es nicht geben.

Beispiele:

- Will ein Unternehmen deutlich wachsen, sollten die Kennzahlen seinen Umsatz oder den Marktanteil aufgliedern.
- Strebt das Unternehmen die Kostenführerschaft an, sind Kennzahlen über die Vertriebskosten entscheidend.
- Will das Unternehmen seine Marktstellung stärken, sind markt- und kundenbezogene Kennzahlen wichtig.

- **Unternehmenskennzahlen** informieren in numerischer[2] Form über betriebswirtschaftlich relevante Daten.
- **Absatzkennzahlen** liefern betriebswirtschaftliche Daten über Vertriebsprozesse und sind die Grundlage für eine leistungsfähige Vertriebssteuerung.

Im Folgenden werden beispielhaft einige wichtige Absatzkennzahlen vorgestellt.

7.6.2 Wichtige Absatzkennzahlen

(1) Umsatzstruktur

Die Umsatzstruktur gibt den prozentualen Anteil eines Teilumsatzes am Gesamtumsatz an. Der Zähler kann nach verschiedenen Teilumsätzen wie z.B. Produkt, Produktgruppe, Kunden, Kundengruppe usw., gewählt werden.

$$\text{Umsatzstruktur} = \frac{\text{best. Teilumsatz} \cdot 100}{\text{Gesamtumsatz}}$$

1 **Indikator:** Merkmal, Hinweis.

2 **Numerisch:** Zahlenmäßig; der Zahl nach.

(2) Marktanteil

Absoluter Marktanteil

Der Marktanteil gibt an, welchen prozentualen Anteil ein Unternehmen z. B. mit einer Produktgruppe am gesamten Marktvolumen[1] der Produktgruppe hat. Die Berechnung kann in Mengeneinheiten oder in Werteinheiten erfolgen.

Sie zeigt zeitpunktbezogen die Stärke eines Unternehmens in einem bestimmten Markt auf, bzw. erlaubt es, die Entwicklung seiner Stellung in diesem Markt zu beurteilen.

$$\text{Absoluter Marktanteil} = \frac{\text{eigener Marktanteil} \cdot 100}{\text{Marktvolumen}}$$

Relativer Marktanteil (Wettbewerbsposition)

Der relative Marktanteil gibt an, welchen prozentualen Anteil der eigene absolute Marktanteil am absoluten Marktanteil des größten Konkurrenten ausmacht.[2] Die Berechnung kann in Mengen- oder Werteinheiten erfolgen.

$$\text{Relativer Marktanteil} = \frac{\text{eigener Marktanteil} \cdot 100}{\text{Marktanteil des größten Konkurrenten}}$$

(3) Kundendeckungsbeitragssatz

Als Kundendeckungsbeitrag bezeichnet man den Differenzbetrag zwischen den Erlösen, die bei einem Kunden erzielt werden, und den zuordenbaren Kosten für diesen Kunden. Der Kundendeckungsbeitragssatz zeigt an, wie rentabel einzelne Kunden sind. So kann das gesamte Kundenspektrum in profitable und nicht-profitable Kunden unterteilt werden.

$$\text{Kundendeckungsbeitragssatz} = \frac{(\text{Erlöse bei einem Kunden} - \text{zuordenbare Kosten für diesen Kunden}) \cdot 100}{\text{Nettoerlöse bei diesem Kunden/Zeitraum}}$$

(4) Lieferanteil

Der Lieferanteil zeigt an, wie viel des gesamten Kundenbedarfs bereits durch unser Unternehmen gedeckt ist, beziehungsweise wie viel Potenzial[3] noch vorhanden ist. Hier schlummern in der Regel enorme Umsatzpotenziale, die mit relativ einfachen Mitteln zu erschließen wären. Die Abschlussmenge bei vorhandenen Kunden zu erhöhen ist deutlich einfacher als einen Neukunden zu akquirieren (erschließen).

$$\text{Lieferanteil} = \frac{\text{eigener Umsatzanteil je Produkt bei einem Kunden} \cdot 100}{\text{gesamtes Einkaufspotenzial eines Kunden bei diesem Produkt}}$$

1 Das **Marktvolumen** kennzeichnet die gegenwärtig realisierte Umsatz- oder Absatzmenge einer ganzen Branche für eine bestimmte Produktgattung.

2 Statt des absoluten Marktanteils des größten Konkurrenten können je nach Marktsituation auch die Marktanteile der bis zu drei größten Anbieter in den Zähler einbezogen werden. Ist das Unternehmen selbst einer der drei größten Anbieter am Markt, geht der Zählerwert mit in den Nennerwert ein.

3 **Potenzial**: Stärke, Wirkungsfähigkeit.

(5) Auftragsreichweite

Die Auftragsreichweite gibt an, wie viel Tage der Auftragsbestand in die Zukunft reicht. Der Auftragsbestand ist per ultimo (zum Monatsende) festzustellen.[1]

Die Auftragsreichweite ist in Zeiten schwachen wirtschaftlichen Wachstums eine wichtige Kennzahl, die Aufschluss über die durch Umsatzerlöse finanziell gesicherten Monate gibt.

$$\text{Auftragsreichweiten in Monaten} = \frac{\text{Auftragsbestand in EUR} \cdot 100 \cdot 12}{\text{Jahresumsatz}}$$

(6) Umwandlungsrate

Die Umwandlungsrate zeigt, wie viel Angebote in Aufträge umgewandelt werden konnten, also wie gut die Angebote die Wünsche der Kunden treffen.

$$\text{Umwandlungsrate} = \frac{\text{Anzahl der Aufträge}}{\text{Anzahl der Angebote}}$$

Für alle angeführten Kennzahlen gilt, isoliert betrachtet haben sie nur geringe Aussagekraft. Es ist wichtig, die langfristige Entwicklung der Kennzahlen zu beobachten. Außerdem sollten die eigenen Kennzahlen mit denen des Branchenbesten **(Benchmarking)** verglichen werden. Erst dadurch lassen sich detaillierte Informationen über die eigene Marktstellung und die der Konkurrenz erschließen. Die besten Kennzahlen nutzen jedoch nichts, wenn bei Abweichungen z. B. von der Vorperiode oder von den Branchenkennzahlen keine durchgreifende Ursachenanalyse folgt.

Übungsaufgabe

85

1. Definieren Sie den Begriff Absatzkennzahlen!
2. Nennen Sie Aufgaben der Absatzkennzahlen!
3. Die Elektrogerätefabrik Andrea Becker OHG weist für das vergangene Geschäftsjahr folgende Daten aus:

Jahresumsatz:	11 400 000,00 EUR
Umsatz der Produktgruppe Speziallampen:	3 192 000,00 EUR
Marktvolumen der Produktgruppe Speziallampen:	63 360 Stück
Absatz an Speziallampen:	13 300 Stück
Absatz des größten Konkurrenten bei Speziallampen:	7 980 000,00 EUR
Erlöse bei der Großhandlung Walter Förster GmbH:	684 000,00 EUR
Zuordenbare Kosten bei der Lieferung von Kühlschränken an die Walter Förster GmbH:	424 080,00 EUR
Erlöse bei der Maschinenfabrik Gerd Eickmeyer KG für die Lieferung von Schaltgeräten:	198 700,00 EUR
Einkaufspotenzial der Maschinenfabrik Gerd Eickmeyer KG bei Schaltgeräten:	342 600,00 EUR
Auftragsbestand für das kommende Geschäftsjahr:	2 451 000,00 EUR
Anzahl der erhaltenen (abgeschlossenen, aquirierten) Aufträge:	2 849
Anzahl der abgegebenen Angebote:	3 850

1 Die Berechnung setzt voraus, dass der Auftragsbestand gleichmäßig in Umsatzerlöse überführt werden kann.

Aufgaben:

Berechnen Sie die folgenden Kennzahlen:

3.1 Umsatzstruktur für die Produktgruppe Speziallampen,

3.2 absoluter Marktanteil bei Speziallampen nach Mengeneinheiten,

3.3 relativer Marktanteil bei Speziallampen nach dem Umsatz,

3.4 Kundendeckungsbeitragssatz bei der Walter Förster GmbH,

3.5 Lieferanteil bei der Maschinenfabrik Gerd Eickmeyer KG,

3.6 Auftragsreichweite,

3.7 Umwandlungsrate!

4. Nennen Sie für die nachfolgenden Absatzkennzahlen stichwortartig Ursachen für abweichende Entwicklungen und geben Sie ebenfalls stichwortartig Gegenmaßnahmen zur Gegensteuerung an:

4.1 Auftragsreichweite,

4.2 Marktanteil,

4.3 Umwandlungsrate!

7.7 Modellhafte Abbildung der Güter-, Geld- und Informationsströme in Unternehmen

7.7.1 Zusammenhang zwischen dem Güter-, Geld- und Informationsstrom im Unternehmen

(1) Grundüberlegungen

Durch den Verkauf der hergestellten Güter oder erbrachten Dienstleistungen erhält das Unternehmen einen Geldwert (Einnahmen), den es dazu nutzt, alle anfallenden Ausgaben sowie die Investitionsgüter zu finanzieren. Dem **Güterstrom** steht damit – in entgegengesetzter Richtung – ein **Geldstrom** (Wertestrom) gegenüber.

- Jedem **Zugang an Gütern oder Dienstleistungen** steht ein **Abgang an Geldmitteln** an die Vorstufe gegenüber.
- Jedem **Abgang an Gütern oder Dienstleistungen** steht ein **Zugang an Geldmitteln** aus der Nachstufe gegenüber.

Damit der Güter- und Geldstrom in Gang kommt bzw. aufrechterhalten wird, muss das Unternehmen die geeigneten Lieferer auswählen und die möglichen (potenziellen) Kunden finden. Hierzu ist ein **Informationsstrom** erforderlich, der von den Kunden, als den Abnehmern der Leistungen, ausgeht und über das eigene Unternehmen bis zu den Lieferanten reicht.

(2) Informationsstrom, Güterstrom, Geldstrom

Informationsstrom	Der Industriebetrieb bietet seine Sachgüter und Dienstleistungen am Markt an. Er erhält daraufhin Anfragen, gibt Angebote ab und erhält so Aufträge. Damit entsteht ein Informationsstrom vom Kunden über den eigenen Betrieb bis zum Lieferanten. Der Auftrag muss bearbeitet werden. Geht man von der Annahme aus, dass das Unternehmen nur aufgrund eines Kundenauftrags fertigt, dann müssen die Produktionsabläufe nach Eingang des Kundenauftrags geplant und gesteuert werden. Hierfür ist der Bezug von Gütern und/oder Dienstleistungen notwendig, welche beim Lieferer bestellt werden müssen.
Güterstrom	Die Lieferung der bestellten Werkstoffe löst einen Güterstrom vom Lieferer zum Kunden aus, denn die bezogenen Güter werden verarbeitet, die entstandenen Teile und Baugruppen zu Enderzeugnissen montiert und für den Versand an den Kunden bereitgestellt. Der Güterstrom läuft dem Informationsstrom entgegen.
Geldstrom	Im Gegenzug für die Lieferung der Fertigerzeugnisse erhält das Unternehmen vom Kunden einen Geldstrom, und zwar in der Regel in Form von Einnahmen. Dieser Strom an Zahlungsmittel wird benötigt, um die Ausgaben für die Leistungserstellung (z.B. Löhne, Energie, Materialverbrauch, Zinsen) und die Anlagegüter zu finanzieren. Damit entsteht ein Geldstrom vom Kunden zum Lieferer.

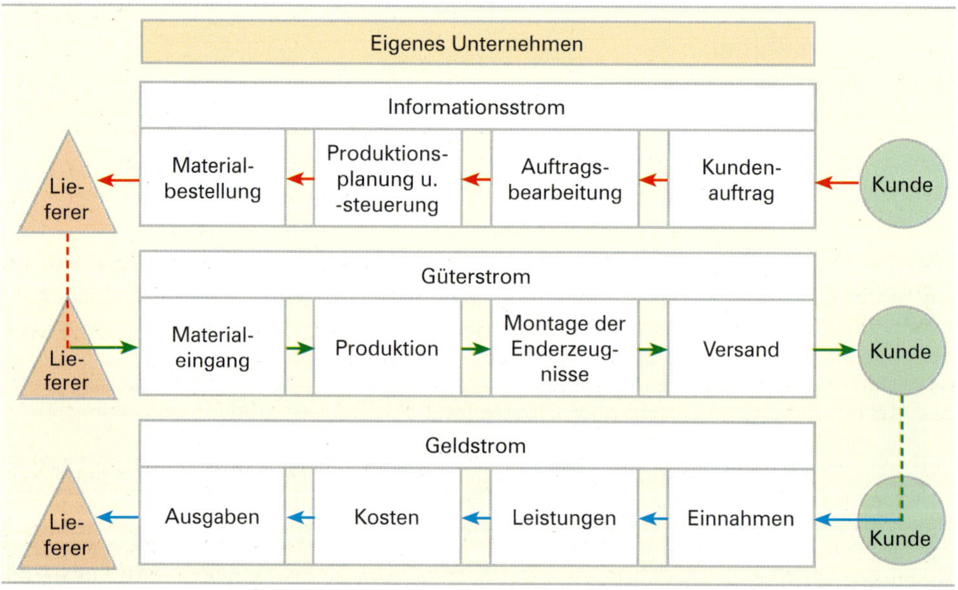

Erläuterungen:

- Die Begriffe **Ausgaben** und **Einnahmen** sind Begriffe der **Finanzplanung.** Die Finanzplanung hat die Aufgabe, den Zahlungsverkehr des Unternehmens zu erfassen und die jederzeitige Zahlungsbereitschaft (Liquidität) zu sichern.

- **Ausgaben** sind Auszahlungen von Kassenmitteln bzw. Bankguthaben (liquide Mittel).
- **Einnahmen** sind Einzahlungen von Kassenmitteln bzw. Bankguthaben (liquide Mittel).

- Die Begriffe **Kosten** und **Leistungen** sind Begriffe der **Kosten- und Leistungsrechnung.**[1] In der Kosten- und Leistungsrechnung werden nur die Aufwendungen und Erträge erfasst, die ursächlich im Zusammenhang mit dem eigentlichen Betriebszweck stehen, der bei Industriebetrieben in der Herstellung und dem Verkauf von Gütern zu sehen ist.

  - **Kosten** sind der betriebliche und relativ regelmäßig anfallende Güter- und Leistungsverzehr innerhalb einer Abrechnungsperiode zur Erstellung betrieblicher Leistungen, gemessen in Geld (z. B. Löhne, Geschäftsmiete, Aufwendungen für Rohstoffe, Bürobedarf).
  - **Leistungen** sind die betrieblichen und relativ regelmäßig anfallenden Wertzugänge innerhalb einer Abrechnungsperiode gemessen in Geld (z. B. Umsatzerlöse, Provisionserträge).

7.7.2 Abspiegelung der Informations-, Güter- und Geldströme in der Buchhaltung[2]

(1) Grundlegendes zum Gesamtbild des betriebswirtschaftlichen Prozesses

Bei laufendem Betrieb setzt sich das **Vermögen des Unternehmens** aus Vorleistungen anderer Betriebe (z. B. Gebäude, Maschinen, Rohstoffe, Entwürfe, Patente) sowie aus halbfertigen oder fertigen Leistungsergebnissen (z. B. Fertigerzeugnisse) zusammen. Die Leistungsergebnisse entstehen dadurch, dass im betriebswirtschaftlichen Leistungserstellungsprozess Teile des Vermögens (Kostengüter, z. B. Rohstoffe, Hilfsstoffe, Werkzeuge, Maschinen) fortlaufend „zerstört" oder aufgezehrt und in neue Güter (z. B. Fertigerzeugnisse) umgewandelt werden. Diesen dynamischen Vorgang des Einsetzens von Mitteln im Leistungserstellungsprozess bezeichnet man als **Aufwands- oder Kostenbildung.** Und die andere Seite, das Schaffen der geplanten Leistungsergebnisse, ist die **Ertragsbildung.**

> Durch den **betrieblichen Leistungserstellungsprozess (Aufwands- und Ertragsprozess)** werden aus den von den Lieferern bezogenen **Mitteln (Kostengüter) neue Güter (Ertragsgüter)** geschaffen.

Das Zufließen von Kostengütern bezeichnet man betriebswirtschaftlich als **Beschaffung,** das Abfließen der Leistungsprozesse als **Absatz.**

Dem betriebswirtschaftlichen Leistungserstellungsprozess (Bestandsbildung an Kostengütern, Aufwandsbildung, Ertragsbildung, Bestandsbildung an Leistungsergebnissen [z. B. Erzeugnisse], Absatz der Leistungsergebnisse) – dem Güterstrom – steht ein Geldstrom (die laufenden Einnahmen und Ausgaben) und in der Folge damit die Kapitalbildung gegenüber. Ergänzt wird die Kapitalbildung aus eigenen Mitteln **(Eigenkapital)** und durch den Bezug von Fremdmitteln über den Finanzmarkt **(Fremdkapital).**

1 Auf die Kosten- und Leistungsrechnung wird im Schuljahrgang 12.1 eingegangen.

2 Die Ausführungen lehnen sich an Erich Schäfer an. Erich Schäfer: Die Unternehmung, 4. Aufl., Köln und Opladen.

16 Speth u.a. - ISBN 978-3-8120-0536-4

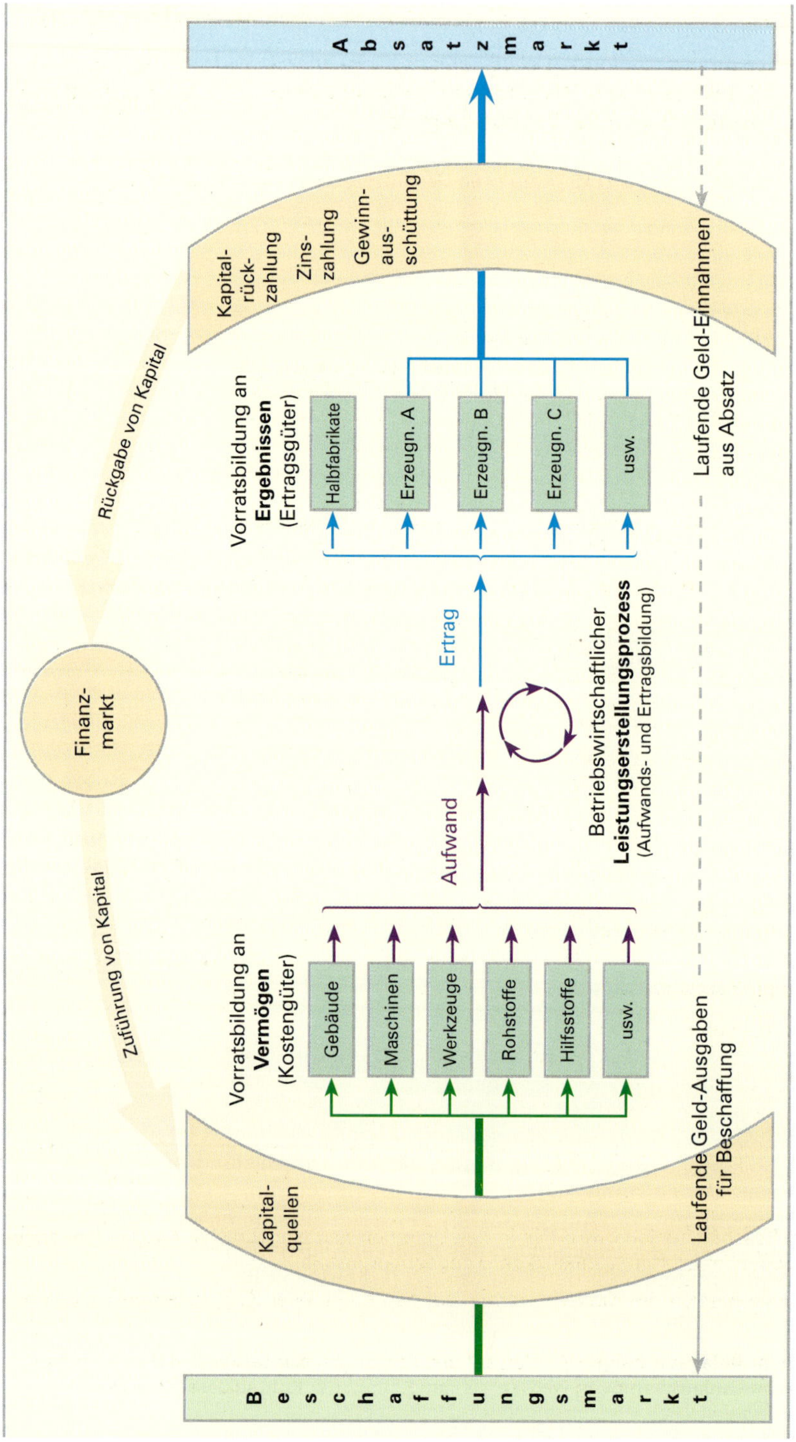
Beschaffungsmarkt
Kapital-
quellen
Laufende Geld-Ausgaben
für Beschaffung
Zuführung von Kapital
Finanz-
markt
Rückgabe von Kapital
Vorratsbildung an
Vermögen
(Kostengüter)
Gebäude
Maschinen
Werkzeuge
Rohstoffe
Hilfsstoffe
usw.
Aufwand
Ertrag
Betriebswirtschaftlicher
Leistungserstellungsprozess
(Aufwands- und Ertragsbildung)
Vorratsbildung an
Ergebnissen
(Ertragsgüter)
Halbfabrikate
Erzeugn. A
Erzeugn. B
Erzeugn. C
usw.
Laufende Geld-Einnahmen
aus Absatz
Kapital-
rück-
zahlung
Zins-
zahlung
Gewinn-
aus-
schüttung
Absatzmarkt

(2) Abspiegelung der Informations-, Güter- und Geldströme in der Buchhaltung

Der betriebliche Leistungserstellungsprozess spiegelt sich in der Buchhaltung wider. Das nachfolgende Schaubild zeigt die Beziehungen zwischen dem betriebswirtschaftlichen Leistungserstellungsprozess und der Buchhaltung auf.

Abspiegelung des betriebswirtschaftlichen Gesamtprozesses in der Buchhaltung

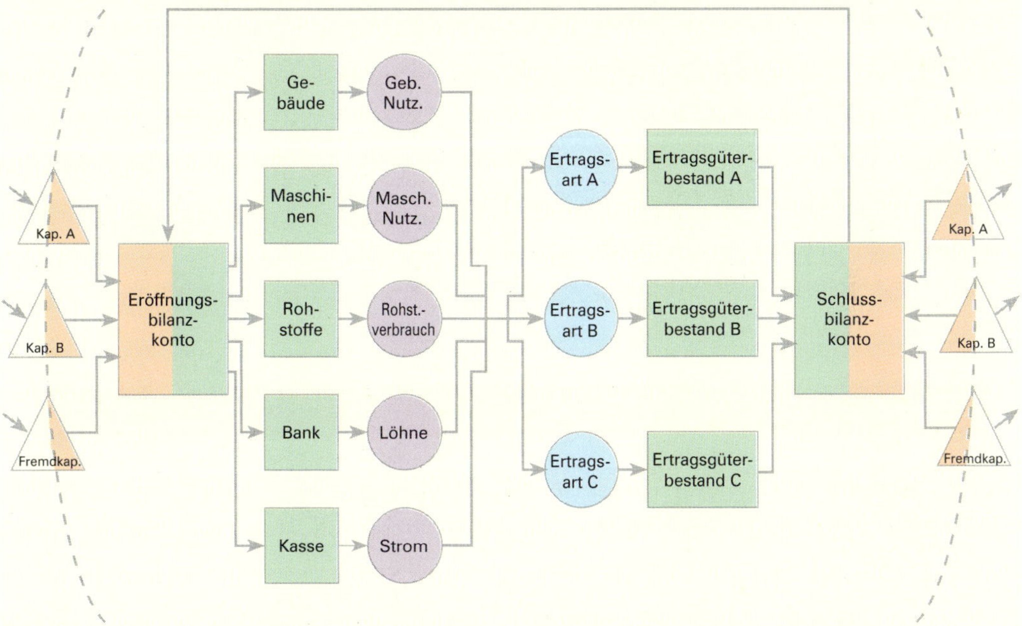

Bestands-konten	Abschluss-konto	Bestands-konten	Aufwands-konten	Ertrags-konten	Bestands-konten	Abschluss-konto
Klasse 3 und 4	8000	Klasse 0, 1 und 2	Klasse 6 und 7	Klasse 5	Klasse 2	8010

- Aktivkonto (Vermögenskonto)
- Passivkonto (Kapitalkonto)
- Aufwandskonto
- Ertragskonto

Erläuterungen:

- Zu Beginn der Geschäftsperiode wird das in das Unternehmen eingebrachte Kapital dem angeschafften Vermögen im **Eröffnungsbilanzkonto** gegenübergestellt.
- Veränderungen im Bereich des **Kapitals** werden auf den Konten der **Kontenklassen 3 und 4** gebucht.
- Veränderungen im **Anlagevermögen** werden auf den Konten der **Kontenklassen 0 und 1** gebucht. Veränderungen im **Umlaufvermögen** werden auf den Konten der **Kontenklasse 2** erfasst.

- Im Leistungserstellungsprozess werden die Vermögensbestände (Kostengüter) aufgewendet, um neue Leistungen (z. B. Erzeugnisse) zu schaffen. Die **Aufwendungen** werden von der **Kontenklasse 6 und 7** erfasst.
- Die durch den Leistungserstellungsprozess geschaffenen neuen Güter führen in der Regel zu **Erträgen.** Diese Erträge werden mit anderen weiteren Erträgen (z. B. Provisions-, Zins-, Mieterträge) auf den Konten der **Kontenklasse 5** gebucht.

  Vor dem Verkauf können sich die Leistungsergebnisse (z. B. Erzeugnisse) als **Bestände an Ertragsgütern** niederschlagen. Sie werden z. B. von den Kontengruppen **21 Unfertige Erzeugnisse, unfertige Leistungen** und **22 Fertige Erzeugnisse und Waren** erfasst.
- Der Saldo zwischen den Erträgen und den Aufwendungen, der auf dem **GuV-Konto** ausgewiesen wird, stellt den **Gewinn (oder Verlust)** des Unternehmens dar, der unmittelbar mit dem Eigenkapitalkonto zu verrechnen ist.

  Das **Eigenkapitalkonto** erweist sich so als die einzige „Ausweichstelle" in dem strengen Gleichungssystem der doppelten Buchführung. Es ist gleichsam das Ventil, durch welches dem Unternehmen **Kapital zugeführt** oder **Kapital entnommen** werden kann.
- Am Ende eines jeden Geschäftsjahres wird dann das Vermögen dem Kapital im **Schlussbilanzkonto** gegenübergestellt.
- Teile des Kapitals (z. B. ein wirtschaftlicher Gewinn) können am Geschäftsjahresende entnommen werden (angedeutet durch den nach außen gerichteten Pfeil) oder aber über das Eröffnungsbilanzkonto in das nächste Geschäftsjahr übertragen werden.

Beachte:

Den Informations-, Güter- und Geldstrom gilt es durch organisatorische Maßnahmen zu optimieren. Zur Optimierung betrieblicher Arbeitsabläufe eignet sich insbesondere das **Konzept der Geschäftsprozesse.**

7.7.3 Optimierung der Arbeitsabläufe durch die Bildung von Geschäftsprozessen

(1) Merkmale von Geschäftsprozessen

Beim Konzept der Geschäftsprozesse ist das Unternehmen bestrebt, die anfallenden Aufgaben in **zusammenhängende Folgen von Tätigkeiten (Geschäftsprozesse)** einzubinden (z. B. Auftragsabwicklung, Personaleinstellung, Mahnwesen, Zahlungsabwicklung), um einen zuvor festgelegten Auftrag zu erfüllen.

Geschäftsprozesse werden nur für solche betrieblichen Abläufe beschrieben (modelliert), die sich in einer **gewissen Regelmäßigkeit wiederholen** (z. B. Bewerbungsverfahren für neue Mitarbeiter, Lagerbestandsbuchführung, Kundenservice, Bearbeiten und Buchen von Eingangsrechnungen). Für einmalig durchzuführende Projekte (z. B. Erstellen einer neuen Lagerhalle, Gründung eines Unternehmens), wird kein modellhafter Prozessablauf beschrieben.

Merkmale von Geschäftsprozessen

- Zusammenhängende Folge von Tätigkeiten.
- Betrieblicher Ablauf wiederholt sich in gewisser Regelmäßigkeit.
- Wertzuwachs beim Output gegenüber dem Input.
- Geschäftsprozess bringt dem Kunden einen Nutzen.

Ein weiteres Kriterium von Geschäftsprozessen ist, dass durch den Einsatz von betrieblichen Leistungsfaktoren (z. B. Mitarbeiter, Funktionen der Software) die Outputleistungen einen höheren Wert aufweisen als die Inputleistungen d. h. eine **Wertschöpfung**[1] (ein **Wertzuwachs**) entstanden ist. Die Wertschöpfung verursacht Kosten (z. B. Verbrauch von Material, Arbeitsstunden, Betriebsmittel). Die aufgewendeten Kosten sind jedoch nur dann sinnvoll eingesetzt, wenn der erstellte Wert dem **Kunden einen Nutzen** bringt, d. h. er bereit ist, hierfür einen Preis zu zahlen. Der **Kunde** ist somit der **entscheidende Bezugspunkt** für Geschäftsprozesse: Er **löst den Geschäftsprozess** aus, er bestimmt **Art und Umfang des Wertschöpfungsprozesses** und er **beendet** ihn, indem er seinen Kundenwunsch als erfüllt betrachtet.

Geschäftsprozesse können auch die Unternehmensgrenzen überschreiten, wenn z. B. versucht wird, den **gesamten Datenfluss vom Vorlieferanten bis zum Endkunden** zu erfassen. Angestrebt wird damit eine unternehmensübergreifende Abwicklung der anfallenden Geschäftsprozesse **(unternehmensübergreifende Geschäftsprozesse).**

- Geschäftsprozesse bestehen aus einer **zusammenhängenden, abgeschlossenen Folge von Tätigkeiten,** die zur **Erfüllung einer betrieblichen Aufgabe** notwendig sind und den **Kunden einen Nutzen liefern.**
- Geschäftsprozesse werden nur für sich als **wiederholende betriebliche Abläufe** beschrieben (modelliert).

1 **Wertschöpfung** ist die **Differenz** zwischen den von den Unternehmen **abgegebenen Leistungen (Outputleistungen)** und den von anderen Unternehmen **übernommenen Vorleistungen (Inputleistungen).**

(2) Arten von Geschäftsprozessen

Kernprozesse

- **Kernprozesse** sind jene Geschäftsprozesse, die **direkt** zur **Wertschöpfung** beitragen. Sie erbringen zum einen die **Hauptleistung** des Unternehmens und liefern zum anderen den **Hauptnutzen für die Kunden.**
- Kernprozesse machen die **Kernkompetenz (den Wettbewerbsvorteil) eines Unternehmens** aus und besitzen daher eine hohe strategische Bedeutung.
- Wir unterscheiden **vier Kernprozesse:**
  - den **Innovationsprozess** (Forschung und Produktentwicklung),
  - den **Absatzprozess,**
  - den **Leistungserstellungsprozess** und
  - den **Beschaffungsprozess.**

Im Einzelnen sind die Kernprozesse durch folgende **Merkmale** gekennzeichnet:

- Kernprozesse tragen direkt zur **Wertschöpfung** des Unternehmens bei,
- Kernprozesse bringen dem Kunden einen wahrnehmbaren Nutzen, für den dieser zu zahlen bereit ist **(Kundennutzen),**
- Kernprozesse nutzen die eingesetzten Ressourcen[1] unternehmensspezifisch einmalig **(Nicht-Imitierbarkeit[2]),**
- Kernprozesse liefern eine Problemlösung (z.B. Produkt, Dienstleistung), die kein anderes Unternehmen in vergleichbarer Weise erbringen kann **(Nicht-Substituierbarkeit),**
- Kernprozesse sind langfristig ausgelegt und leiten sich aus der entwickelten Unternehmensphilosophie ab **(unternehmensstrategisch bedeutsam)** und
- Kernprozesse besitzen einen nach klaren Maßstäben (z.B. Qualität, Kosten, Geschwindigkeit) definierten Output **(Ergebnisorientierung).**

Serviceprozesse und Managementprozesse

- **Serviceprozesse** haben unterstützende Aufgaben. Sie leisten eine **Wertschöpfung für die Kernprozesse.** Ohne sie wäre deren Ausführung nicht möglich.
- Kunden der Serviceprozesse sind **interne** Kunden (z.B. einzelne Abteilungen oder alle Mitarbeiter).

Beispiele:

- Investitionen und Finanzierungen vornehmen,
- Geschäftsbuchführung, Kostenrechnung führen,
- Personal verwalten (Mitarbeiter beschaffen, Mitarbeiter entlohnen, fort- und weiterbilden, Personal betreuen),
- Gebäudemanagement durchführen.

Managementprozesse sind **übergeordnet** und haben die Aufgabe, das **Unternehmen zu führen** und die **Kern- und Serviceprozesse zu steuern.**

1 **Ressource** (franz.): Hilfsmittel, Hilfsquellen.

2 **Imitation** (lat., franz.): Nachahmung.

Management- und Serviceprozesse sind **eher universell** und **unabhängig von der Branche** des jeweiligen Unternehmens, da in allen Unternehmen geplant, gesteuert und organisatorisch unterstützt werden muss.

Beispiele:

- Unternehmensstrategie entwickeln,
- Unternehmensziele bestimmen,
- absatzpolitische Ziele ableiten,
- Wettbewerbsstrategie wählen,
- Risikomanagement.

(3) Zusammenhänge zwischen Kern-, Management- und Serviceprozessen

Schematisch gesehen können die Zusammenhänge zwischen Kern-, Management- und Serviceprozessen im Industriebetrieb wie folgt dargestellt werden:

Erläuterungen:

An den so gekennzeichneten Stellen schneiden sich die Kern- mit den Service- bzw. den Managementprozessen.

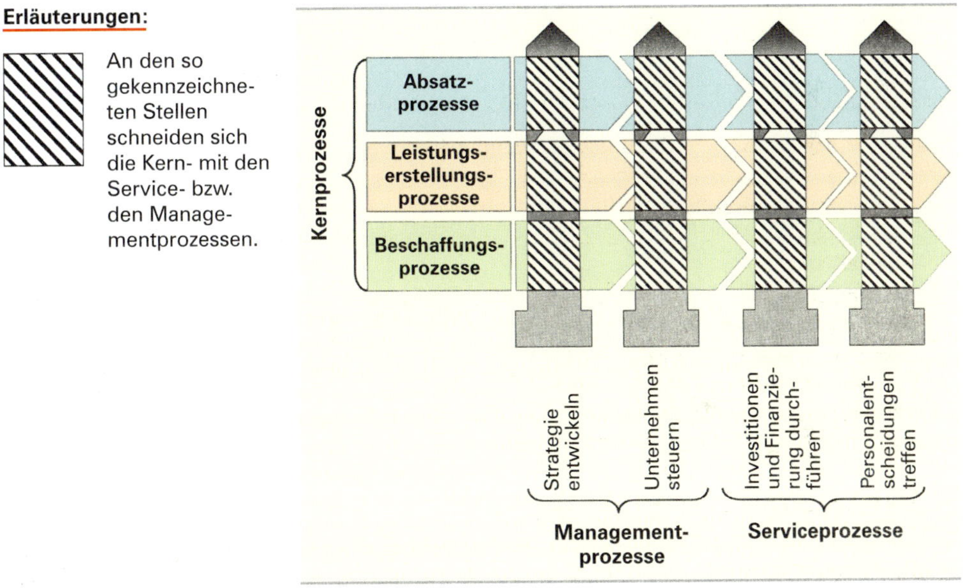

(4) Darstellung von Geschäftsprozessen

Die Geschäftsprozessbeschreibungen stellen Organisationsrichtlinien und Handlungsanweisungen dar. Für die Beschreibung von Geschäftsprozessen bieten sich textliche und grafische Darstellungsformen an. Im Folgenden beschränken wir uns auf die grafische Darstellung von Geschäftsprozessen nach der Methode der **ereignisgesteuerten Prozessketten (EPK)**. Die wichtigsten Beschreibungsmittel der EPK-Methode sind **Funktionen, Ereignisse** und **Operatoren.**

In der Darstellung wechseln sich Ereignisse und Funktionen ab, wobei diese Folge durch Operatoren unterbrochen sein kann. Die Regeln der Geschäftsprozessmodellierung geben dabei vor, dass eine Tätigkeit (Funktion) begonnen wird, wenn ein bestimmtes Ereignis eingetreten ist. Zusätzlich ist zu beachten, dass eine ausgeführte Funktion durch ein Ereignis beendet wird.

Im Einzelnen werden folgende grafische Elemente (Darstellungsweisen) verwendet:[1]

Elemente	Beschreibung der Elemente	Zusätzliche Bemerkungen
Funktion	Die **Funktion** beschreibt, was nach einem auslösenden Ereignis gemacht werden soll.	Funktionen verbrauchen Mittel (Ressourcen) und Zeit. Da dieses Element eine Tätigkeit beschreibt, sollten auch Tätigkeitswörter verwendet werden. (Bsp.: Mahnung schreiben, Fälligkeit prüfen).
Ereignis	Das **Ereignis** beschreibt das Eintreten eines Zustandes, der eine Handlung (Funktion) auslöst bzw. das Ergebnis einer Funktion sein kann.	Jeder Geschäftsprozess beginnt mit einem **Start-/Auslöseereignis** und endet mit einem **End-/Ergebnisereignis.** Da dieses Element ein Ereignis beschreibt, das soeben eingetroffen ist, sollte hierfür auch als Zeitangabe das Partizip Perfekt[2] verwendet werden. (Bsp.: Auftrag **ist eingetroffen,** Rechnung **ist bezahlt.**)
Organisations-einheit	Die **Organisationseinheit** gibt an, welche Stelle die bestimmte Funktion ausführt.	Die Organisationseinheit gibt an, **wer** die angegebene Funktion ausführt. Dieses Element ist daher mit der betreffenden Funktion auf gleiche Höhe zu zeichnen.
Informations-objekt	Mit dem **Informationsobjekt** werden die für die Durchführung der Funktion benötigten Daten angegeben.	Das Informationsobjekt kann nur mit Funktionen verbunden werden.
∧ ∨ XOR	Die 3 verschiedenen logischen **Operatoren** ermöglichen es, Verzweigungen zwischen Ereignissen und Funktionen bzw. umgekehrt einzufügen.	∧ = UND ∨ = ODER XOR = **exklusives** ODER
Prozess-wegweiser	Der **Prozesswegweiser** (Unterprozess) ermöglicht es, einzelne Geschäftsprozesse miteinander zu verbinden.	
↓	Der **Kontrollfluss** gibt alle möglichen Durchgänge durch eine EPK wieder. Der Kontrollfluss kann mittels der Operatoren aufgespaltet werden.	Die Elemente der EPK sollten so angeordnet werden, dass der Kontrollfluss weitgehend von oben nach unten verläuft.
→ ← ↔	Der **Informationsfluss** zeigt den Datenfluss zwischen Informationsobjekt und Funktion auf.	■ Schreiben ■ Lesen ■ Schreiben und Lesen

1 Die dargestellten Elemente sind der LEU-Handreichung LP O2 BK WI 0302.doc (Baden-Württemberg) entnommen. Autoren sind: Heinz Baumgartner, Klaus Ebert und Karsten Schleider.

2 Das **Partizip Perfekt** stellt den Abschluss oder Vollzug eines Geschehens als eine (im Sprechzeitpunkt) gegebene Tatsache oder Eigenschaft fest.

Beispiel: Darstellung des Teilprozesses „Angebote vergleichen und bestellen“

Die eingegangenen Angebote werden mithilfe eines Kalkulationsprogramms verglichen. In der Regel erhält der günstigste Lieferer den Zuschlag. Bei ihm wird daher bestellt.

Teilprozess: Angebote vergleichen und bestellen

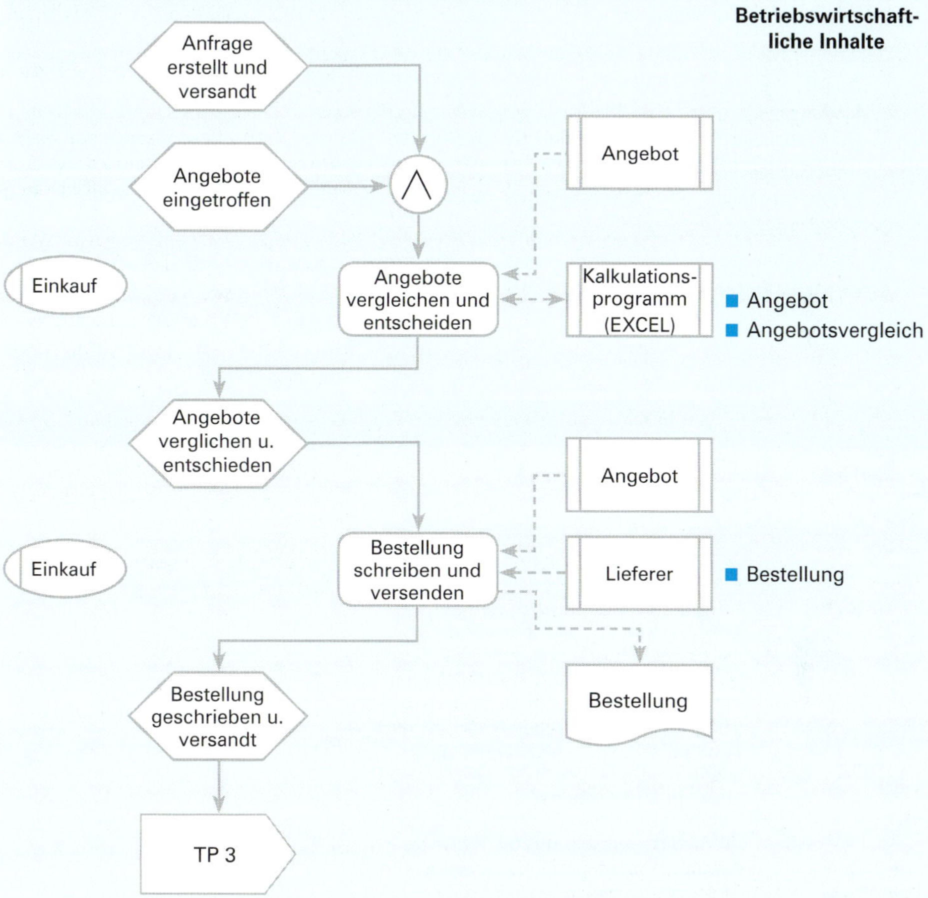

Zusammenfassung

- Sowohl innerhalb eines Unternehmens als auch zwischen dem Unternehmen und seinen Geschäftspartnern besteht ein stetiger **Informations-, Güter-** und **Geldstrom**.
- Die vorherrschenden **Strömungsrichtungen**:
  - für den **Informationsstrom**: vom Kunden zum Lieferer
  - für den **Güterstrom**: vom Lieferer zum Kunden
  - für den **Geldstrom**: vom Kunden zum Lieferer

- **Geschäftsprozesse** sind durch folgende Merkmale charakterisiert:
  - Zusammenhängende abgeschlossene Folgen von Tätigkeiten zur Erfüllung einer betrieblichen Aufgabe,
  - sich wiederholende betriebliche Abläufe beschreiben,
  - führen zu einem Wertzuwachs (einer Wertschöpfung),
  - liefern einen Kundennutzen.
- Geschäftsprozesse können nach der **Bedeutung der Geschäftsprozesse** für den Betrieb in Kern-, Service- und Managementprozesse untergliedert werden.
  - **Kernprozesse** tragen direkt zur Wertschöpfung bei, erbringen die Hauptleistung des Unternehmens, liefern den Hauptnutzen für die Kunden. Wichtige Kernprozesse sind: der Innovationsprozess, der Absatzprozess, der Leistungsprozess und der Beschaffungsprozess.
  - **Serviceprozesse** und **Managementprozesse** leisten einen Wertschöpfungsbeitrag für Kernprozesse.
- Der logische und zeitliche Ablauf eines Geschäftsprozesses lässt sich durch **„ereignisgesteuerte Prozessketten"** grafisch darstellen.

Übungsaufgaben

86

1. Erläutern Sie die Begriffe Güterstrom, Geldstrom und Informationsstrom!
2. Ordnen Sie folgende Ereignisse den drei Strömen zu:

Nr.	Ereignis	Art des Stromes
2.1	Kunde erhält von uns ein Angebot	
2.2	Kunde schickt uns einen Auftrag	
2.3	Wir richten eine Anfrage an einen Lieferer	
2.4	Lieferer schickt uns Rohmaterial zusammen mit Lieferschein	
2.5	Werkstoffe werden gegen Materialentnahmeschein dem Lager entnommen	
2.6	Auf unserem Bankkonto wird uns eine Lastschrift des Lieferers belastet	

3. 3.1 Erläutern Sie den Ablauf des betriebswirtschaftlichen Leistungserstellungsprozesses!
   3.2 Stellen Sie dar, wie sich der betriebswirtschaftliche Leistungserstellungsprozess in der Buchhaltung widerspiegelt!
4. 4.1 Beschreiben Sie die Kernaussage der Geschäftsprozess-Konzeption!
   4.2 Stellen Sie dar, welche Zielsetzungen die Geschäftsprozess-Konzeption verfolgt!
5. Erläutern Sie an einem Beispiel die Merkmale von Geschäftsprozessen und stellen Sie dar, warum es für die Praxis wichtig ist, zwischen Kern-, Management- und Serviceprozessen zu unterscheiden!

6. Entscheiden Sie, ob es sich bei den nachfolgenden Prozessen um Geschäftsprozesse handelt. Begründen Sie Ihre Entscheidung!
   6.1 Überprüfung eines Rohstoffeinkaufs,
   6.2 Gründung einer Filiale,
   6.3 Abwicklung der monatlichen Lohnbuchhaltung,
   6.4 Inventur im Fertigungslager,
   6.5 Schulung der Auszubildenden,
   6.6 Schadensfeststellung nach einer Überschwemmung des Fabrikgeländes,
   6.7 Einstellung eines Mitarbeiters als Softwareverwalter,
   6.8 Qualitätsprüfung.

7. Ausgangspunkt ist die Niedersächsische Büromöbel AG. Sie produziert Büromöbel und Regale. Es fallen folgende Geschäftsprozesse an:
   7.1 Die Niedersächsische Büromöbel AG bestätigt einen Auftrag über 150 m^2 Spanplatten.
   7.2 Die Niedersächsische Büromöbel AG stellt einen neuen Außendienstmitarbeiter ein.
   7.3 Die Geschäftsleitung entschließt sich für die Herstellung einer neuen Kollektion von Regalen. Die Konstruktionsabteilung entwickelt entsprechende Modelle.
   7.4 Die Geschäftsleitung veranlasst die Überprüfung der Kundendatensätze.
   7.5 Die Buchhaltung erstellt den Jahresabschluss für die Niedersächsische Büromöbel AG.
   7.6 Der Fertigungsleiter der Niedersächsischen Büromöbel AG erstellt einen Maschinenbelegungsplan für die anstehende Kalenderwoche.
   7.7 Die Geschäftsleitung der Niedersächsischen Büromöbel AG überlegt, in Zukunft auch Polstermöbel herzustellen und will damit in den kommenden zwei Jahren eine Umsatzsteigerung von 20 % erzielen.

   Aufgabe:

   Entscheiden Sie, ob es sich bei den Geschäftsprozessen jeweils um einen Kernprozess oder um einen unterstützenden Prozess handelt. Begründen Sie Ihre Entscheidung!

8. 8.1 Interpretieren Sie den folgenden Teilprozess!

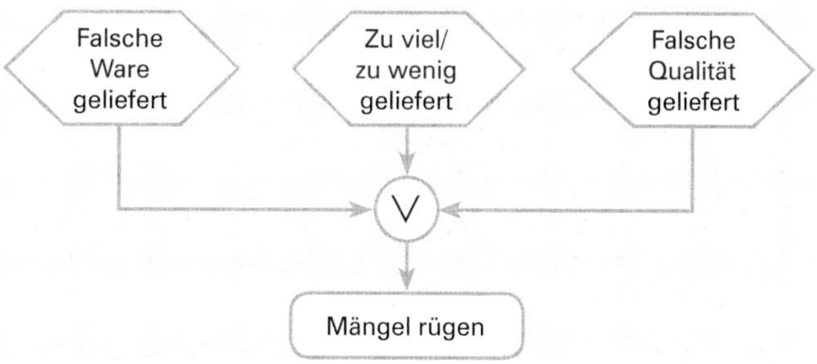

   8.2 Beschreiben Sie, wie sich der Aussagewert des obigen Geschäftsprozesses ändern würde, wenn statt des einfachen ODER ein XOR als Verknüpfung eingefügt wäre!

9. Erstellen Sie die Auszüge aus einer Ereignisprozesskette, die jeweils folgende Abläufe abbildet:

   9.1 Nachdem die Ware versandfertig gemacht wurde, kann sie mit der Deutschen Post AG oder mit UPS versandt werden.

   9.2 Erklären Sie, warum die Verknüpfung in Aufgabe 9.1 nicht mit OR hergestellt werden kann!

87 1. Erstellen Sie die Auszüge aus einer Ereignisprozesskette, die folgenden Ablauf abbildet:

Der Patient wird aus dem Krankenhaus entlassen, nachdem er sowohl die Telefonrechnung als auch den Eigenanteil bezahlt hat.

2. 2.1 Erklären Sie in Worten den nachfolgenden Auszug aus dem Teilprozess „Rechnung prüfen und bezahlen"!

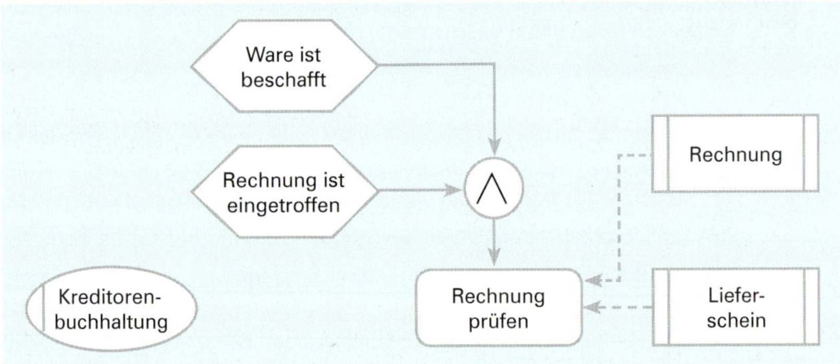

2.2. Beschreiben Sie, in welcher Weise hierbei die Dokumente benutzt werden!

2.3 Erläutern Sie, welchen Vorteil es bringt, dass bei der Organisationseinheit der Name der Stelle (hier: Kreditorenbuchhaltung) und nicht der Name des Sachbearbeiters angegeben wird!

Lerngebiet 2: Auftragsabwicklung mit Vertriebs-, Produktions- und Beschaffungslogistik

1 Übersicht über die Auftragsabwicklungprozesse als Kernprozess eines Industriebetriebs

Die Prozesskette der Auftragsabwicklung eines Industriebetriebs ist äußerst komplex. Nachfolgend soll sie in Form eines verdichteten Gesamtüberblicks dargestellt werden.

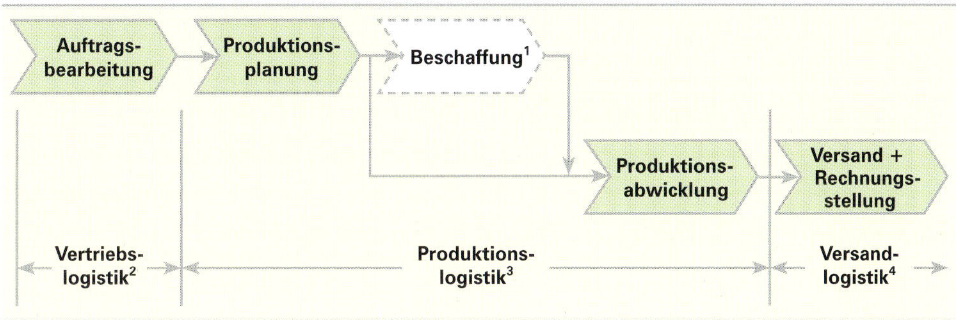

Ziel des Kernprozesses **Auftragsbearbeitung** ist, feste Kundenaufträge zu akquirieren (beschaffen). Die erhaltenen Kundenaufträge werden zu dem Bedarf an Standardprodukten hinzuaddiert. Dies ergibt die Gesamtmenge der herzustellenden Erzeugnisse.

Aus dieser Gesamtmenge an verkaufsfähigen Erzeugnissen wird im Rahmen der **Produktionsplanung** der Bedarf an nachgeordneten Komponenten (Einzelteile, Baugruppen) ermittelt.

Handelt es sich hierbei um Fremdteile, dann erfolgt deren weitere Bearbeitung im Rahmen der **Beschaffung**. Eigenteile müssen hingegen als Fertigungsaufträge in die Produktion eingeschleust werden.

Durch das Zusammenfassen der Bedarfe aus den verschiedenen Kundenaufträgen wird im Rahmen der **Produktionsabwicklung** versucht, eine kostengünstige Produktion zu erzielen. Dabei gilt es, die richtige Balance zwischen kleinen Produktionsmengen (häufiges Umrüsten der Maschinen, kleine Lagerkosten) und großen Produktionsmengen (seltenes Umrüsten der Maschinen, große Lagerkosten) zu finden.

Die Herstellung wird durch eine Reihe von Fertigungsinformationen unterstützt, wie z. B.

- Stücklisten (Was wird benötigt?),
- Materialentnahmescheine (Wie viel wurde entnommen?),
- Arbeitsplänen (Wie wird es gemacht?),

1 Vgl. hierzu Kapitel 4, S. 383 ff.

2 Vgl. hierzu Kapitel 2, S. 254 ff.

3 Vgl. hierzu Kapitel 3, S. 336 ff.

4 Die Rahmenrichtlinien sehen die Behandlung der Versandlogistik nicht vor.

- Prüfvorschriften (Ist die Arbeit in Ordnung?),
- Lohnscheine (Wer hat es in welcher Zeit gemacht?).

Im Rahmen der Betriebsdatenerfassung fließen Informationen zur Fertigungssteuerung zurück und dienen der Kontrolle des Fertigungsfortschritts, der Lagerbestandsführung und der Lohnabrechnung.

Abschließend müssen die fertiggestellten Aufträge den vorliegenden Kundenaufträgen zugeordnet werden. Es ist Aufgabe des **Versandes,** die zugeteilten Aufträge versandfertig zu machen und dem Kunden zuzusenden.

2 Vertriebslogistik

2.1 Überblick über die Vertriebsprozesse

Die Geschäftsprozesse des Vertriebsbereiches gehören zu den Kernprozessen eines Industriebetriebs. Sie sind insbesondere durch ein hohes Maß an Kundennähe gekennzeichnet.

Aufgrund des Lehrplans beschränken wir uns bei der Vertriebslogistik auf die beiden Teilprozesse **Abwicklung von Kundenaufträgen** und **Umgang mit Vertragsstörungen im Verkaufsbereich.** Die nachfolgende Übersicht zeigt die Teilprozesse und deren betriebswirtschaftlichen Inhalte auf.

Teilprozesse	Betriebswirtschaftliche Inhalte
Abwicklung von Kundenaufträgen	■ Anfrage ■ Angebot ■ Kundenauftrag (Bestellung) ■ Kaufvertrag ■ Lagerung der Erzeugnisse ■ Auslieferung der Erzeugnisse/Ökologische Kriterien für den Transport ■ Fakturierung (Rechnungserstellung/Buchung der Ausgangsrechnungen) ■ Zahlungseingang/Formen der Zahlung

Leistungsstörungen	■ Nicht-Rechtzeitig-Zahlung
	■ Sicherung und Durchsetzung von Ansprüchen
	  ■ Eigentumsvorbehalt
	  ■ Kaufmännisches Mahnverfahren
	  ■ Gerichtliches Mahnverfahren
	  ■ Streitiges Verfahren

Anmerkung:

Um die Vertriebsprozesse prozessorientiert darstellen zu können, wird die stoffliche Anordnung der Rahmenrichtlinien teilweise umgestellt.

2.2 Anfrage

(1) Begriff Anfrage

Durch die **Anfrage** wird der Verkäufer in aller Regel zur **Abgabe** eines **verbindlichen Angebots** aufgefordert.

Der Käufer ist durch seine Anfrage **rechtlich nicht gebunden** (keine Willenserklärung). Er kann deshalb auch gleichzeitig bei mehreren möglichen Verkäufern anfragen.

(2) Inhalt der Anfrage

Arten der Anfragen	Inhalt der Anfragen
Allgemeine Anfragen (unbestimmt gehaltene Anfragen)	Hier wird der Anbieter unter allgemeiner Schilderung des Problems gebeten, z. B. die aus seiner Sicht geeignetsten Materialien und Qualitäten anzubieten. Allgemeine Anfragen sind besonders dann sinnvoll, wenn neue Sachgüter beschafft werden sollen, mit denen der Anfragende noch keine Erfahrung hat.
Bestimmte Anfragen	Sie beziehen sich auf ein bestimmtes Erzeugnis bzw. auf eine bestimmte Dienstleistung.

(3) Form der Anfrage

Für die Anfrage ist gesetzlich **keine bestimmte Form** vorgeschrieben. Ob diese mündlich, fernmündlich, schriftlich oder elektronisch (per Fax, E-Mail) erfolgt, hängt vor allem vom Umfang der Anfrage und der Art der angefragten Güter ab.

(4) Prüfung der Anfrage

Unter Umständen (z. B. bei Anfragen neuer Kunden) ist eine mehrfache Prüfung der Anfrage erforderlich. Hierbei können folgende Fragen von Bedeutung sein:

- Welche Erfahrung haben wir mit der **Bonität** des Kunden in der Vergangenheit gemacht?
- Gehört das angefragte Erzeugnis überhaupt in unser **Produktprogramm?**
- Ist das Erzeugnis ein **Standardprodukt** und kann es aus den Vorräten der Fertigerzeugnisse geliefert werden?
- Sind notwendige Produkte der Vorstufe innerhalb der Zeit **verfügbar,** dass das Erzeugnis zum Kundenwunschtermin hergestellt werden kann?
- Sind die Preisvorstellungen des Kunden so, dass die Herstellung des Erzeugnisses für uns einen **Gewinn** bringt?
- Sind die **technischen Voraussetzungen** zur Erfüllung des Kundenwunsches vorhanden?
- Sind genügend **freie Kapazitäten** vorhanden, dass die Fertigstellung zum Kundenwunschtermin zugesichert werden kann?

Nur bei einem positiven Prüfungsergebnis wird der Lieferer bereit sein, ein Angebot abzugeben.

Beispiel: Kundenanfrage

Möblix Import Export GmbH

Möblix GmbH · Schönhauser Allee 187 · 10119 Berlin

Heinrich KG
Breslauer Str. 102
37085 Göttingen

Ihr Zeichen:
Ihre Nachricht vom:
Unser Zeichen: ku
Unsere Nachricht vom:

Name: Frau Kuhn
Telefon: +49 (0)30 4471156-25
Fax: +49 (0)30 4471156-01
E-Mail: eva.kuhn@moeblix.de

Datum: 20..-11-06

Anfrage Nr. 563/58397 – e-desk 203

Sehr geehrte Damen und Herren,

als Großhändler von Büromöbeln sind wir ständig bemüht, unsere Produktpalette zu erweitern. Ihren elektronisch verstellbaren Schreibtisch „e-desk 203" würden wir gerne in unser Verkaufsprogramm aufnehmen.

Senden Sie uns bitte ein ausführliches Angebot über 50 Stück dieser Schreibtische in der Massivholz-Ausführung, Holzart Buche, zu.

Mit freundlichen Grüßen

Möblix GmbH

i.A. *Eva Kuhn*

Eva Kuhn
Einkauf

Geschäftsräume
Schönhauser Allee 187
10119 Berlin

Tel.: +49(0)30 4471156-0
Fax: +49(0)30 4471156-1

Deutsche Bank Berlin
IBAN DE36 1007 0000 0000 7305 83
BIC DETDEBBXXX

Registergericht
Berlin HRB 48397
USt-IdNr. DE812123852

2.3 Angebot

2.3.1 Begriff Angebot

Das **Angebot** ist eine bestimmte, verbindliche Willenserklärung[1] des Verkäufers, die an eine **bestimmte Person** oder **Personengruppe** – **nicht an die Allgemeinheit** – gerichtet ist.

Inserate in Zeitungen, im Internet, Schaufensterauslagen, Verkaufsprospekte, Wurfsendungen, Plakate sowie das Aufstellen von Waren in Selbstbedienungsläden sind an die Allgemeinheit gerichtet, somit **nicht bestimmt.** Sie sind deshalb keine Angebote, sondern Aufforderungen an den möglichen Käufer, einen Auftrag zu erteilen.

Ausnahme: Wenn nach Sachlage nur ein Angebot an die Allgemeinheit möglich ist und der Anbieter mit **jedem,** der auf das Angebot eingeht, abschließen will, liegt ein Angebot vor.

Beispiele für Angebote an die Allgemeinheit:

Aufstellen eines Automaten, Angebote öffentlicher Verkehrsmittel. Mit dem Geldeinwurf in den Automaten, mit dem Lösen der Fahrkarte, Einsteigen in das Verkehrsmittel wird das Angebot angenommen.

Eine bestimmte **Form** ist für das Angebot **gesetzlich nicht vorgeschrieben.** Zur Vermeidung von Irrtümern ist jedoch die **Schriftform** angebracht und auch praxisüblich.

2.3.2 Bindung an das Angebot

Gibt ein Anbieter ein **Angebot ohne Einschränkung** ab, so ist er an dieses **Angebot gebunden.**

Bindungsfristen	Erläuterungen	Beispiele
Gesetzliche Bindungsfrist unter Anwesenden (auch fernmündlich)	Die Angebote müssen sofort, d.h. solange das Gespräch dauert, angenommen werden.	Verlässt z.B. ein Kunde einen Laden, weil er sich noch nicht zum Kauf der angebotenen Waren entschließen kann und deshalb weitere Geschäfte aufsucht, muss er mit dem Verkauf der ihm angebotenen Ware an einen anderen Kunden rechnen.
Gesetzliche Bindungsfrist unter Abwesenden[2]	Die Bindungsfrist für den Anbieter besteht, solange er unter regelmäßigen Umständen mit dem Eingang der Antwort (Auftrag) rechnen kann. Dabei muss das Angebot mindestens mit dem gleich schnellen Nachrichtenmittel angenommen werden wie es abgegeben wurde.	Ein Angebot per E-Mail erfordert z.B. eine Annahme (Auftrag) auf gleich schnellem Weg. Ein Briefangebot im Expressdienst erfordert mindestens eine Annahme (Auftrag) durch den Expressdienst.

1 **Willenserklärungen** sind solche Äußerungen (Handlungen) einer Person (oder mehrerer Personen), die mit der Absicht vorgenommen werden eine rechtliche Wirkung herbeizuführen.

2 Die Annahmefrist setzt sich zusammen aus der Zeit für die **Übermittlung** des Angebots, einer angemessenen **Überlegungs-** und **Bearbeitungszeit** beim Empfänger und der Zeit für die **Übermittlung der Antwort** an den Anbieter.

17 Speth u.a. - ISBN 978-3-8120-0536-4

Bindungsfristen	Erläuterungen	Beispiele
Vertragliche Bindungsfrist	Die Annahme bei einem befristeten Angebot kann nur **innerhalb der gesetzten Frist** erfolgen. Der Auftrag muss dem Anbieter bis zur gesetzten Frist zugegangen sein.	Das vorliegende Angebot ist gültig bis zum 28. Juli 20..
Freiklauseln	Der Anbieter kann die Bindung an das Angebot durch Freiklauseln ausdrücklich ganz ausschließen oder einschränken.	■ Das vorliegende Angebot ist unverbindlich. ■ Zwischenverkauf vorbehalten.

Wird das Angebot vom Empfänger **abgelehnt, abgeändert** oder **nicht rechtzeitig** angenommen, so **erlischt die Bindung** an das Angebot. Ein abgeändertes Angebot bzw. eine verspätete Annahme des Angebots gilt als **neuer Antrag** [§ 150 BGB].

Die Bindung an ein Angebot entfällt auch, wenn der Anbieter sein Angebot **rechtzeitig widerruft.** Das ist möglich, da das Angebot erst mit Zugang beim Empfänger rechtswirksam wird. Der Widerruf muss jedoch vor, spätestens **zusammen mit dem Angebot** beim Empfänger eingehen [§ 130 I, S. 2 BGB].

2.3.3 Inhalt des Angebots

2.3.3.1 Art, Güte, Beschaffenheit und Menge der Produkte

Art der Produkte	Genaue Bezeichnung der Produkte wie z. B. Verpackungsmaschine MX3, Laptop 3000, Bürotisch Typ B1.
Güte der Produkte	■ **Qualitätsangabe.** Es sind Angaben zu machen in Bezug auf die **Haltbarkeit** (z. B. bei Lebensmitteln), auf den **Geschmack** (z. B. Wein, Schokolade), auf die **äußere Form** (z. B. Möbel, Büromaschinen, Autos), auf die **Leistungsfähigkeit** (z. B. Kassenautomat), auf die **Nutzungsdauer** (z. B. Abfüllanlage, Autos), auf die **Belastungsfähigkeit** (z. B. Zerbrechlichkeit von Glas oder Kunststoff) usw. ■ **Umweltverträglichkeit.** Eine Prüfung der Umweltverträglichkeit ist erforderlich, denn durch die Verschärfung der Gesetze, die dem Schutz der Umwelt dienen, wurde die Haftung der Unternehmen ständig erhöht.
Beschaffenheit der Produkte	■ **Gattungswaren** sind Produkte, die nur der **Art nach bestimmt** sind (z. B. Mehl einer bestimmten Type, serienmäßig hergestellte Autos eines bestimmten Typs, Eier einer bestimmten Handelsklasse). Im Angebot müssen keine ausdrücklichen Regelungen hinsichtlich der Güte und Beschaffenheit getroffen werden, weil das Gesetz hier bestimmt, dass bei fehlender Vereinbarung **Produkte mittlerer Art und Güte** zu liefern sind. ■ Bei **Speziessachen** wird eine ganz genau bestimmte Sache geschuldet (z. B. **dieses** Ölgemälde, **das** Springpferd „Rex", **dieser** Modellmantel).
Menge der Produkte	In der Regel wird die Menge in handelsüblichen Maßeinheiten geschuldet (z. B. t Kohle, l Heizöl, Stück Vieh, m^3 Boden, kg Getreide usw.).

2.3.3.2 Preis der Produkte

Der Preis der Produkte muss **unbedingt** im Angebot angegeben und zum Vertragsabschluss **unverändert** angenommen werden. Mögliche **Preisstellungen** sind z. B.:

(1) Nettopreis

Beim Nettopreis sind keinerlei Preisabzüge mehr möglich. Der Anbieter hat knapp kalkuliert, d. h. mögliche Abzüge bereits vorweggenommen. Die Formulierung lautet z. B. „Zahlbar netto Kasse" oder „Zahlbar ohne jeden Abzug".

(2) Bruttopreis

Beim Bruttopreis lässt der Anbieter noch Preisabzüge zu, die allerdings an bestimmte Bedingungen geknüpft sind. Mögliche Abzüge sind:

- **Rabatt**

Der Rabatt ist ein Preisnachlass. Er wird gewährt als

Mengenrabatt	Er wird bei Abnahme größerer Mengen gewährt. Steigt der Rabattsatz mit zunehmenden Abnahmemengen an, spricht man von „Staffelrabatt".
Personalrabatt	Er wird den Mitarbeitern des Unternehmens eingeräumt.
Treuerabatt	Er wird langjährigen Kunden gewährt.
Wiederverkäuferrabatt	Er wird solchen Kunden eingeräumt, die die Produkte weiterverkaufen oder -verarbeiten.
Naturalrabatt	Der Kunde erhält eine (unberechnete) Dreingabe oder Draufgabe. ▪ **Dreingabe:** Es wird weniger berechnet als geliefert wurde (z. B. 10 Packungen bestellt, 10 Packungen geliefert, 8 Packungen berechnet). ▪ **Draufgabe:** Es wird eine bestimmte Menge zusätzlich unentgeltlich geliefert (z. B. 10 Packungen bestellt, 12 Packungen geliefert, 10 Packungen berechnet).

- **Bonus**

Bonus ist ein Preisnachlass, der **nachträglich** gewährt wird.

Beispiel:

Ein Hersteller gewährt einem Großhändler einen Bonus von 5 %, wenn dieser im Jahr für mindestens 30 000,00 EUR bei ihm einkauft.

Kauft der Großhändler z. B. für 35 000,00 EUR im Jahr ein, erhält er nachträglich einen Preisnachlass von 1 750,00 EUR.

2.3.3.3 Lieferungsbedingungen

(1) Beförderungsaufwendungen

Ist im Angebot nichts anderes gesagt und wird das Angebot unverändert angenommen, so hat der **Käufer** grundsätzlich die **Beförderungsaufwendungen** (z. B. Frachten, Porti) **zu bezahlen.**

Warenschulden sind **gesetzlich im Zweifel**[1] **Holschulden** [§ 269 BGB].[2] Das bedeutet: Der Verkäufer kann im Angebot andere Regelungen vorschlagen.

Im Kaufvertrag sind z. B. folgende andere Regelungen denkbar:

Verkäufer	Vorlauf	Versand-station	Hauptlauf	Empfangs-station	Nachlauf	Käufer
①	②	③	④	⑤	⑥	⑦
Übergabe-kosten	Rollgeld Hausfracht	Verlade-kosten	Fracht	Entlade-kosten	Rollgeld Hausfracht	Abnahme-kosten

Lieferung:	Regelung
ab Werk, ab Lager, ab Fabrik	Verkäufer ① / Käufer zahlt ② – ⑦ gesetzliche Regelung beim Platzkauf
unfrei, ab hier, ab Bahnhof	Verkäufer ① – ② / Käufer ③ – ⑦ gesetzliche Regelung beim Versendungskauf
frei Waggon	Verkäufer ① – ③ / Käufer ④ – ⑦
frachtfrei, frei dort, frei Bahnhof	Verkäufer ① – ④ / Käufer ⑤ – ⑦
frei Haus, frei Lager	Verkäufer zahlt ① – ⑥ / Käufer ⑦

(2) Verpackungsaufwendungen

Ist im Angebot nichts anderes gesagt und wird das Angebot unverändert angenommen, trägt der **Käufer** die **Aufwendungen** für die **Versandverpackung.**

Im Geschäftsleben sind nähere Vereinbarungen über die Frage, wer die Aufwendungen für die Verpackung tragen soll, zweckmäßig. In einem Angebot könnten sich z. B. folgende Angaben finden:

- „32,00 EUR je Verkaufspackung", d. h., die Verpackung wird nicht getrennt berechnet.
- „Leihpackung! Bei Rücksendung erhalten Sie den berechneten Wert gutgeschrieben." Hier trägt der Verkäufer die gesamten Verpackungsaufwendungen.
- „Die Verpackungskosten gehen zulasten des Käufers".
- Eine andere handelsübliche Klausel ist „brutto für netto", abgekürzt „bfn" (z. B. auf Farbdosen), d. h., der Kunde zahlt das Verpackungsgewicht (Tara) wie das Inhaltsgewicht (Nettogewicht).

(3) Lieferzeit

Ist im Angebot die Lieferzeit nicht bestimmt, muss der **Verkäufer** auf Verlangen des **Käufers sofort liefern** [§ 271 I BGB].

1 Im **Zweifel** bedeutet, dass die Regel nur dann gilt, wenn durch individuelle vertragliche Vereinbarungen nichts anderes bestimmt ist.

2 In der Geschäftspraxis sind die Warenschulden bei zweiseitigen Handelskäufen jedoch meistens **Schickschulden**.

Abweichend von der gesetzlichen Regelung kann der Verkäufer im Angebot **andere Regelungen** vorschlagen:

- Lieferung innerhalb eines **bestimmten Zeitraums** (z. B. Lieferung innerhalb von 10 Tagen).
- Lieferung zu einem **bestimmten Termin** (z. B. Lieferung bis Ende Mai).
- Lieferung zu einem **genau bestimmten Termin** (z. B. Lieferung am 30. April 20.. fix). Es handelt sich hier um einen Fixkauf.[1]

2.3.3.4 Zahlungsbedingungen

(1) Skonti

Unter **Skonti** (Einzahl: Skonto) versteht man einen Preisnachlass, der dann gewährt wird, wenn der Schuldner innerhalb einer bestimmten Frist bezahlt.

Beispiel:

„3 % Skonto bei Zahlung innerhalb von 10 Tagen, 30 Tage netto ab Rechnungsdatum". (Zweck: Anreiz für den Kunden, früher zu zahlen, d.h. in diesem Fall am 10. anstatt am 30. Tag.)

(2) Zahlungsfristen

- Ist im Angebot der **Zahlungszeitpunkt nicht bestimmt**, muss der **Käufer sofort nach Übergabe der Ware** bezahlen [§ 271 I BGB].
- Ist im Angebot nichts anderes vereinbart, muss der Käufer alle Aufwendungen tragen, die mit der Zahlung verbunden sind, denn **Geldschulden** sind **Schickschulden** [§ 270 BGB].

Der Anbietende kann bestimmte Zahlungsbedingungen vorschlagen, die von der gesetzlichen Regelung abweichen:

- **Teilweise oder vollständige Zahlung vor der Lieferung.** Die Zahlungsbedingungen können z.B. lauten: „Nur gegen Vorauskasse", „Nur gegen Vorauszahlung", „Anzahlung $^1/_3$ des Kaufpreises bei Auftragserteilung, $^1/_3$ bei Lieferung, $^1/_3$ drei Monate nach Erhalt der Ware".
- **Zahlung nach der Lieferung.** In diesem Fall erhält der Käufer ein **Zahlungsziel.** Die Klauseln im Angebot können z. B. lauten: „Zahlbar innerhalb 4 Wochen nach Rechnungsdatum", „Zahlbar innerhalb 8 Tagen nach Rechnungsdatum mit 2 % Skonto", „14 Tage Ziel".

2.3.3.5 Leistungsort und Gerichtsstand

In einem Angebot muss festgelegt werden, wo der Anbieter seine Leistung zu erbringen hat.

Der **Leistungsort** ist der Ort, an dem der Anbieter (Schuldner) seine Leistung zu erbringen hat.[2]

Gleichzeitig wird in der Regel im Angebot festgelegt, welcher Gerichtsort[2] bei eventuellen Streitigkeiten zuständig sein soll.

1 Ein **Fixkauf** liegt dann vor, wenn mit der genauen Einhaltung bzw. Nichteinhaltung des vereinbarten Liefertermins das Geschäft steht oder fällt.

2 Leistungsort und Gerichtsstand werden auf S. 270 ff. behandelt.

Beispiel: Angebot

Heinrich KG
Büromöbel und Zubehör

Heinrich KG · Breslauer Straße 102 · 37085 Göttingen

Möblix GmbH
Im- und Export
Schönhauser Allee 187
10119 Berlin

Ihr Zeichen:	ku
Ihre Nachricht:	20..-11-06
Unser Zeichen:	sc
Unsere Nachricht:	
Name:	Julia Schulze
Telefon:	+49 (0)551 62745-12
Telefax:	+49 (0)551 62745-22
E-Mail:	schulze@heinrich-kg.de
Datum:	20..-11-08

Schreibtisch e-desk 203
Angebot Nr. 20../472943 zu Ihrer Anfrage Nr. 563/58397

Sehr geehrte Frau Kuhn,

wir freuen uns über Ihr Interesse an unseren Produkten. Den Schreibtisch „e-desk 203" in der Ausführung Buche-Massiv können wir Ihnen bei einer **Abnahme von 50 Stück** zu

370,00 EUR pro Stück zzgl. 19 % MwSt.

anbieten.

Die Lieferung erfolgt frei Lager innerhalb von 10 Tagen nach Auftragseingang. Unsere Zahlungsbedingungen: 2 % Skonto bei Zahlung innerhalb von 14 Tagen nach Rechnungsdatum, 30 Tage Ziel.

Erfüllungsort und Gerichtsstand für beide Teile ist Göttingen. Die Ware bleibt bis zur vollständigen Bezahlung unser Eigentum.

Für weitere Beratung stehen wir Ihnen gern zur Verfügung.

Mit freundlichen Grüßen

Heinrich KG

i. A. *Julia Schulze*

Julia Schulze
Verkauf

Heinrich KG
Geschäftsführung: Gerda Heinrich
Amtsgericht Göttingen: HRA 1101
St-Nr.: 27/430/0027
USt-ID Nummer: DE 68 609 3911

Geschäftszeit:
07:00–13:00 Uhr
14:00–16:00 Uhr

Registergericht
Göttingen HRA 554

Bankverbindungen:
Deutsche Bank Göttingen AG
IBAN: DE81 2607 0073 0000 0987 65
BIC:DEUTDE2H260
Steuer-Nr. 25172008
FA: Göttingen

2.4 Kundenauftrag (Bestellung)

(1) Begriff Kundenauftrag

Der Kundenauftrag[1] ist eine **empfangsbedürftige Willenserklärung des Käufers,** bestimmte Güter (z. B. Erzeugnisse) zu den im Angebot **angegebenen Bedingungen** zu kaufen.

Zu diesen Bedingungen gehören, z. B.

- Angaben über die Art, Güte, Beschaffenheit der Produkte,
- Bestellmenge,
- Preise mit Preiszu- und/oder -abschlägen,
- Zahlungsbedingungen usw.

Gesetzlich ist für die Erteilung eines Auftrags **keine bestimmte Form vorgeschrieben.** Um ein „Beweismittel" in der Hand zu haben und möglichen Irrtümern vorzubeugen, sollten vor allem mündliche und fernmündliche Aufträge schriftlich wiederholt werden.

(2) Rechtliche Bindung an den Auftrag

Grundsatz	■ Der Kunde ist rechtlich an seinen Auftrag gebunden. Diese Bindung tritt mit Zugang des Auftrags beim Verkäufer ein. ■ Mit dem unveränderten Auftrag aufgrund eines vorausgegangenen Angebots verpflichtet sich der Käufer, alle im Angebot enthaltenen Vertragsbedingungen einzuhalten.
Widerruf	Der Widerruf eines Auftrags muss vor, spätestens gleichzeitig mit dem Auftrag beim Verkäufer eingehen.

Zusammenfassung

- Durch **Anfragen** werden Angebote eingeholt.
- **Anfragen sind erforderlich,** wenn
  - die zur Bestellung erforderlichen Beschaffungskonditionen (z. B. Preise, Lieferqualitäten, Lieferfristen) nicht bekannt oder überholt sind (z. B. alte Preislisten),
  - zum günstigen Einkauf Konkurrenzangebote eingeholt,
  - der Liefererkreis zur Absicherung der Bedarfsdeckung erweitert und/oder
  - völlig neue Güter eingekauft werden sollen.

1 Aus Sicht des Verkäufers handelt es sich bei einem Auftrag um eine Bestellung. Bestellung und Kundenauftrag sind somit zwei verschiedene Begriffe für ein und denselben Vorgang – je nach Standpunkt des Betrachters.

Beispiel: Auftrag

Möblix Import
Export **GmbH**

Möblix GmbH · Schönhauser Allee 187 · 10119 Berlin

Heinrich KG
Breslauer Straße 102
37085 Göttingen

Ihr Zeichen:	sc
Ihre Nachricht vom:	20..-11-08
Unser Zeichen:	ku
Unsere Nachricht vom:	
Name:	Frau Kuhn
Telefon:	+49 (0)30 4471156-25
Fax:	+49 (0)30 4471156-01
E-Mail:	eva.kuhn@moeblix.de
Datum:	20..-11-12

Bestellung Nr. 176/1775 – e-desk 203 zu Ihrem Angebot Nr. 20../472943

Sehr geehrte Frau Schulze,

hiermit bestellen wir bei Ihnen 50 Schreibtische „e-desk 203“ in der Ausführung Buche-Massiv zu 370,00 EUR netto pro Stück.

Die Lieferung erfolgt frei Lager innerhalb von 10 Tagen und bei einer Zahlung innerhalb von 14 Tagen nach Rechnungsdatum erhalten wir 2 % Skonto.

Mit freundlichen Grüßen

Möblix GmbH

i.A. *Eva Kuhn*

Eva Kuhn
Einkauf

Geschäftsräume
Schönhauser Allee 187
10119 Berlin

Tel.: +49(0)30 4471156-0
Fax: +49(0)30 4471156-1

Deutsche Bank Berlin
IBAN DE36 1007 0000 0000 7305 83
BIC DETDEBBXXX

Registergericht
Berlin HRB 48397
USt-IdNr. DE812123852

- Der Anfragende ist durch seine **Anfrage rechtlich nicht gebunden,** er muss die angefragten Erzeugnisse oder Fremdleistungen nicht bestellen (kaufen).
- Für die Anfrage besteht **kein gesetzlicher Formzwang.** Bei komplizierten Produkten und einem umfangreichen Bedarf sollen die Anfragen zur Vermeidung von Fehlern möglichst schriftlich erfolgen.
- Das **Angebot** ist eine Willenserklärung des Verkäufers an eine bestimmte Person.
- Der Anbieter ist **rechtlich** an sein Angebot **gebunden.** Die rechtliche Bindung an das Angebot **kann eingeschränkt werden.**
- **Der Inhalt eines Angebots** sollte alle Einzelheiten festlegen, sodass der Käufer nur noch zuzustimmen braucht. Wichtige Inhalte des Angebots sind:

Art, Güte, Beschaffenheit und Menge der Produkte	Preis der Produkte	Lieferungs- und Zahlungsbedingungen	Leistungsort und Gerichtsstand

- Der **Auftrag** ist eine **empfangsbedürftige Willenserklärung des Käufers,** bestimmte Sachen zu dem im **Auftrag** und/oder im **Angebot enthaltenen Bedingungen** (z.B. Preise, Qualitäten, Mengen, Lieferungs- und Zahlungsbedingungen) **zu kaufen.** Aus der Sicht des Verkäufers handelt es sich bei der Bestellung um einen **Auftrag.**
- Für den Auftrag besteht **keine gesetzliche Form** und **kein gesetzlich vorgeschriebener Inhalt.** Um Irrtümer und Streitigkeiten zu vermeiden (aus Gründen der Rechtssicherheit), sollten jedoch umfangreiche und wichtige Aufträge grundsätzlich schriftlich erfolgen.
- Der Käufer ist an seinen Auftrag **rechtlich gebunden.** Bei einem vorausgegangenen verbindlichen Angebot muss er somit die bestellten Produkte abnehmen und bezahlen.
- Die **Bindung des Käufers** an seinen Auftrag **entfällt** bei einer **verspäteten Annahme des Auftrags,** wenn der **Verkäufer den erhaltenen Auftrag ablehnt** oder **der Käufer seinen Auftrag rechtzeitig widerruft.**

Übungsaufgaben

88

1. Erklären Sie, aus welchen Gründen ein Käufer Anfragen stellt!
2. Begründen Sie, warum die Anfrage keine Willenserklärung ist!
3. Erläutern Sie, unter welchen Bedingungen Sie eine Anfrage schriftlich abfassen würden!
4. Erklären Sie, welche rechtlichen Voraussetzungen erfüllt sein müssen, damit ein Angebot eine Willenserklärung ist!
5. Erläutern Sie, was die rechtliche Bindung an ein Angebot bedeutet!
6. 6.1 Begründen Sie, warum gesetzliche Annahmefristen notwendig sind!

   6.2 Erklären Sie, bis zu welchem Zeitpunkt der Anbieter an sein Angebot unter Anwesenden bzw. Abwesenden und bei einer bestimmten Annahmefrist rechtlich gebunden ist!

89 Der Inhaber einer Textilfabrik informiert sich auf der Modemesse über Neuheiten und Modetrends für die Sommersaison. Er führt mit mehreren Stoffherstellern Einkaufsgespräche, wobei ihm ein günstiges Angebot unterbreitet wird.

Aufgaben:

1. Stellen Sie dar, wie lange der Hersteller an das mündliche Angebot gebunden ist!
2. Nennen Sie vier wesentliche Bestandteile eines vollständigen schriftlichen Angebots!
3. Nennen Sie zwei weitere Gründe, die für die Kaufentscheidung des Geschäftsinhabers von Bedeutung sind!
4. Begründen Sie, bei welchen Gütern der Einkaufspreis der wichtigste Entscheidungsgrund bei der Beschaffung sein wird!
5. Erklären Sie die wirtschaftlichen und rechtlichen Merkmale des Auftrags!
6. Begründen Sie, warum der Käufer an seinen Auftrag rechtlich gebunden ist!

90 Josef Meyer e.K., Schaltergerätewerk in Flensburg, unterbreitet der Elektrogroßhandlung Franz Bührer e.K. in Weimar am 2. Mai ein schriftliches Angebot über

Wechselschalter Typ Fl 4/1,5/b zum Preis von 4,45 EUR/Stück und
Serienschalter Typ Fl 6/1,5/c zum Preis von 6,12 EUR/Stück

bei Abnahme von jeweils mindestens 800 Stück.

Aufgaben:

1. Stellen Sie dar, wie lange Josef Meyer e.K. an dieses Angebot gebunden ist! (Datum und Begründung!)
2. Nennen Sie Zusätze, durch die die Bindung an ein solches Angebot
   2.1 eingeschränkt (zwei Beispiele),
   2.2 ganz ausgeschlossen werden (zwei Beispiele) könnte!
3. Franz Bührer e.K. bestellt am 10. Mai 600 Stück Wechselschalter zu 3,45 EUR und 800 Stück Serienschalter zu 5,12 EUR/Stück. Begründen Sie, ob Josef Meyer e.K. liefern muss!
4. Im Angebot steht als Lieferungsbedingung: „Lieferung frachtfrei".
   4.1 Erläutern Sie diesen Begriff!
   4.2 Prüfen Sie, wer die Beförderungskosten übernehmen müsste, wenn vertraglich nichts vereinbart ist!
5. Im Angebot steht als Zahlungsbedingung: „Zahlungsziel 30 Tage, bei Zahlung innerhalb von 8 Tagen 2% Skonto ... Bei Abnahme von 800 Stück gewähren wir 5% Rabatt."
   5.1 Erklären Sie den Unterschied zwischen Rabatt und Skonto!
   5.2 Erklären Sie den Unterschied zwischen Rabatt und Bonus!
   5.3 Begründen Sie, warum ein Verkäufer Skonti gewährt!
6. Begründen Sie, warum bei Gattungswaren die Güte und Beschaffenheit der Waren nicht ausdrücklich vereinbart werden müssen!

2.5 Kaufvertrag

2.5.1 Begriff und Zustandekommen von Verträgen

Rechtsgeschäfte, die zu ihrer Gültigkeit **mindestens zwei sich inhaltlich deckende Willenserklärungen benötigen,** sind **zweiseitige (mehrseitige) Rechtsgeschäfte.** Sie werden allgemein als **Verträge** bezeichnet.

Alle Verträge haben gemeinsam, dass sie durch **Antrag (1. Willenserklärung)** und **Annahme (2. Willenserklärung)** zustande kommen.

Je nachdem, ob sich aus den abgeschlossenen Verträgen nur für einen oder für beide Vertragspartner (Vertragsparteien) Leistungsverpflichtungen ergeben, unterscheidet man folgende Vertragsarten:

Rechtsgeschäft	Erläuterungen	Beispiele
Einseitig verpflichtende Verträge	Sie liegen vor, wenn nur einem Vertragspartner eine Verpflichtung zur Leistung auferlegt ist.	Ein einseitig verpflichtender Vertrag ist der **Schenkungsvertrag**. Der Schenker verpflichtet sich, dem Beschenkten das Geschenk zu übergeben und zu übereignen, während der Beschenkte keine Gegenleistung zu erbringen hat [§ 516 I BGB].
Mehrseitig verpflichtende Verträge	Es handelt sich um Rechtsgeschäfte, bei denen jeder Vertragsteil zu einer Gegenleistung als Entgelt für die Leistung des anderen Vertragsteils verpflichtet ist. Die weitaus meisten Rechtsgeschäfte sind zweiseitig verpflichtende Verträge.	■ Kaufvertrag, ■ Mietvertrag, ■ Pachtvertrag, ■ Darlehensvertrag, ■ Berufsausbildungsvertrag und ■ Reisevertrag.

2.5.2 Begriff und Zustandekommen eines Kaufvertrags (Verpflichtungsgeschäft)

Das Kaufvertragsrecht unterscheidet grundsätzlich

- in **allgemeines Kaufvertragsrecht** [§§ 433–473 BGB] und
- in den **Verbrauchsgüterkauf.**[1]

Der Grundgedanke des Gesetzgebers für diese Aufspaltung des Kaufvertragsrechts ist, den Verbraucher mithilfe von Spezialregelungen [§§ 474–479 BGB] dadurch zu schützen, dass einige Regelungen des allgemeinen Kaufvertragsrechts für den Verbrauchsgüterkauf keine Anwendung finden.

1 Siehe S. 431.

(1) Begriff Kaufvertrag

Die nachfolgenden Ausführungen beschränken sich auf den zweiseitigen Handelskauf.[1]

- Der **zweiseitige Handelskauf (Kaufvertrag)** ist ein Kauf, den beide Vertragspartner als **Unternehmer (Kaufleute)** für ihre **geschäftlichen** Zwecke abschließen.
- Der Handelskauf kommt durch **inhaltlich übereinstimmende,** rechtsgültige **Willenserklärungen** von mindestens **zwei Kaufleuten** und durch **rechtzeitigen Zugang der zweiten Willenserklärung** beim Erklärungsempfänger zustande [§§ 145ff., 433 BGB].

(2) Möglichkeiten des Kaufvertragsabschlusses

- **Der Verkäufer macht ein verbindliches Angebot, der Käufer erteilt einen Auftrag rechtzeitig und ohne Änderung.**

Der Kaufvertrag ist zustande gekommen, sobald der Verkäufer den Auftrag **rechtzeitig erhalten** hat.

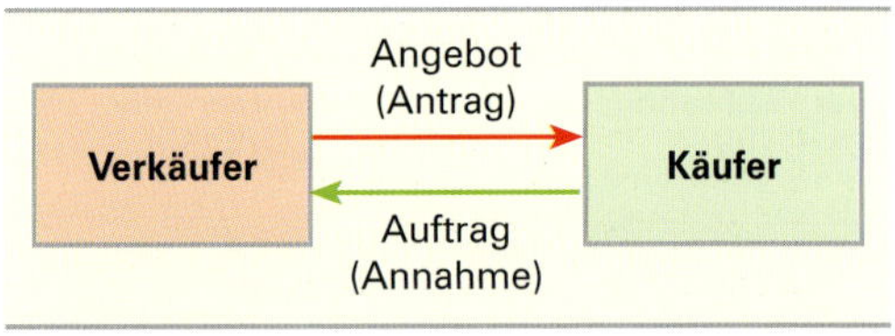

- **Der Käufer erteilt ohne vorhergehendes verbindliches Angebot des Verkäufers einen Auftrag und der Verkäufer nimmt den Auftrag rechtzeitig und ohne Änderung an.**

Dies kann z.B. der Fall sein, wenn der Käufer den Verkäufer (seine Waren, Preise) aus früheren Lieferungen kennt und aufgrund gültiger Verkaufsprospekte mit Preislisten oder aufgrund eines freibleibenden (unverbindlichen) Angebots einen Auftrag erteilt.

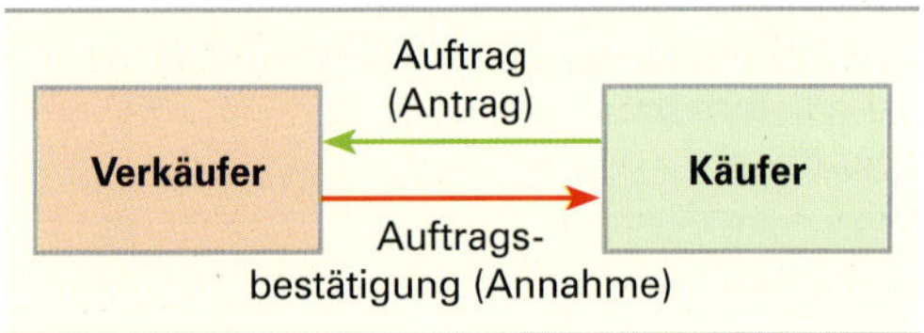

Der Kaufvertrag ist zustande gekommen, sobald die **Auftragsbestätigung** des Verkäufers dem Käufer rechtzeitig zugegangen ist.

- **Der Verkäufer unterbreitet ein verbindliches Angebot, der Käufer erteilt den Auftrag jedoch zu spät oder mit Abänderungen des Angebots, z.B. mit kürzerer Lieferzeit, höheren Mengen, niedrigeren Preisen.**

Der Kaufvertrag kommt erst zustande, wenn der Verkäufer den verspäteten oder abgeänderten Auftrag des Käufers (neuer Antrag) angenommen hat, d.h. durch die Auftragsbestätigung des Verkäufers und nach deren rechtzeitigem **Zugang** beim Käufer.

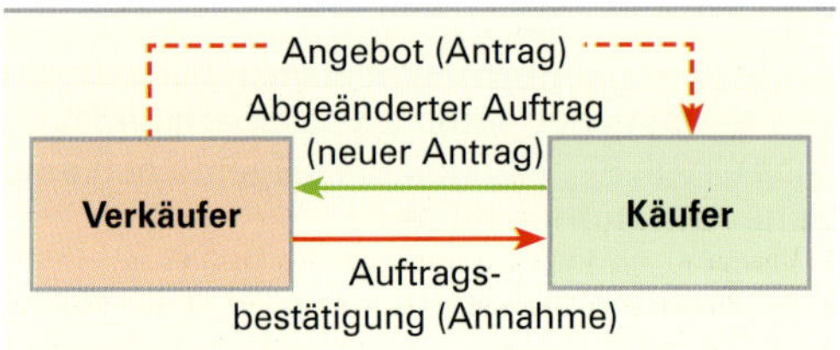

1 Ein **einseitiger Handelskauf** liegt vor, wenn an dem Kauf nur ein Kaufmann beteiligt ist.

Die Auftragsbestätigung ist deshalb erforderlich, weil die verspätete Annahme eines Antrags oder eine Annahme mit Erweiterungen, Einschränkungen oder sonstigen Änderungen als Ablehnung des Auftrags gilt, verbunden mit einem neuen Antrag [§ 150 I, II BGB].

2.5.3 Rechte und Pflichten aus dem Kaufvertrag

Mit dem Abschluss des Kaufvertrags übernehmen Käufer und Verkäufer Rechte und Pflichten, die sie zu erfüllen haben. Der Abschluss des Kaufvertrags ist daher ein **Verpflichtungsgeschäft,** dem ein **Erfüllungsgeschäft** folgen muss.

Verpflichtungsgeschäft: Übernahme von Rechten und Pflichten

Pflichten des Verkäufers (Rechte des Käufers) [§ 433 I BGB]	Kaufvertrag	**Pflichten des Käufers (Rechte des Verkäufers)** [§ 433 II BGB]
■ Er muss die bestellte Sache mängelfrei und fristgemäß übergeben.[1] ■ Er muss das Eigentum an der Kaufsache auf den Käufer übertragen.	↔	■ Er muss die bestellte Sache abnehmen. ■ Er muss die ordnungsgemäß gelieferte Sache vereinbarungsgemäß bezahlen.

⇩

Erfüllungsgeschäft: Erfüllung der eingegangenen Verpflichtungen

Das Verpflichtungsgeschäft erlischt, wenn die geschuldeten Leistungen nach den Vereinbarungen des Kaufvertrags gegenüber dem **Gläubiger erfüllt sind** [§ 362 I BGB].[2]

Dies ist der Fall, wenn die mängelfreie und fristgemäße Übergabe und Übereignung der Sache durch den Verkäufer sowie die Abnahme der Sache und die Kaufpreiszahlung durch den Käufer vereinbarungsgemäß erfolgt ist.

- Der **Verkäufer** ist zum einen **Schuldner** (er schuldet die Übergabe und Übereignung der mangelfreien Sache) **und** zum anderen **Gläubiger** (er hat Anspruch darauf, dass der Käufer die gelieferte Sache abnimmt und bezahlt).
- Der **Käufer** ist zum einen **Schuldner** (er schuldet die Abnahme der Sache und die Zahlung des Kaufpreises) **und** zum anderen **Gläubiger** (er hat Anspruch auf die Übergabe und Übereignung der mangelfreien Sache durch den Verkäufer).

1 **Übergabe**: Verschaffung des unmittelbaren Besitzes nach § 854 I oder II BGB.

2 Bei **„Zug-um-Zug-Geschäften"** (z. B. Käufe im Ladengeschäft, bei denen Waren und Geld „Zug um Zug" übergeben werden) fallen Vertragsabschluss und Erfüllung des Vertrags zeitlich zusammen.
Bei **Zielgeschäften** (Warenlieferung später oder Zahlung später) wird jedoch deutlich, dass hinter dem Kauf **zwei Rechtsgeschäfte** unterschiedlicher Art stehen, nämlich ein **Verpflichtungsgeschäft** und ein **Erfüllungsgeschäft**.

2.5.4 Erfüllung des Kaufvertrags (Erfüllungsgeschäft)

2.5.4.1 Erfüllung des Kaufvertrags durch den Verkäufer

Die **Erfüllung** des **Kaufvertrags** durch den **Verkäufer** umfasst

- die **Lieferung (Besitzverschaffung** durch **Übergabe** der **Kaufsache** an den **Käufer)** und
- die **Eigentumsübertragung** an den Käufer [§ 433 I BGB].

2.5.4.1.1 Lieferung der Kaufsache

(1) Leistungszeit

Ist eine Zeit für die Leistung weder bestimmt noch aus den Umständen zu entnehmen, so kann der Käufer die vertragliche Leistung **sofort verlangen,** der Verkäufer sie **sofort bewirken** [§ 271 I BGB]. In der Regel wird die Leistungszeit zwischen dem Käufer und Verkäufer vertraglich geregelt oder (im Geschäftsleben) durch **Handelsbräuche** bestimmt.

(2) Begriff Leistungsort

Bei einem Kaufvertrag muss – wie bei jedem anderen Vertrag auch – feststehen, **wo** der Schuldner seine geschuldete Leistung zu erbringen hat.

Leistungsort ist der Ort, an dem die **Warenschuld** des Verkäufers bzw. die **Geldschuld** des Käufers **erfüllt** wird. [1]

(3) Arten von Leistungsorten

Leistungsort	Erläuterungen	Beispiele
Gesetzlicher Leistungsort	Da es mit dem Abschluss des Kaufvertrags **zwei Schuldner** gibt (Verkäufer → Warenschuldner; Käufer → Geldschuldner), gibt es auch **zwei gesetzliche Leistungsorte.** Der gesetzliche Leistungsort für den **Verkäufer** und den **Käufer** ist ihr **Wohnsitz** oder – bei gewerblichen Schulden – der **Ort ihrer gewerblichen Niederlassung** zum Zeitpunkt der Entstehung des Schuldverhältnisses (z. B. zum Zeitpunkt des Abschlusses des Kaufvertrags).	Hat der Verkäufer seine gewerbliche Niederlassung in Holzminden und der Käufer seine Niederlassung in Peine, so ist der gesetzliche Leistungsort für den Warenschuldner Holzminden, der gesetzliche Leistungsort für den Geldschuldner Peine.
Vertraglicher Leistungsort	Käufer und Verkäufer haben die Möglichkeit, den Leistungsort vertraglich zu regeln **(vertraglicher Leistungsort).**	Die Maschinenfabrik Kaiser KG in Alfeld und die Schlosserei Raimann GmbH in Walsrode vereinbaren Alfeld als Leistungsort für beide Vertragsparteien.

1 Das BGB bezeichnet den Leistungsort auch als **Erfüllungsort**. Aus Vereinfachungsgründen wird nicht zwischen Erfüllungsort und Leistungsort unterschieden.

Leistungsort	Erläuterungen	Beispiele
Natürlicher Leistungsort	Dieser Leistungsort wird durch die Umstände, insbesondere durch die Natur des Schuldverhältnisses bestimmt [§ 269 I BGB].	Werksverträge über Reparaturarbeiten im Haus des Auftraggebers, sogenannte Handkäufe in Ladengeschäften.

(4) Bedeutung des Leistungsorts für den Warenschuldner (Verkäufer)[1]

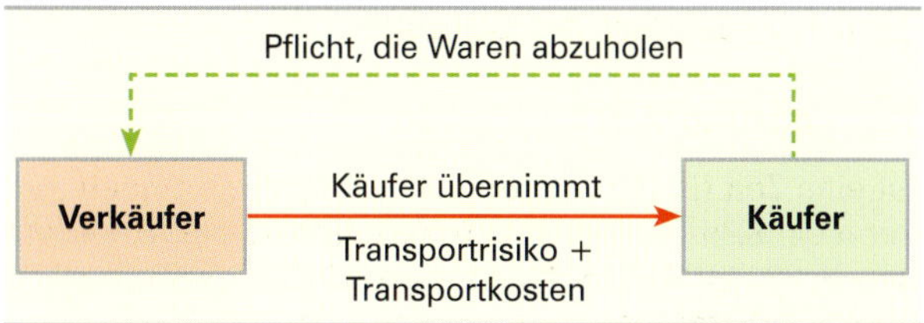

Warenschulden sind gesetzlich **im Zweifel**[2] **Holschulden** [§ 269 BGB]. Wenn nichts anderes vereinbart ist, „reisen die Waren auf Gefahr und Kosten des Käufers".

Der **Käufer** trägt somit beim gesetzlichen Leistungsort mit der **Übergabe** der **Kaufsache** das **Transportrisiko** (Gefahr des zufälligen Untergangs oder der zufälligen Verschlechterung der Ware auf dem Weg vom Verkäufer zum Käufer) und die **Transportkosten**[3] [§ 446, S. 1 BGB].

Beachte:

Werden die Waren **mit dem unternehmenseigenen Fahrzeug transportiert,** dann befinden sich die Waren beim Transport noch in der Verfügungsgewalt des Verkäufers. Deswegen hat in diesem Fall der Verkäufer erst erfüllt, wenn die Waren dem Käufer übergeben worden sind.

Das Gleiche gilt für den **„Fernkauf"**. Hier haben Käufer und Verkäufer als Leistungsort den **Wohn- bzw. Niederlassungsort des Käufers** vereinbart (vertraglicher Leistungsort). Folglich hat der Verkäufer erst dann erfüllt, wenn die Ware beim Empfänger eingetroffen ist.

(5) Bedeutung des Leistungsorts für den Geldschuldner (Käufer)

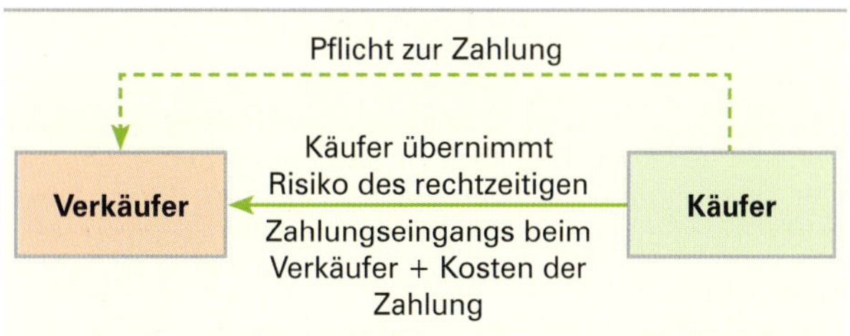

Der Geldschuldner hat den geschuldeten Zahlungsbetrag

- auf **seine Gefahr,**
- **seine Kosten** und
- **innerhalb der Zahlungsfrist**

dem Gläubiger an dessen Wohn- bzw. Geschäftssitz zu übermitteln [§ 270 I, II BGB].

1 In der Geschäftspraxis wird der Leistungsort meistens durch die vereinbarten „Allgemeinen Geschäftsbedingungen" geregelt.
Im **Handelsverkehr** sind **Warenschulden oft Schickschulden.** Der Verkäufer versendet die Kaufsache auf Verlangen des Käufers nach einem anderen Ort als dem Leistungsort. Mit der Übergabe der Kaufsache durch den Verkäufer an den Spediteur, Frachtführer oder an eine andere mit der Versendung beauftragte Person geht die Gefahr auf den Käufer über [§ 447 I BGB].

2 **Im Zweifel** bedeutet, dass es sich um eine Auslegungsregel handelt, die dann nicht gilt, wenn durch vertragliche Vereinbarungen oder Gesetz (z.B. Steuergesetz) etwas anderes bestimmt ist.

3 Beim **Versendungskauf** [§ 447 BGB] trägt der Käufer die Transportkosten ab Versandstation des Verkäufers.

Geldschulden sind gesetzlich **Schickschulden.** Bei einer Zahlung durch Banküberweisung muss der geschuldete Betrag am vereinbarten Zahlungstermin dem Konto des Gläubigers gutgeschrieben sein, wenn das Entstehen von Verzugszinsen vermieden werden soll.

Beispiel:

Wurde als Zahlungstermin „spätestens 20. Juni 20..“ vereinbart, hat der Käufer fristgemäß bezahlt, wenn der geschuldete Betrag dem Konto des Gläubigers rechtzeitig, d.h. am 20. Juni 20.., gutgeschrieben wurde. Seine Vertragspflicht hat der Käufer also erst voll erfüllt, wenn der Gläubiger den angewiesenen Betrag erhalten hat [§ 362 I BGB].

(6) Bedeutung des Leistungsorts für den Gerichtsstand und über dessen Bestehen

Für Streitigkeiten aus einem Vertragsverhältnis und über dessen Bestehen ist das Gericht des Ortes zuständig, an dem die streitige Verpflichtung zu erfüllen ist [§ 29 I ZPO],[1] also der Leistungsort.

Der gesetzliche Leistungsort zieht den **gesetzlichen Gerichtsstand** nach sich.

Dies bedeutet, dass der **Käufer** (wenn er klagen will) den Verkäufer bei dem **Gericht** verklagen muss, das für den **Leistungsort des Verkäufers** zuständig ist. Will hingegen der **Verkäufer** den Käufer verklagen (z.B. auf Zahlung des Kaufpreises), so muss er die Klage bei dem **Gericht** einreichen, das für den **Leistungsort des Käufers** zuständig ist.

Beachte:

Zum **Käuferschutz** sind vom Gesetz abweichende Vereinbarungen über den **Gerichtsstand** mit **Nichtkaufleuten unzulässig**. Vertragliche Vereinbarungen über den Gerichtsstand sind daher nur unter **Kaufleuten** möglich.

2.5.4.1.2 Eigentumsübertragung an den Käufer

(1) Besitz und dessen Übertragung

Besitz ist die **tatsächliche Gewalt** über eine Sache [§ 854 BGB].

Der Besitz wird bei **beweglichen Sachen** durch **Übergabe,** bei **unbeweglichen Sachen** (z.B. Grundstücke) durch **Gebrauchsüberlassung** verschafft.

(2) Eigentum und dessen Übertragung

- **Begriff Eigentum**

Eigentum ist im Privatrecht [BGB] die **rechtliche Verfügungsgewalt** einer Person über Sachen [§ 903 BGB].

1 **ZPO**: Zivilprozessordnung.

Eigentumsübertragung an beweglichen Sachen

Wir unterscheiden vier Möglichkeiten der Eigentumsübertragung an beweglichen Sachen:

Ausgangssituation	Eigentumsübertragung durch	Beispiele
Sache ist noch beim Verkäufer (Eigentümer).	**Einigung** und **Übergabe** [§ 929, S. 1 BGB]	Die Inhaberin des Modegeschäfts Frieda Fröhlich e.Kfr. übergibt Frau Schnurr das gekaufte Kleid. Mit der Einigung und der Übergabe des Kleids ist Frau Schnurr Eigentümerin geworden.
Sache ist bereits beim Käufer.	**Einigung,** dass das Eigentum auf den Käufer übergehen soll [§ 929, S. 2 BGB]	Herr Schmidt hat sich von einem Fernsehfachgeschäft einen LED-Fernseher ins Wohnzimmer stellen lassen, um diesen auszuprobieren. Nach 8 Tagen teilt er dem Händler mit, dass er das Gerät erwerben möchte. Stimmt der Händler zu, wird Herr Schmidt Eigentümer des Geräts. (Wohlgemerkt: Der Eigentumsübergang hat nichts damit zu tun, ob Herr Schmidt das Gerät bereits bezahlt hat oder nicht!)
Käufer wird Eigentümer, Verkäufer bleibt Besitzer.	**Einigung** und **Besitzkonstitut** (d.h. Veräußerer bleibt im Besitz der Sache) [§§ 929, S. 1, 930 BGB]	Frau Schlank ist begeisterte Reiterin. Sie kauft einem Pferdezüchter ein Reitpferd ab mit der Vereinbarung, das Pferd in den Stallungen des Züchters zur dortigen Pflege zu lassen. Frau Schlank ist Eigentümerin (und „mittelbare" Besitzerin), der Pferdezüchter ist unmittelbarer Besitzer des Pferdes.
Verkäufer (Eigentümer) ist nicht im Besitz der Sache.	**Einigung** und **Abtretung des Herausgabeanspruchs** an den Käufer [§§ 929, S. 1, 930 BGB]	Der Heizölhändler Gebhard Schwarze e.Kfm. in Oldenburg hat das von ihm gekaufte Heizöl bei einer Lagergesellschaft in Emden gelagert. Er verkauft mehrere tausend Liter Heizöl an einen Heizölhändler in Osnabrück. Damit der Osnabrücker Heizölhändler das gekaufte Heizöl bei der Lagergesellschaft in Emden abholen kann, muss er Eigentümer sein. Dies wird er durch Einigung und Abtretung des Herausgabeanspruchs [§§ 929, 931 BGB].

18 Speth u.a. - ISBN 978-3-8120-0536-4

- **Eigentumsübertragung an unbeweglichen Sachen**

Ausgangssituation	Eigentumsübertragung durch	Beispiel
Verkäufer verkauft ein Grundstück bzw. Gebäude.	**Einigung (Auflassung)** und **Eintragung des Eigentumsübergangs im Grundbuch** [§§ 925 I , 873 I BGB]	Die Einigung zwischen dem Eigentümer und dem Erwerber ist ein zweiseitiges Rechtsgeschäft mit dem Inhalt, dass das Eigentum vom bisherigen Eigentümer (Verkäufer) auf den Käufer übergehen soll. Da ein Grundstück nicht wie eine bewegliche Sache „übergeben" werden kann, tritt anstelle der körperlichen Übergabe die Eintragung ins Grundbuch, aus dem jeder, der ein berechtigtes Interesse hat, ersehen kann, wie die Eigentumsverhältnisse bei einem bestimmten Grundstück sind.

- **Eigentumsübertragung an Rechten**

Die Eigentumsübertragung an Rechten erfolgt durch **Einigung** und **Abtretung des Forderungsrechts (Zession)** [§§ 398ff. BGB].

(3) Sonderfall: Gutgläubiger Eigentumserwerb

Konnte ein Erwerber nicht wissen, dass sich der erworbene Gegenstand nicht im Eigentum des Veräußerers befand, wird er Eigentümer [§ 932 I BGB].

Gutgläubiger Erwerb ist **nicht möglich,** wenn es sich um **gestohlene, verlorene** oder **sonst abhandengekommene** (z.B. unterschlagene) **Sachen** handelt [§ 935 I BGB].

Beispiel:

Lebensmittelhändler Kempter e.Kfm. hat Nudeln unter Eigentumsvorbehalt gekauft und noch nicht bezahlt. Hausfrau Fröhlich kauft diese Nudeln. Mit der Einigung darüber, dass das Eigentum an den Nudeln übergehen soll, und der Übergabe wird sie Eigentümerin der Nudeln [§§ 929ff. BGB].

Eine **Ausnahme** von der Regel, dass an gestohlenen Sachen trotz guten Glaubens kein Eigentum erworben werden kann, besteht bei Sachen, die **öffentlich versteigert** werden. Diese Sachen sowie **Geld** oder **Inhaberpapiere** (z.B. „Inhaberaktien") können aus Gründen der Rechtssicherheit auch dann gutgläubig erworben werden, wenn sie gestohlen bzw. verloren wurden oder sonst abhandengekommen sind [§ 935 II BGB].

2.5.4.2 Erfüllung des Kaufvertrags durch den Käufer

Die **Erfüllung** des **Kaufvertrags** durch den **Käufer** umfasst

- die **Abnahme des Kaufgegenstands** und
- die **Zahlung des Kaufpreises.**

(1) Abnahme[1] des Kaufgegenstands

Vertragsgemäß gelieferte Waren muss der Käufer **abnehmen** (körperliche Entgegennahme, § 433 II BGB). Für die Warenabnahme sind meistens die Lagerverwalter zuständig und verantwortlich.

1 Die Abnahme und Annahme des Kaufgegenstands ist rechtlich scharf zu trennen.
- Die **Abnahme** ist die tatsächliche Entgegennahme der Ware, wodurch der Käufer (unmittelbaren) Besitz erlangt.
- Die **Annahme** des Kaufgegenstands ist hingegen eine Willenserklärung und bedeutet die Erklärung der vertragsmäßigen Erfüllung des Kaufvertrags. Auf die Annahme der Leistung durch den Käufer hat der Verkäufer keinen Anspruch.

Siehe auch Ausführungen in Kapitel 4.6 Wareneingang, S. 412f.

(2) Zahlung des Kaufpreises

Der Käufer ist nach § 433 II BGB verpflichtet, dem Verkäufer den vereinbarten Kaufpreis zu zahlen. Geldschulden sind gesetzlich **Schickschulden** [§ 270 BGB], d.h., der Käufer übernimmt im Zweifel die Gefahr und die Kosten der Geldübertragung (vgl. S. 270f.). Die Zahlungsart ist in der Regel dem Käufer überlassen.

Zusammenfassung

- **Abschluss des Kaufvertrags**
  - Der **Kaufvertrag** kommt durch mindestens **zwei inhaltlich übereinstimmende** und rechtzeitig aufeinanderfolgende empfangsbedürftige Willenserklärungen zustande.
  - Die erste Willenserklärung ist der **Antrag,** die auf den Antrag folgende zweite Willenserklärung die **Annahme.**
  - Da die erste Willenserklärung sowohl vom Verkäufer als auch vom Käufer abgegeben werden kann, kann ein Kaufvertrag sowohl durch ein **Angebot** (1. Willenserklärung) und einen **Auftrag** (2. Willenserklärung) als auch durch einen **Auftrag** (1. Willenserklärung) und die **Auftragsbestätigung** (2. Willenserklärung) zustande kommen.
  - Durch den Abschluss eines Kaufvertrags ist zunächst ein gegenseitiges Schuldverhältnis entstanden, das zu gegenseitigen Leistungen verpflichtet, das sogenannte **Verpflichtungsgeschäft**.
- **Erfüllung des Kaufvertrags**
  - Dem **Verpflichtungsgeschäft** muss das **Erfüllungsgeschäft** folgen, weil erst durch das Erfüllungsgeschäft die tatsächlichen Rechtsänderungen (z.B. Besitz- und Eigentumsübertragung), d.h. die Erfüllung erfolgt.
  - Der **Verkäufer ist verpflichtet,** dem Käufer die verkaufte Sache in der richtigen Art und Weise, mängelfrei, rechtzeitig und am richtigen Ort zu übergeben und dem Käufer das Eigentum an dem Kaufgegenstand frei von Rechtsmängeln zu übertragen.
  - Der **Käufer ist verpflichtet,** den vereinbarten Kaufpreis zu zahlen und die ordnungsgemäß (mängelfrei) gelieferte Kaufsache abzunehmen.
  - Ist über die **Leistungszeit** nichts vereinbart und ist diese auch nicht aus den Umständen des Rechtsgeschäfts zu entnehmen, kann der Gläubiger die vereinbarte Leistung sofort verlangen, der Schuldner sie sofort bewirken.
  - Der **Leistungsort** ist der Ort, an dem die geschuldete **Leistung zu erbringen** ist.
  - Der **gesetzliche Leistungsort** gilt nur, wenn kein Leistungsort vereinbart ist und ein Leistungsort auch nicht durch die Natur bzw. die Umstände des Schuldverhältnisses bestimmt wird. Er liegt grundsätzlich beim **Wohnsitz** bzw. **Niederlassungsort** des **Schuldners** zurzeit der Entstehung des Schuldverhältnisses.

    Der Leistungsort hat folgende **Bedeutung:**

Am Leistungsort befreit sich der Schuldner von seiner Leistungspflicht	Der Leistungsort bestimmt den Gefahrenübergang (Ausnahme: Geldschulden)	Ab Leistungsort trägt der Gläubiger die Versendungskosten (Ausnahme: Geldschulden)	Der Leistungsort bestimmt den Gerichtsstand (Ausnahme: Geschäfte mit Nichtkaufleuten)

- **Besitz** ist die tatsächliche Gewalt über eine Sache. („Besitz hat man.")

- **Eigentum** ist das Recht über eine Sache (oder eine Forderung) im Rahmen der gesetzlichen Vorschriften frei verfügen zu können. („Eigentum gehört einem.")
- Wichtige **Möglichkeiten des Eigentumserwerbs** sind
  - an **beweglichen Sachen:**

Eigentumsübertragung an beweglichen Sachen

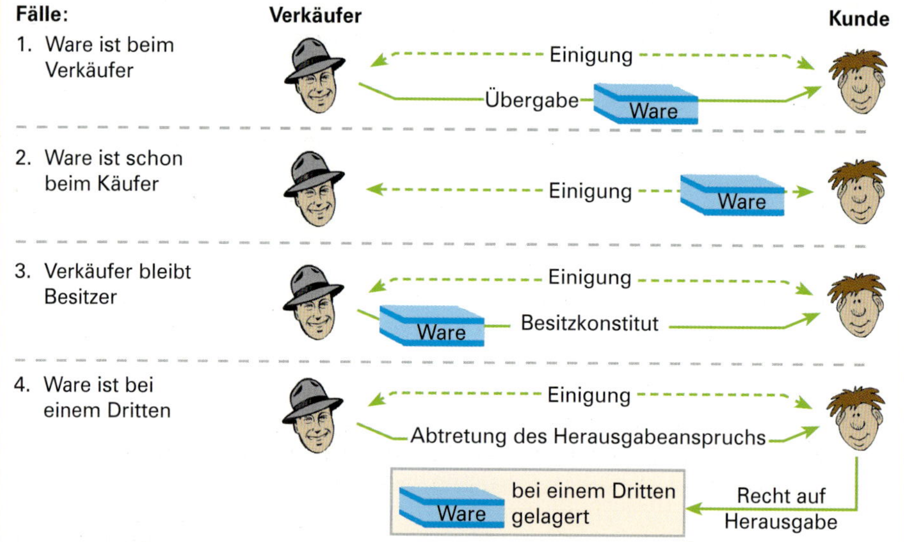

  - an **unbeweglichen Sachen:**
    - Einigung (Auflassung) und Eintragung im Grundbuch.
  - an **Rechten:**
    - Einigung und
    - Abtretung des Forderungsrechts (Zession).
- Vertragsgemäß gelieferte Waren muss der Käufer **abnehmen.** Bei einem zweiseitigen Handelskauf muss der Käufer die erhaltenen Waren **unverzüglich untersuchen** und **festgestellte Mängel unverzüglich rügen.**
- Der Käufer ist verpflichtet, dem Verkäufer den vereinbarten **Kaufpreis zu zahlen** und die gekaufte **mängelfreie Sache abzunehmen.**

Übungsaufgabe

91

1. Erläutern Sie, unter welchen Bedingungen ein Kaufvertrag bereits mit der Bestellung zustande kommt!
2. Erläutern Sie, unter welchen Bedingungen ein Kaufvertrag erst mit der Bestellungsannahme zustande kommt!
3. Die Lehmann Maschinenfabrik GmbH macht der Bruno Bernhard OHG unter dem 24. April 20.. ein vollständiges Verkaufsangebot über eine Bohrmaschine zum Preis von 3100,00 EUR. Unter Bezugnahme auf das Angebot bestellt die Bruno Bernhard OHG unter dem 28. Mai 20.. zum Preis von 3100,00 EUR. Die Lehmann Maschinenfabrik GmbH nimmt die Bestellung der Bruno Bernhard OHG vom 28. Mai 20.. am 2. Juli 20.. an.

Aufgabe:

Erläutern Sie, wie im vorliegenden Fall ein Kaufvertrag zustande kommt!

4. Erklären Sie den Unterschied zwischen Verpflichtungsgeschäft und Erfüllungsgeschäft!

5. Erläutern Sie die Bedeutung des gesetzlichen Leistungsorts für den Warenschuldner!

6. Stellen Sie dar, welche Abweichungen beim gesetzlichen Leistungsort zwischen Waren- und Geldschulden bestehen!

7. Die Möbelfabrik Franz Baier e.K. bestellt aufgrund eines freibleibenden Angebots Eichenholz bei dem Sägewerk Wattenbach GmbH.

   Aufgaben:

   7.1 Erläutern Sie, wie der Kaufvertrag zwischen den beiden Unternehmen zustande kommt!

   7.2 Notieren Sie die Pflichten, die die Möbelfabrik Franz Baier e.K. aus diesem Kaufvertrag hat!

   7.3 Begründen Sie, wo sich der gesetzliche Leistungsort für die Holzlieferung befindet!

8. Betrachten Sie die nachstehende Skizze! Begründen Sie, in welchen Fällen (8.1, 8.2) der Käufer den Kaufpreis für die auf dem Transport durch den Unfall vernichtete oder beschädigte Ware zahlen muss!

   Aufgaben:

   Prüfen Sie rechtlich, ob der Verkäufer nochmals liefern muss,

   8.1 wenn über den Leistungsort keine Vereinbarungen getroffen wurden!

   8.2 wenn der vereinbarte Leistungsort Osnabrück ist!

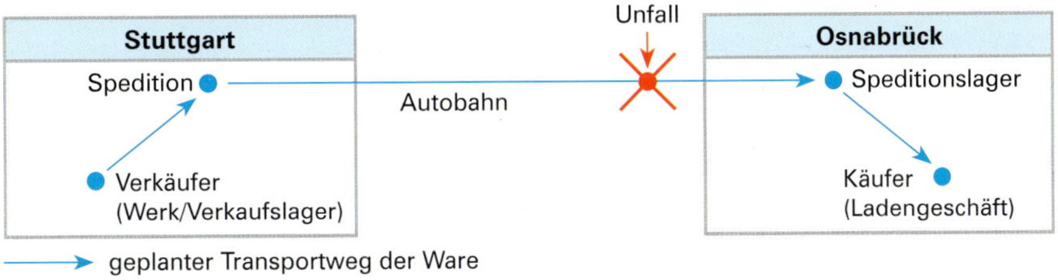

   8.3 Stellen Sie die Rechtslage dar, wenn der Käufer die Ware abholt und der Unfall auf der Wegstrecke zwischen dem Werk des Verkäufers und der Bahnstation des Verkäufers passieren würde!

9. Ben Schmidt hat sich ein Einfamilienhaus gebaut. Er nennt sich jetzt stolz „Hausbesitzer“.

   Aufgabe:

   Erklären Sie, inwiefern dieser Ausdruck zutreffend ist, inwiefern nicht! Stellen Sie dar, wie Ihre Antwort lautet, wenn Ben Schmidt das Haus mietet!

10. In den nachfolgenden Abbildungen sind symbolisch zwei verschiedene Möglichkeiten der Eigentumsübertragung durch Rechtsgeschäfte dargestellt. Die Symbole bedeuten:

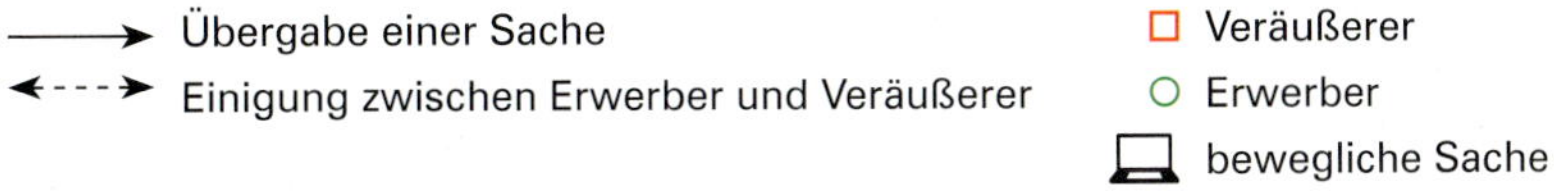

(1)

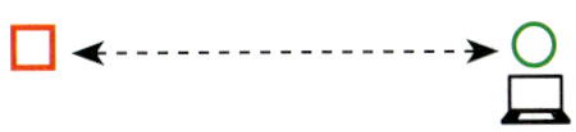

(2)

Aufgaben:

10.1 Beschreiben Sie, welche rechtsgeschäftlichen Möglichkeiten der Eigentumsübertragung dargestellt werden!

10.2 Stellen Sie dar, unter welchen Bedingungen man Eigentum gutgläubig erwerben kann!

11. Das Eigentum wird vom Gesetz grundsätzlich geschützt. Klären Sie, ob das auch für Besitz zutrifft!

12. Erläutern Sie, warum Eigentum nicht gleich Vermögen ist!

2.6 Lagerung der Erzeugnisse

2.6.1 Begriff und Aufgaben des Lagers

Ein **Lager** ist ein Raum oder eine Fläche zum Aufbewahren von Sachgütern. Die Sachgüter werden mengen- und/oder wertmäßig erfasst.

Die Sachgüter werden im Wesentlichen aus vier Gründen gelagert:

Funktionen des Lagers	Erläuterungen
Sicherungsfunktion	Die einzelnen Verbrauchsstellen eines Industriebetriebs müssen jederzeit über die notwendigen Werkstoffe verfügen, wenn die Produktion störungsfrei ablaufen soll. Aus diesem Grund wird in den Industriebetrieben meistens ein Sicherheitsbestand (eiserner Bestand) gehalten.
Zeitüberbrückungsfunktion/ Mengenausgleichsfunktion	■ Witterungseinflüsse (z. B. verspätete Ernten), Liefererausfälle, Transportschwierigkeiten, politische Entscheidungen (z. B. Ausfuhrstopps) können die Produktion zum Erliegen bringen. Ein Roh-, Hilfs- und Betriebsstofflager sichert die Funktionsfähigkeit des Betriebs. ■ Ein plötzlicher Nachfrageanstieg kann die Lieferbereitschaft beeinträchtigen. Das Lager an Fertigerzeugnissen gleicht die Marktschwankungen aus. Bei steigender Nachfrage werden die Lager abgebaut, bei sinkender Nachfrage aufgestockt.
Umformungsfunktion	Bei bestimmten Gütern hat die Lagerhaltung auch die Aufgabe, die Eigenschaften der Güter an die Anforderungen der Produktion und/ oder des Absatzes anzupassen. Hierzu gehört z. B. das Austrocknen von Holz, das Aushärten von Autoreifen oder das Reifen alkoholischer Getränke (z. B. Bier, Wein).
Spekulationsfunktion	Durch Großeinkäufe (z. B. durch das Ausnutzen von Mengenrabatten, Transportkostenvergünstigungen und Verbilligungen bei den Verpackungskosten) sowie durch Gelegenheitskäufe werden die Betriebe in die Lage versetzt, die Preise auch bei steigender Nachfrage stabil zu halten.

2.6.2 Arten des Lagers

(1) Lagerarten nach dem Bearbeitungszustand der Erzeugnisse

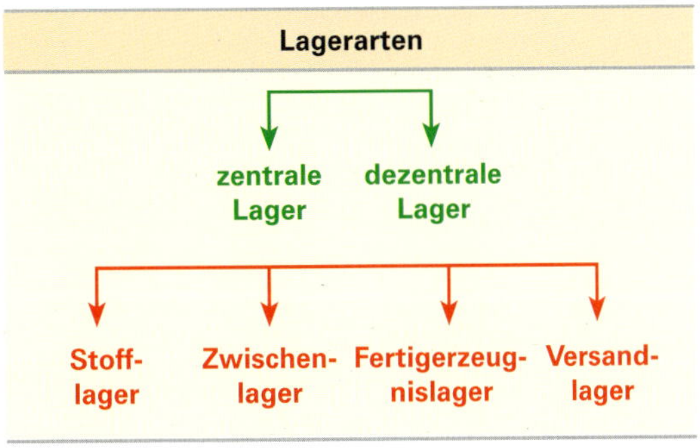

- **Roh-, Hilfs- und Betriebsstofflager (kurz Stofflager).** Diese Lager haben die Aufgabe, die Zeitspanne zwischen Beschaffung und Produktion (Verbrauch der Roh-, Hilfs- und Betriebsstoffe) zu überbrücken.
- **Zwischenlager.** Sie nehmen unfertige, noch weiterzubearbeitende Erzeugnisse auf. Zwischenlager sind häufig deshalb erforderlich, weil die Fertigungsstufen innerhalb des Produktionsprozesses – besonders in Mehrproduktunternehmen – selten so genau aufeinander abgestimmt werden können, dass in jeder Produktionsstufe die erforderlichen Teile in der benötigten Menge zur Verfügung stehen. Außerdem würde ohne Zwischenlager bei der geringsten Betriebsstörung in einer Vorstufe (z.B. aufgrund eines Maschinenschadens) der gesamte Produktionsprozess zum Stillstand kommen.
- **Fertigerzeugnislager.**[1] In diesen Lagern werden die fertiggestellten Erzeugnisse gelagert, um sie für den Absatz bereitzuhalten.
- **Versandlager.** Hierbei handelt es sich um die kurzfristige Lagerung von Gütern, die versandfertig gemacht (z.B. seemäßig verpackt) werden. Versandlager sind Durchgangslager bereits bestellter Erzeugnisse.

(2) Lagerarten nach dem Lagerort (Lagerstandort)

Zentrale Lager. Hier werden alle im Betrieb benötigten Güter in einem Gesamtlager untergebracht. Vom Zentrallager werden alle Aufgaben der Lagerwirtschaft übernommen (Warenabnahme, -prüfung, -pflege, -erhaltungsmaßnahmen; Lagerung der Ware; Leergutverwaltung; Lagerbuchführung usw.).

Vorteile	Nachteile
■ Geringer Grundstücks- und Gebäudebedarf. ■ Wirtschaftliche Lagerung infolge hoher Lagermengen. ■ Geringe Lagerraumkosten. ■ Reduzierte Personalkosten infolge eines konzentrierten EDV-Einsatzes. ■ Einfachere, weil automatisierte Einlagerung und Auslagerung. ■ Geringere Bestände durch Zusammenfassung von Sicherheitsbeständen. ■ Gute Organisationsmöglichkeit. ■ Kurze Auslieferzeiten.	■ Längere Transportwege. ■ Hohe Kosten bei schlechter Kapazitätsauslastung. ■ Schlechte Kontakte zu den Bedarfsträgern. ■ Schwerfälligkeit bei sich häufig ändernden Bedingungen.

1 Industriebetriebe, die neben ihren Erzeugnissen auch Handelswaren anbieten, führen auch ein Handelswarenlager.

Dezentrale Lager. Hier werden Lager an mehreren Standorten unterhalten. Dies schließt nicht aus, dass dennoch ein zentrales Lager geführt wird, von dem aus die Nebenlager bei Bedarf beliefert werden.

Vorteile	Nachteile
■ Kurze Wege. ■ Benötigte Waren bzw. Werkstoffe sind schnell verfügbar. ■ Bessere warenspezifische Lagerung möglich (Kühlung, Beheizung).	■ Hohe Raum- und Verwaltungskosten. ■ Hoher Personaleinsatz.

2.6.3 Strategien der Lagerbewirtschaftung (Lagerorganisation)

Die Lagerbewirtschaftungsstrategien beschäftigen sich damit, nach welchem Verfahren ein Lagerplatz vergeben wird **(Lagerplatzvergabe)** und wie die Ein- bzw. Auslagerung geregelt wird **(Ein- und Auslagerungsstrategien).**

(1) Lagerplatzvergabe

■ Systematische Lagerplatzordnung

Die systematische Lagerplatzordnung bedeutet, dass bestimmten Lagergütern **festgelegte Lagerplätze** zugewiesen werden (Gleiches zu Gleichem). Für größere Lagerräume wird ein **Lagerplan** erstellt, mit dessen Hilfe die benötigten Güter schnell gefunden werden können. Jede Abteilung erhält eine Nummer, jede Unterabteilung und jeder Platz (z.B. Regal, Schrank) eine Unternummer. Die nebenstehende Grafik veranschaulicht den Sachverhalt, dass im Regalfach 1 (F1) der Artikel 1 gelagert wird usw. Die Regalfächer F6 und F8 sind leer, weil von den zugehörigen Artikeln (Artikel 6 und Artikel 8) keine Lagervorräte vorhanden sind.

Diese beiden Regalfächer bleiben jedoch reserviert. Weitere Artikel könnten in diesem Lager nicht untergebracht werden. Die Kapazität ist trotz freier Plätze bereits ausgeschöpft.

■ Chaotische Lagerplatzordnung

Die chaotische Lagerplatzordnung kennt **keinen Lagerplan.** Eingehende Güter werden mittels EDV den jeweils gerade **frei gewordenen Lagerplätzen zugewiesen.** Der Lagerort wird von der elektronischen Führungseinrichtung gespeichert. Ziel der chaotischen Lagerplatzordnung ist die **Optimierung der Lagerkapazität.** Fallen die EDV-Systeme aus, so ist es jedoch fast nicht möglich, eine bestimmte Ware zu finden. Da keine feste Lagerplatzzuordnung besteht, wird bei jedem Lagerzugang der nächste freie Platz belegt. Nicht belegte Plätze werden nicht reserviert.

Weitere Artikel könnten problemlos in den Regalfächern F8 und F9 aufgenommen werden. Folge: Die Lagerkapazität wird besser genutzt.

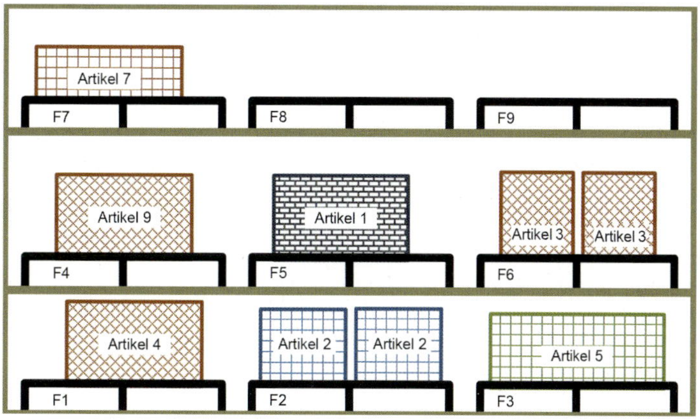

(2) Ein- und Auslagerungsstrategien

Fifo-Strategie	Bei der Fifo-Strategie (First in – first out) werden jene Artikel zuerst entnommen, die schon am längsten auf Lager liegen. Dadurch wird das Risiko einer Überalterung des Lagerbestands und damit ein möglicher Verderb verringert.
Lifo-Strategie	Die Lifo-Strategie (Last in – first out) folgt dem genau umgekehrten Prinzip. Diese Strategie verringert Ein-/Auslagerungszeiten und vermeidet unter Umständen eine erforderliche Umlagerung, da der zuletzt eingelagerte Artikel auch am ehesten zu greifen ist.
Wegeoptimierte Ein-/Auslagerung	Die wegeoptimierte Ein-/Auslagerung strebt danach, eine notwendige Einlagerung mit einer Auslagerung zu verbinden, um zeitaufwendige Leerfahrten des Transportsystems (z. B. im Hochregallager) zu minimieren.

2.6.4 Ökologische Kriterien für Verpackung

2.6.4.1 Ziele und Arten der Verpackung

(1) Ziele der Verpackungsverordnung[1]

Aus ökologischer Sicht wird kritisiert, dass in der Praxis zu viele und zu aufwendige Verpackungen verwendet werden, die weit über die notwendigen Verpackungsaufgaben hinausgehen. Dadurch werden Rohstoffe und Energie verschwendet und unnötige Müllberge produziert. Das Deponieren oder Verbrennen des Mülls führt zu Umweltbelastungen des Wassers, des Bodens und der Luft.

Um die Ökologie zu schützen, hat daher der Gesetzgeber eine Verpackungsverordnung [VerpackV] erlassen, die Regeln für den Umgang mit Verpackungen aufstellen.

1 **Beachten Sie:** Zum 1. Januar 2019 löst das Verpackungsgesetz [VerpackG] die Verpackungsverordnung [VerpackV] ab. Die Grundlagen des VerpackG können Sie als kostenlosen Download von der Verlags-Homepage beziehen: www.merkur-verlag.de, Suche "0536", Schaltfläche "Download".

Wichtige Ziele der Verpackungsverordnung sind:

- Verpackungsabfälle sind möglichst zu **vermeiden.**
- Verpackungen sollten – wenn sie nicht zu vermeiden sind – **wiederverwendbar** sein.
- Ist die Verpackung nicht wiederverwendbar, sollte sie aus **verwertbaren (recycelbaren) Materialien** bestehen, um sie ökologisch verträglich beseitigen zu können.

Aus diesen Zielen lässt sich ein sogenannter **Abfall-Dreischritt** ableiten.

Abfall-Dreischritt

Verpackungsabfall vermeiden

↓ nicht möglich

Wiederverwendung des Verpackungsmaterials

↓ nicht möglich

Verwertung des Verpackungsmaterials

(2) Arten der Verpackungen

Die Verpackungsverordnung unterscheidet drei Verpackungsarten [§ 3 I VerpackV].

Art der Verpackung	Erläuterungen	Beispiele
Transportverpackungen	Sie schützen die Waren auf dem Transportweg vom Hersteller bzw. Großhändler zum Einzelhändler. Die Transportverpackungen fallen beim Hersteller an.	■ Kartonagen, ■ Kanister, ■ Säcke, ■ Paletten, ■ geschäumte Schalen, ■ Schrumpffolien.
Umverpackungen	Sie werden als zusätzliche Verpackung zur Verkaufsverpackung verwendet. Sie ermöglichen, dass die Waren in Selbstbedienung angeboten werden können, dienen der Werbung oder sollen einen Diebstahl erschweren.	■ Faltschachtel um eine Zahnpasta in der Tube. ■ Vier Malstifte von einer Blisterverpackung umschlossen.
Verkaufsverpackungen	Sie verwendet der Endverbraucher zum Transport oder bis zum Verbrauch der Ware.	■ Tragetaschen, ■ Kunststoff-, Stoff- oder Papiertüten, ■ Flaschen, Becher, Dosen.

2.6.4.2 Verpflichtungen von Herstellern, Großhändlern und Einzelhändlern

(1) Rücknahmepflichten

Rücknahmepflicht für Transportverpackungen

Die Vertreiber (z.B. Hersteller, Großhändler) sind verpflichtet, Transportverpackungen nach dem Gebrauch zurückzunehmen. Sie müssen dafür sorgen, dass sie erneut verwendet oder verwertet werden [§ 4 VerpackV].

- **Rücknahmepflicht für Umverpackungen**

Der Einzelhändler muss beim Verkauf der Ware an den Endverbraucher die Umverpackung entfernen oder er muss dem Kunden in der Verkaufsstelle die Möglichkeit geben, die Umverpackung selbst zu entfernen und – nach Wertstoffen getrennt – zurückzugeben. Auf die Möglichkeit der sofortigen Rückgabe der Umverpackung hat der Verkäufer den Käufer in deutlich erkennbaren und lesbaren Schrifttafeln hinzuweisen [§ 5 VerpackV].

- **Rücknahmepflicht für Verkaufsverpackungen**

Hersteller und Vertreiber von Verkaufsverpackungen, die an den Endverbraucher gehen, müssen die **flächendeckende Rücknahme** dieser Verpackungen **gewährleisten.** Über ein Rücknahme-System (z. B. Duales System Deutschland GmbH) hat die regelmäßige Abholung gebrauchter, restentleerter Verkaufsverpackungen beim privaten Endverbraucher oder in dessen Nähe zu erfolgen [§ 6 VerpackV].

Die Organisation **„Duales System Deutschland GmbH"** haben Hersteller und Handel gegründet, um gebrauchte Einwegverpackungen (z. B. Glasflaschen, Dosen, Kunststoffbecher, Papierschalen) nicht zurücknehmen zu müssen. Einwegverpackungen sind mit dem „Grünen Punkt" gekennzeichnet. Durch den „Grünen Punkt" wird angezeigt, dass die Kosten für das Einsammeln, den Transport und die Verwertung der Einwegverpackungen bezahlt sind.

(2) Pfanderhebungs- und Rücknahmepflicht für Einweggetränkeverpackungen

Die Einzelhändler sind verpflichtet, für Einweggetränkeverpackungen mit einem Füllvolumen von 0,1 bis 3 Liter, ein Pfand in Höhe von mindestens 25 Cent zu erheben. Das Pfand ist jeweils bei Rücknahme der Verpackungen zu erstatten. Ohne eine Rücknahme der Verpackungen darf das Pfand nicht erstattet werden [§ 9 I VerpackV].

Vom Pfand ausgenommen sind z. B. Milchgetränke, Frucht- und Gemüsesäfte, diätetische Getränke, Wein, Sekt, Spirituosen (Näheres siehe § 9 II VerpackV).

(3) Entsorgungspflicht

Hersteller, Großhändler und Einzelhändler sind verpflichtet, ihre Verpackungen entweder erneut zu verwenden oder zu entsorgen. Sie können dabei wählen, ob sie die **Entsorgung selbst vornehmen** oder ob sie sich dem **Dualen System anschließen,** das diese Aufgabe übernimmt. Die Abtretung an das Duale System ist jedoch daran gebunden, dass das Duale System bei einzelnen Materialien gesetzlich vorgeschriebene Quoten für die Verwertung gebrauchter Verkaufsverpackungen erzielt (z. B. die Mindest-Verwertungsquote bei Glas beträgt 75 %, bei Weißblech 70 %, bei Papier, Pappe, Karton 70% oder bei Kunststoff 60 %). Selbstentsorger müssen – wie das Duale System – grundsätzlich die Erfüllung der Rücknahmepflichten und die erreichten Verwertungsquoten nachweisen.

(4) Abwicklung der Entsorgung durch das „Duale System Deutschland GmbH"

Der „Grüne Punkt" auf einer Verpackung bedeutet nicht automatisch, dass diese Verpackung in die „Gelbe Tonne" oder den „Gelben Sack" wandert.

Ob ja oder nein, hängt ganz vom Material ab: Papierverpackungen gehören in die Altpapiersammlung, Glasverpackungen in den Glascontainer, „Gelbe Tonne" und „Gelber Sack" sind nur für sogenannte Leichtverpackungen aus Aluminium, Weißblech, Kunststoff und Verbundmaterialien zuständig.

Für die unterschiedlichen Abfallarten bestehen getrennte Wertstoffkreisläufe, die aber alle nach dem gleichen Prinzip funktionieren: Die Verpackungen werden nach Sorten getrennt und dann den unterschiedlichen Industrien zum Recyceln zurückgegeben.

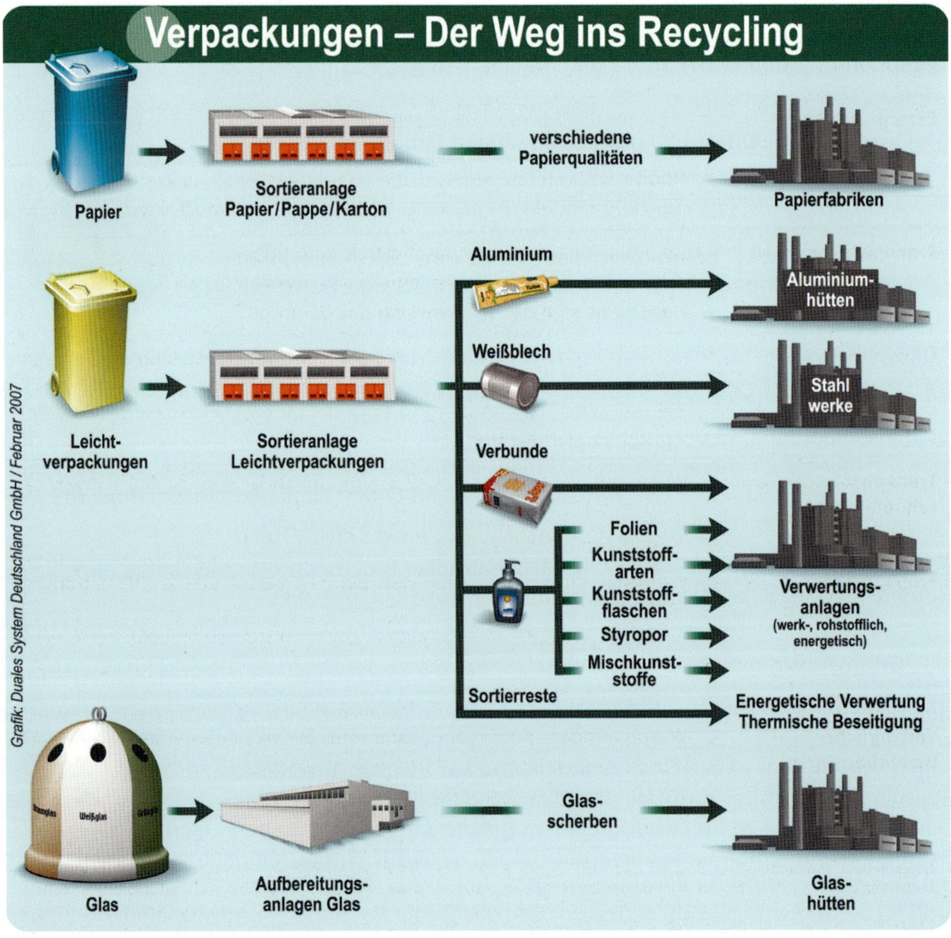

Quelle: http://www.gruener-punkt.de

2.7 Auslieferung der Erzeugnisse: Ökologische Kriterien für Transport

2.7.1 Probleme des optimalen Gütertransports

(1) Begriff Absatzlogistik

Den Bereich der Logistik,[1] der sich mit der Frage beschäftigt, wie eine Ware vom Hersteller zum Kunden gelangt, bezeichnet man als Absatzlogistik.

- Die **Absatzlogistik** legt fest, mit welchen technischen Mitteln das Produkt zum Endkunden gelangt. Dabei müssen insbesondere Fragen geklärt werden in Bezug auf Lagerhaltung und Standortwahl, Wahl der Transportmittel und Verpackung.
- Die Absatzlogistik hat die **Aufgabe,** den Güterstrom zum Kunden zu optimieren.

(2) Entscheidungskriterien

Die Frage, welches Beförderungsmittel am günstigsten ist, lässt sich nicht allgemeingültig beantworten. Die Entscheidung über das jeweils günstigste Transportmittel hängt u. a. von folgenden Kriterien (Auswahlgesichtspunkten) ab:

Erzeugnisart	■ Sind Stückgüter oder Massengüter zu befördern? ■ Sind die Güter witterungsempfindlich? ■ Handelt es sich um verderbliche oder unverderbliche Waren? ■ Sind besondere Laderäume (z. B. zur Kühlung) erforderlich?
Transportsicherheit	■ Sind die Güter transportempfindlich oder nicht? ■ Besteht die Sendung aus besonders wertvollen Gütern? ■ Handelt es sich bei der Sendung um Gefahrgut?
Umweltbelastung	■ Ist das gewählte Transportmittel verhältnismäßig umweltfreundlich oder nicht? ■ Bei welchem Transportmittel ist die Gefahr eines umweltgefährdenden Unfalls am geringsten?
Transport-schnelligkeit	■ Wurden bezüglich des Liefertermins besondere vertragliche Vereinbarungen getroffen? ■ Besteht die Sendung aus verderblichen Gütern?
Transportkosten	■ Wie hoch sind die Frachtkosten bei den verschiedenen Versandmöglichkeiten? ■ Entstehen zusätzliche Verpackungskosten bei unterschiedlichen Versendungsarten? ■ Fallen Umladekosten an?
Vertragliche Vereinbarungen	■ Wurde mit dem Käufer ein bestimmtes Beförderungsmittel vereinbart? ■ Wurde ein bestimmter Liefertermin vereinbart? ■ Wo ist der Erfüllungsort für die Warenlieferung?

1 **Logistik** (lat.): mathematisches System. Das Wort Logistik wurde seit dem 9. Jahrhundert im militärischen Bereich verwendet und bedeutete dort die Lehre von der Planung der Bereitstellung und vom Einsatz der für militärische Zwecke erforderlichen Mittel und Dienstleistungen zur Unterstützung der Streitkräfte. **Betriebswirtschaftlich** versteht man unter **Logistik** die **Planung, Steuerung und Kontrolle** von unternehmensinternen und unternehmensübergreifenden Material- und Warenströmen sowie der dazugehörigen Informationsströme.

Transportbedingungen des Frachtführers[1]	■ Bestehen Gewichtsbegrenzungen für eine Sendung? ■ Bestehen Raumbegrenzungen? ■ Werden bestimmte Güterarten von der Beförderung ausgeschlossen?

2.7.2 Eigen- oder Fremdtransport

Jeder Industriebetrieb wird zunächst prüfen, ob es günstiger ist, den Transport mit eigenen Kraftfahrzeugen durchzuführen **(Eigentransport)** oder durch Frachtführer vornehmen zu lassen **(Fremdtransport)**.

Eine derartige Entscheidung kann natürlich nicht aus kurzfristigen Überlegungen heraus getroffen werden. Hat man sich nämlich für die Anschaffung eigener Fahrzeuge entschieden, kann diese Wahl nur unter Verlust (Verkauf der gebrauchten Fahrzeuge) rückgängig gemacht werden. Ob eigene Fahrzeuge eingesetzt werden oder nicht, hängt bei gegebenen Fahrstrecken in erster Linie vom (erwarteten) Umsatz je Periode (z. B. je Monat, je Quartal oder Jahr) ab.

Beispiel:

Der augenblickliche Umsatz eines Industriebetriebs beträgt monatlich 1 200 000,00 EUR. Die anteiligen Frachtkosten durch Fremdtransport belaufen sich auf durchschnittlich 5 % des Umsatzes.

Das Unternehmen steht vor der Entscheidung, eigene Lastkraftwagen anzuschaffen. Die fixen Kosten (vor allem Abschreibungen, Verzinsung, Steuern, Versicherung, Löhne und Instandhaltung) sind mit 45 000,00 EUR monatlich zu veranschlagen. Die variablen Kosten betragen 2,5 % des Umsatzes.

Je nach Umsatzhöhe ergeben sich folgende Kosten:

Umsatz in EUR	Kosten des Fremdtransports	Kosten des Eigentransports
1 200 000,00	60 000,00	75 000,00
1 400 000,00	70 000,00	80 000,00
1 600 000,00	80 000,00	85 000,00
1 800 000,00	90 000,00	90000,00
2 000 000,00	100 000,00	95 000,00
2 200 000,00	110 000,00	100 000,00

Bei einem Umsatz von 1 200 000,00 EUR lohnt sich der Transport mit eigenen Fahrzeugen nicht. Wird jedoch für die Zukunft eine wesentliche Umsatzsteigerung erwartet, wird der Transport mit eigenen Fahrzeugen von einem Umsatz von 1 800 000,00 EUR je Monat an rentabel.

Das Beispiel bestätigt die Aussage, dass der Transport mit eigenen Fahrzeugen von der Betriebsgröße – genauer von der Absatzmenge – abhängig ist. Für kleinere Betriebe wird es im Allgemeinen günstiger sein, fremde Transportleistungen in Anspruch zu nehmen, während für größere Betriebe der Transport mit eigenen Fahrzeugen optimal sein kann. Viele Industrieunternehmen befördern daher ihre Güter vorwiegend mit eigenen Transportmitteln zu den Empfängern. Zumindest die Güterbeförderung vom Lager zur Bahn (oder Post) und umgekehrt besorgen sie mit eigenen Fahrzeugen.

1 Der **Frachtführer** ist – soweit er nach Art oder Umfang seines Unternehmens über einen in kaufmännischer Weise eingerichteten Geschäftsbetrieb verfügt – ein selbstständiger Kaufmann, der gewerbsmäßig die Beförderung von Gütern zu Lande, auf Binnengewässern oder mit Luftfahrzeugen zum Bestimmungsort durchführt und dort an den Empfänger abliefert [§ 407 HGB].

2.7.3 Umweltgesichtspunkte beim Gütertransport

Bei der Vielzahl von Möglichkeiten, Güter zu transportieren, ist es unmöglich, in diesem Kapitel auf Einzelfälle einzugehen. Wir beschränken uns im Folgenden daher auf zwei generelle Aspekte.

(1) Optimierung des Logistiksystems

Eine Maßnahme, um die Umweltbelastungen, die beim Transport unvermeidlich anfallen, zu verringern, ist, die Anzahl der Transporte zu reduzieren. Dies kann dadurch erreicht werden, dass man das Logistiksystem entsprechend ausrichtet. Anstatt z. B. die Waren jeweils direkt vom Hersteller zum Empfänger zu liefern, werden diese zunächst zu Warenverteilzentren transportiert. Dort werden die Aufträge zusammengestellt (kommissioniert) und anschließend an die Kunden ausgeliefert. Auf diese Weise werden Transporte gebündelt und eine Vielzahl von Transporten kann entfallen. Die geringere Anzahl an Transporten führt zu einer geringeren Schadstoffbelastung der Umwelt. Diese Form der Warendistribution[1] bezeichnet man als Cross-Docking.[2]

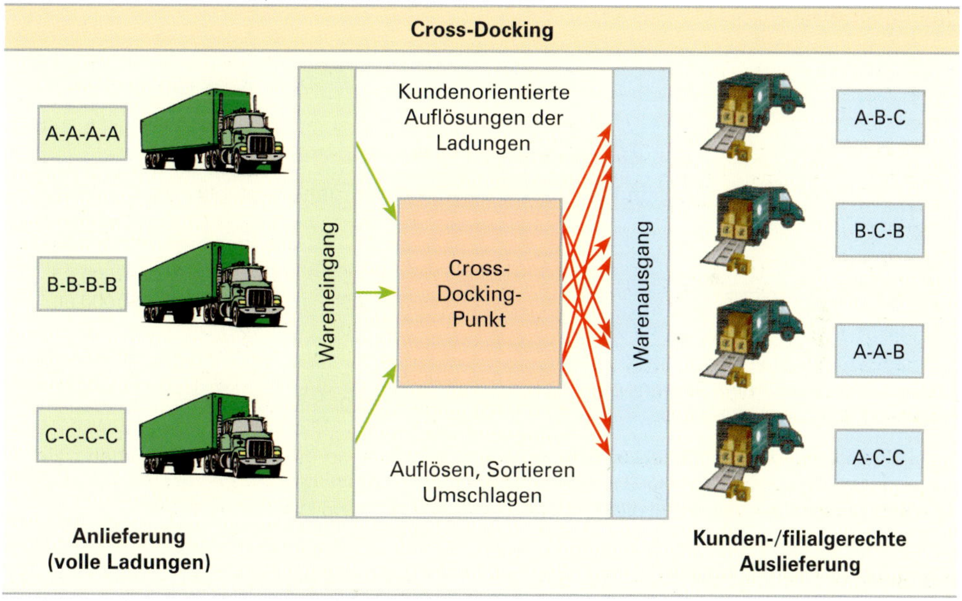

Quelle: (In Anlehnung an: Prof. Dr.-Ing. W. Ullmann – TFH Berlin.)

Beispiel:

Ein Industrieunternehmen mit 8 Zweigwerken betreibt ein Warenverteilzentrum. Die vom Kunden bestellten Waren werden vom Hersteller mit der Adresse beschriftet und an das Warenverteilzentrum geliefert. Am Warenverteilzentrum wird die Ware nach ihrer Bearbeitung (z. B. Vergleich der bestellten Menge mit der tatsächlich eingetroffenen Menge, Überprüfung auf Verpackungsschäden, Zusammenstellen von Aufträgen usw.) neu verladen und zugestellt.

1 **Distribution**: Verteilung.

2 **Cross**: Kreuz; Docking: Ankoppeln.

Die Auswirkungen auf die Anzahl der Transporte durch das Einrichten eines Warenverteilzentrums zeigen die nebenstehenden Abbildungen.

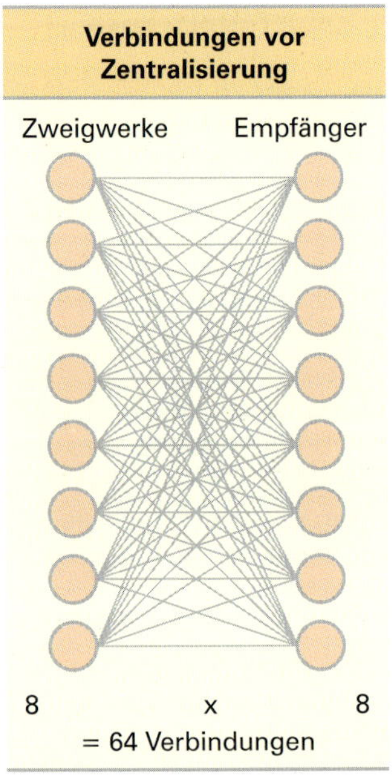

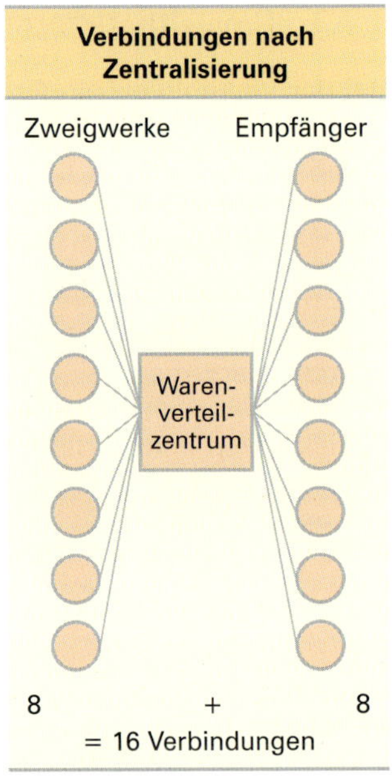

(2) Umweltgerechte Organisation des Transportvorgangs

Generell muss gelten, dass ein Lieferer den Transportvorgang umweltgerecht zu organisieren hat, z. B. durch

- gute Auslastung der Lkw durch eine entsprechende Tourenplanung und damit Reduzierung der Transportkilometer,
- Lärm- und verbrauchsarme Lkw,
- Elektrofahrzeuge in den Lagern,
- umweltfreundliche Kühlmittel (z. B. Ammoniak in den Kühl-Lkw),
- Verlagerung großer Transportmengen auf Schienen- und Wasserwege,
- Bündelung von Transporten.

Allerdings kann der Lieferer nicht immer Einfluss auf eine umweltgerechte Abwicklung des Transports nehmen. Dies gilt insbesondere dann, wenn er den Transport durch einen Frachtführer ausführen lässt.

Zusammenfassung

- Das Lager erfüllt folgende **Aufgaben (Funktionen)**: Sicherungs-, Zeitüberbrückungs-, Mengenausgleichs-, Umformungs- und Spekulationsfunktion.
- Das Lager kann nach verschiedenen Gesichtspunkten unterteilt werden **(Lagerarten)**:

Gliederungsgesichtspunkt	Lagerart	
Nach dem Bearbeitungszustand der Erzeugnisse	■ Stofflager ■ Zwischenlager	■ Fertigerzeugnislager ■ Versandlager
Nach dem Lagerort	■ zentrale Lager	■ dezentrale Lager

- Die **Lagerplatzordnung** kann **systematisch** oder **chaotisch** aufgebaut sein.
- Für die **Ein- bzw. Auslagerung der Waren** kann die **Fifo-Strategie,** die **Lifo-Strategie** oder die **Wegeoptimierung** herangezogen werden.
- Die Verpackungsverordnung setzt folgende **Ziele:**

Vermeidung von Verpackungsabfällen → Wiederverwendung der Verpackungen → Verwertung des Verpackungsmaterials

- Die Verpackungsverordnung unterscheidet folgende Verpackungsarten:
  - **Transportverpackungen.** Sie schützen die Waren auf dem Transportweg vom Hersteller zum Einzelhändler.
  - **Umverpackungen.** Sie werden als zusätzliche Verpackung zur Verkaufsverpackung verwendet.
  - **Verkaufsverpackungen.** Sie verwendet der Endverbraucher zum Transport oder bis zum Verbrauch der Ware.
- Die **Hersteller** sind verpflichtet, die **Transportverpackungen zurückzunehmen.**
- Die **Einzelhändler** müssen die **Umverpackungen** unentgeltlich **zurücknehmen.**
- **Hersteller** und **Vertreiber** sind verpflichtet, die **flächendeckende Rücknahme von Verkaufsverpackungen,** die beim privaten Endverbraucher anfallen, zu gewährleisten.
- Hersteller, Großhändler und Einzelhändler sind verpflichtet, ihre **Verpackungen zu entsorgen.** Sie können die Entsorgung dem **„Dualen System"** übertragen.
- Die **Absatzlogistik** hat die Aufgabe, den Güterfluss zum Kunden zu optimieren.
- Wichtige Kriterien bei der **Wahl des Transportmittels** sind:
  - Erzeugnisart
  - Transportsicherheit
  - Umweltbelastung
  - Transportschnelligkeit
  - Transportkosten
  - Vertragliche Vereinbarungen
  - Transportbedingungen des Frachtführers
- Der **Transport der Ware** mit eigenen Fahrzeugen bzw. der Fremdtransport ist von der **Absatzmenge** abhängig.
- Wichtige **ökologische Kriterien für den Transport** sind die **Optimierung des Logistiksystems** und die **umweltgerechte Organisation des Transportvorgangs.**

Übungsaufgabe

92

1. Klären Sie den Begriff Logistik!
2. Unterscheiden Sie systematische Lagerplatzordnung und chaotische Lagerplatzordnung!
3. Ein Industriebetrieb steht vor der Entscheidung, das Zustellgeschäft mithilfe eigener Kraftfahrzeuge oder durch Frachtführer durchzuführen. Die Kalkulationsabteilung teilt der Geschäftsleitung folgende Zahlen mit: (1) Die Transportkosten des Fremdtransports belaufen sich auf durchschnittlich 4 % des Umsatzes. (2) Die fixen Kosten des Eigentransports (vor allem für Abschreibungen, für die Verzinsung des investierten Kapitals, ferner

19 Speth u.a. - ISBN 978-3-8120-0536-4

für Löhne, für Versicherungen und Steuern) belaufen sich auf 70 000,00 EUR monatlich; die variablen Kosten betragen durchschnittlich 0,5 % des Umsatzes.

Aufgaben:

3.1 Berechnen Sie, von welchem Monatsumsatz an es sich lohnt, den Absatz durch eigene Fahrzeuge durchzuführen!

3.2 Angenommen, der monatliche Umsatz beläuft sich regelmäßig auf rund 1,8 Mio. EUR. Ermitteln Sie, ob es trotzdem sinnvoll sein könnte, eigene Fahrzeuge einzusetzen!

4. Die Wahl des Transportmittels wird von mehreren Faktoren bestimmt, die sich u. U. widersprechen. Erläutern Sie diese Bestimmungsfaktoren und zeigen Sie die möglichen Widersprüche auf!
5. Nennen Sie drei Gefahren, die sich für die Umwelt aus einer zu aufwendigen Verpackung ergeben!
6. Beschreiben Sie die Funktionen des grünen Punktes! Rufen Sie hierzu im Internet die Seite www.gruener-punkt.de auf!
7. Nennen Sie Möglichkeiten, was Sie als Verbraucher tun können, um den Verpackungsmüll zu reduzieren!
8. Die Verpackungsverordnung verpflichtet die Hersteller/Vertreiber zur kostenlosen Rücknahme von Verpackungen. Beschaffen Sie sich die Verordnung über das Internet und fassen Sie die Verpflichtungen von Herstellern, Großhändlern und Einzelhändlern zusammen.
9. Beschreiben Sie drei Möglichkeiten eines Industriebetriebs, die Menge anfallender Verpackungsmaterialien zu senken bzw. einer Wiederverwertung zuzuführen!

2.8 Fakturierung und Debitorenbuchungen

2.8.1 Gestaltung und Buchung von Ausgangsrechnungen

(1) Gestaltung von Ausgangsrechnungen

Über den Warenverkauf wird in der Regel eine Ausgangsrechnung erstellt. Dabei ist es unerheblich, ob der Kunde die gekaufte Ware bar bezahlt oder ob ein Zielkauf vorliegt.

Ein Beispiel für die Gestaltung einer Ausgangsrechnung ist auf S. 291 dargestellt.

(2) Buchung von Ausgangsrechnungen

Die Buchung von Ausgangsrechnungen ist bereits behandelt. Bezogen auf die auf S. 291 abgebildete Ausgangsrechnung ergibt sich – aus der Sicht der Heinrich KG – folgender Buchungsvorgang:

Geschäftsvorfall	Konten	Soll	Haben
Wir verkaufen Erzeugnisse im Wert von netto 18 500,00 EUR zuzüglich 19 % USt.	2400 Ford. a. Lief. u. Leist. an 5000 Umsatzerlöse f. eig. Erz. an 4800 Umsatzsteuer	22 015,00	 18 500,00 3 515,00

Beispiel: Ausgangsrechnung

Heinrich KG
Büromöbel und Zubehör

Heinrich KG · Breslauer Straße 102 · 37085 Göttingen

Möblix GmbH
Im- und Export
Schönhauser Allee 187
10119 Berlin

Kundennr.: 42289
Bestellung: 176/1775 vom 20..-11-12
Auftrag-Nr.: 20../472943
Liefertermin: 20..-11-18
Unser Zeichen: sc

Name: Julia Schulze
Telefon: +49 (0)551 62745-12
Telefax: +49 (0)551 62745-22
E-Mail: schulze@heinrich-kg.de

Datum: 20..-11-18

Rechnung Nr. 20../66734

Sehr geehrte Frau Kuhn,

aufgrund unserer Lieferung stellen wir Ihnen folgende Artikel in Rechnung:

Pos.	Artikel	Beschreibung	Menge	Einheit	Einzelpreis EUR	Gesamtpreis EUR
1	e-desk 203	Buche-Massiv	50	Stück	370,00	18 500,00

Warenwert EUR	Verpackung, Fracht EUR	Entgelt, netto EUR	MwSt. %	MwSt. EUR	Gesamtpreis EUR
18 500,00	0,00	18 500,00	19	3 515,00	22 015,00

Zahlbar innerhalb von 14 Tagen 2% Skonto, Zahlungsziel 30 Tage netto.

Vielen Dank für Ihren Auftrag.

Mit freundlichen Grüßen

Heinrich KG

i. A. *Julia Schulze*

Julia Schulze
Verkauf

Heinrich KG
Geschäftsführung: Gerda Heinrich
Amtsgericht Esslingen: HRA 1101
St-Nr.: 27/430/0027
USt-ID Nummer: DE 68 609 3911

Geschäftszeit:
07:00–13:00 Uhr
14:00–16:00 Uhr

Registergericht
Göttingen HRA 554

Bankverbindungen:
Deutsche Bank Göttingen AG
IBAN: DE81 2607 0073 0000 0987 65
BIC:DEUTDE2H260
Steuer-Nr. 25172008
FA: Göttingen

Erläuterungen:

Eine Ausgangsrechnung ist in der Regel in drei Bereiche aufgeteilt. Sie enthält

- im **Kopfteil** die Absenderdaten, in der Regel in Verbindung mit einem Firmenlogo. Weiter enthält der Kopfteil kundenspezifische Daten, wie z. B. Kundenanschrift und Kundennummer, sowie die einmalig rechnungsbezogenen Daten, wie z. B. Bestellnummer, Bestelldatum, Auftragsnummer, Zeitpunkt der Lieferung oder der sonstigen Leistung, Rechnungsnummer und Rechnungsdatum.
- im **Tabellenteil** für jede Auftragsposition wiederholend die artikelbezogenen Informationen wie z. B. Auftragsmenge, Artikelnummer und Artikelbezeichnung, Einzelpreis, Rabatt, Betrag je Positionszeile.
- im **Fußteil** den Rechnungsgesamtbetrag mit Umsatzsteueranteil sowie Angaben über Zahlungsbedingungen, Gerichtsstand, Leistungsort, Eigentumsvorbehalt, ggf. Vermerk über die Vergütung zurückgesandter Verpackung, die dem Lieferer zugeteilte Steuernummer oder Umsatzsteueridentifikationsnummer.

2.8.2 Debitorenbuchhaltung

(1) Grundlagen

Bisher wurde der Geschäftsverkehr mit Kunden und Lieferanten über die Sachkonten „Forderungen aus Lieferungen und Leistungen" und „Verbindlichkeiten aus Lieferungen und Leistungen" abgewickelt. Die Sachkonten **2400 Forderungen aus Lieferungen und Leistungen** und **4400 Verbindlichkeiten aus Lieferungen und Leistungen** des Hauptbuches geben Aufschluss über die **Gesamtheit der Kundenforderungen** und **Liefererverbindlichkeiten.** Um die Außenstände und Zahlungsverpflichtungen überwachen zu können, werden zusätzlich zu den Sachkonten des Hauptbuches noch in einer **Nebenbuchhaltung** die Geschäftsbeziehungen mit den einzelnen Kunden und Lieferern auf gesonderten **Personenkonten** erfasst. Für jeden Kunden und für jeden Lieferer wird dabei ein besonderes Konto (Personenkonto) eingerichtet. **Kundenkonten** werden **Debitorenkonten, Liefererkonten** werden **Kreditorenkonten**[1] genannt.

Die Geschäftsvorfälle mit Kunden und Lieferanten werden zunächst nur auf den entsprechenden Debitoren- und Kreditorenkonten gebucht.

(2) Grundprinzip der Debitorenbuchhaltung

Beispiel:

Wir verkaufen an die Ihle & Klein OHG Fertigerzeugnisse auf Ziel lt. Ausgangsrechnung (AR) Nr. 12 vom 5. Oktober: Warenwert 6 218,49 EUR zuzüglich 19 % USt. Der Saldovortrag auf dem Konto 24001 beträgt 5 200,00 EUR.

Aufgabe:

Richten Sie in einer Nebenbuchhaltung ein entsprechendes Debitorenkonto ein und buchen Sie diesen Geschäftsvorfall!

Lösung:

Hauptbuchhaltung

S	2400 Ford. a.L.u.L.	H

S	5000 Umsatzerlöse f. eig. Erz.	H
		24001 6 218,49

S	4800 Umsatzsteuer	H
		24001 1 181,51

Nebenbuchhaltung

Beispiel für ein Kundenkonto (Debitorenkonto)

24001: Ihle & Klein OHG					
Datum	Beleg	Text	Soll	Haben	Saldo
01.10.		Saldovortrag			5 200,00
05.10.	AR 12	5000/4800	7 400,00		

Erläuterungen:

In diesem Beispiel erscheinen in der Hauptbuchhaltung zwei Habenbuchungen. Zum einen auf dem Konto 5000 Umsatzerlöse für eigene Erzeugnisse in Höhe von 6 218,49 EUR und zum anderen auf dem Konto 4800 Umsatzsteuer in Höhe von 1 181,51 EUR. Die Gegenbuchung hierzu erscheint auf dem Debitorenkonto 24001 Ihle & Klein OHG in Höhe von 7 400,00 EUR in der Nebenbuchhaltung. In diesem Fall fehlt zunächst in der Hauptbuchhaltung die Gegenbuchung auf dem Sachkonto 2400 Forderungen aus Lieferungen und Leistungen.

1 Vgl. hierzu die Ausführungen auf S. 413 ff.

(3) Buchen auf Debitorenkonten

24001 Ihle & Klein OHG, Herderstraße 7, 32756 Detmold					
Datum	Beleg	Buchungstext	Soll	Haben	Saldo
1. Okt.		Saldovortrag			5200,00
5. Okt.	AR 12	Zielverkauf	7400,00		12600,00
12. Okt.	AR 13	Zielverkauf	4300,00		16900,00
14. Okt.	Ba 53	Bankscheck		6000,00	10900,00
26. Okt.	Wa 81	Warenrücksendungen		700,00	10200,00
28. Okt.	Ba 54	Banküberweisung		8800,00	1400,00
31. Okt.		Saldo			1400,00
	Summe der Verkehrszahlen		11700,00	15500,00	

24002 Franz Abel OHG, Katrepeler Str. 45, 28215 Bremen					
Datum	Beleg	Buchungstext	Soll	Haben	Saldo
1. Okt.		Saldovortrag			7300,00
7. Okt.	AR 2	Zielverkauf	12300,00		19600,00
19. Okt.	AR 3	Zielverkauf	4500,00		24100,00
28. Okt.	Ba 17	Banküberweisung		14800,00	9300,00
31. Okt.		Saldo			9300,00
	Summe der Verkehrszahlen		16800,00	14800,00	
	Übernahme aus 24001		11700,00	15500,00	
	Gesamtsummen		28500,00	30300,00	

Die Salden der Debitorenkonten werden monatlich, vierteljährlich oder jährlich in eine Saldenliste übertragen. Die Summen der Verkehrszahlen werden auf das Konto 2400 Forderungen aus Lieferungen und Leistungen übertragen. Anschließend wird die Saldenliste mit dem Konto Forderungen aus Lieferungen und Leistungen abgestimmt.

■ **Beispiel einer Debitorensaldenliste:**

Kunden-Nr.	Kunden	Salden
24001	Ihle & Klein OHG	1400,00
24002	Otto Sauer KG	9300,00
Saldensumme		10700,00

Soll	2400 Ford. a. Lief. u. Leist.		Haben
Saldovortr.	12500,00	24001/24002	30300,00
24001/24002	28500,00	Saldo	10700,00
	41000,00		41000,00

Übungsaufgaben

93 **I. Anfangsbestände zum 1. Juni:**

1. Richten Sie in der Hauptbuchhaltung das Sachkonto 2400 Forderungen aus Lieferungen und Leistungen ein und tragen Sie zum 1. Juni einen Anfangsbestand in Höhe von 12400,00 EUR vor!

2. Richten Sie innerhalb der Debitorenbuchhaltung die folgenden Kundenkonten ein, und tragen Sie zum 1. Juni jeweils die angegebenen Anfangsbestände darauf vor:
   - Fabian Schlau KG, Kd.-Nr. 24005, Saldovortrag 5 100,00 EUR,
   - Gertrud Traub OHG, Kd.-Nr. 24006, Saldovortrag 7 300,00 EUR.

II. Geschäftsvorfälle:

Datum	Bel.-Nr.	Kd.-Nr.	Vorgang	Betrag
4. Juni	AR 122	24005	Zielverkauf einschl. 19 % USt	2 380,00 EUR
6. Juni	AR 123	24006	Zielverkauf einschl. 19 % USt	4 760,00 EUR
8. Juni	AR 124	24005	Zielverkauf einschl. 19 % USt	7 735,00 EUR
12. Juni	Ba 411	24006	Bankscheck	5 175,00 EUR
15. Juni	Ka 305	24006	Barzahlung	920,00 EUR
18. Juni	AR 125	24005	Zielverkauf einschl. 19 % USt	7 140,00 EUR
24. Juni	Ba 423	24005	Banküberweisung	5 980,00 EUR
30. Juni	Ka 307	24006	Barzahlung	1 610,00 EUR

III. Aufgaben:

1. Bilden Sie praxisgerecht die Buchungssätze für die angegebenen Geschäftsvorfälle!
2. Übertragen Sie die entsprechenden Werte der Buchungssätze auf die Debitorenkonten (Personenkonten)!
3. Übertragen Sie die auf den Debitorenkonten gebuchten Verkehrszahlen auf das Sachkonto 2400 Forderungen aus Lieferungen und Leistungen!
4. Schließen Sie die Debitorenkonten und das Forderungskonto zum 30. Juni ab und stellen Sie eine Saldenliste über die ausstehenden Forderungen auf!
5. Überprüfen Sie, ob das Sachkonto 2400 Forderungen aus Lieferungen und Leistungen der Hauptbuchhaltung mit der Saldenliste der Debitorenbuchhaltung abgestimmt ist!

94 **I. Anfangsbestände zum 1. August:**

1. Richten Sie in der Hauptbuchhaltung das Sachkonto 2400 Forderungen aus Lieferungen und Leistungen ein und tragen Sie zum 1. August einen Anfangsbestand in Höhe von 17 360,00 EUR vor!
2. Richten Sie innerhalb der Debitorenbuchhaltung die folgenden Kundenkonten ein und tragen Sie zum 1. August jeweils die angegebenen Anfangsbestände darauf vor:
   - Franz Leib OHG, Kd.-Nr. 24007, Saldovortrag 7 140,00 EUR,
   - Hans Rab OHG, Kd.-Nr. 24008, Saldovortrag 10 220,00 EUR.

II. Geschäftsvorfälle:

Datum	Bel.-Nr.	Kd.-Nr.	Vorgang	Betrag
5. August	AR 211	24007	Zielverkauf v. Handelswaren einschl. 19 % USt	3 332,00 EUR
9. August	AR 212	24008	Zielverkauf v. Handelswaren einschl. 19 % USt	6 664,00 EUR
11. August	AR 213	24007	Zielverkauf v. Handelswaren einschl. 19 % USt	10 829,00 EUR
12. August	BA 314	24008	Bankscheck	7 245,00 EUR
16. August	Ka 307	24008	Barzahlung	1 288,00 EUR
21. August	AR 214	24007	Zielverkauf v. Handelswaren einschl. 19 % USt	9 996,00 EUR
27. August	BA 322	24007	Banküberweisung	8 372,00 EUR
31. August	Ka 380	24008	Barzahlung	2 254,00 EUR

III. Aufgaben:

1. Bilden Sie praxisgerecht die Buchungssätze für die angegebenen Geschäftsvorfälle!
2. Übertragen Sie die entsprechenden Werte der Buchungssätze auf die Debitorenkonten (Personenkonten)!
3. Übertragen Sie die auf den Debitorenkonten gebuchten Verkehrszahlen auf das Sachkonto 2400 Forderungen aus Lieferungen und Leistungen!
4. Schließen Sie die Debitorenkonten und das Forderungskonto zum 31. August ab und stellen Sie eine Saldenliste über die ausstehenden Forderungen auf!
5. Überprüfen Sie, ob das Sachkonto 2400 Forderungen aus Lieferungen und Leistungen der Hauptbuchhaltung mit der Saldenliste der Debitorenbuchhaltung abgestimmt ist!

2.8.3 Buchhalterische Behandlung von Sofortnachlässen und Versandkosten[1]

(1) Buchhalterische Behandlung von Sofortnachlässen gegenüber Kunden

Die dem Kunden sofort bei Rechnungserteilung gewährten Nachlässe (Sofortnachlässe) mindern die Verkaufserlöse und erscheinen daher nicht in der Buchführung.

Geschäftsvorfall	Konten	Soll	Haben
Wir verkaufen Erzeugnisse auf Ziel (24002) laut folgender Ausgangsrechnung: Listenpreis 2 500,00 EUR – 10 % Rabatt 250,00 EUR 2 250,00 EUR + 19 % USt 427,50 EUR Rechnungsbetrag 2 677,50 EUR	24002 Franz Abel OHG an 5000 UE f. eig. Erzeugnisse an 4800 Umsatzsteuer	2 677,50	 2 250,00 427,50

(2) Buchhalterische Behandlung der den Kunden zusätzlich in Rechnung gestellten Nebenkosten

■ Vertriebskosten, die wir den Kunden in Rechnung stellen

Die von uns zusätzlich in Rechnung gestellten Vertriebskosten erhöhen die Verkaufserlöse. Die zusätzlich in Rechnung gestellten Versandkosten werden zusammen mit dem Stoffwert direkt auf dem entsprechenden Umsatzerlöskonto gebucht.

1 In diesem Teil wird nicht auf den Sachkonten, sondern auf den entsprechenden Personenkonten gebucht. Den Kontenplan für die Personenkonten finden Sie auf der Rückseite des Industriekontenrahmens abgedruckt.

Geschäftsvorfall	Konten	Soll	Haben
Wir verkaufen Erzeugnisse (24008) auf Ziel laut folgender Ausgangsrechnung: Listenpreis 1 200,00 EUR + Verpackung 55,00 EUR + Fracht 105,00 EUR 1 360,00 EUR + 19 % USt 258,40 EUR 1 618,40 EUR	24008 Hans Rab OHG an 5000 UE f. eig. Erzeugnisse an 4800 Umsatzsteuer	1 618,40	 1 360,00 258,40

Vertriebskosten, für die Eingangsrechnungen vorliegen

Nr.	Geschäftsvorfälle	Konten	Soll	Haben
1.	Wir zahlen folgende noch nicht gebuchte Eingangsrechnung für Verpackungsmaterial bar: 247,00 EUR + 19 % USt 46,93 EUR 293,93 EUR	6040 Aufw. f. Verpackungsmat. 2600 Vorsteuer an 2880 Kasse	247,00 46,93	 293,93
2.	Wir begleichen eine noch nicht gebuchte Rechnung unseres Spediteurs durch Banküberweisung für Fahrten im Monat März 380,00 EUR + 19 % USt 72,20 EUR 452,20 EUR	6140 Frachten u. Fremdlager 2600 Vorsteuer an 2800 Bank	380,00 72,20	 452,20
3.	Wir zahlen Vertriebsprovision bar 460,00 EUR +19 % USt 87,40 EUR 547,40 EUR	6150 Vertriebsprovision 2600 Vorsteuer an 2880 Kasse	460,00 87,40	 547,40

2.8.4 Rücksendungen durch Kunden

Beispiel:

Ausgangssituation: Folgende Ausgangsrechnung für auf Ziel (24007) verkaufte Erzeugnisse wurde bereits bei uns gebucht: Warenwert netto 20 000,00 EUR zuzüglich 19 % USt.

Geschäftsvorfall: Von der bereits bei uns gebuchten Lieferung schickt uns der Kunde (24007) wegen Falschlieferung Erzeugnisse zurück im Werte von

netto	800,00 EUR
+ 19 % USt	152,00 EUR
Rechnungsbetrag	952,00 EUR

Aufgaben:

1. Buchen Sie die Rücksendung des Kunden auf den Konten des Hauptbuches!
2. Bilden Sie den Buchungssatz!

Lösungen:

Zu 1.: Buchung auf den Konten des Hauptbuches

S	24007 Franz Leib OHG		H
5000/ 4800	23 800,00	5000 4800	952,00

S	5000 Umsatzerl. f. eig. Erzeugn.		H
24007	800,00	24007	20 000,00

S	4800 Umsatzsteuer		H
24007	152,00	24007	3 800,00

Zu 2.: Buchungssatz

Geschäftsvorfall	Konten	Soll	Haben
Ein Kunde sendet Erzeugnisse zurück: Nettowert 800,00 EUR + 19 % USt 152,00 EUR 952,00 EUR	5000 Umsatzerl. f. eig. Erz. 4800 Umsatzsteuer an 24007 Franz Leib OHG	800,00 152,00	 952,00

Übungsaufgabe

95 1. **Beleg 1:**

Möbelfabrik Wohnwelt AG

Möbelfabrik · Igor Magers · Goethestr. 8–10 · 31224 Peine

Möbelhaus
Alex Hauser OHG
Augustusplatz 15
04109 Leipzig

Rechnung 1790

Ihre Bestellung	Lieferdatum	Rechnungsdatum
13.07.20..	15.09.20..	20.09.20..

Wir lieferten Ihnen eine Küchenzeile:

Listenpreis	1 890,00 EUR
– 30 % Kundenrabatt	567,00 EUR
	1 323,00 EUR
– 5 % Einführungsrabatt	66,15 EUR
	1 256,85 EUR
+ 19 % USt	238,80 EUR
Rechnungspreis	1 495,65 EUR

Beleg 2:

Möbelfabrik Wohnwelt AG

Möbelfabrik · Igor Magers · Goethestr. 8–10 · 31224 Peine

Möbelhaus
Friedrich Lenz
Wielandstr. 21
39108 Magdeburg

Rechnung 1799

Ihre Bestellung	Lieferdatum	Rechnungsdatum
15.08.20..	18.09.20..	21.09.20..

Wir lieferten Ihnen einen Orientteppich:

Listenpreis	865,00 EUR
– 10 % Rabatt	86,50 EUR
	778,50 EUR
+ Zustellkosten	25,00 EUR
	803,50 EUR
+ 19 % USt	152,67 EUR
Rechnungspreis	956,17 EUR

Aufgabe:

Bilden Sie die Buchungssätze zu den Belegen 1 und 2 für die Möbelfabrik Wohnwelt AG (24016)!

2. 2.1 Ein Kunde (24010) kauft zwei Erzeugnisse im Bruttowert von 124,95 EUR je Erzeugnis gegen Rechnung. Bilden Sie den Buchungssatz!

   2.2 Nach einigen Tagen gibt er einen Artikel zurück und bezahlt den anderen bar. Bilden Sie den Buchungssatz!

3. Ausgangsrechnung Nr. 2654 für Handelswaren (24004)

	Warenwert	2 390,00 EUR
+	Verpackungskosten	105,00 EUR
+	Frachtkosten	132,00 EUR
+	Transportversicherung	25,00 EUR
		2 652,00 EUR
+	19 % USt	503,88 EUR
	Rechnungsbetrag	3 155,88 EUR

Aufgabe:

Bilden Sie den Buchungssatz für die Ausgangsrechnung!

4. Banküberweisung für eine noch nicht gebuchte

Rechnung unseres Spediteurs	920,00 EUR	
+ 19 % USt	174,80 EUR	1 094,80 EUR

5. Barkauf von Verpackungsmaterial

Barkauf von Verpackungsmaterial	277,50 EUR	
+ 19 % USt	52,73 EUR	330,23 EUR

2.8.5 Preisnachlässe gegenüber Kunden

(1) Grundlagen

Neben den Preisänderungen, die sofort bei Rechnungserteilung gewährt werden, gibt es auch im Verkaufsbereich Preisnachlässe, die nach der Buchung einer Ausgangsrechnung auftreten. Es sind drei Fälle zu unterscheiden:

- Preisnachlässe aufgrund beanstandeter Mängel des Kunden **(Mängelrüge),**
- den Kunden nachträglich gewährte Rabatte **(Umsatzboni),**
- den Kunden bei vorzeitiger Zahlung gewährte Skonti **(Kundenskonti).**

(2) Ein Kunde erhält eine Gutschrift aufgrund seiner Reklamation

Beispiel:

Ausgangssituation: Folgende Ausgangsrechnung für auf Ziel verkaufte Erzeugnisse an die Franz Leib OHG (24007) wurde bereits bei uns gebucht: Warenwert der Erzeugnisse netto 30 000,00 EUR zuzüglich 19 % USt.

Geschäftsvorfall: Die Franz Leib OHG (24007) reklamiert an den gelieferten Erzeugnissen Mängel und erhält daraufhin von uns einen Preisnachlass in Form einer Gutschrift in Höhe von

	Wert der Erzeugnisse netto	800,00 EUR
+	19 % USt	152,00 EUR
	Kundengutschrift	952,00 EUR

Aufgaben:

1. Buchen Sie den Geschäftsvorfall auf den Konten des Hauptbuches!
2. Bilden Sie den Buchungssatz für den Problemfall!

Lösungen:

Zu 1.: Buchung auf den Konten des Hauptbuches

S	24007 Franz Leib OHG		H
5000/4800	35 700,00	5001/4800	952,00

S	5000 Umsatzerlöse f. eig. Erz.		H
		24007	30 000,00

S	5001 Erlösberichtigungen		H
24007	800,00		

S	4800 Umsatzsteuer		H
24007	152,00	24007	5 700,00

Zu 2.: Buchungssatz

Geschäftsvorfall	Konten	Soll	Haben
Wir gewähren der Franz Leib OHG (24007) eine Gutschrift aufgrund ihrer Mängelrüge.	5001 Erlösberichtigungen 4800 Umsatzsteuer an 24007 Franz Leib OHG	800,00 152,00	 952,00

(3) Ein Kunde erhält eine Umsatzrückvergütung (Bonus) in Form einer Gutschrift

Die Buchung des Kundenbonus löst auf den Konten die gleichen Wirkungen aus und führt daher zum gleichen Buchungssatz.

Geschäftsvorfall	Konten	Soll	Haben
Wir gewähren der Franz Leib OHG auf die gelieferten Erzeugnisse einen Umsatzbonus in Form einer Gutschrift 600,00 EUR zzgl. 19 % USt.	5001 Erlösberichtigungen 4800 Umsatzsteuer an 24007 Franz Leib OHG	600,00 114,00	 714,00

(4) Kundenskonti

Zahlt der Kunde unter Skontoabzug, ist der Skonto auf dem Unterkonto **5001 Erlösberichtigungen** zu erfassen.

Beispiel:

Die Franz Leib OHG (24007) bezahlt eine bereits gebuchte Rechnung für die Lieferung von Fertigerzeugnissen in Höhe von	11 900,00 EUR
unter Abzug von 2 % Skonto durch Banküberweisung	238,00 EUR
Bankgutschrift	11 662,00 EUR

Aufgaben:

1. Buchen Sie den Geschäftsvorfall auf Konten!
2. Bilden Sie dazu den Buchungssatz!

Lösungen:

Zu 1.: Buchung auf den Konten

S	24007 Franz Leib OHG		H
5000/ 4800	11 900,00	2800/ 4800/5001	11 900,00

S	2800 Bank		H
24007	11 662,00		

S	4800 Umsatzsteuer		H
24007	38,00	24007	1 900,00

S	5000 Umsatzerlöse f. eig. Erz.		H
		24007	10 000,00

S	5001 Erlösberichtigungen		H
24007	200,00		

Zu 2.: Buchungssatz

Geschäftsvorfall	Konten	Soll	Haben
Die Franz Leib OHG (24007) überweist uns einen Rechnungsbetrag über 11 900,00 EUR unter Abzug von 2% Skonto 238,00 EUR Bankgutschrift 11 662,00 EUR	2800 Bank 4800 Umsatzsteuer 5001 Erlösberichtigungen an 24007 Franz Leib OHG	11 662,00 38,00 200,00	 11 900,00

Zur Berechnung der Steuerberichtigung:

Da der Skontobetrag vom Bruttowert der Ausgangsrechnung berechnet wurde, steckt in diesem Betrag in Höhe von 238,00 EUR auch der Umsatzsteueranteil, um den die ursprünglich gebuchte Umsatzsteuer korrigiert werden muss. Er kann wie folgt berechnet werden:

$$119\,\% \triangleq 238{,}00 \text{ EUR}$$
$$19\,\% \triangleq x \text{ EUR}$$

$$x = \frac{238 \cdot 19}{119} = \underline{\underline{38{,}00 \text{ EUR}}}$$

2.8.6 Abschluss des Kontos Erlösberichtigungen

Das Konto Erlösberichtigungen stellt ein Unterkonto des betreffenden Umsatzerlöskontos dar. Es wird über das betreffende Hauptkonto abgeschlossen.

Beispiel:

Summe der Erträge auf dem Konto 5000 Umsatzerlöse für eigene Erzeugnisse: 321 480,00 EUR, Summe der Erlösberichtigungen auf dem Konto 5001: 19 190,00 EUR.

Aufgaben:

1. Übernehmen Sie die angegebenen Beträge auf die entsprechenden Konten und schließen Sie die Konten ab!
2. Ermitteln Sie die Umsatzerlöse!

Lösungen:

Zu 1.:

S	5001 Erlösberichtigungen		H
Su	19 190,00	5000	19 190,00

S	5000 Umsatzerlöse für eig. Erz.		H
5001	19 190,00	Su	321 480,00
8020	302 290,00		
	321 480,00		321 480,00

Zu 2.: Die Umsatzerlöse betragen 302 290,00 EUR.

Übungsaufgaben

96 Bilden Sie zu den folgenden Geschäftsvorfällen die Buchungssätze:

Hinweis: Bei allen Geschäftsvorfällen ist davon auszugehen, dass die ursprüngliche Rechnung bereits bei uns gebucht war.

1. Aufgrund seiner Reklamation erhält ein Kunde (24006) auf die gelieferten Erzeugnisse nachträglich einen Preisnachlass in Form einer Gutschrift. Gutschriftbetrag einschließlich 19% USt 476,00 EUR.
2. Ein treuer Kunde (24004) erhält durch Gutschriftanzeige den vierteljährlichen Umsatzbonus. Berechnen und buchen Sie den Bonus aufgrund folgender Daten:

   Erzielter Umsatz aus dem Verkauf von Fertigerzeugnissen einschließlich 19 % USt 177 310,00 EUR.

Bonusstaffelung:	Nettoumsatz:	bis	50 000,00 EUR	Bonus:	1 %
		bis	100 000,00 EUR		2 %
		bis	150 000,00 EUR		3 %
		über	150 000,00 EUR		4 %

3. Ein Kunde (24005) schickt einen Teil unserer Erzeugnisse zurück

Nettowert	291,30 EUR	
+ 19 % USt	55,35 EUR	346,65 EUR

97 Bilden Sie den Buchungssatz für den nachfolgenden Beleg aus Sicht der Wipper GmbH (24011)!

Volksbank Wolfenbüttel-Salzgitter GENODEF1WFV

IBAN	Kontoart	letzter Auszug	Erstellungsdatum	Zeit	Auszug-Nr.	Blatt	Filiale	
DE51270925550009400694		24	12.05.20..			1		4 791,20+

Beleg	Buchungstag	Wert	Text	Betrag
9224	12.05.		Heimann KG Urbanstr. 2 33106 Paderborn Rechnung-Nr. 2007 ./. 2 % Skonto	2 507,33+

Irrtum vorbehalten. Bitte Rückseite beachten.

Wipper GmbH
Robert-Koch-Str. 15
38302 Wolfenbüttel
7 298,53+

98 Bilden Sie die Buchungssätze zu den nachfolgenden Geschäftsvorfällen!

1. 1.1 Wir verkaufen Erzeugnisse auf Ziel an die Franz Abel OHG (24002) 4732,00 EUR zuzüglich 19 % USt.
   1.2 Für die Anlieferung der Erzeugnisse stellen wir der Franz Abel OHG 130,00 EUR zuzüglich 19 % USt in Rechnung.
   1.3 Aufgrund eines Qualitätsmangels sendet uns die Franz Abel OHG Erzeugnisse im Wert von netto 210,00 EUR zuzüglich 19 % USt zurück!
   1.4 Für die verspätete Lieferung der Erzeugnisse gewähren wir der Franz Abel OHG eine Gutschrift in Höhe von 90,00 EUR zuzüglich 19 % USt.
   1.5 Am Fälligkeitstag der Rechnung bezahlt die Franz Abel OHG den restlichen Rechnungsbetrag durch Banküberweisung abzüglich der vereinbarten 3 % Skonto.
2. Richten Sie die Konten 5000 Umsatzerlöse für eigene Erzeugnisse und 5001 Erlösberichtigungen ein! Tragen Sie die Beträge der fünf Geschäftsvorfälle in diese Konten ein (die Gegenkonten sind anzugeben, aber nicht zu führen)! Schließen Sie die Konten ab und weisen Sie buchhalterisch den Nettowert der tatsächlichen Umsatzerlöse aus!

99 Auf dem Bankkonto der Industriewerke Fritz Bleicher GmbH geht eine Überweisung der Josef Strobel KG (24015) in Höhe von 1385,16 EUR ein. Die Josef Strobel KG hat 3 % Skonto abgezogen. Die Rechnung unterliegt 19 % USt.

Aufgaben:

1. Berechnen Sie den Skontobetrag und den Rechnungsbetrag!
2. Bilden Sie den Buchungssatz aus der Sicht der Fritz Bleicher GmbH für den Zahlungseingang!

2.9 Zahlungseingang und die Formen der Zahlung

2.9.1 Geld- und Zahlungsarten

(1) Geldarten

Im Zahlungsverkehr unterscheidet man drei Geldarten: das Bargeld, das Buchgeld und das elektronische Geld.

■ Bargeld

Zum Bargeld zählen Banknoten und Münzen. Die Eurobanknoten sowie die Euromünzen sind die **gesetzlichen Zahlungsmittel** der Bundesrepublik Deutschland.

Banknoten	Das alleinige Recht zur Ausgabe von Banknoten besitzt die Europäische Zentralbank[1] **(Notenprivileg)**. Die Banknoten sind die gesetzlichen Zahlungsmittel der Bundesrepublik Deutschland. Für sie besteht Annahmezwang, d. h., ein Gläubiger muss sie mit schuldenbefreiender Wirkung grundsätzlich in unbegrenzter Höhe entgegennehmen.

1 Die **Europäische Zentralbank (EZB)** mit Sitz in Frankfurt (Main) ist verantwortlich für die Geldpolitik (Steuerung der Geldmenge und der Zinssätze) in den Mitgliedstaaten der Wirtschafts- und Währungsunion (WWU).

Münzen	Die in der Bundesrepublik Deutschland umlaufenden Euromünzen sind durchweg **Scheidemünzen,** weil ihr Materialwert geringer als ihr Nennwert ist (unterwertig ausgeprägte Münzen). Eurocent-Münzen müssen bis zu fünfzig Münzen im Gesamtbetrag von höchstens 100,00 EUR in Zahlung genommen werden. Die deutschen Euromünzen werden im Auftrag der Bundesregierung von den staatlichen Prägeanstalten geprägt **(Münzregal)** und von der Deutschen Bundesbank in Umlauf gebracht.

Buchgeld (Giralgeld)

- Das Buchgeld (Giralgeld) **entsteht** durch **Bareinzahlung** der Kunden auf **Girokonten**[1] und durch Kreditgewährung der Kreditinstitute.
- **Vernichtet** wird es durch Barabhebung und Kredittilgung durch die Bankkunden.

Wesentliches Merkmal des Buchgelds ist, dass es **jederzeit verfügbar** ist. Soweit es sich dabei um verfügbare **Guthaben der Kunden** bei den Kreditinstituten handelt, spricht man von **Sichteinlagen**. Das Buchgeld ist „echtes" Geld, das alle Aufgaben (Funktionen) des Papiergelds erfüllen kann.

Elektronisches Geld

Elektronisches Geld sind Werteinheiten in Form einer **Forderung gegen die ausgebende Stelle,** die

- auf **elektronischen Datenträgern** gespeichert sind,
- gegen **Entgegennahme eines Geldbetrags** ausgegeben werden (wobei der Eintauschpreis nicht geringer sein darf als der Wert des ausgegebenen E-Geld-Betrags) und
- von **Dritten als Zahlungsmittel angenommen** werden, ohne gesetzliches Zahlungsmittel zu sein.

Der Inhaber von elektronischem Geld kann von der ausgebenden Stelle (i. d. R. eine Bank) den Rücktausch zum Nennwert in Münzen und Banknoten oder in Form einer Überweisung auf sein Konto verlangen. Die zur Durchführung des Rücktausches anfallenden Kosten dürfen in Rechnung gestellt werden. Ein Beispiel für elektronisches Geld ist die Geldkarte.

Kein elektronisches Geld liegt vor, wenn die Werteinheiten lediglich Vorauszahlungen für bestimmte Sach- und Dienstleistungen darstellen (z. B. Telefonkarten).

(2) Zahlungsarten

Je nachdem, ob der **Zahler** (z. B. Schuldner) mit **Bargeld** oder mit **Buchgeld** zahlt und der **Zahlungsempfänger** (z. B. ein Gläubiger) **Bargeld** oder **Buchgeld** erhält, unterscheidet man folgende Zahlungsarten (Zahlungsformen):

Barzahlung[2]	■ Die Zahlung erfolgt mit Banknoten und/oder Münzen. Sie ist erforderlich, wenn weder der Zahler noch der Zahlungsempfänger ein Girokonto haben. ■ Die Barzahlung sollte nur gegen Ausstellung einer Quittung erfolgen.

1 Das Wort **„Giro"** kommt von „Kreis", „Ring". Gelder, die auf Girokonten liegen, kann man nämlich von Konto zu Konto überweisen, weil die Kreditinstitute gewissermaßen „ringförmig" miteinander in Verbindung stehen.

2 Auf die Behandlung der Barzahlung und der halbbaren Zahlung wird im Folgenden nicht eingegangen. Sie ist keine unternehmenstypische Zahlungsart.

Halbbare Zahlung	Die Zahlung erfolgt mit Bargeld und mit Buchgeld. Diese Zahlungsart ist beispielsweise dann erforderlich, wenn **nur** der **Zahler oder nur** der **Zahlungsempfänger** ein Girokonto hat.
Bargeldlose (unbare) Zahlung	Die Zahlung erfolgt **ausschließlich** mit **Buchgeld.** Sie ist möglich, wenn sowohl der Zahler als auch der Zahlungsempfänger ein Konto haben.

2.9.2 Eröffnung eines Girokontos

(1) Begriff Girokonto

Voraussetzung für die Teilnahme am bargeldlosen Zahlungsverkehr ist die Eröffnung eines Kontos bei einer Bank. Hauptaufgabe dieser Konten – man nennt sie **Girokonten** – ist es, Geldzahlungen allein durch Umbuchungen abzuwickeln.

Auf dem **Girokonto** der Banken werden die Forderungen und Verbindlichkeiten der Banken gegenüber dem Kunden einander gegenübergestellt.

- **Forderungen der Bank** (Schulden des Kunden) werden im **Soll,**
- **Verbindlichkeiten der Bank** (Guthaben des Kunden) werden im **Haben** gebucht.[1]

Der Kontoinhaber kann über die auf dem Girokonto gebuchten Gelder bzw. über einen eingeräumten Kredit täglich und uneingeschränkt verfügen.

Aufbau des Girokontos

Soll	Haben
Verbindlichkeiten des Kontoinhabers (Forderungen der Bank)	Guthaben des Kontoinhabers (Verbindlichkeiten der Bank)

Mit der Eröffnung eines Kontos wird ein **Kontovertrag** abgeschlossen, der die rechtlichen Pflichten und Ansprüche (Rechte) für die Bank und ihre Kunden regelt. Es handelt sich um ein Dauervertragsverhältnis, das durch Zusatzverträge (z. B. Kreditverträge, Dienstleistungsverträge) ergänzt werden kann.

(2) Kriterien zum Leistungsvergleich zwischen den Banken

Bevor sich der Antragsteller zur Eröffnung eines Kontos entscheidet, gilt es, einen Leistungsvergleich zwischen den infrage kommenden Banken vorzunehmen. Hierzu sollten insbesondere folgende Kriterien herangezogen werden:

- **Wie hoch sind die anfallenden Kosten?**
  Die Höhe der anfallenden Entgelte für Bankleistungen divergiert[2] bei den einzelnen Banken teilweise sehr stark, sodass es sich sehr wohl lohnen kann, vor der Eröffnung eines Kontos einen Kostenvergleich anzustellen.
- **Welchen Kreditspielraum gewährt die Bank dem Inhaber eines Kontokorrentkontos?**
  Die Höhe des Kreditspielraums muss in jedem Einzelfall mit der Bank vereinbart werden. Bei Gehaltskonten gewähren die Banken in der Regel einen Kreditspielraum in Höhe von 2 bis 3 Monatsgehältern, ohne dass Kreditsicherheiten gestellt werden müssen.

1 Auf dem Kontoauszug weist die Bank statt des Begriffs „Soll" häufig nur ein Minuszeichen und statt des Begriffs „Haben" ein Pluszeichen aus.

2 **Divergieren**: auseinander gehen; in entgegengesetzter Richtung (ver)laufen.

- **Welchen Service bietet die Bank?**

Beispiele:

Werden alle modernen Zahlungssysteme angeboten (z. B. Homebanking, Point-of-Sale-System, Geldautomaten, Kontoauszugsdrucker, Datenträgeraustausch, Softwareprogramm für Vereine)? Stehen kompetente Kundenberater zur Verfügung (z. B. für Wertpapiergeschäfte, Vermögensanlage, Immobilien, Versicherungen, Bausparkasse)? Wird eine Kreditfinanzierung aus einer Hand angeboten? Können alle Auslandsgeschäfte abgewickelt werden?

- **Wie dicht ist das Filialnetz am Ort, in der Region und überregional?**

(3) Erläuterung eines Kontoauszugs

Die auf Antrag des Kunden bei einer Bank eröffneten, dem laufenden Zahlungsverkehr dienenden Konten werden **Girokonten** genannt. Zahlungseingänge und Zahlungsausgänge verändern den Kontostand des Girokontos. Die Veränderung des Kontostands teilt die Bank dem Kontoinhaber durch einen **Kontoauszug** mit. Der Kontoauszug enthält die einzelnen Zahlungsvorgänge (Umsätze) getrennt nach Soll (Minus) und Haben (Plus).

Die gesammelten Kontoauszüge sind für einen Kontoinhaber eine „Buchhaltung", aus der er einen Überblick über seine Zahlungseingänge und Zahlungsausgänge und den neuesten Kontostand gewinnt.

Der Bankkunde kann sie durch „Selbstbedienung" über einen Kontoauszugsdrucker ausdrucken lassen. Er kann sich die Kontoauszüge aber auch zusenden lassen oder online herunterladen und speichern oder selbst ausdrucken.

Der Kontoauszug enthält folgende Angaben:[1]

Hannoversche Volksbank ① VOHADE2HXXX ②

IBAN	Kontoart	letzter Auszug	Erstellungsdatum	Zeit	Auszug-Nr.	Blatt	Filiale	
DE25251900010000108851 ③	KKT	19. März 20..	19. März 20..	11:18			1	4041

④ Beleg	Buchungstag ⑤	⑥ Wert	Text ⑦		Betrag
300104	30.03.	30.03.	Re-Nr. 23083 vom 25. März 20.. Auftraggeber: Ralf Weybeck, 139,20 EUR Skontoabzug	Gutschrift	6820,80 +
300105	30.03.	31.03.	Eigene Einzahlung	Bareinzahlung	1000,00 +
300108	31.03.	31.03.	Re-Nr. 65090 vom 22. März 20.. Empfänger: F&P Dortmund, Skontoabzug 136,03 EUR	Lastschrift	4398,41 – ⑧
300109	31.03.	31.03.	Tilgungsrate März 20.. Kreditkonto 100109222	Lastschrift	5000,00 –
300110	31.03.	31.03.	Re-Nr. 23042 vom 24. März 20.. Auftraggeber: Wolfgang Döhmann	Gutschrift	5175,00 +

Werkzeugfabrik
Thomas Hewel OHG
Ibykusweg 101
30629 Hannover ⑨

⑩ Saldo alt 26281,89 +

⑪ Saldo neu 29879,28 +

Irrtum vorbehalten. Bitte Rückseite beachten.

1 Die Ausgestaltung des Kontoauszugs ist nicht einheitlich, sondern je nach Bank unterschiedlich.

20 Speth u.a. - ISBN 978-3-8120-0536-4

Erläuterungen:

① Name der kontoführenden Bank.

② BIC (Bank Identifier Code). Mit diesem Code können alle Banken, die international am Zahlungsverkehr teilnehmen, identifiziert werden. Er enthält die für die Weiterleitung von Zahlungsbelegen notwendigen Informationen: Ort und Netzzugehörigkeit der Kreditinstitute.

③ IBAN (International Bank Account Number). IBAN ist die weltweit gültige Nummer für das Girokonto. Durch die Kombination IBAN/BIC ist eine schnelle und günstige Abwicklung des internationalen Zahlungsverkehrs möglich.

④ Unter „Beleg" steht die Nummer, unter der der jeweilige Zahlungsvorgang bei der Bank registriert ist.

⑤ Buchungstag ist der Tag, an dem der Zahlungsvorgang von der Bank gebucht wurde.

⑥ Unter „Wert" ist ein Datum angegeben. Das ist das Datum, von dem ab der Bankkunde über das Geld verfügen bzw. nicht mehr verfügen kann.[1]

⑦ Im „Text" wird der Grund der Gutschrift/Lastschrift angegeben.

⑧ +: Haben (Gutschrift); −: Soll (Lastschrift).

⑨ Adresse des Kontoinhabers.

⑩ „Saldo alt" bedeutet: der Kontostand **vor** den neuen Gutschriften und Belastungen. In unserem Fall hat die Werkzeugfabrik ein Guthaben bei der Bank.

⑪ „Saldo neu" bedeutet: der Kontostand **nach** den neuen Gutschriften und Belastungen. Im vorliegenden Fall hat sich das Guthaben durch die höheren Gutschriften vermehrt.

Übungsaufgabe

100

Hannoversche Volksbank VOHADE2HXXX

IBAN	Kontoart	letzter Auszug	Erstellungsdatum	Zeit	Auszug-Nr.	Blatt	Filiale	
DE25251900010000108851	KKT	19. März 20..	19. März 20..	11:16			1	4041

Beleg	Buchungstag	Wert	Text		Betrag
300007	27.03.	27.03.	Rechnung-Nr. 4155138 Empfänger: WAZ Essen	Überweisung	398,11 −
300102	28.03.	28.03.	Auszahlung	Barauszahlung	1 500,00 −
300103	29.03.	29.03.	Miete März 20.. Empfänger: Schütze, Immobilien Hameln	Lastschrift	600,00 −

Irrtum vorbehalten. Bitte Rückseite beachten.

Werkzeugfabrik
Thomas Hewel OHG
Ibykusweg 101
30629 Hannover

Saldo alt 1 420,80 +
Saldo neu 1 077,31 −

Aufgabe:

Interpretieren Sie den vorgegebenen Kontoauszug!

---

1 Die **Wertstellung** ist für die **Zinsberechnung** von Bedeutung.

2.9.3 Bargeldlose Zahlung

2.9.3.1 SEPA-Zahlungen

2.9.3.1.1 SEPA-Überweisungen

Der einheitliche Euro-Zahlungsverkehrsraum SEPA (SEPA – **S**ingle **E**uro **P**ayments **A**rea) zielt darauf ab, dass bargeldlose Zahlungen der zugehörigen 34 Staaten[1] einfach, sicher und effizient abgewickelt werden können.

(1) Begriff und Beispiel

- Bei einer **Überweisung** wird **mittels Buchgeld** bezahlt.
- **Auftraggeber** und damit Einreicher der Überweisung ist der **Zahlungspflichtige.**
- Der Geldbetrag wird vom Girokonto des Zahlungspflichtigen abgebucht und **auf einem Konto** (z.B. Girokonto) **des Zahlungsempfängers** gutgeschrieben.

Beispiel:

Die Büromöbel Hameln GmbH bezahlt am 17.06.20.. die Rechnung Nr. 54872 vom 04.06.20.. über 3570,00 EUR per Überweisung.

Kontoverbindung:

Konto-Nr.:	637526 bei der Stadtsparkasse Hameln
BLZ:	25450001
IBAN:	DE71 2545 0001 0000 6375 26 bei der Stadtsparkasse Hameln
BIC:	NOLADE21HMS

Zahlungsempfänger:
Niedersächsische Holzwerke GmbH

Kontoverbindung:

Konto-Nr.:	736499 bei der Commerzbank Braunschweig
BLZ:	27040080
IBAN:	DE38 2704 0080 0000 7364 99 bei der Commerzbank Braunschweig
BIC:	COBADEFFXXX

- **IBAN – International Bank Account Number = Internationale Bankkontonummer**

Sie dient der eindeutigen Identifikation eines Kontos, enthält vier Bausteine und darf nur von der kontoführenden Stelle berechnet und ausgegeben werden.

Beispiel:

Konto-Nr.: 637526
Kreditinstitut: Stadtsparkasse Hameln
Bankleitzahl: 25450001

Länderkennzeichen	Prüfziffer 2-stellig	Bankleitzahl 8-stellig	Kontonummer 10-stellig (ggf. führende Nullen)
DE	71	25450001	0000637526

Erläuterungen:

- **DE** als Länderkennzeichen steht für Deutschland.

1 Der Geltungsbereich der SEPA umfasst die 31 Länder des Europäischen Wirtschaftsraums sowie die Schweiz, San Marino und Monaco.

- Die 2-stellige **Prüfziffer** wird bei der Erstermittlung der IBAN berechnet und an Position 3 und 4 der IBAN integriert. Verschreibt sich ein Verwender bei dieser IBAN, dann wird dieser Fehler aufgedeckt: Der Zahlungsdienstleister, der den Kundenauftrag entgegennimmt, ist verpflichtet, die angegebene IBAN auf Richtigkeit zu prüfen. Die Absicherung durch eine Prüfziffer fördert die reibungslose und automatisierte Abwicklung des Zahlungsverkehrs.
- Es folgt die bisherige **Bankleitzahl.**
- **Die Kontonummer** wird gegebenenfalls mit führenden Nullen auf 10 Stellen aufgefüllt.

BIC = Bank Identifier Code

Der BIC, auch SWIFT-Code genannt, identifiziert ein Kreditinstitut im grenzüberschreitenden Zahlungsverkehr. Die Angabe des BICs ist im SEPA-Raum für **Euro-Zahlungen** im Regelfall nicht erforderlich.

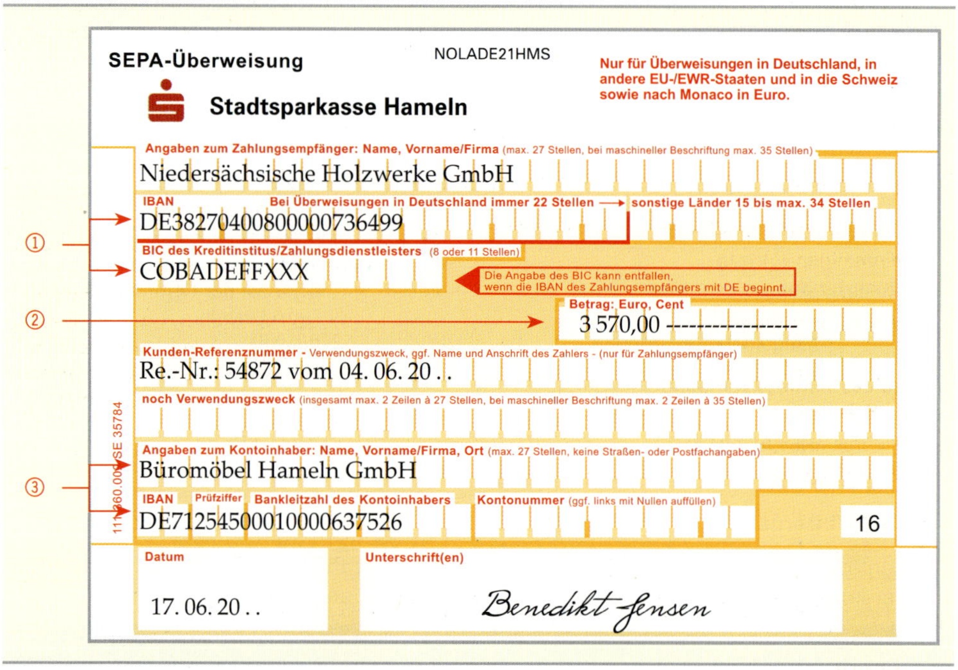
SEPA-Überweisung
NOLADE21HMS
Stadtsparkasse Hameln
Nur für Überweisungen in Deutschland, in andere EU-/EWR-Staaten und in die Schweiz sowie nach Monaco in Euro.

Angaben zum Zahlungsempfänger: Name, Vorname/Firma (max. 27 Stellen, bei maschineller Beschriftung max. 35 Stellen)
Niedersächsische Holzwerke GmbH
IBAN — Bei Überweisungen in Deutschland immer 22 Stellen → sonstige Länder 15 bis max. 34 Stellen
DE38270400800000736499
BIC des Kreditinstituts/Zahlungsdienstleisters (8 oder 11 Stellen)
COBADEFFXXX
Die Angabe des BIC kann entfallen, wenn die IBAN des Zahlungsempfängers mit DE beginnt.
Betrag: Euro, Cent
3 570,00
Kunden-Referenznummer - Verwendungszweck, ggf. Name und Anschrift des Zahlers - (nur für Zahlungsempfänger)
Re.-Nr.: 54872 vom 04. 06. 20 . .
noch Verwendungszweck (insgesamt max. 2 Zeilen à 27 Stellen, bei maschineller Beschriftung max. 2 Zeilen à 35 Stellen)
Angaben zum Kontoinhaber: Name, Vorname/Firma, Ort (max. 27 Stellen, keine Straßen- oder Postfachangaben)
Büromöbel Hameln GmbH
IBAN — Prüfziffer — Bankleitzahl des Kontoinhabers — Kontonummer (ggf. links mit Nullen auffüllen)
DE71254500010000637526
16
Datum
17. 06. 20 . .
Unterschrift(en)
Benedikt Jensen
111 260.000 SE 35784
① ② ③

Erläuterungen zum Überweisungsbeleg:

① Zur eindeutigen Identifikation des Zahlungsempfängers muss bei der SEPA-Überweisung die IBAN angegeben werden. Der BIC ist nur für Zahlungen in die Länder Monaco, San Marino und Schweiz sowie bei Zahlungen außerhalb der SEPA-Länder erforderlich.

② Die SEPA-Überweisung kann nur für Euro-Zahlungen genutzt werden.

③ Angaben zum Kontoinhaber und dessen IBAN.

(2) Ablauf des Zahlungsvorgangs

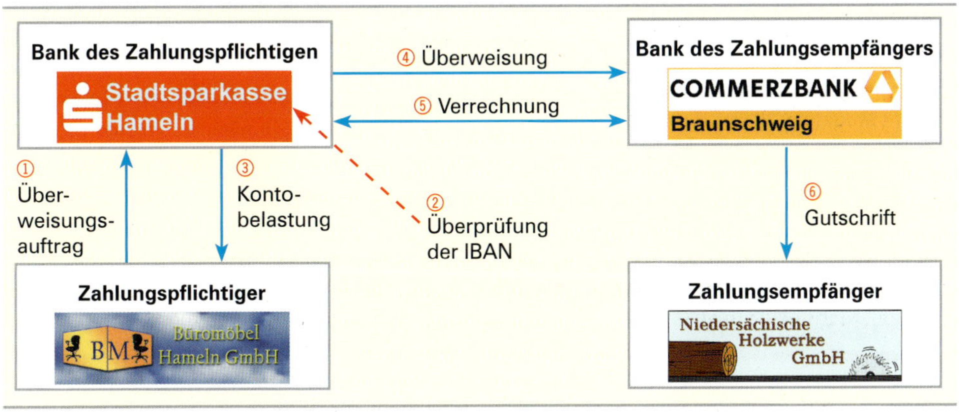

(3) SEPA-Dauerauftrag

Der SEPA-Dauerauftrag ist ein Sonderfall der SEPA-Überweisung. Hier erteilt

- der **Zahlungspflichtige seiner Bank** einen
- **einmaligen Auftrag,**
- bis **auf Widerruf**
- von **seinem Konto**
- einen **feststehenden Betrag**
- zu **bestimmten Terminen** (z. B. jeweils zum 1. eines Monats)
- auf das angegebene **Konto des Zahlungsempfängers**

zu überweisen.

Beispiel:

Der Baumarkt Wölfe & Sohn KG, Industriestr. 15, 38518 Gifhorn, lässt die Miete für seine Geschäftsräume jeweils zum 5. eines Monats vom Geschäftskonto abbuchen und auf das Konto des Vermieters überweisen.

2.9.3.1.2 SEPA-Basis-Lastschriftverfahren (SEPA Core Direct Debit Scheme)

(1) Begriff

- Eine **SEPA-Lastschrift** ist ein **Zahlungsvorgang zulasten des Kontos des Zahlungspflichtigen** bei dessen Kreditinstitut, bei dem die **Höhe des jeweiligen Zahlungsbetrages** und der **Fälligkeitstermin** vom **Zahlungsempfänger** angegeben werden.
- **Auftraggeber** und damit Einreicher der Lastschrift ist der **Zahlungsempfänger.**

Das Lastschriftverfahren ist geeignet, wenn Beträge abgebucht werden sollen, die im Zeitablauf in **wechselnder Höhe** und/oder zu **unregelmäßigen Zeitpunkten** anfallen.

Sowohl Privatpersonen als auch Firmen[1] sind als **Zahlungspflichtiger** und als **Zahlungsempfänger** zugelassen.

- Der Zahlungspflichtige hat einen **Erstattungsanspruch** innerhalb von **8 Wochen** nach Belastung – ohne Angabe von Gründen.
- Erfolgt die Belastung **ohne gültiges SEPA-Mandat**, beträgt der Erstattungsanspruch bis zu **13 Monate** nach der Belastung.

(2) Ablauf der SEPA-Basislastschrift

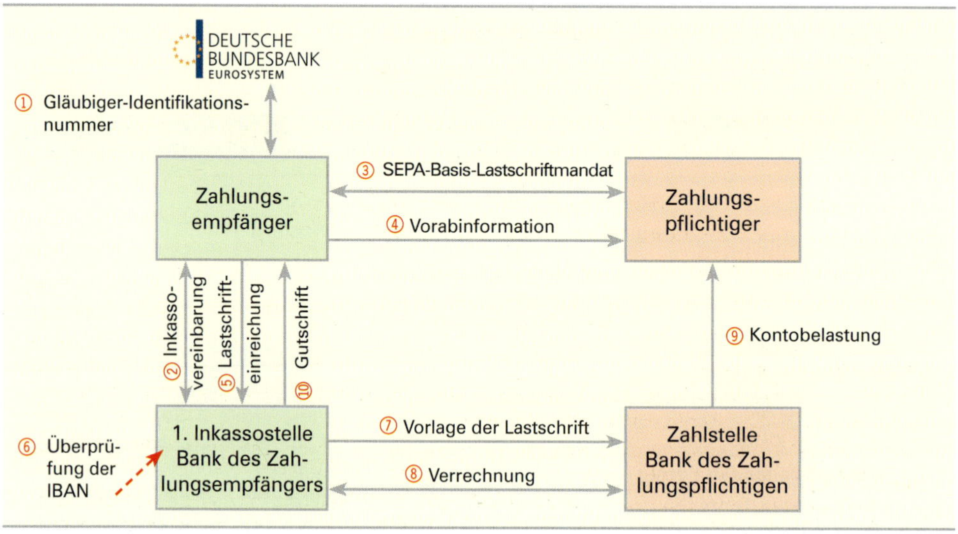

Erläuterungen:

① Der **Zahlungsempfänger benötigt** eine **Gläubiger-Identifikationsnummer** (kurz: Gläubiger-ID).
- Sie dient der eindeutigen Identifikation eines Lastschrifteinreichers und ist unabhängig von seiner Bankverbindung.
- Sie kann ausschließlich über das Internet bei der Deutschen Bundesbank beantragt werden.
- Sie ist im SEPA-Lastschriftmandat und in allen SEPA-Lastschriften anzugeben.

② Der **Zahlungsempfänger und seine Bank** schließen eine **Inkassovereinbarung** über den Einzug von Forderungen durch SEPA-Basislastschriften bzw. SEPA-Firmenlastschriften. Dies ist eine einmalige Vereinbarung zwischen dem Zahlungsempfänger und seiner Bank. Die Gläubiger-ID muss hierbei vorgelegt werden.

③ **Zahlungsempfänger und Zahlungspflichtiger** vereinbaren ein **SEPA-Basis-Lastschriftmandat.**[2]
Bevor der Zahlungsempfänger SEPA-Lastschriften einreicht, muss er vom Zahlungspflichtigen ein SEPA-Basis-Lastschriftmandat einholen. Es enthält die
- Ermächtigung des Zahlungsempfängers, Zahlungen vom Konto des Zahlungspflichtigen mittels SEPA-Basislastschriften einzuziehen,
- Weisung an sein Kreditinstitut, die Lastschriften einzulösen.

1 Beim **SEPA-Firmen-Lastschriftverfahren** gelten strengere Vorschriften. U.a. **verzichtet** der Zahlungspflichtige **auf** seinen **Erstattungsanspruch.** Diesen Verzicht erklärt er im Text des SEPA-Firmenmandats. **Verbraucher** sind beim SEPA-Firmen-Lastschriftverfahren als Zahlungspflichtige nicht zugelassen.

2 **Mandat,** lat. mandare: beauftragen, hier: Ermächtigung des Zahlungsempfängers durch den Zahlungspflichtigen, von seinem Konto Zahlungen durch Lastschrift einzuziehen.

④ Der **Zahlungsempfänger** hat dem Zahlungspflichtigen mindestens **14 Tage vor der Fälligkeit der ersten Zahlung** mittels SEPA-Basislastschrift den Lastschrifteinzug anzukündigen (z. B. im Text der Rechnung), damit dieser die erforderliche Deckung bereitstellen kann.

⑤ Der **Zahlungsempfänger reicht die Lastschrift bei seiner Bank** (1. Inkassostelle) **ein (zwingend: elektronisch).**

⑥ Die **Bank des Zahlungsempfängers** als erste Inkassostelle **überprüft die formale Korrektheit** (IBAN, Pflichtfelder) der eingereichten Datensätze.

⑦ **Vorlage bei Zahlstelle** (Bank des Zahlungspflichtigen).

⑧ **Zahlungsverrechnung der Banken** untereinander.

⑨ **Belastung auf dem Konto des Zahlungspflichtigen.**

⑩ **Gutschrift auf dem Konto des Zahlungsempfängers.**

Die Schritte ⑧–⑩ finden im Regelfall am Fälligkeitstag statt.

Beispiel eines SEPA-Basis-Lastschriftmandats:

Niedersächsische Holzwerke GmbH
Friedrichstraße 34, 38102 Braunschweig

Gläubiger-Identifikationsnummer: DE85WHW00000305087

SEPA-Basis-Lastschriftmandat

Mandatsreferenz 982736

- Ich ermächtige/Wir ermächtigen den Zahlungsempfänger (Name siehe oben), Zahlungen von meinem/unserem Konto mittels Lastschrift einzuziehen.
- Ich weise/Wir weisen zugleich mein/unser Kreditinstitut an, die vom Zahlungsempfänger (Name siehe oben) auf mein/unser Konto gezogenen Lastschriften einzulösen.
- Hinweis: Ich kann/Wir können innerhalb von acht Wochen beginnend mit dem Belastungsdatum, die Erstattung des belasteten Betrages verlangen. Es gelten dabei die mit meinem/unserem Kreditinstitut vereinbarten Bedingungen.

Zahlungsart: ☐ Einmalige Zahlung ☒ Wiederkehrende Zahlung

Vorname und Name (Kontoinhaber)

Büromöbel Hameln GmbH

Straße und Hausnummer

Hauptstraße 5

Postleitzahl und Ort

31787	Hameln

IBAN

D	E	7	1	2	5	4	5	0	0	0	1	0	0	0	0	6	3	7	5	2	6

BIC

N	O	L	A	D	E	2	1	H	M	S

Ort und Datum

Braunschweig	03. 10. 20 . .

Benedikt Jensen

Unterschrift

Außer durch die **Gläubiger-ID** wird jedes Mandat durch eine eindeutige **Mandatsreferenz** identifiziert. Letztere ermöglicht es dem Zahlungspflichtigen, bei der Belastungsbuchung zu prüfen, ob ein SEPA-Lastschriftmandat besteht.

Beachte:

- Die Bank prüft die **formale** Korrektheit der im Lastschriftauftrag enthaltenen Daten. Fehlerhafte Lastschriftaufträge werden zurückgewiesen. Nach dieser Prüfung befinden sich **nur fehlerfreie Daten im Prozessablauf,** sodass dieser **vollautomatisch abgewickelt** werden kann.
- Die **Verantwortung für die Richtigkeit der Daten** liegt somit außerhalb des Bankensystems und ausschließlich **beim Auftraggeber** (bei der SEPA-Überweisung = Zahlungspflichtiger, bei der SEPA-Lastschrift = Zahlungsempfänger).

2.9.3.2 Zahlungen mit der Girocard

2.9.3.2.1 Begriff Girocard und Girocard-Zahlung

(1) Begriff Girocard[1]

Girocards werden von Banken ausgegeben. Sie sind mit einer Geheimzahl **(Personal Identification Number: PIN)** ausgestattet. Jeder Karte ist ein **Girokonto zugeordnet,** das bei einer Zahlung sofort belastet wird.

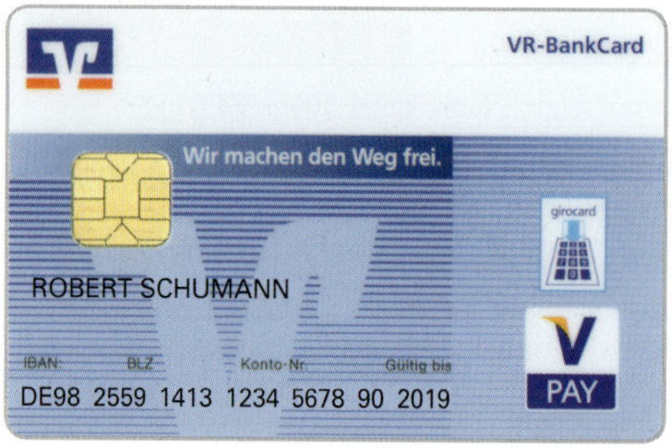

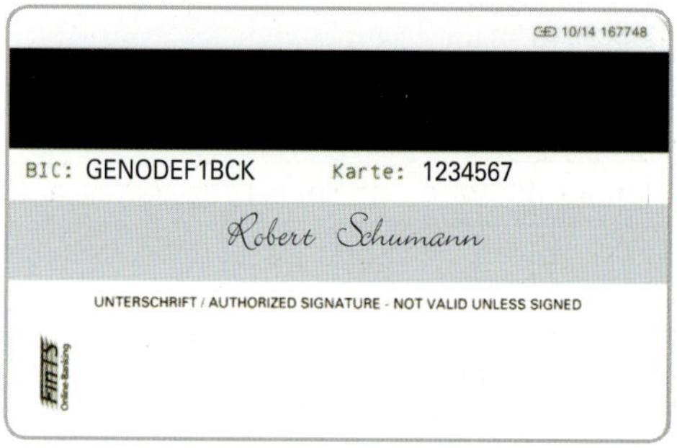

(2) Girocard-Zahlung

Girocard-Zahlung ist eine bargeld- und beleglose Zahlungsart, bei der die Zahlung an einer automatisierten Ladenkasse unter Verwendung einer Girocard direkt am Verkaufsort **(Point of Sale: POS)**[2] vorgenommen wird.

Die elektronischen Zahlungen mithilfe der maschinell lesbaren Karten sind möglich, weil die Einzelhandelsgeschäfte, Kaufhäuser und Tankstellen in Verbindung mit den Banken elektronische Kassen (Girocard-Terminals) eingerichtet haben. Werden die Karten bei der Zahlung vertragsgemäß verwendet, garantieren die Banken die Einlösung der Kartenzahlung. Die Girocard-Zahlung kann online oder offline abgewickelt werden.

girocard

1 Die **Girocard** bezeichnet man auch als **Debitkarte.** Debit (engl.): Schulden, Belastung (des Kontos).

2 **Point of Sale (POS):** „Punkt des Verkaufs"; Verkaufsort.

2.9.3.2.2 Electronic Cash (Pay-now-Karte)[1]

(1) Girocard-Zahlung online

Ist die Kaufsumme vom Verkäufer in die Kasse eingegeben und vom Kunden kontrolliert, gibt der Kunde seine Girocard und die Geheimnummer (PIN) in einen Kartenleser ein, der mit dem Rechenzentrum des betreffenden Netzbetreibers verbunden ist. Das Rechenzentrum überprüft bei der Bank, die die Karte ausgestellt hat, in Sekundenschnelle die Geheimnummer, die Echtheit der Karte, eine mögliche Sperre sowie das Guthaben bzw. das Kreditlimit **(Autorisierungsprüfung).**[2] Wird die Zahlung genehmigt (autorisiert), erhält der Kunde den quittierten Kassenbeleg ausgehändigt. Die Summe wird zunächst im Kassenterminal gespeichert und in der Regel täglich an die Bank weitergeleitet.

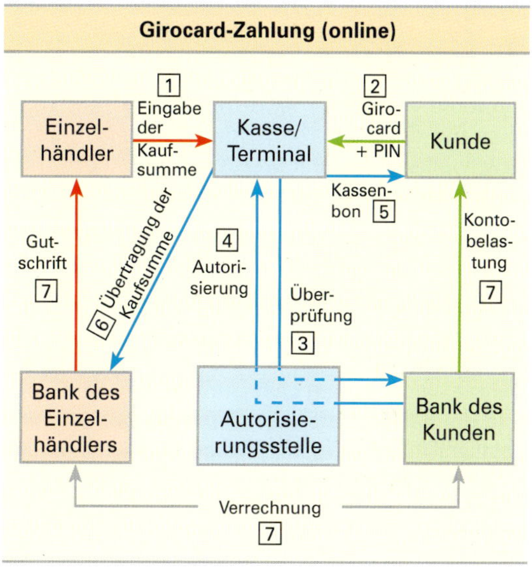

Der Verkäufer erhält automatisch von seiner Bank die Gutschrift (abzüglich Gebühren). Dem Käufer wird der Rechnungsbetrag auf dem Konto belastet.

(2) Chip-offline-Verfahren

Bei diesem Verfahren wird der Microchip mit einem Verfügungsrahmen (z.B. 500,00 EUR) geladen. Beim Bezahlvorgang prüft das Terminal nach Eingabe der Geheimzahl (PIN) im Chip den noch zur Verfügung stehenden Rahmen und bucht den Kaufbetrag ab. Die Prüfung des Verfügungsrahmens erfolgt im Regelfall offline, d.h. ohne Onlineverbindung. Ist bei dieser Prüfung der Verfügungsrahmen überschritten oder der Bereitstellungszeitraum verstrichen, baut das Terminal automatisch eine Onlineverbindung auf und autorisiert den Umsatz. In beiden Fällen erhält der Verkäufer eine garantierte Zahlung.

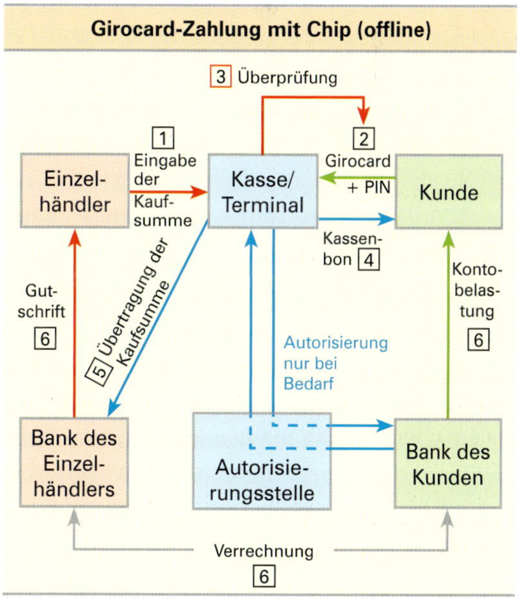

1 **pay now** (engl.): bezahle jetzt. Charakteristisch für Pay-now-Karten ist, dass ihre Verfügung sehr zeitnah dem Konto des Karteninhabers belastet wird.

2 **Autorisieren**: ermächtigen.

Kosten. Electronic-Cash-Zahlungen sind für den Kunden gebührenfrei. Die Kosten für den Händler betragen 0,3 % des Umsatzes, mindestens jedoch 0,08 EUR pro Umsatz. Dieses Entgelt erhält die Karten ausgebende Bank (Bank des Kunden) und wird im Zusammenhang mit dem Einzug des Electronic-Cash-Umsatzes abgerechnet.

(3) Internationale Zahlung mit der Girocard

Symbole wie **V-PAY** und **MAESTRO** zeigen an, dass mit der entsprechenden Girocard europa- bzw. weltweit bezahlt werden kann – sofern die ausländischen Händler dies akzeptieren.

Gleiches gilt für die Möglichkeit, das internationale Geldautomatennetz zu nutzen.

2.9.3.2.3 Elektronisches Lastschriftverfahren (ELV)

Beim elektronischen Lastschriftverfahren (ELV) werden die Kontonummer und die Bankleitzahl vom Terminal aus der Girocard gelesen. Es wird ein Lastschriftbeleg erstellt. Durch seine Unterschrift erteilt der Kunde dem Händler eine einmalige Einzugsermächtigung. Der Händler zieht die Lastschrift über seine Hausbank vom Konto des Kunden ein.

Diese Zahlungsform ist für den Händler zwar kostengünstig, aber auch risikoreich, da weder eine Autorisierungs- noch eine Sperrprüfung der Girocard vorgenommen wird. Außerdem hat der Händler keine Zahlungsgarantie durch die Bank.

2.9.3.2.4 Nutzung der Girocard als Geldkarte (Pay-before-Karte)[1]

Der Karteninhaber lädt den in der Girocard integrierten Chip an einem Geldautomaten oder einem speziellen Ladeterminal in der Bank bis zu einem Betrag von 200,00 EUR zulasten seines Kontos auf. Die Eingabe seiner PIN ist hierbei erforderlich. Somit verfügt der Kunde über eine „elektronische Geldbörse".

Beim Verkäufer erfolgt die Legitimation allein über den Besitz der Karte. Zur Bezahlung sind weder PIN noch Unterschrift erforderlich. Der Rechnungsbetrag wird nicht dem Konto belastet, sondern vom Chip abgebucht.

Bei Kassenabschluss werden die gespeicherten Umsätze online an die Hausbank übertragen. Diese veranlasst, dass das Karten ausgebende Institut an den Händler zahlt (Einzug per Lastschrift). Die Zahlung ist für den Händler garantiert.

Geht die Geldkarte verloren oder wird sie gestohlen, kann der Finder oder Dieb über das gespeicherte Guthaben verfügen, da keinerlei Legitimationsprüfung durch PIN-Eingabe oder Unterschrift durchgeführt wird. Auch eine Sperrung der Karte schützt das Geldkarten-Guthaben nicht, da diese Funktion der Girocard nicht gesperrt werden kann. Insofern wird ein Karteninhaber so gestellt, als hätte er Bargeld verloren bzw. es wäre ihm gestohlen worden.

1 **pay before** (engl.): bezahle vorher. Das Konto wird belastet durch das Aufladen des Chips.

2.9.3.3 Kreditkarte (Pay-later-Karte)[1]

Die Kreditkarte ist ein Ausweis. Legt der Inhaber diesen vor, dann erhält er Waren oder Dienstleistungen, ohne diese sofort bezahlen zu müssen.

Die nachfolgende Grafik zeigt den Ablauf des **Kreditkartenverfahrens.**

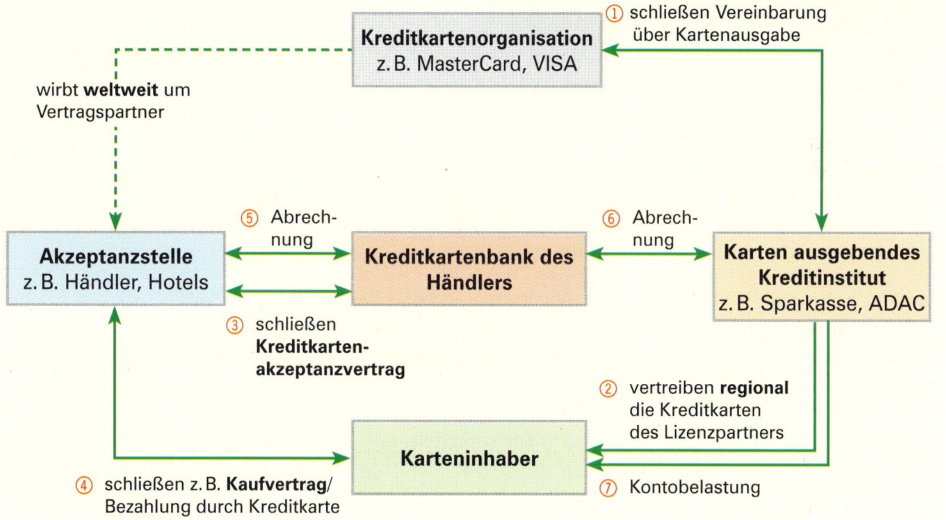

Erläuterungen:

① Das Karten ausgebende Kreditinstitut schließt eine Vereinbarung mit einer **Kreditkartenorganisation** zum Vertrieb von deren Karten.

② Wer eine Kreditkarte erwerben will, besorgt sich diese z. B. über seine Hausbank. Für die Kreditkarte ist eine jährliche Gebühr zu bezahlen.

③ Die Kreditkartenorganisationen schließen selbst keine Verträge mit Händlern ab. Deshalb benötigt ein Händler einen Kreditkartenakzeptanzvertrag (vergleichbar einem Kreditvertrag) mit einer Kreditkartenbank. Da es sich um einen kreditähnlichen Vertrag handelt, prüft die Kreditkartenbank sorgfältig das Geschäftsmodell des Händlers.

④ Mit der Karte kann der **Inhaber** bei allen Unternehmen **(Akzeptanzstelle),** die Vertragspartner dieser Kartenorganisation sind, Rechnungen bis zu einem bestimmten Verfügungsrahmen bargeldlos begleichen. Der Karteninhaber unterzeichnet einen Belastungsbeleg, auf welchen der Zahlungsempfänger (z. B. Händler) die Daten der Kreditkarte zuzüglich des Rechnungsbetrages übernommen hat. Ein Duplikat (Zweitausfertigung) behält der Karteninhaber zur Kontrolle.

⑤ Das Original legt der Händler bei seiner Kreditkartenbank vor. Diese überweist den Rechnungsbetrag unter Abzug eines Disagios (Abschlag) in Höhe von 2–4% vom Rechnungsbetrag.

1 **pay later** (engl.): bezahle später. Charakteristisch für diese Karten ist, dass die bargeldlosen Zahlungen gesammelt und i. d. R. einmal monatlich dem Konto des Karteninhabers belastet werden. In dieser Zeitspanne verfügt der Karteninhaber über einen Kredit.

⑥ Mit dem Karten ausgebenden Kreditinstitut rechnet die Kreditkartenbank des Händlers im Normalfall monatlich ab. Per Lastschrift werden die angefallenen Beträge beim Kreditinstitut des Karteninhabers eingezogen.

⑦ Mit seinem Kontoauszug erhält der Karteninhaber eine detaillierte Aufstellung der Rechnungsbeträge.

Wird eine Karte gestohlen, haftet der Karteninhaber bis zur Sperrung bis maximal 50,00 EUR. Danach ist er von der Haftung befreit.

2.9.3.4 Onlinebanking

Beim Onlinebanking (Homebanking) erhält der Kunde Zugang zum Rechner der Bank über deren Internetseite. Damit kann eine Vielzahl von Bankgeschäften frei von den Öffnungszeiten der Bank oder Sparkasse vom Wohnsitz des Kunden aus erledigt werden, z. B.

- Überweisungsaufträge erteilen,
- Überblick über die Kontostände gewinnen,
- künftige Zahlungsverpflichtungen im Auge haben (Daueraufträge, Terminüberweisungen),
- Wertpapierkäufe und -verkäufe durchführen,
- Handy aufladen,
- Daueraufträge erteilen, ändern oder widerrufen,
- Kontoauszüge abrufen und ausdrucken.

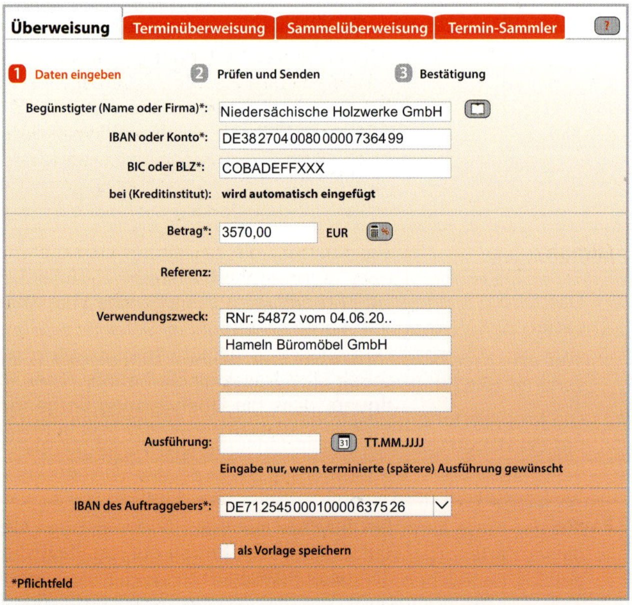

Der nebenstehende Bildschirmausschnitt zeigt, wie die Überweisung der Hameln Büromöbel GmbH an die Niedersächsische Holzwerke GmbH (siehe S. 308) als SEPA-Überweisung im Onlinebanking durchzuführen wäre.

Um Zugang zum Bankrechner zu erhalten, benötigt der Kunde – nachdem er die Internetseite der Bank aufgerufen hat – seine Kontonummer und seine persönliche Identifikationsnummer (PIN). Will er eine Aktion durchführen, die Auswirkungen auf seinen Kontostand hat, muss er diese Aktion autorisieren. Dies geschieht durch die **Eingabe einer TAN** (**Tr**ans**a**ktions**n**ummer). Ein kleines Gerät, der TAN-Generator, liest eine verschlüsselte Information vom Bildschirm, verlangt vom Benutzer die Bestätigung der Kontonummer des Empfängers und des Betrages und erzeugt dann die einzugebende, aktuelle TAN für diesen einen Auftrag. Sie ist gewissermaßen die „elektronische Unterschrift“ des Kontoinhabers.

2.9.3.5 Bevorzugte Zahlungsformen beim E-Commerce[1]

Zahlungsformen	Erläuterungen
Vorauskasse	Nach Eingang des Überweisungsbetrags versendet der Anbieter die vom Kunden im Internet oder per E-Mail bestellte Ware bzw. erbringt die Dienstleistung.
Kauf auf Rechnung	Beim Kauf auf Rechnung ist der Rechnungsbetrag erst **nach** Erhalt der Ware vom Käufer zu begleichen (z. B. durch eine Überweisung).
Nachnahme	Die vom Anbieter als Nachnahmesendung z. B. mit der Post versandte Ware wird erst dann ausgehändigt, wenn die Barzahlung an die Zustellkraft erfolgt ist. 
Lastschrift	Hier übermittelt der Kunde bei seiner Bestellung dem Anbieter elektronisch eine einmalige Ermächtigung zum Einzug des Kaufpreises.
Kauf mit Kreditkarte	Hier gibt der Zahler dem Anbieter seinen Namen, seine Kreditkartennummer und das Verfalldatum der Kreditkarte an. Die Unterschrift des Zahlers ist nicht erforderlich. Für den Käufer besteht das Risiko, dass der Anbieter z. B. unberechtigte Zahlungen veranlasst. Außerdem können Kreditkartendaten von „Hackern" ausgespäht (entziffert) und anschließend missbräuchlich verwendet werden. Der Nutzer kann bereits im Vorfeld sein Risiko verringern, indem er z. B. nur **SSL** (**S**ecure **S**ocket **L**ayer)-verschlüsselte Verbindungen wählt. Sie sind daran zu erkennen, dass die Internetadresse mit **https:**// beginnt (statt mit **http:**//) und am angezeigten Schloss-Symbol. SSL **verschlüsselt die Kreditkartendaten** bei dem Transport durch das Internet und stellt einen sicheren Übertragungsweg zwischen Zahlungspflichtigem (Sender) und Zahlungsempfänger dar. Das SSL-Verfahren wird heute von den meisten Onlineshops angeboten.
Giropay	Die Kunden, die bei einem Unternehmen kaufen, das dem Internetbezahlsystem „Giropay" angeschlossen ist, werden nach dem Kaufabschluss mit einem Klick auf die **Online-Banking-Seite ihrer Hausbank** geleitet. Dort steht eine ausgefüllte Überweisung zur Genehmigung (Autorisierung) durch eine Transaktionsnummer (TAN) bereit. Der Kunde erhält die Bestätigung, dass die Überweisung vorgenommen wurde und das Unternehmen erhält elektronisch eine Zahlungsgarantie. Das Internet-Bezahlsystem „Giropay" wird von den Sparkassen, Volks- und Raiffeisenbanken sowie der Postbank angeboten.
PayPal	Bei PayPal-Zahlungen überweist der Käufer von seinem Bankkonto den entsprechenden Betrag auf das PayPal-Konto. Nach Eingang des Betrags auf dem PayPal-Konto wird dieses sofort automatisch dem PayPal-Konto des Verkäufers gutgeschrieben. **Ausnahme:** Wenn der Käufer den **Käuferschutz** beantragt, erfolgt die Zahlung an den Verkäufer später.

1 **E-Commerce** (electronic commerce, engl.): elektronischer Handel.

Zahlungsformen	Erläuterungen
Karten mit Geldkartenfunktion	Für die Zahlung von Kleinstbeträgen (Micropayments) sind Karten mit einer Geldkartenfunktion (z.B. Bankkarten und andere **SmartCards,** die mit einem Geldbetrag aufgeladen werden können) besonders geeignet.

2.9.3.6 Vorteile von Bankdienstleistungen

Die bargeldlose Zahlung bringt für die Kunden und für die Banken Vorteile.

Vorteile für den Kunden	Vorteile für die Banken
■ Erleichterung der Zahlung: Zahlung ohne großen Aufwand mit einem Formular; ■ Zahlung kann terminiert werden, Terminüberwachung übernimmt die Bank; ■ billiger als Barzahlung; ■ keine Aufbewahrung und Sicherung von Bargeld.	■ Kreditquelle: Da die Einlagen der Kunden nicht alle zur gleichen Zeit abgehoben werden, kann ein Teil der Giroeinlagen für Kredite verwendet werden; ■ Ertragsquelle (Zinsen, Gebühren). ■ Informationsquelle über Zahlungsverhalten (Seriosität) des Bankkunden.

Zusammenfassung

- Es sind **drei Geldarten** zu unterscheiden: Bargeld, Buchgeld und elektronisches Geld.
- Voraussetzung für den **bargeldlosen Zahlungsverkehr** ist, dass Zahler und Empfänger ein **Konto** (i.d.R. **Girokonto**) bei einem Kreditinstitut haben.
- Eine wichtige Art des Zahlungsauftrags ist die **Überweisung.** Bei der Überweisung wird der Zahlende belastet, der Empfänger erhält eine Gutschrift.
- **SEPA-Überweisungen** können im Inland und in den Mitgliedstaaten des einheitlichen Euro-Zahlungsverkehrsraums durchgeführt werden. Sie können **ausschließlich in Euro** abgewickelt werden.
- Beim **Dauerauftrag** führen Banken wiederkehrende Zahlungen in fester Höhe zu bestimmten Terminen aufgrund einer einmaligen Auftragserteilung an bestimmte Empfänger aus.
- Beim **Lastschriftverfahren** ist ein Kontoinhaber damit einverstanden, dass von seinem Konto wiederkehrende, jedoch unterschiedlich hohe Zahlungen vom Zahlungsempfänger abgerufen werden.
- Das **SEPA-Basis-Lastschriftverfahren** ist durch folgende Kriterien charakterisiert:
  - Kundenkennung durch IBAN und BIC
  - Gläubiger-Identifikationsnummer
  - Vorgabe eines Fälligkeitsdatums
  - Erteilung eines SEPA-Lastschriftmandats durch den Zahler an den Zahlungsempfänger
  - Widerspruchsrecht des Zahlers innerhalb 8 Wochen ab Belastungstag.
- Beim **SEPA-Firmen-Lastschriftverfahren** kann der Zahler der Lastschrift nach der Einlösung **nicht mehr widersprechen.** Der Zahlungsempfänger hat damit eine **Zahlungssicherheit.**
- **Das Onlinebanking** gibt dem Bankkunden die Möglichkeit, eine Vielzahl von Bankgeschäften (z.B. Abrufen des Finanzstatus, Überweisung) über das Internet zu tätigen.
- Zu den **Zahlungsformen im Internet** siehe Tabelle S. 317.

Vergleich der Zahlungsverfahren

	Electronic Cash Onlineverfahren	Electronic Cash Chip-offline-Verfahren	Elektronisches Lastschriftverfahren (ELV)	Geldkarte	V-Pay und Maestro	Kreditkarte
Kartensysteme	Girocard	Girocard	Girocard	Girocard	In Girocard integriert	Kreditkarte
Akzeptanzzeichen	girocard	girocard	ec	GeldKarte	V PAY Maestro	EUROCARD MasterCard VISA
Kurzbeschreibung	Elektronisches Zahlungssystem für inländische Debitkarten	Elektronisches Zahlungssystem für inländische Debitkarten unter Verwendung des Chips	Verfahren zwischen Händlern und Netzbetreibern	Bezahlfunktion für Kleinzahlungen über Chip – integriert in der Debitkarte (Girocard)	Elektronisches Zahlungssystem für Debitkarten im Ausland	Ausweis für ein elektronisches Bezahlsystem im In- und Ausland
Legitimation	Persönliche Geheimzahl	Persönliche Geheimzahl	Unterschrift	Keine	Persönliche Geheimzahl	Unterschrift, ggf. persönliche Geheimzahl
Sperrabfrage	Ja	Bei Bedarf	Nein	Nein	Ja	Je nach Bedarf
Autorisierung	Ja	Bei Bedarf	Nein	Im Chip	Ja	Je nach Bedarf
Ablauf	Zahlung wird mit Kontostand verglichen und freigegeben	Prüfung auf PIN und Verfügungsrahmen erfolgt zunächst offline. Falls positiv, wird Zahlung abgewickelt. Ansonsten Übergang in Online-verfahren	Kunde unterschreibt einmalige Einzugsermächtigung für Lastschrift	Rechnungsbetrag wird vom Guthaben der „elektronischen Geldbörse“ abgebucht	Zahlung wird mit Kontostand verglichen und freigegeben	Zahlung wird über die Kreditkartenbank des Händlers und über das Karten ausgebende Kreditinstitut abgewickelt
Sicherheit für Händler	Zahlung garantiert bis max. 2 000,00 EUR/Tag	Zahlung garantiert bis max. 2 000,00 EUR/Tag	Nein, daher hohes Risiko	Zahlung garantiert bis max. Chip-Guthaben bzw. 200,00 EUR	Zahlung garantiert bis max. 2 000,00 EUR/Tag	Zahlung garantiert
Kosten	0,3 % vom Umsatz, mind. 0,08 EUR	Solange offline, entfallen Kommunikationskosten für Händler	Nur geringe Verbindungskosten + übliche Bankgebühren für Lastschrifteinzug	0,3 % vom Umsatz, mind. 0,01 EUR	ca. 1 % vom Umsatz	Werden mit Kreditkartenbank des Händlers ausgehandelt, z. B. abhängig vom Jahresumsatz

Übungsaufgaben

101 1. Unterscheiden Sie den SEPA-Dauerauftrag vom SEPA-Lastschriftverfahren und bilden Sie zu jeder Zahlungsart drei Beispiele!

2. Nennen Sie den gemeinsamen Vorteil, den die Zahlungen mit SEPA-Dauerauftrag und SEPA-Lastschriftverfahren für den Zahlenden haben!

3. Begründen Sie, ob sich ein Girokonto auch für einen Schüler, der nicht viel Geld zur Verfügung hat, lohnt!

4. 4.1 Sie sind Kassierer des Fußballvereins SC Lippetal e. V. und möchten die Mitglieder dazu auffordern, dem Verein ein SEPA-Lastschriftmandat für den Einzug des Vereinsbeitrags zu erteilen. Als Mandatsreferenz soll die Mitgliedsnummer verwendet werden.

   Aufgabe:

   Schreiben Sie den Begleitbrief an die Mitglieder!

   4.2 Entwerfen Sie das Formular für das SEPA-Lastschriftmandat, das (mittels Serienbrief) mit den vorgedruckten Empfängerdaten an die Mitglieder verschickt werden soll!

   Gehen Sie von folgenden Musterdaten aus:

Zahlungsempfänger	SC Lippetal e. V. Diestedder Straße 52 59510 Lippetal
Gläubiger-ID des Vereins:	DE73 SCL0 0000 8274 91
Name des Mitglieds:	Franz Bergmüller
Seine Mitgliedsnummer:	001762
Straße und Hausnummer:	Niggenkamp 15
Ort	59510 Lippetal

5. Sabine hat verschiedene Zahlungen zu leisten. Sie ist Mitglied in einem Musikverein und muss monatlich 20,00 EUR überweisen. Außerdem bezieht sie unregelmäßig CDs von einem Versandhaus und erhält stets Mahnungen, da sie die pünktliche Überweisung vergisst.

   Aufgabe:

   Unterbreiten Sie Vorschläge, auf welche Weise diese Zahlungen vorgenommen werden könnten und erläutern Sie Ihre Vorschläge!

102 Susanne Nigbur, Ludwig-Erhard-Ring 28, 31141 Hildesheim, Kundin der Deutschen Bank Hildesheim, möchte am Montag, dem 05.04.20.. an Herrn Sven Sörensen, Kopenhagen, Dänemark, 750,00 EUR als Anzahlung für die Miete eines Ferienhauses überweisen.

Dazu legt sie nachstehende Buchungsbestätigung (Auszug) vor:

Sven Sörensen
Taarbakvej 6

DK-2100 Kobenhavn 28. 03. 20 . .
Tlf. 702010120

Sehr geehrte Frau Nigbur,

bitte überweisen Sie die Anzahlung in Höhe von 750,00 EUR für den in der Zeit vom 20. 07. bis 03. 08. 20 . . gemieteten Bungalow auf das unten angeführte Konto.

Danske Bank Kobenhavn
Amagertopvej 24,1
Kobenhavn
IBAN: DK50 0040 0440 1162 43
BIC: DABADKKKXXX

Aufgaben:

1. Beschaffen Sie sich ein SEPA-Überweisungsformular und füllen Sie den Überweisungsauftrag für die Kundin aus!

   Die IBAN der Kundin Susanne Nigbur lautet: DE14 2597 0074 0000 1987 26.

2. Informieren Sie die Kundin über die Bedeutung und den Aufbau der IBAN!

3. Erklären Sie der Kundin, warum die Kreditwirtschaft die International Bank Account Number (IBAN) eingeführt hat!

103

1. Nennen und erläutern Sie die Zahlungsmöglichkeiten, die mit der Girocard verbunden sind!

2. In einem Onlineshop wird die Bezahlung per Giropay angeboten. Beschreiben Sie den Ablauf des Verfahrens!

3. Notieren Sie die Vorteile, die die Abwicklung der Bankgeschäfte durch Homebanking (Onlinebanking) bietet!

4. 4.1 Beschreiben Sie, welchem Zweck die Kreditkarte dient!

   4.2 Stellen Sie dar, wie der Kreditkarteninhaber beispielsweise seine Hotelrechnung bezahlt!

5. Frau Sarah Bach macht die Buchhaltung für den Autozubehörgroßhandel Daniel Ziegler e. K. Frau Bach überlegt sich, wie sich die nachfolgenden monatlichen Zahlungen rationeller und einfacher durchführen lassen:

   5.1 Mitarbeitergehälter,

   5.2 Rechnung der Tankstelle,

   5.3 Pacht für die angemieteten Parkplätze,

   5.4 Pauschale für den Sicherheitsdienst.

   Aufgabe:

   Erläutern Sie, welche Zahlungsweisen sich für die jeweiligen Fälle anbieten!

6. Herr Häfner entschließt sich, die bargeldlose Zahlungsmöglichkeit mittels Girocard in seinem Fachgeschäft einzuführen. Lediglich über die Art des Verfahrens hat Herr Häfner noch keine Entscheidung getroffen.

   Aufgabe:

   Stellen Sie die Abläufe bei der Zahlung mit Girocard-online- bzw. Girocard-offline-Verfahren und dem elektronischen Lastschriftverfahren (ELV) dar und nennen Sie je einen Vor- und Nachteil für jedes der beiden Zahlungssysteme!

21 Speth u.a. - ISBN 978-3-8120-0536-4

2.10 Leistungsstörungen

2.10.1 Begriff Leistungsstörungen und Überblick über mögliche Leistungsstörungen

Nicht alle Kaufverträge werden den getroffenen Vereinbarungen entsprechend erfüllt. Es kommt zu **Leistungsstörungen.**

Zu einer **Leistungsstörung** kommt es, wenn der Schuldner die geschuldete Leistung nicht, nicht rechtzeitig oder nicht in der geschuldeten Weise erbringt.

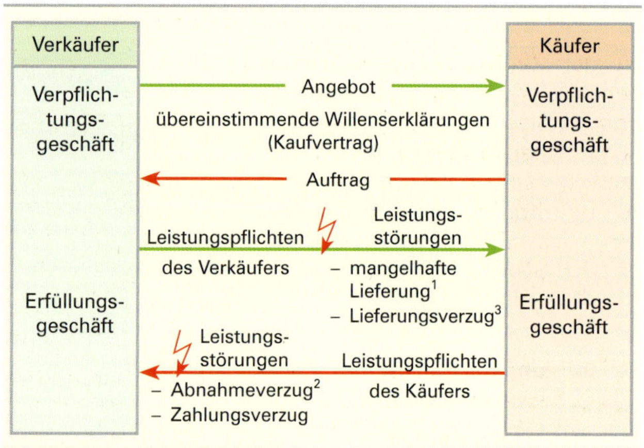

2.10.2 Zahlungsverzug (Nicht-Rechtzeitig-Zahlung)

2.10.2.1 Begriff Zahlungsverzug

Bei allen **Geschäften zwischen Unternehmen** dürfen nur noch Zahlungsfristen von maximal 60 Tagen[4] vertraglich vereinbart werden [§ 271 a I BGB]. Die Zahlungsfrist beginnt zum Zeitpunkt

- des **Empfangs der Leistung** (z. B. der Waren) oder
- des **Rechnungszugangs** oder
- des in der Rechnung **genannten Zeitpunkts.**

- **Zahlungsverzug** liegt vor, wenn
  - der **Gläubiger** seinen Teil des **Vertrags erfüllt** hat,
  - der **Gläubiger** den fälligen Betrag **nicht oder nicht rechtzeitig** erhalten hat und
  - der **Schuldner** den Zahlungsverzug **verschuldet**[5] hat.
- Der Zahlungsverzug ist ein **Schuldnerverzug.**

Der Gläubiger muss **in der Regel** den Zahlungspflichtigen **nicht mahnen,** es sei denn der Zahlungszeitpunkt ist nicht genau bestimmt und nicht berechenbar.

1 Auf die mangelhafte Lieferung wird im Kapitel 4.8.1, S. 425 ff. eingegangen.

2 Auf den Abnahmeverzug und den Zahlungsverzug wird im Folgenden nicht eingegangen.

3 Auf den Lieferungsverzug wird im Kapitel 4.8.2, S. 435 ff. eingegangen.

4 Im Einzelfall können längere Zahlungsfristen vereinbart werden, sofern sie **ausdrücklich getroffen** werden und den **Gläubiger nicht grob benachteiligen.**

5 Ein Verschulden wird bei Zahlungsverzug immer unterstellt.

Beim Zahlungsverzug handelt es sich um eine nur **vorübergehende Leistungsstörung.** Die Nachholbarkeit ist grundsätzlich immer möglich.[1]

2.10.2.2 Eintritt des Zahlungsverzugs

(1) Zahlungszeitpunkt nach dem Kalender genau bestimmt oder berechenbar

Ist der **Zahlungszeitpunkt** nach dem Kalender **genau bestimmt** oder lässt sich der Zahlungszeitpunkt **kalendermäßig genau berechnen,** so tritt der Zahlungsverzug **unmittelbar nach Überschreiten** des Zahlungstermins ein [§ 286 II BGB].[2]

Beispiele:

- Im Vertrag wird ein **kalendermäßig genau bestimmter Zahlungszeitpunkt** vereinbart:
  - *„Der Kaufpreis ist bis zum 15. Januar auf das vom Verkäufer genannte Konto zu überweisen."* Der Käufer kommt mit Ablauf des 15. Januars in Verzug.
  - *„Der Kaufpreis ist zahlbar im Mai 20.."* Der Käufer kommt mit Ablauf des 31. Mai 20.. in Verzug.

Ein **Zahlungstermin** ist nur dann **genau bestimmt,** wenn er **vertraglich vereinbart** ist [§ 286 II BGB].

Eine Leistungszeit kann nicht durch eine einseitige Erklärung bestimmt werden. Durch den bloßen Aufdruck des Zahlungstermins durch den Verkäufer auf einer Rechnung kann somit der Zahlungstermin nicht festgelegt werden.

- Im Vertrag wird ein **kalendermäßig genau berechenbarer Zahlungszeitpunkt** vereinbart:
  - *„Der Kaufpreis ist innerhalb von 10 Kalendertagen nach Rechnungs***datum** *zu leisten."* Ist die Rechnung auf den 17. Juni datiert, ist der Käufer mit Ablauf des 27. Juni in Zahlungsverzug.
  - *„Der Kaufpreis ist innerhalb von 8 Kalendertagen nach dem Mitteilungsdatum des Notars vom Vorliegen der Eintragungsvoraussetzungen auf das vom Verkäufer benannte Konto zu überweisen."* Lautet das Datum der Mitteilung des Notars am 1. Juli, so befindet sich der Käufer mit Ablauf des 9. Juli in Zahlungsverzug.

(2) Zahlungszeitpunkt nicht genau bestimmt und nicht berechenbar

Ist der Zahlungszeitpunkt weder genau bestimmt noch kalendermäßig berechenbar, dann kommt der Käufer in Zahlungsverzug, wenn er auf eine vom Verkäufer **nach der Fälligkeit erfolgte Mahnung** nicht zahlt [§ 286 I, S. 1 BGB].

Beispiel:

- *„zahlbar 14 Tage nach Rechnungserhalt"*
- *„zahlbar sofort"*
- *„zahlbar ab 20. April 20.."*

Beachte:

- **Verzichtet der Verkäufer auf eine Mahnung** oder **verweigert der Käufer die Zahlung** ernsthaft und endgültig, so befindet sich der Käufer **spätestens 30 Tage nach Fälligkeit und Zugang einer Rechnung** in Zahlungsverzug [§ 286 III, S. 1 BGB].[3]

1 Der Käufer kann **nicht** auf eine **unverschuldete Mittellosigkeit verweisen**: „Geld hat man zu haben", gegebenenfalls durch Aufnahme eines Darlehens.

2 Ist der Kunde ein Verbraucher [§ 13 BGB], so muss auf jeden Fall einmal gemahnt werden (Urteil BGB vom 25. 10. 2007, III ZR 91/07).

3 Die **30-Tage-Regelung** gilt nur für **Entgeltforderungen**.

- Der **Verkäufer kann** somit **wählen,** ob er z. B.
  - nach Zugang einer Rechnung beim Käufer durch eine **rasche Mahnung nach Fälligkeit** schon **vor Ablauf von 30 Tagen** den Zahlungsverzug herbeiführen will oder ob er
  - durch **bloßes Zuwarten** den Verzug **erst nach 30 Tagen** eintreten lässt.
- Beim **Verbrauchsgüterkauf** gilt diese Regel nur, wenn in der **Rechnung besonders darauf hingewiesen** wurde. Fehlt dieser Hinweis, dann bedarf es einer **Mahnung,** damit Verzug eintritt.

Beispiel:

Die Elektroeinzelhandlung Heinz Strom e.K. erhält am 2. August 20.. von der Tele-AG München eine Rechnung über gelieferte Fernseher. Bei Nichtzahlung ist die Elektroeinzelhandlung Heinz Strom e.K. **ohne Mahnung am 2. September 20..** in Zahlungsverzug.

Erhält die Elektroeinzelhandlung Heinz Strom e.K., am 17. August eine **Mahnung** der Tele-AG München wegen Nichtzahlung, dann ist sie **ab dem 17. August** in Zahlungsverzug, sofern sie auf die Mahnung nicht zahlt.

2.10.2.3 Rechtsfolgen (Rechte des Verkäufers)

(1) Überblick

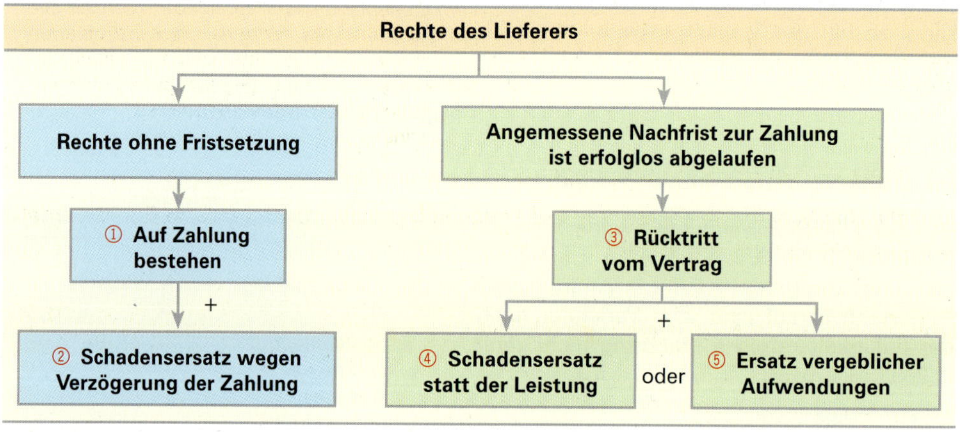

(2) Rechte ohne Fristsetzung

① Auf Zahlung bestehen

Der Verkäufer besteht auf dem vereinbarten Kaufpreis. Zahlt der Käufer nach dem Zahlungstermin, stellt der Verkäufer keine weiteren Ansprüche.

② Schadensersatz wegen Verzögerung der Zahlung

Der Verkäufer ist berechtigt, vom Käufer einen angemessenen Ersatz **aller** durch den Zahlungsverzug bedingten Verzugsschäden zu verlangen. Der Verkäufer ist so zu stellen, wie er vermögensmäßig stehen würde, wenn der Käufer rechtzeitig gezahlt hätte [§ 249 I BGB].[3]

Beispiele für Verzugsschäden:

- Gesetzliche Verzugszinsen (beim Verbrauchsgüterkauf 5 %, unter Kaufleuten 9 % über dem Basiszinssatz).[1]
- Kosten des Inkassobüros,[2] Anwalts- und Gerichtskosten, Porto.

(3) Rechte nach erfolgloser angemessener Fristsetzung zur Zahlung

③ Rücktritt vom Kaufvertrag

Ist eine vom Verkäufer gesetzte angemessene Frist zur Zahlung erfolglos abgelaufen, kann der Verkäufer vom Vertrag zurücktreten [§ 323 I BGB]. Beim Rücktritt sind alle bereits erbrachten Leistungen zurückzuerstatten, beispielsweise die gelieferte Ware durch den Käufer oder eine erhaltene Zahlung durch den Verkäufer.

Ein Rücktritt ist **nicht möglich,** wenn der **Schaden unerheblich** ist [§ 323 V, S. 2 BGB].

④ Schadensersatz statt der Leistung

Dies kann der Verkäufer zusätzlich zum Rücktritt vom Vertrag verlangen. Voraussetzung ist, dass den Käufer ein Verschulden trifft. Der Anspruch auf Zahlung ist damit ausgeschlossen.

Beispiel:

Ein Käufer zahlt nicht. Der Verkäufer nimmt die Ware zurück und verkauft sie anderweitig, jedoch zu einem niedrigeren Preis. Den Preisunterschied, die Rücknahmekosten und gegebenenfalls weitere entstandene Verzugskosten (z. B. Verzugszinsen) hat der Käufer zu tragen.

⑤ Ersatz vergeblicher Aufwendungen

Anstelle des Schadensersatzes statt der Leistung kann der Verkäufer auch Ersatz vergeblicher Aufwendungen verlangen.

Zusammenfassung

- **Voraussetzungen** für den Zahlungsverzug sind:
  - Fälligkeit der Schuld,
  - Verschulden des Schuldners (wird unterstellt).
- Der **Zahlungsverzug** tritt ein:

1 Der **Basiszinssatz** wird von der Europäischen Zentralbank bestimmt.

2 **Inkasso**: Einzug von Geldforderungen.

3 Grundsätzlich kann der Gläubiger jedoch bei jedem Verzugsschaden eine Verzugspauschale von 40,00 EUR beanspruchen [§ 288 V BGB].

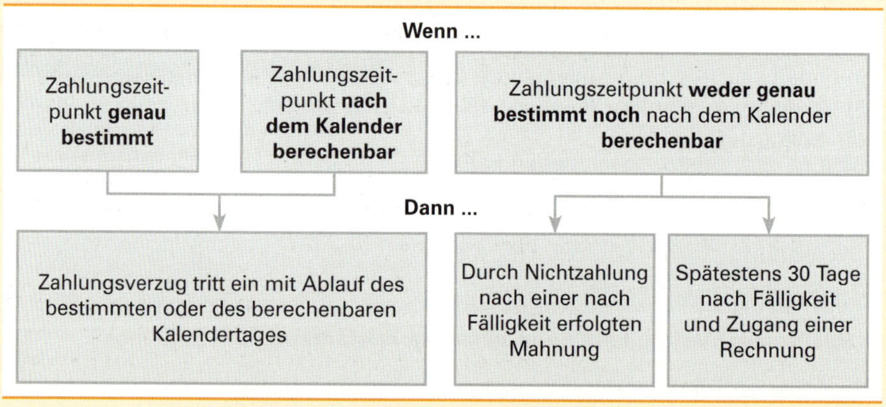

- **Die Rechte des Lieferers (Gläubigers) beim Zahlungsverzug** sind:
  - **ohne** Setzen einer **Nachfrist** das Bestehen auf Zahlung **und,** sofern eine evtl. notwendige Mahnung erfolgt ist und Verschulden aufseiten des Zahlungspflichtigen vorliegt, Schadensersatz wegen Verzögerung der Zahlung (insbesondere Verzugszinsen);
  - **nach erfolglosem Ablauf einer angemessenen Frist:** Rücktritt vom Kaufvertrag **und,** sofern eine notwendige Mahnung erfolgt ist und ein Verschulden aufseiten des Zahlungspflichtigen vorliegt, Schadensersatz statt der Leistung oder Ersatz vergeblicher Aufwendungen.

Übungsaufgaben

104

1. Nennen Sie die Voraussetzungen, die geprüft werden müssen, wenn beurteilt werden soll, ob ein Zahlungsverzug vorliegt oder nicht!
2. Geben Sie Vertragsformulierungen an, die einer Mahnung bedürfen, damit Zahlungsverzug eintritt!
3. Nennen Sie die Bedingungen unter welchen eine Mahnung entbehrlich ist!
4. Erläutern Sie die 30-Tage-Regel!
5. Geben Sie für die folgenden Fälle an, wann das Entgelt spätestens zu zahlen ist, wenn Zahlungsverzug vermieden werden soll!

Nr.	Vereinbarte Zahlungsbedingung
5.1	Zahlbar innerhalb von 10 Tagen ab Rechnungsdatum unter Abzug von 3% Skonto, Ziel 30 Tage ab Rechnungsdatum (zweiseitiger Handelskauf)
5.2	Ziel 20 Tage ab Rechnungsdatum (zweiseitiger Handelskauf)
5.3	Sofort (zweiseitiger Handelskauf)
5.4	Sofort (einseitiger Handelskauf, kein Hinweis auf „30-Tage-Regel“)
5.5	Keine Zahlungsbedingungen vereinbart (zweiseitiger Handelskauf)
5.6	Keine Zahlungsbedingungen vereinbart (einseitiger Handelskauf, mit Hinweis auf „30-Tage-Regel“)
5.7	Keine Zahlungsbedingungen vereinbart (einseitiger Handelskauf, Hinweis auf „30-Tage-Regel“ fehlt)

105 Klären Sie die folgenden Rechtsfälle:

1. Die Baumaschinenhandlung Feuchtbeiner e.Kfm. erhält am 2. Juni 20.. von ihrem Lieferer folgende Rechnung: 44000,00 EUR zuzüglich 19 % USt. Als Zahlungsbedingungen wurden vereinbart: Zahlung innerhalb von 10 Tagen ab Rechnungsdatum mit 2 % Skonto oder 30 Tage netto Kasse. Rechnungsdatum ist der 1. Juni 20..

   Aufgaben:

   Erläutern Sie, ob Feuchtbeiner in Zahlungsverzug ist, wenn er

   1.1 den Rechnungsbetrag abzüglich 2 % Skonto am 12. Juni 20.. überweist,

   1.2 den Rechnungsbetrag ohne Skonto am 15. Juli 20.. bezahlt hat!

2. Privatmann Schneider kauft sich einen Pkw vom Autohaus Gruber OHG. Er leistet eine Anzahlung, der Rest von 25000,00 EUR ist fällig und bereits angemahnt zum 10. November. Der Restbetrag trifft beim Autohaus jedoch erst am 10. Januar ein. Das Autohaus hat in der Zwischenzeit bei seiner Bank einen Kontokorrentkredit zu 10 % Zins über dem Basiszinssatz in Anspruch genommen.

   Aufgaben:

   2.1 Klären Sie rechtlich, ob das Autohaus Gruber OHG die Erstattung der Zinsen verlangen kann!

   2.2 Erläutern Sie die Rechtslage, wenn beide Personen Kaufleute und dieser Kauf für beide ein Handelsgeschäft gewesen wäre!

2.10.3 Sicherung und Durchsetzung von Ansprüchen

2.10.3.1 Eigentumsvorbehalt

(1) Begriff Eigentumsvorbehalt

Will der Käufer sofort in den Besitz der Kaufsache kommen, aber erst zu einem späteren Zeitpunkt bezahlen, so können Verkäufer und Käufer vereinbaren, dass der Verkäufer bis zur Zahlung des Kaufpreises Eigentümer der Kaufsache bleibt [§ 449 I BGB].[1]

- Der **Eigentumsvorbehalt** ist eine zusätzliche Vereinbarung beim Abschluss eines Kaufvertrags, wonach der **Käufer** mit der Übergabe der Kaufsache zunächst nur **unmittelbarer Besitzer, nicht aber Eigentümer** werden soll.
- Ein Eigentumsvorbehalt kann nur beim Kauf **beweglicher Sachen** vereinbart werden.

Die Einigung über den Eigentumsübergang ist zwar erfolgt, der Käufer erwirbt jedoch durch die sogenannte **aufschiebend bedingte Einigung** [§§ 929, 158 I BGB] nur ein Recht auf Erlangung des vollständigen Eigentums an der Kaufsache. Die Vereinbarung des Eigentumsvorbehalts bedarf keiner bestimmten Form.

Beispiel für die Formulierung des Eigentumsvorbehalts:

„Die Ware bleibt bis zur restlosen Bezahlung aller Forderungen aus laufenden Rechnungen unser Eigentum. Ein Weiterverkauf ist bis zur restlosen Bezahlung der Ware nicht zulässig."

1 Ein Eigentumsvorbehalt kann nur beim Kauf beweglicher Sachen vereinbart werden.

(2) Zweck des Eigentumsvorbehalts

Der Eigentumsvorbehalt sichert den Anspruch des Verkäufers auf Zahlung des Kaufpreises durch den Käufer **(Mittel der Kreditsicherung).** Der Eigentumsvorbehalt gibt dem Verkäufer einen **Rückforderungsanspruch** (Herausgabeanspruch) auf das Vorbehaltseigentum, wenn der Käufer nicht zahlt und der Verkäufer vom Kaufvertrag zurückgetreten ist [§§ 449 II; 323 BGB].

(3) Ende des Eigentumsvorbehalts

Der Eigentumsvorbehalt erlischt z. B., wenn die Ware

- vom Käufer bezahlt wird,
- verarbeitet oder umgebildet wird [§ 950 BGB],
- mit einem Grundstück als wesentlicher Bestandteil fest verbunden wird [§ 946 BGB],
- an einen gutgläubigen Dritten veräußert wird [§ 932 BGB],
- zerstört wird oder wenn
- der Verkäufer vom Kaufvertrag zurücktritt und die Kaufsache zurückverlangt.

(4) Arten des Eigentumsvorbehalts

Da im Wirtschaftsleben die unter Eigentumsvorbehalt gelieferten Waren in aller Regel weiterveräußert, vermischt oder verarbeitet werden, reicht der „einfache Eigentumsvorbehalt" nicht aus. Der Eigentumsvorbehalt muss ausgeweitet werden.

Verlängerter Eigentumsvorbehalt	Ein verlängerter Eigentumsvorbehalt liegt vor, wenn beim Weiterverkauf der Vorbehaltsware die dadurch entstehende **Forderung im Voraus an den Verkäufer abgetreten wird (Vorausabtretung).** Eine Verlängerung des Eigentumsvorbehalts ist auch dann gegeben, wenn unter Eigentumsvorbehalt gelieferte Waren verarbeitet und die daraus hergestellten Gegenstände zur Sicherung an den Verkäufer **übereignet** werden.
Erweiterter Eigentumsvorbehalt	Beim erweiterten Eigentumsvorbehalt vereinbart der Verkäufer mit dem Käufer, dass der Eigentumsvorbehalt an **allen (oder mehreren) gelieferten Kaufsachen** erst erlischt, wenn die **gesamten Kaufpreisforderungen** (Summe aller Einzelforderungen) des Verkäufers beglichen sind.

Übungsaufgabe

106 1. Erklären Sie Begriff und Zweck des Eigentumsvorbehalts!

2. 2.1 Begründen Sie, warum ein Eigentumsvorbehalt nur durch eine Vereinbarung zwischen dem Verkäufer und Käufer und nicht allein durch die Willenserklärung des Verkäufers, nur unter Eigentumsvorbehalt zu liefern, rechtswirksam werden kann!

   2.2 Nennen Sie den Vorteil, den der Eigentumsvorbehalt für den Lieferanten bietet!

   2.3 Nennen Sie vier Gründe, bei deren Vorliegen der Eigentumsvorbehalt erlischt!

2.10.3.2 Kaufmännisches (außergerichtliches) Mahnverfahren

Mit jedem Zielverkauf ist für den Verkäufer trotz aller Kreditsicherungsmaßnahmen ein Zahlungsrisiko (Kreditrisiko) verbunden. Der Verkäufer hat dem Käufer die Kaufsache bereits übergeben, ohne vom Käufer den Kaufpreis „Zug-um-Zug" zu erhalten. Um Zahlungsverzögerungen und Zahlungsausfällen vorzubeugen, ist die laufende Überwachung der Forderungen notwendig.

(1) Form und Stufen der Mahnung

Es gibt keine gesetzlich vorgeschriebene Form der kaufmännischen (außergerichtlichen) Mahnung. Die meisten Mahnungen erfolgen jedoch aus Gründen der Beweissicherheit in **schriftlicher Form.**

In der Praxis erfolgen die kaufmännischen Mahnungen im Allgemeinen in folgenden Stufen:

Zahlungserinnerung	Sie ist eine höfliche Erinnerung an die fällige Zahlung (meistens mit einer **Rechnungskopie** oder einem **Kontoauszug**), die häufig mit einem neuen Angebot verbunden wird.
Erste Mahnung	In ihr wird ausdrücklich auf die Fälligkeit der Schuld (Zahlung) hingewiesen und eine **neue Zahlungsfrist** gesetzt. Wie bei der Zahlungserinnerung können die entsprechenden Zahlungsformulare beigelegt werden.
Zweite Mahnung	In dieser Mahnung wird dem Schuldner unter Hinweis auf die ihm entstehenden zusätzlichen Kosten **angedroht,** die überfällige Zahlung durch eine **Postnachnahme**[1] oder ein **Inkassoinstitut** einziehen zu lassen, falls die Zahlung nicht innerhalb der nächsten Tage eingeht.
Dritte Mahnung	Ist die Zahlung auch aufgrund der zweiten Mahnung noch nicht erfolgt, hat der Schuldner eine Postnachnahme nicht eingelöst oder die Zahlung an das Inkassoinstitut verweigert, so erfolgt eine letzte verschärfte Mahnung mit letzter Fristsetzung. In dieser wird eine **Klage auf Zahlung** oder ein **gerichtlicher Mahnbescheid** angedroht.

(2) Beispiel für ein außergerichtliches Mahnverfahren

Die folgenden zwei Briefe zeigen beispielhaft auf, wie in der Praxis das außergerichtliche Mahnverfahren durchgeführt werden kann.

1 Bei der Zahlung mit Postnachnahme händigt die Deutsche Post AG Briefe und Paketsendungen erst aus, wenn der Empfänger den Nachnahmebetrag an den Zusteller bar bezahlt hat.

Beispiel 1: Zahlungserinnerung: Rechnungskopie (1. Mahnung)

Möbelhaus WohnPLATZ GmbH

Möbelhaus WohnPLATZ GmbH
Hauptstraße 40
49716 Meppen

Herr/Frau/Firma

Discount GmbH
Thüringer Str. 15
53175 Bonn

Lieferanschrift

Herr/Frau/Firma	Vorname
Discount GmbH	

Straße	Etage
Thüringer Str. 15	

PLZ	Ort
53175	Bonn

Telefon (privat)	Telefon (Firma)	Tour	Fah	Fah	Fahrstuhl
	05931 53720				

KV-Nr.	KV-Datum	Bemerkung
	10. 03. 20 . .	

Liefertermin	Auftragsnummer
Mitnahme	164947

Achtung: Bei Zahlung immer Auftrags-Nummer angeben!

LIEFERSCHEIN UND RECHNUNG

Pos.	Anz.	Bezeichnung, Art, Modell, Ausführung, Größe	BW	Einzelpreis	Gesamtpreis
1	1	ES BEDIENTE SIE FRAU HEPP			
		2000058 L/01/WA 1 BÜROSESSEL PILOT-CHEF 176210600 GESTELL: SCHWARZ BEZUG: LEDER SCHWARZ MIT WIPPE LAGERPLATZ: WA 1			473,28
		19% UMSATZSTEUER			89,92
		Fälligkeit der Zahlung: 30. 03. 20 . .			
		Rechnungskopie			

Der vollständige und einwandfreie Empfang obiger Ware wird hiermit ausdrücklich bestätigt.

i.A. Lang
Unterschrift

Beanstandungen sind umseitig genau anzugeben!

Rechnungs-Betrag	563,20
Fälliger Restbetrag	563,20

QUITTUNG

Auftrags-Nummer	Rechnungs-Nummer	Datum

Betrag	Betrag in Worten	tausend	hundert	zehn	eins

Herr/Frau/Firma	Straße	PLZ	Ort

Geschäftsräume:
Hauptstr. 40
49716 Meppen
Geschäftszeit:
09:00 Uhr – 15:00 Uhr
Geschäftsführer:
Holzinger

RG Meppen
HRB 720
Steuer-Nr.
85437101

Kontoverbindung:
Sparkasse Emsland
BIC NOLADE21EMS
IBAN DE54 2665 0001 0000 4261 23

Betrag dankend erhalten – Nur gültig mit Unterschrift
☐ Scheck
☐ Bar

Unterschrift des Inkassoberechtigten

Beispiel 2: Einzug durch Postnachnahme (3. Mahnung)

Möbelhaus WohnPLATZ GmbH
Hauptstraße 40
49716 Meppen

Möbelhaus
WohnPLATZ GmbH

Möbelhaus Wohnplatz GmbH • Hauptstraße 40 • 49716 Meppen

Discount GmbH
Thüringer Str. 15
53175 Bonn

Telefax
05931 5001-469

E-Mail
wohnplatz.meppen@t-online.de

Ihr Zeichen, Ihre Nachricht vom	Unser Zeichen, unsere Nachricht vom	Telefon 05931 5001-	Datum
	hu 30. Mai 20..	467 Frau Hug	16. Juni 20..

Kunden-Nr. 164947
Dritte Mahnung

Sehr geehrter Kunde,

Ihr Konto weist nachstehende Posten als fällig aus:

Rechn-Nr.	Re-Datum	fällig am	Mahnst.	Betrag
164947	10. 03. 20..	Rechnung 30. 03. 20..	3	563,20 EUR
		Gesamtbetrag der Mahnstufe	3	563,20 EUR
		Der fällige Saldo beträgt		563,20 EUR
		Der Gesamtsaldo beträgt		563,20 EUR

Zahlungseingänge sind berücksichtigt bis 12. 06. 20..

Obwohl Sie von uns bereits zweimal zur Zahlung des noch ausstehenden Betrags aufgefordert wurden, konnten wir bis jetzt keinen Zahlungseingang feststellen.

Wir bitten um Überprüfung und um Überweisung des noch ausstehenden Betrags

bis zum 24. Juni 20..

Sollte der fällige Betrag bis zu diesem Zeitpunkt nicht bei uns eingegangen sein, werden wir den Betrag durch Nachnahme einziehen lassen. Die Kosten hätten Sie zu tragen.

Mit freundlichem Gruß

MÖBELHAUS WOHNPLATZ GmbH

Eva Hug

Eva Hug
Buchhaltung

Geschäftsräume
Hauptstr. 40
49716 Meppen
Geschäftszeit
09:00 Uhr – 15:00 Uhr
Geschäftsführer:
Holzinger

RG Meppen
HRA 720
Steuer-Nr.
85437101

Kontoverbindung:
Sparkasse Emsland
BIC NOLADE21EMS
IBAN DE54 2665 0001 0000 4261 23

Zusammenfassung

- Das **außergerichtliche (kaufmännische) Mahnverfahren** vollzieht sich in mehreren „Stufen". In der Regel werden drei bis vier Mahnungen versandt, die sich von der höflichen Zahlungserinnerung bis zur Androhung gerichtlicher Maßnahmen steigern.
- Die **Mittel des außergerichtlichen Mahnverfahrens** sind – außer den Mahnschreiben – die Zusendung von Rechnungskopien, Kontoauszügen sowie der Forderungseinzug durch Nachnahme oder durch ein Inkassoinstitut.

Übungsaufgabe

107

1. Erläutern Sie die Gründe, warum die Unternehmen auf eine pünktliche Bezahlung ihrer Ausgangsrechnungen angewiesen sind!
2. Beschreiben Sie die „Stufen" des kaufmännischen (außergerichtlichen) Mahnverfahrens!
3. Erklären Sie mögliche Vor- und Nachteile des Forderungseinzugs durch Postnachnahme und Inkassoinstitute aus der Sicht des Geldgläubigers!
4. Die Maschinenfabrik Meister & Co. KG in Sigmaringen lieferte am 24. Februar 20.. an die Rotthal Ex- und Importgesellschaft GmbH in Hamburg Werkzeugmaschinen im Wert von 940000,00 EUR. Laut Lieferungs- und Zahlungsbedingungen sind die Maschinen 4 Wochen nach Rechnungseingang zu bezahlen. Erfüllungsort und Gerichtsstand ist Siegfelden. Die Rechnung wurde am 24. Februar 20.. abgesandt und ging am 26. Februar 20.. bei der Rotthal Ex- und Importgesellschaft GmbH ein. Die Lieferung wurde ordnungsgemäß ausgeführt und ohne Beanstandungen von der Rotthal GmbH an- und abgenommen.

   Am 30. März 20.. hat die Rotthal Ex- und Importgesellschaft GmbH die Rechnung noch nicht beglichen. Die Mahnabteilung der Maschinenfabrik Meister & Co. KG schickte daher am 2. April 20.., am 10. April 20.. und am 20. April 20.. je eine Mahnung, die alle ergebnislos blieben.

   Aufgaben:

   4.1 Erklären Sie, warum dreimal gemahnt wurde!

   4.2 Prüfen Sie, ob eine Mahnung überhaupt notwendig ist, um die Rotthal GmbH in Verzug zu setzen!

2.10.3.3 Gerichtliches Mahnverfahren (Mahnbescheid)

(1) Begriff gerichtliches Mahnverfahren

Wenn das kaufmännische (außergerichtliche) Mahnverfahren keinen Erfolg hat, der Schuldner also nicht zahlt, kann der Gläubiger zur Durchsetzung seiner Forderungen gerichtliche Maßnahmen ergreifen. Mit dem gerichtlichen Mahnverfahren, das vom Amtsgericht durchgeführt wird, hat der Gläubiger die Möglichkeit, seine Forderungen schnell und kostensparend einzutreiben. Mit diesem Verfahren können allerdings nur **Geldschulden** eingefordert werden.

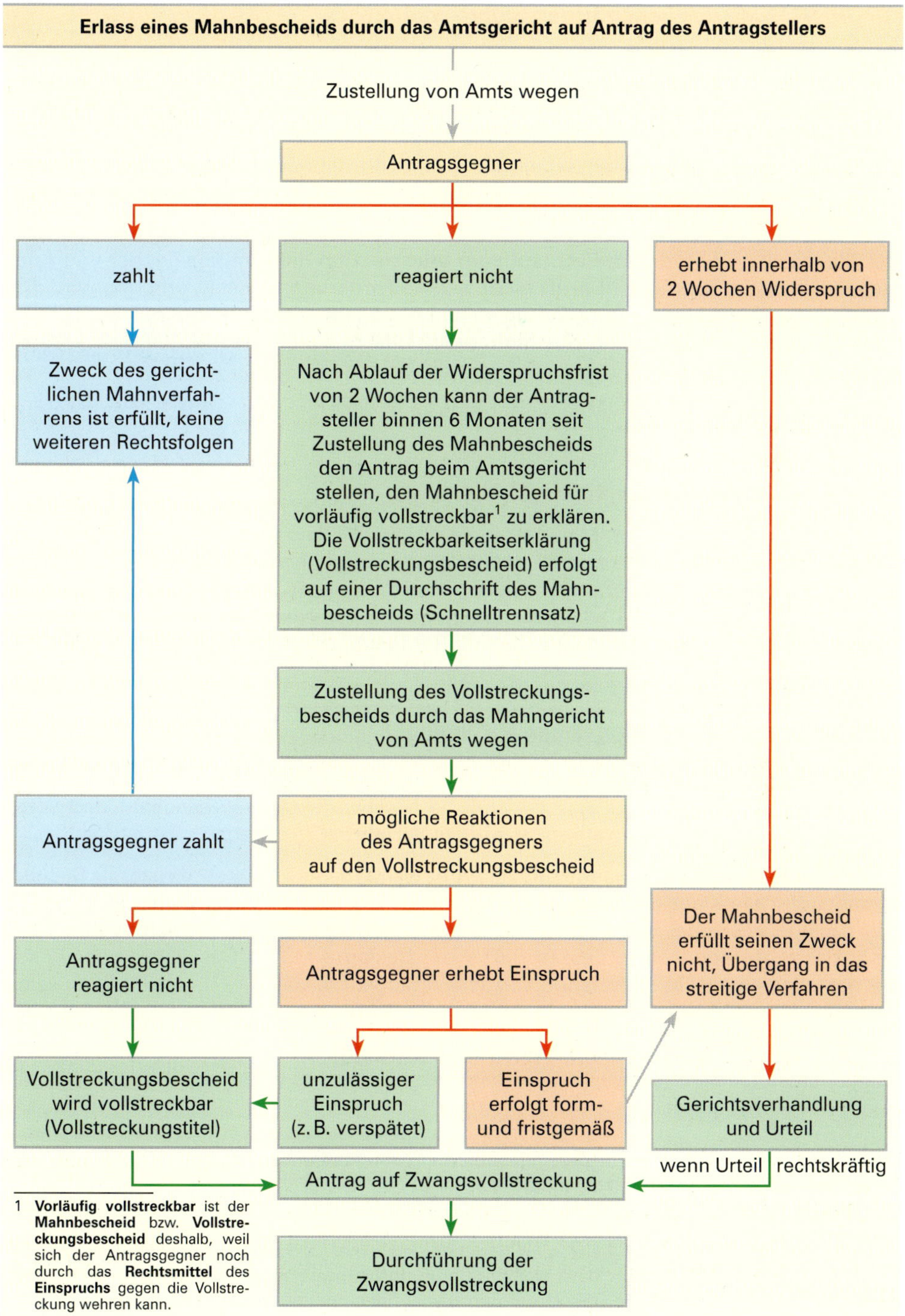

1 **Vorläufig vollstreckbar** ist der **Mahnbescheid** bzw. **Vollstreckungsbescheid** deshalb, weil sich der Antragsgegner noch durch das **Rechtsmittel** des **Einspruchs** gegen die Vollstreckung wehren kann.

(2) Abwicklung des gerichtlichen Mahnverfahrens

Zur Einleitung des gerichtlichen Mahnverfahrens ist es notwendig, dass der **Gläubiger (Antragsteller)** den Erlass eines **Mahnbescheids** beantragt, durch den der **Schuldner (Antragsgegner)** zur Zahlung aufgefordert wird. Der Antrag auf Erlass eines Mahnbescheids ist beim zentralen Mahngericht des Bundeslandes im **Onlineverfahren** zu stellen, in dem der Antragsteller seinen allgemeinen Gerichtsstand, also seinen Geschäfts- oder Wohnsitz hat. In Niedersachsen ist der Antrag auf Erlass eines Mahnbescheids beim **Amtsgericht Uelzen** zu stellen.

Der Mahnbescheid wird vom **Rechtspfleger erlassen** und dem Antragsgegner von **Amts wegen** zugestellt. Das Gericht **prüft nicht,** ob die Forderung zu Recht erhoben wird. Der Mahnbescheid enthält die Aufforderung an den Antragsgegner (Schuldner), innerhalb von **zwei Wochen nach Zustellung des Mahnbescheids zu zahlen** oder **Widerspruch einzulegen.**

Der Ablauf des gerichtlichen Mahnverfahrens kann der Übersicht auf S. 333 entnommen werden.

(3) Auswirkungen auf die Kundenbeziehungen

Legt der Kunde gegen den Mahnbescheid keinen Widerspruch ein, wird der Mahnbescheid für vorläufig vollstreckbar erklärt.[1] In einem solchen Fall führt dies häufig zum Abbruch der Geschäftsbeziehungen. Zudem kann dies dazu führen, dass der Gläubiger den Vorgang in der Schufa-Datenbank hinterlegt. Ein negativer Schufa-Eintrag kann beim Kunden zukünftig zu Schwierigkeiten bei der Bezahlung per Rechnung oder bei einer Kreditvergabe führen.

2.10.3.4 Streitiges Verfahren (Klage auf Zahlung)

Ist der Antragsteller der Meinung, dass der Schuldner dem Mahnbescheid widersprechen wird, ist es zweckmäßig, auf das gerichtliche Mahnverfahren zu verzichten und sofort **Klage auf Zahlung (Klageverfahren; streitiges Verfahren)** zu erheben.

Beim **streitigen Verfahren** handelt es sich um ein Gerichtsverfahren (Prozess). **Sachlich** zuständig für die Klageerhebung ist bei vermögensrechtlichen Ansprüchen in der Regel das Amtsgericht (über 5000,00 EUR Streitwert das Landgericht). **Örtlich** zuständig ist i.d.R. das Prozessgericht, in dessen Bezirk der **Beklagte** seinen Geschäfts- oder Wohnsitz hat (allgemeiner Gerichtsstand). Vor dem Amtsgericht können sich die Parteien selbst vertreten. Vor dem Landgericht müssen sich die Parteien durch Rechtsanwälte vertreten lassen **(Anwaltszwang).**

Ein Gerichtsurteil wird **rechtskräftig** (vollstreckbar), wenn es weder durch **Berufung** noch durch **Revision** angefochten wird.

Berufung	Sie bedeutet, dass der Tatbestand von Neuem untersucht wird.
Revision	Bei der Revision (z.B. beim Bundesgerichtshof gegen Endurteile des Oberlandesgerichts) wird der Tatbestand **nicht mehr neu untersucht** und geprüft. Die Tatsachen werden als gegeben betrachtet. Aufgabe des Revisionsgerichts ist es vielmehr, das Urteil der Berufungsinstanz in **rechtlicher Hinsicht zu prüfen,** z.B. ob das Gericht mit den zuständigen Richtern besetzt war.

1 Aufgrund der Rahmenrichtlinien wird auf das Vollstreckungsrecht nicht näher eingegangen.

Zusammenfassung

- Das **gerichtliche Mahnverfahren** umfasst den Erlass eines gerichtlichen Mahnbescheids und – soweit der Schuldner nicht reagiert – die Erwirkung eines Vollstreckungsbescheids.
- Der **Mahnbescheid** ist eine gerichtliche Zahlungsaufforderung an den Antragsgegner.
- Anstelle des Mahnbescheids kann der Antragsteller auch ein **Gerichtsverfahren (streitiges Verfahren)** beantragen.

Übungsaufgabe

108

1. Stellen Sie den Zweck dar, den das gerichtliche Mahnverfahren verfolgt!
2. Nennen Sie das Gericht, bei welchem der Antrag auf Erlass eines Mahnbescheids gestellt werden muss!
3. Nennen Sie zwei Möglichkeiten, wie der Antragsgegner auf die Zustellung eines Mahnbescheids reagieren kann, und beschreiben Sie die Rechtsfolgen, die sich daraus ergeben!
4. Nennen Sie die „Rechtsmittel", mit denen sich der Antragsgegner gegen einen Mahnbescheid und einen Vollstreckungsbescheid wehren kann! Notieren Sie die Fristen, die er dabei zu beachten hat!
5. Stellen Sie dar, warum beim gerichtlichen Mahnverfahren die Beteiligten „Antragsteller" und „Antragsgegner" genannt werden und nicht „Gläubiger" und „Schuldner"!
6. Zeigen Sie an einem Beispiel auf, unter welchen Bedingungen ein Gläubiger nicht das gerichtliche Mahnverfahren in Anspruch nehmen, sondern den Schuldner sofort verklagen wird!
7. Josef und Anna Waldner wohnen bis Ende Februar 20.. in Langenhagen in einem Einfamilienhaus zur Miete. Sie sind die monatliche Miete (einschl. Nebenkosten) in Höhe von 1 200,00 EUR seit fünf Monaten schuldig geblieben. Auch die Mahnungen des Vermieters Martin Nolle, Saarweg 15, 30851 Langenhagen, bringen keinen Erfolg. Stattdessen kündigen die Waldners und ziehen in eine billigere Wohnung. Neue Adresse: Westfalenstr. 39, 30853 Langenhagen. Herr Nolle will daraufhin Antrag auf Erlass eines Mahnbescheids stellen.

   Aufgaben:

   7.1 Nennen Sie das Gericht, bei welchem Martin Nolle den Mahnbescheid beantragen muss!

   7.2 Laden Sie von der Internetseite http://www.online-mahnantrag.de das Antragsformular herunter und füllen Sie es für Martin Nolle aus (ohne Zinsen und andere Nebenforderungen, Antragsdatum: 2. März 20..)!

   7.3 Angenommen, die Zustellung des Mahnbescheids erfolgt am 10. März 20.. Erläutern Sie, wann die Waldners spätestens bezahlen oder Widerspruch einlegen müssten, um einem streitigen Verfahren zu entgehen!

   7.4 Ermitteln Sie das Datum, wann Martin Nolle frühestens einen Vollstreckungsbescheid beantragen kann!

3 Produktionslogistik

3.1 Überblick über die Produktionsprozesse (Leistungserstellungsprozesse)

Die Prozesse des Produktionsbereiches schließen sich an jene des Vertriebs an und werden angestoßen, wenn entweder

- ein Kundenauftrag aus den **vorhandenen Fertigerzeugnissen nicht bedient werden kann,** weil es sich um eine reine Auftragsfertigung handelt oder die **Vorräte an Fertigerzeugnissen nicht ausreichend** sind, oder
- weil aufgrund des Absatzplanes von einem Standarderzeugnis der **Vorrat an verkaufsfähigen Einheiten ergänzt** werden muss.

Der Produktionsprozess ist ein Kernprozess, der sich wie alle Kernprozesse, in Planungs-, Steuerungs- und Controllingprozesse untergliedern lässt.

Zu den **Planungsprozessen** gehören zunächst all jene Aktivitäten, die darauf gerichtet sind, den Prozess der Produktentstehung voranzubringen. Dieser Prozess beinhaltet die Verfahren zur Ideengenerierung, zu deren Bewertung und Auswahl bis hin zur Produktgestaltung und Entwicklung. Er ist abgeschlossen mit der Erstellung der Dokumente für die Erzeugnisplanung. Zu diesen Dokumenten gehören die Konstruktionszeichnungen, die Erzeugnisstrukturen, Stücklisten und die Arbeitspläne.

Zum anderen gehört hierzu auch die Planung der fertigungstechnischen Rahmenbedingungen. Im Wesentlichen entscheidet die Häufigkeit gleichartiger Arbeitsabläufe darüber, in welchem Maße die menschliche Arbeitskraft daran beteiligt ist und wie die Betriebsmittel im Produktionsprozess angeordnet sind.

Bevor die Produkte hergestellt werden, müssen in der **Steuerungsphase** zunächst der Materialeinsatz, die zeitliche und örtliche Reihenfolge der Produktionsaufträge sowie die Kapazitätsbelegung festgelegt werden. Dies geschieht im Rahmen der Produktionsprozessplanung. Es schließt sich die Phase der Produktionsprozesssteuerung an, in der dann die endgültige Kapazitätsbelegung bzw. Arbeitsverteilung nach vorheriger Kontrolle der Materialverfügbarkeit festgelegt wird.

Das **Produktions-Controlling** ist insbesondere darauf ausgerichtet, das Kostenverhalten, die Produktivitäts- und Wirtschaftlichkeitsentwicklung, die Qualitätsentwicklung sowie die getroffenen Maßnahmen zum Umweltschutz zu überprüfen und Verbesserungsvorschläge zu entwickeln.

Gliedert man die Leistungsprozesse in ihre Teilprozesse auf, so können diesen die jeweiligen betriebswirtschaftlichen Inhalte zugeordnet werden (siehe S. 337).

Produktionsprozesse	Teilprozesse	Betriebswirtschaftliche Inhalte[1]
Planungsprozesse	Produktentstehung	■ Prozesse der Entwicklung und Gestaltung eines neuen Produkts ■ Produktdokumente: Konstruktionszeichnung, grafischer Baum, Basisstückliste, Basisarbeitsplan
	Planung des Fertigungsverfahrens	■ Planung des Fertigungsverfahrens – nach der Menge der gleichartigen Produkte – nach der Organisation der Fertigung ■ Optimale Losgröße
Steuerungsprozesse	Produktionsprozessplanung	■ Materialbedarfsplanung – Bedarfsarten – Verfahren der Bedarfsrechnung ■ Produktionsterminplanung ■ Kapazitätsbelegungsplan/Kapazitätsabgleich
	Produktionsprozesssteuerung	■ Fertigungsveranlassung ■ Fertigungsdokumente ■ Fertigungsüberwachung mithilfe der Betriebsdatenerfassung
Controllingprozesse	Produktions-Controlling	■ Qualitätsmanagement* ■ Betriebliche Kennzahlen* – Produktivität und Wirtschaftlichkeit – Rentabilität – Kennzahlen zur Beurteilung der Prozessqualität

3.2 Produktentstehung

3.2.1 Prozesse zur Entwicklung eines neuen Produkts

3.2.1.1 Ablauf der Produktplanung

Im Folgenden gehen wir von einem weitgefassten Produktbegriff aus.

Produkte sind **Sachgüter** und **Dienstleistungen.**

1 Die mit einem Sternchen (*) versehenen betriebswirtschaftlichen Inhalte sind nach den Rahmenrichtlinien nicht zu behandeln. Um die Produktionslogistik prozessorientiert darstellen zu können, wird die stoffliche Anordnung der Rahmenrichtlinien teilweise umgestellt.

22 Speth u.a. - ISBN 978-3-8120-0536-4

Die **Produktplanung** ist zunächst ein **strategischer Prozess** und kann grundsätzlich in folgende Teilschritte aufgegliedert werden:

- Suche nach **Produktideen** und Auswahl von **Produktvorschlägen,**
- Beurteilung von **Produktvorschlägen,**
- **Produktauswahl** und **Produktionsfreigabe**[1] und
- **Durchführung der Produktion.**

3.2.1.2 Suche nach Produktideen

Die Suche nach neuen Produkten ist die gedankliche Vorwegnahme möglicher Problemlösungen durch neue Produkte oder die Imitation (Nachahmung) bereits vorhandener Produkte. Bei der Entwicklung von Produktideen kann das Unternehmen grundsätzlich zwei Wege einschlagen: entweder es **sammelt systematisch Produktideen,** die mehr oder weniger zufällig entstanden sind, oder es **beauftragt eine Institution** (z. B. die F&E-Abteilung, ein wissenschaftliches Institut einer Universität) mit der gezielten „Produktion" von Ideen.

Interessant ist auch die **Ideengewinnung aus unerwarteten Fehlschlägen.**

Beispiel:

Ende der 60er-Jahre versuchte die 3M-Company einen neuen Klebstoff zu entwickeln. Heraus kam ein Kleber, der zwar überall haftete, aber sich rasch ablösen ließ. Jahre später erinnerte sich ein Arbeitskollege des Klebstoffentwicklers, der ein Lesezeichen für sein Gesangbuch benötigte, an diese Entwicklung. Das Lesezeichen haftete und ließ sich leicht entfernen, ohne dass die Seiten des Liederbuches beschädigt wurden. Die **„Post-it"-Haftnotizen** gehören heute zu den wichtigsten Erfindungen des 20. Jahrhunderts und verschaffen der 3M-Company jährlich Umsätze in dreistelliger Millionenhöhe.

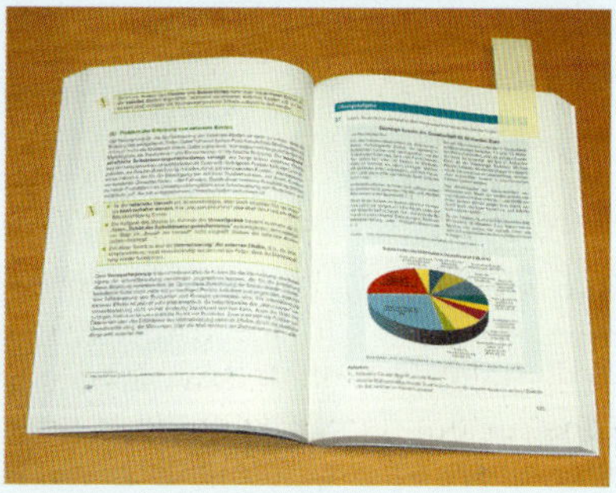

Dass man sich aber auch gewaltig irren kann und Gefahr läuft, Chancen zu verpassen, belegen die nachfolgenden Beispiele, über welche wir aus heutiger Sicht nur schmunzeln können.

Beispiele:[2]

- *„640 Kilobyte sind genug für jeden (Computer)."*
  Bill Gates, 1981
- *„Es gibt keinen Grund, warum irgendjemand einen Computer in seinem Haus wollen würde."*
  Ken Olson,
  Präsident von Digital Equipment Corp., 1977
- *„Das Telefon hat zu viele ernsthaft zu bedenkende Mängel für ein Kommunikationsmittel. Das Gerät ist von Natur aus von keinem Wert für uns."*
  „Western Union",
  Interne Meldung, 1876

1 Die Ausgestaltung dieses Teilschritts ist im Einzelfall zu entscheiden und damit so betriebsindividuell, dass hierzu keine allgemeingültigen Aussagen getroffen werden können.

2 Quelle: http:/www.r-winners/sonstige/spass6.htm; Stand: 20.03.2017.

3.2.1.3 Produktentwicklung und Produktgestaltung

(1) Kostenentwicklung und Produktgestaltung

Bei der Gestaltung eines neuen Erzeugnisses ist der gesamte Produkt-Lebenszyklus in den Gestaltungsprozess einzubeziehen, da die späteren Phasen des Lebenszyklus bereits im Entwurf des Erzeugnisses berücksichtigt werden müssen. Dies ist insbesondere deshalb wichtig, weil Änderungen an der Konzeption des Erzeugnisses immer teurer werden, je später sie in der Produktentwicklung eingeleitet werden. Änderungen an der Produktidee sind nahezu gratis, während Änderungen in einer angelaufenen Serienproduktion unter Umständen mit teuren und rufschädigenden Rückrufaktionen verbunden sein können.

Die nachfolgende Grafik zeigt den Zusammenhang zwischen Gestaltungsspielraum und Kosten einer Produktänderung in Abhängigkeit von der Phase der Produktentwicklung.

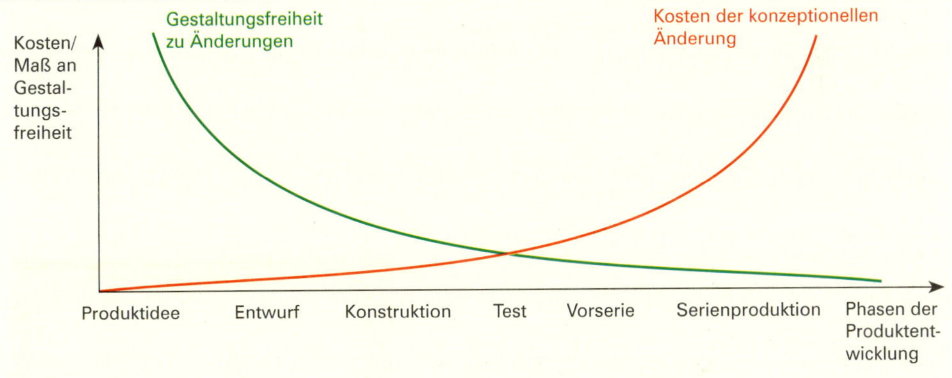

Man erkennt, dass in der Phase der „Produktidee“ Änderungen kaum Kosten verursachen, da sie noch „im Kopf“ stattfinden. Der Entwickler hat also noch ein hohes Maß an Gestaltungsfreiheit. Mit zunehmendem Reifegrad der Produktentwicklung gewinnt der Konstrukteur dann Erkenntnisse über die Machbarkeit seiner Idee, ob er der richtigen Idee oder einem Irrweg gefolgt ist.

Gleichzeitig wird der Entwickler jedoch in seinen Freiheitsgraden mehr und mehr eingeschränkt, denn notwendige Änderungen werden immer teurer. Darüber hinaus entscheiden die Festlegungen im Rahmen der Konstruktion darüber, inwieweit das Erzeugnis fertigungsgerecht ist. Der Konstrukteur trägt somit ein besonders hohes Maß an Kostenverantwortung.

(2) Entwicklung unter Berücksichtigung der Lebensphasen des Produkts

- **Konstruktion**

Die Produktentwicklung lässt sich in weitere Teilprozesse untergliedern. Im Mittelpunkt dieses Prozesses steht die **Konstruktion**. In dieser Entwicklungsphase müssen bereits die Einflussfaktoren berücksichtigt werden, die erst in den späteren Lebensphasen eines Produkts wirksam werden. Die Funktionskette auf S. 340 zeigt, auf welche Weise die Entwicklungs- und Lebensphasen eines Erzeugnisses bereits im Voraus im Rahmen der Konstruktion berücksichtigt werden müssen.

In der senkrechten Anordnung zeigt das Schaubild die Lebensphasen eines Produkts, wobei der Prozess der Produktentwicklung besonders hervorgehoben ist. Die rückführenden Pfeile zeigen, welche Forderungen die einzelnen Lebensphasen eines Produkts an die Konstruktion stellen.

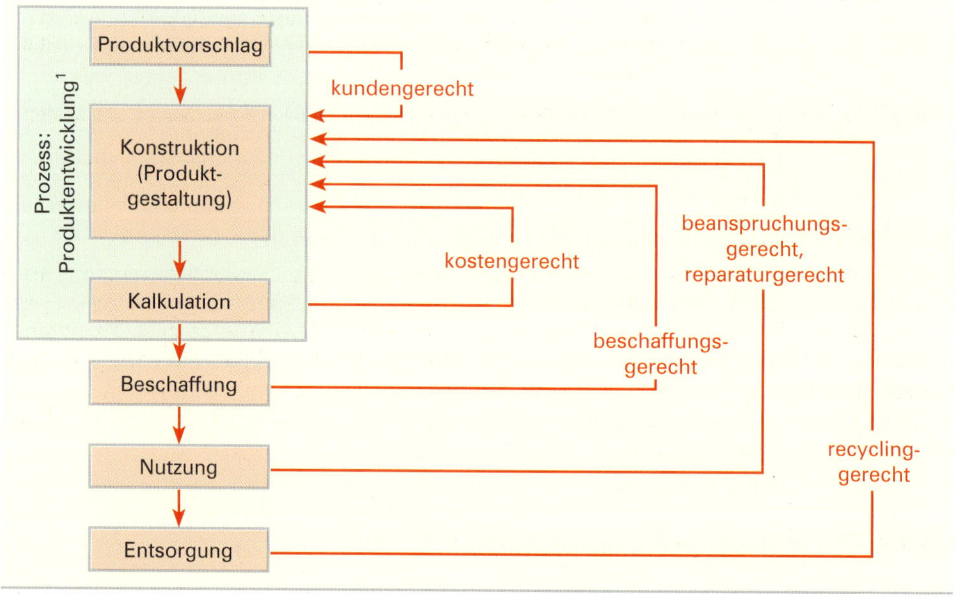

Kalkulation

Die Herstellkosten des Erzeugnisses werden in starkem Maße beeinflusst durch die Art des verwendeten Materials und die damit verbundenen Herstellungsverfahren. So lassen sich z. B. Tanks aus Kunststoff kostengünstig durch ein Blaseverfahren herstellen. Darüber hinaus sind Kunststofftanks eher geeignet, Hohlräume im Unterbau eines Autos auszunutzen.

Beschaffung

Die Anforderungen an das Vormaterial (Roh-, Hilfs- und Betriebsstoffe, Fertigteile, Baugruppen) lassen sich in einem **Lastenheft** formulieren. Es beinhaltet aus der **Sicht des Anwenders** bzw. **des Kunden** alle Anforderungen, die das Erzeugnis erfüllen soll. Das Lastenheft ist Basis für Ausschreibungen und Verhandlungen mit den Zulieferern. Es klärt, **WAS** verlangt wird und **WOFÜR** etwas verlangt wird.

Aus dem Lastenheft entwickelt sich das **Pflichtenheft**. Es wird vom **Auftragnehmer** erstellt und beschreibt, **WIE** und **WOMIT** die im Lastenheft formulierten Anforderungen gelöst werden.

Konkretisiert wird das Pflichtenheft durch die **Anforderungsliste.** Sie enthält die **Einzelanforderungen,** die konkret zu beschaffen sind. Sie ist Basis für die vertragliche Vereinbarung zwischen Auftraggeber und Auftragnehmer.

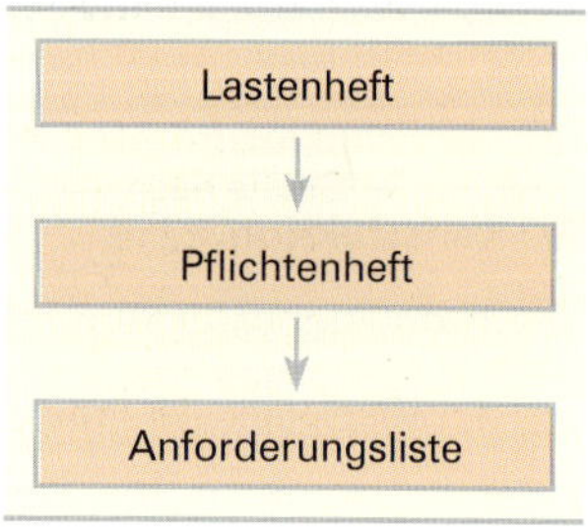

1 Vgl. Scheer, A. W.: Wirtschaftsinformatik, 2. Aufl., Berlin 1997, S. 533.

Nutzung

Produkteigenschaft	Erläuterungen
Beanspruchungs-gerecht	Der Kunde erwartet, dass das Erzeugnis für den Zweck geeignet ist, für den er es gekauft hat. Je nach Erzeugnis werden unterschiedliche Erwartungen gestellt wie z. B. Robustheit, vielfältige Kombinationsmöglichkeit, Stabilität, Leichtigkeit usw.
Reparaturgerecht	Hier fördert z. B. die konsequente Modulbauweise eine rasche und kostengünstige Reparatur.

Entsorgung

Die Verwendung weniger, sortenreiner Materialien und eine demontagegerechte Konstruktion (schrauben statt schweißen, zerstörungsfreie Demontage) unterstützen eine kostengünstige Entsorgung **(recyclinggerechte Materialien)**. Allerdings befindet sich der Konstrukteur hier unter Umständen in einem Dilemma.[1] So wird z. B. bei einem Autounfall von der Karosserie ein hohes Maß an Verformbarkeit zur Energieverzehrung erwartet, ohne dass sich allerdings die Struktur des Autos auflöst. Gerade Letzteres wird aber bei der Entsorgung gewünscht.

3.2.1.4 Beurteilung von Produktvorschlägen

Die gesammelten Produktideen und -entwicklungen werden systematisch aufbereitet und bewertet, um daraus anschließend einen detaillierten **Produktvorschlag** abzuleiten. Der Produktvorschlag enthält z. B. den möglichen Einsatzbereich des Produkts, die technischen Daten für die Produktion, das voraussichtliche Marktvolumen sowie eine grobe Kosten-/Erlös-Prognose.

Es folgt die **Beurteilung der Produktvorschläge**. Häufig werden dazu **Produktbewertungsprofile** erstellt, die einen Überblick über Stärken und Schwächen der einzelnen Produktvorschläge geben (vgl. hierzu die Grafik auf S. 342).

Zusammenfassung

- Unter **Produkten** werden sowohl Sachgüter als auch Dienstleistungen verstanden.
- Der **Prozess zur Entwicklung eines neuen Produkts** vollzieht sich in folgenden Schritten:

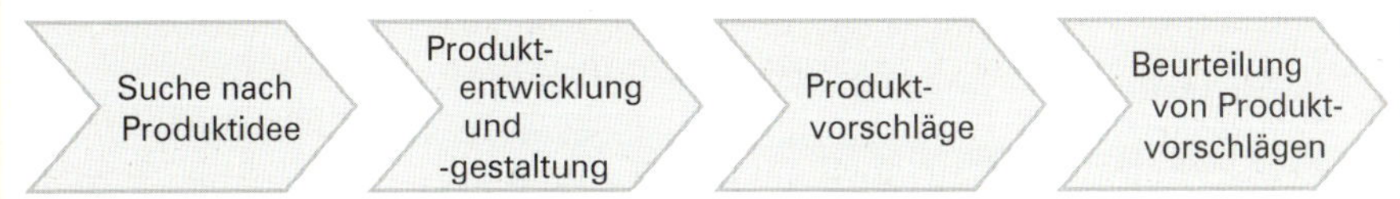

- Im Mittelpunkt der **Produktentwicklung** steht die **Konstruktion**.

1 **Dilemma**: Wahl zwischen zwei (unangenehmen) Dingen; Zwangslage.

- Mit zunehmendem **Fortschritt in der Produktentwicklung**
  - **steigen die Kosten** für Konstruktionsänderungen,
  - **sinkt die Gestaltungsfreiheit** des Konstrukteurs.
- Die Anforderungen an das Produkt werden im **Lasten-** und **Pflichtenheft** festgehalten.

Produktbewertungsprofil[1]

	sehr gut (6)	gut (4)	durch-schnittl. (2)	schlecht (0)	sehr schlecht (–2)	Punkt-zahlen	Gewich-tungsfak-toren	gewichtete Punkt-zahlen
Absatzeignung:								
Markteignung	•					6	2	12
Vertriebseignung	•					6	2	12
Produktionseignung:								
Verfahrensbeherrschung			•			2	2	4
Kapazitätsbeanspr.		•				4	1,5	6
Beschaffungseignung:								
Rohstoffverfügbarkeit		•				4	1,5	6
Lieferantenabhängigkeit			•			2	1	2
F&E-Eignung:								
Know-how d. Mitarb.			•			2	1	2
techn. Ausstattung					•	–2	1	–2
Kapitalbindung:								
Anlagevermögen			•			2	0,5	1
Umlaufvermögen		•				4	0,5	2
Ergebnisbeiträge nach produktspezifischen fixen Kosten (ggf. inkl. Lizenzk.)	•					6	2	12
GESAMTEIGNUNG								57

Übungsaufgabe

109

1. Beschreiben Sie, weshalb der Konstruktion ein besonderes Maß an Kostenverantwortung zukommt!
2. Veranschaulichen Sie grafisch das Problem des Konstrukteurs mit fortschreitender Produktentwicklung zwischen steigenden Kosten und sinkender Gestaltungsfreiheit!
3. Zeigen Sie auf, in welcher Weise nachfolgende Phasen des Produkt-Lebenszyklus bereits im Rahmen der Konstruktion berücksichtigt werden müssen!

1 Nach: Hahn, D./Laßmann, G.: Produktionswirtschaft, 3. Aufl. Heidelberg 1999, S. 220. Beim Produktbewertungsprofil handelt es sich um einen Mehrfaktorenvergleich (Scoringmodell).

3.2.2 Produktdokumente

3.2.2.1 Ziel der Produktdokumentation

Das Erstellen von Produktdokumenten hat das Ziel, das Erzeugnis in seinem **strukturellen Aufbau** (seinen Komponenten) darzustellen. Die Darstellung erfolgt entweder grafisch oder in Tabellen.

Die Fragestellung heißt: Aus welchen Komponenten (Einzelteilen, Baugruppen) besteht das Erzeugnis und wie lässt sich der Aufbau des Erzeugnisses stufenweise gliedern?

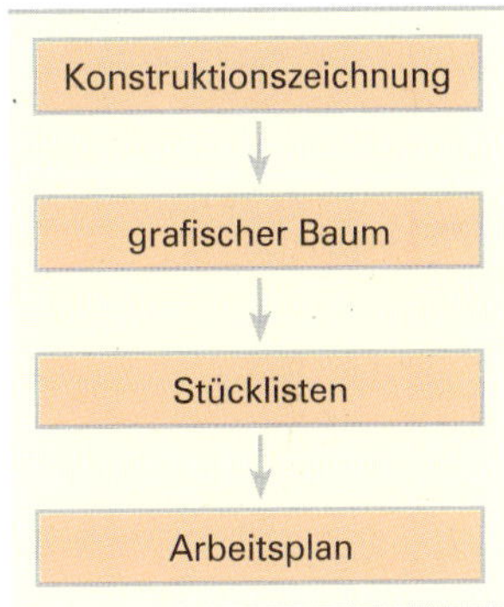

Über jedes Erzeugnis wird zunächst eine **Konstruktionszeichnung** angefertigt, die das Erzeugnis grafisch darstellt. Aus der Konstruktionszeichnung wird anschließend ein **grafischer Baum** erstellt, der den logischen Aufbau der Erzeugnisse aus Baugruppen und Einzelteilen ausweist. Auf der Basis der Konstruktionszeichnung erstellt der Konstrukteur **Stücklisten.** Stücklisten sind Verzeichnisse der in den Zeichnungen enthaltenen Teile. Da die Stücklisten keine Auskunft darüber geben, auf welche Weise das Erzeugnis zusammengesetzt wird, ist noch ein **Arbeitsplan** zu erstellen.

3.2.2.2 Konstruktionszeichnung

Die Konstruktionszeichnung ist eine grafische Darstellung des Erzeugnisses. Sie zeigt die Lage der Teile zueinander, ihre Funktion, die Maße, evtl. Leistungen, Toleranzen in der Oberflächenbeschaffenheit und Normen. Dargestellt wird in der Regel eine Vorder-, Seiten- und Draufsicht. Damit erhält der Benutzer eine Vorstellung über die räumliche Gestalt des Produkts.

Weiterentwicklungen im computergestützten Arbeiten (CAD-Bereich)[1] erlauben 3-D-Darstellungen, Farbe, Licht- und Schatteneffekte, Zoom-Einstellungen, Drehungen um jede beliebige Achse. Mithilfe spezieller Verfahren können Berechnungen durchgeführt werden, z. B. das Biegeverhalten von Trägern, das Crash-Verhalten von Karosserien. Auf diese Weise lässt sich durch Simulation am Computer das Verhalten des Endprodukts vorausberechnen. Das erspart kostspielige Versuche mit Testmodellen und verkürzt die Entwicklungszeit.

1 **CAD**: Unter Computer Aided Design versteht man computerunterstütztes Konstruieren. Das Zeichenbrett wird hier durch den Bildschirm ersetzt.

In der Phase der Konstruktion werden die Herstellkosten des Produkts weitestgehend bestimmt, d. h., durch die konstruktionsbedingte Festlegung des Erzeugnisses entscheidet der Konstrukteur auch über die Materialart, den logischen Aufbau des Erzeugnisses, seine Kombinationsfähigkeit mit anderen Produkten im Rahmen eines Baukastensystems.

Beispiel:

Im Folgenden stellen wir ein Erzeugnis der Weber Metallbau GmbH vor. Sie führt in einem Nebenprogramm auch Arbeitstische. Die nachfolgenden Konstruktionszeichnungen sind Beispiele für Gesamtzeichnung, Baugruppenzeichnung und Einzelteilzeichnung zum Arbeitstisch T160 (Grafischer Baum siehe S. 345).

Gesamtzeichnung des Arbeitstisches T160

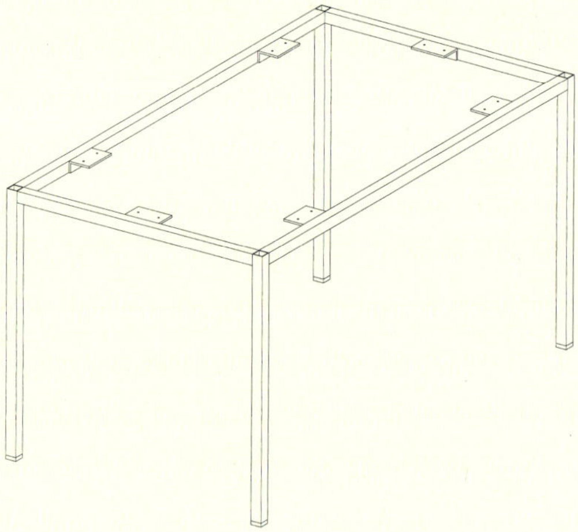

Baugruppenzeichnung für Seitenkomponente 210104

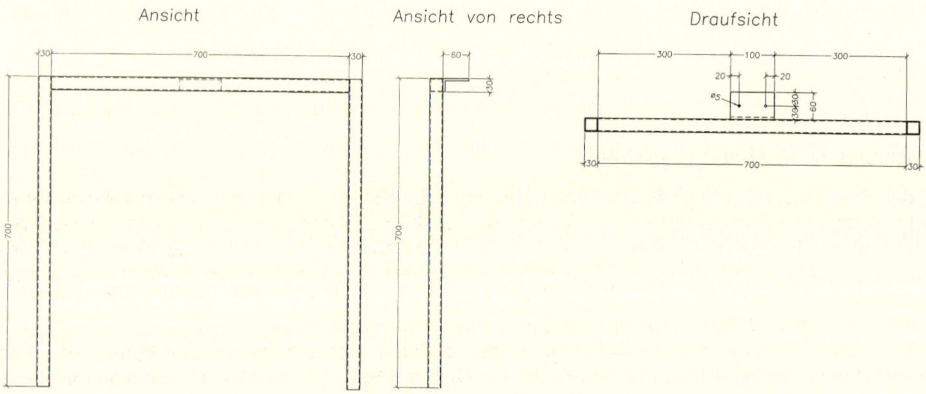

3.2.2.3 Grafischer Baum (Erzeugnisstruktur)

Bei der Darstellung eines Erzeugnisses mithilfe des grafischen Baums steht der logische Aufbau des Erzeugnisses aus Baugruppen[1] und Einzelteilen im Vordergrund.

Für den Arbeitstisch T160 wurde vom Konstrukteur folgender **struktureller Aufbau** festgelegt:

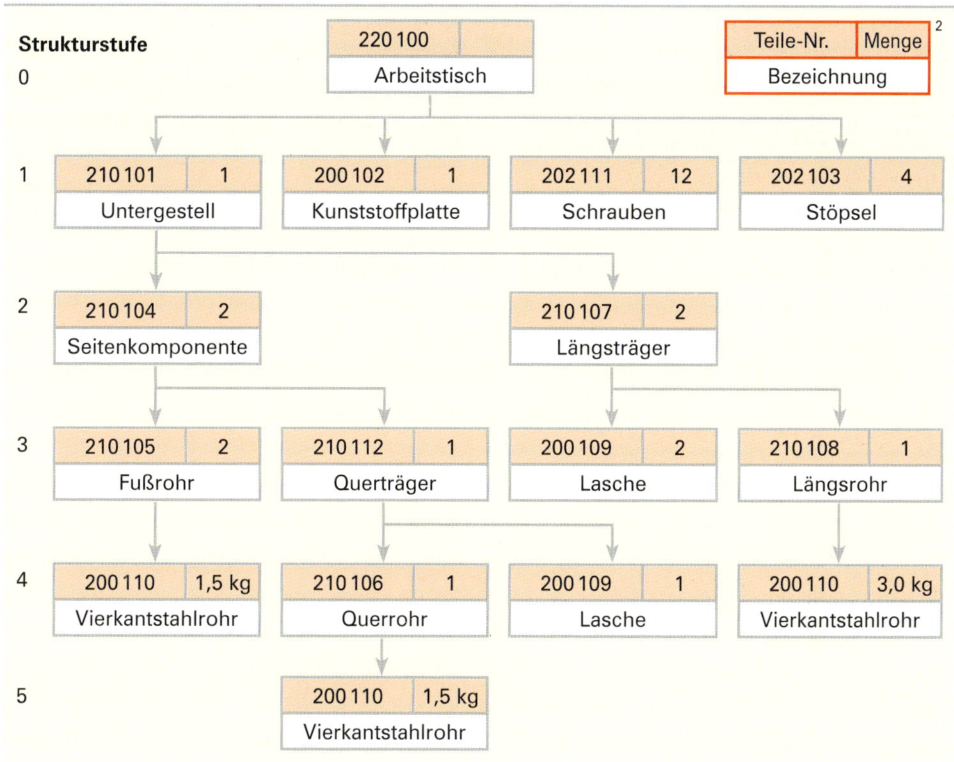

Beschreibung der Erzeugnisstruktur:

In der Endmontage auf der Strukturstufe 1 werden für den Zusammenbau des Arbeitstisches ein Untergestell, eine Kunststoffplatte, 12 Schrauben und 4 Stöpsel benötigt. Das Untergestell wiederum setzt sich aus jeweils 2 Seitenkomponenten und 2 Längsträgern zusammen. Denkbar ist auch die Bildung von anderen Baugruppen, z. B. die Verbindung von 2 Längsträgern (in diesem Fall bestehend aus 2 Fußrohren und dem Längsrohr) und einem Querträger. Die jetzige Strategie erlaubt es jedoch, mehrere Varianten dieses Grunderzeugnisses kostengünstiger herzustellen, z. B. quadratische Tische oder Tische in Trapezform. Die Mengenangaben beziehen sich auf jeweils **eine Einheit** der übergeordneten Komponente, dies bedeutet z. B., **ein Untergestell** (übergeordnete Komponente) besteht aus zwei Seitenkomponenten und jeweils **eine Seitenkomponente** (als übergeordnete Komponente) besteht wiederum aus zwei Fußrohren.

1 Bezeichnung für eine Gruppe von Einzelteilen, die als Einheit in das Endprodukt eingeht (z.B. Klimaanlagen, Kühlsysteme, auf Grundrahmen montierte Systeme, Druckluftzufuhr in Fabriken).

2 Vgl. hierzu die Ausführungen auf S. 346.

3.2.2.4 Stücklisten

(1) Begriff Stückliste

Auf Basis der Konstruktionszeichnung erstellt der Konstrukteur Stücklisten.

Stücklisten sind Verzeichnisse der in den Zeichnungen enthaltenen Teile.

Eine Stückliste hat folgenden grundsätzlichen Aufbau:

Teile-Nummer	**210104**	
Bezeichnung	**Seitenkomponente**	
Teile-Nummer	**Bezeichnung**	**Menge**
210112	Querträger	1
210105	Fußrohr	2

Kopfteil mit Angaben zu dem Erzeugnis, das zergliedert wird.

Tabellenteil mit Angaben zu den Komponenten, die im Erzeugnis des Kopfteils enthalten sind.

(2) Gliederung der Stücklisten nach dem Aufbau der Stückliste

Nach dem Aufbau der Stückliste untergliedert man in Mengenübersichtsstücklisten und in Strukturstücklisten.

- **Mengenübersichtsstücklisten**

Sie weisen alle Baugruppen und Einzelteile auf, die direkt oder indirekt in das Produkt eingehen. Sie sind nicht auf Fertigungsstufen ausgerichtet und sind deshalb nicht dafür geeignet, einzelne Produktionsaufträge zu planen.

Innerhalb einer Erzeugnisstruktur kann eine Komponente mehrfach an unterschiedlichen Positionen vorkommen. In der Mengenübersichtsstückliste wird jedoch jede Komponente nur ein Mal mit ihrer kumulierten Menge aufgeführt. Sie ist daher sinnvoll bei Erzeugnissen mit einfacher Struktur, zur Vorkalkulation oder zur Materialbereitstellung. Sie gibt aber keine Auskunft über den logischen Aufbau des Erzeugnisses.

Beispiel:

Mengenübersichtsstückliste		
Teile-Nr. **Bezeichnung**	**220 100** **Arbeitstisch**	
Teile-Nr.	**Bezeichnung**	**Menge**
210 101	Untergestell	1
200 102	Kunststoffplatte	1
202 103	Stöpsel	4
210 104	Seitenkomponente	2
210 105	Fußrohr	4
210 106	Querrohr	2
210 107	Längsträger	2
210 108	Längsrohr	2
200 109	Lasche	6
200 110	Vierkantstahlrohr	15
202 111	Schrauben	12
210 112	Querträger	2

Strukturstücklisten[1]

Stücklisten, die die Aufgliederung von Produkten nach **konstruktiv zusammengehörende Baugruppen** zeigen, nennt man **Strukturstücklisten.**

Bezogen auf den Arbeitstisch ergibt sich folgende Strukturstückliste:

Strukturstückliste							
Teile-Nr. **Bezeichnung**			**220 100** **Arbeitstisch**				
Strukturstufe[2]					**Teile-Nr.**	**Bezeichnung**	**Menge**
1	**2**	**3**	**4**	**5**			
X					210 101	Untergestell	1
	X				210 104	Seitenkomponente	2
		X			210 105	Fußrohr	4
			X		200 110	Vierkantstahlrohr	6
		X			210 112	Querträger	2
			X		210 106	Querrohr	2
				X	200 110	Vierkantstahlrohr	3
			X		200 109	Lasche	2
	X				210 107	Längsträger	2
		X			200 109	Lasche	4
		X			210 108	Längsrohr	2
			X		200 110	Vierkantstahlrohr	6
X					200 102	Kunststoffplatte	1
X					202 111	Schrauben	12
X					202 103	Stöpsel	4

3.2.2.5 Arbeitsplan

Aus der Stückliste ist lediglich zu erkennen, aus welchen Komponenten sich ein Erzeugnis zusammensetzt. Sie gibt aber keine Auskunft darüber, **wie** das Erzeugnis zusammengebaut wird. Diesen Mangel überwindet der **Arbeitsplan.** Der **Arbeitsplan** ist die auftragsneutrale Version des Arbeitsplans, da sich seine Daten auf die fiktive (angenommene) Herstellung von **einem Erzeugnis** beziehen.

Liegt ein Kundenauftrag vor, werden die dort angegebenen Ausführungszeiten mit den Auftragsmengen multipliziert. Auf diese Weise entsteht der **Auftragsarbeitsplan.**

Die Konstruktionszeichnung und die Stückliste liefern dabei die Ausgangsdaten für den Arbeitsplan. Aus der Konstruktionszeichnung entnimmt der Planer die Angaben über die geometrische Form des Teils, über dessen Maß- und Toleranzangaben sowie über Oberflächeneigenschaften. Aus der Stückliste gewinnt er Aussagen darüber, welche Teile und

1 Mengenübersichts- bzw. Strukturstücklisten bezeichnet man auch als **Aufbaustücklisten.**

2 Siehe grafischer Baum auf S. 345.

Baugruppen für den Zusammenbau benötigt werden. Darüber hinaus sind bei der Arbeitsplanerstellung noch zusätzliche Betriebsdaten heranzuziehen, z. B. Informationen über die einzusetzenden Maschinen, die Werkzeuge, Vorrichtungen, Messwerkzeuge, Prüfmittel und die Vorgabezeiten.

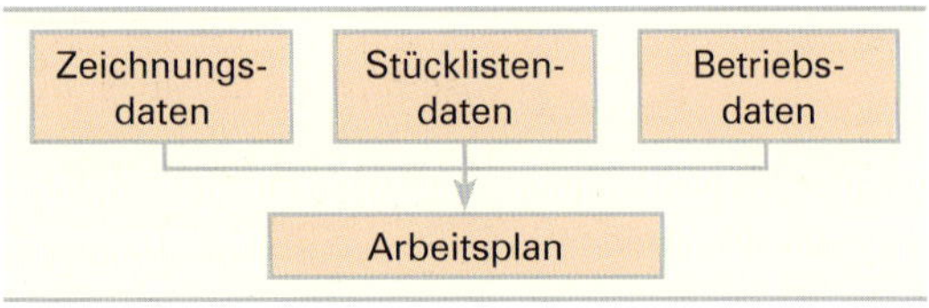

Ein Arbeitsplan am Muster des Untergestells hat folgenden grundsätzlichen Aufbau:

Arbeitsplan								
Arbeitsplan-Nr. **Bezeichnung**	210101 Untergestell				**Arbeitsplanvariante:** **Gültig ab:** **Stückzahlbereich:**		1/25 140 1–100	
AVO	**A-Platz**	**Text**	**LA**	**LG**	**Rüst-zeit**	**Stück-zeit**	**Belegungs-zeit**	**Übergangs-zeit**
10	Schweißerei	Schweißen	EA	7	10	6	16	960
20	Oberflächen-behandlung	Sand-strahlen	EA	7	5	5	10	960
30	Oberflächen-behandlung	Pulver-beschichten	EA	7	15	2	17	960

Erklärung für die einzelnen Inhalte:

Arbeitsplan-Nr.	Es macht Sinn, die Teilenummer für das konstruierte Teil auch als Nummer des zugehörigen Arbeitsplans und der zugehörigen Stückliste zu verwenden. Die Nummer 210101 identifiziert also sowohl das Untergestell als auch die daran geknüpfte Stückliste und den Arbeitsplan.
Arbeitsplanvariante	Der oben abgebildete Arbeitsplan hat Gültigkeit für einen Stückzahlbereich zwischen 1 und 100, also für kleinere Serien. Werden mittlere oder größere Serien aufgelegt, ist damit u. U. eine andere Fertigungsorganisation verbunden, z. B. durch Verwendung von Maschinen mit einem höheren Automatisierungsgrad. In diesem Fall kommt eine andere Variante des Arbeitsplans zum Zug.
Gültig ab	Gibt den Fabrikkalendertag an, ab welchem der Arbeitsplan Gültigkeit hat.
Stückzahlbereich	Siehe unter Arbeitsplanvariante.
AVO	Nr. des **A**rbeits**vo**rgangs. Die einzelnen Schritte des Arbeitsablaufs werden nummeriert, in diesem Fall durch 10er-Schritte, damit nachträglich noch weitere Arbeitsgänge dazwischen geschoben werden können.
A-Platz	Der **A**rbeitsplatz innerhalb des Betriebs, an welchem dieser Arbeitsgang durchgeführt wird.
LA	**L**ohn**a**rt, die an diesem Arbeitsplatz bezahlt wird, hier Einzelakkord. Andere Formen sind z. B. Gruppenakkord oder Zeitlohn.
LG	**L**ohn**g**ruppe, nach welcher der betreffende Arbeitsgang vergütet wird.

Rüstzeit	Zeitbedarf zur Vorbereitung des Arbeitsgangs. Sie ist unabhängig von der Losgröße und fällt in der Regel einmal an.
Stückzeit	Zeitbedarf für die Herstellung des Werkstücks. Beim Basisarbeitsplan ist es die fiktive Zeit zur Herstellung **eines Stücks.** Beim Auftragsarbeitsplan wird die Stückzeit mit der Anzahl der herzustellenden Erzeugnisse multipliziert.
Belegungszeit	Summe aus Rüstzeit und Stückzeit.
Übergangszeit	Das ist die durchschnittliche Zeit, die zwischen zwei aufeinanderfolgenden Arbeitsgängen vergeht. Sie ist die Summe aus folgenden Zeiten: ■ Liegen **nach** der Bearbeitung, ■ Transportzeit **zwischen** den Bearbeitungsstationen und ■ Zeit für das Liegen **vor** der nächsten Bearbeitung.

Zusammenfassung

- Zu den **Dokumenten** im Rahmen der **Produktentwicklung** gehören
  - die **Konstruktionszeichnung,**
  - die **Erzeugnisstruktur,**
  - die **Stückliste,**
  - der **Arbeitsplan.**[1]
- Die **Konstruktionszeichnung** ist eine **grafische Darstellung** des Erzeugnisses. Sie zeigt die Lage der Teile zueinander, ihre Funktion, die Maße, evtl. Leistungen, Toleranzen in der Oberflächenbeschaffenheit und Normen. Dargestellt wird in der Regel eine Vorder-, Seiten- und Draufsicht.
- Die **Erzeugnisstruktur (grafischer Baum)** ist eine **grafische Darstellung** des Erzeugnisses, wobei nicht die Form des Erzeugnisses im Vordergrund steht, sondern der **logische Aufbau** des Erzeugnisses aus Baugruppen und Einzelteilen.
- Die **Stückliste** ist die **tabellarische Darstellung** und beantwortet die Frage: *„Aus welchen Komponenten besteht das Erzeugnis?"* Die Blickrichtung ist also analytisch.[2]
  - In der **Mengenübersichtsstückliste** wird jede Komponente nur ein Mal mit ihrer **kumulierten Menge** aufgeführt.
  - Die **Strukturstückliste** gibt Auskunft über den strukturellen Aufbau des Erzeugnisses. Alle Mengenangaben beziehen sich auf das im Kopfteil angegebene Erzeugnis.
- Die **Daten des Arbeitsplans** beziehen sich auf die angenommene Herstellung einer Einheit eines Erzeugnisses. Er gibt darüber Auskunft
  - in welcher Reihenfolge,
  - an welchem Ort,
  - welche Tätigkeit,
  - bei welcher Vergütung (Lohngruppe) und
  - in welcher Zeit

  durchgeführt wird.

1 In der Praxis wird der Arbeitsplan häufig mit einem NC-Programm verknüpft.

2 **Analytik**: Zerlegungslehre. **Analytisch**: zerlegend, entwickelnd.

Übungsaufgabe

110 Zum Produktionsprogramm der Weber Metallbau GmbH gehört auch ein höhenverstellbarer Montagebock, wie er in nebenstehender Abbildung zu erkennen ist. Vom zuständigen Konstrukteur wurde die nachfolgende Erzeugnisstruktur gefertigt.

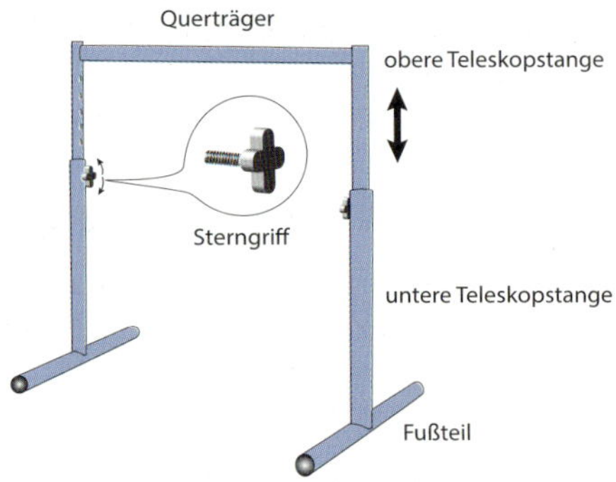

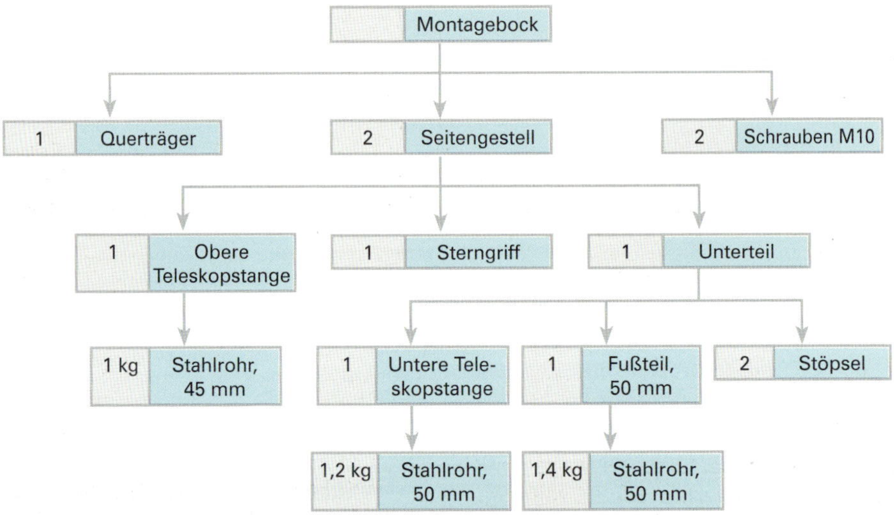

Aufgaben:

1. Erläutern Sie, worüber eine Erzeugnisstruktur Auskunft gibt!
2. Erstellen Sie die Strukturstückliste für den Montagebock!
3. Um das Unterteil zu fertigen, muss ein Fußteil mit einer unteren Teleskopstange verschweißt werden. Hierfür sind mehrere Arbeitsgänge erforderlich, deren Arbeitsgangdaten in einem Arbeitsplan festgehalten sind.

   Beschreiben Sie, woher die Daten stammen, die in einem Arbeitsplan zusammengetragen werden!

3.3 Planung des Fertigungsverfahrens

Fertigungsverfahren übernehmen die technisch-organisatorische Durchführung der Produktion.

3.3.1 Fertigungsverfahren nach der Menge der gleichartigen Produkte

Diese Unterscheidung richtet sich danach, inwieweit ein Betrieb das **Prinzip der Massenfertigung** verwirklicht. Die nachfolgende Grafik gibt einen Überblick über die Fertigungstypen:

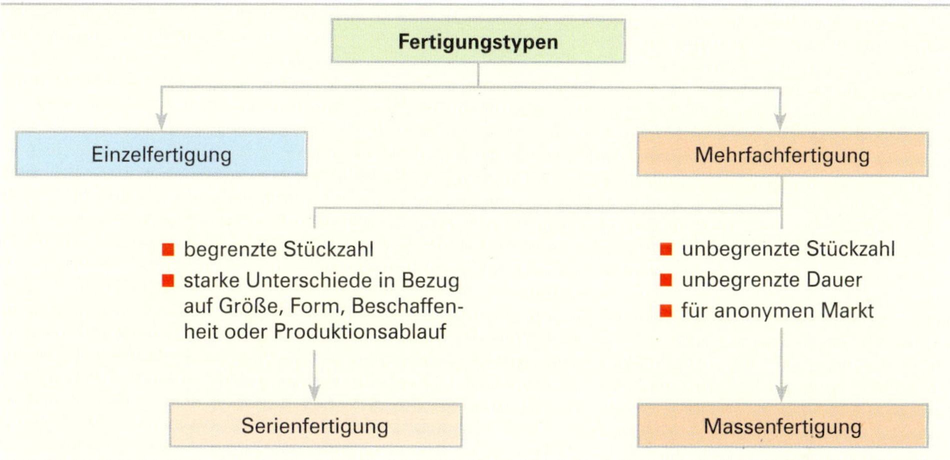

(1) Einzelfertigung

Hier wird ein bestelltes Produkt nur einmal in seiner Art gefertigt. Die Einzelfertigung ist in der Lage, individuelle Wünsche zu berücksichtigen.

Beispiele:

Anfertigen eines Maßanzugs, Herstellung einer Spezialmaschine, Bau von Häusern, Fabriken, Schiffen, Straßen, Brücken oder Turbinen.

(2) Serienfertigung

Werden bei der industriellen Fertigung von einem Produkt größere Stückzahlen erzeugt (z. B. Werkzeugmaschinen oder Autos), spricht man von Serienfertigung. Durch den Übergang von der Einzel- zur Serienfertigung sinken die Stückkosten: Einerseits muss die Vorplanung und Arbeitsvorbereitung nicht mehr für jedes einzelne Produkt gesondert, sondern nur einmal für die ganze Serie durchgeführt werden, andererseits kann infolge der Arbeitsteilung der Einsatz der Betriebsmittel rationalisiert werden.

Bei der Serienfertigung werden die Fertigungsanlagen einmal für die Produktion der Serie vorbereitet, sodass nur ein bestimmtes Produkt während des geplanten Zeitraums gefertigt werden kann. Verlangt der Markt ein verbessertes Produkt, wird die Produktion der bisherigen Serie eingestellt und die neue Serie aufgelegt (z. B. Motorräder, Automobile). Der Übergang dieser sogenannten **Großserienfertigung** zur Massenfertigung ist fließend.

(3) Massenfertigung

Produziert ein Unternehmen ein ausgereiftes Produkt und sieht es sich einem praktisch unbegrenzt aufnahmefähigen Markt gegenüber, wird es zur **Massenfertigung** übergehen (z. B. Zigaretten, Ziegelsteine, Stahlbleche, Waschmittel, Zement). Die Massenfertigung kann als **Einproduktfertigung** oder **Mehrproduktfertigung** vorkommen.

Die Mehrproduktfertigung ist in ihren Erscheinungsformen außerordentlich vielfältig, sei es als verbundene Produktion oder als Parallelproduktion.

Verbundene Produktion	Sie liegt vor, wenn mehrere Produkte, z. B. Gas, Koks und Teer aus einem Grundstoff (Kohle) in einem Produktionsprozess gewonnen werden (Kuppelproduktion).
Parallelproduktion	Sie liegt vor, wenn verschiedene Produkte in verschiedenen Betriebsteilen gefertigt werden (z. B. verschiedene Sorten Kunststoffe in getrennten Betriebsteilen).

3.3.2 Fertigungsverfahren nach der Organisation der Fertigung

(1) Werkstättenfertigung

Werkstättenfertigung bedeutet die Zusammenfassung aller artgleichen Fertigungsmaschinen und Fertigungseinrichtungen in besonderen Abteilungen, z. B. Drehbänke in der Dreherei, Fräsmaschinen in der Fräserei usw. Das Werkstück wandert von Abteilung zu Abteilung, wobei es wiederholt in die gleiche Abteilung zurückkommen kann.

Das folgende Organisationsschema zeigt das Prinzip der Werkstättenfertigung.

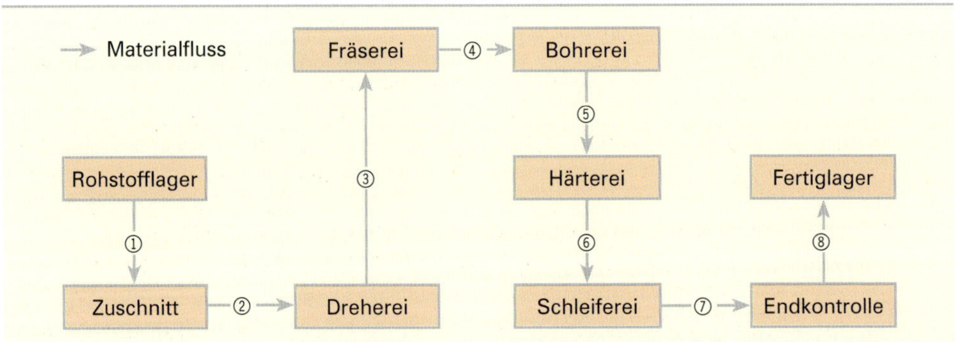

Werkstättenfertigung aus Sicht des Unternehmers	
Vorteile	**Nachteile**
▪ Geeignetes Fertigungsverfahren für Einzel- und Kleinserienfertigung. ▪ Große Anpassungsfähigkeit an Nachfrageänderungen, da der häufige Wechsel der Kundenaufträge hinsichtlich Art und Qualität der Produkte den Einsatz von umrüstbaren Maschinen (Universalmaschinen im Gegensatz zu Spezialmaschinen) verlangt. ▪ Guter Überblick über Kapazitätsauslastung.	Hohe Fertigungskosten im Vergleich zur Fließfertigung aufgrund ▪ langer innerbetrieblicher Transportwege, ▪ ungleicher Kapazitätsauslastung der Werkstätten, ▪ hoher Zwischenlagerkosten, ▪ hoher Lohnkosten (Facharbeiterlöhne) und ▪ hoher Kosten der Arbeitsvorbereitung (z.B. Bereitstellung der Arbeitsunterlagen, Reihenfolgeplanung, Terminplanung, Maschinenbelegungsplanung).

(2) Reihenfertigung

Gelingt es, innerhalb der einzelnen Werkstätten die Maschinen und damit die Arbeitsplätze nach dem Fertigungsablauf anzuordnen, spricht man von **Reihenfertigung.** Hier wird der Produktionsprozess in kleine und kleinste Arbeitsgänge zerlegt, die entsprechend dem Produktionsfortschritt miteinander verbunden sind (Flussprinzip[1]).

Das folgende Organisationsschema zeigt das Prinzip der Reihenfertigung.

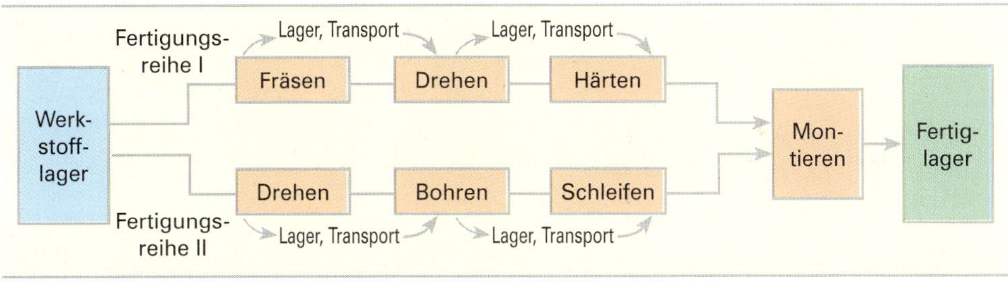

Reihenfertigung aus Sicht des Unternehmers	
Vorteile	**Nachteile**

▪ Geeignetes Fertigungsverfahren für größere Serien.
▪ Niedrigere Fertigungskosten gegenüber der Werkstättenfertigung aufgrund
  ▪ kurzer innerbetrieblicher Transportwege,
  ▪ gleichmäßiger Kapazitätsauslastung in den Fertigungsreihen,
  ▪ niedrigerer Lohnkosten (an Spezialmaschinen ist der Einsatz angelernter Arbeitskräfte möglich),
  ▪ niedriger Kosten für die Arbeitsvorbereitung.
	▪ Hohes Unternehmerwagnis (steigende Stückkosten bei zurückgehender Nachfrage aufgrund hoher fixer Kosten).
	▪ Mangelnde Anpassungsfähigkeit an Nachfrageänderungen (Spezialmaschinen können entweder überhaupt nicht oder nur mit hohen Kosten umgerüstet werden, falls andere Erzeugnisse hergestellt werden sollen).

1 **Flussprinzip:** Die räumliche Anordnung der Betriebsmittel entspricht genau der Folge der nacheinander anfallenden Arbeitsabläufe an dem Werkstück.

23 Speth u.a. - ISBN 978-3-8120-0536-4

(3) Fließfertigung

Begriff Fließfertigung

Die Fließfertigung ist eine Weiterentwicklung der Reihenfertigung. Wie bei der Reihenfertigung sind die Betriebsmittel bzw. Arbeitsplätze in einer zwingenden Reihe nach der Arbeitsfolge angeordnet. Der Unterschied zur Reihenfertigung besteht darin, dass die Arbeitsgänge zeitlich vorbestimmt sind. Der Arbeitende muss den vorgeschriebenen „Takt" einhalten.

- Bei der **Fließfertigung** richtet sich die Anordnung der Maschinen und der Arbeitsplätze nach der technisch erforderlichen Bearbeitungsreihenfolge.
- Höchste Ausprägungsform der Fließfertigung ist die **Fließbandfertigung**.

Fließbandfertigung

Die Fließbandfertigung ist dadurch charakterisiert, dass sie, bei einem gleichmäßigen Arbeitsfluss, Arbeitsgänge in einer zeitlich bestimmten, lückenlosen Folge ausführt. Die Bearbeitungsgänge von unterschiedlicher Dauer sind daher aufeinander abzustimmen, „auszutakten", damit das Werkstück alle Fertigungsstufen mit der gleichen, planmäßig vorgegebenen Geschwindigkeit durchläuft. Bei diesem Taktverfahren ist die Arbeit an dem sich bewegenden Werkstück in der festgesetzten Zeit auszuführen. Die Arbeitsausführung ist an den Takt (Rhythmus) gebunden.

Das folgende Organisationsschema zeigt das Prinzip der Fließbandfertigung.

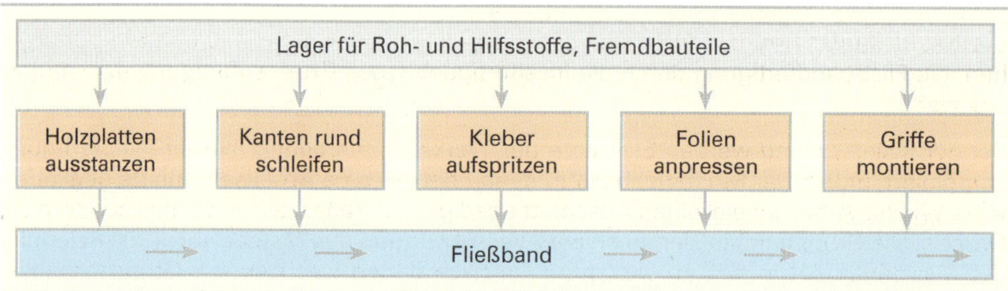

Die Fließbandfertigung galt lange Zeit als das bestmögliche Produktionsverfahren, weil sie eine hohe Arbeitsproduktivität garantiert (geringer Raumbedarf je Arbeitsplatz, schnelle Durchlaufzeiten des Materials, höchstmögliche Ausnutzung der Arbeitskapazität des Arbeitenden).

Seit Beginn der siebziger Jahre haben Gewerkschafter, Arbeitspsychologen, Soziologen und Techniker erkannt, dass die Nachteile der Fließbandarbeit überwiegen können.

Die **Nachteile der Fließbandfertigung** aus **Sicht des arbeitenden Menschen** sind vor allem:

- Der Mitarbeiter kann sich **nicht mehr mit dem Produkt identifizieren.** Er weiß häufig gar nicht mehr, welchen Anteil er am Gesamtprodukt hat. Die Arbeitsfreude kann dadurch verloren gehen.
- Die ständige Wiederholung von gleichartigen Arbeitsgängen führt zur **Monotonie.** Die einseitige Beanspruchung bei der Arbeit führt möglicherweise zu **physischen** (körperlichen) und **psychischen** (seelischen) **Belastungen.**
- Für viele Tätigkeiten am Fließband ist keine umfassende Berufsausbildung mehr notwendig. Ungelernte oder angelernte Arbeit genügt. Damit entsteht eine **neue, wenig angesehene Bevölkerungsschicht.**

Fließbandfertigung aus Sicht des Unternehmers	
Vorteile	**Nachteile**

■ Geeignetes Fertigungsverfahren für die Großserien- und Massenproduktion.
■ Niedrige Fertigungskosten, weil
  ■ die Zwischenlagerung der Werkstücke verringert wird,
  ■ die Fertigungszeiten verkürzt werden,
  ■ der Ausschuss abnimmt (die Spezialisierung der Arbeitenden auf wenige Handgriffe erhöht die Geschicklichkeit),
  ■ die Lohnkosten verhältnismäßig niedrig sind (angelernte statt gelernte Arbeitskräfte).
	■ Hohes Unternehmerwagnis (steigende Stückkosten bei zurückgehender Nachfrage aufgrund hoher fixer Kosten).
	■ Mangelnde Anpassungsfähigkeit an Nachfrageänderungen (geringe Flexibilität).
	■ Probleme beim „Austakten" (Abstimmen) der einzelnen Fertigungsbereiche (z.B. Fertigungsstraßen).
	■ Hohe Störanfälligkeit, denn beim Ausfall eines Arbeitsplatzes muss die Fertigung gestoppt werden, falls keine Zwischenlager vorhanden sind.
	■ Starke einseitige Beanspruchung des arbeitenden Menschen.

(4) Inselfertigung (Gruppenfertigung)

Die Nachteile der Fließbandarbeit führen dazu, dass immer mehr Betriebe dazu übergehen, die Fließbandfertigung durch die Inselfertigung (auch Gruppenfertigung genannt) zu ersetzen.

Bei der Inselfertigung werden Elemente der Werkstättenfertigung mit der Fließfertigung kombiniert, indem der Montageablauf in genau definierbare Arbeitsabschnitte gegliedert wird. Wie die Arbeit im einzelnen Abschnitt erledigt wird, regelt kein Einzelner, sondern die Gruppe. Die Gruppe organisiert in eigener Verantwortung den Materialabruf, die Belegung der Maschinen sowie das Arbeitstempo. Je nach Bedarf wechseln die Gruppenmitglieder – bei gegenseitiger Abstimmung – die Arbeitsplätze (Jobrotation). Diese Eigenverantwortung führt zu einer Steigerung der Arbeitsmotivation und erhöht die Produktqualität. Die Gruppen können dabei sehr unterschiedliche Produkte herstellen. Dies reicht von der Produktion bestimmter Einzel- oder Bauteile bis hin zu einem Fertigerzeugnis.

Das folgende Organisationsschema zeigt das Prinzip der Inselfertigung (Gruppenfertigung).

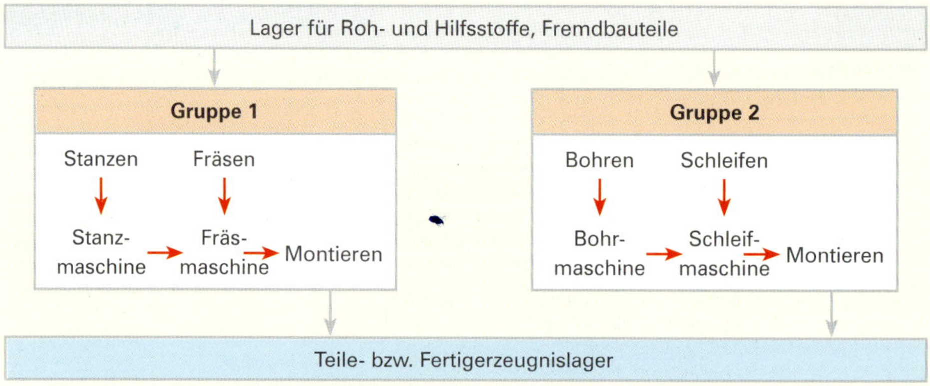

Vorteile der Inselfertigung gegenüber der Werkstättenfertigung	Vorteile der Inselfertigung gegenüber der Fließbandfertigung
■ Kürzere Transportwege, ■ schnellere Fertigungsdurchlaufzeiten, ■ niedrigere Kosten für die Zwischenlagerung, ■ übersichtlicherer Produktionsablauf, ■ überwiegender Einsatz von Spezialmaschinen.	■ Höhere Anpassungsfähigkeit an Nachfrageänderungen (höhere Flexibilität), ■ abwechslungsreichere Tätigkeiten der Arbeitskräfte, ■ bessere Motivation der Arbeitskräfte durch Übertragung von Eigenverantwortlichkeiten, ■ geringere Störanfälligkeit des Produktionsablaufs.

Nachteile der Inselfertigung sind z. B. die schwierigere Entgeltfestsetzung für die einzelnen Arbeitskräfte und der zwischen den Arbeitskräften bestehende Gruppenzwang.

3.3.3 Zusammenhang zwischen Fertigungslosen und Kosten: optimale Losgröße

Werden die einzelnen Produkte nicht kontinuierlich, sondern **mit Unterbrechungen** hergestellt, handelt es sich um **Intervallfertigung.** Innerhalb eines Intervalls werden mit den erforderlichen Fertigungsanlagen jeweils gleichartige Erzeugnisse produziert. Die Intervallfertigung ist häufig eine **Kleinserienfertigung.**

3.3.3.1 Begriff und Bestimmungsfaktoren der optimalen Losgröße

Ein wichtiges Problem der Intervallfertigung ist die Bestimmung der optimalen Losgröße (Seriengröße, Auflagengröße).

Ein **Los (Serie, Auflage)** ist die Menge, die ohne **Umrüsten der Anlage** produziert wird.

Die Losgröße hat Auswirkungen auf die Höhe der Rüstkosten und der Lagerhaltungskosten.

Kostenfaktoren	Erläuterungen	Beispiele
Rüstkosten	Sie entstehen durch das Einrichten der Produktionsanlagen auf die Herstellung einer anderen Produktart. Rüstkosten treten je Los nur einmal auf und entstehen unabhängig von der Stückzahl der in einem Los gefertigten Produkte. Man bezeichnet sie daher auch als **auflagefixe Kosten**. Durch die Verminderung der Anzahl der durchgeführten Rüstvorgänge bzw. Erhöhung der in einem Los gefertigten Güter werden die Umrüstkosten insgesamt abgesenkt und damit auch die Losstückkosten.	■ Zinskosten, Abschreibungen, Wagniskosten oder Miete für die ruhenden maschinellen Anlagen und Räume; ■ Heiz-, Strom-, Be- und Entlüftungskosten; ■ Personalkosten während der Umrüstzeit.
Lagerhaltungskosten	Es handelt sich um mengenabhängige Kosten. Sie steigen mit wachsender Losgröße an und sinken mit fallender Losgröße. Die Lagerhaltungskosten bezeichnet man auch als **auflagevariable Kosten**.	■ Versicherungskosten für die Lagervorräte, ■ Zinskosten für das im Lager gebundene Kapital, ■ Wagniskosten für Lagerschwund durch Güterverderb und Diebstahl, ■ Personalkosten, ■ Abschreibung der Lagereinrichtung, ■ Mietkosten.

Rüstkosten und Lagerhaltungskosten verlaufen, bezogen auf die Losgröße, entgegengerichtet, d.h., eine hohe Auflage (geringe Anzahl von Losen) führt zu niedrigen Rüstkosten, aber zu höheren Lagerkosten und umgekehrt.

Die **optimale Losgröße (Seriengröße, Auflagengröße)** ist gegeben, wenn die **Summe aus Rüst- und Lagerhaltungskosten** in einem bestimmten Planungszeitraum ein **Minimum** bildet.

3.3.3.2 Berechnung der optimalen Losgröße

(1) Ermittlung der auflagevariablen Lagerhaltungskosten

Die Ermittlung der **auflagevariablen Lagerhaltungskosten** (K_e) ist in der Praxis sehr schwierig. An einem sehr vereinfachenden Beispiel wird gezeigt, warum die variablen Lagerhaltungskosten auch **je Stück** steigen.

Beispiel:

Ein Unternehmen verkauft im Laufe eines Jahres 12000 Schaltelemente, deren Selbstkosten 10,00 EUR betragen. Der Lagerhaltungskostensatz[1] beträgt 30 %.

Aufgaben:

1. Berechnen Sie, wie sich die Lagerhaltungskosten für die Lagerung je Stück entwickeln, wenn der Monatsbedarf, der Zweimonatsbedarf, der Dreimonatsbedarf, der Viermonatsbedarf, der Halbjahresbedarf und der Jahresbedarf zu Beginn der jeweiligen Periode produziert und auf Lager genommen wird! Es wird eine kontinuierliche Lagerabgangsrate unterstellt.
2. Stellen Sie den Sachverhalt grafisch dar!

Lösungen:

Zu 1.: Entwicklung der Lagerhaltungskosten

Losgröße	Auflagen-häufigkeit	Durchschn. Lagerbestand in Stück	Durchschn. Lagerbestand in EUR	Lagerhaltungs-kosten in EUR	Lagerhaltungs-kosten pro Jahr und Stück in EUR
1000	12	500	5000,00	1500,00	0,125
2000	6	1000	10000,00	3000,00	0,250
3000	4	1500	15000,00	4500,00	0,375
4000	3	2000	20000,00	6000,00	0,500
6000	2	3000	30000,00	9000,00	0,750
12000	1	6000	60000,00	18000,00	1,500

Zu 2.: Grafische Darstellung

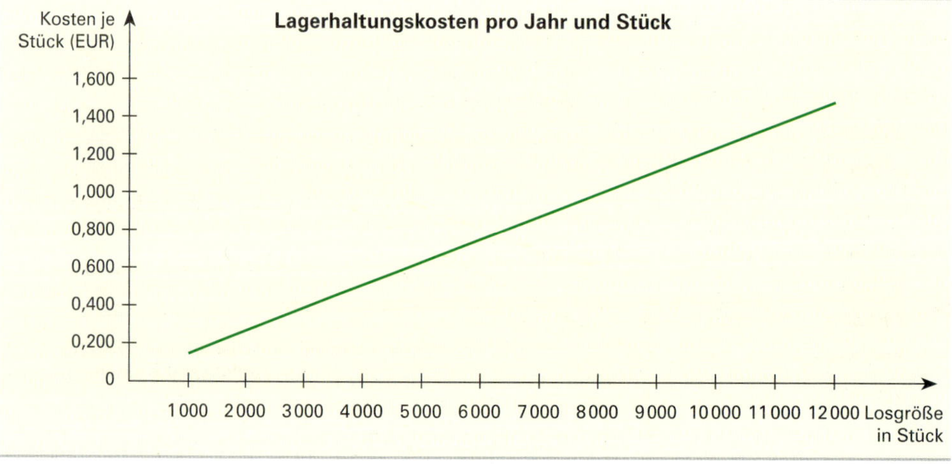

1 Der **Lagerhaltungskostensatz** gibt in Prozent an, wie hoch die Lagerhaltungskosten im Vergleich zum durchschnittlichen Wert des Lagerbestandes sind.

(2) Ermittlung der optimalen Losgröße

Beispiel:

Ausgehend von den Daten des Beispiels von S. 358 betragen die Rüstkosten (auflagefixen Kosten) 1 000,00 EUR.

Aufgaben:

1. Berechnen Sie die optimale Losgröße!
2. Stellen Sie die optimale Losgröße grafisch dar!

Lösungen:

Zu 1.: Rechnerische Ermittlung der optimalen Losgröße

Losgröße	Auflagen-häufigkeit	Rüstkosten pro Jahr in EUR	Durchschn. Lager-bestand in Stück	Durchschn. Lager-bestand in EUR	Lagerhal-tungskosten in EUR	Gesamtkosten in EUR
1 000	12	12 000,00	500	5 000,00	1 500,00	13 500,00
2 000	6	6 000,00	1 000	10 000,00	3 000,00	9 000,00
3 000	**4**	**4 000,00**	**1 500**	**15 000,00**	**4 500,00**	**8 500,00**
4 000	3	3 000,00	2 000	20 000,00	6 000,00	9 000,00
6 000	2	2 000,00	3 000	30 000,00	9 000,00	11 000,00
12 000	1	1 000,00	6 000	60 000,00	18 000,00	19 000,00

☐ optimale Losgröße

Zu 2.: Grafische Darstellung

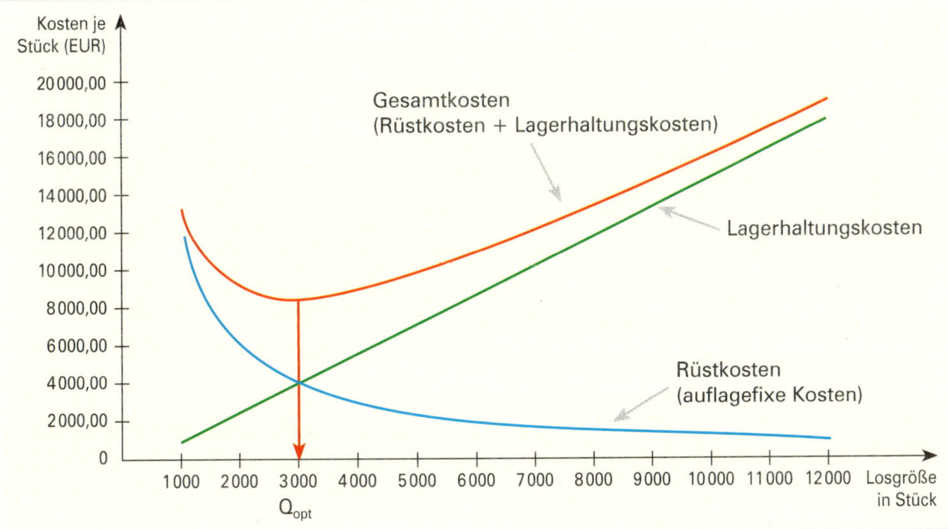

Zusammenfassung

- **Fertigungsverfahren nach der Menge der gleichartigen Produkte:**
  - Einzelfertigung
  - Serienfertigung
  - Massenfertigung
- **Fertigungsverfahren nach der Organisation der Fertigung:**
  - Werkstättenfertigung
  - Reihenfertigung
  - Fließfertigung
  - Inselfertigung
- Ein **Los** ist die Menge, die **ohne Umrüstung der Anlage** produziert wird.
- Bei der **optimalen Losgröße** bildet die **Summe aus Rüst- und Lagerhaltungskosten** in einem bestimmten Planungszeitraum ein **Minimum.**

Übungsaufgaben

111

1. Erläutern Sie den Begriff Werkstättenfertigung!
2. Erklären Sie den Begriff Reihenfertigung!
3. Erläutern Sie, inwiefern die Fließfertigung (einschließlich Fließbandfertigung) eine Weiterentwicklung der Reihenfertigung ist!
4. Erklären Sie den Unterschied zwischen Fließfertigung (einschließlich Fließbandfertigung) und Reihenfertigung!
5. Erläutern Sie den Zusammenhang zwischen der Anzahl gleichartiger Erzeugnisse und der Organisation der Fertigung!

112

1. Die Motorenwerke Anton Thomalla GmbH muss für die Herstellung der Motoren verschiedene Werkstücke herstellen, u.a. Spannhülsen. Die Halle 3, in welcher die Werkstätten untergebracht sind, hat folgendes Layout:

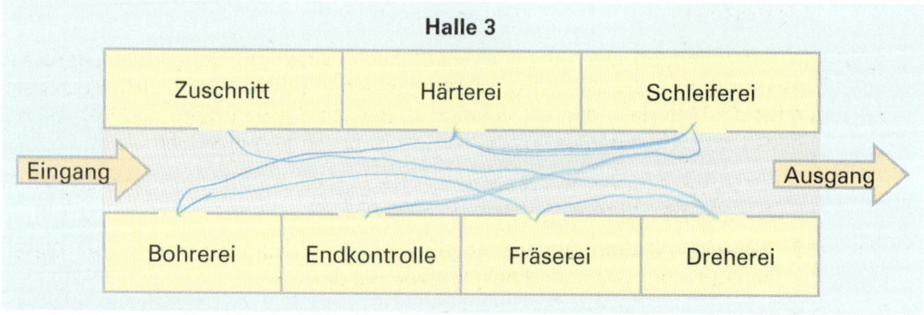

Die Spannhülsen durchlaufen zu ihrer Herstellung folgenden Ablauf:

Arbeitsgang 1: Zuschnitt
Arbeitsgang 2: Dreherei
Arbeitsgang 3: Fräserei
Arbeitsgang 4: Bohrerei
Arbeitsgang 5: Härterei
Arbeitsgang 6: Schleiferei
Arbeitsgang 7: Endkontrolle

Aufgaben:

1.1 Übertragen Sie die Grafik auf S. 360 in Ihr Heft und zeichnen Sie den Fluss des Werkstücks durch die Werkstätten der Halle 3 ein!

1.2 Angenommen, Sie wollen die Abläufe für die Herstellung der Spannhülsen beschleunigen und überlegen daher, die davon berührten Arbeitsplätze nach dem vorgesehenen Arbeitsablauf anzuordnen. Entwerfen Sie ein neues Layout für die Halle 3 und zeichnen Sie erneut den Materialfluss!

1.3 Erläutern Sie, welche Nachteile Sie dafür in Kauf nehmen müssen!

2. Bei der Intervallfertigung tritt u. a. das Problem der optimalen Losgröße auf.

Aufgaben:

2.1 Erklären Sie, was unter optimaler Losgröße zu verstehen ist!

2.2 Berechnen Sie die optimale Losgröße für Edelstahl-Handläufe unter folgenden Bedingungen:
- Der Jahresbedarf beträgt 18 000 Stück.
- Die Herstellkosten je Einheit betragen 15,00 EUR.
- Der Lagerhaltungskostensatz beträgt 25 %.
- Die Rüstkosten betragen 2 000,00 EUR.
- Die Losgröße beträgt 1 000 Stück oder ein Mehrfaches davon!

113 Die Weber Metallbau GmbH stellt u. a. auch Metallzäune im Baukastensystem her. In der Anlage sehen Sie die Konstruktionszeichnung für das Anschlusselement des Zauns „Quadro 370“. Dieses Element gibt es in unterschiedlichen Höhen und mit unterschiedlicher Anzahl von Innenelementen.

Bisher werden die verschiedenen Modelle des Metallzauns in Serie gefertigt. Seit Jahren steigt die Nachfrage nach den Zaunelementen. Aufgrund der steigenden Seriengrößen überlegt die Geschäftsleitung daher, das Fertigungsverfahren von der eher handwerklich orientierten Werkstattfertigung auf Fließfertigung umzustellen.

Aufgaben:

1. In der kommenden Woche ist die Sitzung der Geschäftsführer, in deren Rahmen über die Änderung des Fertigungsverfahrens diskutiert und entschieden werden soll. Ihre Aufgabe in dieser Konferenz ist es, in einer vergleichenden Betrachtung die charakteristischen Merkmale der beiden Fertigungsverfahren (Werkstatt- und Fließfertigung) einander gegenüberzustellen!

2. Ein immer wiederkehrendes Thema auf diesen Sitzungen der Geschäftsführer ist auch die Diskussion über die Dimensionierung der Seriengrößen. Geschäftsführer Kleiner, zuständig für die Materialwirtschaft, tendiert zu kleinen Seriengrößen und Herr Seibold, zuständig für die Produktionswirtschaft, bevorzugt große Seriengrößen.

2.1 Versetzen Sie sich in die Lage von Herrn Kleiner und Herrn Seibold und formulieren Sie jeweils Argumente für deren Position!

2.2 Veranschaulichen Sie die gegensätzlichen Positionen der beiden Geschäftsführer anhand einer Grafik und beschreiben Sie diese kurz!

2.3 Unterstützen Sie Ihre theoretischen Ausführungen aus der Aufgabe 2.2 durch ein konkretes Zahlenbeispiel. Aus der Materialwirtschaft und der Kostenrechnung erhalten Sie für das „Rahmenelement 210773“ folgende Werte:

Jahresbedarf in Stück	2 000
Herstellkosten je Element	150,00 EUR
Umrüstkosten	100,00 EUR
Lagerhaltungskostensatz	30,00 %

Verwenden Sie hierzu die nachfolgende Tabelle:

Losgröße	Auflagenhäufigkeit	Rüstkosten pro Jahr in EUR	Durchschnittl. Lagerbestand in Stück	Durchschnittl. Lagerbestand in EUR	Lagerhaltungskosten in EUR	Gesamtkosten
20						
30						
50						
60						
80						
100						
120						
150						
200						
250						
2000						

Anlage:

Konstruktionszeichnung Anschlusselement für Zaun „Quadro 370"

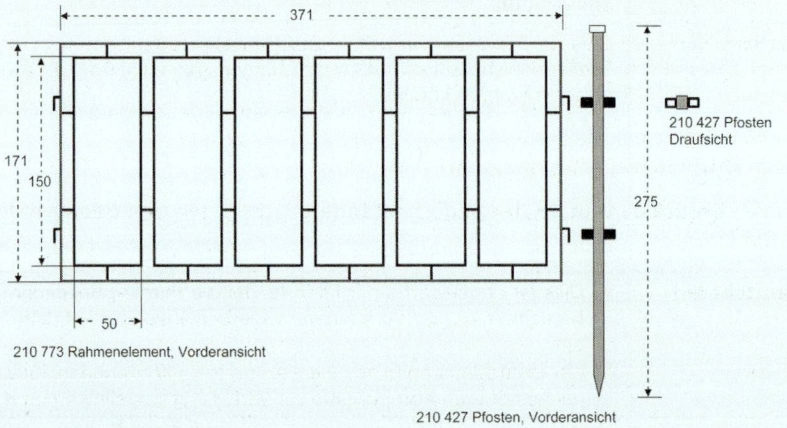

3.4 Produktionsprozessplanung

Abgestimmt mit dem vorab festgelegten Produktionsprogramm legt die Produktionsprozessplanung

- den **Materialbedarf,**
- die **jeweiligen Produktionstermine** sowie
- die **Kapazitätsbelegung**

fest.

3.4.1 Materialbedarfsplanung

3.4.1.1 Bedarfsarten

(1) Primärbedarf, Sekundärbedarf, Tertiärbedarf

Im Rahmen der Bedarfsplanung werden die Materialbedarfsmengen, die zur Auftragsabwicklung erforderlich sind, ermittelt. Nach dem **Ursprung des Bedarfs** und der **Erzeugnisebene** unterscheidet man in Primärbedarf, Sekundärbedarf und Tertiärbedarf.

Primärbedarf	■ Ausgangspunkt aller Mengenplanungen ist die Ermittlung des Primärbedarfs. Primärbedarf ist die **Menge an verkaufsfähigen Gütern und Dienstleistungen** (Marktbedarf). Bei Ersatzteilaufträgen kann ein Primärbedarf auch für Baugruppen oder Einzelteile bestehen. (Beispiel: Ein Nutzfahrzeughersteller liefert an einen Wohnmobilhersteller das Grundfahrzeug ohne Aufbauten mit Kabine und Fahrwerk, auf welches dann das Wohnmobil montiert wird.) ■ **Datenbasis** zur **Ermittlung des Primärbedarfs** sind vorliegende Kundenaufträge und/oder Vorgaben aus der Absatzplanung. Die Vorgaben aus der Absatzplanung betreffen in der Regel Standardprodukte. Die ausreichende Produktion von Standardprodukten versetzt das Unternehmen in die Lage, auftretende Kundenwünsche nach einem Erzeugnis „von der Stange" direkt aus dem Lagervorrat zu bedienen.
Sekundärbedarf	Sind die **Komponenten** (Baugruppen, Einzelteilen, Rohstoffen), die man zur Fertigung des Primärbedarfs benötigt. Der Sekundärbedarf wird aus den Stücklisten entnommen.
Tertiärbedarf	Dies ist der Bedarf an **Hilfs- und Betriebsstoffen,** der zwar zur Herstellung der Erzeugnisse benötigt wird, deren Mengen aber nicht über die Stücklistenauflösung ermittelt werden können.

(2) Bruttobedarf, Nettobedarf

Unter **Berücksichtigung der Lagerbestände** gliedert man den Bedarf in Brutto- und Nettobedarf.

Bruttobedarf	■ Dies ist der Bedarf einer Periode, der als Primär-, Sekundär- und Tertiärbedarf berechnet wurde. Vorhandene Lagerbestände werden dabei nicht berücksichtigt. ■ Der Bruttobedarf gibt an, wie viel von einer Komponente für die Herstellung der nächsthöheren Komponente zur Verfügung gestellt werden muss.
Nettobedarf	■ Der Nettobedarf ist der Bedarf, der bei Eigenteilen durch entsprechende Fertigungsaufträge abgedeckt werden muss bzw. bei Fremdteilen zu Beschaffungsaufträgen führt. ■ Er wird dadurch ermittelt, indem vom Bruttobedarf der disponierbare Lagerbestand abgezogen wird.

3.4.1.2 Verfahren der Bedarfsrechnung

(1) Bruttobedarfsrechnung

Bei der Bruttobedarfsrechnung wird der Primärbedarf über alle Stücklistenpositionen auf die nachgeordneten Komponenten (Sekundärkomponenten) heruntergerechnet, wobei

Lagerbestände nicht berücksichtigt werden. Der Bruttobedarf der nächsttieferen Komponente ergibt sich jeweils aus dem Bruttobedarf der übergeordneten Komponente multipliziert mit der Menge lt. Stückliste.

Beispiel: [1]

Aufgrund eines vorliegenden Kundenauftrags (A 1005) über 200 Arbeitstische soll der Bruttobedarf über alle Stücklistenstufen hinweg ermittelt werden. Der Bruttobedarf an Schrauben (Teilenummer 202111) von 2400 Stück ermittelt sich aus dem Bruttobedarf der Arbeitstische (200 Stück lt. Kundenauftrag) multipliziert mit der Menge an Schrauben lt. Stückliste, die im Tisch enthalten sind (12).

In der nachfolgenden Übersicht ist der Bruttobedarf an Komponenten für den Kundenauftrag über 200 Arbeitstische ausgewiesen.

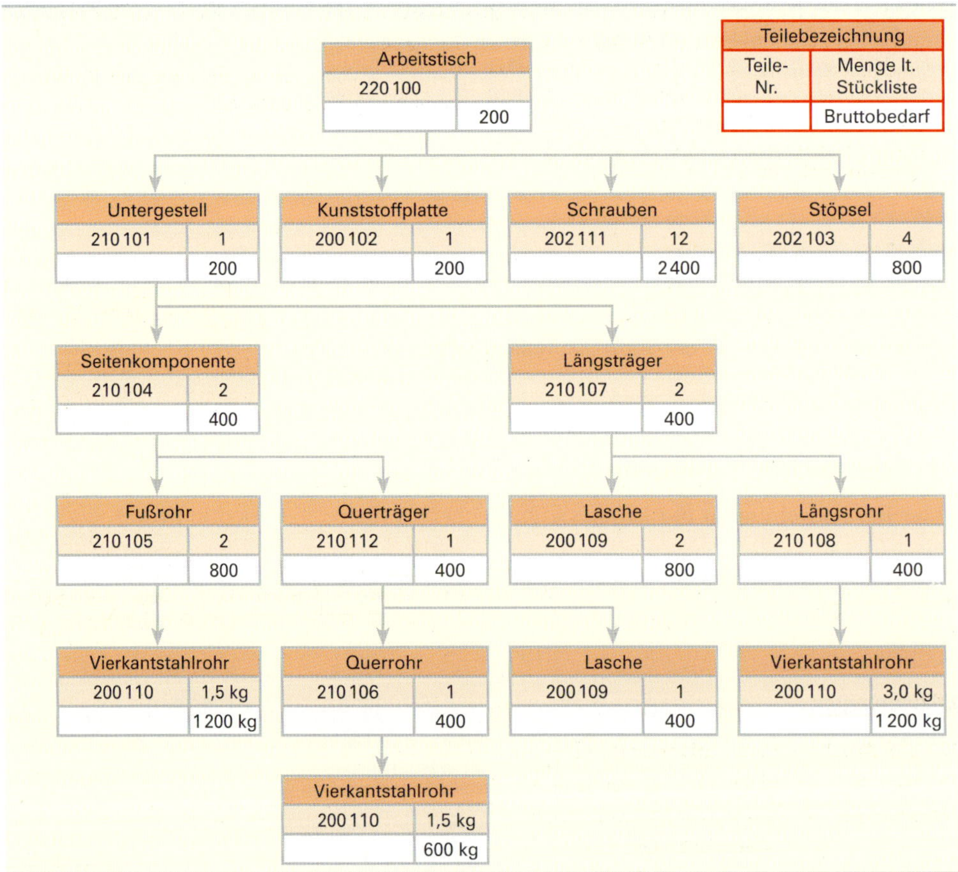

Erläuterung:

Aus der Grafik ist die Erzeugnisstruktur zu erkennen. Je Komponente werden die Teilebezeichnung, die Teilenummer und die Bedarfsmenge für eine Einheit der übergeordneten Komponente aufgeführt. Damit kann dann stufenweise der Bruttobedarf für jede Position ermittelt werden.

1 Siehe Strukturstückliste S. 347.

(2) Nettobedarfsrechnung

■ Beispiel für eine Nettobedarfsrechnung (Arbeitstisch, Schrauben, Stöpsel)

Da das Unternehmen in der Regel über Bestände an Halb- und Fertigerzeugnissen verfügt, muss nicht jeweils die volle Bruttomenge, die bereitgestellt werden muss, auch erzeugt werden. Der Nettobedarf wird wie folgt ermittelt:

Bruttobedarf = Nettobedarf der übergeordneten Komponente · Stücklistenmenge
Nettobedarf = Bruttobedarf – Lagerbestand

Beispiel:

Ausgehend vom Beispiel auf S. 364 mit einem Kundenauftrag über 200 Stück wird unterstellt, dass bei den Arbeitstischen noch ein Lagerbestand von 50 Stück vorhanden ist. Bei den Schrauben sind noch 10 000 Stück und bei den Stöpseln noch 200 Stück vorhanden.

Aufgabe:

Berechnen Sie den Nettobedarf aller Komponenten des Arbeitstisches!

Lösung am Beispiel Schrauben und Stöpsel:

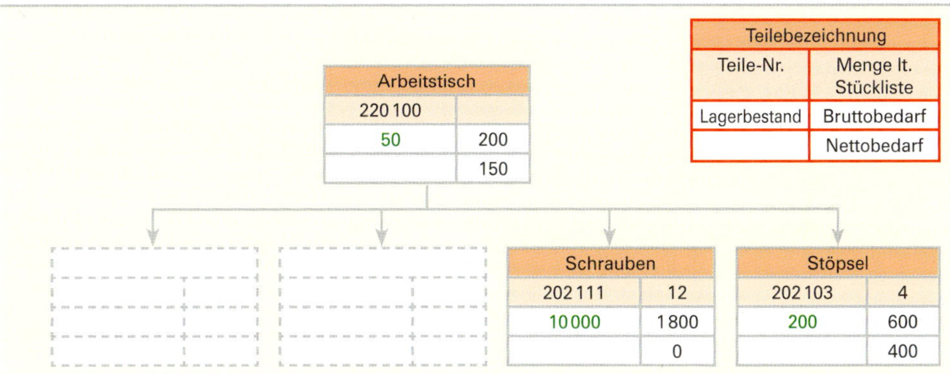

Erläuterungen:

Für den Arbeitstisch gilt folgende Berechnung:

Bruttobedarf: gegeben lt. Kundenauftrag

Nettobedarf: Bruttobedarf – Lagerbestand
200 – 50 = 150

Für den Stöpsel gilt folgende Berechnung:

Bruttobedarf: Nettobedarf des Tisches · Stücklistenmenge
150 · 4 = 600

Nettobedarf: Bruttobedarf – Lagerbestand
600 – 200 = 400

Für die Schrauben gilt folgende Berechnung:

Bruttobedarf: Nettobedarf des Tisches · Stücklistenmenge
150 · 12 = 1800

Nettobedarf: Da der Lagerbestand (10000 Stück) größer ist als der Bruttobedarf, entsteht kein Nettobedarf, der produziert bzw. gekauft werden müsste.

> Der **Nettobedarf** ist kein vorhandener Bestand, sondern im Grunde ein Fehlbestand, der durch Fertigungsaufträge oder Lieferantenbestellungen auszugleichen ist.

Nettobedarfsrechnung für den vollständigen Arbeitstisch

Um den Nettobedarf für den Arbeitstisch (die vollständige Struktur) zu ermitteln, muss der Lagerbestand für alle Positionen gegeben sein.

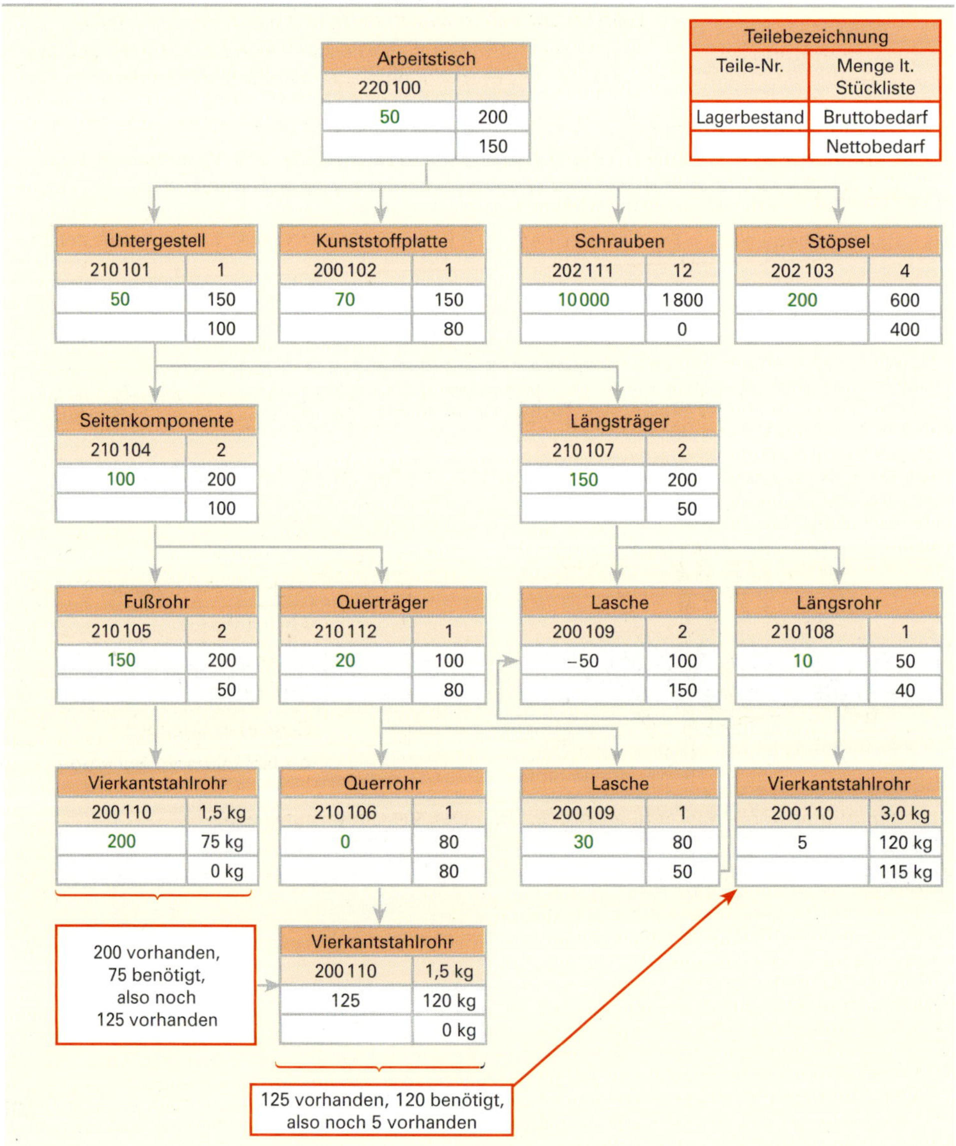

Zusammenfassung

- Man unterscheidet folgende **Bedarfsarten:**

  (1) Nach dem Ursprung des Bedarfs und der Erzeugnisebene

  - **Primärbedarf:** Menge an verkaufsfähigen Einheiten. Basis hierfür sind die vorliegenden Kundenaufträge und die Vorgaben aus der Absatzplanung.
  - **Sekundärbedarf:** Bedarf an nachrangigen Komponenten. Er wird ermittelt durch die Stücklistenauflösung.
  - **Tertiärbedarf:** Bedarf an Hilfs- und Betriebsstoffen.

  (2) Gliederung des Bedarfs unter Berücksichtigung der Lagerbestände

  - **Bruttobedarf:** Gesamter Primär-, Sekundär- und Teritärbedarf, der auf der jeweiligen Dispositionsstufe zur Verfügung gestellt werden muss.
  - **Nettobedarf:** Bruttobedarf abzüglich Lagerbestand. Er muss durch Fertigungsaufträge (oder Beschaffungsaufträge) abgedeckt werden.

- Die **Nettobedarfsermittlung** durchläuft je Stücklistenposition 2 Rechenschritte:
  - Bruttobedarf = Nettobedarf der übergeordneten Komponente · Stücklistenmenge
  - Nettobedarf = Bruttobedarf – Lagerbestand

- Der Nettobedarf ist ein Fehlbestand, der durch Fertigungsaufträge oder Lieferantenbestellungen ausgeglichen werden muss.

Übungsaufgabe

114 Die Möbelwerke Dortmund GmbH stellen unter anderem folgenden Gartenstuhl her:

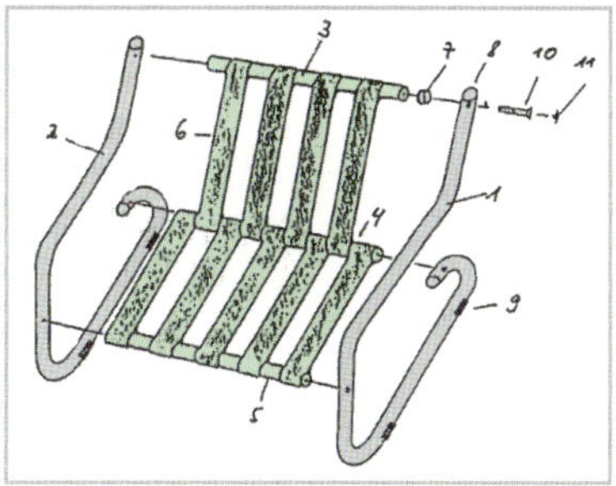

1, 2	Standrohre
3, 4, 5	Sitzrohre
6	Sitzband aus Kunststoff
7	Abstandhalter
8	Rohrkappe
9	Schutzkufe
10	Gewindeschraube
11	Abdeckkappe für Schraube

Ein Auftrag von Möbel Fritz Ungerer e. Kfm. über 300 Gartenstühle liegt vor.

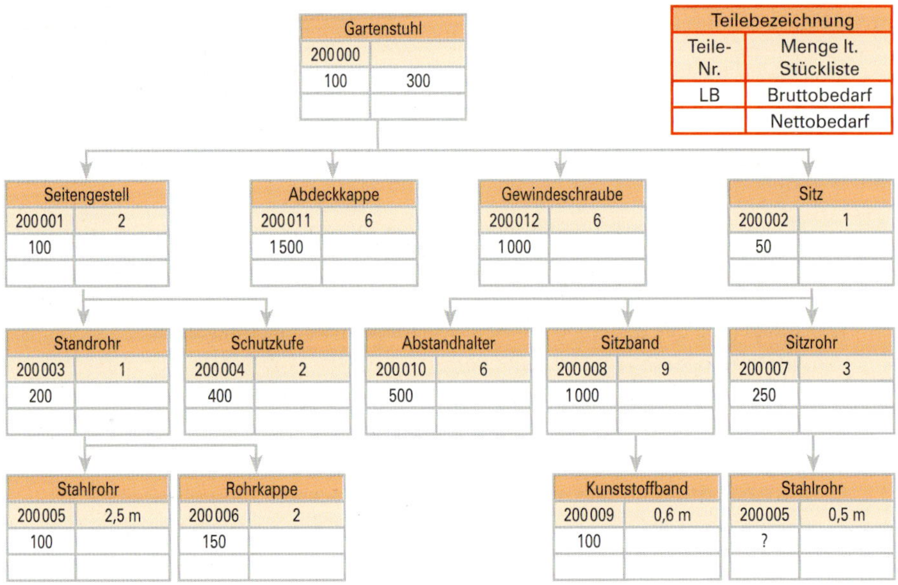

Aufgabe:

Führen Sie die Nettobedarfsrechnung unter Berücksichtigung der angegebenen Lagerbestände durch! (Zeiten sind nicht zu berücksichtigen.)

3.4.2 Produktionsterminplanung (Ermittlung der Vorlaufzeiten)

3.4.2.1 Aufgaben und Planungshorizonte der Produktionsterminplanung

(1) Aufgaben

Die Aufgabe für die Produktionsterminplanung besteht darin,

- einen gegebenen Bestand an Aufträgen,
- dessen Mengen und Endtermine bekannt sind,
- auf die vorhandenen Fertigungseinrichtungen

einzuplanen.

Der verantwortliche Sachbearbeiter hat das Problem, dass Aussagen über die verfügbaren Kapazitäten und über deren Inanspruchnahme aufgrund der möglichen Aufträge immer unsicherer werden, je weiter der Planungshorizont in die Zukunft reicht. Daher hat es sich bewährt, die Terminplanung in mehreren Stufen (Grob-, Mittel- und Feinplanung) mit jeweils zunehmendem Genauigkeitsgrad zu durchlaufen. Vergleichbar einem Autoscheinwerfer, der ein Objekt in der Ferne zunächst nur diffus[1] und dann mit zunehmender Fahrstrecke immer präziser erkennen lässt, so werden mit fortschreitendem Zeitablauf, d.h. mit jedem neuen Planungszyklus, die Terminfestlegungen immer konkreter.

1 **Diffus:** zerstreut, ungenau.

(2) Planungshorizonte

Grobplanung	In dieser Phase werden vorhandene Kundenaufträge grob auf die Fertigungskapazitäten abgestimmt. Da in dieser Phase der Planungsaufwand möglichst gering gehalten werden soll und die Daten über Mengen und Termine noch unvollständig sind, erfolgt eine Terminfestlegung nur auf der Ebene der Enderzeugnisse, aber noch nicht für die nachgeordneten Komponenten.
Mittelfristige Planung	Die zweite Phase bezieht die Terminierung der Unterkomponenten mit ein. Sie setzt also voraus, dass Durchlaufzeiten für die Baugruppen und Teile bekannt sind.
Feinterminierung	In der dritten Phase werden die einzelnen Arbeitsvorgänge mit der Dauer ihrer Belegung laut Auftragsarbeitsplan auf die verschiedenen Maschinen und Arbeitsplätze zugeordnet.

Die nachfolgende Grafik veranschaulicht die Phasen der Produktionsterminplanung. Es ist auch zu erkennen, dass die Terminierung einen zyklischen Prozess darstellt, d.h., die Festlegungen im Rahmen der Feinplanung haben zur Folge, dass sie Auswirkungen auf die Grobplanung des nächsten Zyklus haben.

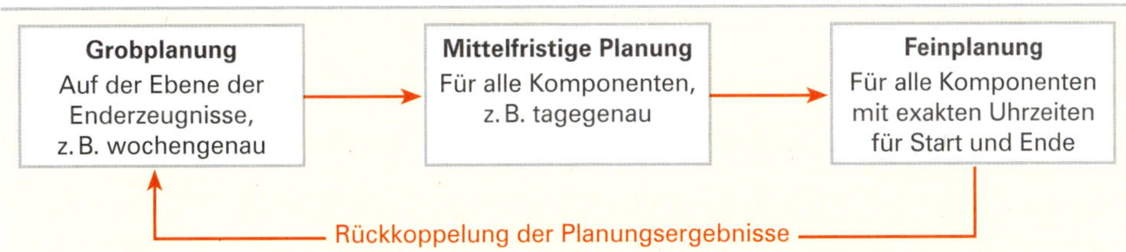

Endergebnis der Terminierung ist die Ermittlung der **voraussichtlichen Durchlaufzeit.**

3.4.2.2 Mittelfristige Terminplanung

(1) Mittelfristige Terminplanung für das Beispiel Arbeitstisch

Die Problematik der Terminierung wird exemplarisch an der mittelfristigen Terminplanung aufgezeigt. Bei ihr werden den einzelnen Komponenten des Erzeugnisses bestimmte Durchlaufzeiten zugeordnet. Diese Zeiten beruhen auf Durchschnittswerten und sind tagegenau festgelegt. Im Falle von **Eigenteilen** bezeichnen sie die **Fertigungszeit,** bei **Fremdteilen** die **Wiederbeschaffungszeit.**

<table>
<tr><td colspan="3">Teilebezeichnung</td></tr>
<tr><td>Teile-Nr.</td><td colspan="2">Menge lt. Stückliste</td></tr>
<tr><td>LB</td><td colspan="2">Bruttobedarf</td></tr>
<tr><td></td><td colspan="2">Nettobedarf</td></tr>
<tr><td>Start</td><td>Dauer</td><td>Ende</td></tr>
</table>

Um die Terminplanung in das bereits bekannte Stücklistenschema (siehe S. 346) integrieren zu können, wird für jede Position der Erzeugnisstruktur eine Datenzeile zur Verwaltung der Termine hinzugefügt. In dieser Zeile steht der Betriebskalendertag für den **Start** (Beginn), die **Dauer** der **Fertigungs-** bzw. der **Wiederbeschaffungszeit** und das **Ende** dieser Tätigkeit. Hierbei handelt es sich um eine retrograde (rückwärtsgerichtete) Terminbestimmung. Ausgehend vom Kundenwunschtermin für das Endprodukt wird Position für Posi-

24 Speth u.a. - ISBN 978-3-8120-0536-4

tion die Struktur vollständig durchgerechnet. Der Beginn für die Bearbeitung der übergeordneten Komponente entspricht jeweils dem spätest zulässigen Ende für die unmittelbar untergeordneten Komponenten.

Beispiel:

Wir erweitern unsere Betrachtung aus der Nettobedarfsrechnung und nehmen an, dass der Kundenauftrag A1005 über 200 Arbeitstische zum Betriebskalendertag 300 fertiggestellt sein muss (vgl. S. 364). Die Fertigungs- bzw. Wiederbeschaffungszeiten der einzelnen Teile sind der folgenden Tabelle zu entnehmen:

Teile-Nr.	Bezeichnung	Fertigungs- bzw. Wiederbeschaffungszeit (Tage)
220100	Arbeitstisch	3
210101	Untergestell	5
200102	Kunststoffplatte	15
202103	Stöpsel	9
210104	Seitenkomponente	5
210105	Fußrohr	7
210106	Querrohr	6
210107	Längsträger	8
210108	Längsrohr	5
200109	Lasche	10
200110	Vierkantstahlrohr	12
202111	Schrauben	10
210112	Querträger	8

Aufgabe:

Erstellen Sie für den Kundenauftrag A1005 die Terminplanung!

Erläuterung zur Lösung von S. 371:

Die Terminplanung ergibt, dass mit der Endmontage des Arbeitstisches am Betriebskalendertag 297 begonnen werden muss, damit der Auftrag am Tag 300 fertiggestellt ist. Dies wiederum setzt voraus, dass alle unmittelbar nachgeordneten Komponenten (Untergestell, Kunststoffplatte, Schrauben und Stöpsel) ihrerseits am Tag 297 hergestellt bzw. beschafft sein müssen. Zieht man von diesem Endtermin (überall Tag 297) die jeweilige Dauer ab, dann erhält man die Anfangstermine für die jeweiligen Tätigkeiten.

Bei den über die Rückwärtsrechnung gewonnenen Terminen handelt es sich um **spätest zulässige Termine.** Dies hat sowohl positive als auch negative Konsequenzen:

- Nach Fertigstellung einer Komponente ist keine Zwischenlagerung erforderlich. An die Fertigstellung der Komponente schließt sich unmittelbar deren weitere Verarbeitung an. Diese Terminierung unterstützt somit wirkungsvoll das Bestreben nach minimalen Beständen und geringen Kapitalbindungskosten.
- Verzögerungen im Fertigungsablauf haben zwangsläufig Auswirkungen auf die nachgeordneten Fertigungsstufen. Da keine Zeitpuffer vorhanden sind, wirken sich diese letztlich auch auf den Endtermin aus. Eine solche Terminierung und Verzicht auf Puffer setzen also voraus, dass ein hohes Niveau an Fertigungsqualität sichergestellt ist.

Lösung: (Beispiel S. 370):

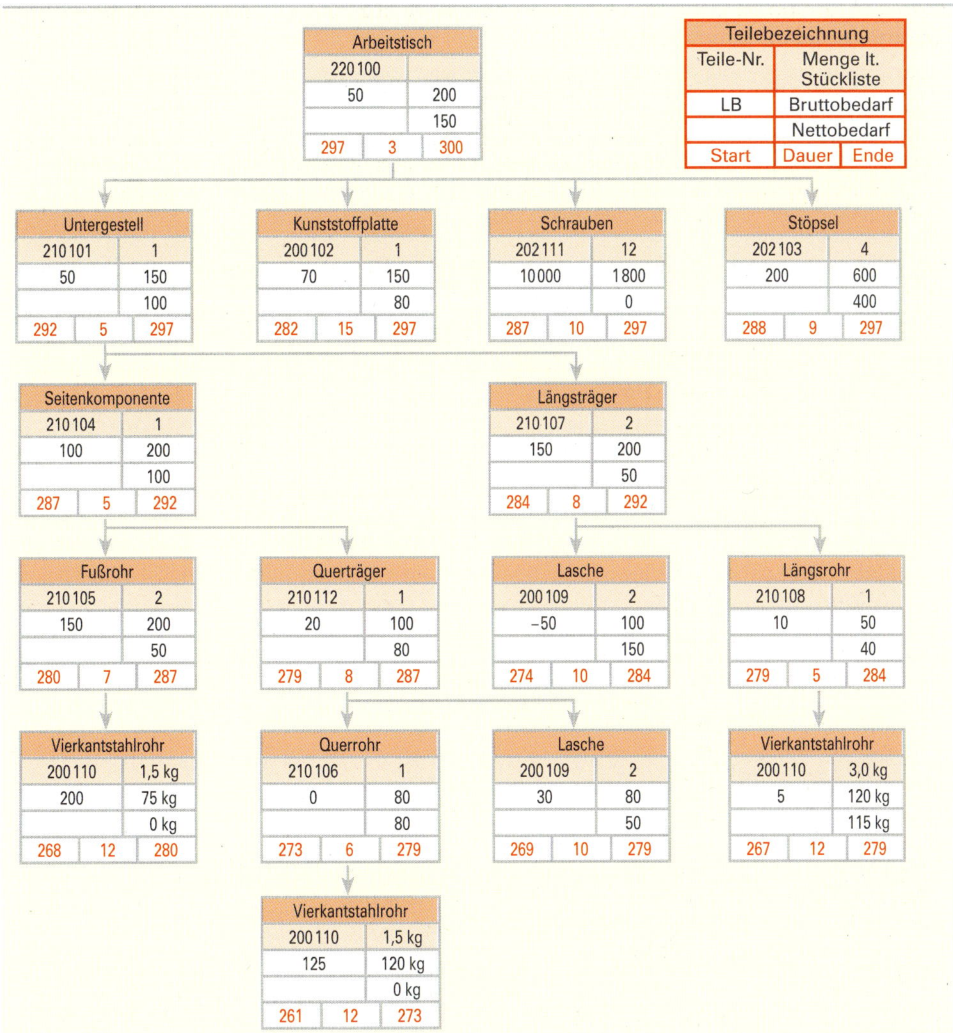

(2) Übergang von Bedarfen zu Losen (vom Kundenauftrag zum Fertigungsauftrag)

Der Kalender auf S. 372 zeigt den Zusammenhang zwischen Betriebskalendertag (BKT) und Kalenderdatum.

Betrachten wir in der obigen Grafik die Bedarfe an Laschen, so stellen wir fest, dass zum Betriebskalendertag 269 (11. Mai) ein Nettobedarf von 50 und zum Betriebskalendertag 274 (18. Mai) ein Nettobedarf von 150 Stück besteht.

Daraus ergibt sich folgende **Bedarfsreihe:**

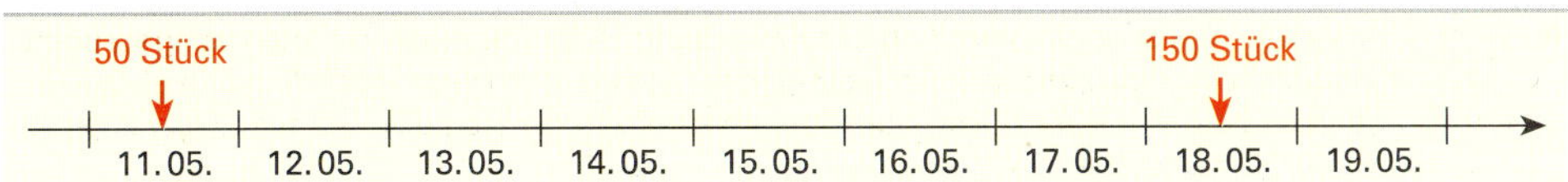

	April						Mai						Juni					
Mo			12	248	26	258			10	268	24	278			7	288	21	298
Di			13	249	27	259			11	269	25	279			8	289	22	299
Mi			14	250	28	260			12	270	26	280			9	290	23	300
Do	1	241	15	251	29	261			13	271	27	281			10	291	24	301
Fr	2	242	16	252	30	262			14	272	28	282			11	292	25	302
Sa	3	–	17	–			1	–	15	–	29	–			12	–	26	–
So	4	–	18	–			2	–	16	–	30	–			13	–	27	–
Mo	5	243	19	253			3	263	17	273	31	283			14	293	28	303
Di	6	244	20	254			4	264	18	274			1	284	15	294	29	304
Mi	7	245	21	255			5	265	19	275			2	285	16	295	30	305
Do	8	246	22	256			6	266	20	276			3	286	17	296		
Fr	9	247	23	257			7	267	21	277			4	287	18	297		
Sa	10	–	24	–			8	–	22	–			5	–	19	–		
So	11	–	25	–			9	–	23	–			6	–	20	–		

Die Auswertung der Bedarfsreihe von S. 370 zeigt, dass das Unternehmen vor einem Dilemma steht. Die **getrennte, termingenaue Herstellung** der beiden Bedarfe führt zwar dazu, dass sie unmittelbar nach ihrer Fertigstellung auch weiterverarbeitet werden und damit die Lagerkosten entfallen. Jedoch fallen die Umrüstkosten bei den Maschinen zweimal an. Legt man dagegen die beiden Bedarfe zu einem einzigen Fertigungslos zusammen, dann muss die Herstellung dieses Loses von 200 Stück auf den 11.05. festgelegt werden. Die 50 Stück aus dem ersten Bedarf würden sofort zur Herstellung der Querträger weiterverarbeitet werden, während die 150 Stück des zweiten Bedarfs zwischengelagert werden müssten, und zwar vom 11.05. bis zum 18.05.

Es ist also zwischen der **Einsparung von Umrüstkosten** einerseits und **zusätzlichen Lagerkosten** andererseits **abzuwägen.**

3.4.3 Kapazitätsbelegungsplanung und Kapazitätsabgleich

3.4.3.1 Kapazitätsbelegungsplanung

Die Kapazitätsbelegungsplanung führt die für die Fertigungsabwicklung erforderliche Belegung der maschinellen Anlagen durch. Als Beispiel für die Abwicklung einer Auftragsabfolge und der damit verbundenen Maschinenbelegung wird im Folgenden auf die **Netzplantechnik**[1] zurückgegriffen.

Auftragsfolgediagramm	Das Auftragsfolgediagramm enthält in der ersten Spalte die Aufträge und zeigt auf der Zeitachse die Inanspruchnahme der Maschinen. Diese Darstellung eignet sich in erster Linie zur Darstellung des Arbeitsfortschritts und der Durchlaufzeiten.
Maschinenbelegungsplan	Der Maschinenbelegungsplan zeigt in der ersten Spalte die Maschinen und auf der Zeitachse die Inanspruchnahme durch die einzelnen Aufträge. Aus dieser Darstellung gewinnt man vorrangig Aussagen über die Belegungs- und Stillstandszeiten der Maschinen, während der Überblick über den Auftragsfortschritt sehr schnell verloren gehen kann.

1 Die **Netzplantechnik** ist ein Instrument zur Planung und Steuerung von Projekten.

Beide Darstellungen haben dasselbe Planungsproblem im Auge, zeigen es jedoch aus unterschiedlichem Betrachtungswinkel.

In der vereinfachten Betrachtungsweise gehen wir von folgenden **Annahmen** aus:

- Alle Maschinen sind **jederzeit verfügbar** und nicht durch bereits bestehende Aufträge belastet.
- Die Maschinen fallen **nicht aufgrund einer Störung** aus oder bedürfen einer Intervallwartung.
- Auf einer Maschine kann zu einer bestimmten Zeit nur **ein Arbeitsgang** durchgeführt werden.
- Ein Arbeitsgang wird immer nur auf **einer Maschine** abgearbeitet. Aufträge werden nicht gesplittet, d. h., ein Arbeitsauftrag wird nicht halbiert und auf zwei Maschinen parallel durchgeführt.

Bei der **Reihenfolgeplanung** könnten unterschiedliche Kriterien bei der Auswahl des jeweils nächsten Auftrags berücksichtigt werden, wie z. B.

- minimale Umrüstkosten,
- minimale Durchlaufzeit,
- kürzeste Restlaufzeit bis zur endgültigen Fertigstellung.

Beispiel:

Die Weber Metallbau GmbH besitzt vier Maschinen, auf welchen unterschiedliche Verrichtungen durchgeführt werden können:

M1: Fräsmaschine
M2: Drehbank
M3: Bohrmaschine
M4: Plasmaschneidmaschine

Es liegen vier Kundenaufträge vor, deren Arbeitsvorgänge die vier Maschinen unterschiedlich belasten. Der Planungszeitraum beginnt mit Betriebskalendertag 51.

	Arbeitsvorgang 1		Arbeitsvorgang 2		Arbeitsvorgang 3		Arbeitsvorgang 4	
	Maschine	Tage	Maschine	Tage	Maschine	Tage	Maschine	Tage
Auftrag 1	M1	1,5	M3	1,5	M4	2		
Auftrag 2	M2	1	M4	2	M1	2		
Auftrag 3	M2	2	M3	1	M4	2	M1	1
Auftrag 4	M3	2	M4	1				

Aufgaben:

1. Erstellen Sie
   1.1 das Auftragsfolgediagramm und
   1.2 den Maschinenbelegungsplan!
2. Ein Kunde fragt an, ob wir kurzfristig einen Zusatzauftrag annehmen können. Die Arbeitsvorbereitung ermittelte hierfür folgende Belastung:

	Arbeitsvorgang 1		Arbeitsvorgang 2		Arbeitsvorgang 3		Arbeitsvorgang 4	
	Maschine	Tage	Maschine	Tage	Maschine	Tage	Maschine	Tage
Auftrag 5	M3	2	M1	2				

Überprüfen Sie, ob der Zusatzauftrag angenommen werden kann, wenn sich die bisher bestehenden Termine (siehe Aufgabe 1) wegen der zugesagten Liefertermine an die Kunden um höchstens einen Betriebskalendertag verschieben lassen!

Lösungen:

Zu 1: In der nachfolgenden Grafik werden die einzelnen Arbeitsgänge der Aufträge in ein Auftragsfolgediagramm umgesetzt. Dabei werden die Aufträge in der Reihenfolge Auftrag 1 bis Auftrag 4 eingelastet. Am Beispiel des Auftrags 3: Dort kann der Arbeitsvorgang 3 auf Maschine 4 erst einen Tag später beginnen, da auf Maschine 4 zunächst noch der Arbeitsvorgang 3 des Auftrags 1 fertiggestellt werden muss.

Zu 1.1: Auftragsfolgediagramm

Betriebskalendertag	51		52		53		54		55		56		57		58		59	
Auftrag 1	M1	M1	M1	M3	M3	M3	M4	M4	M4	M4								
Auftrag 2	M2	M2	M4	M4	M4	M4	M1	M1	M1	M1								
Auftrag 3			M2	M2	M2	M2	M3	M3			M4	M4	M4	M4	M1	M1		
Auftrag 4									M3	M3	M3	M3			M4	M4		

Zu 1.2: Maschinenbelegungsplan

Betriebskalendertag	51		52		53		54		55		56		57		58		59	
Maschine 1	A1	A1	A1				A2	A2	A2	A2					A3	A3		
Maschine 2	A2	A2	A3	A3	A3	A3												
Maschine 3				A1	A1	A1	A3	A3	A4	A4	A4	A4						
Maschine 4			A2	A2	A2	A2	A1	A1	A1	A1	A3	A3	A3	A3	A4	A4		

Aus dem Auftragsfolgediagramm leitet sich der Maschinenbelegungsplan ab. Dabei werden alle Arbeitsvorgänge aus den verschiedenen Aufträgen, die dieselbe Maschine betreffen, in einer Zeile aufgeführt. Daraus lassen sich sehr einsichtig die Belegungs- und Stillstandszeiten der Arbeitsplätze erkennen.

Zu 2.: Im nachfolgenden Auftragsfolgediagramm ist es gelungen, den Zusatzauftrag so einzubetten, dass die bestehenden Arbeitsaufträge um nicht mehr als einen halben Tag verschoben werden mussten (andere Lösungen sind möglich).

Auftragsfolgediagramm:

Betriebskalendertag	51		52		53		54		55		56		57		58		59	
Auftrag 1	M1	M1	M1		M3	M3	M3	M4	M4	M4	M4							
Auftrag 2	M2	M2	M4	M4	M4	M4			M1	M1	M1	M1						
Auftrag 3			M2	M2	M2	M2		M3	M3			M4	M4	M4	M4	M1	M1	
Auftrag 4										M3	M3	M3	M3			M4	M4	
Auftrag 5	M3	M3	M3	M3	M1	M1	M1	M1										

Daraus leitet sich der nachfolgende Maschinenbelegungsplan ab.

Maschinenbelegungsplan:

Betriebs-kalendertag	51	52	53	54	55	56	57	58	59
Maschine 1	A1 A1	A1	A5 A5	A5 A5	A2 A2	A2 A2		A3	A3
Maschine 2	A2 A2	A3 A3	A3 A3						
Maschine 3	A5 A5	A5 A5	A1 A1	A1 A3	A3 A4	A4 A4	A4		
Maschine 4		A2 A2	A2 A2	A1	A1 A1	A1 A3	A3 A3	A3 A4	A4

3.4.3.2 Kapazitätsabgleich

Durch die Kapazitätsbelegungsplanung wird neben dem Maschinenbelegungsplan noch der übrige **Kapazitätsbedarf je Arbeitssystem und Kapazitätsträgern** (z. B. Zahl der Mitarbeiter für einen bestimmten Zeitraum) erfasst. Anschließend wird der ermittelte Kapazitätsbedarf dem Kapazitätsangebot gegenübergestellt, um Kapazitätsüber- und -unterdeckungen zu ermitteln und gegebenenfalls auszugleichen. Es handelt sich hier um den sogenannten **Kapazitätsabgleich**. Ein Kapazitätsabgleich kann prinzipiell dadurch erreicht werden, dass das Kapazitätsangebot angepasst wird (d. h. die Kapazität erweitert oder verringert wird) oder aber dass die Durchführung des Fertigungsauftrags zeitlich, räumlich und technisch verlagert wird.

Beispiel:

In der Weber Metallbau GmbH wird aufgrund der Mengen- und Terminvorgaben der Fertigungslose für eine bestimmte Arbeitsstation, z. B. eine Drehbank, ein Belastungsprofil ermittelt, das für kurze Planungsperioden (z. B. Tage) deren Inanspruchnahme zeigt. In der nachfolgenden Grafik ist zu erkennen, dass die maschinenbedingte, starre Kapazitätsgrenze sowohl über- als auch unterschritten wird.

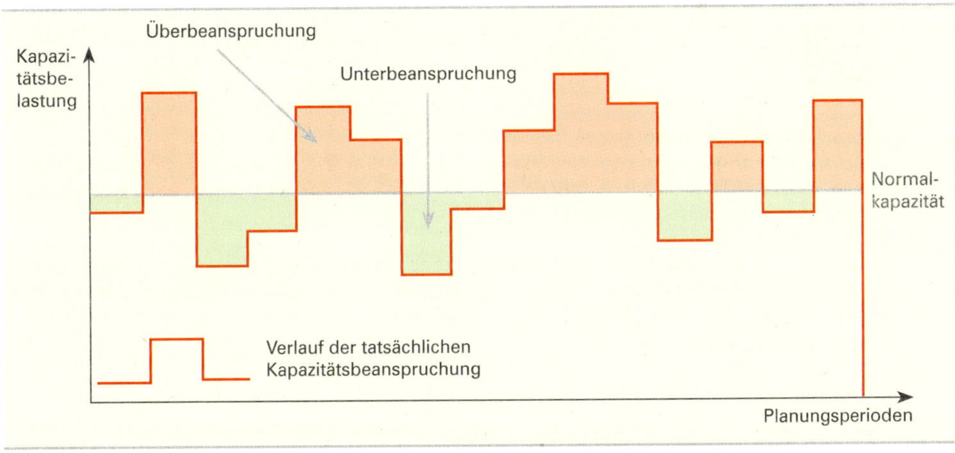

Langfristig ist es möglich, die Kapazitätsgrenze durch Erweiterungsinvestitionen dauerhaft zu erhöhen. Mittelfristige Anpassungen der Kapazität an Über- oder Unterbeanspruchung sind z. B. möglich durch Überstunden, zusätzliche Schichten oder durch Kurzarbeit. Im Normalfall muss aber die Diskrepanz zwischen Beanspruchung und verfügbarer Kapazität durch Anpassung der Belastung an die Normalkapazität ausgeglichen werden. Ziel ist es also, den Kapazitätsbedarf der tatsächlichen Maschinenbelastung so anzupassen, dass die Kapazitätsgrenze nicht überschritten wird.

Hierfür bieten sich kurzfristig insbesondere folgende Möglichkeiten an:

Kurzfristige Auswärtsvergabe	Dies bedeutet, dass einzelne Arbeitsgänge an Fremdbetriebe vergeben werden. Die Belastung wird also aus dem Kapazitätsgebirge entfernt.
Zeitliche Verlagerung	Dies hat zur Folge, dass Arbeitsgänge zur späteren Bearbeitung auf derselben Maschine zeitlich nach hinten verlegt werden.
Technische Verlagerung	In diesem Fall wird der Arbeitsgang auf eine Maschine vergleichbaren Typs mit gerade freien Kapazitäten verlagert.

Prioritätsregeln[1] zum Abbau von Warteschlangen

Auch wenn die Kapazitätsbelastung nach dem Abgleich innerhalb der Normalkapazität liegt, ist es sehr wohl möglich, dass z. B. an einem Arbeitstag mehrere Fertigungsaufträge aus der Warteschlange abgearbeitet werden müssen. In diesem Fall stellt sich die Frage, in welcher Reihenfolge die wartenden Aufträge abgearbeitet werden sollen. Hilfreich ist hier die Berücksichtigung von Prioritätsregeln. So könnte z. B. folgende Regel gelten:

Vorrang hat jener Fertigungsauftrag aus der Warteschlange

mit den geringsten Umrüstkosten.	In der Regel sind damit auch geringe Stillstandszeiten und eine bessere Kapazitätsauslastung verbunden.
mit der kürzesten Fertigungsdauer an dieser Station.	Dies sorgt dafür, dass der Folgeauftrag möglichst rasch zum Zuge kommt.
mit der längsten Wartezeit.	Diese Regel – first come, first served – ist am leichtesten zu handhaben.
mit der kürzesten Restlaufzeit bis zur Fertigstellung.	In diesem Fall werden Aufträge bevorzugt, deren Auslieferungsdatum an den Kunden und damit der Zufluss an Liquidität möglichst nahe liegt.
mit der längsten Restlaufzeit bis zur Fertigstellung.	Diese Regel unterstützt das Streben nach Terminsicherheit, da sie von der Annahme ausgeht, dass die Risiken größer werden, je weiter der Auslieferungstermin in der Zukunft liegt.
mit dem höchsten Wert des End- oder Zwischenprodukts.	In diesem Fall erhält der Auftrag mit dem höchsten Wert nach Fertigstellung die höchste Priorität oder der Auftrag mit dem bis zum Entscheidungszeitpunkt bereits angefallenen höchsten Kosten wird bevorzugt, um möglichst rasch die Kosten vom Kunden ersetzt zu bekommen.

Zusammenfassung

- Aufgabe der **Produktionsterminplanung** ist es, für den vorhandenen Bestand an Aufträgen die **Start-** und **Endtermine** an den vorhandenen Fertigungseinrichtungen zu planen.
- Man unterscheidet:
  - **Grobplanung:** Grobe Termine auf der Ebene der Enderzeugnisse.

1 **Priorität:** Vorrang, Vorzugsrecht.

- **Mittelfristige Terminplanung**: Tagegenaue Planung auch für die nachgeordneten Komponenten.
- **Feinplanung (Kapazitätsterminierung)**: Präzise Terminierung je Arbeitsgang an den einzelnen Arbeitsstationen.

- Im Rahmen der **retrograden Terminbestimmung** werden – ausgehend vom Kundenwunschtermin – die spätest zulässigen Termine ermittelt.
- Die **Kapazitätsbelegungsplanung** führt die für die Auftragsabwicklung erforderliche Belegung der maschinellen Anlagen mit den dazugehörigen Mitarbeitern durch.
- Die grafische Darstellung **erleichtert die Wahrnehmung der Abhängigkeiten** für die Arbeitsgangfolgen und die Maschinenbelegung.
- **Auftragsfolgediagramm** und **Maschinenbelegungsplan** beleuchten dasselbe Planungsproblem unter verschiedenen Aspekten.
- Das Auftragsfolgediagramm zeigt je Zeile die **Reihenfolge der einzelnen Arbeitsvorgänge** für einen Auftrag.
- Der Maschinenbelegungsplan zeigt je Zeile die **zeitliche Beanspruchung der einzelnen Arbeitsplätze** durch die Arbeitsvorgänge.
- Die tatsächliche Inanspruchnahme an den einzelnen Stationen führt häufig zu einer Unter- oder Überbelastung der Fertigungskapazitäten. Im Rahmen des **Kapazitätsabgleiches** müssen die Spitzen der Überbelastung abgebaut werden.
- Warten mehrere Aufträge vor einer Arbeitsstation, dann unterstützen **Prioritätsregeln** einen systematischen Abbau der Warteschlange.

Übungsaufgaben

115 In der nachstehenden Tabelle finden Sie für einen Gartenstuhl (siehe Aufgabe 114, S. 367) die Herstell- bzw. Wiederbeschaffungszeiten der einzelnen einzusetzenden Komponenten. Die Stühle sollen am Betriebskalendertag 280 fertiggestellt sein.

Aufgabe:

Ergänzen Sie die Nettobedarfsrechnung im Rahmen einer mittelfristigen Terminplanung um die Vorlaufverschiebung!

Komponente	Herstell- bzw. Wiederbeschaffungszeit
Gartenstuhl	5
Seitengestell	3
Abdeckkappe	12
Gewindeschraube	14
Sitz	5
Standrohr	5
Schutzkufe	8

Komponente	Herstell- bzw. Wiederbeschaffungszeit
Abstandhalter	15
Sitzband	3
Sitzrohr	4
Stahlrohr	10
Rohrkappe	14
Kunststoffband	14

116 In einem Unternehmen liegen für den bevorstehenden Planungszeitraum ab Betriebskalendertag 81 vier Aufträge vor, welche die Maschinen 1 bis 4 belasten.

In einem ersten Entwurf wurde folgende Lösung (Stufe 1) gestaltet. Beim Versuch, diese Abläufe zu verbessern und die Endtermine möglichst nach vorne zu verlegen, entstand die Stufe 2.

Auftragsfolgediagramm, Stufe 1

Betriebskalendertag	81		82		83		84		85		86		87		88		89	
Auftrag 1	M3	M3	M3	M3						M1	M1	M1				M4	M4	
Auftrag 2	M2	M2	M2	M2	M2	M2	M1	M1	M1		M3	M3	M4	M4	M4			
Auftrag 3	M4	M4	M4	M4			M2	M2	M2	M2								
Auftrag 4					M4	M4	M4	M4			M2	M2	M2					

Auftragsfolgediagramm, Stufe 2

Betriebskalendertag	81		82		83		84		85		86		87		88		89	
Auftrag 1	M3	M3	M3	M3	M1	M1	M1		M4	M4								
Auftrag 2	M2	M2	M2	M2	M2	M2		M1	M1	M1	M3	M3	M4	M4	M4			
Auftrag 3					M4	M4	M4	M4		M2	M2	M2	M2					
Auftrag 4	M4	M4	M4	M4			M2	M2	M2									

Aufgaben:

1. Beurteilen Sie der Reihe nach für die einzelnen Arbeitsvorgänge, inwieweit sich jeweils eine Verbesserung bzw. eine Verschlechterung ergeben hat!
2. Erstellen Sie aus der Stufe 2 des Auftragsfolgediagramms den Maschinenbelegungsplan!

3.5 Produktionsprozesssteuerung

3.5.1 Überblick

Die Produktionsprozesssteuerung setzt die Vorgaben der Produktionsprozessplanung um, indem sie den **Ablauf der Produktionsprozesse festlegt** (z. B. endgültige Kapazitätsbelegung bzw. Arbeitsverteilung) und die **Durchführung der Produktion** veranlasst. Die Produktionsprozesssteuerung erfolgt dabei in engster Verzahnung mit der **Produktionsprozesskontrolle.** Die Kontrolle ist wichtig, da es bei der Realisierung der Planungsvorgaben zu Abweichungen durch Störungen kommen kann (z. B. Maschinenausfall, Krankheit von Mitarbeitern, Lieferungsverzögerungen beim Material).

Die Produktionsprozesssteuerung setzt also grundsätzlich voraus, dass Verfahren existieren, mit denen der **Ist-Zustand des Fertigungsfortschritts zurückgemeldet** wird. Dies ist auch notwendig, weil nur durch Rückmeldungen dem DV-System bekannt ist, ob und gegebenenfalls seit wann die einzelnen Arbeitsschritte erledigt worden sind und zu welchem Zeitpunkt demzufolge der nächste Arbeitsgang veranlasst werden kann.

Die Erfassung dieser Produktionsdaten unterstützt nicht nur die Fertigungsüberwachung, sondern sie dient auch der **Erfassung der Verbrauchsdaten** zum Zweck der **Nachkalkulation.**

3.5.2 Aufgaben der Produktionsprozesssteuerung

3.5.2.1 Fertigungsveranlassung und Fertigungsdokumente

(1) Arbeitsverteilung, Kapazitätsbelegung, Materialdisposition

Im Rahmen der Steuerung wird die Abwicklung des Produktionsprozesses festgelegt. Die Festlegung betrifft die genaue Terminplanung, die Belegungsintensität der Kapazitätsträger, die Disposition des benötigten Materials sowie die Abfolge der Fertigungslose.

(2) Fertigungsveranlassung

Im Rahmen der Fertigungsveranlassung werden die bisher geplanten und terminierten Fertigungsaufträge in die Produktion eingeschleust. Dies setzt voraus, dass rechtzeitig alle für die Fertigung erforderlichen Dokumente erstellt, das erforderliche Material, Werkzeuge, Vorrichtungen usw. bereitgestellt werden.

(3) Fertigungsdokumente

In einem traditionellen, mit Belegen arbeitenden Unternehmen werden für die Fertigung eine Reihe von Dokumenten zur Verfügung gestellt. Hierzu gehören:

Fertigungsdokument	Erläuterung
Auftragsstückliste	Die Auftragsstückliste leitet sich aus der Basisstückliste ab und multipliziert deren Positionen mit der Fertigungsmenge.
Auftragsarbeitsplan	Er baut auf dem Basisarbeitsplan auf. Die Ausführungszeiten werden mit der Anzahl der herzustellenden Erzeugnisse multipliziert. Somit ist dem Auftragsarbeitsplan zu entnehmen, wie lange die Arbeitsplätze für die Durchführung der einzelnen Arbeitsgänge belegt sind.

Fertigungsdokument	Erläuterung
Lohnschein	Er bezieht seine Daten jeweils aus den Positionszeilen eines Arbeitsplans. Da bei dessen Erstellung noch nicht geklärt ist, welche Mitarbeiter die im Arbeitsplan vorgesehene Arbeit ausführen wird, sind auf dem Lohnschein Felder vorgesehen, auf dem die Personalnummer des Mitarbeiters, seine tatsächliche Arbeitszeit, Gut-Stückzahl (fehlerfreie Stückzahl), Datum, Uhrzeit und die Unterschrift des Meisters einzutragen sind.

```
                                     Lohnschein
FertAuftrNr   Auftr.Menge Zugeh. Kunden/BetrAuftr          B:Tag/Zeit    E:Tag/Zeit
F10000             257,00 Teile-Sonderfertigung            254/07:00     256/13:35
Tisch Modell 325
Teile-Nr:F10000 Klassifikation:1*****                                 TA:E
                  Tisch Modell 325

AVO Platz    U.Menge SP LA LG  ZE      RüstZt    StückZt   BelegZt   ÜbergZt KU St
 10 P10000      0,00  1 ZL  7 MIN      10,00        5,00 1.295,00      60,00 9  GP
          Tischplatte auf Gestell montieren

 Datum | Werker Name | Personal-Nr | LG | LA | Arbeits-Aus. | Material-Aus.

 Bez.M | Meister/Kost| Zeit             |   Ist-Menge       | Ist-ArbPlatz

  Code |
```

Materialliste	Sie dient der Lagerverwaltung, um die erforderlichen Komponenten zur Durchführung eines Fertigungsauftrags rechtzeitig bereitzustellen.

```
                                     Materialliste
FertAuftrNr   Auftr.Menge Zugeh. Kunden/BetrAuftr          B:Tag/Zeit    E:Tag/Zeit
F10000             257,00 Teile-Sonderfertigung            254/07:00     256/13:35
Tisch Modell 325
Teile-Nr:F10000                                                       TA:E
                  Tisch Modell 325

Pos Baustufe Teile-Nummer Benennung                        TA BA ME        Menge  St
 10          T09         Tischplatte Modell 325             T  F ST       257,00   A
 20          T11         Anschraublasche                    T  F ST     1.028,00   A
 30          T12         Flachrundschraube                  T  F ST     1.028,00   A
 40          T13         Spanplattenschraube                T  F ST     2.056,00   A
 50          T20         Komplettes Gestell                 G  E ST       257,00   A
 60          T14         Unterlegscheibe                    T  F ST     1.028,00   A
 70          T15         Flügelmutter                       T  F ST     1.028,00   A
 Datum | Werker Name | Personal-Nr | LG | LA | Arbeits-Aus. | Material-Aus.

 Bez.M | Meister/Kost| Zeit             |   Ist-Menge       | Ist-ArbPlatz

  Code |
```

Material(entnahme)-schein	Er belegt die Entnahme des Materials aus dem Lager. Als Rücklaufdatenträger dient er zur Erfassung der Lagerabgänge und zur Buchung des Materialverbrauchs.

```
                                     Materialschein
FertAuftrNr   Auftr.Menge Zugeh. Kunden/BetrAuftr          B:Tag/Zeit    E:Tag/Zeit
F10000             257,00 Teile-Sonderfertigung            254/07:00     256/13:35
Tisch Modell 325
Teile-Nr:F10000 Klassifikation:1*****                                 TA:E
                  Tisch Modell 325

Pos Baustufe Teile-Nummer Benennung                        TA BA ME        Menge  St
 10          T09         Tischplatte Modell 325             T  F ST       257,00   A

 Datum   Werker Name   Personal-Nr   LG   LA   Arbeits-Aus.   Material-Aus.

 Bez.M   Meister/Kost  Zeit                    Ist-Menge      Ist-ArbPlatz
```

Fertigungsdokument	Erläuterung
Werkzeugentnahme-schein	Vergleichbar dem Materialentnahmeschein belegt er die Entnahme der Werkzeuge aus dem Werkzeuglager.
Arbeitsanweisung	Sie beschreibt exakt den Ablauf komplizierterer Arbeitsvorgänge.
Prüfanweisung	Sie gibt vor, nach welchen Verfahren und mit welchem Maß an Toleranz die hergestellten Erzeugnisse zu prüfen sind.
Einstellplan	Aus dem Einstellplan ist zu entnehmen, wie die Fertigungsmaschinen zur Durchführung eines bestimmten Auftrags einzurichten sind. Er legt z. B. fest, mit welchen Drehzahlen und welcher Vorschubgeschwindigkeit ein Werkstück von bestimmter Materialart und -stärke zu bohren ist.
Werkzeugwechselplan	Werkzeuge unterliegen bei Gebrauch einer Abnutzung. Nach einer bestimmten Laufzeit sind sie zu wechseln, damit sichergestellt ist, dass sie mit der erforderlichen Präzision genutzt werden können.

3.5.2.2 Fertigungsüberwachung mithilfe der Betriebsdatenerfassung

Die Fertigungsüberwachung beinhaltet die Überwachung und Kontrolle des Produktionsprozesses im Hinblick auf Qualitätsmerkmale, Input- und Outputmengen, Zeitverbrauch, Kapazitätsbeanspruchung und Termineinhaltung. Um jederzeit aktuelle Informationen über den Produktionsfortschritt zu erhalten, wird in der Praxis für die Produktionsfortschrittskontrolle meistens eine Aufteilung in **personenbezogene Leistungsdaten** und in **auftragsbezogene Fertigmeldungen** vorgenommen.

- Die **personenbezogenen Leistungsdaten** werden anhand der ausgefüllten Lohnscheine erfasst. So eignet sich ein ausgefüllter Lohnschein z. B. zur

  - Erfassung der tatsächlichen Beanspruchung eines Arbeitsplatzes.
  - Feststellung des Belastungszuflusses an die nachfolgenden Arbeitsplätze, da der ausgefüllte Lohnschein den Status „fertig" für einen Arbeitsgang signalisiert.
  - Ermittlung der gesamten Durchlaufzeit für den Auftrag. Sie errechnet sich aus der Summe aller Zeiten auf den Lohnscheinen.

  Weitere Auswertungen erlauben es z. B., Informationen über Produktionsstörungen und personenbezogene Leistungsdaten zu gewinnen. Diese lassen sich nutzen, um über eine systematische Wartungs- und Instandhaltungsplanung einen störungsfreien Ablauf sicherzustellen bzw. die Mitarbeiter leistungsgerecht zu entlohnen.

- Für die **auftragsbezogenen Fertigmeldungen** werden insbesondere die Material(entnahme)scheine, die Werkzeugentnahmescheine und die Werkzeugwechselprotokolle herangezogen. Daneben ist in diesem Bereich der Einsatz von Betriebsdatenerfassungssystemen für die laufende Erfassung und frühzeitige Verarbeitung von Informationen, zur zeitgerechten Rückmeldung der Istdaten und für den jederzeitigen Datenzugriff auf den Istzustand des Produktionsprozesses, unverzichtbar.

  Organisatorisch lässt sich die Betriebsdatenerfassung und Auftragsüberwachung mittels eines **elektronischen Fertigungsleitstandes** durchführen. Er erlaubt es nicht nur, Beginn und Ende der Arbeitsgänge zu protokollieren, die kurzfristige Termin- und

Kapazitätsplanung (z. B. Maschinenbelegung) zu kontrollieren, den Material- und Werkzeugeinsatz zu erkennen, die Auftragsfreigabe und Auftragssteuerung einschließlich der Überwachung des Fertigungsfortschritts zu überblicken. Vielmehr werden die gewonnenen Daten aus der aktuellen Situation auch mit den Planungsdaten für die nahe Zukunft verknüpft. Auf diese Weise lassen sich z. B. bevorstehende Engpasssituationen rechtzeitig erkennen und durch entsprechende Planungsmaßnahmen mildern.

Zusammenfassung

- Im Rahmen der **Produktionsprozesssteuerung** wird die **Ausführung des Fertigungsauftrags** veranlasst und die hierfür erforderlichen **Dokumente** erstellt. Zu diesen gehören u.a.
  - die **Auftragsstückliste,**
  - der **Auftragsarbeitsplan,**
  - der **Lohnschein,**
  - die **Materialliste,**
  - der **Materialentnahmeschein,**
  - der **Werkzeugentnahmeschein,**
  - die **Prüfanweisung** und
  - der **Einstellplan.**
- Die **Fertigungsüberwachung** geschieht – im Fall traditioneller Belegorganisation – über **Rücklaufdatenträger,** wie z. B. die **Lohn-** und **Materialentnahmescheine** oder über einen **elektronischen Fertigungsleitstand.**

Übungsaufgabe

117 1. Im Rahmen der Auftragsveranlassung werden auftragsbezogene Dokumente in die Fertigung eingeschleust.

Aufgabe:

Nennen Sie 6 dieser Dokumente und beschreiben Sie kurz deren Inhalt!

2. Einige dieser Dokumente haben (in einer traditionellen Belegorganisation) die Eigenschaft eines Rücklaufdatenträgers.

Aufgabe:

Erklären Sie, an welchen Informationen der Betrieb besonders interessiert ist und wofür diese Informationen genutzt werden!

3. Stellen Sie dar, welche Funktionen durchlaufen werden müssen, um

3.1 aus dem Primärbedarf den Sekundärbedarf zu ermitteln,

3.2 aus den Bedarfen aufgrund der Kundenaufträge die Fertigungsaufträge zu gewinnen.

4 Beschaffungslogistik

4.1 Wertschöpfung mithilfe der Beschaffung

Die Beschaffungsmarktforschung zielt darauf ab, Marktchancen auf den Beschaffungsmärkten aufzudecken und zu nutzen, um Marktrisiken zu vermeiden. Dies ist umso bedeutsamer, als sich die Rolle der Beschaffung verändert hat – vom ursprünglichen Dienstleister der Produktion hin zum vermehrt wertschöpfenden[1] Einkauf.

Fortschrittliche Unternehmen berücksichtigen bereits in den Phasen der Produktforschung und Produktentwicklung die Leistungsfähigkeit ihrer Zulieferbetriebe (z. B. Kapazität, Produktqualität, Lieferbereitschaft) und beziehen so deren Wissen frühzeitig und somit kostengünstig in die Produktgestaltung mit ein.

Anstatt einzelne Teile zu beziehen, werden verstärkt komplette Module und Systeme in einem Vorgang beschafft.[2] Die Arbeitsteilung zwischen Abnehmer und Lieferanten erstreckt sich heute in der Regel über den Produktionsbereich hinaus: Der Lieferant übernimmt einen Teil des Wertschöpfungsprozesses. Die Lieferantenpolitik gewinnt somit eine zentrale Rolle.

Beispiel:

Einem Lieferer wird die Entwicklung einer Bremsanlage für einen Pkw mit einem Gewicht von 1,5 t, dessen Fahrwerk und Motorisierung auf eine Geschwindigkeit von 210 km/h ausgelegt sein soll, übertragen.

Die Industrieunternehmen **reduzieren** ihre **Fertigungstiefe** (Leistungstiefe). Sie beschränken sich auf ihre Kerngeschäfte und -prozesse und **erhöhen** die **Beschaffungstiefe.**

- Die **Fertigungstiefe** gibt an, wie viele Produktionsschritte bei der Produktion notwendig sind, wie viele davon von dem Unternehmen selbst und wie viele davon vom Zulieferer stammen. Sie zeigt die **Wertschöpfung des Industriebetriebs** auf.
- Die **Beschaffungstiefe** zeigt die **Wertschöpfung** auf, die der Industriebetrieb durch den **Lieferer** bezieht.

Da die Anforderungen an die Lieferanten sich dadurch stark erhöhen, versuchen die Geschäftsleitungen, die Anzahl der Lieferantenbeziehungen zu verkleinern und gleichzeitig das Niveau dieser Geschäftsbeziehungen zu erhöhen. Pro Materialart werden daher weniger Lieferanten herangezogen, im Extremfall nur ein Lieferant **(Single Sourcing).**[3]

4.2 Überblick über die Beschaffungsprozesse

Richtet man die Betrachtung auf die Prozesse des Beschaffungsbereiches und gliedert sie – analog zu den Betrachtungen des Vertriebs- und des Produktionsbereiches – stufenweise über die Ebene der **Planungs-, Steuerungs-** und **Controllingprozesse** auf die Ebene

1 **Wertschöpfend** ist eine Abteilung dann, wenn die dort stattfindenden Arbeitsprozesse für den Betrieb eine Wertsteigerung mit sich bringen. Beispielsweise ist eine Beschaffung dann besonders wertschöpfend, wenn sowohl aufgrund einer effizienten Beschaffungsorganisation als auch durch günstige Einstandspreise für den Betrieb eine hohe Wertsteigerung (Wertschöpfung) erzielt werden kann.

2 Der Lieferant wandelt sich vom Teile- zum Systemlieferanten, der nicht mehr Einzelteile liefert, sondern bereits fertig montierte Baugruppen, z. B. komplette Armaturen oder vollständige Sitze für die Automobilindustrie.

3 **Single Sourcing** (engl.) wörtl.: das Schöpfen aus einer einzigen Quelle.

der Teilprozesse, dann ergibt sich eine Darstellung, die eine Zuordnung zwischen den Teilprozessen und den betriebswirtschaftlichen Inhalten erlaubt:

Beschaffungsprozesse	**Teilprozesse**	**Betriebswirtschaftliche Inhalte**
Planungsprozesse	**Beschaffungsmarktforschung**	▪ Informationen über Lieferer ▪ Informationsquellen
	Beschaffungsplanung	▪ ABC-Analyse ▪ Mengenplanung ▪ Zeitplanung ▪ Materialbereitstellungsverfahren – Vorratshaltung – Just-in-time-Verfahren
Steuerungsprozesse	**Liefererauswahl**	▪ Einfaktorenvergleich ▪ Mehrfaktorenvergleich (Scoringmodell) ▪ Ökologische Aspekte der Liefererauswahl
	Auftragsabwicklung	▪ Anfrage[1] ▪ Angebot[1] ▪ Bestellung[1] ▪ Kaufvertrag[1] ▪ Wareneingang ▪ Buchhalterische Abwicklung des Rechnungsausgleichs
	Leistungsstörungen	▪ Mangelhafte Lieferung (Schlechtleistung) ▪ Lieferungsverzug (Nicht-Rechtzeitig-Lieferung)
Controllingprozesse[2]	**Beschaffungs-Controlling**	▪ Bestandsoptimierung in der Lagerhaltung auf der Basis von Lagerkennziffern ▪ Lagerrisiken

1 Vgl. hierzu die Ausführungen im Kapitel 2 „Vertriebslogistik“, Kapitel 2.1–2.5.

2 **Controlling** ist eine Methode, die den Steuerungsprozess von Führungspersonen durch die Bereitstellung entsprechender Informationen unterstützt. Siehe S. 170 ff.

4.3 Beschaffungsmarktforschung

Sollen neue Materialien bzw. neue Dienstleistungen beschafft werden, muss man sich auf jeden Fall über die möglichen Bezugsquellen (Lieferer) informieren. Aber auch dann, wenn ein Unternehmen schon über längere Zeit hinweg bestimmte Lieferer hat, kann es sich lohnen, andere Lieferer ausfindig zu machen, deren Angebote einzuholen und diese Angebote mit denen der bisherigen Lieferer zu vergleichen. Aus Gewohnheit und/oder Bequemlichkeit immer beim gleichen Lieferer einzukaufen, kann teuer werden.

Beschaffungsmarktforschung ist die **systematische** Beschaffung von Informationen über die **Verhältnisse auf den Beschaffungsmärkten** des Unternehmens, die **anbietenden Lieferer**, die **Beschaffungskonkurrenten**[1] und die **angebotenen Materialien bzw. Dienstleistungen.**

Aufgrund der Rahmenrichtlinien beschränken wir uns im Folgenden auf die Erhebung von **Informationen über die Lieferer** und die Erfassung von möglichen **Informationsquellen.**

4.3.1 Informationen über Lieferer

(1) Überblick

Besteht Bedarf nach bestimmten Materialien, muss sich der Einkäufer zunächst darüber klar werden, bei welchen Lieferern (sofern mehrere auf dem Markt sind) er anfragen möchte. Diese **Vorauswahl** trifft der Einkäufer nicht nur danach, welche Lieferer erfahrungsgemäß am **preisgünstigsten** sind. Vielmehr kommt es auch entscheidend darauf an, welche Lieferer bisher die **kürzesten Lieferfristen** und die besten **Qualitäten** anboten. Ein weiteres wichtiges Entscheidungskriterium sind darüber hinaus die Erfahrungen, die mit der **Zuverlässigkeit** der Lieferer gemacht wurden.

Bei der Liefererauswahl können **Checklisten** und **Punktebewertungstabellen** Entscheidungshilfen geben. Sie sollen sicherstellen, dass die vertragsbedeutsamen Gesichtspunkte (Kriterien) aller Lieferanten einheitlich berücksichtigt werden.

(2) Checklisten[2] zur Liefererauswahl

Checkliste	
Alter und Image des Unternehmens	■ Seit wann besteht das Unternehmen? ■ Welchen Ruf genießt das Unternehmen (z.B. Auskünfte der Auskunfteien, Eindrücke und Informationen unserer Außendienstmitarbeiter)? ■ Seit wann bestehen Geschäftsbeziehungen mit dem Unternehmen?
Konkurrenzverhältnisse	■ Welche Lieferer haben wir? ■ Welche anderen zusätzlichen Lieferer kommen in Betracht?

1 Es handelt sich um Mitbewerber, die bei den gleichen Lieferanten, dieselben Sachgüter und Dienstleistungen nachfragen. Aufgrund der Rahmenrichtlinien wird hierauf im Folgenden nicht eingegangen.

2 **To check** (engl.): prüfen, abhaken.

25 Speth u.a. - ISBN 978-3-8120-0536-4

Checkliste	
Leistungsfähigkeit und -bereitschaft, Aktualität und Kreativität	■ Entsprechen die Produktqualitäten – auch hinsichtlich ihrer Umweltfreundlichkeit – unseren Anforderungen? ■ Sind ausreichende Lieferkapazitäten vorhanden? ■ Kann der Lieferer auf Abruf liefern? ■ Entspricht das Personal unseren Anforderungen (Beratung, Lösungsvorschläge bei bestimmten technischen Problemen)? ■ In welchem Umfang werden Kundendienstleistungen angeboten? ■ Werden vorhandene Produkte weiterentwickelt? ■ Werden neue Produkte entwickelt?
Pünktlichkeit und Zuverlässigkeit	■ Werden vereinbarte Lieferfristen eingehalten? ■ Werden die zugesagten Qualitäten geliefert? ■ Welche Qualitätsgarantien werden übernommen?
Preise und Zahlungsziele	■ Wie hoch sind die Bezugspreise im Vergleich zu den Bezugspreisen anderer Lieferer? ■ Wie lange sind die Zahlungsziele? ■ Können günstigere Konditionen durch Verhandlungen erreicht werden (z. B. Sonderrabatte, Mengenrabatte)? ■ Werden Sonderangebote unterbreitet?
Einhalten von Sozialstandards	■ Dient das Produktangebot der Verbesserung der Situation von Beschäftigten und dem Schutz der Umwelt? ■ Sind die Produkte, die aus einem Entwicklungsland bezogen werden, mit einem sozialen Gütesiegel ausgestattet?
Sonstige Beurteilungskriterien	■ Wo befinden sich Gerichtsstand und Leistungsort? ■ Gibt es Haftungsausschlüsse?

(3) Punktebewertungstabellen zur Liefererauswahl

Die mithilfe der Checkliste geprüften Gesichtspunkte (Kriterien) können bewertet werden. Für die Summe aller Kriterien werden z. B. 100 Bewertungspunkte vergeben. Die Gesamtpunkte werden auf die einzelnen Kriterien verteilt. Wie die Punkte zu verteilen sind, hängt von der Bedeutung ab, die das Unternehmen den Bewertungskriterien beimisst.

Wird z. B. auf Leistungsfähigkeit, Leistungsbereitschaft, Kreativität und Aktualität der größte Wert gelegt, wird diesem Gesichtspunkt auch die höchste Punktzahl zugeteilt. Werden in zweiter Linie die Kriterien Pünktlichkeit und Zuverlässigkeit für wichtig gehalten, erhalten diese die zweithöchste Punktzahl.

Beispiel: [1]

Die aufgrund der Checkliste ermittelten Bewertungspunkte werden in einer Punktebewertungstabelle (Entscheidungsbewertungstabelle) festgehalten. Der Lieferer mit der höchsten Punktzahl wird ausgewählt. In diesem Beispiel ist das der Lieferer Nr. 4715.

1 Ein ausführliches Beispiel finden Sie in Kapitel 4.5, S. 406 f.

Punktebewertungstabelle						
Kriterien	Höchst-punktzahl	Lieferer-Nummern				
		4713	4714	4715	4716	4717
1. Alter und Image des Unternehmens	5	2	3	1	1	1
2. Konkurrenzverhältnisse	10	5	4	8	2	2
3. Leistungsfähigkeit und -bereitschaft, Aktualität und Kreativität	30	15	20	30	20	28
4. Pünktlichkeit und Zuverlässigkeit	25	25	25	22	15	15
5. Preise und Zahlungsziele	20	20	10	15	10	12
6. Sonstige Beurteilungskriterien	10	10	5	8	5	5
Summen	100	77	67	84	53	63

4.3.2 Informationsquellen

(1) Interne Informationen

Wurden die zu beschaffenden Güter bereits früher schon einmal eingekauft, sind die Bezugsquellen bekannt. Die erforderlichen Informationen können im Betrieb selbst (intern) beschafft werden, sofern die organisatorischen Voraussetzungen vorliegen, z.B. die entsprechenden Tabellen in einer Datenbank angelegt wurden.

Dateien (Tabellen), die bei der internen Informationsbeschaffung benutzt werden:

Dateien mit internen Bezugsquelleninformationen	
Warendatei (Artikeldatei)	Sie enthält alle Informationen über die Waren, wie z.B. Warennummer, Bezeichnung, Preis, Lagerbestand, Meldebestand.
Lichererdatei	Sie enthält alle Informationen über den Lieferanten, z.B. Lieferernummer, Name, Straße, PLZ, Ort, Bonität.
Konditionendatei	In ihr werden die Lieferungs- und Zahlungsbedingungen (Konditionen) der Lieferer erfasst.
Bezugsquellendatei	Sie ist die elektronische Version des „Wer liefert was?“ und gibt dem Sachbearbeiter des Einkaufs darüber Auskunft, welche Lieferanten für eine bestimmte Ware infrage kommen. Sie stellt also eine Verbindung her zwischen der Warentabelle und der Liefererdatei.

(2) Externe Informationen

Ist man mit den bisherigen Lieferern nicht mehr zufrieden oder müssen bisher noch nicht bezogene Güter beschafft werden, weil das Fertigerzeugnisprogramm geändert wurde, müssen die Bezugsquellen außerhalb des Betriebs (extern) ermittelt werden.

Bei den externen Informationsquellen kann man zwischen **primären** und **sekundären Informationsquellen** unterscheiden.

Informationsquelle	Beispiele
Primäre (direkte, unmittelbare) Informationsquellen Die zur Beschaffung erforderlichen Informationen werden hierbei direkt (unmittelbar) auf den Beschaffungsmärkten eingeholt.	■ Schriftliche Informationen, telefonische Anfragen und/oder persönliche Gespräche bei Lieferern und Kunden, ■ Besuche von Messen, Ausstellungen und Warenbörsen (Produktenbörsen), ■ Berichte der Einkäufer, ■ Betriebsbesichtigungen bei Lieferern, ■ Testanzeigen (für Kauf und Verkauf), ■ Vertreterbesuche, ■ elektronische Marktplätze.
Sekundäre (indirekte, mittelbare) Informationsquellen Hier werden keine speziellen Erhebungen durchgeführt, sondern zu anderen Zwecken erfolgte Aufzeichnungen zur Beschaffung ausgewertet.	■ Statistiken (z. B. Umsatz- und Preisstatistiken der Verbände, des Statistischen Bundesamts, der Deutschen Bundesbank und Europäischen Zentralbank, der Ministerien, Statistiken über die Kostenstruktur/Materialanteile), ■ Adressbücher, Branchenhandbücher, Einkaufsführer (z. B. „Wer liefert was?“, „Einkaufs-1x1 der deutschen Industrie“, „ABC der deutschen Wirtschaft“ usw.), „Gelbe Seiten“ der Deutschen Telekom Medien GmbH, ■ Fachbücher und Fachzeitschriften, Verkaufskataloge, -prospekte, Markt- und Börsenberichte, Geschäftsberichte, Hauszeitschriften, Messekataloge, Tages- und Wirtschaftszeitungen, ■ Einschaltung ausländischer Handelskammern und deutscher Handelsmissionen im Ausland, ■ Internetseiten (z. B. http://www.gelbeseiten.de; http://www.werliefertwas.de).

Dateien von externen Bezugsquelleninformationen können vom Betrieb selbst angelegt werden. Sie können aber auch in vielen Ausführungen und Größen gekauft werden. Werden diese Informationen in eine Datenbank integriert, dann stehen deren unterstützende Funktionalitäten zur Datenfassung, Datenauswertung und -gruppierung zur Verfügung.

Zusammenfassung

- Die **Beschaffungsmarktforschung** zielt darauf ab, **Marktchancen** auf den Beschaffungsmärkten **aufzudecken** und zu **nutzen**.
- Anstatt Teile zu beziehen, werden verstärkt **Module** und **Systeme** in einem Vorgang beschafft.
- Die **Fertigungstiefe** wird zugunsten der **Beschaffungstiefe** reduziert. Zu den Begriffen siehe S. 383.
- Bei der **Liefererauswahl** können **Checklisten** und **Punktebewertungstabellen** Entscheidungshilfe geben.
- Bei der **Informationsbeschaffung** unterscheidet man **interne** und **externe Informationen.**
- Bei der externen Informationsbeschaffung wird zwischen **primärer und sekundärer Informationsquelle** unterschieden.

Übungsaufgaben

118 Max Merk, der Einkaufsleiter der Elektronikfabrik MEGATRINIC GmbH, möchte den Lagerbestand an Computern, Notebooks, Handys und weiteren Elektronik-Zubehörteilen möglichst niedrig halten. Der Leiter des Bereichs Verkauf, Peter Hausen, will indessen möglichst weitreichende Lagerbestände.

Aufgaben:

1. Nennen Sie Gründe, die für das Verhalten von Max Merk sprechen!
2. Nennen Sie Gründe, die Peter Hausen geltend machen könnte!
3. Erläutern Sie einen weiteren Zielkonflikt, der zwischen dem Bereich Einkauf und Verkauf bestehen kann!

119 Die Geschäftsleitung der Elektronikfabrik MEGATRINIC GmbH überlegt sich, wie die Liefererauswahl wirkungsvoller organisiert werden kann. Im Gespräch ist die Einführung von Checklisten.

Aufgaben:

1. Begründen Sie, warum Checklisten ein wesentliches Hilfsmittel bei der Liefererauswahl sein können!
2. Man unterscheidet zwischen internen und externen Bezugsquelleninformationen. Erklären Sie diese Begriffe und nennen Sie je zwei Beispiele!
3. Kritiker sagen, die Punktebewertungstabelle sei ein Instrument, subjektiv begründete Entscheidungen scheinbar objektiv zu untermauern. Stellen Sie Ihre Meinung dar!

4.4 Beschaffungsplanung

- Die **Beschaffung** umfasst die Bereitstellung von Materialien, Dienstleistungen, Betriebsmitteln,[1] Rechten sowie Informationen über den Beschaffungsmarkt für den Leistungsprozess eines Unternehmens.
- Die **Beschaffungsplanung** legt die für einen bestimmten Termin und eine bestimmte Periode zur Fertigung benötigten Materialien nach **Art, Qualität, Menge** und **Zeitraum** fest.

- Bei der **Mengenplanung** wird bestimmt, welche Mengen von jedem Material beschafft werden (Kapitel 4.4.2).
- Die **Zeitplanung** setzt den Zeitpunkt fest, zu welchem die zu beschaffenden Materialien zur Verfügung stehen müssen (Kapitel 4.4.3).
- Für die Mengen- und Zeitplanung ist es dabei von Bedeutung, die Bedarfsarten nach ihrem **Wertanteil am Gesamtbeschaffungswert** zu gliedern (**ABC-Analyse** Kapitel 4.4.1).

1 Betriebsmittel sind z. B. Maschinen, Verkaufsraum, Werkzeuge, Kassensysteme.

4.4.1 ABC-Analyse

(1) Begriff ABC-Analyse

Für die Produktion eines iPhones benötigt man etwa 450 Teile. Einige dieser Teile sind teurer, einige billiger. Für eine ökonomisch sinnvolle Beschaffung der Teile ist von Bedeutung, die Teile nach ihrem **Wertanteil am Gesamtbeschaffungswert** zu gliedern. Es werden drei Gruppen von Gütern (Beständen) unterschieden: **A-Güter, B-Güter** und **C-Güter.** Dieses Verfahren bezeichnet man als **ABC-Analyse.**

Die **ABC-Analyse** ist ein Verfahren zur Erkennung solcher Materialien, die aufgrund ihres **hohen wertmäßigen Anteils** am Gesamtbedarf von **besonderer Bedeutung** sind. Die aus der Analyse gewonnenen Informationen helfen dabei,

- die Transparenz[1] der Materialwirtschaft zu erhöhen,
- sich auf wirtschaftlich bedeutende Materialien zu konzentrieren,
- hohen Arbeitsaufwand bei Materialien untergeordneter Bedeutung (C-Güter) zu vermeiden und damit
- die Effizienz (Wirtschaftlichkeit) der gesamten Materialwirtschaft zu steigern.

In vielen (größeren) Unternehmen wird meistens eine große Anzahl verschiedenartiger Fertigungsmaterialien (Roh-, Hilfs-, Betriebsstoffe, Halbfabrikate) bzw. Handelswaren beschafft, die nur einen **geringen Anteil** (Prozentsatz) **am gesamten Beschaffungswert der eingekauften Materialien** haben.

Die ABC-Analyse wurde entwickelt, um festzustellen, bei welchen eingekauften und/oder lagernden Materialien es wirtschaftlich sinnvoll ist, eine intensive Beschaffungsmarktforschung und Einkaufsverhandlungen, eine genaue Mengen- und Zeitdisposition sowie Überwachung der Lagerbestände durchzuführen. Diese Maßnahmen verursachen den Unternehmen viel Zeit und Kosten.

Beispiel:

Ein Industriebetrieb benötigt 10 verschiedene Materialpositionen. Statistisch erfasst wurden die monatlichen Verbrauchszahlen in Stück und die Einstandspreise (Bezugspreise) je Stück.

Ein Beispiel für eine ABC-Analyse finden Sie auf S. 391.

Erläuterungen zu den Arbeitsschritten für eine ABC-Analyse (Tabelle 2):

1. Materialien nach dem Rang ihres Verbrauchswertes ordnen.
2. Prozentanteil jedes Materials an der Gesamtverbrauchsmenge berechnen.
3. Errechnete Prozentanteile schrittweise aufaddieren (kumulieren).
4. Verbrauchswert berechnen.
5. Prozentanteil jedes Materials am Gesamtverbrauchswert berechnen.
6. Errechnete Prozentanteile schrittweise aufaddieren (kumulieren).
7. Nach den kumulierten Prozentanteilen Gruppen bilden.

1 **Transparenz:** Durchscheinen, Durchsichtigkeit.

Tabelle 1:

Materialart	Verbrauchsmenge in Stück	Verbrauchsmenge in % des Gesamtverbrauchs	Einstandspreis je Stück in EUR	Verbrauchswert in EUR	Verbrauchswerte in % des gesamten Verbrauchswertes	Rang nach Verbrauchswert
T_1	4500	13,24	25,00	112500,00	15,85	2
T_2	700	2,06	145,00	101500,00	14,30	3
T_3	2700	7,94	15,00	40500,00	5,71	7
T_4	600	1,76	300,00	180000,00	25,36	1
T_5	450	1,32	150,00	67500,00	9,51	6
T_6	3000	8,82	25,00	75000,00	10,57	5
T_7	8200	24,12	2,00	16400,00	2,31	8
T_8	1000	2,94	95,00	95000,00	13,38	4
T_9	7150	21,03	1,00	7150,00	1,01	10
T_{10}	5700	16,76	2,50	14250,00	2,01	9
	34000	100,00[1]		709800,00	100,00[1]	

Tabelle 2:

Rang nach Verbrauchswert	1 Materialart	Verbrauchsmenge in Stück	2 Verbrauchsmenge in Prozent des Gesamtverbrauchs	3 Kumulierte Verbrauchsmenge in Prozent	Einstandspreis je Stück in EUR	4 Verbrauchswert in EUR	5 Verbrauchswerte in Prozent des gesamten Verbrauchswertes	6 Kumulierter Verbrauchswert in Prozent	7 ABC-Klasse
1	T_4	600	1,76	1,76	300,00	180000,00	25,36	25,36	A
2	T_1	4500	13,24	15,00	25,00	112500,00	15,85	41,21	A
3	T_2	700	2,06	17,06	145,00	101500,00	14,30	55,51	A
4	T_8	1000	2,94	20,00	95,00	95000,00	13,38	68,89	A
5	T_6	3000	8,82	28,82	25,00	75000,00	10,57	79,46	B
6	T_5	450	1,32	30,15	150,00	67500,00	9,51	88,97	B
7	T_3	2700	7,94	38,09	15,00	40500,00	5,71	94,68	B
8	T_7	8200	24,12	62,21	2,00	16400,00	2,31	96,99	C
9	T_{10}	5700	16,76	78,97	2,50	14250,00	2,01	98,99	C
10	T_9	7150	21,03	100,00	1,00	7150,00	1,01	100,00	C
		34000	100,00[1]			709 800,00	100,00[1]		

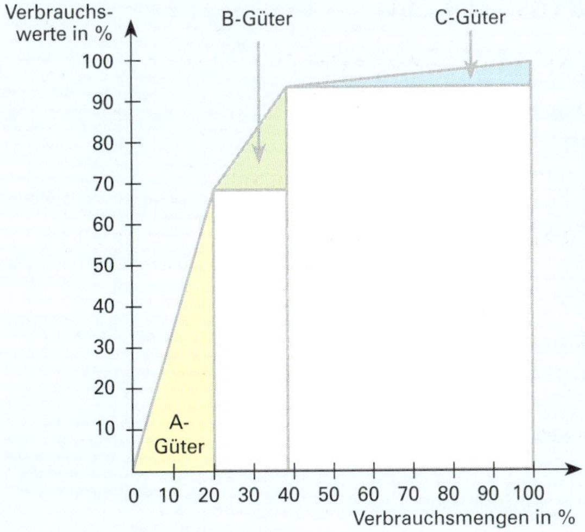

Auswertung:

A-Güter: 20 % des mengenmäßigen Materialverbrauchs haben einen Anteil von fast 70 % (genau: 68,9 %) am gesamten wertmäßigen Materialverbrauch (Beschaffungswert).

B-Güter: 18,1 % des mengenmäßigen Materialverbrauchs entsprechen einem Anteil von 25,8 % am gesamten wertmäßigen Materialverbrauch.

C-Güter: Die meisten Materialien (61,9 %) sind C-Güter. Auf sie entfällt nur ein Verbrauchswertanteil von 5,3 %.

1 Bedingt durch die Beschränkung auf zwei Nachkommastellen können geringe Rundungsdifferenzen in der Summenzeile auftreten.

(2) Bedeutung der ABC-Analyse

Die Auswertung der ABC-Analyse zeigt dem Unternehmen, bei welchen Gütern ein größerer Beschaffungsaufwand wirtschaftlich sinnvoll und größere Kostensenkungen (z.B. durch vereinbarte Rabatte bei größeren Bestellmengen, Einsatz billigerer Substitutionsgüter) erwartet werden können.

Die Festlegung der Schranken, mit deren Hilfe eine **Zuordnung zu den einzelnen Klassen** getroffen wird, liegt im **Ermessen der Unternehmen,** da es hierfür keine objektiv richtigen Maßstäbe gibt. Erfahrungsgemäß liegt die Schranke für A-Güter bei den ersten 75–80 % der kumulierten Verbrauchswerte in Prozent, die C-Güter bei den letzten 5 % der kumulierten Verbrauchswerte in Prozent. Dazwischen liegen die B-Güter.

(3) Schlussfolgerungen aus der ABC-Analyse für die Materialwirtschaft

Die Tätigkeiten (Aktivitäten) in der Materialwirtschaft konzentrieren sich in erster Linie auf die **A-Güter.** Sie bestehen zwar aus wenigen Lagerpositionen, verkörpern aber den überwiegenden Teil des Verbrauchswertes. Daher führen bereits geringe prozentuale Verbesserungen zu Einsparungen in hohen absoluten Euro-Beträgen.

Die Aktivitäten können sich z.B. auf folgende **Maßnahmen** richten:

- Intensive Bemühungen um Preis- und Kostensenkungen.
- Exakte Untersuchungsergebnisse darüber, ob Eigenproduktion oder Fremdbezug günstiger ist.
- Bedarfsgesteuerte Materialdisposition.
- Möglichst geringer Lagerbestand in Verbindung mit Sondervereinbarungen über Lieferzeiten.
- Beschaffung in bedarfsnahen, auftragsspezifischen kleinen Losen (Liefermengen).
- Verzicht auf Wareneingangskontrolle im eigenen Haus und Verlagerung der Qualitätsprüfung zum Lieferanten unter Vorgabe von Qualitätsstandards.
- Überlegungen, ob durch materialtechnische oder konstruktionstechnische Änderungen Kostenvorteile erzielt werden können.
- Strenge Kontrolle der Bestände, des Verbrauchs und gegebenenfalls der Lagerverluste.

Bei den **B-Gütern** darf der Berechnungsaufwand für eine optimale Bestellung nicht so hoch sein. Hier kann es sinnvoll sein, optimale Bestellmengen und Lagermengen für ganze **Materialgruppen** zu berechnen und Fehler in Kauf zu nehmen.

Die **C-Güter** bestehen aus vielen Lagerpositionen, verkörpern aber nur einen geringen Verbrauchswert. Zu hohe Lagerbestände beeinflussen daher die Wirtschaftlichkeit des Materialwesens in geringerem Umfang. Sie können daher großzügiger und mit **einfacheren Verfahren** disponiert werden durch:

- verbrauchsorientierte Materialbeschaffung,
- vereinfachtes Beschaffungsprogramm, z.B. Bestellrhythmusverfahren (siehe S. 399f.),
- großzügigere Lagerhaltung,
- gelockerte Überwachung.

Zusammenfassung

- Die **Beschaffungsplanung** legt die für einen bestimmten Termin und eine bestimmte Periode zur Fertigung benötigten Materialien nach Art, Qualität, Menge und Zeitraum fest.
- Die **ABC-Analyse** ermittelt die Güter, welche den höchsten Anteil am Gesamtwert der Materialien haben.
- Die Güter mit einem **hohen wertmäßigen Anteil am Gesamtbedarf** sind für die Beschaffung von **hoher Bedeutung.**
- Die ABC-Analyse ist ein **Hilfsmittel** zur Aktivierung der in der Beschaffung liegenden Gewinnreserven.

Übungsaufgaben

120 Die Auswertung der Bestellungen eines Industriebetriebs zur Ermittlung der **Bestellgrößenstruktur** im Geschäftsjahr 20.. ergab folgende Kennzahlen:

Anteile der Bestellgruppen an der Gesamtzahl der Bestellungen in % (kumuliert)	Anteile der Bestellgruppen an der Gesamtzahl der Bestellungen in %	Anzahl der Bestellungen	Bestellwerte (Auftragswerte) je Bestellung in EUR (Bestellgruppen)	Bestellwerte (Auftragswerte) je Bestellgruppe in EUR	Anteile der Bestellgruppen am Gesamtbestellwert in %	Anteil der Bestellgruppen am Gesamtbestellwert in % (kumuliert)	ABC-Kennzeichnung
	27,9	1240	1–50	37200,00	0,36		
62,3 %	20,0	890	51–100	60310,00	0,59	2,83 %	C
	14,4	640	101–500	192000,00	1,88		
	16,0	712	501–1000	462820,00	4,52		
30,1 %	9,5	420	1001–2000	632400,00	6,18	16,89 %	B
	4,6	204	2001–5000	634200,00	6,19		
	2,3	103	5001–10000	824000,00	8,05		
7,6 %	1,9	84	10001–20000	1344000,00	13,12	80,28 %	A
	1,4	61	20001–50000	2190000,00	21,38		
	2,0	87	über 50000	3864200,00	37,73		
100,0 %	100,00	4441		10241130,00	100,00	100,00 %	

Aufgaben:

1. Vereinfachen Sie die obige Tabelle, indem Sie für folgende Bestellgruppen deren Anteile an der Gesamtzahl der Bestellungen und am Gesamtbestellwert (Gesamtauftragswert) vergleichend gegenüberstellen:
   - 1.1 Bestellgruppe A mit Auftragswerten von 5001,00 EUR bis über 50000,00 EUR je Bestellung,
   - 1.2 Bestellgruppe B mit Auftragswerten von 501,00 EUR bis 5000,00 EUR je Bestellung und
   - 1.3 Bestellgruppe C mit Auftragswerten von 1,00 EUR bis 500,00 EUR je Bestellung!
2. Veranschaulichen Sie die ABC-Analyse der Bestellungen, indem Sie die Anteile der Bestellgruppen A, B und C an der Gesamtzahl der Bestellungen und am Gesamtbestellwert

(Gesamtauftragswert) jeweils in einem Säulendiagramm (Stabdiagramm) vergleichend gegenüberstellen!

3. Beurteilen Sie diese Strukturanalyse der Bestellungen und begründen Sie, inwieweit die hierdurch gewonnenen Informationen zur Aktivierung der in der Beschaffungswirtschaft liegenden Gewinnreserven beitragen können.[1]

121 Ein Industriebetrieb ermittelt zur Durchführung einer ABC-Analyse für seine Artikelgruppen A01 bis A10 folgende Zahlenwerte:

Artikel-gruppe	Jahresbedarf in Stück	Preis je ME in EUR
A01	100	290,00
A02	9000	1,60
A03	5000	2,80
A04	5000	1,50
A05	700	5,50
A06	700	7,10
A07	100	22,00
A08	18000	0,05
A09	20000	0,08
A10	32500	0,07

Aufgaben:

1. Führen Sie – gegebenenfalls mithilfe einer Tabellenkalkulation – eine ABC-Analyse entsprechend der Vorgabe von S. 391 durch!

ABC-Analyse, Tabelle 1

Artikel-gruppe	Jahres-bedarf in Stück	Preis je ME in EUR	Verbrauchs-menge in % des Gesamt-verbrauchs	Verbrauchs-wert in EUR	Verbrauchs-werte in % des gesamten Verbrauchs-wertes	Rang nach Verbrauchs-wert
A01	100	290,00				
A02	9000	1,60				
A03	5000	2,80				
A04	5000	1,50				
A05	700	5,50				
A06	700	7,10				
A07	100	22,00				
A08	18000	0,05				
A09	20000	0,08				
A10	32500	0,07				
Summe						

1 **Lösungshilfe:** Lange Bearbeitungszeiten der Bestellungen im Einkauf und die anfallenden Bestellkosten, z.B. durch Angebotseinholungen, Angebotsvergleiche, Einkaufsverhandlungen, Formular- und Portokosten, können die Materialkosten beträchtlich erhöhen, vor allem bei vielen Kleinbestellungen.

ABC-Analyse, Tabelle 2

Artikelgruppe nach Rang	Jahresbedarf in Stück	Preis je ME in EUR	Verbrauchsmenge in % des Gesamtverbrauchs	Verbrauchswert in EUR	Verbrauchswerte in % des gesamten Verbrauchswertes	Kumulierter Wertanteil in %	Kumulierter Mengenanteil in %
Summe							

2. Legen Sie fest, welche Artikelgruppen jeweils in die Klasse der A-, B- bzw. der C-Güter gehören und begründen Sie Ihre Entscheidung!
3. Setzen Sie die gewonnenen Erkenntnisse in eine aussagefähige Grafik um!
4. Nach Durchführung der ABC-Analyse ergeben sich für den Betrieb zwangsläufig Schlussfolgerungen im Bereich der Materialwirtschaft, die geeignet sind, einen Beitrag zur Kostensenkung zu erbringen. Nennen Sie – getrennt für die A- und die C-Güter – jeweils solche Maßnahmen!

4.4.2 Mengenplanung

(1) Überblick

Das Hauptproblem der Mengenplanung im Beschaffungsbereich liegt in der Festlegung der **kostengünstigsten (optimalen) Bestellmenge.** Um sie zu ermitteln, muss zwischen den **Lagerhaltungskosten** und den **fixen Bestellkosten** ein Ausgleich gefunden werden.

(2) Fixe Bestellkosten[1]

Sie fallen bei jeder Bestellung an, gleichgültig wie groß die Menge bzw. wie hoch der Wert der bestellten Werkstoffe ist.

Beispiel:

Kosten der Bearbeitung der Bedarfsmeldung, der Angebotseinholung, der Wareneingangsprüfung und der Rechnungsprüfung.

1 Aus Vereinfachungsgründen wird unterstellt, dass jeder Bestellvorgang gleich hohe Kosten verursacht (fixe Bestellkosten).

(3) Lagerhaltungskosten

Zu den Lagerhaltungskosten zählen z.B. die Personalkosten für die im Lager beschäftigten Personen, die im Wert der gelagerten Güter gebundenen Zinsen und die Kosten des Lagerrisikos.

Beispiel für die Ermittlung der optimalen Bestellmenge:

Die fixen Bestellkosten je Bestellung betragen 50,00 EUR. Der Einstandspreis je Stück beläuft sich auf 30,00 EUR und der Lagerhaltungskostensatz[1] auf 25 %. Der Jahresbedarf beträgt 3600 Stück.

Außer Betracht bleibt, dass mit zunehmender Bestellgröße Mengenrabatte in Anspruch genommen werden können. Außerdem wird nicht berücksichtigt, dass bei größeren Bestellungen häufig Verpackungs- und Transportkosten eingespart werden können.

Aufgaben:

1. Ermitteln Sie rechnerisch die optimale Bestellmenge, indem Sie die Gesamtkosten für eine Bestellmenge von 50 bis 500 Stück jeweils in 50er-Schritten berechnen!
2. Stellen Sie die optimale Bestellmenge grafisch dar!

Lösungen:

Zu 1.: Berechnung der optimalen Bestellmenge

Bestellmenge in Stück	Anzahl der Bestellungen	Bestellkosten in EUR	Durchschn. Lagerbestand in Stück	Durchschn. Lagerbestand in EUR	Lagerhaltungskosten in EUR	Gesamtkosten in EUR
50	72	3600,00	25	750,00	187,50	3787,50
100	36	1800,00	50	1500,00	375,00	2175,00
150	24	1200,00	75	2250,00	562,50	1762,50
200	18	900,00	100	3000,00	750,00	1650,00
250	14,4	720,00	125	3750,00	937,50	1657,50
300	12	600,00	150	4500,00	1125,00	1725,00
350	10,29	514,29	175	5250,00	1312,50	1826,79
400	9	450,00	200	6000,00	1500,00	1950,00
450	8	400,00	225	6750,00	1687,50	2087,50
500	7,2	360,00	250	7500,00	1875,00	2235,00

Erläuterung:

Werden z.B. 50 Stück bestellt, muss der Bestellvorgang 72-mal wiederholt werden, um den Jahresbedarf von 3600 Stück zu beschaffen. Die fixen Bestellkosten betragen dann 3600,00 EUR und die Lagerhaltungskosten 187,50 EUR. Mit zunehmender Bestellmenge verringert sich die Anzahl der Bestellungen und damit sinken auch die fixen Bestellkosten, während im Gegenzug die Lagerhaltungskosten steigen. Da der Betrieb **beide Kostenarten** berücksichtigen muss, ist das Optimum erreicht, wenn die **Summe beider Kosten das Minimum** erreicht hat. Dieses Minimum liegt bei den vorgegebenen Mengenintervallen bei 200 Stück und 18 Bestellungen. Eine exakte Berechnung (mithilfe der Andler-Formel)[2] ermittelt eine optimale Bestellmenge von 219 Stück bei Gesamtkosten von 1643,17 EUR.

1 Der **Lagerhaltungskostensatz** gibt an, wie groß die Lagerkosten sind, gemessen am durchschnittlichen Lagerbestand, ausgedrückt in Prozent.

2 Siehe S. 401.

Zu 2.: Grafische Darstellung der optimalen Bestellmenge

Trägt man an der x-Achse die jeweilige Bestellmenge und an der y-Achse die Kosten ab, erhält man folgendes Bild:

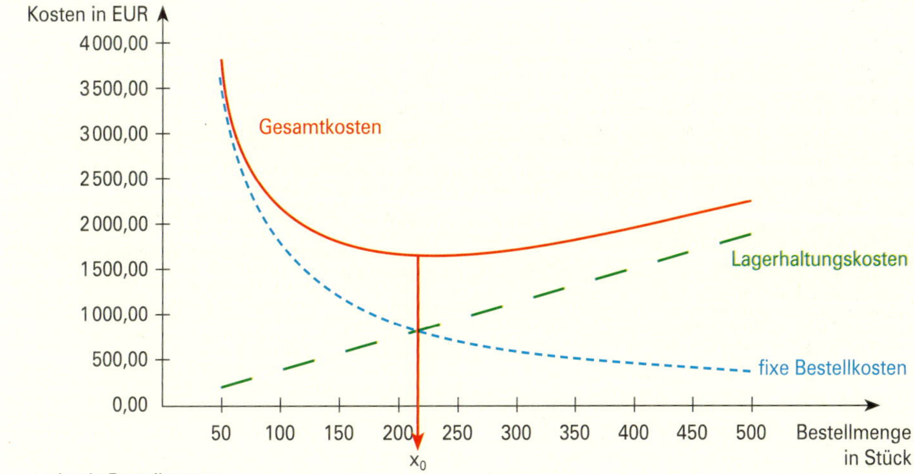

x_0: optimale Bestellmenge

- Die **optimale Bestellmenge** ist die Beschaffungsmenge, bei der die **Gesamtkosten** (Summe aus fixen Bestellkosten und Lagerhaltungskosten) **am niedrigsten** sind.
- Bei dieser Menge gleichen sich die **sinkenden fixen Bestellkosten** und die **steigenden Lagerhaltungskosten** aus.

Werden bei steigender Bestellgröße Liefererrabatte gewährt und/oder Transport- und Verpackungskosten gespart, vergrößert sich die optimale Bestellmenge. An der grundsätzlichen Aussage des Modells ändert sich nichts.

Die Anwendung dieser Modellrechnung in der Praxis ist ungleich komplizierter, weil zahlreiche Bedingungen berücksichtigt werden müssen, die hier vernachlässigt wurden (z. B. unterschiedliche Zahlungs- und Lieferungsbedingungen bei verschiedenen Lieferern). Außerdem ist die Ermittlung der optimalen Bestellmenge teuer, zumal sich verändernde Daten (z. B. Veränderungen der durchschnittlichen täglichen Materialentnahme) zu Neuberechnungen führen müssen. Die Ermittlung der optimalen Bestellmenge wird sich daher nur bei solchen Gütern lohnen, die einen **hohen wertmäßigen Jahresverbrauch** haben **(A-Güter).**[1] Voraussetzung zur Berechnung und Verwirklichung der optimalen Bestellmenge ist außerdem, dass der Lieferer die „optimale" Menge auch tatsächlich liefern kann, was nicht immer der Fall sein muss. Außerdem muss die Lagergröße ausreichen, die optimale Bestellmenge aufzunehmen.

1 Siehe S. 391.

4.4.3 Zeitplanung

(1) Problemstellung

Aufgabe der Zeitplanung ist es, die Bestelltermine für die Werkstoffe bzw. Handelswaren unter Einrechnung der Wiederbeschaffungszeit so zu bestimmen, dass

- **keine unnötigen Lagerzeiten** in Kauf genommen werden müssen, weil zu früh bestellt wurde, aber auch
- **keine Lieferungsverzögerungen** auf der Verkaufsseite auftreten, weil zu spät bestellt wurde.

(2) Bestellpunktverfahren

Aus Vereinfachungsgründen gehen wir im Folgenden davon aus, dass bei Erreichen des festgelegten Meldebestands jeweils die **Fehlmenge bis zum Höchstbestand** aufgefüllt wird. Außerdem wird unterstellt, dass ein **regelmäßiger Tagesverbrauch** vorliegt. Der Meldebestand muss so hoch angesetzt werden, dass bei normalem Werkstoffverbrauch innerhalb der Wiederbeschaffungszeit der Mindestbestand (Sicherheitsbestand) nicht angegriffen wird.

Beim **Bestellpunktverfahren** wird mit jeder Entnahme geprüft, ob damit der **Meldebestand unterschritten** wurde. Ist dies der Fall, wird eine Nachbestellung ausgelöst.

Beispiel:

Tagesbedarf: 4 Elektromotoren; Mindestbestand: 8 Stück; Höchstbestand: 40 Stück; Wiederbeschaffungszeit: 2 Tage; feste Bestellmenge: 32 Stück; in der Wiederbeschaffungszeit werden (4 Stück · 2 Tage) 8 Stück verbraucht.

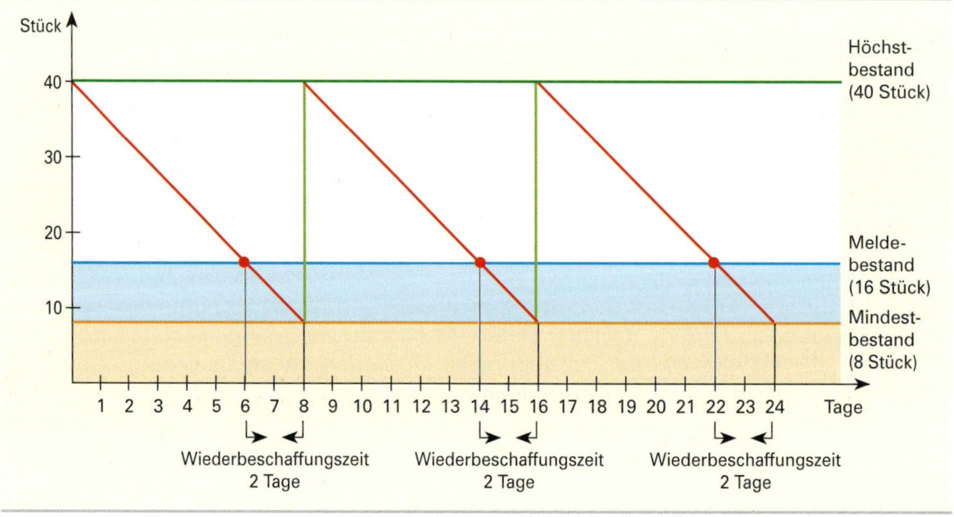

Erläuterungen:

- **Mindestbestand (Sicherheitsbestand):**[1] Er dient zur Abdeckung von Bestands-, Bedarfs- und Bestellunsicherheiten. Er steht nur für unvorhergesehene Ereignisse zur Verfügung und darf daher nicht zur laufenden Disposition[2] verwendet werden.
  Im Beispiel beträgt der festgelegte Mindestbestand 8 Stück.
- **Meldebestand:**[1] Erreicht der Lagerbestand diese Bestandshöhe, dann ist eine neue Bestellung auszulösen. Im Beispiel beträgt der Meldebestand 16 Stück (8 Stück Mindestbestand + 4 Stück · 2 Tage Beschaffungsdauer).
- **Höchstbestand:** Er gibt an, welcher Bestand maximal eingelagert wird. Der Höchstbestand wird immer nach Eintreffen der bestellten Materialien erreicht. Im Beispiel beträgt der festgelegte Höchstbestand 40 Stück.
- **Wiederbeschaffungszeit:** Summe der Zeitbedarfe für eigene Überlegungszeit (z. B. Liefererauswahl), Durchführung der Bestellung, Transportzeit, Lieferzeit, Zeit für Materialeingangskontrolle und Einlagerung.
- **Bestellzeitpunkt:** Zeitpunkt, zu welchem bestellt werden muss, um die Versorgung während der Lieferzeit sicherzustellen. Im Beispiel muss nach 6 Tagen bestellt werden, da zu diesem Zeitpunkt der Meldebestand von 16 Stück erreicht wird.
- **Auffüllmenge:** Es handelt sich um die Menge, die bestellt werden muss, um das Lager bis zum Höchstbestand aufzufüllen. Die konstante Auffüllmenge beträgt 32 Stück (40 Stück – 8 Stück).

(3) Bestellrhythmusverfahren

Aus Vereinfachungsgründen gehen wir davon aus, dass aufgrund eines **Rahmenvertrags** zwischen Hersteller und Zulieferer die vereinbarten Lieferungen in einem **gleichen Zeitabstand** (Rhythmus) und mit einer **konstanten Liefermenge** erfolgen.

Beispiel:

Eine Möbelfabrik vereinbart mit ihrem Zulieferer, dass in Abständen von jeweils 30 Tagen 200 m² Weißeichenfurnier geliefert werden.

In der Praxis entfällt bei einem solchen Rahmenvertrag eine ständige Bestellwiederholung.

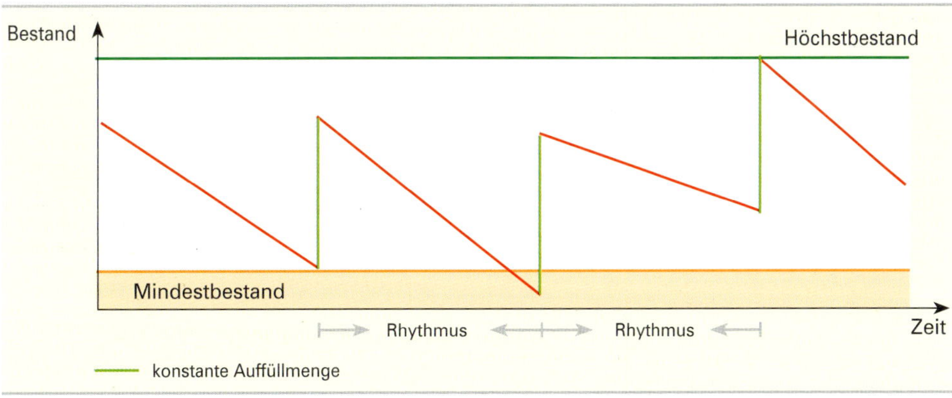

1 Vgl. hierzu auch die Ausführungen auf S. 443.

2 **Disposition:** freie Verwendung.

Beim **Bestellrhythmusverfahren** erfolgt die Nachbestellung in **festgelegten Zeitabständen.**

Stellt man die beiden Verfahren einander gegenüber, dann lassen sie sich durch folgende **Merkmale** kennzeichnen:

Bestellpunktverfahren	Bestellrhythmusverfahren
■ Es handelt sich um eine sehr sichere Strategie. Dadurch, dass mit jeder Entnahme geprüft wird, ob der Meldebestand erreicht ist, ist auch die Gefahr der Unterdeckung sehr gering. ■ Es ist geeignet für Güter, bei denen ein hoher Servicegrad verlangt wird. ■ Wird bis auf die Lagerobergrenze aufgefüllt, dann führt dies tendenziell zu hohen Beständen. ■ Der Kontrollaufwand ist relativ hoch. ■ Durch ständige Bestandskontrolle ist das Verfahren auch geeignet für Güter mit unregelmäßigem Bedarf.	■ Es wird nur in festen Zeitintervallen (Bestellrhythmus) nachbestellt. ■ Muss mit unregelmäßigem Bedarf gerechnet werden, dann besteht hier die große Gefahr der Unterdeckung. ■ Das Verfahren ist nur sinnvoll, wenn die Lagerabgangsraten relativ konstant sind. ■ Der Verwaltungsaufwand ist gering.

Zusammenfassung

- Das **Hauptproblem der Bestellmengenplanung** ist die Festlegung der **optimalen Bestellmenge,** denn es besteht ein Spannungsverhältnis zwischen den hohen Lagerkosten bei großen Lagervorräten einerseits und hohen fixen Bestellkosten bei niedrigen Lagervorräten andererseits.
- Die **optimale Bestellmenge** ist die Beschaffungsmenge, bei der die Gesamtkosten (Summe aus fixen Bestellkosten und Lagerhaltungskosten) am niedrigsten sind.
- Der **Bestellzeitpunkt** ist so festzulegen, dass Fertigung und/oder Absatz reibungslos durchgeführt werden können.
- Beim **Bestellpunktverfahren** wird bestellt, wenn der **Meldebestand erreicht** ist.
- Beim **Bestellrhythmusverfahren** erfolgt die Bestellung in **bestimmten Zeitabständen.**

Übungsaufgaben

122 Das Hauptproblem der Mengenplanung ist die Ermittlung der optimalen Bestellmenge.

Aufgaben:

1. Erläutern Sie, was unter der optimalen Bestellmenge zu verstehen ist!
2. Berechnen Sie mithilfe einer Tabelle (siehe S. 396) die optimale Bestellmenge aufgrund des Zahlenbeispiels von S. 396, wenn
   2.1 die fixen Bestellkosten sich auf 100,00 EUR verdoppeln und die übrigen Bedingungen gleich bleiben!
   2.2 der Lagerhaltungskostensatz auf 45 % steigt und die übrigen Bedingungen gleich bleiben!
3. Zeichnen Sie die entsprechenden Kostenkurven zu den Aufgaben 2.1 und 2.2!
4. Mithilfe der Andler-Formel lässt sich der exakte Wert für die optimale Bestellmenge bestimmen. Die Andler-Formel lautet:

$$Q_{opt} = \sqrt{\frac{200 \cdot F \cdot M}{P \cdot L}}$$

Q_{opt}: Optimale Bestellmenge
F: Fixe Bestellkosten
M: Jahresbedarf
P: Einstandspreis je Stück
L: Lagerhaltungskostensatz in Prozent

   Überprüfen Sie die Richtigkeit Ihrer Ergebnisse von 2.1 und 2.2!
5. Fassen Sie Ihre Erkenntnisse aus den Aufgaben 2. und 3. in Form von Regeln zusammen!
6. Nennen Sie je drei Beispiele für fixe Bestellkosten und Lagerhaltungskosten!
7. Geben Sie Argumente an, welche die exakte Ermittlung der optimalen Bestellmenge in der Praxis erschweren!

123 Eine Artikeldatei liefert folgende Zahlen:

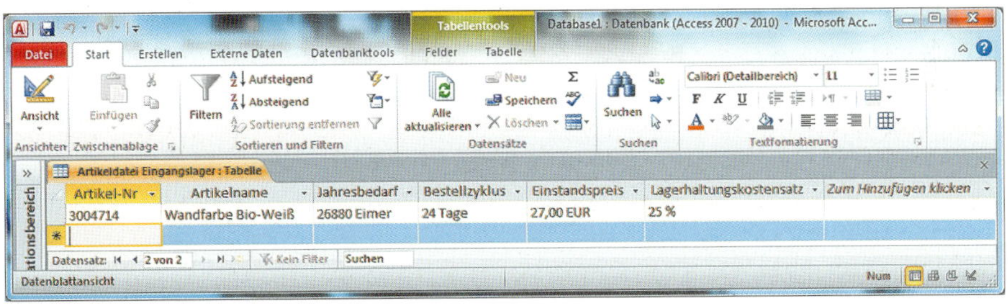

Artikel-Nr	Artikelname	Jahresbedarf	Bestellzyklus	Einstandspreis	Lagerhaltungskostensatz
3004714	Wandfarbe Bio-Weiß	26880 Eimer	24 Tage	27,00 EUR	25 %

Die fixen Bestellkosten je Bestelleinheit belaufen sich auf 80,00 EUR. Die Geschäftsleitung möchte den Bestellzyklus auf 30 Tage erhöhen.

Aufgabe:

Prüfen Sie, ob diese Erhöhung zu einer Kostenersparnis führt!

124 1. Die Büromöbel Singen AG verbraucht täglich 100 Stahlrahmen für die Herstellung von Schreibtischen.

Die Wiederbeschaffungszeit der Stahlrahmen beträgt 5 Tage, der Mindestbestand 600 Stück. Der Höchstbestand, der auf Lager genommen werden kann, beträgt 2000 Stück.

Aufgaben:

1.1 Berechnen Sie den Meldebestand!

1.2 Fertigen Sie eine Grafik über einen Zeitraum von 30 Tagen an!

26 Speth u.a. - ISBN 978-3-8120-0536-4

2. Der Bedarf für das Fremdteil B 312 beträgt 30 Stück je Kalendertag, die Wiederbeschaffungszeit 8 Tage und der Mindestbestand 80 Stück. Die konstante Bestellmenge beträgt 480 Stück. Am Abend des 4. März beträgt der Lagerbestand 440 Stück.

   Aufgaben:

   2.1 Planen Sie die Bestellzeitpunkte (Daten angeben) für den Monat März!

   2.2 Zeichnen Sie die Bestandsentwicklung in ein Diagramm ein (vgl. S. 399)!

3. Beschreiben Sie anhand der nachfolgenden Grafik, welche Problematik mit dem Bestellrhythmusverfahren einhergehen kann!

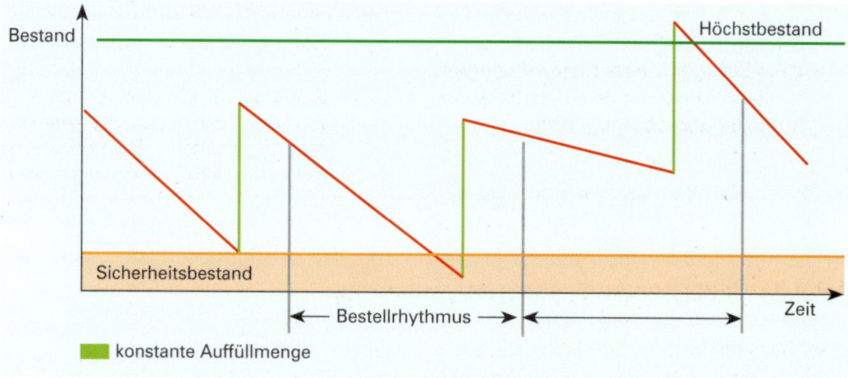

4.4.4 Materialbereitstellungsverfahren

Grundsätzlich gibt es zwei Möglichkeiten, das Problem der Bereitstellung von Handelswaren und Werkstoffen zu lösen, nämlich die **Bedarfsdeckung durch Vorratshaltung** und die **Bedarfsdeckung ohne Vorratshaltung.**

4.4.4.1 Bedarfsdeckung durch Vorratshaltung

Die Vorratshaltung ist vor allem dann anzutreffen, wenn **Schwankungen des Beschaffungsmarktes** abgesichert sein müssen. Außerdem kann die Lagerung **geringwertiger Güter** mit relativ hohen Anschaffungsaufwendungen sinnvoll sein.

Beispiel:

Von einem Lager werden im Laufe eines Vierteljahres 2700 Stück des Teils T 34 angefordert. Von diesen Anforderungen konnten 2592 Stück sofort aus dem Lagervorrat bedient werden. Der Servicegrad beträgt damit 96 %.

$$\text{Servicegrad} = \frac{\text{Anzahl der bedienten Lageranforderungen} \cdot 100}{\text{Gesamtzahl der Lageranforderungen}}$$

In der Praxis ist es kaum möglich, einen hundertprozentigen Servicegrad zu erreichen, wenn (zu) teure Sicherheitsbestände vermieden werden sollen. Welcher Servicegrad anzustreben ist, hängt vor allem von der Art der Produktion ab. Ist der Produktionsablauf starr, kann die Fertigung bereits beim Fehlen eines einzelnen Teils nicht weiterlaufen. Ist der Produktionsablauf flexibel, kann bei Fehlen eines oder mehrerer Teile mit der Fertigung anderer Produkte fortgefahren werden, wie dies z.B. bei der Fertigung nach dem **Baukastensystem**[1] der Fall sein kann.

Vorteile	Nachteile
■ Günstigere Beschaffungs- und Frachtkosten beim Bezug größerer Materialmengen. ■ Größere Sicherheit der Bedarfsdeckung bei Beschaffungsschwierigkeiten.	■ Hohe Kapitalbindungskosten und Lagerrisiken. ■ Ständiger Zielkonflikt zwischen dem Ziel, die Lagerkosten und Lagerrisiken möglichst niedrig zu halten und dem Ziel, den **Servicegrad** zu sichern oder zu verbessern.

4.4.4.2 Bedarfsdeckung ohne Vorratshaltung

(1) Begriff Just-in-time-Verfahren[2]

Die **lagerlose Sofortverwendung** ist Bestandteil eines Logistiksystems, bei dem die Materialbereitstellung genau zu dem von der Fertigungsplanung vorher bestimmten Zeitpunkt erfolgt. Man spricht von **fertigungssynchroner**[3] **Beschaffung** oder vom **Just-in-time-Verfahren.**

Das Prinzip der lagerlosen Sofortverwendung wird vor allem von Industriebetrieben angewendet, die ihren Bedarf an großvolumigen und hochwertigen Werkstoffen und Fertigteilen genau vorausberechnen können (z.B. Autoindustrie). Die Kapitalbindungs- und Lagerkosten werden auf die Zulieferbetriebe abgewälzt.

(2) Voraussetzungen des Just-in-time-Verfahrens

Um die Lieferung nach dem Just-in-time-Verfahren einführen zu können, sind folgende Voraussetzungen erforderlich:

- ständiger Bedarf des beschaffenden Unternehmens für das betreffende Material,
- langfristige Planung der Absatzmengen,
- wirksame Maßnahmen zur ständigen Qualitätskontrolle,
- ständige Lieferbereitschaft der beteiligten Lieferanten,

1 Beim **Baukastensystem** werden einzelne Teile (Baugruppen) wie z.B. Motoren und Karosserien eines Autoherstellers typisiert (vereinheitlicht), um sie dann (z.B. dem Bedarf entsprechend) kombinieren zu können.

2 **Just in time** (engl.): gerade rechtzeitig.

3 **Synchron:** gleichzeitig.

- genaue Abstimmung der Produktions- und Lieferpläne zwischen Lieferer, Spediteur und dem abnehmenden Industrieunternehmen,
- Datenaustausch zwischen allen Beteiligten, z. B. über Electronic Data Interchange,
- langfristige Verträge zwischen allen Beteiligten,
- ein Transportsystem, das jederzeit den ununterbrochenen Materialzufluss gewährleistet.

(3) Vor- und Nachteile des Just-in-time-Verfahrens

Vorteile
■ Die **Lagerkosten und -risiken entfallen,** weil das benötigte Material sofort zum Ort der Weiterverarbeitung bzw. -verwendung gebracht wird. ■ Es wird **weniger Kapital gebunden,** das dann für andere Unternehmensaufgaben bereitsteht. ■ Das Unternehmen kann sich rasch auf einen **Wechsel des Kundenbedarfs** einstellen und seine **Lieferbereitschaft erhöhen.** ■ Die Gefahr, Produkte **nicht absetzen** zu können, **sinkt.**

Nachteile
■ Verwundbarkeit des Unternehmens gegenüber Störungen im Nachschub z. B. durch Streiks, Zugverspätungen, Staus **(Terminrisiko).** ■ Umweltbelastung bei der Belieferung durch Lastkraftwagen z. B. durch Versiegelung der Landschaft durch Straßenbau, Belastung der Luft durch Reifenabrieb und Abgase **(Umweltrisiko).** Die Kosten für die Beseitigung der Umweltbelastung trägt jedoch nicht der Besteller der Werkstoffe (Kostenverursacher), sondern die Allgemeinheit. Man spricht dann von **„Social Costs“.** ■ Gefahr, dass es zu Produktionsstörungen kommt, da schadhafte Teile nicht durch eine Lagerentnahme ausgewechselt werden können **(Qualitätsrisiko).** ■ Bestell- und Transportkosten steigen wegen häufiger Bestellungen **(Kostenrisiko).** ■ Bei zahlreichen Werkstoffen ist die fertigungssynchrone Beschaffung nicht oder wenigstens nicht in ihrer extremen Anwendung durchführbar, weil die Vorlieferer ihre Produktion nicht an dem schwankenden Bedarf der Abnehmer ausrichten können oder wollen. Sie streben aus **kosten- und beschäftigungspolitischen Gründen** selbst eine kontinuierliche Produktion an.

Um die Abwicklung der Bestellungen möglichst rasch durchführen zu können, liegt es nahe, mit dem Lieferanten einen **Rahmenvertrag** abzuschließen. Ein solcher legt in der Regel für eine bestimmte Periode den Gesamtbedarf für eine Werkstoffart oder eine Werkstoffgruppe fest. Für die geplante Abnahmemenge werden die Preise, die Lieferungs- und die Zahlungsbedingungen festgelegt. Die Einzelbestellungen verweisen dann jeweils auf den Rahmenvertrag und beinhalten nur noch nähere Festlegungen in Bezug auf Artikel, Menge und Termin.

Zusammenfassung

- Grundsätzlich gibt es zwei Möglichkeiten, Werkstoffe bereitzustellen, nämlich die **Bedarfsdeckung durch Vorratshaltung** und die **Bedarfsdeckung ohne Vorratshaltung**.
- Die Bedarfsdeckung ohne Vorratshaltung kann als **Einzelbeschaffung im Bedarfsfall oder** nach dem **Just-in-time-Verfahren** erfolgen.
- **Rahmenverträge** verringern die Kosten des Beschaffungsprozesses, indem
  - wiederholte Verhandlungsführungen über Preise, Lieferungs- und Zahlungsbedingungen entfallen sind
  - sich der verbleibende Restprozess weitestgehend automatisieren lässt.

Übungsaufgabe

125 1. Stellen Sie in einer Tabelle die Vor- und Nachteile der Vorratshaltung und des Just-in-time-Verfahrens einander gegenüber!

2. Beschreiben Sie das Just-in-time-Verfahren!

3. Erläutern Sie Vor- und Nachteile der Just-in-time-Beschaffung für Abnehmer und Zulieferer!

4. Stellen Sie dar, welche „Social Costs" durch die Verwirklichung des Just-in-time-Verfahrens entstehen können! (Social Costs sind Kosten, die nicht der Verursacher trägt, sondern die Allgemeinheit.)

4.5 Liefererauswahl

4.5.1 Grundsätzliches

Hat die Beschaffungsmarktforschung mögliche Lieferer ermittelt, schließt sich der **Angebotsvergleich** an. Für den Angebotsvergleich kann ein einziges Kriterium (z. B. der Preis) oder aber eine Kombination von Kriterien herangezogen werden. Es sind zu unterscheiden:

- **quantitative,** d. h. **messbare Kriterien** (z. B. Preis, Zahlungsbedingungen, Lieferungsbedingungen) und/oder
- **qualitative,** d. h. **nicht messbare Kriterien** (z. B. Qualität, Lieferertreue, Image, technisches Know-how, Unterstützung bei Problemlösungen).

Als Instrumentarium zur Analyse der Kriterien kann der **Einfaktorenvergleich**[1] oder der **Mehrfaktorenvergleich (Scoringmodell)** dienen.

4.5.2 Einfaktorenvergleich mit Bezugskalkulation

Legt man für einen Angebotsvergleich nur einen einzigen Auswahlgesichtspunkt (ein Kriterium) zugrunde, dann kommt man sehr schnell zu einer Lieferantenauswahl. Solche Einfaktorenvergleiche sind z. B. möglich in Bezug auf den Preis, die Lieferungs- und Zahlungsbedingungen oder die Produktqualität.

1 **Faktor:** Gesichtspunkt.

Beispiel für einen Einfaktorenvergleich (Preisvergleich von Angeboten):

Ein Betrieb erhält vier Angebote über den Bezug von 50 Schlössern. Die angebotenen Waren sind qualitätsmäßig vollkommen gleich. Die Lieferzeit beträgt in allen Fällen 14 Tage. Die Angebote lauten:

Angebot 1: Listeneinkaufspreis 569,00 EUR, Rabatt 6 %, Skonto 2,5 %, Bezugskosten 36,40 EUR.
Angebot 2: Listeneinkaufspreis 518,00 EUR, Rabatt 8 %, Skonto 2,0 %, Bezugskosten 71,50 EUR.
Angebot 3: Listeneinkaufspreis 550,00 EUR, Rabatt 9 %, Skonto 3,0 %, Bezugskosten 59,80 EUR.
Angebot 4: Listeneinkaufspreis 598,00 EUR, Rabatt 7 %, Skonto 0,0 %, Bezugskosten 44,20 EUR.

Aufgabe:

Berechnen Sie, welches Angebot den niedrigsten Bezugspreis bietet!

Lösung:

	Angebot 1		Angebot 2		Angebot 3		Angebot 4	
	%	EUR	%	EUR	%	EUR	%	EUR
Listeneinkaufspreis		569,00		518,00		550,00		598,00
– Rabatt	6	34,14	8	41,44	9	49,50	7	41,86
Zieleinkaufspreis		534,86		476,56		500,50		556,14
– Skonto	2,5	13,37	2	9,53	3	15,02	0	0,00
Bareinkaufspreis		521,49		467,03		485,48		556,14
+ Bezugskosten		36,40		71,50		59,80		44,20
Bezugspreis		557,89		538,53		545,28		600,34

Ergebnis:

Den niedrigsten Bezugspreis für 50 Schlösser bietet das Angebot 2 mit 538,53 EUR.

4.5.3 Mehrfaktorenvergleich (Scoringmodell)[1]

Ist für einen Angebotsvergleich nicht nur ein Kriterium entscheidend, dann entsteht sehr schnell eine komplexe[2] Situation, da die Kriterien unter Umständen einander zuwider laufen, wie z. B. Qualität und Preis. Ein günstiger Preis ist zumeist mit geringerer Qualität verbunden und umgekehrt.

Ein Instrument, um einen Angebotsvergleich unter Berücksichtigung mehrerer Kriterien durchzuführen, ist das **Scoringmodell**. Dabei werden den Auswahlkriterien zunächst Gewichtungen zugeordnet (Spalte 2), die für alle Lieferanten gleichermaßen gelten. Danach werden die Lieferanten einzeln dahingehend analysiert, inwieweit sie die Auswahlkriterien erfüllen. Hierfür werden Punkte vergeben, z. B. 5: hohe Zielerfüllung, 0: keine Zielerfüllung (z. B. Spalte 3). Durch Multiplikation der Gewichtungen mit den einzelnen Punkten erhält man je Auswahlkriterium die gewichteten Punkte (z. B. Spalte 4). Ausgewählt wird jener Lieferant, dessen Summe der gewichteten Punkte maximal ist.

1 **Scoringmodell:** Modell zur Bewertung von Handlungsalternativen. Kann hier übersetzt werden mit Punktebewertungsmodell. Den Mehrfaktorenvergleich bezeichnet man auch als **Nutzwertanalyse.**

2 **Komplex:** vielfältig verflochten.

Die Verwendung des Scoringmodells hat den Vorteil, dass neben rein **quantifizierbaren Größen** (z. B. Preise) auch die Einbeziehung von **qualitativen Kriterien** (z. B. Qualität, Liefertreue usw.) möglich ist.

Beispiel:

Zur Auswahl stehen die drei Lieferanten Abel, Bebel und Cebel. Als Entscheidungsfaktoren spielen die Qualität, der Preis, die Liefertreue, der technische Kundendienst und die Unterstützung bei Problemlösungen eine Rolle. Die Gewichtungen für die Entscheidungsfaktoren sind der Spalte 2 zu entnehmen. Eine Beurteilung der Lieferanten ergab jeweils die in den Spalten 3, 5 und 7 dargestellten Punkte.

Entscheidungsbewertungstabelle:

Auswahl-Kriterien	Gewichtung	Abel		Bebel		Cebel	
		Punkte Abel	Gewichtete Punkte Abel	Punkte Bebel	Gewichtete Punkte Bebel	Punkte Cebel	Gewichtete Punkte Cebel
(1)	(2)	(3)	(4) = (2) · (3)	(5)	(6) = (2) · (5)	(7)	(8) = (2) · (7)
Qualität	0,30	5	1,5	4	1,2	3	0,9
Preis	0,30	4	1,2	5	1,5	5	1,5
Liefertreue	0,10	3	0,3	4	0,4	5	0,5
Technischer Kundendienst	0,20	5	1,0	3	0,6	4	0,8
Unterstützung bei Problemlösungen	0,10	2	0,2	2	0,2	3	0,3
Summe der Punkte	**1,00**		**4,2**		**3,9**		**4,0**

Erläuterung (am Beispiel Abel):

Die zeilenweise Multiplikation der Gewichtungen mit den Punkten Abels für die einzelnen Kriterien ergibt jeweils die gewichteten Punkte. Deren Summe beträgt bei Abel 420. Bebel und Cebel erhielten je 390 bzw. 400 Punkte. Somit fällt die Entscheidung zugunsten von Abel.

4.5.4 Ökologische Aspekte der Liefererauswahl

4.5.4.1 Durchlaufstrategie bei der Beschaffung von Gütern

Bis vor wenigen Jahren wurde nur selten darüber nachgedacht, welche ökologischen[1] Folgen die Beschaffung eines Gutes haben kann. Bei der Auswahl der Werkstoffe bzw. der Entscheidung für einen bestimmten Lieferer wurden allein wirtschaftliche und produktionstechnische Gesichtspunkte zugrunde gelegt. Abfälle, die bei der Produktion anfielen, wurden einfach über Mülldeponien und Verbrennungsanlagen entsorgt. Gleiches galt für Konsumgüter. Wurde ein Konsumgut unbrauchbar, unmodern oder war das Gut technisch

1 Die **Ökologie** ist die Wissenschaft von den Wechselwirkungen zwischen den Lebewesen untereinander und ihren Beziehungen zur übrigen Umwelt.
Ein einprägsames Beispiel für einen ökologischen Zusammenhang ist die Ausrottung des Vogels Dodo (Dronte) auf der Insel Mauritius durch die Portugiesen im 16. Jahrhundert. Auf Mauritius gibt es einen Baum namens Calvarie major, der am Aussterben ist: Es gibt nur noch 13 Bäume, die allesamt älter als 300 Jahre sind. Die Samen der Bäume keimen nicht. Warum? Der ausgerottete Dodo fraß unter anderem die Samen des Calvaria-Baums, in dessen kräftigem Muskelmagen sich die Schalen der Samen so weit abrieben, dass die zum Teil unverdaut gebliebenen Samen ausgeschieden wurden und so zur Keimung gelangten. So erhielt der Baum den Dodo und der Dodo erhielt den Baum. (Quelle: Vogt, H.-H.: Ohne Dodo keine Bäume, in: Kosmos. Bild unserer Welt, Heft 9, September 1978, S. 628 f.) Im täglichen Sprachgebrauch bedeutet ökologisch so viel wie umweltverträglich, umweltschonend. Ökologische Ziele sind demnach Ziele, die mit solchen Mitteln erreicht werden sollen, die der Schonung der natürlichen Umwelt dienen.

überholt, wurde es den anderen Abfällen beigegeben und durch die Müllabfuhr auf der Mülldeponie entsorgt.

Diese Form des ökologischen Wirtschaftens bezeichnet man als **Durchlaufwirtschaft**.

4.5.4.2 Kreislaufstrategie bei der Beschaffung von Gütern

Eine Auswirkung des Kreislaufwirtschaftsgesetzes[1] ist, dass die Unternehmen bei der Beschaffung eines Werkstoffes oder einer Handelsware streng auf deren Umweltverträglichkeit achten. Beschafft werden nur noch Güter, die entweder recycelbar sind oder umweltverträglich entsorgt werden können.

Dazu ist es sinnvoll, für jeden einzelnen Geschäftsbereich eine **Checkliste** zu erstellen, durch die das betriebliche Handeln ständig auf seine Umweltverträglichkeit überprüft wird.

Als Beispiel wird eine mögliche Checkliste für den Bereich **„Beschaffung und Serviceleistungen"** vorgestellt.

Umweltcheckliste für den Bereich „Beschaffung und Serviceleistungen"			
Fragen/Aufgaben	**entfällt/nicht zutreffend**	**wird beachtet/ ist vorhanden**	**ist in Arbeit/ vorgesehener Termin**
Gibt es ökologische Kriterien zur Beschaffung von Investitionsgütern?			
Wird auf Langlebigkeit, Reparaturfreundlichkeit und Recycelbarkeit geachtet?			
Wird der Ressourcenverbrauch während des Gebrauchs berücksichtigt?			
Gibt es ökologische Kriterien zur Beschaffung von Hilfs- und Betriebsmitteln?			
Werden umweltverträgliche Packmittel beschafft?			
Kommen umweltverträgliche Putz- und Reinigungsmittel zum Einsatz?			
Kommen Hygieneartikel aus Recyclingpapier zum Einsatz?			
Werden im Bürobereich Recyclingprodukte eingesetzt, z. B. Kopierpapier, Briefumschläge, Ordner u. Ä.?			
Kommen im Büro Nachfüllsysteme zum Einsatz, wie z. B. für Toner, Marker, Klebestifte?			
Kommen im Büro oder in der Dekoabteilung lösemittelfreie Stifte, Farben und Kleber zum Einsatz?			
Wird in der Kantine oder Teeküche Mehrweggeschirr verwendet?			

1 Das Kreislaufwirtschaftsgesetz wurde bereits im Lerngebiet 1, S. 183ff. dargestellt.

Umweltcheckliste für den Bereich „Beschaffung und Serviceleistungen"			
Fragen/Aufgaben	**entfällt/nicht zutreffend**	**wird beachtet/ ist vorhanden**	**ist in Arbeit/ vorgesehener Termin**
Werden Minipackungen ausgelistet?			
Werden Fremdfirmen (Reinigung, Renovierungsarbeiten u. Ä.) nach Umweltgesichtspunkten ausgewählt?			

Quelle: „Umweltmanagement im Einzelhandel", herausgegeben von der Landesanstalt für Umweltschutz Baden-Württemberg.

Ziel einer Umweltcheckliste ist es,

- natürliche Ressourcen zu schonen (betrifft vor allem den Prozess bei der Herstellung der Materialien),
- Energie sparsam einzusetzen (bei Produktion und Nutzung),
- Transportwege zu minimieren,
- Abfall zu vermeiden (bei Produktion, Nutzung und Entsorgung),
- die Gesundheit der Mitarbeiter zu schützen
- und Schadstoffeinträge in die Umwelt zu vermeiden (bei Herstellung, Nutzung und Entsorgung).

Zusammenfassung

- Mit der Aufgabe potenzielle (mögliche) Lieferer zu ermitteln, beschäftigt sich die **Beschaffungsmarktforschung.**
- Für den **Angebotsvergleich** können **messbare Kriterien (quantitativer Angebotsvergleich)** oder **nicht messbare Kriterien (qualitative Angebotsvergleiche)** herangezogen werden.
- Ein **Einfaktorenvergleich** berücksichtigt nur ein einzelnes Auswahlkriterium, in der Regel den Einstandspreis. Er wird durch die **Bezugskalkulation** ermittelt.
- Ein **Mehrfaktorenvergleich** erlaubt es, neben quantitativen auch qualitative Faktoren zu berücksichtigen. Eines dieser Verfahren ist das sogenannte **Scoringmodell.** Das Scoringmodell dient der Entscheidungsfindung zwischen mehreren Alternativen bei mehreren gegebenen Zielen mithilfe einer **Entscheidungsbewertungstabelle.**
- Bei der Beschaffung nach der **Durchlaufstrategie** werden die Güter allein nach produktionstechnischen und wirtschaftlichen Gesichtspunkten ausgewählt.
- Nach der **Kreislaufstrategie** sind alle, die Güter produzieren, vermarkten oder konsumieren, zur Vermeidung, Verwertung und Beseitigung von Abfällen verpflichtet.

Übungsaufgaben

126 1. Beschreiben Sie die Zielsetzung des Scoringmodells an einem selbst gewählten Beispiel!

2. Vor der Kaufentscheidung ist es sinnvoll, einen Angebotsvergleich durchzuführen.

   2.1 Erklären Sie, welche betriebswirtschaftliche Aufgabe der Angebotsvergleich erfüllt!

   2.2 Nennen Sie wichtige Punkte der einzelnen Angebote, welche ein Einkäufer zu vergleichen hat!

3. Unter qualitativ gleichwertigen Werkstoffen gleich zuverlässiger Verkäufer soll ein rechnerischer Angebotsvergleich vorgenommen werden. Folgende Angebote liegen vor:

Lieferer Nr. 3102:	3500,00 EUR frei Lager, 3 % Skonto;
Lieferer Nr. 3103:	3360,00 EUR frachtfrei (ab Bahnhof des Käufers);
Lieferer Nr. 3108:	3700,00 EUR ab Bahnhof des Verkäufers, $12^1/_2$ % Rabatt und 2 % Skonto.

Die Bahnfracht beträgt 200,00 EUR, die Kosten für die Anlieferung zum Bahnhof bzw. Zulieferung ab Bahnhof belaufen sich auf je 30,00 EUR.

Aufgabe:

Berechnen Sie das günstigste Angebot!

127 1. **Fallstudie: Angebotsvergleich**

Dem Vertriebsbüro der Topsound GmbH, Hildesheim, wird am 10. Januar 20.. der Kundenauftrag Nr. C 732 über 1000 Stück unserer neuen Stereoanlage „Crash-micro-line" erteilt. In Zusammenarbeit mit dem Lager wird ermittelt, dass 300 Stück des Transistors TC 472 am Lager sind, aber insgesamt 5000 Stück benötigt werden.

Dem Einkauf liegen bis heute drei Angebote vor:

(1) Elektronik Werke Freiburg AG vom 15. Januar 20..:

„Wir bieten Ihnen, befristet bis zum 15. Februar 20.. Transistoren TC 472 für 2,87 EUR/Stück ab Werk an. Bei Abnahme ab 1000 Stück gewähren wir 5 % und ab 5000 Stück 10 % Mengenrabatt. Die Zahlung soll erfolgen innerhalb 10 Tagen nach Rechnungserhalt unter Abzug von 2 % Skonto oder innerhalb 30 Tagen netto Kasse."

Hinweis: Die Frachtkosten von Freiburg bis Hildesheim betragen für 4700 Stück 200,00 EUR.

(2) Elektroteile Hannover GmbH vom 27. Januar 20..:

Lieferung für 3,10 EUR/Stück, frei Haus, innerhalb vier Wochen nach Bestelleingang; Mengenrabatt ab 500 Stück 10 %, ab 1000 Stück 15 %, ab 5000 Stück 20 %; zahlbar innerhalb 20 Tagen unter Abzug von 2 % Skonto oder innerhalb 60 Tagen rein netto.

(3) Hans Haas e. Kfm., Köln, vom 25. Januar 20..:

Sonderangebot bis 10. Februar gültig. Bei Lieferung von 500 oder mehr Transistoren 3,00 EUR/Stück, frei Haus. Bei Abnahme von weniger als 500 Stück werden für Verpackung, Fracht und Bearbeitungsgebühr 50,00 EUR gesondert in Rechnung gestellt. Ab 1000 Stück werden 10 %, ab 5000 Stück 15 % Mengenrabatt gewährt; Rechnungen sind zahlbar innerhalb von 30 Tagen ohne Abzug.

Um die optimale Bezugsquelle zu ermitteln, werden vom Lager, von der Fertigung und vom Einkauf **Berichte über die Geschäftsverbindung mit den Verkäufern** zusammengestellt.

Den Qualitätsanforderungen (mindestens vier von acht Punkten) genügen alle Anbieter:

Elektronik Werke Freiburg AG

Die Qualität ist mit acht Punkten sehr hoch. Geliefert wurde meistens fehlerfrei, nur einmal enthielt eine Lieferung einen beachtlichen Teil falscher Artikel. Die verwaltungstechnische Abwicklung der Einkäufe verlief stets ohne Beanstandungen. Liefertermine wurden allerdings mehrmals nicht eingehalten; einmal mussten sogar drei Mahnungen gesandt werden.

Verpackung und Auslieferung hingegen waren makellos. Die technische Beratung seitens der Elektronik Werke Freiburg AG lässt zu wünschen übrig. Direkte, persönliche Auskünfte sind nicht zu erhalten; der zuständige Fachmann ist „nie zu erreichen". Auch werden Rückfragen nachlässig behandelt.

Elektroteile Hannover GmbH

Die Elektroteile Hannover GmbH hat die Produktion erst vor etwa 15 Monaten aufgenommen. Die Qualitätsstufe ist 6. Angenehm ist die geografische Nähe bei Rückfragen und technischer Beratung. Letztere allerdings ist nicht allzu qualifiziert. Aufgrund der geografischen Nähe legt die Elektroteile GmbH keinen Wert auf Verpackung bei Anlieferung. Lieferzusagen werden eingehalten. Bei schriftlichen Unterlagen (Auftragsbestätigung, Rechnung etc.) sind jedoch fast immer Beanstandungen aufgetreten, manchmal sogar sehr ärgerliche. Auf den schriftlichen Informationsverkehr ist wenig Verlass.

Hans Haas e. Kfm., Köln

Obwohl die Qualität mit 7 hoch ist, reicht die schriftlich angeforderte Beratung nicht aus. Dafür werden Verpackung und Anlieferung stets besonders gelobt. Auch Liefertermine wurden – ausgenommen eine unverschuldete Verzögerung – pünktlich eingehalten. Rückfragen jeder Art werden schnell bearbeitet und beantwortet. In zwei Fällen musste die Auftragsbestätigung angemahnt werden. Sonst waren keine besonderen Beanstandungen festgestellt worden.

Aufgaben:

1.1 Führen Sie anhand der Entscheidungsbewertungstabelle einen Angebotsvergleich durch!

Entscheidungsbewertungstabelle: Angebotsvergleich

Kriterien	Gewichtung d. Kriterien	Elektronik Werke Freiburg AG		Elektroteile Hannover GmbH		Hans Haas e. Kfm. Köln	
		Punkte	gewicht. Pkt.	Punkte	gewicht. Pkt.	Punkte	gewicht. Pkt.
Bezugspreis 4 700 Stück – Rabatt = Zieleinkaufspreis – Skonto = Bareinkaufspreis + Fracht = Bezugspreis							
1. Preis							
2. Qualität							
3.							
4.							
5.							
Summe der Punkte	**100**						

Hinweis zur Spalte Punkte: 5 ≙ sehr gut, 4 ≙ gut, 3 ≙ befriedigend, 2 ≙ ausreichend, 1 ≙ schlecht

1.2 Treffen Sie eine begründete Entscheidung, welcher Verkäufer aufgrund der Summe aller relativierten Punkte den Auftrag erhalten wird!

2. Erstellen Sie eine Gegenüberstellung mit Pro- und Kontra-Argumenten zum Einfaktoren- und Mehrfaktorenvergleich!

4.6 Wareneingang

(1) Warenabnahme

Vertragsgemäß gelieferte Waren muss der Käufer **abnehmen** (körperliche Entgegennahme, § 433 II BGB). Bei der Abnahme der Ware muss die Unversehrtheit der Verpackung sowie die Übereinstimmung der Warensendung mit dem Auftrag überprüft werden.

(2) Warenprüfung

■ Warenprüfung durch den Käufer

Da die Warenprüfung meistens während der Übergabe der Ware zeitlich nicht abgeschlossen werden kann, ist es angebracht, eine Empfangsbestätigung stets mit einem Vermerk zu versehen, der darauf hinweist, dass mit dieser Bestätigung nicht die vertragsgemäße (ordnungsgemäße) Lieferung bescheinigt wird (übliche Klausel z. B. „Vorbehaltlich der noch nicht abgeschlossenen Warenprüfung ...“). Werden Mängel festgestellt, so muss der Käufer diese Mängel dem Verkäufer **unverzüglich** anzeigen.

Die Warenabnahme und die Warenprüfung im Geschäftsverkehr der Unternehmen darf in der Regel nur 30 Kalendertage dauern [§ 271 a III BGB]. Damit soll sichergestellt werden, dass der Warenschuldner den Zahlungszeitpunkt nicht willkürlich verlängern kann.

■ Zertifizierung der Bestellabwicklung

Die Warenprüfung ist Teil des Qualitätsmanagements. In aller Regel wird sich das Qualitätsmanagement nicht damit begnügen, die Ware im eigenen Unternehmen zu überprüfen. Vielmehr wird es bestrebt sein, die Materialprüfung bereits beim Lieferanten zu installieren. Dies geschieht gewöhnlich durch die **Zertifizierung der Bestellabwicklung.** Die grundlegende Norm hierfür ist die DIN EN ISO 9001:2015 ff.

Das **Lieferantenaudit** kann bezogen sein auf die Überprüfung des bezogenen Fertig- oder Bauteils **(Produktaudit),** die Überprüfung bestimmter Arbeitsfolgen bzw. -verfahren **(Prozessaudit)** und/oder die Überprüfung des gesamten Qualitätsmanagements eines Lieferers **(Systemaudit).** Rechtliche Grundlage des Lieferantenaudits ist der Abschluss eines entsprechenden Vertrags mit dem Lieferanten.

(3) Einlagerung der Ware

Auf S. 402 f. wurde die Bedarfsdeckung durch Vorratshaltung beschrieben. Wählt ein Betrieb diese Art der Bedarfsdeckung, dann ist es erforderlich, die vom Lieferanten bezogenen Waren einzulagern. Eine ausführliche Darstellung zum Thema Lagerhaltung finden Sie auf den S. 278 ff. und S. 442 ff.

(4) Rechnungseingang und -prüfung

Eine sorgfältige Rechnungsstellung des Lieferanten gegenüber dem Kunden ist ein Beleg für eine sorgfältige Abwicklung des gesamten Bestellvorgangs. Auch kleine Fehler in einer Rechnung sind in der Regel eine Ermunterung an den Kunden, den gesamten Rechnungsbetrag bis zur vollständigen Klärung zurückzuhalten. Daher hat Letzterer ein verständliches Interesse, die inhaltliche und rechnerische Korrektheit der Liefererrechnung zu überprüfen.

Die Rechnungsprüfung bezieht sich in der Regel auf folgende Prüfungsvorgänge:

sachliche Richtigkeit	rechnerische Richtigkeit	richtiger Ablauf
Richtiger Artikel, richtige Menge und richtiger Preis gemäß Auftragsbestätigung des Lieferers.	Richtige Durchführung der Multiplikationen, Aufsummierungen, Rabatte und USt-Berechnungen.	Vergleich der tatsächlich gelieferten Ware in Art und Menge mit der in Rechnung gestellten.

(5) Zahlung des Kaufpreises

Der Käufer ist nach § 433 II BGB verpflichtet, dem Verkäufer den vereinbarten Kaufpreis zu zahlen. Geldschulden sind gesetzlich im Zweifel **Schickschulden** [§ 270 BGB], d.h., der Käufer übernimmt im Zweifel die Gefahr und die Kosten der Geldübertragung (vgl. S. 271f.).

Zusammenfassung

- Vertragsgemäß gelieferte Waren und Werkstoffe muss der Käufer **abnehmen** und – sofern er Kaufmann ist – die erhaltenen Waren und Werkstoffe **unverzüglich untersuchen** und **festgestellte Mängel unverzüglich rügen.**
- Der Käufer ist verpflichtet, dem Verkäufer den vereinbarten Kaufpreis zu zahlen.

Übungsaufgabe

128 Beschreiben Sie kurz die Funktionsschritte, nach denen ein reibungsloser Beschaffungsprozess abgewickelt wird!

4.7 Buchhalterische Abwicklung des Rechnungsausgleichs – Kreditorenbuchhaltung mit Bezugskosten und Nachlässen

4.7.1 Kreditorenbuchhaltung

(1) Grundprinzip der Kreditorenbuchhaltung

Bisher haben wir den Geschäftsverkehr mit den Lieferanten nur über das Sachkonto 4400 Verbindlichkeiten aus Lieferungen und Leistungen abgewickelt. Das Sachkonto 4400 Verbindlichkeiten aus Lieferungen und Leistungen gibt Auskunft über den Gesamtbetrag der Verbindlichkeiten gegenüber den Lieferern. Um aber die Lieferungen und Zahlungsvorgänge gegenüber **jedem Lieferer** überwachen zu können, müssen in der Praxis neben dem Sachkonto 4400 Verbindlichkeiten aus Lieferungen und Leistungen des Hauptkontos zusätzlich entsprechende **Personenkonten (Kreditorenkonten)** geführt werden.

Beispiel:

Wir kaufen Rohstoffe auf Ziel bei der Franz Forster GmbH lt. Eingangsrechnung (ER) Nr. 25 vom 9. Oktober: Warenwert 4285,71 EUR zuzüglich 19 % USt. Der Saldovortrag auf dem Konto 44001 beträgt 12000,00 EUR.

Aufgabe:

Richten Sie in einer Nebenbuchhaltung ein entsprechendes Kreditorenkonto ein und buchen Sie diesen Geschäftsvorfall!

Lösung:

Hauptbuchhaltung

S	6000 Aufw.. f. Rohstoffe	H
44001	4285,71	

S	2600 Vorsteuer	H
44001	814,29	

S	4400 Verb. a.L.u.L.	H

Nebenbuchhaltung

Beispiel für ein Liefererkonto (Kreditorenkonto)

44001: Franz Forster GmbH					
Datum	Beleg	Text	Soll	Haben	Saldo
01.10.		Saldovortrag			12000,00
09.10.	ER 25	6000/2600		5100,00	

Erläuterungen:

Wie Sie erkennen können, erscheinen auf den Konten der Hauptbuchhaltung nur zwei Sollbuchungen. Zum einen auf dem Konto 6000 Aufwendungen für Rohstoffe in Höhe von 4285,71 EUR und zum anderen auf dem Konto 2600 Vorsteuer in Höhe von 814,29 EUR. Die Gegenbuchung erscheint nicht auf der Habenseite des Sachkontos 4400 Verbindlichkeiten aus Lieferungen und Leistungen, sondern auf der Habenseite des für den Lieferer eingerichteten **Personenkontos** 44001 Franz Forster GmbH in Höhe von 5100,00 EUR in der Nebenbuchhaltung. Solange die in der Nebenbuchhaltung erfassten Beträge nicht auf das entsprechende Sachkonto der Hauptbuchhaltung übertragen worden sind, ist der Buchungskreis innerhalb der Konten des Hauptbuches (Summe der Sollbuchungen entspricht der Summe der Habenbuchungen) nicht geschlossen. Erst nach der Übertragung der in der Nebenbuchhaltung erfassten Beträge ist das Hauptbuch abschlussfähig.

(2) Buchen auf Kreditorenkonten

44001 Franz Forster GmbH, Lindenbergstraße 4, 38518 Gifhorn					
Datum	Beleg	Buchungstext	Soll	Haben	Saldo
1. Okt.		Saldovortrag			12000,00
9. Okt.	ER 25	Zielkauf		5100,00	17100,00
12. Okt.	Wa 11	Warenrücksendungen	1200,00		15900,00
19. Okt.	Ba 81	Bankscheck	7700,00		8200,00
29. Okt.	ER 26	Zielkauf		2350,00	10550,00
31. Okt.		Saldo			10550,00
		Summe der Verkehrszahlen	8900,00	7450,00	

44002 Otto Sauer KG, Industriestraße 19, 90441 Nürnberg					
Datum	Beleg	Buchungstext	Soll	Haben	Saldo
1. Okt.		Saldovortrag			11 100,00
11. Okt.	ER 11	Zielkauf		3 200,00	14 300,00
14. Okt.	ER 12	Zielkauf		5 500,00	19 800,00
21. Okt.	Ba 51	Banküberweisung	12 500,00		7 300,00
31. Okt.		Saldo			7 300,00
		Summe der Verkehrszahlen	12 500,00	8 700,00	
		Übernahme aus 44001	8 900,00	7 450,00	
		Gesamtsummen	21 400,00	16 150,00	

Die Salden der Kreditorenkonten werden monatlich, vierteljährlich oder jährlich in eine Saldenliste übertragen. Die Summen der Verkehrszahlen werden auf das Konto 4400 Verbindlichkeiten aus Lieferungen und Leistungen übertragen. Anschließend wird die Saldenliste mit dem Konto Verbindlichkeiten aus Lieferungen und Leistungen abgestimmt.

■ **Beispiel einer Kreditorensaldenliste:**

Lieferer-Nr.	Lieferer	Salden
44001	Franz Forster GmbH	10 550,00
44002	Otto Sauer KG	7 300,00
Saldensumme		17 850,00

Soll	4400 Verb. a. Lief. u. Leist.		Haben
44001/44002	21 400,00	Saldovortr.	23 100,00
Saldo	17 850,00	44001/44002	16 150,00
	39 250,00		39 250,00

Übungsaufgaben

129 **I. Anfangsbestände zum 1. September 20..:**

1. Richten Sie in der Hauptbuchhaltung das Sachkonto 4400 Verbindlichkeiten aus Lieferungen und Leistungen ein und tragen Sie einen Anfangsbestand in Höhe von 18 700,00 EUR vor!
2. Richten Sie innerhalb der Kreditorenbuchhaltung die folgenden Liefererkonten ein und tragen Sie zum 1. September jeweils die angegebenen Anfangsbestände darauf vor:
   - Metallwerke Osnabrück AG, Lief.-Nr. 44005, Saldovortrag 10 500,00 EUR,
   - Stark GmbH, Lief.-Nr. 44006, Saldovortrag 8 200,00 EUR.

II. Geschäftsvorfälle:

Lief.-Nr.	Vorgang	Betrag
44005	Zieleinkauf von Rohstoffen einschl. 19 % USt	7 140,00 EUR
44006	Zieleinkauf von Rohstoffen einschl. 19 % USt	7 735,00 EUR
44005	Zieleinkauf von Rohstoffen einschl. 19 % USt	4 165,00 EUR
44005	Bankscheck	9 250,00 EUR
44006	Banküberweisung	11 100,00 EUR
44006	Zieleinkauf von Rohstoffen einschl. 19 % USt	5 950,00 EUR
44005	Zieleinkauf von Rohstoffen einschl. 19 % USt	10 115,00 EUR
44005	Barzahlung	7 400,00 EUR
44006	Barzahlung	2 000,00 EUR

III. Aufgaben:

1. Bilden Sie praxisgerecht die Buchungssätze für die angegebenen Geschäftsvorfälle!
2. Übertragen Sie die Werte der Buchungssätze auf die entsprechenden Konten der Haupt- und Kreditorenbuchhaltung (Personenkonten)!
3. Übertragen Sie die auf den Kreditorenkonten gebuchten Verkehrszahlen auf das Sachkonto 4400 Verbindlichkeiten aus Lieferungen und Leistungen!
4. Schließen Sie die Kreditorenkonten und das Sachkonto 4400 Verbindlichkeiten aus Lieferungen und Leistungen ab und stellen Sie eine Offene-Posten-Liste über die bestehenden Verbindlichkeiten auf!
5. Überprüfen Sie, ob das Sachkonto 4400 Verbindlichkeiten aus Lieferungen und Leistungen der Hauptbuchhaltung mit der Saldenliste der Kreditorenbuchhaltung abgestimmt ist!

130 **I. Anfangsbestände zum 1. September 20..:**

1. Richten Sie in der Hauptbuchhaltung das Sachkonto 4400 Verbindlichkeiten aus Lieferungen und Leistungen ein und tragen Sie einen Anfangsbestand in Höhe von 22440,00 EUR vor!
2. Richten Sie innerhalb der Kreditorenbuchhaltung die folgenden Liefererkonten ein und tragen Sie zum 1. September jeweils die angegebenen Anfangsbestände darauf vor:
   - Fritz Freund KG, Lief.-Nr. 44007, Saldovortrag 12600,00 EUR,
   - Kempf GmbH, Lief.-Nr. 44012, Saldovortrag 9840,00 EUR.

II. Geschäftsvorfälle:

Lief.-Nr.	Vorgang	Betrag
44007	Zieleinkauf von Handelswaren zuzügl. 19% USt	7200,00 EUR
44012	Zieleinkauf von Handelswaren zuzügl. 19% USt	7800,00 EUR
44007	Zieleinkauf von Handelswaren zuzügl. 19% USt	4200,00 EUR
44007	Bankscheck	11100,00 EUR
44012	Banküberweisung	13320,00 EUR
44012	Zieleinkauf von Handelswaren zuzügl. 19% USt	6000,00 EUR
44007	Zieleinkauf von Handelswaren zuzügl. 19% USt	10200,00 EUR
44007	Barzahlung	8880,00 EUR
44012	Barzahlung	2400,00 EUR

III. Aufgaben:

1. Bilden Sie praxisgerecht die Buchungssätze für die angegebenen Geschäftsvorfälle!
2. Übertragen Sie die Werte der Buchungssätze auf die entsprechenden Konten der Haupt- und Kreditorenbuchhaltung!
3. Übertragen Sie die auf den Kreditorenkonten gebuchten Verkehrszahlen auf das Sachkonto 4400 Verbindlichkeiten aus Lieferungen und Leistungen!
4. Schließen Sie die Kreditorenkonten und das Sachkonto 4400 Verbindlichkeiten aus Lieferungen und Leistungen ab und stellen Sie eine Offene-Posten-Liste über die bestehenden Verbindlichkeiten auf!
5. Überprüfen Sie, ob das Sachkonto 4400 Verbindlichkeiten aus Lieferungen und Leistungen der Hauptbuchhaltung mit der Saldenliste der Kreditorenbuchhaltung abgestimmt ist!

4.7.2 Buchungen des Wareneingangs

4.7.2.1 Buchhalterische Behandlung von Sofortnachlässen und Bezugskosten

(1) Buchhalterische Behandlung von sogenannten Sofortnachlässen

Nachlässe, die der Lieferer sofort bei Rechnungsstellung gewährt, zählen nicht zu den Anschaffungskosten. Sie erscheinen in der Buchführung nicht. Gebucht wird der verminderte Einkaufspreis.

Beispiel:

Geschäftsvorfall		Konten	Soll	Haben
Kauf von Betriebsstoffen				
auf Ziel (44004)	2000,00 EUR	6030 Aufw. f. Betriebsstoffe	1800,00	
– 10 % Mengenrabatt	200,00 EUR	2600 Vorsteuer	342,00	
	1800,00 EUR	an 44004 Max Weber GmbH[1]		2142,00
+ 19 % USt	342,00 EUR			
	2142,00 EUR			

Sofortnachlässe, die der Lieferer gewährt, werden **nicht gebucht.** Sie zählen **nicht** zu den **Anschaffungskosten.**

(2) Buchung von Bezugskosten

Die Bezugskosten, die dem Käufer zusätzlich in Rechnung gestellt werden, zählen zu den Anschaffungskosten. Sie können direkt auf dem jeweiligen Werkstoffaufwandskonto gebucht werden. Um die Bezugskosten für die Kalkulation leichter erfassen zu können, werden sie jedoch zunächst auf einem gesonderten Konto erfasst. Man will wissen, wie hoch der reine Warenwert und wie hoch die Nebenkosten sind.

Der Industriekontenrahmen sieht für jedes Werkstoffaufwandskonto ein gesondertes Bezugskostenkonto vor:

6001 Bezugskosten (Bezugskosten für Aufwendungen für Rohstoffe)

6011 Bezugskosten (Bezugskosten für Aufwendungen für Vorprodukte)

6021 Bezugskosten (Bezugskosten für Aufwendungen für Hilfsstoffe)

6031 Bezugskosten (Bezugskosten für Aufwendungen für Betriebsstoffe)

6081 Bezugskosten (Bezugskosten für Aufwendungen für Waren)

Beispiel:

Geschäftsvorfälle		Konten	Soll	Haben
1. Rohstoffeinkauf auf Ziel (44001),				
netto	1500,00 EUR	6000 Aufwend. f. Rohstoffe	1500,00	
+ Verpackung	50,00 EUR	6001 Bezugskosten	200,00	
+ Fracht	150,00 EUR	2600 Vorsteuer	323,00	
	1700,00 EUR	an 44001 Franz Forster GmbH		2023,00
+ 19 % USt	323,00 EUR			
	2023,00 EUR			

1 In diesem Teil wird nicht auf den Sachkonten, sondern auf den entsprechenden Personenkonten gebucht. Den Kontenplan für die Personenkonten finden Sie auf der Rückseite des Industriekontenrahmens abgedruckt.

27 Speth u.a. - ISBN 978-3-8120-0536-4

Geschäftsvorfälle	Konten	Soll	Haben
2. Kauf von Hilfsstoffen auf Ziel (44007), netto 850,00 EUR + Verpackung 40,00 EUR + Fracht 70,00 EUR 960,00 EUR + 19 % USt 182,40 EUR 1 142,40 EUR	6020 Aufwend. f. Hilfsstoffe 6021 Bezugskosten 2600 Vorsteuer an 44007 Fritz Freund KG	850,00 110,00 182,40	 1 142,40

Das **Konto Bezugskosten** stellt ein **Unterkonto** des **jeweiligen Werkstoffaufwandskontos** dar.

Übungsaufgabe

131 Bilden Sie für eine Werkzeugfabrik zu folgenden Geschäftsvorfällen die Buchungssätze!

1. Wir kaufen Stahlbleche auf Ziel, Listeneinkaufspreis 12 000,00 EUR zuzüglich 19 % USt. Der Lieferer (44001) gewährt uns 20 % Rabatt. Die Fracht und Verpackungskosten betragen 510,00 EUR zuzüglich 19 % USt.
2. Kauf von Dichtungsringen von einem ausländischen Exporteur auf Ziel, Listeneinkaufspreis 795,20 EUR zuzüglich 19 % USt. Zölle und Gebühren: 8 % vom Listeneinkaufspreis (44006).
3. Kauf von Elektromotoren gegen Bankscheck. Lieferung frei Haus 2 400,00 EUR zuzüglich 19 % USt. Für Fracht werden 150,00 EUR zuzüglich 19 % USt in Rechnung gestellt.
4. Für eine erhaltene Schleifmittellieferung zahlen wir die Frachtkosten in bar 60,00 EUR zuzüglich 19 % USt.
5. Einkauf einer Partie Kupplungen zum Listeneinkaufspreis von 8 500,00 EUR zuzüglich 19 % USt gegen Banküberweisung.
6. Die Frachtkosten (zu Geschäftsvorfall 5) in Höhe von 198,50 EUR zuzüglich 19 % USt werden bar bezahlt.
7. Wir beziehen Waschbenzin auf Ziel (44004) im Gesamtwert von 5 880,00 EUR zuzüglich 19 % USt. Der Rabattsatz unseres Lieferers beträgt 30 %. An Verpackungskosten werden uns 180,00 EUR in Rechnung gestellt.
8. Es liegt folgende Eingangsrechnung für Handelsware vor (44011):

	5 Bürotische zu je 950,00 EUR	4 750,00 EUR
–	20 % Händlerrabatt	950,00 EUR
		3 800,00 EUR
+	Fracht	320,00 EUR
+	Verpackung	90,00 EUR
+	Transportversicherung	47,50 EUR
		4 257,50 EUR
+	19 % USt	808,93 EUR
	Rechnungsbetrag	5 066,43 EUR

4.7.2.2 Rücksendungen an den Lieferer

Beispiel:

Ausgangssituation: Folgende Eingangsrechnung der Otto Sauer KG (44002) für einen Einkauf von Rohstoffen auf Ziel wurde bereits bei uns gebucht. Rohstoffwert 15 000,00 EUR zuzügl. 19 % USt.

Geschäftsvorfall: Von der bereits bei uns gebuchten Rohstofflieferung senden wir Rohstoffe zurück (Falschlieferung).

	Rohstoffwert	500,00 EUR
+	19 % USt	95,00 EUR
	Gutschriftsbetrag	595,00 EUR

Aufgaben:

1. Buchen Sie den Geschäftsvorfall auf den Konten des Hauptbuches!
2. Bilden Sie dazu den Buchungssatz!

Lösungen:

Zu 1.: Buchung auf den Konten des Hauptbuches

S 6000 Aufwend. f. Rohstoffe H

S		H	
4400	15 000,00	44002	500,00

S 2600 Vorsteuer H

S		H	
4400	2 850,00	44002	95,00

S 44002 Otto Sauer KG H

S		H	
6000/2600	595,00	6000/2600	17 850,00

Zu 2.: Buchungssätze

Geschäftsvorfall	Konten	Soll	Haben
Von der bereits gebuchten Rohstofflieferung schicken wir Rohstoffe zurück: Nettowert 500,00 EUR + 19 % USt 95,00 EUR Bruttowert 595,00 EUR	44002 Otto Sauer KG an 6000 Aufw. f. Rohstoffe an 2600 Vorsteuer	595,00	 500,00 95,00

Erläuterungen:

Durch die Rücksendung von Werkstoffen (oder auch von gesondert in Rechnung gestelltem Verpackungsmaterial) nimmt der ursprünglich gebuchte Bruttowert der Eingangsrechnung um den Bruttowert der Rücksendung ab. Daher muss eine **Sollbuchung auf dem entsprechenden Kreditorenkonto** erfolgen.

Gleichzeitig nehmen auch die ursprünglich gebuchten Werkstoffaufwendungen (Nettowerte) auf den Stoffaufwandskonten in der Kontenklasse 6 ab. Daher hat in Höhe des Nettowertes der Rücksendung eine **Habenbuchung auf dem entsprechenden Werkstoffaufwandskonto** zu erfolgen.

Da sich durch die nachträgliche Änderung der Werkstoffaufwendungen auch die Berechnungsgrundlage für die Umsatzsteuer (hier Vorsteuer) geändert hat, muss auch die **Vorsteuer** durch eine entsprechende **Habenbuchung korrigiert** werden.

Bei anderen Rücksendungen liegen die gleichen Überlegungen zugrunde.

Beispiel:

Geschäftsvorfall	Konten	Soll	Haben
Gutschrift für eine Rücksendung von Verpackungsmaterial, das auf einer Eingangsrechnung (44002) für Rohstoffe gesondert in Rechnung gestellt wurde: Nettowert 350,00 EUR + 19 % USt 66,50 EUR Bruttowert 416,50 EUR	44002 Otto Sauer KG an 6001 Bezugskosten an 2600 Vorsteuer	416,50	 350,00 66,50

Rücksendungen an den Lieferer vermindern unsere Verbindlichkeiten gegenüber dem Lieferer in Höhe des Bruttowertes der Rücksendung, die ursprünglich gebuchten Werkstoffaufwendungen um den Nettowert und die Vorsteuer in Höhe der Differenz aus den beiden Werten.

Übungsaufgabe

132 Bilden Sie für folgende Geschäftsvorfälle die Buchungssätze!

1. 1.1 Wir kaufen Betriebsstoffe im Gesamtwert von 2 150,00 EUR zuzüglich 19 % USt gegen Rechnung (44004).

   1.2 Nach Buchung und Überprüfung der Sendung wird ein Teil der Betriebsstoffe wegen Qualitätsmängeln zurückgesandt, 430,00 EUR zuzüglich 19 % USt.

2. 2.1 Wir kaufen Hilfsstoffe auf Ziel (44006) im Warenwert von 2 900,00 EUR zuzüglich 19 % USt.

   2.2 Einen Teil der bereits gebuchten Hilfsstoffe senden wir wegen Beschädigung zurück. Warenwert 480,00 EUR zuzüglich 19% USt.

3. 3.1 Wir kaufen Handelswaren (44008) im Gesamtwert von 6 324,00 EUR zuzüglich 19 % USt gegen Rechnung.

   3.2 Nach Buchung und Überprüfung der Sendung wird ein Teil der Ware wegen Qualitätsmängeln zurückgesandt, 830,50 EUR zuzüglich 19 % USt.

4.7.2.3 Preisnachlässe von Lieferern

Bei den hier zu behandelnden Preisnachlässen handelt es sich um Preisnachlässe, die ein Lieferer **nach** der beim Empfänger gebuchten Eingangsrechnung gewährt.

Als nachträglich gewährte Preisnachlässe kommen infrage:

- Preisnachlässe aufgrund beanstandeter Mängel der Lieferung **(Mängelrüge),**
- nachträglich gewährte Rabatte **(Umsatzboni),**
- von Lieferern gewährte Skonti **(Liefererskonti).**

Der hier zugrunde liegende Industriekontenrahmen sieht für solche Nachlässe folgende Unterkonten vor:

6002 Nachlässe (Nachlässe für Aufwendungen für Rohstoffe)
6012 Nachlässe (Nachlässe für Aufwendungen für Vorprodukte)
6022 Nachlässe (Nachlässe für Aufwendungen für Hilfsstoffe)
6032 Nachlässe (Nachlässe für Aufwendungen für Betriebsstoffe)
6082 Nachlässe (Nachlässe für Aufwendungen für Waren)

Beachte:

Gewährt uns der Lieferer **nachträglich einen Preisnachlass,** hat das die gleichen Auswirkungen wie bei einer Warenrücksendung. Daher liegen auch hier die gleichen Überlegungen zugrunde.

- **Sollbuchung** auf dem **entsprechenden Kreditorenkonto.**
- **Habenbuchung** auf dem Konto **2600 Vorsteuer.**
- **Habenbuchung** auf dem **entsprechenden Konto Nachlässe.**

Nr.	Geschäftsvorfälle	Konten	Soll	Haben
1.	Wegen Mängel an der Betriebsstofflieferung erhalten wir eine **Liefergutschrift** über 300,00 EUR zuzüglich 19 % USt von der Stark GmbH (44006).	44006 Stark GmbH an 6032 Nachlässe an 2600 Vorsteuer	357,00	 300,00 57,00
2.	Der Hilfsstofflieferer Franz Nadi e. K. (44014) gewährt uns einen **Umsatzbonus** in Form folgender Gutschrift: Halbjahresbonus 2 % von 35 000,00 EUR = 700,00 EUR + 19 % USt 133,00 EUR Gutschriftsbetrag 833,00 EUR	44014 Franz Nadi e. K. an 6022 Nachlässe an 2600 Vorsteuer	833,00	 700,00 133,00
3.	Wir bezahlen eine Liefererrechnung der Industriewerke Sprinz GmbH (44016) für Rohstoffe unter Abzug von **Skonto** Rechnungsbetrag 7 140,00 EUR – 2 % Skonto 142,80 EUR Banküberweisung 6 997,20 EUR	44016 Industriewerke Sprinz GmbH an 2800 Bank an 6002 Nachlässe an 2600 Vorsteuer	7 140,00	 6 997,20 120,00 22,80

Zu 3.: Berechnung der Vorsteuerkorrektur:

119 % ≙ 142,80 EUR
100 % ≙ x EUR

$$x = \frac{142{,}80 \cdot 100}{119} = 120{,}00 \text{ EUR}$$

$$120{,}00 \text{ EUR} \cdot 19\,\% = \underline{\underline{22{,}80 \text{ EUR}}}$$

Übungsaufgaben

133 Buchen Sie im Grundbuch[1] der Maschinenfabrik Werner Simon GmbH die folgenden Geschäftsvorfälle!

1. Der Lieferer (44007) sendet uns für zurückgesandte Schrauben eine Gutschrift in Höhe des Bruttowertes von 386,75 EUR.
2. Unser Lieferer (44006) für Schmieröl gewährt uns am Jahresende einen Bonus in Höhe von 1 863,00 EUR zuzüglich 19 % Umsatzsteuer.
3. Wir senden Leihverpackungen für Stahlbleche (44001) zurück und erhalten eine Gutschrift in Höhe des Bruttowertes von 856,80 EUR.
4. Wir senden einen Elektromotor wegen Beschädigung zurück und erhalten vom Lieferer (44008) eine Gutschrift in Höhe des Bruttowertes von 1 483,93 EUR.
5. Auf eine Lieferung Pflegemittel (Handelswaren) gewährt uns der Lieferer (44011) nachträglich einen Rabatt in Form einer Gutschrift in Höhe des Bruttowertes von 452,20 EUR.
6. Vom Lieferer (44010) für die Computer-Steuerung der Maschinen erhalten wir am Jahresende einen Bonus in Höhe von 2 160,00 EUR zuzüglich 19 % Umsatzsteuer.
7. Wir kaufen Maschinenöl auf Ziel (44003). Rechnungsbetrag einschließlich 19 % Umsatzsteuer 9 686,60 EUR.
8. Für Verpackungs- und Versandkosten stellt der Lieferer für Schweißmaterial (44004) eine gesonderte Rechnung aus, die wie folgt lautet: Verpackungskosten 115,00 EUR, Transportkosten 90,00 EUR jeweils zuzüglich 19 % Umsatzsteuer.

134

1. Formulieren Sie aufgrund der Belege den jeweils zugrunde liegenden Geschäftsvorfall!
2. Buchen Sie die Geschäftsvorfälle im Grundbuch der Fahrradfabrik Fritz Schnell e. Kfm (44017)!

Beleg 1

Epple Werke GmbH
Rostock

Fahrradfabrik
Fritz Schnell e. Kfm.
Rohrstr. 14
31582 Nienburg

Rechnung Nr. 1420 Rostock: 5. März 20..

Sehr geehrter Herr Schnell,

aufgrund Ihrer Reklamation über gelieferte Schmiermittel erhalten Sie eine Gutschrift:

15 % von 4 500,00 EUR

Warenwert	675,00 EUR
+ 19 % USt	128,25 EUR
	803,25 EUR

Mit freundlichen Grüßen

i. V. *Mennel*

Sitz der Gesellschaft: Rostock Registergericht Rostock: HRB 1612 St.-Nr.: 207/3080

Beleg 2

Einkaufsverband Bayern GmbH
85221 Dachau, Isarstraße 15–18

Fahrradfabrik
Fritz Schnell e. Kfm.
Rohrstr. 14
31582 Nienburg

Dachau: 6. März 20..

Sehr geehrter Herr Schnell,

wir bestätigen die Rücksendung von zwei Stahlrahmen wegen Qualitätsmangel

Warenwert	995,80 EUR
+ 19 % USt	189,20 EUR
Gesamtwert	1 185,00 EUR

Bitte nehmen Sie eine entsprechende Verrechnung in Ihrer Buchhaltung vor.

Mit freundlichen Grüßen

ppa. *Franz Maier*

Sitz der Gesellschaft: Dachau Registergericht Dachau: HRB 4080 St.-Nr.: 220/3456

1 Zur Erinnerung: Im Grundbuch werden die Buchungssätze gebildet.

Beleg 3

Werkstoffe Hans Waibel GmbH 99099 Erfurt

HW

Fahrradfabrik
Fritz Schnell e. Kfm.
Rohrstr. 14
31582 Nienburg

Erfurt: 4. März 20..

Sehr geehrter Herr Schnell,

Sie erhalten für bezogene Rohstoffe den Jahresbonus!

5 % von 165 000,00 EUR =	8 250,00 EUR
+ 19 % USt	1 567,50 EUR
Gesamtwert	9 817,50 EUR

Mit freundlichen Grüßen

i. A. Weiss

Beleg 4

Beleg für Kontoinhaber
NOLADE21NIB
Nur für Überweisungen in Deutschland, in andere EU-/EWR-Staaten und in die Schweiz sowie nach Monaco in Euro.

Sparkasse Nienburg

Angaben zum Zahlungsempfänger: Name, Vorname/Firma (max. 27 Stellen, bei maschineller Beschriftung max. 35 Stellen)
Max Mößle

IBAN — Bei Überweisungen in Deutschland immer 22 Stellen → sonstige Länder 15 bis max. 34 Stellen
DE15 1008 0000 0000 6255 66

BIC des Kreditinstituts/Zahlungsdienstleisters (8 oder 11 Stellen)
Die Angabe des BIC kann entfallen, wenn die IBAN des Zahlungsempfängers mit DE beginnt.

Betrag: Euro, Cent
999,60

Kunden-Referenznummer - Verwendungszweck, ggf. Name und Anschrift des Zahlers - (nur für Zahlungsempfänger)
Rechnungsausgleich für gel. Hilfsstoffe:

noch Verwendungszweck (insgesamt max. 2 Zeilen à 27 Stellen, bei maschineller Beschriftung max. 2 Zeilen à 35 Stellen)
.-Nr. 1750 ./. 2 % Skonto

Angaben zum Kontoinhaber: Name, Vorname/Firma, Ort (max. 27 Stellen, keine Straßen- oder Postfachangaben)
Fahrradfabrik Fritz Schnell e. Kfm.

IBAN Prüfziffer Bankleitzahl des Kontoinhabers Kontonummer (ggf. links mit Nullen auffüllen)
DE55256501060011471456
16

111 360.002 SE 35784

Datum: 5. März 20..
Unterschrift(en): F. Schnell

4.7.2.4 Abschluss der Unterkonten Bezugskosten und Nachlässe

Die Bezugskosten und Nachlässe stellen Unterkonten des betreffenden Werkstoffaufwands- bzw. Warenaufwandskontos dar. Diese Unterkonten werden über das betreffende Hauptkonto abgeschlossen. Nach Abschluss der Konten Bezugskosten und Nachlässe erscheinen auf dem entsprechenden Werkstoffaufwandskonto dann die auf das GuV-Konto zu übernehmenden Aufwendungen.

Beispiel:

Summe der Aufwendungen auf dem Konto 6000 Aufwendungen für Rohstoffe: 87 400,00 EUR, Summe der Bezugskosten auf dem Konto 6001 Bezugskosten: 7 980,00 EUR, Summe der Nachlässe auf dem Konto 6002 Nachlässe: 3 420,00 EUR.

Aufgaben:

1. Übertragen Sie die Angaben auf die entsprechenden Konten und schließen Sie die Konten 6001 und 6002 ab!
2. Berechnen Sie die Aufwendungen für Rohstoffe!

Lösung:

Zu 1.:

S 6001 Bezugskosten H

S		H	
Su	7 980,00	6000	7 980,00

S 6000 Aufw. f. Rohstoffe H

S		H	
Su	87 400,00	6002	3 420,00
6001	7 980,00	8020	91 960,00
	95 380,00		95 380,00

S 6002 Nachlässe H

S		H	
6000	3 420,00	Su	3 420,00

Zu 2.: Die Aufwendungen für Rohstoffe betragen 91 960,00 EUR.

Übungsaufgaben

135 **I. Richten Sie die folgenden Konten ein:**

6020 Aufwendungen für Hilfsstoffe, 6021 Bezugskosten, 6022 Nachlässe, 6030 Aufwendungen für Betriebsstoffe, 6031 Bezugskosten, 6032 Nachlässe.

II. Saldovorträge:

6020: 142 780,00 EUR,	6021: 12 940,00 EUR,	6022: 7 160,00 EUR,
6030: 74 560,00 EUR,	6031: 4 330,00 EUR,	6032: 2 860,00 EUR.

III. Aufgaben:

1. Übertragen Sie die Saldovorträge auf die entsprechenden Konten und schließen Sie die Unterkonten ab!
2. Weisen Sie buchhalterisch die Aufwendungen für Hilfsstoffe und die Aufwendungen für Betriebsstoffe aus!

136 Bilden Sie die Buchungssätze zu den nachfolgenden Geschäftsvorfällen!

1. 1.1 Für den Bezug von Vorprodukten (44003) liegen folgende Rechnungsdaten vor: Warenwert 1 760,00 EUR, Frachtpauschale 172,50 EUR, Transportversicherung 20,40 EUR jeweils zuzüglich 19 % USt.

   1.2 Aufgrund eines Qualitätsmangels senden wir Vorprodukte im Wert von netto 105,00 EUR zuzüglich 19 % USt an den Lieferer zurück.

   1.3 Für die verspätete Lieferung der Vorprodukte gewährt uns der Lieferer eine Gutschrift in Höhe von 80,00 EUR zuzüglich 19 % USt.

   1.4 Am Fälligkeitstag der Rechnung bezahlen wir den Restbetrag durch Banküberweisung an den Lieferer unter Abzug von 2 % Skonto.

2. 2.1 Wir erhalten eine Rechnung über bezogene Hilfsstoffe (44012) in Höhe von 2 700,00 EUR zuzüglich 19 % USt.

   2.2 Wegen eines Qualitätsmangels senden wir einen Teil der Hilfsstoffe in Höhe von 410,00 EUR zuzüglich 19 % USt zurück.

   2.3 Am Zahlungstermin begleichen wir die Rechnung unter Abzug von 2 % Skonto mit Banküberweisung.

3.

Beleg für den Kontoinhaber/Zahler-Quittung

Deutsche Bank Wolfenbüttel | DEUTDE2H277

Name und Sitz des überweisenden Kreditinstituts | BIC

Nur für Überweisungen in Deutschland, in andere EU-/EWR-Staaten und in die Schweiz, sowie nach Monaco in Euro.

Angaben zum Zahlungsempfänger: Name, Vorname/Firma (max. 27 Stellen, bei maschineller Beschriftung max. 35 Stellen)
Max Weber GmbH

IBAN
DE10430601290062556648

BIC des Kreditinstituts/Zahlungsdienstleisters (8 oder 11 Stellen)

Die Angabe des BIC kann entfallen, wenn die IBAN des Zahlungsempfängers mit DE beginnt.

Betrag: Euro, Cent
408,17

Kunden-Referenznummer - Verwendungszweck, ggf. Name und Anschrift des Zahlers - (nur für Zahlungsempfänger)
Rechnungsausgleich für gel. Betriebsstoffe:

noch Verwendungszweck (insgesamt max. 2 Zeilen à 27 Stellen, bei maschineller Beschriftung max. 2 Zeilen à 35 Stellen)
R.-Nr. 4155138 v. 24. Februar ./. 2% Skonto

Angaben zum Kontoinhaber/Zahler: Name, Vorname/Firma, Ort (max. 27 Stellen, keine Straßen- oder Postfachangaben)
Otto GmbH, Gaußstr. 10, 38300 Wolfenbüttel

IBAN
DE 46270725370100108800

113 377.000 35735

Datum: 27. März 20..   Unterschrift(en): W. Otto

Die Otto GmbH (44011) begleicht die Rechnung der Max Weber GmbH unter Abzug von 2 % Skonto.

Aufgabe:

Bilden Sie den Buchungssatz aus Sicht der Otto GmbH!

137 Bilden Sie die Buchungssätze aus der Sicht der Stark GmbH (44006)!

1. Für die Eingangsrechnung!
2. Für die Zahlung innerhalb von 8 Tagen unter Abzug von 2 % Skonto per Bankscheck!

Rollladenfabrik Schön GmbH
56235 Ransbach-Baumbach

Stark GmbH
Erfurter Str. 10–14
49080 Osnabrück

Rechnung

Kd.-Nr.	R.-Nr.	R.-Datum
11737	0727	27.07.20..

Ihr Auftrag vom 27. Juni 20.. Restlieferung Versand unfrei

Art.-Nr.	Artikel-Bezeichnung	Menge	E-Preis	EUR-Betrag
431	Kunststoff-Blöcke	4	563,00	2252,00
127	Bleche für Rollladen-Laufschienen	20 m	8,50	170,00
301	Material für Rollladen-Gurtbänder	50 m	1,80	90,00

Warenwert	Fracht	Verpackung	EUR-Betrag	MWSt %	MWSt EUR	Rechn.-Betrag
2512,00	20,90	7,20	2540,10	19	482,62	3022,72

Zahlbar innerhalb von 8 Tagen mit 2 % Skonto oder 30 Tage rein netto
Sie sparen 60,45

Sitz der Gesellschaft: Ransbach-Baumbach Registergericht Ransbach-Baumbach: HRB 71 St.-Nr.: 33/123

138

EINKAUFSFACHVERBAND
Baden-Württemberg eG

Einkaufsfachverband Baden-Württemberg eG · 70327 Stuttgart · Hartmutweg 15–18

Fahrradwerke
Friedrich Holzer KG
Spreeweg 25
38120 Braunschweig

Stuttgart, den 5. Januar 20..

Sehr geehrter Herr Holzer,

wir bestätigen die Rücksendung von zwei Rennradrahmen wegen Qualitätsmängeln.

Warenwert	995,80 EUR
+ 19 % USt	189,20 EUR
Gesamtwert	1 185,00 EUR

Bitte nehmen Sie eine entsprechende Verrechnung in Ihrer Buchhaltung vor.
Mit freundlichen Grüßen
ppa. Schmitz

Sitz der Gesellschaft: Stuttgart; Registergericht: Stuttgart HRB 810; St.-Nr. 88501/52213

Aufgabe:
Bilden Sie den Buchungssatz für die Warenrücksendung aus der Sicht der Friedrich Holzer KG!

4.8 Leistungsstörungen

4.8.1 Mangelhafte Lieferung (Schlechtleistung)

4.8.1.1 Begriff mangelhafte Lieferung

Eine mangelhafte Lieferung liegt vor, wenn

- eine im Kaufvertrag vereinbarte Sache (Leistung) vom Verkäufer an den Käufer **übergeben und übereignet** und

- diese Sache **mit Mängeln behaftet** ist.

Dies stellt eine Pflichtverletzung dar [§ 280 I BGB]. Es handelt sich um einen **Schuldnerverzug.**

4.8.1.2 Mängelarten

(1) Erkennbarkeit der Mängel

Mängelarten	Erläuterungen	Beispiele
Offene Mängel	Sind Mängel, die bei gewissenhafter Prüfung der Kaufsache **sofort** entdeckbar sind.	Brot ist schimmlig, Spiegel hat einen Sprung.
Versteckte Mängel	Diese Mängel sind bei der Übergabe der Waren trotz gewissenhafter Prüfung zunächst **nicht** entdeckbar. Sie werden erst später, z.B. während ihres Gebrauchs oder ihrer Verarbeitung, erkennbar.	Regenmantel ist nicht wasserdicht, Konserven sind verdorben. Fehlende Seiten in einem Buch.
Arglistig[1] verschwiegene Mängel	Es sind versteckte Mängel, die der Verkäufer dem Käufer **absichtlich** verschweigt.	Beim Pkw-Verkauf wird ein Unfall verschwiegen.

(2) Sachmängel

Mängel	Beispiele
Mangel in der Beschaffenheit	■ Im Kaufvertrag ist vereinbart, dass die maximale Leistung der Stanzmaschine 1 200 Teile je Maschinenstunde betragen soll. Die tatsächliche Leistung beträgt jedoch nur 1 080 Stück je Maschinenstunde. ■ Das E-Bike hat eine defekte Steuerungselektronik und liefert daher am Berg nicht die erforderliche Unterstützung. ■ Die Abstände der Regalbretter eines Ordnerschrankes sind kleiner als die Höhe eines DIN-A4-Ordners.
Mangel durch falsche Werbeversprechungen bzw. falsche Produktbeschreibung	Der Energieverbrauch eines Schleifautomaten wird als besonders niedrig beschrieben, obwohl er nur geringfügig unter dem durchschnittlichen Energieverbrauch von vergleichbaren Schleifautomaten liegt.
Fehlerhafte Montageanleitungen bzw. Montagemangel[2]	Kevin Huber kauft eine Küche und übernimmt die Aufstellung der Küche selbst. Aufgrund einer falschen Montageanleitung misslingt der Einbau der Dunstabzugshaube.
Falschlieferung (Aliud) oder Minderlieferung	■ Geliefert wurden Gurken in Dosen statt Bohnen in Dosen. ■ Geliefert wurden 20 Stück statt 200 Stück.

1 **Arglistig** handelt, wer wahre Tatsachen unterdrückt (der Verkäufer kennt z.B. den erheblichen Mangel der Kaufsache bereits bei Übergabe der Kaufsache an den Käufer) oder falsche Tatsachen „vorspiegelt" (der Verkäufer erklärt z.B. wahrheitswidrig, dass das verkaufte Auto für 100 km Fahrstrecke auch bei Höchstgeschwindigkeit höchstens 6,0 Liter Treibstoff verbraucht).

2 Man spricht hier auch von **IKEA-Klausel,** da in der Vergangenheit einige wenige Montageanleitungen schwer verständlich waren.

(3) Fristen für die Mängelrüge

	offene Mängel	versteckte Mängel
Zweiseitiger Handelskauf	unverzüglich	unverzüglich, nach Entdeckung, spätestens innerhalb von 2 Jahren

Beim **zweiseitigen Handelskauf** muss der **offene Mangel** dem Verkäufer unverzüglich nach der Entdeckung bei der Wareneingangskontrolle angezeigt werden. **Versteckte Mängel** müssen unverzüglich nach ihrer Entdeckung, spätestens aber innerhalb der Frist für Sachmängelhaftung von 2 Jahren angezeigt werden.

Beachte:

Versäumt ein Unternehmen einen Mangel termingerecht zu rügen, **verliert es alle Rechte** aus der mangelhaften Lieferung **gegenüber dem Lieferer.**

4.8.1.3 Rechte des Käufers (Gewährleistungsrechte)

(1) Überblick

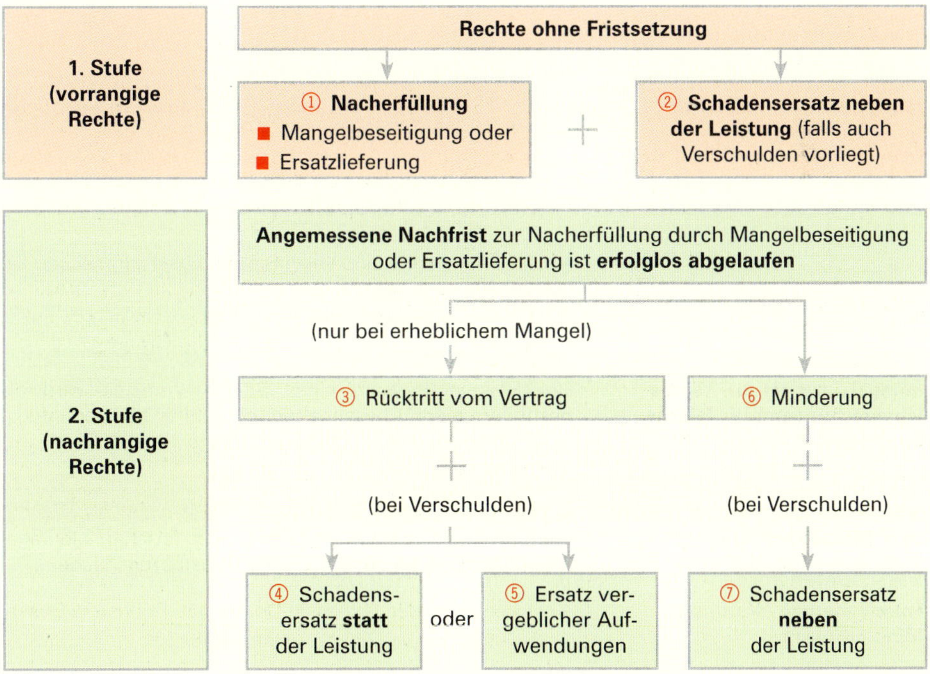

(2) Rechte ohne Fristsetzung

① **Nacherfüllung** [§ 439 BGB]

Der Käufer kann, **unabhängig vom Verschulden** des Verkäufers, auf **Nacherfüllung** bestehen. Dabei kann der **Käufer** nach **seiner Wahl**

- **die Beseitigung des Mangels** oder
- die **Lieferung einer mangelfreien Sache (Ersatzlieferung)**

verlangen. Er hat hierfür dem Verkäufer eine **angemessene**[1] Zeit einzuräumen. Die Kosten der Nacherfüllung hat der Verkäufer zu tragen. Der **Verkäufer** kann allerdings die Leistung **verweigern,** wenn die vom Käufer gewählte Art der Nacherfüllung für ihn nur mit **unverhältnismäßigen Kosten** verbunden ist. Eine Nacherfüllung ist nur bei **Gattungswaren (Gattungskauf),** nicht aber bei **Speziessachen (Stückkauf)** möglich.[2]

Beispiel:

Kimmerle kauft eine Armbanduhr für 60,00 EUR. Nach einer Woche stellt sich heraus, dass das Glas innen mit Feuchtigkeit beschlägt. Kimmerle verlangt die Reparatur. Der Verkäufer weigert sich und bietet als Alternative eine neue Uhr des gleichen Typs an.

Eine Nacherfüllung gilt als fehlgeschlagen, wenn der **zweite Nachbesserungsversuch erfolglos** war [§ 440, S. 2 BGB]. Die **Fristsetzung** zur Nacherfüllung ist **entbehrlich bei** ernsthafter und endgültiger **Leistungsverweigerung** durch den Schuldner [§ 281 II BGB].

② **Schadensersatz neben der Leistung** [§ 280 I BGB]

Neben dem Recht auf Nacherfüllung hat der Käufer **zusätzlich** noch einen **Anspruch auf Schadensersatz neben der Leistung.** Dabei gilt: Der **Verkäufer (Schuldner)** muss gegenüber dem **Käufer** beweisen, dass er die Pflichtverletzung nicht zu vertreten hat.

Schadensersatz neben der Leistung wird der Käufer verlangen, wenn er den **Kaufgegenstand behält** und einen zusätzlich angefallenen **Schaden ersetzt haben will.**

Beispiel:

Der Stahlbau Biedenkapp GmbH in Brandenburg kauft eine Lackiereinrichtung. Bei der Inbetriebnahme wird übersehen, dass die Absaugvorrichtung der neuen Anlage defekt ist. Die Anlage wird zwar unverzüglich repariert, dennoch kann sie erst drei Tage später in Betrieb genommen werden. Dadurch entsteht ein Gewinnausfall von 1400,00 EUR. Dieser Betrag kann als Schadensersatz neben der Leistung geltend gemacht werden.

Beachte:

Für **alle Formen des Schadensersatzes** gilt: Der Anspruch hängt davon ab, ob ein **Verschulden vorliegt,** der Verkäufer (Gläubiger) den Mangel also zu vertreten hat.

1 **Angemessen** besagt, dass die Frist so lange sein muss, dass der Schuldner die Leistung tatsächlich noch erbringen kann. Allerdings muss sie dem Schuldner nicht ermöglichen, mit der Leistungserbringung erst zu beginnen. Der Schuldner soll nur die Gelegenheit bekommen, die bereits in Angriff genommene Leistung zu beenden.

2 Zu den Begriffen siehe S. 258.

Ein **Verschulden („Vertretenmüssen")** setzt voraus:

- **Pflichtverletzung**

Sie kann darin bestehen, dass der Schuldner **überhaupt nicht leistet** (z. B. weil die Leistung unmöglich geworden ist),[1] zu **spät leistet**[2] oder **schlecht leistet**.

+

- **Schuldhaftes Verhalten** (Vorsatz oder Fahrlässigkeit)
  - **Vorsätzlich** handelt, wer einen bestimmten Erfolg willentlich herbeiführt und sich dabei der Rechtswidrigkeit bewusst ist. Anders ausgedrückt: Wer vorsätzlich handelt, der will die Rechtsverletzung.
  - **Fahrlässig** handelt, wer die im Verkehr erforderliche Sorgfalt außer Acht lässt [§ 276 II BGB]. Da das Gesetz an dieser Stelle den Begriff „Fahrlässigkeit" nicht näher bestimmt, ist **jede (!)** Fahrlässigkeit gemeint – sowohl grobe als auch leichte.

(3) Rechte nach Ablauf einer angemessenen Frist zur Mangelbeseitigung (erfolglose Nacherfüllung)

③ Rückritt vom Kaufvertrag [§§ 323–326 BGB]

- Durch den **Rücktritt vom Vertrag** wird der **Kaufvertrag rückgängig gemacht.**[3] Bereits gelieferte Ware ist zurückzuschicken, ein bereits gezahlter Kaufpreis ist zu erstatten.
- Das Rücktrittsrecht ist **nicht von einem Verschulden des Verkäufers** abhängig.

Beim Rücktritt muss der Käufer die erhaltene **Leistung zurückgeben** und den **Nutzen** aus der Leistung **ersetzen.**

Beispiel:

Ein Käufer, der einen mangelhaften Pkw erhalten und genutzt hat, muss zum einen den Pkw zurückgeben und zum anderen sich vom Verkäufer ein Nutzungsentgelt anrechnen lassen.

Der Rücktritt des Käufers ist **ausgeschlossen,** wenn der **Mangel unerheblich** ist.

Beispiel:

Befindet sich an einem neuen Pkw ein kleiner Kratzer unter der Motorhaube, ist kein Rücktritt möglich, weil die Schlechtleistung unerheblich ist.

Einen Rücktritt vom Kaufvertrag wird der Käufer z. B. dann verlangen, wenn

- er den Lieferer nicht für leistungsfähig hält,
- der Preis für die Ware in der Zwischenzeit gefallen ist,
- er die Ware nicht mehr benötigt.

---

1 In diesem Fall ist der Anspruch auf Leistungserfüllung ausgeschlossen [§ 275 I BGB]. Auf die Unmöglichkeit der Leistung wird im Folgenden nicht eingegangen.

2 Die Sache wird vom Verkäufer zu spät geliefert (Lieferungsverzug, siehe S. 435 ff.) oder der fällige Zahlungsbetrag wird vom Käufer zu spät entrichtet (Zahlungsverzug, siehe S. 322 ff.).

3 Als Folge des Rücktritts wird der ursprüngliche Kaufvertrag in ein neues Schuldverhältnis, ein sogenanntes **Rückabwicklungsschuldverhältnis** umgewandelt.

④ **Schadensersatz statt der Leistung** [§ 325; § 280 I, II; § 281 BGB]

Liegt ein Verschulden des Verkäufers vor, dann kann der Käufer **zusätzlich** zum Rücktritt Ersatz des ihm entstandenen Schadens verlangen.

Damit ist aber der Anspruch auf Erfüllung der Leistung ausgeschlossen.

Einen Schadensersatz statt der Leistung wählt der Käufer, wenn er den gelieferten **Kaufgegenstand zurückgibt** und ihm ein **Schaden entstanden** ist. Abgedeckt wird sowohl der **eigentliche Mangelschaden** als auch ein sich anschließender eventueller **Mangelfolgeschaden.**

Beispiel:

Eine Bäckerei kauft für ihre Kaffeeecke eine neue Espressomaschine. Diese ist jedoch fehlerhaft und erzeugt nicht den erforderlichen Druck. Nachdem die Nacherfüllung zweimal fehlgeschlagen ist und der Hersteller die Schuldvermutung nicht widerlegen kann, tritt der Bäcker vom Vertrag zurück und erwirbt bei einem anderen Verkäufer eine gleichartige Maschine **(Deckungskauf).** Dabei entstehen Mehrkosten in Höhe von 180,00 EUR. Außerdem kann eine Woche lang kein Kaffee ausgeschenkt werden. Der dadurch entgangene Gewinn beträgt 250,00 EUR. Die gesamte Schadenssumme in Höhe von 430,00 EUR kann als Schadensersatz statt der Leistung geltend gemacht werden.

⑤ **Ersatz vergeblicher Aufwendungen** [§ 284 BGB]

Anstelle des Schadensersatzes statt der Leistung kann der Käufer auch Ersatz vergeblicher Aufwendungen verlangen. Vergebliche Aufwendungen sind solche, die im Vertrauen auf eine ordnungsgemäße Leistung erbracht wurden, die aber aufgrund der mangelhaften Leistung unnütz geworden sind.

⑥ **Minderung** [§ 441 BGB]

- **Minderung** bedeutet, dass der ursprüngliche Kaufpreis um die Wertminderung, die der Mangel verursacht hat, gekürzt wird.
- Der **Kaufvertrag bleibt bestehen.**

Minderung wird in der Regel verlangt, wenn die Ware nur kleinere Mängel aufweist, sodass der Käufer die Ware weiterverwenden (z. B. verarbeiten oder weiterveräußern) kann.

Das Recht auf Minderung gilt auch für **unerhebliche Mängel.**

Beispiel:

Eine Musikanlage, die von einem Medienhaus für 300,00 EUR gekauft wurde, leistet nicht wie vertraglich vorgesehen 500 Watt, sondern nur 400 Watt. Da es nicht innerhalb einer gesetzten Frist zur Nacherfüllung durch den Lieferer kommt, verlangt das Medienhaus Minderung. Eine Musikanlage mit einer Leistung von 400 Watt könnte es für 200,00 EUR erwerben. Dem Medienhaus steht ein Minderungsanspruch in Höhe von 100,00 EUR zu.

⑦ **Schadensersatz neben der Leistung**

Liegt ein Verschulden des Verkäufers vor, dann kann der Käufer neben der Minderung auch noch Schadensersatz neben der Leistung verlangen.

Sonderregelungen zu den Gewährleistungsrechten beim Verbrauchsgüterkauf

Der **Verbrauchsgüterkauf** ist durch **vier Merkmale definiert:**

- Es muss ein **Kaufvertrag** vorliegen.
- Der **Verbraucher** muss der **Käufer** sein.
- Der **Unternehmer** muss der **Verkäufer** sein.
- Der **Kaufgegenstand** muss eine **bewegliche Sache** sein.

- **Gefahrübergang**

Beim Verbrauchsgüterkauf tritt der Gefahrübergang erst ein, wenn der Verbraucher die Kaufsache erhalten hat [§ 474 II, S. 2 BGB].

- **Beweislastumkehr**

Beim Auftreten eines Sachmangels in den ersten sechs Monaten nach Gefahrübergang wird zugunsten des Verbrauchers gesetzlich vermutet, dass der Mangel bereits beim Gefahrübergang der Kaufsache vorhanden war.

Beispiel:

Bei einem im Juli erworbenen Dachfenster tritt im Oktober bei Regen Wasser ein. Es zeigt sich, dass sich Dichtungen im Rahmen großflächig ablösen. Hier spricht die Vermutung für eine von Anfang an fehlerhafte Qualität der Dichtungen bzw. ihrer Verklebung.

Bestreitet der Verkäufer, dass der Mangel bereits beim Gefahrübergang bestand, dann muss er dies dem Verbraucher beweisen. Die Beweislastumkehr kann durch „Allgemeine Geschäftsbedingungen" nicht ausgeschlossen werden.

- **Abweichende vertragliche Regelungen**

Abweichende Regelungen zum Nachteil des Verbrauchers sind unwirksam [§ 475 I, II BGB].

4.8.1.4 Verjährungsfristen von Mängelansprüchen

Der Käufer muss seine Gewährleistungsansprüche innerhalb bestimmter Fristen geltend machen. Werden diese Fristen vom Käufer nicht beachtet, kann er seine Rechte, die sich aus der mangelhaften Lieferung ergeben, nicht mehr gerichtlich durchsetzen.

Verjährungsgegenstand	Verjährungsfrist	Beginn der Verjährung
Ansprüche auf Nacherfüllung, Schadensersatz, Ersatz vergeblicher Aufwendungen bei **offenen** und **versteckten Mängeln.**	2 Jahre (Regelfall)	Unmittelbar mit Lieferung der beweglichen Sache.
Mängelansprüche, bei denen der Verkäufer einen **Mangel arglistig verschwiegen** hat.	3 Jahre (regelmäßige Verjährungsfrist)	Mit Schluss des Jahres, in dem der Anspruch entstanden ist und der Gläubiger davon und vom konkreten Schuldner Kenntnis erlangt oder grob fahrlässig nicht erlangt hat.

Zusammenfassung

- Eine **mangelhafte Lieferung** liegt vor, wenn die im Kaufvertrag vereinbarte Lieferung zum **Zeitpunkt** der **Übergabe** mit einem **Mangel** behaftet ist.
- Wir unterscheiden folgende **Sachmängel:**

Mängel in der **Beschaffenheit**	Mängel durch **falsche Werbeversprechungen/Produktbeschreibung**	Mängel in der **Montage bzw. Montageanleitung**	**Falschlieferung** oder **Minderlieferung**

- Bei der Lieferung mangelhafter Sachen hat der Käufer folgende **Gewährleistungsrechte ohne Fristsetzung:**
  - Nacherfüllung durch Mangelbeseitigung oder Ersatzlieferung,
  - Schadensersatz neben der Leistung (bei Verschulden).
- Ist eine angemessene **Nachfrist** zur Nacherfüllung oder Ersatzlieferung **erfolglos abgelaufen,** verfügt der Käufer über folgende **(nachrangige) Rechte:**
  - Rücktritt vom Kaufvertrag und Schadensersatz statt der Leistung/Ersatz vergeblicher Aufwendungen,
  - Minderung und Schadensersatz neben der Leistung.
- Bei einem **Verbrauchsgüterkauf** gelten zu den Gewährleistungspflichten **ergänzende Vorschriften zum Schutz des Verbrauchers** z. B. in Bezug auf
  - Gefahrübergang,
  - Beweislastumkehr,
  - abweichende vertragliche Regelungen.
- Der Käufer muss seine Gewährleistungsansprüche innerhalb bestimmter Fristen (im Regelfall 2 Jahre) geltend machen. Ansonsten unterliegen sie der **Verjährung.**

Übungsaufgaben

139 1. Klären Sie folgende Begriffe:

1.1 Leistungsstörung
1.2 mangelhafte Lieferung
1.3 Pflichtverletzung
1.4 Vorsatz
1.5 Fahrlässigkeit
1.6 Sachmangel
1.7 Nacherfüllung durch Mangelbeseitigung
1.8 Nacherfüllung durch Ersatzlieferung
1.9 Rücktritt vom Vertrag
1.10 Minderung
1.11 Ersatz vergeblicher Aufwendungen
1.12 Verbrauchsgüterkauf

2. 2.1 Stellen Sie dar, welche Leistungsstörungen vom Verkäufer ausgehen und welche vom Käufer!

2.2 Nennen Sie die Voraussetzungen, die gegeben sein müssen, damit ein Verschulden des Verkäufers vorliegt!

2.3 Notieren Sie die entscheidende Voraussetzung, die gegeben sein muss, damit Schadensersatz verlangt werden kann!

2.4 Erklären Sie den Unterschied zwischen Schadensersatz statt der Leistung und Schadensersatz neben der Leistung!

2.5 Erläutern Sie, warum der Gesetzgeber vorsieht, dass die Erfüllung durch den Schuldner zunächst Vorrang hat gegenüber einem Anspruch des Gläubigers auf Schadensersatz statt der Leistung!

2.6 Unterscheiden Sie zwischen einem versteckten Mangel und einem arglistig verschwiegenen Mangel!

2.7 Beschreiben Sie, warum für die Vorschriften des § 434 II BGB (fehlerhafte Montageanleitung bzw. Montagemangel) auch die Bezeichnung IKEA-Klausel verwendet wird!

2.8 Nennen Sie die Voraussetzungen, unter denen die folgenden Rechte geltend gemacht werden können:

2.8.1 Nachbesserung durch Mangelbeseitigung

2.8.2 Nachbesserung durch Ersatzlieferung

2.8.3 Mangelbeseitigung + Schadensersatz neben der Leistung

2.8.4 Minderung

2.8.5 Minderung + Schadensersatz neben der Leistung

2.8.6 Rücktritt vom Vertrag

2.8.7 Rücktritt vom Vertrag + Schadensersatz statt der Leistung

2.9 Begründen Sie, ob ein Rücktritt vom Vertrag und gleichzeitig Schadensersatz neben der Leistung möglich ist!

2.10 Sowohl in § 280 BGB als auch in § 476 BGB wird die Beweislast zugunsten des Käufers umgedreht. Erläutern Sie, worin der Unterschied liegt!

140 Klären Sie die folgenden Rechtsfälle (jeweils mit Begründung!):

1. Käufer Kimmerle kauft vom Autohaus Veigel e. Kfm. einen Neuwagen. Vier Wochen nach Übergabe funktioniert die Klimaanlage auf langen Fahrten nicht ordnungsgemäß. Der Mangel war für das Autohaus Veigel e. Kfm. trotz intensiver Prüfung des Pkw nicht zu erkennen.

   Aufgabe:

   Erklären Sie, welche Rechte Kimmerle gegen das Autohaus Veigel e. Kfm. geltend machen kann und welche Voraussetzungen dabei zu beachten sind!

2. Käufer Kern kauft im Elektrogeschäft Lisa Vetter e. Kfr. einen DVD-Player. Beim Anschluss an sein Fernsehgerät stellt Kern kleinere Farbflecken fest, die dem Elektrohaus Lisa Vetter e. Kfr. nicht aufgefallen waren.

   Aufgabe:

   Begründen Sie, ob Kern Nachbesserung bzw. Neulieferung verlangen kann!

3. Kramer kauft vom Autohaus Veigel e. Kfm. einen Neuwagen. Nach einigen Wochen stellt Kramer erhebliche Mängel fest. Außerdem ist ihm durch die Mängel ein Schaden in Höhe von 200,00 EUR entstanden.

   Aufgabe:

   Nennen Sie die Voraussetzungen, die vorliegen müssen, damit Kramer im Normalfall das Recht „Schadensersatz statt Leistung" geltend machen kann!

4. Herr Krimmer kauft vom Autohaus Veigel e. Kfm. einen neuen Pkw (Marke „SX") des Produzenten Pollux, der in Werbebroschüren mit dem Slogan *„Mit durchschnittlich fünf Litern pro 100 km sind Sie beim SX dabei"* wirbt. Nach Übergabe stellt Krimmer fest, dass der tatsächliche Verbrauch des „SX" bei sieben Litern liegt.

   Aufgabe:

   Stellen Sie die Rechte dar, die Krimmer zustehen!

28 Speth u.a. - ISBN 978-3-8120-0536-4

141 1. Das Möbelhaus Klaus Walter e.K. bestellt bei der Möbelfabrik Fuchs GmbH 50 Stühle in Kirschbaumholz.

Bei der Überprüfung der Stühle wurde festgestellt:

- Fünf Stühle wurden in Nussbaum geliefert.
- Drei Stühle weisen leichte Lackfehler auf.

Aufgaben:

1.1 Nennen Sie die Mängelarten, um die es sich bei den Fällen (1) und (2) handelt!

1.2 Begründen Sie, welches Recht Ihrer Meinung nach das Möbelhaus Klaus Walter e.K. geltend machen sollte!

1.3 Prüfen Sie, was das Möbelhaus Klaus Walter e.K. unternehmen muss, um diese Rechte nicht zu verlieren!

2. Das Lagerhaus Zwickau e.G. kauft am 15. Oktober beim Autohaus Hagel GmbH einen Transporter, der am 20. Oktober ausgeliefert wird. Nach einer Fahrleistung von wenigen hundert Kilometern entsteht ein Getriebeschaden, der zweifelsfrei auf einen Fabrikationsfehler zurückzuführen ist.

Aufgaben:

2.1 Prüfen Sie, was das Lagerhaus Zwickau e.G. unternehmen muss, um seine Rechte gegenüber dem Autohaus Hagel GmbH zu wahren!

2.2 Das Lagerhaus Zwickau e.G. besteht auf der Reparatur des Schadens. Das Autohaus Hagel GmbH tauscht das beanstandete Getriebe gegen ein neues aus. Nach zwei Wochen ist das neue Getriebe ebenfalls defekt. Die Warenauslieferung des Lagerhauses Zwickau e.G. erfolgt deshalb mit einem Mietfahrzeug, das täglich 80,00 EUR höhere Kosten verursacht als der Transport mit dem eigenen Fahrzeug.

Stellen Sie dar, welche Rechte das Lagerhaus Zwickau e.G. gegenüber dem Autohaus Hagel GmbH geltend machen kann!

142 Die Großhandlung Weber OHG in Eisenach erhielt am 12. Februar von der Fahrradfabrik Adler KG in Oberhausen folgendes Angebot:

Herrenfahrräder „Diamant" zu 190,00 EUR je Stück, Preis freibleibend. Die Großhandlung bestellte am 18. Februar 20 Fahrräder zum Preis von 190,00 EUR je Stück.

Die Lieferung erfolgte am 20. März. Die Fahrradfabrik berechnet 200,00 EUR je Stück und begründet die Preissteigerung mit erhöhten Lohnkosten.

Aufgaben:

1. Begründen Sie, welchen Preis die Großhandlung Weber OHG bezahlen muss!
2. Bei der Warenabnahme wurde festgestellt, dass bei zwei Fahrrädern der Rahmen verzogen ist. Ein Fahrrad weist starke Lackschäden auf.[1]

2.1 Nennen Sie die Frist, innerhalb welcher diese Mängel gerügt werden müssen!

2.2 Erläutern Sie, welche gesetzlichen Rechte die Großhandlung Weber OHG geltend machen kann!

2.3 Prüfen Sie, welches Gericht örtlich für eine Klageerhebung zuständig wäre! Im Kaufvertrag war keine vertragliche Vereinbarung getroffen worden.

2.4 Die Großhandlung Weber OHG macht auch einen Schadensersatzanspruch geltend wegen entgangenen Gewinns. Nehmen Sie dazu Stellung und begründen Sie Ihre Meinung!

---

1 Lösen Sie die Aufgaben 2.1 bis 2.4 unter der Annahme, dass ein rechtswirksamer Kaufvertrag zustande gekommen ist.

143 1. Franz Fuchs hat am 8. April 20.. im Baumarkt Baufix KG einen neuen Rasenmäher gekauft. Am 22. Mai 20.. brach beim Rasenmähen der Gashebel ab. Nun verlangt er von der Baufix KG einen neuen Rasenmäher.

Aufgaben:

1.1 Erklären Sie, warum der Rasenmäher wegen des Abbrechens des Gashebels einen Sachmangel hat!

1.2 Stellen Sie dar, wie die Baufix KG auf die Forderung von Herrn Fuchs nach einem neuen Rasenmäher reagieren kann!

1.3 Angenommen, die Baufix KG lehnt alle Gewährleistungsrechte von Herrn Fuchs ab. Sie verweist auf ihre allgemeinen Geschäftsbedingungen, in denen sich folgende Klausel befindet:

> „Unsere Produkte unterliegen einer strengen Qualitätskontrolle. Rechte wegen Mängeln an unseren Produkten können nur gegenüber den Herstellern geltend gemacht werden."

Zeigen Sie auf, ob die Baufix KG einen Anspruch von Herrn Fuchs auf Nachlieferung und/oder Schadensersatz ablehnen darf!

2. Falko Luchs fährt mit seinem neuen Rennrad auf einer Trainingsfahrt steil bergab. Als plötzlich der rechte Bremsgriff (Hinterradbremse) abbricht, stürzt er schwer. Ein entgegenkommendes Auto muss, um Schlimmeres zu verhindern, ausweichen und fährt dabei gegen einen Baum. Schaden am Auto: 3500,00 EUR. Falko Luchs muss im Krankenhaus behandelt werden. Kosten des Krankenhausaufenthaltes: 4800,00 EUR.

Aufgabe:

Überprüfen Sie, welche Ansprüche/Rechte Falko Luchs gegen wen geltend machen kann!

4.8.2 Lieferungsverzug (Nicht-Rechtzeitig-Lieferung)

4.8.2.1 Begriff Lieferungsverzug

- Ein **Lieferungsverzug** liegt vor, wenn ein Schuldner
  - **trotz Mahnung** (sofern sie erforderlich ist)
  - **nicht oder nicht rechtzeitig leistet,**
  - **obwohl die Leistung möglich ist und**
  - **er die Nichtleistung oder die zu späte Leistung verschuldet hat.**
- Der Lieferungsverzug ist ein **Schuldnerverzug.**

Voraussetzungen für den Eintritt des Lieferungsverzugs sind:

(1) Möglichkeit der Leistung

Beim Lieferungsverzug handelt es sich um eine **nur vorübergehende Leistungsstörung.** Die Nachholbarkeit ist also grundsätzlich noch möglich. Ist die Nachholbarkeit der Leistung **nicht mehr möglich,** dann liegt **kein Lieferungsverzug** vor, sondern eine **Unmöglichkeit der Leistung.**[1]

1 In diesem Fall ist der Anspruch auf Leistungserfüllung ausgeschlossen [§ 275 I BGB].

(2) Fälligkeit der Lieferung

Die **Fälligkeit einer Lieferung** ist der **Zeitpunkt,** von dem ab der Käufer eine **Lieferung** (z. B. die Übergabe und Übereignung der Kaufssache) **verlangen kann.** Ist keine Vereinbarung über einen Zeitpunkt getroffen worden, kann der Käufer die Lieferung sofort verlangen.

(3) Mahnung durch den Käufer

Eine Mahnung ist erforderlich, wenn der **Kalendertag** der Lieferung **nicht genau bestimmt** ist.

Beispiele:

Eine Bestellung zur „sofortigen Lieferung", „sobald als möglich", „ab 20. Juli 20..", „frühestens ab 10. Juni", „nach Zahlungseingang".

Ausnahmen: In folgenden Fällen ist keine Mahnung erforderlich	Beispiele
Als Liefertermin ist ein **bestimmter Kalendertag** festgelegt.	„Warenlieferung am 24. April 20..", „Lieferung Ende Mai 20.."
Die Lieferung lässt sich aufgrund eines vorausgegangenen Ereignisses **genau berechnen.**	„Die Lieferung der Kaufsache erfolgt innerhalb von vierzehn Kalendertagen nach Bestelldatum", „Lieferung im Juni", „Lieferung innerhalb 10 Tagen nach Abruf", „Lieferung zwischen dem 5. und 12. Juni".
Fixkauf[1] oder Zweckkauf, d. h., die **verspätete** Lieferung ergibt für den Käufer **keinen Sinn** mehr.	„Lieferung fix am 14. Juni 20..", „Lieferung fix zum Eröffnungstag am 31. Juli 20..".
Ernsthafte und endgültige Verweigerung der **geschuldeten Leistung** durch den Verkäufer (Selbstinverzugsetzung).	„Zu dem vereinbarten Preis werde ich die Ware keinesfalls liefern".

(4) Verschulden des Verkäufers

Ein Verschulden liegt vor, wenn der Verkäufer **vorsätzlich** oder **fahrlässig**[2] gehandelt hat.

Ausnahme: Der Verkäufer hat solche Lieferungsverzögerungen **nicht zu vertreten,** die z. B. auf höhere Gewalt zurückzuführen sind (z. B. Unwetter, Hochwasser, Streik).

Beispiele:

- **Fall 1: Verschulden liegt vor**
  Der Verkäufer kann deshalb nicht termingerecht liefern, weil er sich nicht rechtzeitig bei seinem Lieferer mit den Waren, die er verkauft, eingedeckt hat.
- **Fall 2: Verschulden liegt nicht vor**
  Der Verkäufer kann nicht termingerecht liefern, weil ein Blitzschlag im Lager einen Brand verursacht hat. Dadurch wurde die versandfertige Ware zerstört. Die Neuproduktion nimmt eine Woche in Anspruch.

Beachte:

Nach dem Eintritt des Lieferungsverzugs haftet der Verkäufer – unabhängig von einem Verschulden – für **Vorsatz,** für **Fahrlässigkeit** und für **Zufall.**

1 Vgl. Fußnote 1, S. 261.

2 Wer fahrlässig handelt, der handelt schuldhaft. **Fahrlässigkeit** liegt vor, wenn die im Verkehr (z. B. Straßenverkehr) erforderliche Sorgfalt nicht beachtet wird.

4.8.2.2 Rechte des Käufers

(1) Überblick

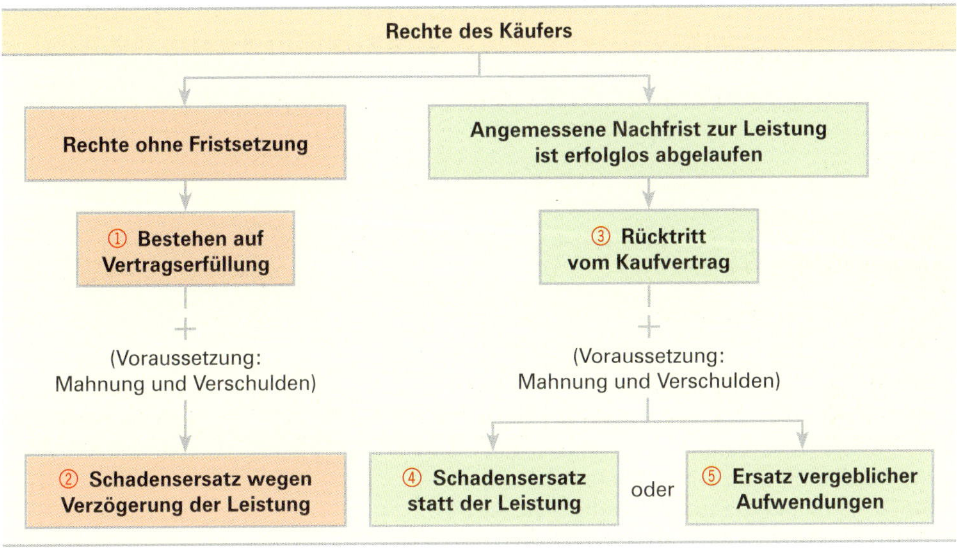

(2) Rechte, die der Käufer ohne Fristsetzung geltend machen kann

① Bestehen auf Vertragserfüllung

Da der Verkäufer seiner Lieferungspflicht aus dem Kaufvertrag noch nicht nachgekommen ist, hat der Käufer das Recht, weiterhin auf **Vertragserfüllung** zu bestehen.

Gründe des Käufers, keine weitergehenden Rechte geltend zu machen, sind z.B.

- langjährige gute Geschäftsbeziehungen mit dem Verkäufer,
- die Lieferungsverzögerung ist für den Käufer von untergeordneter Bedeutung,
- bei anderen Verkäufern bestehen längere Lieferfristen, höhere Preise und/oder ungünstigere Zahlungsbedingungen als beim säumigen Verkäufer.

② Schadensersatz wegen Verzögerung der Leistung

Besteht der Käufer auf Vertragserfüllung und möchte er gleichzeitig den durch die Verzögerung der Leistung verursachten Schaden ersetzt haben, so kann er **Schadensersatz wegen Verzögerung der Leistung (Verzugsschaden)** verlangen.

Gefordert werden können insbesondere

- der Ersatz **aller Mehraufwendungen,** die durch die Verzögerung angefallen sind, wie z.B. die **Kosten einer Ersatzbeschaffung** für die Dauer des Verzugs (z.B. Miete einer Ersatzmaschine) sowie
- ein **entgangener Gewinn** (z.B. infolge der verspäteten Lieferung einer Ware).

Beispiel:

Elektrohändler Ludwig Bühler OHG kauft bei der Düsseldorfer Elektrogesellschaft mbH einen Kühlschrank zum Preis von 500,00 EUR. Diesen hat er lt. Kaufvertrag an Anna Bergmann zu 800,00 EUR weiterverkauft. Wegen der Lieferungsverzögerung scheitert der Weiterverkauf. Abzüglich aller Kosten hätte die Ludwig Bühler OHG einen Gewinn von 240,00 EUR erzielt. Die Ludwig Bühler OHG kann nach § 252 BGB 240,00 EUR entgangenen Gewinn als Verzugsschaden geltend machen.

(3) Rechte, die der Käufer nach Ablauf einer angemessenen Nachfrist geltend machen kann

③ Rücktritt vom Kaufvertrag

Der Käufer kann vom Kaufvertrag zurücktreten, wenn die dem Verkäufer vorher gesetzte angemessene Nachfrist zur Lieferung erfolglos abgelaufen ist. Diese Fristsetzung ist z. B. entbehrlich, wenn der Verkäufer die Lieferung ernsthaft und endgültig verweigert oder beim Fixkauf. Ein Rücktritt ist nicht möglich, wenn die **Pflichtverletzung unerheblich** ist [§ 323 V, S. 2 BGB].

Beispiel:

Der Verkäufer liefert nicht innerhalb der ihm gesetzten angemessenen Nachfrist. Der Käufer tritt vom Kaufvertrag zurück, weil er die bestellte Sache inzwischen anderweitig zu einem günstigeren Preis kaufen kann.

④ Schadensersatz statt der Leistung

Tritt der Käufer vom Kaufvertrag zurück, so kann er bei Verschulden zusätzlich **Schadensersatz statt der Leistung** verlangen [§ 325 BGB]. Ersatzfähig sind in diesem Fall insbesondere die Mehrkosten eines **Deckungskaufs.**[1] Daneben kann der Käufer auch einen **entgangenen Gewinn** geltend machen. Verlangt der Käufer Schadensersatz statt der Leistung, hat er **keinen Anspruch** mehr auf die Lieferung.

Bei der **Schadensberechnung** sind **drei Vorgehensweisen** zu unterscheiden:

Konkrete Schadensberechnung	Abstrakte Schadensberechnung	Konventionalstrafe[2]
Der Käufer kann den Preisunterschied zwischen dem Vertragspreis und dem Preis des Deckungskaufs verlangen.	Der Käufer kann Schadensersatz für den ihm durch den Lieferungsverzug „entgangenen" Gewinn geltend machen.	Eine Vertragsstrafe wird in der Regel vom Verkäufer bei einer Bank hinterlegt. Die Auszahlung an den Käufer wird fällig, sobald der Verkäufer in Verzug ist.

⑤ Ersatz vergeblicher Aufwendungen

Der Käufer kann anstelle des Schadensersatzes statt der Leistung auch Ersatz vergeblicher Aufwendungen verlangen. Die Aufwendungen müssen aber angemessen sein und nachgewiesen werden.

1 Ein **Deckungskauf** liegt vor, wenn sich der Käufer die mangelhaft gelieferte Ware ersatzweise von einem anderen Lieferer beschaffen muss.

2 Bei Vertragsabschluss vereinbarte Geldsumme, die ein Vertragspartner erbringen muss, wenn er die vertraglich vereinbarte Leistung nicht zum festgelegten Zeitpunkt oder in der festgelegten Weise erfüllt hat.

Zusammenfassung

- **Lieferungsverzug** liegt vor, wenn der Schuldner
  - **trotz Mahnung** (sofern sie erforderlich ist),
  - **nicht oder nicht rechtzeitig leistet,**
  - obwohl die **Leistung möglich** ist und
  - er die Nichtleistung oder die zu späte Leistung **verschuldet** hat.
- **Fälligkeit** der Leistung ist der Zeitpunkt, zu dem der Schuldner die Leistung erbringen muss und der Gläubiger das Recht hat, sie zu fordern.
- Eine **Mahnung** ist z.B. in folgenden Fällen **nicht erforderlich:**
  - Der Liefertermin ist kalendermäßig bestimmt oder bestimmbar.
  - Die geschuldete Leistung wird durch den Verkäufer (Schuldner) ernsthaft und endgültig verweigert.
- **Rechtsfolge des Lieferungsverzugs:**

  Erweiterte Haftung des säumigen Verkäufers während des Verzugs, auch für Zufall (z.B. höhere Gewalt).
- Die **Rechte des Käufers beim Lieferungsverzug** sind:
  - **ohne** das Setzen einer **Nachfrist:** Bestehen auf Vertragserfüllung **und,** sofern eine notwendige Mahnung erfolgt ist und ein Verschulden aufseiten des Verkäufers vorliegt, Schadensersatz wegen Verzögerung der Leistung;
  - **nach erfolglosem Ablauf einer angemessenen Frist:** Rücktritt vom Kaufvertrag und, sofern eine notwendige Mahnung erfolgt ist und ein Verschulden aufseiten des Verkäufers vorliegt, Schadensersatz statt der Leistung oder Ersatz vergeblicher Aufwendungen.

Übungsaufgaben

144 Klären Sie folgende Begriffe:

1. 1.1 Lieferungsverzug

   1.2 Fälligkeit der Leistung

   1.3 Fixgeschäft

   1.4 Schadensersatz wegen Verzögerung der Leistung
2. Nennen Sie die Voraussetzungen für den Eintritt eines Lieferungsverzugs!
3. Angenommen, es ist keine Vereinbarung über einen Zeitpunkt zur Leistung getroffen. Stellen Sie dar, wann die Leistung dann fällig ist!
4. Erklären Sie den Begriff Mahnung!
5. Bilden Sie drei Beispiele für Vertragsformulierungen, die einer Mahnung bedürfen, damit Lieferungsverzug eintritt!
6. 6.1 Beschreiben Sie, in welchen Fällen keine Mahnung erforderlich ist!

   6.2 Bilden Sie hierzu jeweils ein Beispiel!

7. Entscheiden Sie bei folgenden Vertragsvereinbarungen über die Leistungszeit, ob der Verkäufer vom Käufer durch eine Mahnung in Verzug gesetzt werden muss:
   7.1 Heute in drei Monaten,
   7.2 Im Juli 20..,
   7.3 Im Laufe des März 20..,
   7.4 Am 28. Juli 20..,
   7.5 14 Tage nach Weihnachten 20..,
   7.6 8 Tage nach Abruf,
   7.7 sofort,
   7.8 20 Tage nach Erhalt der Auftragsbestätigung.
8. Notieren Sie die Voraussetzungen, die gegeben sein müssen, damit ein Gläubiger die folgenden Rechte geltend machen kann:
   8.1 Bestehen auf Vertragserfüllung,
   8.2 Bestehen auf Vertragserfüllung und Schadensersatz wegen Verzögerung der Leistung,
   8.3 Rücktritt vom Vertrag,
   8.4 Schadensersatz statt der Leistung,
9. Erläutern Sie, wodurch sich der Schadensersatz neben der Leistung vom Schadensersatz wegen Verzögerung der Leistung unterscheidet!
10. Erläutern Sie, wodurch sich der Schadensersatz wegen Verzögerung der Leistung vom Schadensersatz statt der Leistung unterscheidet!
11. Damit ein Gläubiger vom Vertrag zurücktreten kann, muss er dem Schuldner zunächst eine Nachfrist setzen. Ist diese erfolglos abgelaufen, dann kann er vom Vertrag zurücktreten.

    Aufgabe:

    Stellen Sie dar, warum der Gesetzgeber vorgesehen hat, dass erst der erfolglose Fristablauf abgewartet werden muss!
12. Bilden Sie ein Beispiel, nach dem der Gläubiger zwar vom Vertrag zurücktreten, aber keinen Schadensersatz statt der Leistung verlangen kann!

145 Klären Sie die folgenden Rechtsfälle:

1. Die Sägewerk Gnädinger KG hat am 29. Juni 20.. 60 m^3 Eichenschnittholz zu liefern. Weil die Gnädinger KG den Termin vergessen hat, liefert sie nicht vereinbarungsgemäß. Am 4. Juli 20.. verbrennt ihr Holzlager aufgrund eines Blitzschlags.

   Aufgabe:

   Prüfen Sie rechtlich, ob die Gnädinger KG hierdurch von ihrer Leistungspflicht befreit ist!
2. Die Büromöbel Leipzig AG (Verkäufer) und Maria Kieble e. Kfr. (Käuferin) vereinbaren im Kaufvertrag den 20. April 20.. als Liefertermin für die Sonderanfertigung eines Eckregals.

   Maria Kieble e. Kfr. schreibt der Büromöbel Leipzig AG am 10. April 20.., sie würde sich in Lieferungsverzug befinden, da die Lieferung bis jetzt noch nicht bei ihr eingegangen sei.

   Aufgaben:

   2.1 Erläutern Sie, was Sie der Büromöbel Leipzig AG raten würden, an Maria Kieble e. Kfr. zu schreiben!
   2.2 Die Büromöbel Leipzig AG hat bis zum vereinbarten Liefertermin am 20. April 20.. nicht geliefert. Begründen Sie, ob sie sich in Lieferungsverzug befindet, wenn sie die Kaufsache wegen eines mehrwöchigen Streiks nicht produzieren konnte!

146

„Ich weiß auch nicht, warum unser Verkäufer ..."

Über den Versuch eines Kunden, bestellte Möbel auch geliefert zu bekommen

Der Kunde, der an einem schönen Mittwochmorgen am 23. August ein Möbelhaus betritt, wendet sich an einen Verkäufer: „Guten Tag, ich hätte gerne die 4 Regalteile dort, diesen Schreibtisch, beides in Kirschbaum, und dazu noch einen solchen Bürostuhl." Zunächst irritiert über die Entschlussfreudigkeit des Kunden, greift der Verkäufer sofort zum Auftragsbuch, nimmt die Wünsche entgegen, rechnet den Gesamtpreis aus und weist den Kunden auf die übliche Anzahlung von 20 % hin. „Kein Thema", sagt der Kunde. Bis zu diesem Zeitpunkt also nahezu ein Bilderbuchfall. Dann versteigt sich der Verkäufer zu einer Äußerung, die sich im nachhinein als fatal[1] erweisen sollte: „Dieser Hersteller liefert nach meinen Erfahrungen sehr zügig, die Möbel sind in ungefähr drei Wochen da."

Am 19. September mahnt der Kunde das Möbelhaus an, um sich nach dem Verbleib seiner Möbel zu erkundigen, auf die er bereits seit einer Woche wartet. Die Antwort: „Der Hersteller hat uns die Lieferung der Möbel bis zum Ende dieser Woche, also bis zum 24. September versprochen. Wir liefern Ihnen dann unverzüglich am 27. September."

Nächster Anruf des Kunden am 28. September. Eine Schreckensnachricht: Die Möbel sollen jetzt erst in der 41. Woche ankommen, also Mitte Oktober, glatte 4 Wochen nach dem vorgesehenen Termin. Als der Kunde seinen Unmut darüber äußert, entgegnet ihm seine Gesprächspartnerin, sie „könne ja nichts dafür", wenn der Hersteller nicht pünktlich liefere. „Ich vermittle doch nur zwischen Ihnen und dem Hersteller." Der Käufer stellt klar: „Ich will die Möbel bis zum 5. Oktober haben!"

Am 5. Oktober sind die Möbel endlich beim Kunden eingetroffen. Beim Auspacken stellt der Kunde fest, dass die Möbel bis in das kleinste Teil nach Lego-Art zerlegt sind, kein Teil ist montiert. Zum Zusammenbau der Regale benötigt der Kunde vier Stunden.

Den Höhepunkt bildet jedoch der Schreibtisch: In den Holzplatten sind nicht einmal Löcher gebohrt! „Wie soll ich denn die Schrauben hineindrehen ohne Löcher?", stöhnt der Kunde. Entnervt wendet er sich seiner letzten Neuerwerbung zu. Endlich klappt alles. Der Bürostuhl ist äußerst bequem. Am nächsten Tag sitzt der Käufer auf seinem Stuhl und ruft wieder beim Möbelhaus an, um seinen Schreibtisch zu reklamieren. Plötzlich bricht die Rückenlehne ab und er stürzt schwer zu Boden und bricht sich beide Arme.

Quelle: In Anlehnung an Martin T. Roht, FAZ vom 28. November 2000.

Aufgaben:

1. Beschreiben Sie mit Worten oder mithilfe einer Skizze, wie in vorliegendem Fall ein Kaufvertrag zustande kommt!
2. Der Kunde wartet auf seine Möbel.
   2.1 Nennen Sie das Datum, ab wann das Möbelhaus in Verzug ist!
   2.2 Nennen Sie die Rechte, die der Kunde zu diesem Zeitpunkt hat!
   2.3 Beschreiben Sie, was der Käufer mit seiner Fristsetzung am 28. September erreicht!
3. Beurteilen Sie die Aussage: „Ich vermittle doch nur zwischen Ihnen und dem Hersteller" aus rechtlicher Sicht!
4. Prüfen Sie rechtlich, ob der Kunde die Zeit zum Aufbau der Regale dem Möbelhaus in Rechnung stellen kann!
5. Bestimmen Sie den Sachmangel, um den es sich beim Fehlen von Montagebohrungen handelt!

1 **Fatal:** verhängnisvoll.

147 1. Das Kinderland Hannelore Schlegel e.Kfr., Lüneburg, erhielt folgendes schriftliches Angebot der Textilwerke Maucher GmbH, Braunlage (Datum des Angebots: 10. Mai 20..):

> Kindermatratze Schlafwohl, 100 x 48 x 10 cm
> Preis pro Stück 35,00 EUR
>
> Lieferbedingungen: Die Lieferung erfolgt 10 Tage nach Auftragserteilung durch die Deutsche Bahn AG „frachtfrei". Mindestbestellmenge: 50 Stück. Es gilt der gesetzliche Leistungsort.

Am 15. Mai 20.. bestellt das Kinderland Hannelore Schlegel e.Kfr. lt. Angebot 80 Matratzen.

Aufgaben:

1.1 Begründen Sie, ob durch die Bestellung ein Kaufvertrag zustande kam!

1.2 Nennen Sie die Pflichten, die beim Abschluss eines Kaufvertrags für den Käufer und den Verkäufer entstehen!

1.3 Stellen Sie dar, wie die Transportkosten in diesem Fall aufgeteilt werden!

1.4 Stellen Sie dar, wo sich jeweils der gesetzliche Leistungsort befindet!

1.5 Am 10. Juni 20.. sind die Kindermatratzen noch nicht eingetroffen.

1.5.1 Prüfen Sie, ob sich die Maucher GmbH in Lieferungsverzug befindet!

1.5.2 Prüfen Sie, ob sich an der Rechtslage etwas ändern würde, wenn als Liefertermin der 28. Mai 20.. vereinbart worden wäre!

1.5.3 Nennen Sie die Rechte, die der Käufer grundsätzlich beim Lieferungsverzug geltend machen kann!

1.5.4 Erläutern Sie, für welches Recht Sie sich entscheiden würden, wenn die Matratzen dringend benötigt werden und diese kurzfristig von keinem anderen Lieferanten bezogen werden können!

2. Das Spielwarenhaus Götz Strübel OHG in Uelzen bestellt Spielwaren bei der Erzgebirge Spiele GmbH. Vereinbarter Liefertermin: fix 14. Oktober des Jahres. Am 14. Oktober teilt die Erzgebirge Spiele GmbH mit, dass sich die Lieferung wegen einer Überschwemmung nach einem Unwetter um einige Wochen verzögern wird.

Aufgaben:

2.1 Prüfen Sie, ob sich die Erzgebirge Spiele GmbH in Lieferungsverzug befindet! Begründen Sie Ihre Ansicht.

2.2 Erläutern Sie, ob sich die Rechtslage ändert, wenn es sich um Spielwaren handelt, die nur die Erzgebirge Spiele GmbH herstellt und vertreibt!

4.9 Beschaffungs-Controlling

4.9.1 Bestandsoptimierung in der Lagerhaltung auf der Basis von Lagerkennzahlen

Beachte:

Auf den Begriff Lager, die Aufgaben und die Arten des Lagers wurde bereits im Kapitel 2.6 „Lagerung der Erzeugnisse" eingegangen (vgl. S. 278ff.). Im Folgenden beschränken wir uns daher auf die Darstellung der Lagerkosten, die Berechnung von Lagerkennzahlen, die Lagerrisiken und die Frage der Eigen- oder Fremdlagerung.

4.9.1.1 Festlegung von Mindest- und Meldebeständen

(1) Mindestbestand

In den meisten Industrieunternehmen werden für produktionswichtige Rohstoffe, Fabrikationsmaterialien, Ersatzteile, Handelswaren usw. Mindestbestände festgelegt, die ohne Genehmigung des Leiters der Materialwirtschaft, oft sogar ohne Zustimmung der Unternehmensleitung, nicht unterschritten werden dürfen.

Die **Mindestbestände (eiserne Bestände)** sind so hoch zu bemessen, dass sie auch bei vorübergehenden Beschaffungsschwierigkeiten eine reibungslose Betriebsfortführung garantieren.

Die Mindestbestände sollten umso größer sein, je größer das Risiko von Beschaffungsstockungen für die Produktion ist. Sie müssen für jeden Werkstoff gesondert festgestellt werden. Ändern sich die Beschaffungskonditionen (insbesondere der Lieferfristen) und die Bedarfsmengen, ist auch die Höhe der Mindestbestände an die neuen Bedingungen anzupassen.

(2) Meldebestand

Der **Meldebestand** ist jene Lagermenge, bei deren Erreichung beim „Bestellpunktverfahren" dem Einkauf Meldung (Bedarfsmeldung) zur Neuanschaffung (Auffüllung der Lager) zu machen ist. Der Meldebestand bestimmt somit den Zeitpunkt der Bestellung.

Der Meldebestand muss so hoch sein, dass das Auffüllen des Lagers vor Erreichung des Mindestbestands möglich ist. Der Meldebestand liegt um die Bedarfsmenge während der Wiederbeschaffungszeit über dem Mindestbestand.

Der Meldebestand wird wie folgt berechnet:

Meldebestand = (Beschaffungszeit · täglicher Verbrauch) + Mindestbestand

Bei der Bestimmung der Wiederbeschaffungszeit sind

- die Lieferfrist,
- die Transportzeit,
- die gesamte Bearbeitungszeit der Bedarfsmeldung (z. B. Angebotseinholung, Angebotsprüfung, Verhandlungen, Schreiben der Bestellungen) sowie
- die Laufzeit der Bestellungen zum Lieferer

zu berücksichtigen (zu addieren).

Beispiel:

100 Stück Verbrauch täglich, 6 Tage Wiederbeschaffungszeit insgesamt, 600 Stück Mindestbestand

Meldebestand: 100 · 6 + 600 = 1 200 Stück

4.9.1.2 Berechnung von Lagerkennzahlen

(1) Durchschnittlicher Lagerbestand

Der durchschnittliche Lagerbestand bildet die Grundlage für die Bestimmung der Lagerumschlagshäufigkeit und der durchschnittlichen Lagerdauer. Der durchschnittliche Lagerbestand kann z. B. als arithmetisches Mittel (Durchschnitt) aus dem **Jahresanfangsbestand** und dem **Jahresschlussbestand** berechnet werden.

Beispiel 1:

Der Jahresanfangsbestand in einem Lager beträgt 72 000,00 EUR, der Schlussbestand 68 000,00 EUR.

$$\text{Durchschnittlicher Lagerbestand} = \frac{72\,000 + 68\,000}{2} = \underline{\underline{70\,000{,}00 \text{ EUR}}}$$

Außerdem gibt es z.B. folgende Berechnungsmöglichkeiten:

$$\text{Durchschnittlicher Lagerbestand}^{1} = \frac{\text{Jahresanfangsbestand} + 12 \text{ Monatsendbestände}}{13}$$

Der **durchschnittliche Lagerbestand** sagt aus, welcher Werkstoffwert (oder Handelswarenwert) zu Einstandspreisen durchschnittlich auf Lager ist. In dieser Höhe ist ständig Kapital des Unternehmens gebunden.

(2) Lagerumschlagshäufigkeit

Sie gibt an, wie oft die Menge oder der Wert des durchschnittlichen Lagerbestands in einer Zeitperiode, z. B. in einem Jahr, „abgegangen", d. h. Werkstoffe verbraucht bzw. Handelswaren verkauft worden sind. Die Lagerumschlagshäufigkeit schwankt je nach Branche, Warenart und Organisationsstandard der Lagerwirtschaft eines Unternehmens.

$$\text{Lagerumschlagshäufigkeit}^{2} = \frac{\text{Lagerabgang (z. B. Verbrauch von Werkstoffen) zu Einstandspreisen}}{\text{durchschnittlicher Lagerbestand zu Einstandspreisen}}$$

Beispiel 2:

Beträgt der Lagerabgang zu Einstandspreisen z. B. 840 000,00 EUR und der durchschnittliche Lagerbestand 70 000,00 EUR (siehe Beispiel 1), so ergibt sich die Lagerumschlagshäufigkeit wie folgt:

$$\text{Lagerumschlagshäufigkeit} = \frac{840\,000}{70\,000} = \underline{\underline{12}}$$

Ergebnis: Die Zahl 12 besagt, dass der durchschnittliche Lagerbestand in der Rechnungsperiode zwölfmal umgeschlagen wurde.

---

1 Außerdem gibt es folgende Berechnungsmöglichkeit:

$$\text{Durchschnittlicher Lagerbestand} = \frac{\text{Anfangsbestand} + \text{Endbestand}}{2}$$

2 Außerdem gibt es folgende Berechnungsmöglichkeiten:

$$\text{Lagerumschlagshäufigkeit} = \frac{\text{Verbrauch pro Jahr}}{\text{durchschnittlicher Lagerbestand}} \text{ oder } \frac{360 \text{ Tage}}{\text{durchschnittliche Lagerdauer (in Tagen)}}$$

Durch die **Lagerumschlagshäufigkeit** erfährt der Unternehmer, wie oft sich der **durchschnittliche Lagerbestand** in einer Rechnungsperiode umgeschlagen hat.

(3) Durchschnittliche Lagerdauer

Sie ist die Zeit (z. B. in Tagen ausgedrückt) zwischen dem Eingang der Werkstoffe (oder Handelswaren) im Lager und deren Abgabe an die Produktion (bzw. den Verkauf), und zwar im Durchschnitt gerechnet. Die Lagerdauer soll so kurz wie möglich sein, um z. B. die Lagerzinsen zu senken sowie Schwund, Diebstahl und technische und wirtschaftliche Überholung zu vermeiden.

$$\text{Durchschnittliche Lagerdauer in Tagen} = \frac{\text{360 Tage}}{\text{Umschlagshäufigkeit}}$$

Beispiel 3:

Aus der im Beispiel 2 ermittelten Lagerumschlagshäufigkeit von 12 errechnet sich die durchschnittliche Lagerdauer wie folgt:

$$\text{Durchschnittliche Lagerdauer} = \frac{\text{360 Tage}}{12} = \underline{\underline{\text{30 Tage}}}$$

Ergebnis: Das Lagergut liegt durchschnittlich 30 Tage im Lager.

Aus der **durchschnittlichen Lagerdauer** sieht der Unternehmer, wie lange die Werkstoffe (oder Handelswaren) im Durchschnitt im Lager waren.

Wichtig: Je höher die Lagerumschlagshäufigkeit, desto kürzer ist die durchschnittliche Lagerdauer und umgekehrt.

(4) Lagerzinssatz

Der Lagerzinssatz (Lagerzinsfuß) gibt an, wie viel Prozent Zinsen für das in den Lagervorräten investierte Kapital z. B. in die Verkaufspreise einkalkuliert werden müssen.

$$\text{Lagerzinssatz}^{1} = \frac{\text{Marktzinssatz} \cdot \text{durchschnittliche Lagerdauer}}{\text{360 Tage}}$$

Je kürzer die durchschnittliche Lagerdauer ist, desto niedriger sind die auf den Werkstoffeinsatz (oder Handelswareneinsatz) entfallenden Zinskosten der Lagerhaltung, d. h. desto niedriger ist der Lagerzinssatz.

1 Außerdem gibt es folgende Berechnungsmöglichkeit: $\text{Lagerzinssatz} = \frac{\text{Marktzinssatz}}{\text{Umschlagshäufigkeit}}$

Beispiel 4:

Aus der im Beispiel 3 ermittelten Lagerdauer von 30 Tagen und einem angenommenen Marktzinssatz von 9% beträgt der Lagerzinssatz:

$$\text{Lagerzinssatz} = \frac{9 \cdot 30}{360} = \underline{\underline{0{,}75\,\%}}$$

(5) Zusammenhang zwischen sinkender durchschnittlicher Lagerdauer (steigender Umschlagshäufigkeit) und sinkenden Lagerkosten am Beispiel des Lagerzinses

Beispiel:

Die Kosten der Erzeugnisse im Lager betragen konstant 600000,00 EUR, der Marktzinssatz liegt bei 9%.

Kosten der Erzeugnisse in EUR	600000,00	600000,00	600000,00	600000,00
Umschlagshäufigkeit	1	2	4	8
durchschnittliche Lagerdauer	360	180	90	45
durchschnittlicher Lagerbestand	600000,00	300000,00	150000,00	75000,00
Lagerzinssatz	9	4,5	2,25	1,125
Lagerzins pro Umschlag[1]	54000,00	13500,00	3375,00	843,75
Lagerzins pro Jahr (Zins pro Umschlag · Umschlagshäufigkeit)[2]	54000,00	27000,00	13500,00	6750,00

Da der Lagerabgang eine Größe ist, die vom Unternehmen nicht ohne Weiteres vergrößert werden kann, liegen die Optimierungsmöglichkeiten in Bezug auf die Kosten darin, dasselbe Absatzziel

- mit einer **höheren Umschlagshäufigkeit** und damit
- einer **kürzeren Lagerdauer** und folglich
- einem **geringeren durchschnittlichen Lagerbestand**

zu erreichen. Es ist nachvollziehbar, dass die damit verbundene Senkung des durchschnittlichen Lagerbestands auch einhergeht mit einer Senkung der übrigen Lagerkosten.

Zwar verläuft die Senkung dieser Lagerkosten nicht direkt proportional zur Verringerung des Lagerbestands (z.B. bleiben die Raumkosten weitestgehend fix). Dennoch gewinnt das Unternehmen dadurch einen Kostenvorteil, der genutzt werden kann zur Verbesserung der Gewinnsituation oder zur Senkung der Preise und damit zur Verbesserung der eigenen Marktposition.

1 $\text{Lagerzins pro Umschlag} = \frac{\text{durchschnittlicher Lagerbestand} \cdot \text{Lagerzinssatz}}{100}$

2 oder: $\text{Lagerzins pro Jahr} = \frac{\text{Kosten bzw. Wert des Lagers} \cdot \text{Lagerzinssatz}}{100}$

4.9.2 Risiken einer fehlerhaften Lagerplanung

Zu **hohe Lagerbestände** binden Kapital und verursachen Kosten. Ein zu großes Lager bringt außerdem die Gefahr mit sich, dass infolge technischer Änderungen und/oder infolge Geschmackswandels das Lagergut veraltet.

Zu **niedrige Lagerbestände** können zu Produktions- und Absatzstockungen führen.

Beispiel:

Muss die Produktion z.B. wegen zu geringer Rohstoffvorräte eingeschränkt werden, dann sind die im Unternehmen anfallenden Kosten (z.B. Löhne, die für die weiterhin benötigten Facharbeiter bezahlt werden müssen; Zinsen für die aufgenommenen Kredite; Abschreibungskosten für das im Unternehmen investierte Sachkapital der Gebäude, Maschinen, Lagereinrichtungen usw.) nicht mehr voll durch den möglichen Verkauf der Fertigerzeugnisse gedeckt.

Besonders nachteilig wirken sich zu niedrige Lagervorräte aus, wenn hierdurch fest zugesagte Liefertermine nicht eingehalten werden können und deshalb Kunden nicht mehr bei dem Unternehmen kaufen. Absatzstockungen führen mittel- bis langfristig auch zu Zahlungsschwierigkeiten. Während die Aufwendungen im Wesentlichen in unveränderter Höhe weiterlaufen, stagnieren oder sinken die Erträge bei Absatzstockungen.

Zusammenfassung

- Für produktionswichtige Rohstoffe, Halbfabrikate, Ersatzteile und Handelswaren werden **Mindest-** und **Meldebestände** festgelegt.
- Bei Erreichen des Meldebestands muss das Lager dem Einkauf eine **Bedarfsmeldung** zwecks Auffüllung des Lagers (Neuanschaffung) machen.
- Die wichtigsten **Lagermesszahlen** sind der **durchschnittliche Lagerbestand,** die **Lagerumschlagshäufigkeit,** die **durchschnittliche Lagerdauer** und der **Lagerzinsfuß.**
- Je **höher** die **Lagerumschlagshäufigkeit** ist, desto **niedriger** sind die **durchschnittliche Lagerdauer** und der **Lagerkostenanteil** (und umgekehrt).
- Zu **hohe Lagerbestände** binden **Kapital** und **verursachen Kosten**. Zu **niedrigere Lagerbestände** können zu **Produktions- und Absatzstockungen** führen.

Übungsaufgaben

148 1. Eine Erweiterung des Produktprogramms bedeutet häufig gleichzeitig eine Erweiterung des Lagerraums.

Aufgaben:

1.1 Für die Lagerkosten gilt stets: „Je kürzer die Lagerdauer, desto geringer die Kosten." Nennen Sie zwei Maßnahmen, durch die eine Verkürzung der durchschnittlichen Lagerdauer erreicht werden kann!

1.2 Berechnen Sie den durchschnittlichen Lagerbestand, die Lagerumschlagshäufigkeit, die durchschnittliche Lagerdauer, den Lagerzinssatz (landesüblicher Zinsfuß 9 %) nach den folgenden Angaben:

Anfangsbestand an Handelswaren am 1. Januar 20..	150 000,00 EUR
Zugänge an Handelswaren	700 000,00 EUR
Schlussbestand an Handelswaren am 31. Dezember 20..	250 000,00 EUR

1.3 Begründen Sie, wie sich eine Erhöhung der Lagerumschlagshäufigkeit auf die Lagerkosten und das Lagerrisiko auswirkt!

2. Der Jahresanfangsbestand eines Rohstoffs beträgt 590 000,00 EUR, der Jahresschlussbestand 670 000,00 EUR und der Verbrauch an Rohstoffen (Lagerabgang) zu Einstandspreisen 6 300 000,00 EUR.

Aufgaben:

2.1 Berechnen Sie

2.1.1 den durchschnittlichen Lagerbestand,

2.1.2 die Lagerumschlagshäufigkeit und

2.1.3 die durchschnittliche Lagerdauer!

2.2 Unterbreiten Sie Vorschläge, wie die durchschnittliche Lagerdauer verkürzt werden kann!

3. Die Lagerzinsen sind von der Lagerdauer des eingelagerten Guts abhängig.

Aufgabe:

Begründen Sie diese Aussage, indem Sie die Lagerzinsen bei einer Lagerdauer von 14, 16, 18 und 20 Tagen berechnen! Zugrunde gelegter Zinssatz 10 %; Wert des durchschnittlichen Lagerbestands 400 000,00 EUR.

149 Die Polstermöbelwerke Schwerstedt AG haben in letzter Zeit dank neuer und besonders ansprechender Modelle Produktion und Absatz wesentlich steigern können. Immer wieder gab es aber empfindliche Engpässe, besonders bei der Versorgung der Polsterabteilung mit Bezugsleder. Die Einhaltung von Lieferfristen gegenüber Kunden bereitete deshalb oft Schwierigkeiten. Folglich sollen Lagerhaltung und Beschaffung neu überdacht werden. Die Bestandskarte für Bezugsleder weist aus: Mindestlagerbestand 1000 m^2; Meldebestand 4000 m^2.

Aufgaben:

1. Zunächst soll geprüft werden, ob die bisher üblichen Mindestlagerbestände an Fertigungsmaterial ausreichen:

1.1 Nennen Sie vier Gründe, weshalb es notwendig ist, einen Mindestlagerbestand zu halten!

1.2 Nennen Sie die Voraussetzungen, unter welchen der Mindestlagerbestand angegriffen werden darf!

2. Der Lagerverwalter soll künftig Neubestellungen rechtzeitig bei der Einkaufsabteilung veranlassen.

2.1 Erklären Sie, bei welchem Lagerbestand er die Einkaufsabteilung informieren muss!

2.2 Berechnen Sie die Wiederbeschaffungszeit bei einem durchschnittlichen Tagesbedarf von 100 m^2!

2.3 Nennen Sie zwei Gründe, die dazu führen können, dass der Meldebestand erhöht werden muss!

3. Die Lagerbuchhaltung liefert für das Holzlager folgende Informationen:

Anfangsbestand am 1. Januar	120 000,00 EUR
12 Monatsschlussbestände insgesamt	1 180 000,00 EUR

Berechnen Sie den durchschnittlichen Lagerbestand!

4. Bei der Holzart „Buche" werden folgende Zahlen angegeben:

Anfangsbestand am 1. Januar	80 000,00 EUR
Zugänge 1. Januar–31. Dezember	960 000,00 EUR
Schlussbestand am 31. Dezember	240 000,00 EUR

Berechnen Sie die Lagerumschlagshäufigkeit und die durchschnittliche Lagerdauer!

150 1. Eine Lageranalyse bei der Kleiner OHG ergab folgende Situation:

Lagerabgang zu Einstandspreisen pro Jahr:	600 000,00 EUR
Der Lagerkostensatz beträgt	30%

Hinweis:

Der Lagerkostensatz ist ein Prozentsatz, der angibt, wie hoch die Lagerkosten, gemessen am durchschittlichen Lagerbestand, sind.

Aufgabe:

Stellen Sie tabellarisch dar, wie sich die Lagerkosten ändern, wenn es dem Betrieb gelingt, die Umschlagshäufigkeit schrittweise zu steigern von 3, über 4, 6, 8 bis 10!

2. Bei der Schweikert OHG, einem Baustoffgroßhändler, sieht die Lagerdatei für Aluminiumprofile, Artikel-Nr. 35847, wie folgt aus (in lfd. Meter):

Artikel: Aluminiumprofil Artikel-Nr.: 35847		**Meldebestand: 100 lfd. Meter**	
Datum	**Eingang**	**Ausgang**	**Bestand**
01.01.			100
18.01.	50		150
09.02.		70	80
12.03.	80		160
05.04.		90	70
28.04.		30	40
05.05.	150		190
05.06.		140	50
20.06.	120		170
26.06.		50	120
15.07.		70	50
05.09.	190		240
01.10.		120	120
05.11.		40	80
25.11.	120		200
12.12.		60	140
31.12.			140

Aufgaben:

Berechnen Sie folgende Kennzahlen:

2.1 Durchschnittlicher Lagerbestand! Berücksichtigen Sie dabei den Jahresanfangsbestand und die 12 Monatsschlussbestände!

2.2 Umschlagshäufigkeit!

2.3 Durchschnittliche Lagerdauer!

29 Speth u.a. - ISBN 978-3-8120-0536-4

Stichwortverzeichnis

C

D

H

I

M

N

O